结以除七
社德尚未
贺教师节
书成八个项目
成果丰硕

教育部哲学社会科学研究重大课题攻关项目
"十三五"国家重点出版物出版规划项目

现代归纳逻辑理论及其应用研究

MODERN INDUCTIVE LOGIC THEORY AND ITS APPLICATION

何向东 等著

中国财经出版传媒集团
经济科学出版社
Economic Science Press

图书在版编目（CIP）数据

现代归纳逻辑理论及其应用研究/何向东等著.
—北京：经济科学出版社，2019.3
教育部哲学社会科学研究重大课题攻关项目
"十三五"国家重点出版物出版规划项目
ISBN 978-7-5218-0333-4

Ⅰ.①现… Ⅱ.①何… Ⅲ.①归纳-研究
Ⅳ.①B812.3

中国版本图书馆 CIP 数据核字（2019）第 040671 号

责任编辑：何　宁
责任校对：郑淑艳
责任印制：李　鹏　范　艳

现代归纳逻辑理论及其应用研究
何向东　等著

经济科学出版社出版、发行　新华书店经销
社址：北京市海淀区阜成路甲 28 号　邮编：100142
总编部电话：010-88191217　发行部电话：010-88191522
网址：www.esp.com.cn
电子邮箱：esp@esp.com.cn
天猫网店：经济科学出版社旗舰店
网址：http://jjkxcbs.tmall.com
北京季蜂印刷有限公司印装
787×1092　16 开　39.5 印张　780000 字
2019 年 12 月第 1 版　2019 年 12 月第 1 次印刷
ISBN 978-7-5218-0333-4　定价：148.00 元
(图书出现印装问题，本社负责调换。电话：010-88191510)
(版权所有　侵权必究　打击盗版　举报热线：010-88191661
QQ：2242791300　营销中心电话：010-88191537
电子邮箱：dbts@esp.com.cn)

作者与课题组成员

首席专家　何向东
本书作者　何向东　刘邦凡　任晓明　陈晓平
　　　　　　熊立文

课题组主要成员

何向东　刘邦凡　任晓明　陈晓平　熊立文
张自力　胡怀亮　吕　进　李章吕　王　静
李旭燕　董英东　崔建英　蒋军利　陈献礼
张存建　马明辉

课题组其他成员

王　磊　陈朋伟　王　虹　栗俊杰　陈　妍
土　阔　王闻珑　岳　佳　回晓文　范丹丹
郭钰堃　臧梓健

编审委员会成员

主　任　吕　萍

委　员　李洪波　柳　敏　陈迈利　刘来喜
　　　　　樊曙华　孙怡虹　孙丽丽

总　序

哲学社会科学是人们认识世界、改造世界的重要工具，是推动历史发展和社会进步的重要力量，其发展水平反映了一个民族的思维能力、精神品格、文明素质，体现了一个国家的综合国力和国际竞争力。一个国家的发展水平，既取决于自然科学发展水平，也取决于哲学社会科学发展水平。

党和国家高度重视哲学社会科学。党的十八大提出要建设哲学社会科学创新体系，推进马克思主义中国化、时代化、大众化，坚持不懈用中国特色社会主义理论体系武装全党、教育人民。2016年5月17日，习近平总书记亲自主持召开哲学社会科学工作座谈会并发表重要讲话。讲话从坚持和发展中国特色社会主义事业全局的高度，深刻阐释了哲学社会科学的战略地位，全面分析了哲学社会科学面临的新形势，明确了加快构建中国特色哲学社会科学的新目标，对哲学社会科学工作者提出了新期待，体现了我们党对哲学社会科学发展规律的认识达到了一个新高度，是一篇新形势下繁荣发展我国哲学社会科学事业的纲领性文献，为哲学社会科学事业提供了强大精神动力，指明了前进方向。

高校是我国哲学社会科学事业的主力军。贯彻落实习近平总书记哲学社会科学座谈会重要讲话精神，加快构建中国特色哲学社会科学，高校应发挥重要作用：要坚持和巩固马克思主义的指导地位，用中国化的马克思主义指导哲学社会科学；要实施以育人育才为中心的哲学社会科学整体发展战略，构筑学生、学术、学科一体的综合发展体系；要以人为本，从人抓起，积极实施人才工程，构建种类齐全、梯队衔接的高校哲学社会科学人才体系；要深化科研管理体制改革，发挥高校人才、智力和学科优势，提升学术原创能力，激发创新创造活力，建设中国特色新型高校智库；要加强组织领导、做好统筹规划、营造良好学术生态，形成统筹推进高校哲学社会科学发展新格局。

哲学社会科学研究重大课题攻关项目计划是教育部贯彻落实党中央决策部署的一项重大举措，是实施"高校哲学社会科学繁荣计划"的重要内容。重大攻关项目采取招投标的组织方式，按照"公平竞争，择优立项，严格管理，铸造精品"的要求进行，每年评审立项约40个项目。项目研究实行首席专家负责制，鼓励跨学科、跨学校、跨地区的联合研究，协同创新。重大攻关项目以解决国家现代化建设过程中重大理论和实际问题为主攻方向，以提升为党和政府咨询决策服务能力和推动哲学社会科学发展为战略目标，集合优秀研究团队和顶尖人才联合攻关。自2003年以来，项目开展取得了丰硕成果，形成了特色品牌。一大批标志性成果纷纷涌现，一大批科研名家脱颖而出，高校哲学社会科学整体实力和社会影响力快速提升。国务院副总理刘延东同志做出重要批示，指出重大攻关项目有效调动各方面的积极性，产生了一批重要成果，影响广泛，成效显著；要总结经验，再接再厉，紧密服务国家需求，更好地优化资源，突出重点，多出精品，多出人才，为经济社会发展做出新的贡献。

作为教育部社科研究项目中的拳头产品，我们始终秉持以管理创新服务学术创新的理念，坚持科学管理、民主管理、依法管理，切实增强服务意识，不断创新管理模式，健全管理制度，加强对重大攻关项目的选题遴选、评审立项、组织开题、中期检查到最终成果鉴定的全过程管理，逐渐探索并形成一套成熟有效、符合学术研究规律的管理办法，努力将重大攻关项目打造成学术精品工程。我们将项目最终成果汇编成"教育部哲学社会科学研究重大课题攻关项目成果文库"统一组织出版。经济科学出版社倾全社之力，精心组织编辑力量，努力铸造出版精品。国学大师季羡林先生为本文库题词："经时济世　继往开来——贺教育部重大攻关项目成果出版"；欧阳中石先生题写了"教育部哲学社会科学研究重大课题攻关项目"的书名，充分体现了他们对繁荣发展高校哲学社会科学的深切勉励和由衷期望。

伟大的时代呼唤伟大的理论，伟大的理论推动伟大的实践。高校哲学社会科学将不忘初心，继续前进。深入贯彻落实习近平总书记系列重要讲话精神，坚持道路自信、理论自信、制度自信、文化自信，立足中国、借鉴国外，挖掘历史、把握当代，关怀人类、面向未来，立时代之潮头、发思想之先声，为加快构建中国特色哲学社会科学，实现中华民族伟大复兴的中国梦做出新的更大贡献！

教育部社会科学司

前 言

西方传统逻辑学诞生之初就一直沿着多元化道路在发展，其中最重要的两条道路就是演绎逻辑和归纳逻辑。数理逻辑诞生以后，逐渐成为逻辑学的主体，而归纳逻辑尽管从培根开始，经过赫舍尔（J. F. Herschel）和惠威尔（W. Whewell）等的工作，在英国著名逻辑学家约翰·穆勒那里达到了古典归纳逻辑的高峰，遗憾的是从19世纪末开始沉寂不语近1个世纪，没有较大的发展，直到20世纪50年代才开始引起人们的足够重视，出现了许多贯彻现代科学思想的新兴归纳逻辑分支，形成了与现代数理逻辑（以亚里士多德逻辑演绎性为标识的数理逻辑、哲学逻辑等）、非形式逻辑等并驾齐驱的归纳逻辑。这些分支主要集中在三个方面：一是概率归纳逻辑。20世纪二三十年代以后，随着数学概率论趋于成熟，概率归纳逻辑得以产生和发展。概率归纳逻辑是应用概率论来系统地研究和表述或然性推理的。20世纪70年代前后，出现了一种非数学概率论的归纳逻辑理论，这种理论也被称为"非帕斯卡概率归纳逻辑"。出于对"概率"的不同解读与回归，概率归纳逻辑自20世纪50年代以后逐渐形成三大流派——经验主义概率归纳逻辑、逻辑主义概率归纳逻辑和主观主义概率归纳逻辑。二是因果陈述逻辑。因果陈述逻辑的创始人是当代哲学家、计算机理论家勃克斯（A. W. Burks），1951年他在 Mind 杂志上发表论文《因果命题逻辑》。三是局部归纳逻辑。局部（local）归纳逻辑是20世纪六七十年代新兴的归纳逻辑主流范式之一，其代表人物是科恩、莱维（I. Levi）等。局部归纳逻辑是相对于整体（global）归纳逻辑而言的，而且同归纳逻辑的辩护问题直接相关。因此，从逻辑学历史进程看，开展归纳逻辑尤其是现代归纳逻辑的理论与方法的研究，对于推动逻辑科学整体进步不仅具有重大的理论意义，而且具有重要的实践意义。

关于本书的体例安排，一方面，为了凸显对现代归纳逻辑的研究，我们把古典归纳逻辑、现代归纳逻辑的一些基础理论等预备知识、对有些理论的应用如数据挖掘实例等作为附录；另一方面，我们基本上依据课题内容，从现代归纳逻辑的创新功能、应用和认知基础三个方面建构体系。在我们看来，创新、应用与认知是现代归纳逻辑研究前沿的三个相互联系而各有侧重的发展方向。毋庸讳言，创新是归纳逻辑发展的第一要义，归纳逻辑的学术价值和实践意义就在于它强大的创新功能。然而，创新只有在应用中才能体现其价值和实践意义。只有通过应用才能不断体现其创新功能。归纳逻辑应用的目的不是别的，就是为了创新。归纳逻辑的认知基础研究本身就是为了扩展归纳逻辑研究视野，实现归纳逻辑认知转向的过程就是一个理论创新的过程。我们的研究表明，归纳逻辑的创新功能研究和应用研究将推动归纳逻辑认知基础研究的深入、持久发展。

本书为教育部哲学社会科学重大课题攻关项目"现代归纳逻辑的创新功能与应用及其认知基础研究"（05JZD0008）结题成果。前后参加该书撰写的作者有10多位，具体参与章节撰写的情况是：前言、绪论，何向东、刘邦凡、任晓明；第一章，陈晓平；第二章，李旭燕、刘邦凡；第三章，陈晓平；第四章，董英东、任晓明；第五章，崔建英；第六章，蒋军利；第七章，李章吕、任晓明、陈献礼；第八章，任晓明、胡怀亮；第九章，任晓明、王磊、刘邦凡；第十章，刘邦凡；第十一章，熊立文；第十二章、第十三章、第十四章，刘邦凡、何向东；第十五章，李章吕、刘邦凡、任晓明；第十六章，何向东、张存建；第十七章，刘邦凡、何向东；附录一、附录二，刘邦凡。全书由何向东、刘邦凡、任晓明统稿、定稿。胡怀亮、吕进、马明辉、李章吕、董英东等参与了部分章节的修改、润色。在出版过程中，刘邦凡对全书进行了多次修订，回晓文、岳佳、王阔和王闻珑也参与了修订。

全书编写过程中存在的不足之处，敬请批评指正。

摘　要

本书主要包括以下三个部分：

一是现代归纳逻辑与知识创新。

当代逻辑的最新发展表明，逻辑学与知识创新直接紧密地联系起来，出现了鞠实儿所提示的"逻辑学的认知转向"态势。这可以从两个方面加以说明。一方面，逻辑学多元化发展已经表明，逻辑学不存在唯一性，亚里士多德逻辑不是唯一的逻辑，数理逻辑也不是唯一的逻辑。众所周知，当今是一个信息爆炸的时代、一个知识创新的时代，人们在信息超载的前提下要实现知识创新，工具与方法的选择就显得更为重要。在这样的情况下，从一个角度看归纳是人类必须采取也只能采取的认知策略，人类有理由从经验的重复中建立某种确实性和规律性，其思维工具就只能是归纳，目的就只能是建立事实的局部合理，实现知识的阶段创新。如此，归纳逻辑重新为人们所瞩目，它大有用武之地，将成为引导知识创新的重要研究范式与工具。另一方面，从当今一些重要科学——信息科学、人工智能、知识管理、心理科学对于归纳逻辑的运用来看，人类在获取知识、修正知识、规范知识、表达知识的认知过程中，面对的不再仅仅是线性的模型环境，而更多的时候是非线性的模糊环境和复杂性，由此，对于工具与范式的选择也就不再是单一化的和仅仅是演绎化的，只要是能够实现知识创新的工具与范式，都在备选之列。一句话，只要是能实现知识创新的逻辑学，而不管它是否演绎，都有可能成为逻辑学的发展主流。因此，从科学认知和当代逻辑发展的态势看，广泛深入地进行归纳逻辑（尤其是现代归纳逻辑）与知识创新研究，不仅具有理论意义，而且具有实践意义，是推动知识创新、科学认知的现实需要。

二是现代归纳逻辑在人工智能及认知科学中的应用。

20世纪是科学和技术的世纪，科学和技术的飞速发展是这个世纪的最显著的特征。当今，人类已经可以抵达遥远的太空，潜入深邃的海洋、窥探微细的粒子。这种上天入地、揽宏握微的本领大大地拓宽了人类的视野，加深了人类对各种现象和奥秘的了解。然而，从古至今，有一个问题一直在深深困扰着我们，那就是创造出如此高级的科技文明的人类是如何进行思维的，思维和智能活动的机制是什么？科学试图解释一切现象，但是，怎样解释人类自己身上的智能现象？直到21世纪中叶，人类对智能的奥秘的探索，与两千年前的认识相比较，并无突破性的进展。原因是多方面的。最重要的一点可能是，对智能活动的机制，我们缺乏直接的观察。我们一直认为，智能活动是人脑的功能，但是，我们不能用打开大脑的方法来观察这些活动。即使可以用手术打开大脑，我们能看到的也只是一堆复杂的物质，而观察这些物质不足以将智能机制呈现在我们眼前。从这个角度看，智能现象与科学研究的其他自然现象之间有着深刻的差别。

这种观察上的限制是否意味着智能的奥秘之门对人类会永远紧锁呢？当然不是。随着20世纪40年代世界第一台电子计算机出现，人们逐渐发现，计算机可以在许多场合完成通常只有人脑才能完成的任务。这使得人们猜想，人脑可能就是一台非常复杂的计算机，人类的所谓智能活动只不过是类似于在计算机中发生的计算过程。而能够从事非常复杂的工作的计算机系统也因此被认为具有智能，这种智能被称为人工智能，以区别于人类具有的自然智能。

尽管围绕计算机人工智能再现人类思维，建立起了众多的人工智能理论与方法，形成了所谓的认知科学，而这些工作总体上看还只是开始，还只是一维地、单角度展示了人类思维的一些特征或现象，更多人类思维的复杂现象、复杂问题没有得到解决。以现代归纳逻辑为原理和方法，张扬归纳思维认知功能，充分利用现代计算机科学的高超技术，一方面实现对人类思维的再现，另一方面反思人类与机器思维（人工思维）的区别与联系，从而发展起具有接近人类智能的计算机。

一般人认为，人工智能的逻辑理论与方法基础是以演绎推理为推演的狭义认知逻辑，归纳逻辑在人工智能中无用武之地。其实，广义认知逻辑包括归纳推理，认知科学不能没有归纳推理的参加，只是归纳逻辑尤其现代归纳逻辑在人工智能和认知科学中的作用与价值未被充分发现和深入挖掘而已。对此开展系统研究，不仅具有重要的理论意义，而且具有重大实践价值。

三是现代归纳逻辑的认知基础。

从逻辑学，特别是从现代逻辑和哲学、语言学、心理学、计算机、人工智能等学科，深入、全面而系统地研究现代归纳逻辑的认知基础与方法，不仅非常必要，而且非常重要。这方面的研究，国内外学者尽管从不同的角度有所涉及，但都缺乏跨学科地对现代归纳逻辑的认知理论与方法予以整体把握。深入、全面而系统地研究现代归纳逻辑的认知理论与方法，不仅有利于知识创新和知识增长，而且有利于现代归纳逻辑的进一步发展与应用，有利于与归纳逻辑相关学科的发展。

这样的跨学科研究能否取得重要结论？根据我们的研究，回答是肯定的。例如，我们的研究结论已经表明，归纳逻辑的思想与方法不仅在人类认知活动中被广泛使用、效果良好，人们应用归纳推理得到的结论在很多情况下与实际结论基本一致甚至相同，而且在人们一些认知活动中，归纳逻辑的作用与价值要远远高于演绎逻辑。再如，我们的相关研究也表明，人们的社会认知并不是以演绎推理的逻辑为启动，相反，决定人们社会认知偏向的关键推理类型多为归纳和类比逻辑。当然，为什么会在这些具体人类认知活动中出现如此的情况，还有待于多学科的专家开展深入的实证分析与研究。同时，正如前面所说，现代归纳逻辑的创新与应用功能的学理渊源有着丰富的跨学科背景，深刻分析、概括现代归纳逻辑的认知基础，还有待于我们今后进行更细致、扎实甚至是艰苦的工作。

Abstract

This book mainly includes three parts:

First, the modern inductive logic and knowledge innovation.

The latest development of contemporary logic shows that logic and knowledge innovation are closely linked, and the trend of "cognitive turn of logic" proposed by Ju Shier has emerged. This can be explained in two ways. On one hand, the diversified development of logic has shown that there is no uniqueness in logic, Aristotle logic is not the only logic, and mathematical logic is not the only logic. As we all know, today is an era of information explosion and knowledge innovation. In order to achieve knowledge innovation under the premise of information overload, the choice of tools and methods becomes more important. Under such circumstances, from a point of view, induction is a cognitive strategy that human beings must adopt and can only adopt. Human beings have reason to establish certain certainty and regularity from the repetition of experience. Their thinking tool can only be induction, and their purpose can only be to establish the local rationality of facts and realize the stage innovation of knowledge. In this way, inductive logic has attracted people's attention again. It has great potential and will become an important research paradigm and tool to guide knowledge innovation. On the other hand, from the application of inductive logic in information science, artificial intelligence, knowledge management and psychological science, we can see that in the cognitive process of acquiring knowledge, modifying knowledge, standardizing knowledge and expressing knowledge, human beings are not only faced with a linear model environment, but more often with a non-linear ambiguous environment and complexity. The choice of tools and paradigms is no longer single and deductive, as long as they can achieve knowledge innovation tools and paradigms, are among the options. In a word, as long as it can realize the logic of knowledge innovation, regardless of whether it is deduced or not, it may become the mainstream of the development of logic. Therefore, from the perspective of the development of scientific cognition and contemporary logic, extensive and in-depth research on inductive logic (especially modern inductive logic) and knowledge innovation is not only of theoretical significance, but also of practical significance. It is a realistic need to promote knowledge innovation and scientific cognition.

Second, the application of modern inductive logic in artificial intelligence and cognitive science.

The twentieth century is the century of science and technology. The rapid development of science and technology is the most remarkable feature of this century. Nowadays, human beings have been able to reach distant space, dive into deep oceans and spy on tiny particles. This ability to go from heaven to earth and grasp macro to micro greatly broadens the horizon of human beings and deepens their understanding of various phenomena and mysteries. However, from ancient times to the present, there is a problem that has been deeply troubling us. That is, how do human beings create such a high-level scientific and technological civilization think, and what are the mechanisms of thinking and intelligent activities? Science tries to explain all phenomena, but how to explain the phenomenon of intelligence in human beings? Until the middle of this century, there was no breakthrough in the exploration of the mystery of intelligence compared with the understanding of two thousand years ago. There are many reasons. Perhaps the most important point is that we lack direct observation of the mechanism of intelligent activity. We have always believed that intelligent activity is the function of the human brain, but we can not open the brain to observe these activities. Even if the brain can be opened by surgery, what we can see is just a pile of complex substances, and observing these substances is not enough to present the intelligent mechanism in front of us. From this point of view, there are profound differences between intelligent phenomena and other natural phenomena in scientific research.

Does this observational limitation mean that the secret door of intelligence will always be locked to humans? Of course not. With the emergence of the world's first electronic computer in the 1940s, it has gradually been found that computers can accomplish tasks that normally only the human brain can accomplish on many occasions. This leads people to speculate that the human brain may be a very complex computer, and the so-called intelligent activities of human beings are only similar to the computational processes occurring in the computer. Computer systems capable of doing very complex work are therefore considered to have intelligence, which is called artificial intelligence, in order to distinguish it from the natural intelligence that human beings possess.

Although many theories and methods of artificial intelligence have been established to reproduce human thinking around computer artificial intelligence, and the so-called cognitive science has been formed. Generally speaking, these works are only the beginning, but also show some characteristics or phenomena of human thinking in one-dimensional and single-angle. More complex phenomena and complex problems of human thinking have not been solved. Based on the principle and method of modern inductive logic, this paper advocates the cognitive function of inductive thinking and makes full use of the advanced technology of modern computer science. On one hand, it realizes the reproduction of human thinking, on the other hand, it reflects on the difference and connection between human and machine thinking (artificial thinking), so as to develop a computer with human intelligence.

Generally speaking, the logic theory and method of AI is based on deductive reasoning, which is a narrow cognitive logic. Inductive logic is useless in AI. In fact, generalized cognitive logic includes inductive reasoning. Cognitive science can not do without the participation of inductive reasoning, but the role and value of inductive logic, especially modern inductive logic, in artificial intelligence and cognitive science have not been fully discovered and deeply excavated. It is of great theoretical significance and practical value to carry out systematic research on this issue.

Third, the cognitive basis of modern inductive logic.

It is not only necessary but also very important to study comprehensively and systematically the cognitive basis and methods of modern inductive logic from logic, especially from modern logic and philosophy, linguistics, psychology, computer, artificial intelligence and other disciplines. Although scholars at home and abroad have involved in this field from different perspectives, they lack an interdisciplinary understanding of the cognitive theory and methods of modern inductive logic. A thorough, comprehensive and systematic study of the cognitive theory and methods of modern inductive logic is not only conducive to knowledge innovation and knowledge growth, but also conducive to the further development and application of modern inductive logic and the development of related disciplines of inductive logic.

Can such interdisciplinary research draw important conclusions? According to our research, the answer is yes. For example, our research results have shown that the ideas and methods of inductive logic are not only widely used in human cognitive activities, but also have a good effect. In many cases, the conclusions drawn from the application of inductive reasoning are basically consistent with or even the same as the actual conclusions. Moreover, in some cognitive activities, the role and value of inductive logic is much higher than that of deductive logic. Moreover, our related research also shows that people's social cognition is not initiated by deductive reasoning logic, on the contrary, the key reasoning types that determine people's social cognitive bias are inductive and analogical logic. Of course, why such a situation occurs in these specific human cognitive activities remains to be deeply analyzed and studied by multi-disciplinary experts. At the same time, as mentioned above, the theoretical origin of innovation and application function of modern inductive logic has a rich interdisciplinary background. It is necessary for us to do more detailed, solid and even arduous work in the future to deeply analyze and summarize the cognitive basis of modern inductive logic.

目 录
Contents

绪论　1

第一章 ▶ 概率命题逻辑　20

第一节　概率演算的常用规则　20

第二节　概率命题逻辑系统 Pr　27

第三节　Pr 的一个子系统系列　34

第四节　贝叶斯定理及其应用　41

第二章 ▶ 概率解释及其发展　48

第一节　频率解释　49

第二节　逻辑解释　55

第三节　主观解释　62

第四节　主观解释的新发展：主体交互解释　75

第二章 ▶ 认证逻辑与认证悖论　83

第一节　古典认证逻辑　83

第二节　贝叶斯认证逻辑　89

第三节　认证悖论　104

第四章 ▶ 概率动态认知逻辑　114

第一节　概率认知逻辑（PEL）　114

第二节　概率动态认知逻辑（PDEL）　122

第五章 ▶ 概率认知博弈逻辑　142

第一节　引论　143
第二节　概率认知博弈逻辑　148
第三节　基于 PAL 求解均衡　156
第四节　剔除算法逻辑刻画的比较与分析　162

第六章 ▶ 对合作博弈的逻辑分析　168

第一节　引论　169
第二节　稳定性和博弈解　173
第三节　特征函数联盟博弈的逻辑刻画　177
第四节　基于逻辑规则的夏普里值计算　181

第七章 ▶ 支持逻辑及其发展　189

第一节　逻辑的视角：非帕斯卡概率逻辑的支持理论　189
第二节　认知的视角：主观概率判断的支持理论　191
第三节　支持理论的形式阐述　195
第四节　小结与展望　197

第八章 ▶ 归纳逻辑的认知基础问题　200

第一节　三门问题的认知分析　200
第二节　"睡美人"问题的认知分析　209
第三节　贝叶斯推理的认知分析　213

第九章 ▶ 因果化的归纳逻辑　225

第一节　穆勒五法的现代解读　225
第二节　因果陈述句逻辑系统　238
第三节　因果陈述逻辑推进了归纳逻辑的发展　253
第四节　因果陈述句逻辑与机器语言　261

第十章 ▶ 归纳逻辑在人工智能中的应用　268

第一节　归纳逻辑与人工智能概述　268
第二节　归纳逻辑程序设计概述　284
第三节　归纳推理与机器学习　292

第十一章 ▶ 人工智能中的不确定推理 311

第一节　贝叶斯网络　312
第二节　贝叶斯网的推理模式　315
第三节　主观贝叶斯方法　318
第四节　确定性因子方法　326

第十二章 ▶ 基于认知的神经网络及其应用 333

第一节　神经网络概论　333
第二节　模糊逻辑与神经网络　351
第三节　元胞自动机与神经网络　365
第四节　基于遗传算法的人工生命进化模型　378

第十三章 ▶ 现代归纳逻辑与信息检索技术 382

第一节　信息搜索技术概述　382
第二节　信息检索模型的逻辑　386
第三节　网络信息搜索技术的逻辑　394

第十四章 ▶ 模糊逻辑、数据挖掘与知识发现 398

第一节　模糊逻辑概论　398
第二节　数据挖掘概论　410
第三节　知识发现概论　422
第四节　基于模糊逻辑的数据挖掘之应用　429
第五节　数据挖掘与知识发现　434

第十五章 ▶ 决策逻辑及其应用 443

第一节　决策与决策逻辑　443
第二节　群体科学决策概论　450
第三节　决策逻辑在群体性决策中的应用　461
第四节　管理创新中的决策逻辑　475
第五节　政治发展中的决策逻辑　488

第十六章 ▶ 认证逻辑及其应用 501

第一节　经典认证逻辑概论　501

第二节　基于归纳概率的认证逻辑　512

第三节　认证逻辑对法学理论创新的启示　520

第十七章 ▶ 进化逻辑及其应用　525

第一节　进化逻辑的理论与发展　525

第二节　进化逻辑与人工智能的认知交叉　535

第三节　进化逻辑与西方逻辑东渐的教育关联　540

附录一　归纳逻辑基础理论介绍　551

附录二　逻辑符号说明　573

参考文献　575

Contents

Introduction   1

Chapter 1   Probability Propositional Logic   20

     1.1   Common Rules of Probability Calculation   20

     1.2   Probabilistic Propositional Logic System Pr   27

     1.3   A Subsystem Series of Pr   34

     1.4   Bayes Theorem and its Application   41

Chapter 2   Probability Interpretation and its Development   48

     2.1   Frequency Interpretation   49

     2.2   Logical Interpretation   55

     2.3   Subjective Interpretation   62

     2.4   The New Development of Subjective Interpretation:
Subjective Interactive Interpretation   75

Chapter 3   Authentication Logic and Authentication Paradox   83

     3.1   Classical Authentication Logic   83

     3.2   Bayesian Authentication Logic   89

     3.3   Authentication Paradox   104

Chapter 4　Probability Dynamic Cognitive Logic　114

4.1　Probability Cognitive Logic（PEL）　114

4.2　Probability Dynamic Cognitive Logic（PDEL）　122

Chapter 5　Probability Cognitive Game Logic　142

5.1　Introduction　143

5.2　Probability Cognitive Game Logic　148

5.3　Solving Equilibrium Based on PAL　156

5.4　Comparison and Analysis of Logic Characterization of Elimination Algorithm　162

Chapter 6　Logical Analysis of Cooperative Game　168

6.1　Introduction　169

6.2　Stability and Game Solution　173

6.3　Logical Description of the Game of Characteristic Function Alliance　177

6.4　Calculation of Sharpley Value Based on Logical Rules　181

Chapter 7　Supporting Logic and its Development　189

7.1　Logical Perspective Support Theory of non Pascal Probability Logic　189

7.2　Cognitive Perspective: Support Theory of Subjective Probability Judgment　191

7.3　Formal Elaboration of Supporting Theory　195

7.4　Summary and Prospect　197

Chapter 8　Cognitive Basis of Inductive Logic　200

8.1　Cognitive Analysis of Three Questions　200

8.2　Cognitive Analysis of Sleeping Beauty　209

8.3　Cognitive Analysis of Bayesian Reasoning　213

Chapter 9　Causal Inductive Logic and its application　225

9.1　Modern Interpretation of Muller's Five Laws　225

9.2　Logical System of Causal Statements　238

9.3　Logic of Causal Statement Promotes the Development of Inductive Logic　253

9.4 Logic of Causal Statements and Machine Language   261

Chapter 10   Application of Inductive Logic in Artificial Intelligence   268

     10.1   Overview of Inductive Logic and Artificial Intelligence   268
     10.2   Summary of Inductive Logic Programming   284
     10.3   Inductive Reasoning and Machine Learning   292

Chapter 11   Uncertain Reasoning in Artificial Intelligence   311

     11.1   Bayesian Network   312
     11.2   Reasoning Mode of Bayesian Network   315
     11.3   Subjective Bayesian Method   318
     11.4   Deterministic Factor Method   326

Chapter 12   Cognitive Neural Network and its Application   333

     12.1   Overview of Neural Network   333
     12.2   Fuzzy Logic and Neural Network   351
     12.3   Cellular Automata and Neural Network   365
     12.4   Evolution Model of Artificial Life based on Genetic Algorithm   378

Chapter 13   Modern Inductive Logic and Information Retrieval Technology   382

     13.1   Overview of Information Search Technology   382
     13.2   Logic of Information Retrieval Model   386
     13.3   Logic of Network Information Search Technology   394

Chapter 14   Fuzzy Logic, Data Mining and Knowledge Discovery   398

     14.1   Introduction to Fuzzy Logic   398
     14.2   Introduction to Data Mining   410
     14.3   Introduction to Knowledge Discovery   422
     14.4   Application of Data Mining based on Fuzzy Logic   429
     14.5   Data Mining and Knowledge Discovery   434

Chapter 15   Decision Logic and its Application   443

     15.1   Decision Making and Decision Logic   443

15. 2　Introduction to Group Scientific Decision Making　450
15. 3　Application of Decision Logic in Group Decision　461
15. 4　Decision Logic in Management Innovation　475
15. 5　Decision Logic in Political Development　488

Chapter 16　Authentication Logic and its Application　501

16. 1　Introduction to Classical Authentication Logic　501
16. 2　Authentication Logic based on Inductive Probability　512
16. 3　Enlightenment of Authentication Logic to the Innovation of Legal Theory　520

Chapter 17　Evolutionary Logic and its Application　525

17. 1　Theory and Development of Evolutionary Logic　525
17. 2　Cognitive Intersection of Evolutionary Logic and Artificial Intelligence　535
17. 3　Educational Connection between Evolutionary Logic and the Eastward Spread of Western Logic　540

Appendix 1　Introduction to the Basic Theory of Inductive Logic　551
Appendix 2　Description of Logical Symbols　573
Reference　575

绪　论

现代归纳逻辑的前沿研究涉及很多问题，其中最值得关注的主要问题有：归纳逻辑的创新功能问题、归纳逻辑的应用问题和归纳逻辑的认知基础及其哲学问题。我们的研究是以创新为第一要义、以应用为主导、以认知和哲学的三个相互联系的方面为基础，研究的问题围绕着以上三方面，涉及归纳逻辑从理论主导到应用主导的转变、从外延主义向内涵主义的转变、从概率的客观主义向主观主义的转变、从逻辑到认知、从规范性研究向描述性研究的转变等。

一、逻辑与创新：创新离不开归纳逻辑，归纳逻辑是创新推进器

党的十六大报告指出，创新是一个民族进步的灵魂。在我们看来，创新是实践科学发展观和推动社会进步的推进器。然而，无论是社会制度创新和体制创新，还是理论创新和知识创新都离不开逻辑。

美国《独立宣言》起草人杰斐逊曾经就社会制度创新与逻辑的关系提出了以下论断：

在一个共和国，由于公民所接受的是理性与说服力，而不是暴力的指引，推理的艺术就是最重要的。

实际上，在科学理论创新的过程中，在推动和谐社会发展过程中，在促进科学发展和社会进步方面，我们都需要运用逻辑以达到可靠的结论。没有什么研究会有比这个更为广泛的用途。可见，科学发展和理论创新、社会进步和制度创新都离不开逻辑。逻辑学的重要性在于它的强大创新功能和广泛应用。理性化的社会需要逻辑，尤其是具有强大创新功能的归纳逻辑。

我国政治与社会改革学者马立诚（2008）指出：中国历史上十几次大的改朝换代都成功了，而十几次大的改革却大多失败了。原因何在？他的结论是：国人

可以不向暴力屈服,却拙于以理性探索见长的制度创新。

在这里,"以理性探索见长的制度创新"指的就是运用逻辑探索和研究而实现的思想发展和理论创新。理性大致指古希腊哲学中的"逻各斯"。推理、论证、反思、权衡就是理性思维的过程,也是逻辑研究的基本内容。可见,创新离不开逻辑理性,逻辑的探索和应用有助于社会进步、科学发展和理论创新。

历史的经验证明了这一点。我们知道,20世纪爆发的五四运动,其突出成果就是引进了西方的两位先生——"德先生"和"赛先生",也就是"民主"和"科学"。尽管民主和科学的思想一方面开启了民智,解放了国人的思想;但是另一方面,在逻辑理性缺失的中国(旧)社会,提倡科学的直接结果就是把科学看作是唯科学主义(scientism),推行西式民主的结果更是悲惨得很(殷海光,2008)。西方科学之所以在中国遭到误解,西式民主在中国之所以遭遇惨烈命运,关键在于当时的中国还不具备支撑民主和科学健康运行的逻辑理性基础。逻辑是讲道理的,制度创新离不开逻辑理性,但是在近代中国,军阀和政客不跟你讲道理,宋教仁被刺和袁世凯篡权就是再明显不过的例子。

近代中国社会变革举步维艰,停滞不前,其症结究竟在哪里?爱因斯坦的论断可以给出部分答案。在他看来,西方科学的发展是以两个伟大的成就为基础,那就是:希腊哲学家发明的形式逻辑体系(在欧几里得几何学中)以及发现通过系统的实验有可能找出因果关系(在文艺复兴时期)。

实际上,这两个成就都属于同一学科——逻辑,前者是演绎逻辑,后者是归纳逻辑。在爱因斯坦看来,科学的发展和创新是以逻辑为基础的。进一步说,中国民主社会,和谐社会的建立,中国的科学发展必须扎根于逻辑理性和逻辑精神。然而,当时的中国恰恰缺乏这种逻辑理性和逻辑精神。正所谓:

橘生淮南则为橘,生于淮北则为枳,叶徒相似,其实味不同。所以然者何?水土异也。(《晏子春秋·内篇杂下》)

没有逻辑理性做基础,民主和科学不可能在中国生根。因此,洋务运动,引进了西方的坚船利炮,结果中国还是屡战屡败,中国社会依然每况愈下。

正是因为认识到逻辑应用对于社会变革图强的重要性,启蒙思想家如严复终于醒悟:中国的变革首先是对传统思维方式的变革——变"唯古"为创新、变臆断为实证、变模糊为清晰、变零散之说为系统之学。变的目的就是弥补中华文化对逻辑传统的缺失,研究和应用逻辑这个"西洋文明中最厉害的东西"(殷海光),变的途径之一"就是规规矩矩地学习逻辑"。

从我国当代社会发展现实来看,在这个社会立体化转型过程中,一切都在变化,社会在不断发展,新的文化范型有待确立,在这个大变革时代,制度需要创新,理论更需要创新。然而,现实的情况却是逻辑理性的缺失,相对主义、虚无主义以及非理性思想的泛滥。

在我们这个大变革时代，需要的是对逻辑理性的认同和回归、需要的是发挥逻辑的创新功能、需要的是逻辑的应用。在这个急剧转型的时代，正是呼唤逻辑理性、弘扬逻辑精神的伟大新时代。逻辑不仅要维护其阳春白雪的清高（理论研究），还要兼顾下里巴人的日常生活（应用研究），只有当逻辑的创新功能充分发挥之时，只有当全社会都在学逻辑、用逻辑、讲道理的时候，"德先生"和"赛先生"昭示的社会发展和理论创新才会实现；只有当逻辑精神深入人心、蔚然成风之时，我们的社会制度创新和科学理论发展才有可能。

总的说来，创新需要逻辑，创新离不开逻辑；逻辑支撑创新，逻辑推动创新。在逻辑学体系中，主要包括演绎逻辑与归纳逻辑两大分支。与演绎逻辑相比较，归纳逻辑的创新功能更为突出。这是由归纳推理与演绎推理的本质区别决定的。

归纳推理与演绎推理的主要区别在于：

第一，从思维进程来看，演绎推理是从一般性认识推出个别性认识；而归纳推理是从个别性认识推出一般性认识。

第二，从结论所断定的知识范围看，演绎推理的结论没有超出前提所断定的知识范围；而归纳推理的结论是由个别性知识经概括得到的一般性知识，超出了前提所断定的知识范围，从这种意义上说，归纳推理也被称为放大性推理。

第三，前提与结论联系的性质不同。归纳是或然性推理，前提并不蕴涵结论，即使前提都是真实的其结论未必真实，只具有或然性。而演绎推理是必然性推理，它的前提蕴涵结论，结论断定的情况包含在前提之中，不能超出前提断定的范围，只要前提都真实，并且推理形式有效，其结论就一定是真实可靠的。

从创新的角度看，问题的关键在于，演绎推理的结论没有超出前提所断定的知识范围，这就意味着演绎推理的创新往往是在整合意义上的创新，是在较低层次上的创新；而归纳推理的结论是由个别性知识经概括得到的一般性知识，超出了前提所断定的知识范围，这就清楚地表明，归纳逻辑的创新是在原创意义上的创新，是在较高层次上的创新。

当然，归纳逻辑的强大创新功能是以牺牲必然性为代价的。一方面，因为归纳是或然性推理，前提并不蕴涵结论，即使前提都真实其结论也未必真实，不能必然推出结论。然而正是因为它不能"必然推出"使得它可以"必然地创新"。另一方面，演绎推理是必然性推理，演绎逻辑是"必然推出"的逻辑，然而这一"必然推出"使得它不得不牺牲创新性，不能"必然地创新"。换言之，尽管演绎推理只要前提都真实且推理形式有效，其结论就一定真实可靠，但是它的前提蕴涵结论，结论断定的情况包含在前提之中，不能超出前提断定的范围。概言之，与演绎逻辑相比较，归纳逻辑的创新作用更为明显，创新功能更为强大，归纳逻辑的创新往往是原创性的，归纳逻辑的创新作用和功能是必然性的。

在我们看来，归纳逻辑的创新功能主要体现在以下几个方面：（1）古典归纳逻辑与现代归纳逻辑的科学认知与科技创新；（2）因果陈述逻辑的认知与知识创新；（3）归纳悖论与哲学发展；（4）概率逻辑与知识进步；（5）认证逻辑与法学理论创新；（6）进化逻辑与科技文化进步；（7）决策逻辑与管理创新，政治发展。

二、理论与应用：应用的归纳逻辑与归纳逻辑的应用

从归纳逻辑发展的历史来看，应用归纳逻辑的兴起和对归纳逻辑应用的关注具有历史的必然性。

从 20 世纪到现在，现代归纳逻辑的发展大致经历了三次大的浪潮。1921～1960 年这个时期可以称为现代归纳逻辑发展的第一次浪潮。在这一时期，对数理逻辑形式化方法的重视，对归纳逻辑形式系统的句法研究占据了主导地位。赖欣巴哈（H. Reichenbach）的频率概率逻辑系统和卡尔纳普（R. Carnap）的极为精致的概率逻辑系统是这一时期的代表性成果。第二次浪潮的时间在 1960～1980 年。在这一时期，研究重点转移到形式系统的句法修正和语义解释的多元化。概率语义学的兴起标志着第二次浪潮的开始。非巴斯卡概率逻辑的提出是第二次浪潮的又一个主要标志。其代表人物是科恩（J. L. Cohen）和沙克尔（G. Shackle）。20 世纪 80 年代，计算机科学家和人工智能研究者把概率逻辑作为工具对包括专家系统、基于主体的系统等知识系统的知识进行推理，推动了贝叶斯网络、知识挖掘、知识处理等方面的研究。经济学家、社会学家、政治学家把概率应用于主体间行为、群体行为的研究，发展了经济博弈论和经济博弈的逻辑。现代归纳逻辑发展的第三次浪潮是指归纳逻辑在许多领域的应用。总体来说，国际上现代归纳逻辑的发展经历了一个从理论到应用的发展过程。现代归纳逻辑在我国的发展也经历了这样一个类似的过程。

现代归纳逻辑于 20 世纪 80 年代初期传入我国，并于 90 年代初得到了迅速传播和发展。在理论研究方面，首先是对国外的现代归纳理论进行介绍和学习，引进了大量的译文和译著，其中，洪谦主编的《逻辑经验主义》和江天骥主编的《科学哲学名著选读》就是这一时期的重要著述，他们为我国学者进行现代归纳逻辑的研究提供了丰富的参考资料。其次是在对国外归纳理论进行介绍、评价、学习、吸收的同时，我国学者开始对现代归纳逻辑理论进行深入的研究、探索，并取得了丰硕的成果。

江天骥的《归纳逻辑导论》是一本以主观贝叶斯主义的观点来介绍现代归纳逻辑的著作，内容涉及现代归纳逻辑的各个方面。江天骥认为归纳推理是主观的不充分置信的推理，即推理者以一定置信度接受前提，由这些前提出发达到结论，而对结论的置信度要比前提的置信度小。江天骥说明了什么是归纳概率，什么是主观概率以及两者之间的关系。他指出，归纳概率的定义、测定推理的归纳概率的方法以及构造合理的归纳推理的方法，这些构成了归纳逻辑的理论。对归纳概率的定义不同，所形成的归纳逻辑理论也不同。江天骥以主观概率的观点讨论了传统的逆推理、简单枚举法、排除归纳法和类比推理。他所说的逆推理就是通常所说的回溯推理或溯因法，也叫假说演绎法，所说的类比推理实际上是单称预测推理。书中介绍了统计推理和决策理论，而统计推理和决策理论是这本书中最有特色的部分。江天骥讨论了几种不同的概率概念：频率概率、逻辑概率、主观概率等；研究了休谟问题、古德曼悖论和亨普尔悖论；详细介绍了归纳逻辑从近代到现代的发展过程中研究内容、研究思路的变化。在该书的最后一章，江天骥强调，传统归纳逻辑所研究的枚举归纳法、类比法、排除归纳法和假说演绎法四种推理形式并不重要，因为它们是互相关联的，可以互相还原的。归纳逻辑目前的任务不是把传统的归纳推理形式化，而是把数理统计中所用的几种不同的测定概率值的方法分离出来，把它们公理化，然后推出这些公理的后承。江天骥给归纳推理和归纳逻辑下了一个定义：归纳推理就是由充分相信的前提过渡到相信度较小但并非不相信的结论的过程，其目的在于测定这个结论相对于前提的概率值，概率值的测定是按照一个特定的一般方法做出的，这个方法就是归纳法。归纳逻辑就是关于这些归纳方法的理论，它描述这些方法的特征，把它们系统化，并展示在哪些情况下某一归纳方法的应用是合理的。江天骥认为，把一切归纳方法用公理集加以系统化的归纳逻辑目前还不存在，现在只有归纳逻辑的断片或一些归纳逻辑的雏形。

与此同时，我国学者在归纳逻辑的应用研究方面取得了较大的成绩，把归纳逻辑的研究与人工智能、认知科学的研究结合起来，实现了归纳逻辑研究理论与应用的结合。

进入 21 世纪以后，在丰富的理论研究成果的基础上，我国学者开始了现代归纳逻辑的应用研究。这一时期的应用研究领域是计算机科学、人工智能以及认知科学，尤其是在不确定推理和认知悖论研究、信念悖论的研究等方面。

人工智能是一个正在蓬勃发展的学科，它具有重要的理论价值和应用价值。人工智能又是一个不断遇到各种问题、各种困难的领域，它的许多理论尚不完善，亟待发展，其中许多问题与归纳逻辑有关，如知识获取、不确定性推理等问题。所以，人工智能领域的学者非常注意从哲学和逻辑中吸取思想和技术，例如，我国学者在机器学习的研究中用到了卡尔纳普的归纳推理论和科恩的归纳理论（熊立文，2004）。

我们知道，人工智能有两个目标：一个目标是用计算机代替人从事脑力劳动，这是实用目标或工程目标；另一个目标是通过人类认知的计算机模拟来揭示人类认知的结构和机制，试图揭开大脑认知之谜，这是科学的目标。无论从哪一方面讲，对归纳理论的研究都是必不可少的（熊立文，2004）。

首先，推理是人类重要的思维能力，推理既包括必然性的演绎推理，又包括不确定性推理。例如，专家系统的推理依靠人类专家的知识，在许多领域中，专家的知识常常是不精确的、不确定的，有很多属于专家个人的经验。专家系统所处理的对象往往是不典型的、模糊的，其证据具有不确定性，甚至规则也是不确定的，这些都涉及不确定性推理。人工智能处理不确定性推理的手段有两种，一种是数值型的，另一种是非单调逻辑。数值型的方法主要有主观贝叶斯方法、确定性因数方法、证据理论和可能性理论，这些方法与归纳逻辑和模糊逻辑有关，与现代归纳逻辑中的概率逻辑比较接近。非单调逻辑刻画的是人的动态认知推理过程。在日常思维中常有这种情况，人们在处理某个问题时，所掌握的有关信息是不完全的，但由于种种原因，必须立刻做出决策。这时人们会根据已有的知识进行推理，得出结论。当掌握了新的信息后，再对原有的知识进行修正，删除一些结论，提出新的结论等。非单调逻辑对不确定性推理的处理方法与归纳逻辑不同，它对归纳逻辑研究有很大的启发（熊立文，2004）。

其次，机器学习是人类具有的一种重要的智能行为，不具备学习能力的机器不能算是有智能的，因此，机器学习是人工智能研究的一个重要领域。机器学习的方法有很多，其中包括归纳学习和类比学习。归纳机器学习是人工智能领域研究的一个热点问题。归纳机器（IM）是指一个能够实现归纳论证的程序。它最早是由培根在《新工具》（1620）中提出来的一个设想。但长期以来，归纳机器理论却一直饱受非议。我国学者鞠实儿在尼克尔斯（Nickles）研究的基础上论证了归纳支持的有效性，从而证明了归纳机器产生的结果有可能得到先验评价给予的证据支持并具有某种程度的合理性，由此阐明了归纳发现机器及其一般结构的合理性，最终反驳了否定归纳发现机器（IM2）的主要论据，并指出：虽然适用于一切场合的通用的 IM2 是不存在的，但是，在一组可明确规定的条件下，IM2 是可靠的算法（鞠实儿，1990b）。

最后，数据库中的知识发现（knowledge discovery in database，KDD），又叫数据发掘，是从机器学习领域发展、分离出来的研究领域。随着科学技术的迅速发展，数据库的规模越来越大。人们需要对数据库中大量的数据进行加工处理，从中发现隐含的、未知的知识，以便对人们的决策提供支持。KDD 就是在这种背景下发展起来的开发信息资源的方法和技术。KDD 是从数据库大量的原始数据中得到一个较为概括的陈述，这个陈述被称为模式或规则，它具有一定的可信度。这方面的研究涉及归纳概括问题（熊立文，2004）。

归纳逻辑与人工智能相结合的应用研究是归纳逻辑研究的前沿。它基于将现代归纳逻辑与人工智能"嫁接"起来的设想。人工智能领域中与归纳逻辑密切相关的主要有专家系统中的机器学习主体和不确定性推理问题。人工智能界的学者为解决本领域问题从现代归纳理论中吸收了一些思想、技术、方法加以应用，主要用到卡尔纳普和科恩的理论（宋文坚等，2000）。

归纳逻辑在 21 世纪的另一重要的应用领域之一是决策和博弈。决策和博弈是现代归纳逻辑在 21 世纪最成功的应用领域之一，而决策论与博弈论的发展主要得益于归纳概率逻辑的研究成果，特别是 20 世纪 80 年代以来蓬勃发展的主观贝叶斯主义。

一方面，主观贝叶斯主义是决策和博弈的理论基础。主观主义（即私人主义）认为，概率可以看作个体（私人）对于命题的相信程度（如我相信，根据以往经验，明天下雨的概率 = 80%），称为信念度或置信度（degree of credences）。主观主义常被称为"主观贝叶斯主义"，意在强调贝叶斯定理在主观主义概率演算中通常起着特别重要的作用。主观主义允许不同主体对同一假说可以根据自己所掌握的背景知识合理地赋予不同的先验概率，同时允许根据新信息不断调整后验概率，贝叶斯定理就是一种现成的计算工具。为了克服主观标准的随意性，最后"意见收敛定理"发挥作用，主体间得到趋同的结果，"主观"就逐步向"客观"靠拢了。可见，主观贝叶斯主义不仅可以容纳客观因素，而且，按照拉姆齐的看法，在实际预测的场合中，"主观主义的解释是唯一适用的"。所以，江天骥指出："主观贝叶斯主义或私人主义已成为现代归纳逻辑和决策论中一个强有力的学派。"主观主义概率逻辑的兴起是"推理方法上的革命"。[①] 实际上，主观贝叶斯学派对主观概率的估计就是根据局中人的决策行为进行的。因此，主观贝叶斯主义是决策和博弈的理论基础（任晓明，2009）。

另一方面，统计推理中的假说检验本身就是一种决策理论。从历史上看，在培根和穆勒时代，一些数学家和具有数学倾向的逻辑学家提出了一种严密的归纳推理技术，即统计推理。这种归纳推理一开始就与决策理论如影随形、不可分割。当时，为了解决赌博中的决策问题——决定接受或不接受某一赌法——数学家们提出了借助概率的统计推理技术。这些技术推广到其他事件上，就成了逻辑方法。到现在，它们已发展成为许多数学理论及分支，如统计决策论、经济决策

---

① 江天骥. 归纳逻辑导论 [M]. 长沙：湖南人民出版社，1987：349，351.

论、决策分析等。在这里，归纳推理与决策理论无例外地结合在一起。从纯逻辑角度看，归纳推理与决策理论的内容本身也是相互依存、相互渗透的。从某种意义上说，决策理论是归纳逻辑的发展和应用，因为概率是决策论的基本概念；而通过归纳推理确定事件或命题的概率是归纳逻辑的主要内容。此外，归纳推理的目的是为科学决策提供依据。对各种数据、材料的整理和归纳，就是为了做出决策。由此可以看出归纳与决策的密切联系。

综上所述，无论从国际上逻辑发展的大趋势看，还是从我国归纳逻辑研究的发展趋势来看，归纳逻辑研究的发展正经历着从关注理论研究到关注应用研究的转向，与逻辑学的"实用转向"或"应用转向"相适应，现代归纳逻辑也经历了从关注归纳逻辑理论研究到关注归纳逻辑应用研究的转向。这就是归纳逻辑的"实用"或"应用"转向。这个转向的具体表现就是应用归纳逻辑的兴起和对归纳逻辑应用的关注（张建军，2007）。

我们对归纳逻辑的应用研究主要讨论以下几个方面：(1) 概率逻辑、决策与博弈逻辑及其应用；(2) 因果陈述句逻辑、进化逻辑、不确定推理等归纳逻辑的应用；(3) 基于神经网络的模糊逻辑在计算机和人工智能、搜索技术中的应用；(4) 基于模糊逻辑规则的数据挖掘理论及其应用等。

三、逻辑与认知：归纳逻辑的认知转向

20 世纪是现代归纳逻辑取得重大进展的一百年。在此之前，对休谟问题的思考，概率论的发展和数理逻辑的兴起，为现代归纳逻辑的产生创造了必要的条件。现代归纳逻辑的初步形成是在 20 世纪 20 年代。以"凯恩斯革命"闻名于世的英国经济学家凯恩斯（J. M. Keynes），同时也是逻辑学家。因为他在 1921 年出版了《论概率》，率先把数学概率论与归纳逻辑相结合，建立了第一个概率逻辑系统。此后，逻辑学家们纷纷提出自己的概率逻辑系统，所以我们可以说，凯恩斯开创了现代归纳逻辑发展的新时代。

20 世纪 80 年代，计算机科学家和人工智能研究者把概率逻辑作为工具对包括专家系统、基于主体的系统等知识系统的知识进行推理，推动了贝叶斯网络、知识挖掘、知识处理等方面的研究。经济学家、社会学家、政治学家把概率应用于主体间行为、群体行为的研究，发展了经济博弈论和经济博弈的逻辑。从那以后，现代归纳逻辑发展从数学化、形式化的研究转向了归纳逻辑的应用研究以及归纳逻辑的认知基础研究。

现代归纳逻辑的主体是概率逻辑，而概率逻辑研究经历了从巴斯卡概率到非巴斯卡概率的转变和发展。与此同时，归纳概率逻辑研究的重点也经历了从数学

化概率逻辑向认知化概率逻辑的转变。这主要体现在三个方面：第一，从概率逻辑的语义上看，归纳逻辑研究焦点集中在对概率的各种不同解释上。按照古典解释，概率与可能性是密切相关的，这样一来，概率就成了一种模态；按照逻辑的解释，概率理论作为部分蕴涵的逻辑，实质上是演绎逻辑的推广；对于像频率解释和性向解释那样的客观主义解释来说，概率理论可以看作"机遇"的逻辑；按照主观贝叶斯主义的解释，概率是部分信念的逻辑。这方面的主要发展趋向是概率解释的多元化，在各种解释中，认识论解释适用于社会科学，而客观主义解释适用于自然科学。在这个过程中，主观概率有了长足的发展，特别是主体交互概率解释的兴起和发展。非巴斯卡概率的主观主义解释和客观主义解释也随之提出。这些研究启发和促使逻辑学家突破外延主义经典逻辑的限制，开启了非外延的非经典逻辑研究，推动了归纳逻辑的认知和心理的研究。第二，在逻辑句法方面，通过对主观主义概率原则的放宽和弱化，催生了许多非巴斯卡概率公理系统，如抛弃西格马域子结构、抛弃精确概率、完全抛弃数字概率、负值概率和复数值概率、抛弃正规化公理等，从某种意义上来说，它们是在巴斯卡概率的各种解释遇到这样那样困难的情况下提出来的，是对巴斯卡概率逻辑的进一步发展，是"异常"逻辑在归纳概率逻辑中的对等物。其中，"动态概率认知逻辑"以及概率判断的支持理论等就是归纳逻辑关注认知的必然结果。在主观主义概率理论发展的大背景下，这些认知化的逻辑的提出开启了把概率逻辑与认知逻辑结合起来研究的全新道路，成为概率逻辑系统的一支新秀；而支持理论则进一步发展了非巴斯卡概率理论中的支持理论，从认知科学方面发展了现代归纳逻辑。第三，在应用方面，随着主观贝叶斯主义的蓬勃兴起，归纳逻辑被广泛地应用于社会科学和自然科学。一方面，经济学家、社会学家、政治学家把贝叶斯定理作为工具，应用于主体间行为、群体行为的研究，极大地促进了决策理论和博弈论的发展，使归纳与决策的问题、归纳与博弈问题成为研究热点，其表现之一是归纳概率与博弈论相结合的"博弈逻辑"的兴起；另一方面，计算机科学家和人工智能研究者把归纳逻辑，特别是贝叶斯定理作为工具对包括专家系统、基于主体的系统等知识系统的知识进行推理，推动了贝叶斯网络、知识挖掘、知识处理、机器学习等方面的研究。总的来说，对认知逻辑和认知基础的关注是现代归纳逻辑发展的重要标志，而对休谟问题、归纳悖论问题以及概率的解释问题的研究仍然是归纳逻辑哲学的主要问题。

通过归纳逻辑认知基础和逻辑哲学的研究，我们可以得到三个方面的启示：

第一，归纳逻辑发展的历史是先行理论不断为更新、更好的后继理论所更替的历史，也是在不断消解归纳悖论、归纳疑难的过程。

归纳逻辑是在不断消解归纳悖论、归纳疑难的过程之中逐步确立并且巩固自己的理论基础的。在这个过程中,新旧理论不断更替、不断发展。在归纳逻辑开创者们披荆斩棘、"过五关斩六将"的过程之中,出现过形形色色的归纳悖论和疑难,如经典的归纳之谜(最著名也是最基本的"休谟问题",人们普遍认为它威胁到归纳逻辑的合法性)、新的归纳之谜(古德曼悖论)、抽彩悖论、逃票者悖论等。所有这些"归纳悖论"和疑难都起到了归纳理论的试金石和"智能的磨刀石"的作用,同时也像"喷气式"助推器那样推动着归纳逻辑的发展。

曾经有一位编辑十分困惑地问过桂起权教授,古德曼的蓝绿宝石悖论和亨普尔的乌鸦悖论,看起来很像是文字游戏或者绕口令,真不知道研究它们对于逻辑发展有什么益处?桂教授回答,如果无法消解这些归纳悖论,那么归纳逻辑的合理性就不能得到辩护,归纳逻辑就没有牢靠的哲学基础,这样的话,归纳逻辑学家就一刻也不得安宁。事实正是这样,归纳逻辑本身就是在试图解决这些疑难的过程中逐步发展起来的。其实,现代归纳逻辑林林总总的各种形式系统,无疑是对"休谟问题"的回答,换言之,休谟对归纳推理合理性的诘难推动了现代归纳逻辑的发展。可以说,归纳逻辑的发展历史就是一个不断解决悖论、疑难的过程。一般地说,在前后相继的理论更替过程中,每一种新理论都从特定角度消解了旧理论的某种疑难,因而相对地说具有更高的恰当性、合理性。

第二,归纳逻辑本质上是一种哲理性逻辑,对于归纳逻辑认知基础和哲学问题的研究非常重要,有助于推动归纳逻辑的"认知转向",促进归纳逻辑研究的不断深化。

归纳逻辑本质上是一种哲学逻辑,即哲理性的非经典逻辑,因此归纳逻辑的哲学问题非常重要。江天骥注意到,"归纳逻辑历来是哲学家和统计学家都很关心的一个研究领域。"当然两者的角度有所不同。这里所说的哲学家主要是指科学哲学家。科学哲学家重视认识概率(名为"主观概率",实为通过主观认识反映客观),统计学家往往只注重客观概率,却不承认"主观概率"。与统计学家不同,正统科学哲学家是"基础主义者",主要关心如何解决逻辑经验论的哲学问题,关心科学理论何以具有合理的逻辑基础和可靠的经验基础。因此他们专心探究语言和逻辑的形式系统,非常强调归纳合理性的辩护问题。然而,统计学家们对归纳逻辑的哲学方面的讨论却感到莫名其妙,甚至厌恶。因此也有学者甚至对归纳逻辑持拒斥态度。这一切恐怕都源于对归纳逻辑本质的认识有偏差。事实上,关于归纳逻辑认知基础和哲学问题的研究非常重要,有助于推动归纳逻辑的"认知转向",促进归纳逻辑研究的不断深化。

第三,对决策逻辑的关注源于对主观贝叶斯主义的重视和高度评价。高度重视主观贝叶斯主义,深入研究在主观贝叶斯主义基础上发展起来的决策和博弈的理论,可以推动归纳逻辑的应用研究,促进归纳逻辑的认知基础问题研究。

我们的研究表明，对决策逻辑的关注源于对主观贝叶斯主义的重视和高度评价。按照江天骥的看法，主观贝叶斯主义"在近三十年来获得更令人瞩目的发展"。在应用方面，经济管理也成为应用贝叶斯方法的最重要的领域之一。在理论上，贝叶斯主义不仅是一种关于统计推理的理论，而且将发展为"贝叶斯的科学哲学"（罗森克兰茨）（任晓明，2009）。因此，我们可以说，主观贝叶斯主义极大地促进了博弈和决策理论的发展，同时也推动了应用归纳逻辑的发展和人们对归纳逻辑应用的极大关注。

我国归纳逻辑研究的前辈江天骥先生早就认识到"主观贝叶斯主义"（对概率作"私人主义"解释）的深刻性和合理性。20世纪80年代中期他多次说过，主观贝叶斯主义的"主观概率"比单纯"客观概率"更加全面，更加符合实际，因为它能同时把握主客观，把两个方面的因素都考虑进去。他很清楚，在中国当时的语境下，一说起"主观主义"，人们容易联想起毛泽东所说的"主观主义是共产党的大敌"诸如此类的话。因此，为了避免不必要的误解，他更多地使用其他替代词，用"私人主义"替代"主观主义"；用"认识概率""心理概率"来替代"主观概率"。其用意就在于表明，可以通过主观认识反映客观真实。然而，学术界对此真正有比较清醒的认识恐怕是晚近的事情了。实际上，20世纪80年代末，国内学界对主观贝叶斯主义理论的研究已经涉及归纳逻辑的认知基础问题。有的学者甚至把概率分为认知概率与客观概率，并把主观概率等同于认知概率。这揭示了主观贝叶斯主义与归纳逻辑认知基础研究方向的内在联系。

30多年来的归纳逻辑发展历史表明，正是由于主观贝叶斯主义的兴起，才极大地促进了博弈和决策理论的发展，推动了归纳逻辑认知基础的研究。在主观主义解释的框架中，近年来兴起不少新的理论，例如，从动态方面探讨概率的变化，即更新概率（updating probability）的理论、唐纳德·吉利斯（Donald Gillies，2000）提出的概率的主体交互（intersubjective）解释等，他们丰富和发展了概率的主观主义解释。实际上，主观贝叶斯主义学派对主观概率的估计就是根据局中人的决策行为进行的。因此，主观贝叶斯主义是决策和博弈的理论基础。另外，对归纳逻辑的认知基础的研究主要涉及的是主观贝叶斯主义的概率理论。主观贝叶斯主义的兴起引起了许多哲学家、心理学家对概率逻辑的关注，同时也揭示了主观贝叶斯主义面临的理论和应用的困难。诸如三门问题、睡美人问题以及其他认知悖论的探讨开辟了归纳逻辑研究的新方向，这个方向就是鞠实儿教授提出的逻辑学的"认知转向"。

从认知科学和哲学的视角看，归纳逻辑句法的发展经历了从巴斯卡概率逻辑到非巴斯卡概率逻辑的发展历程。前者是经典概率逻辑，后者是非经典概率逻辑。这类似于演绎逻辑中经典逻辑与非经典逻辑之分。因此，我们在第十六章首先讨论了经典概率逻辑。其中的概率演算规则和概率逻辑系统都属于经典概率逻辑，在随后的章节中我们逐步引入非经典概率逻辑。例如，在有关章节中探讨的归纳支持逻辑就是一种非巴斯卡概率逻辑，也是一种非经典概率逻辑系统。同样，归纳逻辑语义和哲学方面的发展经历了从客观主义到主观主义的发展历程。客观概率解释包括概率的古典解释、频率解释等；主观概率解释包括概率的拉姆齐的主观解释、吉利斯的主体交互解释等。我们还集中探讨了概率解释问题。首先简要讨论了古典解释、频率解释、逻辑解释以及有关的哲学问题，然后详尽探讨了主观解释和近年来主观解释的新发展，探讨了归纳逻辑研究前沿的一些重要理论问题。我们也重点探讨了基于假设—演绎方法的确证逻辑理论以及确证悖论问题，这是最能体现作为一种哲学逻辑的归纳逻辑特征的理论，是逻辑学家和科学哲学家共同关心的领域。对确证悖论的研究已经涉及归纳逻辑的认知基础和哲学基础的问题，属于归纳逻辑的前沿性问题。

在我们看来，归纳逻辑认知基础研究主要包括四个方面：第一，在逻辑学已有研究成果的基础上，采用分支融合方法，借助认知逻辑、动态逻辑的研究成果和手段，探讨概率动态认知逻辑。第二，在认知心理学研究的基础上，借鉴归纳逻辑研究成果，探讨概率判断的支持理论，这一理论是诺贝尔经济学奖得主图文斯基对归纳逻辑的重要贡献。第三，在认知科学研究的宽广背景下，借鉴归纳概率逻辑研究方法，探讨涉及归纳逻辑的认知或心理问题，例如，三门问题、睡美人问题、合并谬误问题、基础概率对贝叶斯推理的影响。第四，尤其探讨了概率动态博弈逻辑的认知基础，对合作博弈进行了逻辑刻画分析，运用相关的研究成果对夏普里值等合作博弈的求解过程进行了系统的逻辑研究。

总之，探讨归纳逻辑的认知基础问题、探讨归纳逻辑与认知逻辑分支融合的新途径是我们多年来孜孜以求的目标。我们梦想有一天会找到一种归纳机器，它可以得心应手地解决一切纠纷和争端，小到孩童游戏大到世界性政治经济危机，都可以迎刃而解、化险为夷。这种归纳机器的理论基础也许就是主观贝叶斯主义，而能够用来有效地解决争端的逻辑就是那些具有坚实的认知和哲学基础的新逻辑，归纳逻辑的认知基础研究应该是未来归纳逻辑发展前景最为广阔的研究方向之一。

在我们看来，创新、应用与认知是现代归纳逻辑研究前沿的三个相互联系而各有侧重的发展方向。正因为如此，在章节内容安排上就偶尔呈现"两可"现象，如"知识发现与数据挖掘"。毋庸讳言，创新是归纳逻辑发展的第一要义，归纳逻辑的学术价值和实践意义就在于它强大的创新功能。然而，创新只有在应用中才能体现其价值和实践意义。只有通过应用才能不断体现其创新功能。另外，归纳逻辑应用的目的不是别的，就是为了创新。归纳逻辑的认知基础研究本身就是为了扩展归纳逻辑研究视野，实现归纳逻辑认知转向的过程就是一个理论创新的过程。我们的研究表明，归纳逻辑的创新功能研究和应用研究将推动归纳逻辑认知基础研究的深入、持久发展。

四、总结与展望

回顾历史，展望未来，可以看出现代归纳逻辑研究呈现以下发展趋势和特点：

（一）从非形式到形式再到形式与非形式相结合

西方归纳逻辑的历史发展可以大致分为三个阶段。第一阶段是从17世纪20年代到19世纪中叶的古典归纳逻辑阶段；第二阶段从19世纪中叶到20世纪20年代的从古典归纳逻辑向现代归纳逻辑的过渡阶段；第三阶段是从20世纪20年代至今的现代归纳逻辑的发展阶段。

第一阶段最主要的代表人物是弗兰西斯·培根（Francis Bacon）和穆勒（Mill），前者是古典归纳逻辑的创立者，后者是古典归纳逻辑的集大成者。其间，还有休谟、休维尔、赫舍尔等的研究。古典归纳逻辑以归纳推理为主要研究对象，提出并研究了一些归纳推理方法，其中，培根所提出的三表法和排除法以及穆勒在此基础上发展起来的"穆勒五法"是最具代表性的。传统归纳逻辑的主要特征是把归纳推理和归纳方法作为探索自然奥秘，发现自然界存在的一般规律，特别是发现因果性规律的工具和方法，并在实际应用中取得了比较丰硕的成果。但是，古典归纳逻辑却有两个缺陷：首先，它没有把归纳前提与结论之间的概然性作为归纳逻辑的研究对象，而是致力于制定一些规则；其次，它只提出了一些初步的方法，对推理形式和类型的研究也不够。因此，古典归纳逻辑严格来讲还只是一种非形式的归纳方法，并不具有严格的逻辑形式，更说不上有什么严密的逻辑系统。

古典归纳逻辑的上述缺陷，导致了人们对古典归纳逻辑的不满，于是，从19世纪中叶开始，出现了倡导以概率论作为归纳逻辑研究工具的主张。西方归纳逻辑的发展由此进入了第二阶段。现代归纳逻辑家主要致力于从归纳方法中提炼、概括出逻辑成分，进而发展归纳逻辑的形式系统。这一时期的研究特点是对归纳逻辑的形式系统的建构和发展。这一阶段最重要的代表人物是凯恩斯。他把概率看作两个命题或命题集合之间的一种逻辑关系，由此建立了第一个公理化的概率演算系统。在他的概率演算中，可以推演出数学概率论的结果，还可以推演出他称为概然性推理形式的定理。以此作为工具，凯恩斯考察了一些归纳推理形式，以及提高归纳结论概然性程度的一般性原则，建立了类别理论与实证理论。

不过，凯恩斯的现代归纳逻辑理论尚不成熟。他的概率演算在形式化、公理化方面还存在一定的缺陷；没有解决求初始概率的问题；对归纳问题的解决还表现出追求确定无误的归纳结论的趋势。在凯恩斯以前，德·摩根（Augustus de Morgan）、布尔（George Boole）、耶芳斯（Wilian Jevons）、文恩（John Venn）等都在改造古典归纳逻辑、建立新的归纳逻辑方面做了一些探索性的工作（邓生庆，1991：14）。

第三阶段是现代归纳逻辑进一步发展的阶段。在研究工具方面，出现了多种概率理论，并借助模态逻辑、模型论等现代逻辑理论进行归纳逻辑研究。各种类型的归纳逻辑理论相继问世并得到了不同程度的发展。这其中，影响较大的理论有赖欣巴哈和卡尔纳普的理论。这些理论在公理化、形式化方面都取得了长足的发展，他们的概率演算系统较之以前更为完善和精致。但是，归纳逻辑的形式化也带来了一些问题。因为归纳逻辑形式化的研究主要表现为演绎化和外延化，即借鉴经典外延逻辑来对归纳推理做形式的表述。但众所周知，归纳逻辑并不具备演绎逻辑那样严密的推理形式，如果非要按照演绎逻辑的形式化标准来对归纳逻辑进行形式化，势必会导致一些困难，如归纳概率逻辑中的逻辑全知者假定和概率全知者假定等。为此，一些逻辑学家开始尝试突破巴斯卡概率逻辑的困局，研究非巴斯卡概率逻辑。此外，现代归纳逻辑在逻辑认知、人工智能等领域的应用研究也越来越多，并取得了长足的发展。这也可以说是西方归纳逻辑的一个新的发展趋势，甚至可以说是归纳逻辑发展的一个新阶段。

通过考察西方归纳逻辑的发展历史，我们可以发现，其发展呈现出一个从非形式到形式再到形式与非形式相结合的过程。我国的归纳逻辑研究也大致沿着这一方向发展。我们已经提到，在20世纪80年代以前，我国的归纳逻辑研究主要停留在古典归纳逻辑上，也就是说，我国的归纳逻辑研究也属于非形式的研究。在这一阶段，我国逻辑学工作者的主要工作是翻译、引介和解读西方古典归纳逻辑著作，以及对西方古典归纳逻辑中的一些问题进行研究。

20世纪80年代初，现代归纳逻辑传入我国以后，我国的归纳逻辑研究也进入了形式研究阶段。我国学者不仅系统引介了一些西方现代归纳逻辑的研究成果，而且还对现代归纳逻辑的一些问题进行了系统而深入的研究，并提出了自己的一些观点和主张，构建了一些归纳逻辑形式系统。

另外，我国学者在归纳逻辑形式化研究中也意识到，归纳逻辑不仅需要形式化，也需要考虑非形式的因素。认知科学研究中对非形式因素的考虑启发我们，可以把归纳逻辑的研究与人工智能、认知科学的研究结合起来，实现归纳逻辑研究的形式化与非形式化的结合。这样一来，既弥补了归纳逻辑在形式化研究过程中所出现的一些不足，又克服了形式化所带来的一些困境，有助于实现归纳逻辑的认知转向。

(二) 概率与因果：从分化到结合

从归纳逻辑的历史和现实来看，归纳逻辑有两个不同的发展方向。第一个方向是培根开创的"因果化"方向，第二个方向是巴斯卡开创的"概率化"方向。传统归纳逻辑注重因果方法的研究，培根和穆勒的方法本质上是寻求因果联系的方法。一些现代逻辑学家，如罗素、勃克斯、冯·赖特，沿着培根的方向继续前进，对穆勒五法作了现代逻辑的解读，从因果条件句中提炼出"因果蕴涵""反事实蕴涵"，以实现因果陈述句的形式化和公理化；概率化方向则与传统归纳逻辑大相径庭，它代表了现代归纳逻辑的主流。20世纪20年代，量子力学的兴起令人信服地表明，"上帝是掷骰子的"，概率定律是世界的终极定律。在这种科学背景下，一些逻辑学家使用概率理论来挽救原先建立在因果定律之上的归纳逻辑，从而发展出一系列概率逻辑系统。近年来，现代归纳逻辑出现了因果化方向与概率化方向相互渗透、有机结合的倾向。这将预示着归纳逻辑发展的新趋势（任晓明，2009）。

第一个方向的研究属于传统归纳逻辑的范围，是从弗兰西斯·培根开始的，并得到了穆勒的直接继承和发展。在现代归纳逻辑研究中，突出的代表人物是美国当代哲学家、计算机理论家勃克斯（A. W. Burks）在这方面的工作最为突出。为适应理论的后验评价，他建立了证明或检验的逻辑——勃克斯因果陈述逻辑。勃克斯深化了刘易斯关于严格蕴涵与模态逻辑的思想，并用以刻画因果性模态问题。在他的因果陈述逻辑系统中，刘易斯的严格蕴涵、勃克斯所独创的因果蕴涵、因果必然算子和因果可能算子等，都是其基本框架中必不可少的联结词和算子，并建构了一系列基本关系，在对这些关系的形式刻画基础上，勃克斯还构造了严密的因果陈述逻辑系统。此外，在"必然性是分等级的"这一哲学思想指导下，勃克斯还探讨了逻辑必然性、因果必然性与实然性之间的逻辑联系，并把概率、因果性和归纳推理有机结合了起来。

第二个方向的研究与传统归纳逻辑大相径庭，它代表了现代归纳逻辑的主流。17世纪中叶开始的机遇博弈的数学理论研究，特别是巴斯卡和费尔马等发展起来的概率演算为归纳逻辑进行概率化研究提供了工具。1921年，英国经济学家凯恩斯在前人的基础上提出了第一个概率逻辑系统，这标志着归纳逻辑的概率化研究进入了一个全新的阶段。之后，波涅尔（Emile Borel）、赖欣巴哈、柯尔莫哥洛夫（A. N. Kolmogorov）、邱奇（Kurl Drge）、卡尔纳普等都在这方面取得了重要的研究成果，他们相继提出了各自的概率逻辑系统。这一方向的主要特点是用概率论和数理统计的数量化、形式化和公理化方法来刻画归纳推理。

近年来，现代归纳逻辑出现了因果化方向与概率化方向相互渗透、有机结合的倾向。这一倾向就是新培根主义归纳概率逻辑，即非巴斯卡归纳概率逻辑的兴起。它一方面表现为培根的因果化方向与概率化方向的相互靠拢和有机结合，另一方面表现为概率原则的非巴斯卡化。后一方面的思想在概率逻辑中具有革命性的意义，就像非欧几何对几何学发展的影响一样。这一方向的代表人物是乔纳森·科恩（Jonathan Cohen），他所倡导的非巴斯卡型概率归纳逻辑方向，继承了培根思想的合理成分（如按等级阶梯追求自然律、重视实验科学的逻辑重构等），扬弃了卡尔纳普等的纯粹逻辑主义，而代之以经验主义的归纳逻辑观，因此指明了更恰当的归纳逻辑之发展道路和方向（桂起权等，1996）。

（三）从巴斯卡概率向非巴斯卡概率的发展

巴斯卡概率指的是由巴斯卡创立的数学概率论，也可以说是归纳逻辑的巴斯卡传统。出于对"概率"概念的不同理解，巴斯卡概率又分为逻辑贝叶斯派、主观贝叶斯派和经验主义学派。逻辑贝叶斯派把概率理解为作为前提的命题集合与作为结论的命题之间的一种逻辑关系。其代表人物是凯恩斯、卡尔纳普（R. Carnap）和辛迪卡（J. Hintikka）等。逻辑贝叶斯派中最有影响的是卡尔纳普在有穷域上建立的概率逻辑理论。主观贝叶斯派被称为主观主义学派或私人主义学派，其代表人物为兰姆赛（E. P. Ramsey）、德·菲尼蒂（B. De Finetti）、萨维奇（L. J. Savage）和杰弗里（R. Jeffery）等。主观主义学派把"概率"解释为私人的实际置信度，从个人实际的置信度出发对同一件事或命题个人可以自由地选择自己的置信度。该派的研究表明，主观概率的理论可以处理概率的问题，并且还研究了决策问题——创建了贝叶斯统计决策论，该理论在经济、管理、医学和教育等领域得到广泛的应用。经验主义学派认为，概率是在事件的无穷序列中某一性质或某一事件出现的相对频率的极限。这一派的代表人物有冯·米塞斯（R. von Mises）、赖欣巴哈和萨尔蒙（W. S. Salmon）等，其中赖欣巴哈的理论最为著名。赖欣巴哈建立了一个概率演算的公理系统，该系统以一阶逻辑为基础，增加概率蕴涵作为新的联结词，在此一阶逻辑系统中加入五条关于概率的公理，以此推出全部数学概率论的结果。赖欣巴哈用实用主义的方式为归纳法做了辩护，也是对休谟问题的一种解答。

以上三大学派虽然都对巴斯卡概率给予了不同的解释，但是，它们都有两个共同的假定。第一，逻辑全知者假设，即研究者知道某实验的全部可能结果。第二，概率全知者假设，即巴斯卡概率定义认为某实验的概率是［0，1］之间内一点所表示的数值，研究者能唯一地确定每一实验的概率值。但是，这两个假定却使巴斯卡归纳概率逻辑不得不面临两大困难。首先，我们如何确保研究者事先知道实验的全部结果？其次，我们如何确保研究者能唯一地确定每一实验的概率值？事实上，我们完全有理由相信上述两个假定不成立，而实际情况是，我们的确在很多情况下是无法达到上述两个假定的要求的。因而，巴斯卡归纳概率逻辑的困难直接来源于巴斯卡概率的定义，它对不确定性的描述施加了过多的限制，以至于（至少在某些场合下）不能恰当地描述归纳不确定性。

在解决巴斯卡归纳概率逻辑的上述困难的时候，人们主要进行了以下两种尝试。（1）保留逻辑全知者假定放弃概率全知者假设，由此产生了"区间函数"理论。虽然这一理论在解决巴斯卡归纳概率逻辑的困难方面起到了一定的作用，但是，它们不能完全避开巴斯卡归纳概率逻辑所面临的困难。（2）放弃逻辑全知者假设，从而产生了非巴斯卡概率理论。非巴斯卡概率理论最具特色的原理是否定原理，即如果 $P(A) > 0$，则 $P(\sim A) = 0$。目前，最有影响的非巴斯卡概率归纳逻辑系统有以下两种：第一，沙克尔（G. Shackle）的潜在惊奇（potential surprise）理论。它是非巴斯卡概率的私人主义解释。根据潜在惊奇理论，首先，当某一个事件 h 永假或为不可能事件时，$P(h) = 1$，即 h 的发生将导致最大的惊奇，由于不存在必然事件，因此相对于不可能事件的是完全可能事件。其次，当 h 是完全可能事件时，$P(h) = 0$，即 h 的发生将导致毫不惊奇。最后，由于事件的集合 H 是当事人对某一试验的所有可想象的结果，并且他无法证明试验的结果必然落在 H 中，因此，$P(h) > 0$ 时，即 h 并非完全可能或当事人对 h 的发生感到惊奇时，$P(\sim h) = 0$，即 h 在 H 的余集中是完全可能的。第二，科恩（L. J. Cohen）的归纳支持和归纳概率分级句法理论。这也是非巴斯卡概率中最有影响的理论。科恩的理论包括三部分：相关变量法、归纳支持的理论和归纳概率以及概率多元化的理论。它的要点是：采用相关变量方法确定假说 h 在一定证据下的归纳支持分级，然后用归纳支持分级定义归纳概率分级，再根据归纳支持分级和概率分级的定义确定计算复合家说的规则和推理规则。在这里，所谓的相关变量法是一种实验方法：一是依据当事人的背景知识确定可能证伪的假说的所有可能因子，即相关变量；二是根据它们证伪假说的能力的大小将它们排成一个序列；三是按照该序列进行越来越复杂的实验；四是根据 h 通过的实验中所包含的相关变量的数目和相关变量的总数的比值确定 h 的归纳支持和概率分级，根据上述理论，归纳概率是定义在根据相关变量集构造的实验集合上的。但是，相关变量集的完全性只是一个经验假定，无法保证 h 在该集合上的检验结果等于 h 实际上可能经受的检验结果，也就是说，归纳概率定义在其完全性得不到保证的实验集合上（在这里，科恩放弃了逻辑全知者假定）。因此，当 $P(h) = 1$，即 h 通过所有检验时，h 不是必然事件（为了表明这一点，科恩用某一个小于 1 的分数表示 h 通过所有检验这一事实）。同时，当 $P(h) > 0$，即 h

至少通过不分检验时,由于~h已经被实验证伪,故P(~h)=0。因此,科恩的归纳支持和概率分级理论是非巴斯卡概率的经验主义解释。

非巴斯卡概率逻辑兴起的意义在于,第一,非巴斯卡概率逻辑十分注重形式系统与归纳推理的非形式原型之间的恰当相符性,强调科学的逻辑必须适应科学的实际,而不是让科学实际去迁就逻辑的形式系统,从而使这种逻辑更符合自然科学和社会科学的思维实际。借助这种逻辑,我们更有可能在科学理论创新的过程中探索出更为有效的解决科学实际问题的方式。第二,非巴斯卡概率逻辑不仅研究逻辑形式,而且注重逻辑证据所包含的信息量或者权重这类因素,强调科学的逻辑必须反映科学知识增长的整个局面,逻辑的句法必须适应这一需要。显而易见,这种逻辑具有较大的恰当相符性。第三,非巴斯卡概率逻辑的建立揭示了科学知识增长的途径,即可靠性等级逐步上升的途径。在科恩看来,科学不是追求逼真性,而是追求逼律性,即不断逼近科学定律。而要不断逼近科学定律,就必须有可靠性等级阶梯的步步升高。这种不断逼近的过程就是归纳逻辑不断追求恰当性的过程(桂起权、任晓明、朱志方,1996)。

(四)从单调性向非单调性转变

为了达到逻辑恰当性的要求,归纳逻辑的发展正在从单调性向非单调性转变。我们知道,无论是卡尔纳普的巴斯卡概率逻辑,还是科恩的非巴斯卡概率逻辑都是单调性的。严格地说,一种推理具有单调性,当且仅当给定一阶公式集T和信念W,若T⊢W,则对任意信念集N,T∪N⊢W。换言之,新信念的出现不会影响原结论W的真值。以上我们所讨论的逻辑系统都是单调逻辑,尽管有人(如波利亚)提出过信念可修改的思想,但他的逻辑仍然是单调性的。如果要增强逻辑的知识创新功能,就应该建构具有非单调性的逻辑。一种推理具有非单调性,当且仅当给定T,W和N,若T⊢W,则不能保证T∪N⊢W。也就是说,新信念的出现可能影响原结论W的真值。逻辑要能更恰当地反映知识的增长,达到恰当相符的要求,就应该实现从单调性向非单调性的转变。

(五)从外延性向非外延性转变

现代归纳逻辑系统,无论是卡尔纳普的归纳逻辑,还是赖欣巴哈的归纳逻辑都属于巴斯卡概率逻辑,他们是纯粹的外延逻辑。非巴斯卡概率逻辑为了克服巴斯卡概率逻辑局限于外延逻辑的不足,引进了内涵的因素。例如,科恩的归纳逻辑引入了广义模态概念,考虑了"信息量"之类的东西,但是从本质上看,他们的逻辑还是外延逻辑。为了更好地反映逻辑的知识创新功能,逻辑学家、认知科学家在构建归纳逻辑系统时,试图建立一种非外延的归纳逻辑系统,图文斯基等的支持理论就是这样一种新的尝试。因此，要建构具有恰当性的归纳逻辑系统，必须考虑从外延性向非外延性的转变。

（六）从静态逻辑向动态逻辑的转变

我们知道，卡尔纳普的归纳逻辑假定了知识或理论的完全性，科恩的归纳逻辑则假定了知识系统或理论的不完全性，从这个意义讲，科恩的逻辑在恰当性方面比卡尔纳普的逻辑更强。但是，其归纳逻辑还是静态归纳逻辑，各自还存在一定的局限。由于科学理论往往是不完全的，处于动态发展之中，因而需要一种动态的归纳逻辑。动态归纳逻辑容许理论不完全、有残缺，而这种理论的残缺性为知识创新提供了可能性和条件。实际上，进化逻辑作为一种知识创新的归纳逻辑就是一种动态归纳逻辑。因此，要构建具有更为恰当的知识创新的归纳逻辑，我们的逻辑基础就必须实现从静态逻辑向动态逻辑的转变。这是归纳逻辑进一步发展的方向之一。

第一章

概率命题逻辑

第一节 概率演算的常用规则

在归纳逻辑中概率起着重要的作用。本章首先讨论经典概率逻辑，探讨概率之间的逻辑关系，即从一个或一些给定的概率如何演算出另一个或另一些概率，讨论概率演算中的规则。其次研讨概率命题逻辑的公理系统以及形式特征。最后讨论贝叶斯定理及其应用。

对概率可以给出不同的解释，但不同的解释可以拥有相同的演算规则。为了讨论方便，我们在讨论概率演算规则的时候采用在直观上最易把握的古典概率定义，这种概率最为适合的场合是诸如摸扑克牌、掷骰子、转赌轮等机会游戏。

一、古典概率定义

在古典概率论中，概率被解释为：如果在所有的 n 个等可能基本事件中，事件 A 包含 m 个基本事件，那么，事件 A 的概率为 m/n。事件 A 的概率一般记为 P(A)，于是有公式：

$$P(A) = m/n \qquad (1.1)$$

例如，从一副去掉大小王的扑克牌中任意抽取一张，求抽出 A 的概率是多少？按照古典概率论，抽出 A 的概率是 4/52，约为 0.77。这是因为，从一副去掉大小王的扑克牌中任意抽取一张，其全部可能的结果有 52 个，由于这一抽取是任意的，所以，这 52 个结果出现的可能性是相等的。这里所讨论的事件是：抽出的这张牌是 A。既然在 52 张牌中有 4 张牌是 A，那么，该事件包含了 4 个相等可能性的结果。因此，抽出 A 的概率是 4/52。

再如，根据古典概率定义，抛掷一枚硬币，落下后其正面朝上的概率为 1/2；因为硬币落下后的可能结果只有两个，即正面朝上或反面朝上，而且这两种结果是等可能的。抛掷一枚骰子落下后一点朝上的概率是 1/6；因为骰子落下后的可能结果有 6 个，即朝上的那一面为 1 点、2 点、3 点、4 点、5 点或 6 点，而且这 6 个结果是等可能的。

在前面我们已经指出，古典概率论关于概率的定义有很大的局限性，它仅仅适用于诸如摸扑克牌、掷骰子、抛硬币、转赌轮等规范的机会游戏。眼下我们的目的仅仅是介绍概率演算的基本规则，因此，我们可以把讨论限制在古典概率论所适用的范围内。另外，为了与我们讨论归纳逻辑的目标相一致，我们把概率的对象由事件改为命题。这一改动是可行的，因为任何一个事件都对应一个表达该事件的命题，一个事件的出现与否对应于相应命题的真与假，因此，一个事件出现的概率等于相应命题为真的概率。我们用英文字母 e、f、g、h 等表示任一命题。于是，古典概率定义为：

$$P(h) = m/n \tag{1.2}$$

其中，n 为表达各个等可能事件的命题的数目，m 为 h 所表达的事件所包含的等可能事件的数目。

从古典概率定义我们看到，任何一个命题的概率介于 0 和 1 之间，即：

$$0 \leqslant P(h) \leqslant 1$$

这是因为，无论 h 所表达的事件是什么，该事件所包含的等可能事件的数目都大于等于 0，而小于等于 n。

如果一个事件包含了全部等可能基本事件，那么，这个事件必然发生，因而叫作必然事件。例如，所讨论的事件是：从去掉大小王的一副扑克牌中随意摸出的一张牌是红桃、黑桃、梅花或是方块。这个事件包含四种可能性，而其中每一种可能性又包含 13 个等可能的结果。这样，该事件包含了全部的 52 个等可能结果，因而是必然事件。如果 h 表达了一个必然事件。那么，h 的概率为：

$$P(h) = h/n = 1 \tag{1.3}$$

如果一个事件不包含任何可能结果，那么，这个事件就叫作不可能事件。例如，所讨论的事件是，从去掉大小王的扑克牌中随意摸出的一张牌是红桃并且黑桃。这个事件就是一个不可能事件，表达该事件的命题 h 的概率为：

$$P(h) = 0/n = 0$$

二、特殊合取规则

特殊合取规则用于计算两个相互独立的命题合取以后的概率，说命题 h 和 e 是相互独立的，就是说，h 和 e 在其概率上互不影响。特殊合取规则是：

如果命题 h 和 e 是相互独立的，那么，

$$P(h \wedge e) = P(h) \times P(e) \tag{1.4}$$

例如，h 代表命题：同时抛掷甲、乙两枚硬币，甲落下后正面朝上。e 代表命题：同时抛掷甲、乙两枚硬币，乙落下后正面朝上。相应地，h 和 e 的合取 h∧e 代表命题：同时抛掷甲、乙两枚硬币，甲、乙落下后均为正面朝上。由于甲落下后是否正面朝上并不影响乙落下后是否正面朝上，因此，h 和 e 是相互独立的，这样为求 P(h∧e)，便可应用特殊合取规则。又由于甲落下后正面朝上的概率是 1/2，乙落下后正面朝上的概率也是 1/2，依据特殊合取规则，即：

$$P(h \wedge e) = P(h) \times P(e) = \frac{1}{2} \times \frac{1}{2} = \frac{1}{4}$$

现把上面的问题略加修改，让乙不为硬币而为一枚骰子。e 代表命题：同时抛掷硬币甲和骰子乙，乙落下后 1 点朝上。h 也作相应的修改，即：同时抛掷硬币甲和骰子乙，甲落下后正面朝上。为求 h∧e 的概率，同样可用特殊合取规则，即：

$$P(h \wedge e) = P(h) \times P(e) = \frac{1}{2} \times \frac{1}{6} = \frac{1}{12}$$

三、普遍合取规则

普遍合取规则是用于计算两个命题 h 和 e 合取之后的概率，而无论 h 和 e 是否相互独立。如果 h 和 e 不相互独立，那么，其中一个的真或假将影响另一个的概率，为此，我们引入一个新概念即"条件概率"。条件概率 P(h/e) 表示：命题 e 为真时 h 为真的概率；亦即 e 所表达的事件发生时 h 所表达的事件发生的概率。h 和 e 不互相独立，意味着，P(h/e)≠P(h)；反之，h 和 e 互相独立，意味着 P(h/e) = P(h)。普遍合取规则是：

$$P(h \wedge e) = P(e) \times P(h/e) \tag{1.5}$$

例如，1 个缸里有 7 个红球和 4 个白球，我们随意地从缸中摸出 1 个球后，不放回再摸出第二个球，求这 2 个球都是红色的概率。

令：R_1 为第一次摸出的球为红色；R_2 为第二次摸出的球为红色。由于我

们摸球是随意的，所以第一次摸球有 11 个等可能结果，R_1 包含其中的 7 个，故 $P(R_1) = 7/11$。第一次摸出红球后，第二次摸球只有 10 个等可能结果，R_2 包含其中 6 个，故为 $P(R_2/R_1) = 6/10$。根据普遍合取规则，两次摸出的球均为红色的概率为：

$$P(R_2 \wedge R_1) = P(R_2) \times P(R_2/R_1) = 7/11 \times 6/10 = 42/110$$

又令：W_2 为：第二次摸出的球为白色。于是，$P(W_2/R_1) = 4/10$，故第一次摸出红球并且第二次摸出白球的概率是：

$$P(R_1 \wedge W_2) = P(R_1) \times P(W_2/R_1) = 7/11 \times 4/10 = 28/110$$

现将以上问题略加改动，即把第一次摸出的球放回后再摸出第二个球。这种情况下，两次摸出球的结果互不影响，因而是相互独立的，这就是说：

$$P(R_2/R_1) = P(R_2) = 7/11$$
$$P(W_2/R_1) = P(W_2) = 4/11$$

相应地，

$$P(R_1 \wedge R_2) = P(R_1) \times P(R_2) = 7/11 \times 7/11 = 49/121$$
$$P(R_1 \wedge W_2) = P(R_1) \times P(W_2) = 7/11 \times 4/11 = 28/121$$

由此可见，特殊合取规则只是普遍合取规则的特例。此外，若干次有放回的随机抽样总是相互独立的，而若干次无放回的随机抽样总是相互不独立的。这一点在以后的讨论中常常用到。

四、特殊析取规则

特殊析取规则是用于计算两个互斥命题析取以后的概率。两个命题之间是互斥的，就是说，这两个命题不能同真。相对于事件而言，特殊析取规则用于计算两个互斥事件至少有一个发生的概率。两个事件之间是互斥的，就是说，这两个事件不能同时发生。特殊析取规则是：

如果 h 和 e 是互斥的，那么，

$$P(h \vee e) = P(h) + P(e) \tag{1.6}$$

例 1.1：从一副去掉大小王的扑克牌中任意地抽出 1 张，求这张牌是 A 或是 K 的概率。

令：h 代表"这张牌是 A"；e 代表"这张牌是 K"。由于 1 张牌不可能既是 A 又是 K，因此 h 和 e 是互斥的，应用特殊析取规则可得：

$$P(h \vee e) = P(h) + P(e) = 4/52 + 4/52 = 8/52 = 2/13$$

例 1.2：同时投掷两枚骰子，求这两枚骰子均为 5 点朝上或 6 点朝上的概率。

令：F 代表"5 点朝上"；S 代表"6 点朝上"；$(F \vee S)_1$ 代表第一枚骰子 5

点朝上或 6 点朝上，$(F \vee S)_2$ 代表第二枚骰子 5 点朝上或 6 点朝上。由于一枚骰子落下后不可能既 5 点朝上又 6 点朝上，所以，F 和 S 是互斥的；又因两枚骰子落下后的结果是互不影响的，因而 $(F \vee S)_1$ 和 $(F \vee S)_2$ 是互相独立的。这样，为计算这两枚骰子 5 点朝上或 6 点上的概率，我们需要同时应用特殊析取规则和特殊合取规则，即：

$$P[(F \vee S)_1 \wedge (F \vee S)_2] = P(F \vee S)_1 \times P(F \vee S)_2$$
$$= [P(F) + P(S)] \times [P(F) + P(S)]$$
$$= \left(\frac{1}{6} + \frac{1}{6}\right) \times \left(\frac{1}{6} + \frac{1}{6}\right) = \frac{1}{3} \times \frac{1}{3} = \frac{1}{9}$$

五、普遍析取规则

普遍析取规则用于计算两个命题析取之后的概率，而无论这两个命题是否是互斥的。相对于事件而言，普遍析取规则用于计算两个事件至少有一个出现的概率，而无论这两个事件是否是互斥的。普遍析取规则是：

$$P(h \vee e) = P(h) + P(e) - P(h \wedge e) \tag{1.7}$$

如果两个事件是互斥的，那么，这两个事件同时发生相当于一个不可能事件；相应地，表达两个事件的命题 h 和 e 不可能同真，故 $P(h \wedge e) = 0$。在这种情况下，普遍析取规则就蜕变为特殊析取规则。可见，特殊析取规则只是普遍析取规则的一个特例。

如果 h 和 e 不是互斥的但却是相互独立的，那么，普遍析取规则成为：

$$P(h \vee e) = P(h) + P(e) - [P(h) \times P(e)] \tag{1.8}$$

如果 h 和 e 既不互斥，又不相互独立，那么普遍析取规则是：

$$P(h \vee e) = P(h) + P(e) - [P(h) \times P(e/h)] \tag{1.9}$$

或：

$$P(h \vee e) = P(h) + P(e) - [P(e) \times P(h/e)] \tag{1.10}$$

普遍析取规则比特殊析取规则多出一部分内容，即"$-P(h \wedge e)$"，其理由如下：h 所表达的事件可以看作由两个互斥的部分组成即 $h \wedge e$ 所表达的事件和 $h \wedge \neg e$ 所表达的事件。说 h 所表达的事件发生，就是说 $h \wedge e$ 所表达的事件发生或者 $h \wedge \neg e$ 所表达的事件发生。因此，

$$P(h) = P[(h \wedge e) \vee (h \wedge \neg e)] = P(h \wedge e) + P(h \wedge \neg e)$$

类似地，

$$P(e) = P[(h \wedge e) \vee (\neg h \wedge e)] = P(h \wedge e) + P(\neg h \wedge e)$$

于是，

$$P(h) + P(e) = P(h \wedge \neg e) + P(\neg h \wedge e) + P(h \wedge e) + P(h \wedge e)$$

$h \vee e$ 所表达的事件由三个互斥的部分组成,即 $h \wedge \neg e$、$\neg h \wedge e$ 和 $h \wedge e$,因此:

$$P(h \vee e) = P[(h \wedge \neg e) \vee (\neg h \wedge e) \vee (h \wedge e)]$$
$$= P[(h \wedge \neg e) + P(\neg h \wedge e) + P(h \wedge e)] \qquad (1.11)$$

比较 $P(h \vee e)$ 和 $P(h) + P(e)$,我们看到前者比后者少了一项即 $P(h \wedge e)$,因此,后者减去 $P(h \wedge e)$ 就是前者。这正是普遍析取规则所告诉我们的。

下面我们举例说明普遍析取规则的应用。

例 1.3:将一枚硬币连续抛掷两次,求这两次至少有一次正面朝上的概率。

令:H_1 表示"第一次正面朝上",H_2 表示"第二次正面朝上"。由于两次抛掷硬币可能都是正面朝上,故 H_1 和 H_2 不是互斥的。于是,这里需要应用普遍析取规则。又因两次抛掷硬币的结果是相互独立的,在应用普遍析取规则时,包含着对特殊合取规则的应用。即:

$$P(H_1 \vee H_2) = P(H_1) + P(H_2) - P(H_1) \times P(H_2) = \frac{1}{2} + \frac{1}{2} - \frac{1}{2} \times \frac{1}{2} = \frac{3}{4}$$

例 1.4:同时抛掷两枚骰子,求至少一枚骰子是 5 点朝上或 6 点朝上的概率。

令:F 表示"5 点朝上",S 表示"6 点朝上"。相应地,$(F \vee S)_1$ 表示"第一枚骰子 5 点朝上或 6 点朝上",$(F \vee S)_2$ 表示"第二枚骰子 5 点朝上或 6 点朝上"。所求事件的概率是 $P[(F \vee S)_1 \vee (F \vee S)_2]$。由于 $(F \vee S)_1$ 与 $(F \vee S)_2$ 不是互斥的,故需应用普遍析取规则。又因 F 和 S 是互斥的,故还需应用特殊析取规则。即:

$$P[(F \vee S)_1 \vee (F \vee S)_2] = P(F \vee S)_1 + P(F \vee S)_2 - P[(F \vee S)_1 \wedge (F \vee S)_2]$$
$$= \left(\frac{1}{6} + \frac{1}{6}\right) + \left(\frac{1}{6} + \frac{1}{6}\right) - \left[\left(\frac{1}{6} + \frac{1}{6}\right) \times \left(\frac{1}{6} + \frac{1}{6}\right)\right]$$
$$= \frac{2}{6} + \frac{2}{6} - \frac{4}{36} = \frac{5}{9}$$

例 1.5:从两副去掉大小王的扑克牌中无放回地各抽出两张牌,求从第一副扑克牌抽出的两张牌中第一张为红桃或者第二张为梅花并且从第二副扑克牌抽出的两张牌中也是第一张为红桃或者第二张为梅花的概率。

令:T 表示"第一张牌为红桃",M 表示"第二张牌为梅花"。相应地,$(T \vee M)_1$ 表示从第一副扑克牌抽出的牌中第一张为红桃或者第二张为梅花;$(T \vee M)_2$ 表示从第二副扑克牌抽出的牌中第一张为红桃或者第二张为梅花。所求事件的概率为 $P[(T \vee M)_1 \wedge (T \vee M)_2]$。由于从两副扑克牌摸出的牌是互不影响的,因而是相互独立的,故可应用特殊合取规则。又由于从一副扑克牌中无放回地摸出第一张牌将影响第二次摸牌的概率,并且这两次摸出的结果即 T 和 M 不是互斥的,所以当计算 $P(T \vee M)$ 时需应用普遍析取规则和普遍合取规则。于是，所求事件的概率为：

$$P[(T\lor M)_1 \land (T\lor M)_2] = P(T\lor M)_1 \times P(T\lor M)_2$$
$$= (13/52 + 13/52 - 13/52 \times 13/51)$$
$$\times (13/52 + 13/52 - 13/52 \times 13/51)$$
$$= 1157/2652 \times 1157/2652 \approx 0.1936$$

对于这一计算，人们会有这样的疑问：第二张牌为梅花的概率不应是 13/52，而应是 13/51，因为第一张牌是被无放回地抽取的。然而，这一概率是用于普遍析取规则，据此规则而相加的两个项即 $P(h)$ 和 $P(e)$ 只能是无条件概率，至于条件概率关系只能反映在那一减去的项，即 $P(h\land e)$ 中。

六、否定规则

否定规则是通过一个否定命题 ¬h 的概率进而计算原命题 h 的概率。否定规则是：

$$P(h) = 1 - P(\neg h) \qquad (1.12)$$

我们时常会遇到这样的情况，即一个命题的否定命题的概率是已知的或容易计算的；在这种情况下，应用否定规则计算原命题的概率将是简便的。

例 1.6：同时投掷两枚骰子，求这两枚骰子朝上的点数之和大于 2 的概率。

令：h 表示"这两枚骰子朝上的点数之和大于 2"。相应地，¬h 表示"这两枚骰子朝上的点数之和不大于 2"。由于两枚骰子朝上的点数之和最小就是 2，因此，¬h 等于说"这两枚骰子朝上的点数之和等于 2"，亦即"这两枚骰子朝上的点数均为 1"。不难看出，计算 ¬h 的概率要比计算 h 的概率容易一些，即 $P(\neg h) = (1/6) \times (1/6)$。根据否定规则我们有：

$$p(h) = 1 - p(\neg h) = 1 - \frac{1}{6} \times \frac{1}{6} = 35/36$$

例 1.7：我们重新考虑例 1.4，即同时投掷两枚骰子，求至少一枚骰子是 5 点朝上或 6 点朝上的概率。

我们把所求事件的概率仍然记为 $P[(F\lor S)_1 \lor (F\lor S)_2]$。相应地，其否定事件的概率为：

$$p\{\neg[(F\lor S)_1 \lor (F\lor S)_2]\} = P[(\neg F\land \neg S)_1 \land (\neg F\land \neg S)_2]$$
$$= P(\neg F\land \neg S)_1 \times P(\neg F\land \neg S)$$
$$= \left(\frac{5}{6} \times \frac{4}{5}\right) \times \left(\frac{5}{6} \times \frac{4}{5}\right) = \frac{2}{3} \times \frac{2}{3} = \frac{4}{9}$$

根据否定规则，$p[(F\lor S)_1 \lor (F\lor S)_2] = 1 - \frac{4}{9} = \frac{5}{9}$。

这与前面应用普遍析取规则算得的结果是一致的。

第二节 概率命题逻辑系统 Pr

前一节介绍了概率演算的常用规则，从本节开始将讨论概率命题逻辑的一个公理系统，从而使我们对概率及其演算规则的认识更加系统化。

一、概率命题逻辑的必要性

数学概率论的著作所讨论的是关于事件的概率，而在归纳逻辑中，概率命题逻辑所讨论的是关于命题的概率。为区别起见，我们把关于事件的概率系统记为"Ps"，而把关于命题的概率系统记为"Pr"。Ps 是在关于事件的集合代数的基础上加上有关概率的公理和推理规则而构成的；Pr 则是在命题逻辑的基础上加上有关概率的公理和相应的推演规则而构成的。

前一节曾谈到，事件与命题之间具有一定的对应关系，即事件是命题所表达的对象内容，命题是表达事件的语言载体。然而，尽管命题与事件之间具有一定程度的对应关系，但二者之间的这种对应关系并不是完全重合的，因为有些命题所表达的内容很难看作一个事件。例如，全称命题常常断定无穷多个事件，而无穷多个事件往往不能被看作一个独立的复合事件，而应看作诸多事件的一个无穷序列。再如，涉及二级概率的命题即"事件 A 的概率为 p 的概率是 q"，其中作为二级概率测度对象的是一级概率命题"事件 A 的概率为 p"，而此命题很难说是表达了一个事件。如果我们把原则上可观察性作为任何事件的必要特征之一，那么，概率命题、模态命题以及涉及无穷多事件的普遍命题等都不表达事件。由此可见，命题概率系统比事件概率系统具有更为广阔的应用范围。

在这里，我们是为研究归纳推理而研究概率的，而任何推理都是从一些命题向另一些命题的过渡。因此，我们选择概率命题逻辑系统 Pr 而不是事件概率系统 Ps 作为研究对象是适当的。

二、关于系统 Pr 的初步说明

在给出系统 Pr 之前，我们先对 Pr 给予初步的说明。
"Pr"既是概率命题逻辑系统的名称，也是概率函项的名称。系统 Pr 的基本概率命题形式是：

$$\Pr(h) = p \tag{1.13}$$

式（1.13）中的"Pr"表示概率函项。此概率函项的定义域即论域 Dr 是命题的集合，其中任何一个命题可用带或不带正整数下标的命题变项 h、g、f 和 e 来表示。此概率函项的值域是实数闭区间 [0, 1]，其中任一数值可用带或不带正整数下标的变项 p、q 和 r 来表示。在此解释下，式（1.13）读作"论域 Dr 中的一个命题 h 的概率为 p"。

Pr 的论域 Dr 满足以下条件：

（1）Dr 是一个命题的集合；

（2）如果 h 属于 Dr，那么¬h 也属于 Dr；

（3）如果 h 和 e 均属于 Dr，那么，h∧e、h∨e、h→e 和 h↔e 也都属于 Dr。

以上条件（2）和（3）使得由 Dr 中的命题构造的真值复合命题仍然属于 Dr。概率函项 Dr 仅仅对于 Dr 中的命题才有意义。

系统 Pr 与通常文献中所给出的概率命题逻辑系统相比，其主要特点在于以无条件概率命题 Pr(h) = p 作为基本概率命题，而通常的概率命题逻辑系统是以条件概率命题 Pr(h/e) = p 作为基本概率命题的；其理由是，任何命题的概率都是相对于某些条件而言的，特别是用于归纳逻辑的概率表示证据 e 与假设 h 之间的某种关系。但在笔者看来，正因为任何命题的概率都是相对于某些条件而言的，因此，在一定论域内，一切命题都依赖的那些公共的条件便可以略而不谈，从而可以以无条件概率作为基本概率。这样做不但不会妨害关于归纳逻辑的讨论，反而会使我们的讨论更加简捷实用。本书后面的讨论将证明这一点。

三、系统 Pr 的公理、定义和规则

（一）公理

公理 1.1：命题逻辑的重言式。

公理 1.2：$\Pr(h) \geq 0$。

公理 1.3：如果 □h，那么，$\Pr(h) = 1$。

公理 1.4：如果 □¬(h∧e)，那么，$\Pr(h\vee e) = \Pr(h) + \Pr(e)$。

（二）定义

定义 1.1：如果 $\Pr(e) > 0$，那么：

$$\Pr(h/e) = \frac{\Pr(e \wedge h)}{\Pr(e)}$$

定义 1.2：◇h = ¬□¬h。

（三）推演规则

推演规则 1.1：命题逻辑的推演规则。

推演规则 1.2：代入规则：表达式 α 中的某一命题变项 π 处处代以论域 Dr 中的某一公式 A，记为 $\alpha \frac{\pi}{A}$；从 ⊢α，可得，⊢α$\frac{\pi}{A}$。

推演规则 1.3：必然化规则（简称"□化"）：

从 ⊢A，可得，⊢□α。

推演规则 1.4：必然条件化规则（简称"□条"）：

从 □（A→B），可得，□A→□B。

推演规则 1.5：算术规则。

对以上所列公理、定义和推演规则作如下说明。

（1）推演规则 1.2、推演规则 1.3 和推演规则 1.4 中出现符号 α、A、B 和 π，这些都是元语言符号（语法符号），它们本身不表达论域 Dr 中的命题。π 表示论域 Dr 中的任一命题变项，如 h、g、f、e 等。A 和 B 表示由 Dr 中的命题变项构成的任一真值复合命题，如 h→g，f∧e→¬g 等。α 和 β 表示系统 Pr 中的任一表达式，如 Pr 的公理。

（2）推演规则 1.2（即代入规则）和推演规则 1.3（即必然化规则）中有符号"⊢"。⊢也是一个元语言符号，叫作"断定符"，表示其后的公式是本系统的公理、定理或定义。代入规则和必然化规则要求推演的前提是"⊢α"或"⊢A"；这就是说，其前提必须是本系统的某个公理、定理或定义，而不能仅仅是一般的假设。例如，通过代入规则可以从 h→h 推出¬h→¬h，但却不能从 h 推出¬h；因为 h→h 是一个重言式因而属于 Pr 的公理 1.1，而 h 不属于 Pr 的公理或定理。

（3）推演规则 1.4 的推演前提"□（A→B）"之前没有⊢，因此推演规则 1.4 不仅可用于本系统的公理、定理和定义，而且可用于假设。推演规则 1.1 和推演规则 1.5 分别是命题逻辑规则和算术规则，它们在这里的用法不变。需要指出，在命题逻辑的诸多规则中，肯定前件规则即：从 α→β 和 α 可推 β。

在定理的推演过程中有着大量的应用。因此，在证明过程中用到这条规则时我们要特别标明"肯定前件"或"肯前"，而用到其他命题逻辑规则时，只笼统地标明"命题逻辑"。

（4）公理 1.1 相当于无数个公理，因为命题逻辑的重言式是无数多的。我们可以根据推演的需要，以任何重言式为前提。当然，从逻辑上讲，我们可以仅把少量重言式作为公理，甚至不需要把任何重言式作为公理，因为任一重言式都可由命题逻辑自然演绎系统的推演规则推出来。我们之所以引入公理1.1是出于简化推演过程的需要，这是一种实用上的考虑。

（5）公理1.3、公理1.4和定义1.2含有必然模态算子"□"和可能模态算子"◇"。"□"读作"h 是必然真的"，"◇h"读作"h 是可能真的"。公理1.4中的"□¬(h∧e)"读作"h 和 e 必然不同真"，亦即"h 和 e 是互斥的"。不难看出，公理1.4正是"特殊析取规则"。

（6）定义1.1的等式左边"Pr(h/e)"读作"h 相对于 e 的条件概率"，亦即"假定 e 为真时 h 的概率"。定义1.1的等式右边是一个分式，定义1.1中规定其分母 Pr(e) 大于0；否则，此定义无意义。

（四）系统 Pr 的基本定理

定理 1.1：$Pr(h) = 1 - Pr(\neg h)$。

定理1.1就是所谓的否定规则。证明如下：

(1) $\neg(h \land \neg h)$ 公理1.1
(2) $\Box \neg(h \land \neg h)$ (1)，□化
(3) 如果 $\Box \neg(h \land \neg h)$，那么，$Pr(h \lor \neg h) = Pr(h) + Pr(\neg h)$ 公理1.4，代入 $e/\neg h$
(4) $Pr(h \lor \neg h) = Pr(h) + Pr(\neg h)$ (2)(3)，肯前
(5) $h \lor \neg h$ 公理1.1
(6) $\Box(h \lor \neg h)$ (5)，□化
(7) 如果 $\Box(h \lor \neg h)$，那么，$Pr(h \lor \neg h) = 1$ 公理1.3，代入
(8) $Pr(h \lor \neg h) = 1$ (6)(7)，肯前
(9) $Pr(h) + Pr(\neg h) = 1$ (4)(8)，算术
(10) $Pr(h) = 1 - Pr(\neg h)$ (9)，算术

定理 1.2：$Pr(h) \leq 1$。

定理1.2同公理1.2合起来表明，概率函项 Pr 的值域是闭区间 [0，1]。

证明如下：

(1) $Pr(\neg h) \geq 0$ 公理1.2，代入 $\dfrac{h}{\neg h}$
(2) $Pr(h) = 1 - Pr(\neg h)$ 定理1.1
(3) $Pr(\neg h) = 1 - Pr(h)$ (2)，算术
(4) $1 - Pr(h) \geq 0$ (1)(3)，算术

(5) $Pr(h) \leq 1$ (4)，算术

定理 1.3：如果 $Pr(e) > 0$，那么，$Pr(e \wedge h) = Pr(e)Pr(h/e)$。

定理 1.3 是所谓"普遍合取规则"的精确表达。证明如下：

(1) 如果 $Pr(e) > 0$，那么，$Pr(h/e) = \dfrac{Pr(e \wedge h)}{Pr(e)}$ 　　定义 1.1

(2) 如果 $Pr > 0$，那么，$Pr(e \wedge h) = Pr(e)Pr(h/e)$ 　　(1)，算术

定理 1.4：如果 $Pr(e) > 0$，并且 $Pr(h/e) = Pr(h)$，那么，$Pr(e \wedge h) = Pr(e) \times Pr(h)$。

定理 1.4 是所谓的"特殊合取规则"。其中 $Pr(h/e) = Pr(h)$，意即 e 和 h 是相互独立的。证明如下：

(1) $Pr(e) > 0$ 　　假设
(2) $Pr(h/e) = Pr(h)$ 　　假设
(3) $Pr(e \wedge h) = Pr(e)Pr(h/e)$ 　　定理 1.3，(1)，肯前
(4) $Pr(e \wedge h) = Pr(e)Pr(h)$ 　　(2)(3)，算术

定理 1.5：如果 $\Box(h \leftrightarrow e)$，那么，$Pr(h) = Pr(e)$。

定理 1.5 可称为"等值规则"。它说的是，两个必然等值的命题的概率是相等的。证明如下：

(1) $\Box(h \leftrightarrow e)$ 　　假设
(2) $(h \leftrightarrow e) \rightarrow (h \rightarrow e) \wedge (e \rightarrow h)$ 　　公理 1.1
(3) $(h \leftrightarrow e) \rightarrow (\neg h \vee e) \wedge \neg(\neg h \wedge e)$ 　　(2)，命题逻辑
(4) $(h \leftrightarrow e) \rightarrow (\neg h \vee e)$ 　　(3)，命题逻辑
(5) $(h \leftrightarrow e) \rightarrow \neg(\neg h \wedge e)$ 　　(3)，命题逻辑
(6) $\Box[(h \leftrightarrow e) \rightarrow (\neg h \vee e)]$ 　　(4)，□化
(7) $\Box(h \leftrightarrow e) \rightarrow \Box(\neg h \vee e)$ 　　(6)，□条
(8) $\Box[(h \leftrightarrow e) \rightarrow \neg(\neg h \wedge e)]$ 　　(5)，□化
(9) $\Box(h \leftrightarrow e) \rightarrow \Box\neg(\neg h \wedge e)$ 　　(8)，□条
(10) $\Box(\neg h \vee e)$ 　　(1)(7)，肯前
(11) $\Box\neg(\neg h \wedge e)$ 　　(1)(9)，肯前
(12) $Pr(\neg h \vee e) = 1$ 　　公理 1.3，代入 (10)，肯前
(13) $Pr(\neg h \vee e) = Pr(\neg h) + Pr(e)$ 　　公理 1.4，代入 (11)，肯前
(14) $Pr(\neg h) + Pr(e) = 1$ 　　(12)(13)，算术
(15) $Pr(h) = 1 - Pr(\neg h)$ 　　定理 1.1
(16) $Pr(h) + Pr(\neg h) = 1$ 　　(15)，算术
(17) $Pr(h) + Pr(\neg h) = Pr(\neg h) + Pr(e)$ 　　(14)(16)，算术

(18) $\Pr(h) = \Pr(e)$ (17)，算术

定理 1.6：如果 $\Pr(h) > 0$，并且 $\Pr(\neg h) > 0$，那么，
$$\Pr(e) = \Pr(h)\Pr(e/h) + \Pr(\neg h)\Pr(e/\neg h)$$

定理 1.6 叫作"简化全概率定理"。它告诉我们如何从一个命题（即 e）的条件概率求得它的无条件概率亦即全概率。证明如下：

(1) $\Pr(h) > 0$　　　　　　　　　　　　　　假设
(2) $\Pr(\neg h) > 0$　　　　　　　　　　　　假设
(3) $e \leftrightarrow (h \wedge e) \vee (\neg h \wedge e)$　　　　　　　　公理 1.1
(4) $\Box[e \leftrightarrow (h \wedge e) \vee (\neg h \wedge e)]$　　　　　　(3)，□化
(5) $\Pr(e) = \Pr[(h \wedge e) \vee (\neg h \wedge e)]$　　　定理 1.5，代入 (4)，肯前
(6) $\neg[(h \wedge e) \wedge (\neg h \wedge e)]$　　　　　　　公理 1.1
(7) $\Box \neg[(h \wedge e) \wedge (\neg h \wedge e)]$　　　　　　(6)，□化
(8) $\Pr[(h \wedge e) \vee (\neg h \wedge e)] = \Pr(h \wedge e) + \Pr(\neg h \wedge e)$
　　　　　　　　　　　　　　　　　　　　　公理 1.4，代入 (7)，肯前
(9) $\Pr(e) = \Pr(h \wedge e) + \Pr(\neg h \wedge e)$　　　(5)(8)，算术
(10) $\Pr(h \wedge e) = \Pr(h)\Pr(e/h)$　　　　定理 1.3，代入 (1)，肯前
(11) $\Pr(\neg h \wedge e) = \Pr(\neg h)\Pr(e/\neg h)$　　定理 1.3，代入 (2)，肯前
(12) $\Pr(e) = \Pr(h)\Pr(e/h) + \Pr(\neg h)\Pr(e/\neg h)$　(9)(10)(11)，算术

定理 1.7：如果 $\Pr(e) > 0$，并且 $\Pr(h) > 0$，那么，$\Pr(h/e) = \dfrac{\Pr(h)\Pr(e/h)}{\Pr(e)}$。

定理 1.7 在后面的讨论中非常有用，它与即将讨论的贝叶斯定理密切相关，我们不妨称为"准贝叶斯定理"。证明如下：

(1) $\Pr(e) > 0$　　　　　　　　　　　　　　假设
(2) $\Pr(h) > 0$　　　　　　　　　　　　　　假设
(3) $\Pr(h/e) = \dfrac{\Pr(e \wedge h)}{\Pr(e)}$　　　　　　定义 1.1，(1)，肯前
(4) $e \wedge h \leftrightarrow h \wedge e$　　　　　　　　　　　公理 1.1
(5) $\Box(e \wedge h \leftrightarrow h \wedge e)$　　　　　　　　(4)，□化
(6) $\Pr(e \wedge h) = \Pr(h \wedge e)$　　　　　定理 1.5，代入 (5)，肯前
(7) $\Pr(h/e) = \dfrac{\Pr(h \wedge e)}{\Pr(e)}$　　　　　　(3)(6)，算术
(8) $\Pr(h \wedge e) = \Pr(h)\Pr(e/h)$　　　　定理 1.3，代入 (2)，肯前
(9) $\Pr(h/e) = \dfrac{\Pr(h)\Pr(e/h)}{\Pr(e)}$　　　　(7)(8)，算术

定理 1.8：如果 $\Pr(e) > 0$，$\Pr(h) > 0$ 且 $\Pr(\neg h) > 0$，那么，

$$\Pr(h/e) = \frac{\Pr(h)\Pr(e/h)}{\Pr(h)\Pr(e/h) + \Pr(\neg h)\Pr(e/\neg h)}$$

定理 1.8 叫作"简化贝叶斯定理",它在概率归纳逻辑中占据重要地位。此定理的证明很简单,即

(1) $\Pr(e) > 0$　　　　　　　　　　　　　　假设

(2) $\Pr(h) > 0$　　　　　　　　　　　　　　假设

(3) $\Pr(\neg h) > 0$　　　　　　　　　　　　假设

(4) $\Pr(h/e) = \dfrac{\Pr(h)\Pr(e/h)}{\Pr(e)}$　　　　定理 1.7,(1)(2),肯前

(5) $\Pr(e) = \Pr(h)\Pr(e/h) + \Pr(\neg h)\Pr(e/\neg h)$　　定理 1.6,(2)(3),肯前

(6) $\Pr(h/e) = \dfrac{\Pr(h)\Pr(e/h)}{\Pr(h)\Pr(e/h) + \Pr(\neg h)\Pr(e/\neg h)}$　　(4)(5),算术

为了节省篇幅,下面我们只是不加证明地罗列若干重要的 Pr 定理,有兴趣的读者可以自行证明。

定理 1.9:$\Pr(h \lor e) = \Pr(h) + \Pr(e) - \Pr(h \land e)$。

定理 1.9 正是所谓的"普遍析取规则"。

定理 1.10:当 $\Pr(e) > 0$,如果 $\Box(e \rightarrow h)$,那么,$\Pr(h/e) = 1$。

定理 1.10 叫作"蕴涵定理"。它说的是,如果两个命题之间具有必然蕴涵的关系,那么,后件相对于前件的条件概率等于 1。

定理 1.11:当 $\Pr(h) > 0$ 且 $\Pr(e) > 0$,如果 $\Box(h \leftrightarrow e)$,那么,$\Pr(g/h) = \Pr(g/e)$。

定理 1.12:当 $\Pr(g) > 0$,如果 $\Box(h \leftrightarrow e)$,那么,$\Pr(h/g) = \Pr(e/g)$。

定理 1.11 和定理 1.12 是关于条件概率的等值定理,而前面的定理 1.5 是关于无条件概率的等值定理。这三个定理合起来告诉我们,两个必然等值的命题可以在概率函项的任何位置上进行替换,而不改变原来的概率值。

定理 1.13:如果 $\Box(e \rightarrow h)$,那么,$\Pr(e) \leqslant \Pr(h)$。

定理 1.13 意为,如果两个命题之间具有必然蕴涵关系,那么,前件的概率不大于后件的概率。

定理 1.14:如果 $\Pr(h \land e) > 0$,那么 $\Pr(h) > 0$。

定理 1.14 意为:如果两个命题合取的概率大于 0,那么,其中任何一个命题的概率大于 0。

定理 1.15:如果 $\Pr(e \land h) > 0$,那么,$\Pr(h \land g/e) = \Pr(h/e)\Pr(g/e \land h)$。

定理 1.15 意为:相对于 e、h 与 g 合取起来的条件概率等于另外两个条件概率的乘积,这两个条件概率是 h 相对于 e 的条件概率与 g 相对于 e∧h 的条件概率。定理 1.15 在后面讨论 Pr 的子系统时要用到。

定理 1.16：如要□¬h，那么，Pr(h) = 0。

定理 1.16 说的是，如果 h 是必然假的，那么，h 的概率为 0。

定理 1.17：当 Pr(e) > 0，如果□¬(e∧h)，那么，Pr(h/e) = 0。

定理 1.17 说的是，对于两个互斥的命题，其中一个相对于另一个的条件概率为 0。

定理 1.18：如果□¬(h∧e)，并且□(h∨e)，那么，Pr(h) + Pr(e) = 1。

定理 1.18 说的是，如果两个命题是互斥且穷举（即二者之中必有一真）的，那么，这两个命题的概率之和等于 1。

定理 1.19：如果 Pr(h) > 0，那么，Pr(h/h) = 1。

定理 1.20：如 Pr(¬h) > 0，那么，Pr(h/¬h) = 0。

定理 1.19 和定理 1.20 说的是，一个命题相对于自身的条件概率为 1，而相对于自身之否定的条件概率为 0。

系统 Pr 的定理还有很多，我们暂且讨论这些，以后根据需要，随时可以引入新的定理。

第三节 Pr 的一个子系统系列

在这一节里，我们着重讨论"概率条件化规则"，进而得出 Pr 的一个子系统系列。

一、Pr 的子系统 Pr/e

为了得出 Pr 的子系统 Pr/e，我们首先证明三个新定理。

定理 1.21：如果 Pr(e) > 0，那么 Pr(h/e) ≥ 0。

证明：

(1) Pr(e) > 0   假设

(2) $Pr(h/e) = \dfrac{Pr(e \wedge h)}{Pr(e)}$ 定义 1.1，(1)，肯前

(3) Pr(e∧h) ≥ 0   公理 1.2，代入

(4) Pr(h/e) ≥ 0   (1)(2)(3)，算术

定理 1.22：当 Pr(e) > 0，如果□h，那么 Pr(h/e) = 1。

证明：

(1) $\Pr(e) > 0$ 假设
(2) $\Box h$ 假设
(3) $\Pr(h/e) = \dfrac{\Pr(e \land h)}{\Pr(e)}$ 定义1.1,(1),肯前
(4) $h \to (e \leftrightarrow e \land h)$ 公理1.1
(5) $\Box[h \to (e \leftrightarrow e \land h)]$ (4),□化
(6) $\Box h \to \Box(e \leftrightarrow e \land h)$ (5),□条
(7) $\Box(e \leftrightarrow e \land h)$ (2)(6),肯前
(8) $\Pr(e) = \Pr(e \land h)$ 定理1.5,代入(7),肯前
(9) $\Pr(h/e) = \dfrac{\Pr(e)}{\Pr(e)} = 1$ (3)(8),算术

定理1.23：当$\Pr(e) > 0$,如果$\Box\neg(h \land g)$,那么,
$$\Pr(h \lor g/e) = \Pr(h/e) + \Pr(g/e)$$

证明：

(1) $\Pr(e) > 0$ 假设
(2) $\Box\neg(h \land g)$ 假设
(3) $\Box\neg(h \land g) \to \Box\neg[(e \land h) \land (e \land g)]$ 公理1.1,□化,□条
(4) $\Box\neg[(e \land h) \land (e \land g)]$ (2)(3),肯前
(5) $\Pr[(e \land h) \lor (e \land g)] = \Pr(e \land h) + \Pr(e \land g)$ 公理1.4,代入(4),肯前
(6) $\Box[e \land (h \lor g)] \leftrightarrow [(e \land h) \lor (e \land g)]$ 公理1.1,□化
(7) $\Pr[e \land (h \lor g)] = \Pr[(e \land h) \lor (e \land g)]$ 定理1.5,代入(6),肯前
(8) $\Pr[e \land (h \lor g)] = \Pr(e \land h) + \Pr(e \land g)$ (5)(7),算术
(9) $\Pr(e \land h) = \Pr(e)\Pr(h/e)$ 定理1.3,(1),肯前
(10) $\Pr(e \land g) = \Pr(e)\Pr(g/e)$ 定理1.3,代入(1),肯前
(11) $\Pr[e \land (h \lor g)] = \Pr(e)\Pr(h \lor g/e)$ 定理1.3,代入(1),肯前
(12) $\Pr(e)\Pr(h \lor g/e) = \Pr(e)\Pr(h/e) + \Pr(e)\Pr(g/e)$ (8)(9)(10)(11),算术
(13) $\Pr(h \lor g/e) = \Pr(h/e) + \Pr(g/e)$ (12),算术

我们注意到,当满足条件$\Pr(e) > 0$时,定理1.21、定理1.22、定理1.23分别同构于公理1.2、公理1.3和公理1.4;具体地说,只要把公理1.2、公理1.3和公理1.4中的概率函项$\Pr(\ )$替换为$\Pr(/e)$,便得到定理1.21、定理1.22和定理1.23。公理1.1是命题逻辑的重言式,它与概率函项无关。五条推演规则也都不涉及概率函项,因此在由公理到定理的推演过程中,$\Pr(/e)$与$\Pr(\ )$是无区别的,即对于系统Pr中任何一个只含概率函项$\Pr(\ )$的公理或定理,都有另一定理与之相对应,即用概率函项$\Pr(/e)$替换原定理中的$\Pr(\ )$所得的

定理。由于系统 Pr 中的条件概率可以通过定义 1.1 还原为只含概率函项 Pr( )的无条件概率，因此，系统 Pr 中的任何一个公理或定理，无论是否含有条件概率，都有一个与之相对应的只含概率函项 Pr(/e) 的定理。这样，我们便得到一个与系统 Pr 相对应的新的公理系统，这一新系统是关于概率函项 Pr(/e) 的。为了方便起见，我们将 Pr(/e) 记为 Pr/e；相应地，这一新系统叫作"系统 Pr/e"。我们给出如下定义：

定义 1.3：$Pr/e(h) = Pr(h/e)$。

系统 Pr/e 的基本概率表达式是 $Pr/e(h) = p$。由于系统 Pr/e 只涉及条件概率而不涉及无条件概率，系统 Pr 的定义 1.1 不属于系统 Pr/e 的定义，既然此定义是用无条件概率来定义条件概率的。不过，我们可以在系统 Pr/e 中引进一个对应于定义 1.1 的新的定义，即下面所要讨论的定义 1.4。定义 1.4 的定义项只包含概率函项 Pr/e，而 Pr/e 只不过是概率函项 Pr(/e) 的另一种写法，因此定义 1.4 不仅属于系统 Pr/e，也属于系统 Pr。如同定义 1.4，系统 Pr 的另外两个定义即定义 1.3 和定义 1.2 也为系统 Pr/e 所共有。前者是自然而然的，因为定义 1.3 的定义项仅仅包含条件概率 Pr(h/e)，而所有只包含 Pr(h/e) 的定理或定义都属于系统 Pr/e。后者也是明显的，因为系统 Pr/e 的两条公理（即系统 Pr 的定理 1.22 和定理 1.23）含有模态词"□"，并且定义 1.2 与概率函项是无关的，因而可以为系统 Pr 和系统 Pr/e 所共有。由此可见，系统 Pr 中的四个定义中只有定义 1.1 不属于系统 Pr/e。

系统 Pr/e 有四条公理，它们分别对应于系统 Pr 的公理、定理 1.21、定理 1.22 和定理 1.23。系统 Pr/e 也有五条推演规则，它们与系统 Pr 的推演规则完全相同。由于系统 Pr/e 的公理、定理和定义都是系统 Pr 的公理、定理或定义，而系统 Pr 的公理 1.2、公理 1.3 和公理 1.4 以及定义 1.1 不属于系统 Pr/e，所以，Pr/e 是 Pr 的一个子系统。

二、Pr 的一个子系统系列

上面证明，Pr/e 是 Pr 的一个子系统，本部分将要证明，Pr 不只有一个子系统，而是有一个子系统系列，Pr/e 只是这一子系统系列的一个成员。为了便于讨论，我们把系统 Pr/e 改记为"Pr/e_1"，并用 Pr/e_1 替换系统 Pr 的定义 1.1 中的概率函项 Pr，同时用 e_2 替换定义 1.1 中的 e，这样便得到一个新定义。

定义 1.4：如果 $Pr/e_1(e_2) > 0$，那么，$Pr/e_1(h/e_2) = \dfrac{Pr/e_1(e_2 \wedge h)}{Pr/e_1(e_2)}$。

定义 1.4 是 Pr 的子系统 Pr/e_1 关于条件概率的定义。$Pr/e_1(h/e_2)$ 读作"h

相对于 e_2 的 Pr/e_1 – 条件概率",也可读作:"假定 e_1 为真时 h 相对于 e_2 的 Pr – 条件概率"。对于概率函项 Pr 来说,h 的这一概率是相对于 e_1 和 e_2 的双重条件概率。由此推广开来,h 还可以有任意多重的 Pr – 条件概率。我们把 h 的 n 重 Pr – 条件概率记为"$Pr/e_1/\cdots/e_n(h)$",并给出如下定义:

定义 1.5:$Pr/e_1/\cdots/e_n(h) = Pr/e_1/\cdots/e_{n-1}(h/e_n)$ $(n \geq 1)$。

当 n = 1 时,定义 1.5 便成为:$Pr/e_1(h) = Pr/e_0(h/e_1)$。这里的概率函项 Pr/e_0 可以看作 0 重 Pr – 条件概率,相当于 Pr 的无条件概率。

定义 1.6:$Pr/e_0(\alpha) = Pr(\alpha)$。

定义 1.6 中的 α 代表系统 Pr 的任一表达式,它可以是论域 D_r 中的任一公式 A,或由任何两个公式构成的条件概率的成分 A/B。根据定义 1.5 和定义 1.6,当 n = 1 时,则有:$Pr/e_1(h) = Pr(h/e_1)$。这相当于前面给出的定义 1.3。可见,定义 1.3 只是定义 1.5 当 n = 1 时的特例,或者说,定义 1.5 是对定义 1.3 的扩展。

我们还可以对系统 Pr 的定义 1.1 加以扩展,以适合任意多重条件概率的需要。

定义 1.7:如果 $Pr/e_1/\cdots/e_{n-1}(e_n) > 0$,那么,

$$Pr/e_1/\cdots/e_{n-1}(h/e_n) = \frac{Pr/e_1/\cdots/e_{n-1}(e_n \wedge h)}{Pr/e_1/\cdots/e_{n-1}(e_n)} \quad (n \geq 1)$$

根据定义 1.7 和定义 1.6,当 n = 1 时,则有:

如果 $Pr(e_1) > 0$,那么,$Pr(h/e_1) = \dfrac{Pr(e_1 \wedge h)}{Pr(e_1)}$。

这正是系统 Pr 的定义 1.1。可见,定义 1.1 只是定义 1.7 当 n = 1 时的特例。类似地,当 n = 2 时,定义 1.7 则成为:

如果 $Pr/e_1(e_2) > 0$,那么,$Pr/e_1(h/e_2) = \dfrac{Pr/e_1(e_2 \wedge h)}{Pr/e_1(e_2)}$。

这正是定义 1.4。可见,定义 1.4 只是定义 1.7 当 n = 2 时的特例,定义 1.4 是 Pr 的一个子系统即 Pr/e_1 关于条件概率的定义。

接下来,我们证明一个重要定理即定理 1.25,为此需要先证明定理 1.24。

定理 1.24:如果 $Pr(e \wedge h) > 0$,那么,$Pr/e(g/h) = Pr(g/e \wedge h)$。

定理 1.24 可以叫作"二重条件合取化定理"。定理 1.24 表明,g 依次相对于两个条件即 e 和 h 的条件概率等于 g 相对于一个条件即 $e \wedge h$ 的条件概率。这也就是说,二重条件概率可以化归为一重条件概率。由于合取支的位置可以彼此交换,所以,二重条件概率的各个条件的先后次序也可以随意改变。定理 1.24 对二重条件概率的各个条件的限制是:其中任一条件的无条件概率大于 0,即 $Pr(e) > 0$ 和 $Pr(h) > 0$,并且,e 和 h 不是互斥的,否则,定理 1.25 的前件 $Pr(e \wedge h) > 0$ 将不能被满足。

证明:

(1) $\Pr(e \wedge h) > 0$ 　　　　　　　　　　假设

(2) $\Pr(e) > 0$ 　　　　　　　　　　　　定理1.14，代入（1），肯前

(3) $\Pr(h) > 0$ 　　　　　　　　　　　　定理1.14，（1），肯前

(4) $\Pr(h \wedge g/e) = \Pr(h/e)\Pr(g/e \wedge h)$ 　定理1.15，（1），肯前

(5) $\Pr(g/e \wedge h) = \dfrac{\Pr(h \wedge g/e)}{\Pr(h/e)}$ 　　　（4），算术

(6) $\Pr/e(h) = \Pr(h/e)$ 　　　　　　　定义1.3

(7) $\Pr/e(h \wedge g) = \Pr(h \wedge g/e)$ 　　　定义1.3，代入

(8) $\Pr(g/e \wedge h) = \dfrac{\Pr/e(h \wedge g)}{\Pr/e(h)}$ 　　　（5）（6）（7），算术

(9) 如果 $\Pr/e(h) > 0$，那么，$\Pr/e(g/h) = \dfrac{\Pr/e(h \wedge g)}{\Pr/e(h)}$

　　　　　　　　　　　　　　　　　　　定义1.4，代入

(10) $\Pr(h/e) = \dfrac{\Pr(e \wedge h)}{\Pr(e)}$ 　　　　定义1.1，（2），肯前

(11) $\Pr(h/e) > 0$ 　　　　　　　　　　（10）（1）（2），算术

(12) $\Pr/e(h) > 0$ 　　　　　　　　　　（11），定义1.3，算术

(13) $\Pr/e(g/h) = \dfrac{\Pr/e(h \wedge g)}{\Pr/e(h)}$ 　　　（9）（12），肯前

(14) $\Pr/e(g/h) = \Pr(g/e \wedge h)$ 　　　（8）（13），算术

定理1.25：如果 $\Pr(e_1 \wedge \cdots \wedge e_n) > 0$，那么 $\Pr/e_1/\cdots/e_n(h) = \Pr/e_1 \wedge \cdots \wedge e_n(h)$。

定理1.25是对定理1.24的扩展，可以叫作"多重条件合取化定理"。定理1.25表明，h依次相对于n个条件即e_1，e_2，…，e_n的条件概率等于h相对于一个条件即$e_1 \wedge \cdots \wedge e_n$的条件概率。由于合取支的位置可以彼此交换，所以，多重条件概率的各个条件的先后次序也可以随意改变。定理1.25对多重条件概率的各个条件的限制是：其中任一条件的无条件概率大于0，即$\Pr(e_i) > 0$（其中$1 \leq i \leq n$），并且，其中任何两个条件都不是互斥的，否则，定理1.25的前件$\Pr(e_1 \wedge \cdots \wedge e_n) > 0$将不能被满足。定理1.25的证明需要借助于数学归纳法。

证明：施数学归纳于n：

奠基：当n=1时，定理1.25成为：

如果$\Pr(e_1) > 0$，那么，$\Pr/e_1(h) = \Pr/e_1(h)$。

此命题显然成立。

归纳假设：当n=k时，如果$\Pr(e_1 \wedge \cdots \wedge e_k) > 0$，那么，

　　　　　$\Pr/e_1/\cdots/e_k(h) = \Pr/e_1 \wedge \cdots \wedge e_k(h)$

现证：当 n = k + 1 时，定理 1.25 成立。

(1) $Pr(e_1 \wedge \cdots \wedge e_k \wedge e_{k+1}) > 0$　　　　　　　假设

(2) $Pr(e_1 \wedge \cdots \wedge e_k) > 0$　　　　　　　　　　　　定理 1.14，代入（1），肯前

(3) $Pr/e_1/\cdots/e_k(h) = Pr(e_1 \wedge \cdots \wedge e_k(h))$　　　归纳假设，(2)，肯前

(4) $Pr(e_1 \wedge \cdots \wedge e_k \wedge e_{k+1}) = Pr(e_1 \wedge \cdots \wedge e_k)Pr(e_1 \wedge \cdots \wedge e_k(e_{k+1}))$

　　　　　　　　　　　　　　　　　　　　　　定理 1.3，代入（2），肯前，定义 1.3

(5) $Pr/e_1 \wedge \cdots \wedge e_k(e_{k+1}) > 0$　　　　　　　　（1）（2）（4），算术

(6) $Pr/e_1/\cdots/e_k(e_{k+1}) = Pr(e_1 \wedge \cdots \wedge e_k(e_{k+1}))$　（3），代入

(7) $Pr/e_1/\cdots/e_k(e_{k+1}) > 0$　　　　　　　　　　　　（5）（6），算术

(8) $Pr/e_1/\cdots/e_k(h/e_{k+1}) = \dfrac{Pr/e_1/\cdots/e_k(e_{k+1} \wedge h)}{Pr/e_1/\cdots/e_k(e_{k+1})}$　　定义 1.7，当 n = k + 1，(7)，肯前

(9) $Pr/e_1/\cdots/e_k(e_{k+1} \wedge h) = Pr(e_1 \wedge \cdots \wedge e_k(e_{k+1} \wedge h))$　(3)，代入

(10) $Pr/e_1/\cdots/e_k(h/e_{k+1}) = \dfrac{Pr(e_1 \wedge \cdots \wedge e_k(e_{k+1} \wedge h))}{Pr(e_1 \wedge \cdots \wedge e_k(e_{k+1}))}$　(8)(9)(6)，算术

(11) $Pr/e_1(h/e_2) = \dfrac{Pr/e_1(e_2 \wedge h)}{Pr/e_1(e_2)}$　　　　　　定义 1.7，当 n = 2，(7)，肯前

(12) $Pr/e_1 \wedge \cdots \wedge e_k(h/e_{k+1}) = \dfrac{Pr(e_1 \wedge \cdots \wedge e_k(e_{k+1} \wedge h))}{Pr(e_1 \wedge \cdots \wedge e_k(e_{k+1}))}$　(11)，代入

(13) $Pr/e_1/\cdots/e_k(h/e_{k+1}) = Pr(e_1 \wedge \cdots \wedge e_k(h/e_{k+1}))$　(10)(12)，算术

(14) 如果 $Pr(e \wedge h) > 0$，那么，$Pr/e(g/h) = Pr(g/e \wedge h)$

　　　　　　　　　　　　　　　　　　　　　　定理 1.24

(15) 如果 $Pr(e_1 \wedge \cdots \wedge e_k \wedge e_{k+1}) > 0$，那么，
$Pr/e_1 \wedge \cdots \wedge e_k(h/e_{k+1}) = Pr(h/e_1 \wedge \cdots \wedge e_k \wedge e_{k+1})$　(14)，代入

(16) $Pr/e_1 \wedge \cdots \wedge e_k(h/e_{k+1}) = Pr(h/e_1 \wedge \cdots \wedge e_k \wedge e_{k+1})$

　　　　　　　　　　　　　　　　　　　　　　(15)(1)，肯前

(17) $Pr/e_1 \wedge \cdots \wedge e_k \wedge e_{k+1}(h) = Pr(h/e_1 \wedge \cdots \wedge e_k \wedge e_{k+1})$

　　　　　　　　　　　　　　　　　　　　　　定义 1.3，代入

(18) $Pr/e_1 \wedge \cdots \wedge e_k(h/e_{k+1}) = Pr/e_1 \wedge \cdots \wedge e_k(e_{k+1}(h))$　(16)(17)，算术

(19) $Pr/e_1/\cdots/e_k/e_{k+1}(h) = Pr/e_1 \wedge \cdots \wedge e_k(h/e_{k+1})$　定义 1.5，n = k + 1

(20) $Pr/e_1/\cdots/e_k/e_{k+1}(h) = Pr(e_1 \wedge \cdots \wedge e_k \wedge e_{k+1}(h))$　(18)(19)，算术

证毕。

需要指出，在以上证明中，(6) 和 (9) 是对归纳假设作代入的结果。我们知道，代入规则中的断定符"⊢"要求被代入的公式必须是本系统的公理、定理或定义，而不是一般的假设。这里的归纳假设不是一般的假设，而是假定"定理 1.25 当 n = k 时成立"，这一假设包含断定符，因而可以对它作代入。

有了定理 1.25 即多重条件合取化定理，我们便容易得出系统 Pr 的新的推演规则即概率条件化规则。在前面，我们已经证明了系统 Pr/e_1 是系统 Pr 的一个子系统，即对于系统 Pr 的任何一个公理、定理或定义，在系统 Pr/e_1 都有一个相应的公理、定理或定义，后者是用概率函项 Pr/e_1 替换前者的概率函项 Pr 的结果。据此，我们有如下推理规则：

概率一重条件化规则：

如果 $Pr(A) > 0$，那么，从 ⊢α(Pr)，可得 ⊢$α\dfrac{Pr}{Pr/e_1}$。

其中 α(Pr) 是含有并且只含有概率函项 Pr 的公式，$α\dfrac{Pr}{Pr/e_1}$ 是将 α 中的每一 Pr 替换为 Pr/e_1 所得的公式。

根据概率一重条件化规则，我们从已证的含有概率函项 Pr 的定理可以直接得出含有概率函项 Pr/e_1 的定理，从而简化了从系统 Pr 推出 Pr/e_1 定理的过程。当然，应用这一规则需要满足条件 $Pr(e_1) > 0$。

例如，从定理 1.1 即 $Pr(h) = 1 - Pr(\neg h)$，通过概率条件化规则直接可得：

定理 1.1.1：$Pr/e_1(h) = 1 - Pr/e_1(\neg h)$。

再如，从定理 1.7 即准贝叶斯定理：如果 $Pr(e) > 0$ 并且 $Pr(h) > 0$，那么，

$$Pr(h/e) = \frac{Pr(h)Pr(e/h)}{Pr(e)}$$

通过概率条件化规则直接可得：

定理 1.7.1：如果 $Pr/e_1(e) > 0$ 并且 $Pr/e_1(h) > 0$，那么，

$$Pr/e_1(h/e) = \frac{Pr/e_1(h)Pr/e_1(e/h)}{Pr/e_1(e)}$$

对概率一重条件化规则加以扩展，便得到概率多重条件化规则。

概率多重条件化规则：

如果 $Pr(e_1 \wedge \cdots \wedge e_n) > 0$，那么，从 ⊢α(Pr)，可得，⊢$α\dfrac{Pr}{Pr/e_1/\cdots/e_n}$。

其中 α(Pr) 是含有并只含有概率函项 Pr 的公式，$α\dfrac{Pr}{Pr/e_1/\cdots/e_n}$ 是将 α(Pr) 中的每一个 Pr 替换为 $Pr/e_1/\cdots/e_n$ 所得的公式。

证明：将概率一重条件化规则中的 Pr/e_1 中的 e_1 代以 $e_1 \wedge \cdots \wedge e_n$，从而得到

$Pr/e_1 \wedge \cdots \wedge e_n$，根据定理 1.25 即多重条件合取化定理，将 $Pr/e_1 \wedge \cdots \wedge e_n$ 替换为 $Pr/e_1/\cdots/e_n$。证毕。

显然，概率一重条件规则是概率多重条件化规则当 n=1 时的特例。通过概率多重条件化规则，我们可以从系统 Pr 的任一公理、定理或定义直接得出相应的 $Pr/e_1/\cdots/e_n$ 公式，这些公式都是系统 Pr 的某一子系统 $Pr/e_1/\cdots/e_n$ 的公理、定理或定义。这些子系统包括 Pr/e_1、$Pr/e_1/e_2$、$Pr/e_1/e_2/e_3$，等等。根据多重条件合取化定理，多重条件可以化归为一重条件，所以，通常归纳逻辑文献所采纳的概率逻辑系统是 Pr 或 Pr/e_1。

需要注意，以上两个概率条件化规则都用到断定符号"⊢"，这就是说，概率条件化规则只能用于系统 Pr 中的已证公式即公理、定理或定义，而不能用于一般的假设；这种用法正如 Pr 的推演规则 1.2 和推演规则 1.3。此外，关于多重条件概率我们有三种等价的表达方式，即 $Pr/e_1/\cdots/e_n(h)$、$Pr/e_1 \wedge \cdots \wedge e_n(h)$ 和 $Pr(h/e_1 \wedge \cdots \wedge e_n)$。在以后的讨论中，我们将根据需要灵活使用它们。

第四节 贝叶斯定理及其应用

一、若干重要定理的扩展

前面所讨论的系统 Pr 的定理只涉及少量命题变项，现在要把其中一些重要定理扩展为涉及任意有限多个命题变项，以适应复杂情况的需要。

对于扩展定理的证明往往需要用到数学归纳法。为使证明和行文较为简洁，我们采用以下符号及其定义：

$$\bigvee_{i=1}^{n} h_i = h_1 \vee h_2 \vee \cdots \vee h_n$$

$$\bigwedge_{i=1}^{n} h_i = h_1 \wedge h_2 \wedge \cdots \wedge h_n$$

$$\sum_{i=1}^{n} Pr(h_i) = Pr(h_1) + Pr(h_2) + \cdots + Pr(h_n)$$

$$\prod_{i=1}^{n} Pr(h_i) = Pr(h_1)Pr(h_2)\cdots Pr(h_n)$$

我们首先讨论特殊析取规则即公理 1.4 的扩展。为此，我们引入关于"互斥"的一般定义。

定义 1.8：h_1，h_2，$\cdots$，h_n 是互斥的，当且仅当，$\Box\neg(h_i \wedge h_j)$ $(1 \leq i \neq j \leq n)$。

定义 1.8 说的是，互斥的一组命题中的任何两个都不可能同真，因而这组命题中至多有一个命题是真的。

定理 1.26（扩展的特殊析取规则）：

如果 h_1，h_2，$\cdots$，h_n 是互斥的，那么，$\Pr(\bigvee_{i=1}^{n} h_i) = \sum_{i=1}^{n} \Pr(h_i)$。

证明：施数学归纳法于 n：

奠基：当 n = 1，定理成为：$\Pr(h_1) = \Pr(h_1)$，显然是成立的。

归纳假设：当 n = k，如果 h_1，h_2，$\cdots$，h_k 是互斥的，那么，

$$\Pr(\bigvee_{i=1}^{k} h_i) = \sum_{i=1}^{k} \Pr(h_i)$$

现证：当 n = k + 1，定理 1.26 成立。

(1) h_1，h_2，$\cdots$，h_{k+1} 是互斥的   假设

(2) $\Box\neg(h_i \wedge h_j)$ $(1 \leq i \neq j \leq k+1)$ (1)，定义 1.8

(3) $\bigwedge_{i=1}^{K} \neg(h_i \wedge h_{k+1}) \to \neg \bigvee_{i=1}^{K}(h_i \wedge h_{k+1})$ 公理 1.1（德摩根律）

(4) $\Box \bigwedge_{i=1}^{K} \neg(h_i \wedge h_{k+1}) \to \Box \neg \bigvee_{i=1}^{K}(h_i \wedge h_{k+1})$ (3)，$\Box$ 化，$\Box$ 条

(5) $\neg(h_1 \wedge h_{k+1}) \to \{\neg(h_2 \wedge h_{k+1}) \to [\cdots \to (h_k \wedge h_{k+1}) \to \bigwedge_{i=1}^{K} \neg(h_i \wedge h_{k+1})\cdots]\}$ 公理 1.1（合取律）

(6) $\Box \bigwedge_{i=1}^{K} \neg(h_i \wedge h_{k+1})$ (5)，$\Box$ 化，$\Box$ 条，依据 (2) 依次肯前

(7) $\Box \neg \bigvee_{i=1}^{K}(h_i \wedge h_{k+1})$ (4) (6)，肯前

(8) $\Box \neg [(\bigvee_{i=1}^{K} h_i) \wedge h_{k+1}]$ (7)，命题逻辑（分配律）

(9) $\Box \neg \bigvee_{i=1}^{K}(h_i \wedge h_{k+1})$ 公理 1.4，代入 (8)，肯前

(10) $\Pr[(\bigvee_{i=1}^{K} h_i) \vee h_{k+1}] = \Pr(\bigvee_{i=1}^{K} h_i) + \Pr(h_{k+1})$ 归纳假设，(1)，肯前

(11) $\Pr[(\bigvee_{i=1}^{K} h_i) \vee h_{k+1}] = [\sum_{i=1}^{k} \Pr(h_i)] + \Pr(h_{k+1})$ (9) (10)，算术

(12) $\Pr(\bigvee_{i=1}^{K+1} h_i) = \sum_{i=1}^{k+1} \Pr(h_i)$ (11)，$\bigvee$ 和 $\sum$ 的定义

证毕。

以上讨论了扩展的特殊析取规则。至于扩展的普遍析取规则，其表达式和证

明过程较为复杂，在此从略。需要指出的是，不能想当然地把普遍析取规则扩展为：

$$\Pr(\bigvee_{i=1}^{n} h_i) = \sum_{i=1}^{n} \Pr(h_i) - \Pr(\bigwedge_{i=1}^{n} h_i)$$

析取规则所要解决的问题还可通过否定规则和合取规则来解决。下面，我们不加证明地给出扩展的否定规则和扩展的合取规则。

定理 1.27（扩展的否定规则）：$\Pr(\bigvee_{i=1}^{n} h_i) = 1 - \Pr(\bigwedge_{i=1}^{n} \neg h_i)$。

定理 1.28（扩展的普遍合取规则）：如果 $\Pr(\bigwedge_{i=1}^{n-1} h_i) > 0$，则：

$$\Pr(\bigwedge_{i=1}^{n} h_i) = \Pr(h_1)\Pr(h_2/h_1)\Pr(h_3/h_1 \wedge h_2)\cdots\Pr(h_n/h_1 \wedge \cdots \wedge h_{n-1})$$

定义 1.9：h_1，h_2，$\cdots$，h_n 是概率独立的，当且仅当，

$$\Pr(h_j/\bigwedge_{i=k}^{m} h_i) = \Pr(h_j) \quad (j \notin \{k, \cdots, m\}; 1 \leq j, k, m \leq n)$$

定义 1.9 说的是，一组命题是相互独立的，当且仅当，其中任何一个命题相对于其他命题的任意合取的条件概率等于该命题的无条件概率。当 $n = 2$ 时，定义 1.9 成为：h_1 和 h_2 是概率独立的，当且仅当，$\Pr(h_2/h_1) = \Pr(h_2)$［或者 $\Pr(h_1/h_2) = \Pr(h_1)$］。

定理 1.29：如果 h_2 独立于 h_1，那么，h_1 独立于 h_2。

定理 1.29 表明，概率独立性是对称的，这一点由定义 1.9 和准贝叶斯定理即定理 1.7 容易看出。准贝叶斯定理是：

$$\Pr(h_1/h_2) = \frac{\Pr(h_1)\Pr(h_2/h_1)}{\Pr(h_2)} \tag{1.14}$$

如果 $\Pr(h_2/h_1) = \Pr(h_2)$，那么，由式（1.14）得出：

$$\Pr(h_1/h_2) = \frac{\Pr(h_1)\Pr(h_2)}{\Pr(h_2)} = \Pr(h_1) \tag{1.15}$$

可见，只要知道两个命题中的一个独立于另一个，就可断定它们二者是相互独立的。

定理 1.30：如果 h_1，h_2，$\cdots$，h_n 是概率独立的，那么，$\Pr(\bigwedge_{i=1}^{n} h_i) > 0$。

证明：

根据定义 1.9，h_1，h_2，$\cdots$，h_n 之间的概率独立性使得：

$$\Pr(h_j/\bigwedge_{i=k}^{m} h_i) = \Pr(h_j) \quad (j \notin \{k, \cdots, m\}; 1 \leq j, k, m \leq n) \tag{1.16}$$

如果式（1.16）成立，那么 $\Pr(\bigwedge_{i=k}^{m} h_i) > 0$；否则式（1.16）所含的条件概率是无意义的。既然其条件概率中的 k 和 m 的取值范围在 1 和 n 之间的任何区间，因而

$\Pr(\bigwedge_{i=1}^{n} h_i) > 0$。

定理 1.31（扩展的特殊合取规则）：

如果 h_1，h_2，…，h_n 是概率独立的，那么，$\Pr(\bigwedge_{i=1}^{n} h_i) = \prod_{i=1}^{n} \Pr(h_i)$。

定理 1.32： 如果 h_1，h_2，…，h_n 是互斥的，那么，$h_1 \wedge e$，$h_2 \wedge e$，…，$h_n \wedge e$ 也是互斥的。

定理 1.32 对于扩展的全概率定理的证明是必要的，前面我们曾讨论了"简化全概率定理"即定理 1.6，现在我们讨论扩展的全概率定理。为此，再引入一个定义。

定义 1.10： h_1，h_2，…，h_n 是穷举的，当且仅当，$\Box(\bigvee_{i=1}^{n} h_i)$。

定义 1.10 说的是，如果一组命题是穷举的，那么必然地其中至少有一为真。

在以上定义和定理的基础上，我们可以给出贝叶斯定理的证明，在此之前，需要先证明全概率定理。

定理 1.33（全概率定理）： 当 $\Pr(h_i) > 0$，如果 h_1，h_2，…，h_n 是互斥且穷举的，那么，

$$\Pr(e) = \sum_{i=1}^{n} \Pr(h_i)\Pr(e/h_i)$$

证明：

(1) $\Pr(h_i) > 0$ ($1 \leq i \leq n$) 　　　　　假设

(2) h_1，h_2，…，h_n 是互斥的 　　　　　假设

(3) h_1，h_2，…，h_n 是穷举的 　　　　　假设

(4) $\Box(\bigvee_{i=1}^{n} h_i)$ 　　　　　(3)，定义 1.10

(5) $\bigvee_{i=1}^{n} h \rightarrow [\bigvee_{i=1}^{n}(h_i \wedge e) \leftrightarrow e]$ 　　　　　公理 1.1

(6) $\Box(\bigvee_{i=1}^{n} h_i) \rightarrow \Box[\bigvee_{i=1}^{n}(h_i \wedge e) \leftrightarrow e]$ 　　　　　(5)，□化，□条

(7) $\Box[\bigvee_{i=1}^{n}(h_i \wedge e) \leftrightarrow e]$ 　　　　　(4)(6)，肯前

(8) $\Pr[\bigvee_{i=1}^{n}(h_i \wedge e)] = \Pr(e)$ 　　　　　定理 1.5，代入 (7)，肯前

(9) $(h_1 \wedge e)$，$(h_2 \wedge e)$，…，$(h_n \wedge e)$ 是互斥的 　　　　　(2)，定理 1.30，肯前

(10) $\Pr[\bigvee_{i=1}^{n}(h_i \wedge e)] = \sum_{i=1}^{n} \Pr(h_i \wedge e)$ 　　　　　定理 1.26，代入 (9)，肯前

(11) $\Pr(e) = \sum_{i=1}^{n} \Pr(h_i \wedge e)$ 　　　　　(8)(10)，算术

(12) $\Pr(h_i \wedge e) = \Pr(h_i)\Pr(e/h_i)$ 　　　　　定理 1.3，代入 (1)，肯前

(13) $\Pr(e) = \sum_{i=1}^{n} \Pr(h_i)\Pr(e/h_i)$ （11）（12），算术

证毕。

定理 1.34（贝叶斯定理）：

当 $\Pr(e) > 0$ 并且 $\Pr(h_i) > 0$，如果 $h_1, h_2, \cdots, h_n$ 是互斥且穷举的，那么，

$$\Pr(h_j/e) = \frac{\Pr(h_j)\Pr(e/h_j)}{\sum_{i=1}^{n}\Pr(h_i)\Pr(e/h_i)} \qquad (1 \leq j \leq n)$$

贝叶斯定理是简化贝叶斯定理即定理 1.8 的扩展。现证明如下：

(1) $\Pr(e) > 0$ 假设

(2) $\Pr(h_i) > 0$ 假设

(3) $h_1, h_2, \cdots, h_n$ 是互斥且穷举的   假设

(4) $\Pr(h_j/e) = \dfrac{\Pr(h_j)\Pr(e/h_j)}{\Pr(e)}$ 定理 1.7，代入 h/h_j，（1）

（2），肯前

(5) $\Pr(e) = \sum_{i=1}^{n}\Pr(h_i)\Pr(e/h_i)$ 定理 1.33，（2）（3），肯前

(6) $\Pr(h_j/e) = \dfrac{\Pr(h_j)\Pr(e/h_j)}{\sum_{i=1}^{n}\Pr(h_i)\Pr(e/h_i)}$ （4）（5），算术

证毕。

二、贝叶斯定理的一些简单应用

在通常的解释下，贝叶斯定理中的 $h_1, h_2, \cdots, h_n$ 为 n 个互斥且穷举的假设，e 为证据。借助于贝叶斯定理，我们可由各个假设无条件概率 $\Pr(h_i)$（即后面所谓的"验前概率"）和证据 e 相对于各个假设的条件概率 $\Pr(e/h_i)$（即后面所谓的"预测度"），计算出任一假设 h_j 相对于证据 e 的条件概率 $\Pr(h_j/e)$（即后面所说的验后概率）。不难看出，贝叶斯定理与假设的检验问题是密切相关的，这在后面将得到详尽的讨论，这里我们只是举例说明贝叶斯定理的一些简单应用。

从前面关于贝叶期定理的证明中我们看到，贝叶斯定理是从准贝叶斯定理

$$\Pr(h_j/e) = \frac{\Pr(h_j)\Pr(e/h_j)}{\Pr(e)}$$

和全概率定理

$$\Pr(e) = \sum_{i=1}^{n} \Pr(h_i)\Pr(e/h_i)$$

直接推出的，即用 $\sum_{i=1}^{n} \Pr(h_i)\Pr(e/h_i)$ 替换准贝叶斯定理中的 $\Pr(e)$。于是，对贝叶斯定理的应用可分为两步：第一步，应用全概率定理计算出 $\Pr(e)$；第二步，应用准贝叶斯定理计算出 $\Pr(h_j/e)$。

现假定有3个在外观上相同的缸即甲缸、乙缸和丙缸，其中每个缸里装有10个球。甲缸中有2个白球和8个黑球，乙缸中有白、黑球各5个，丙缸中有8个白球和2个黑球。某人从这3个缸中选出1个来，但他不知道此缸是甲、乙和丙中的哪一个；然后他从缸中随意地摸出1个球来，并发现此球是黑色的。现在要问，相对于第一次摸出的球是黑色的这一证据，甲缸被选出的概率是多少？

令：h_1 代表假设：甲缸被选出；h_2 代表假设：乙缸被选出；h_3 代表假设：丙缸被选出。e_1 代表证据：第一次摸出的球是黑色的。所求的概率是 $\Pr(h_1/e_1)$。根据贝叶斯定理，为求 $\Pr(h_1/e_1)$，必须先确定各个假设的无条件概率 $\Pr(h_i)$ 和 e_1 相对于各个假设的条件概率 $\Pr(e_1/h_i)$。由于这3个缸在外观上完全相同，某人选缸是完全随意的，因此，他选出各个缸的概率是相等的，这意味着3个假设的无条件概率是相等的，即 $\Pr(h_1) = \Pr(h_2) = \Pr(h_3) = 1/3$。如果甲缸被选出，由于其中有2个白球和8个黑球，那么，第一次摸出黑球的概率是8/10，即 $\Pr(e_1/h_1) = 8/10$；同理 $\Pr(e_1/h_2) = 1/2$；$\Pr(e_1/h_3) = 2/10$。根据全概率定理，则：

$$\Pr(e_1) = \sum_{i=1}^{3} \Pr(h_i)\Pr(e_1/h_i) = \frac{1}{3} \times \frac{8}{10} + \frac{1}{3} \times \frac{1}{2} + \frac{1}{3} \times \frac{2}{10} = \frac{1}{2}$$

根据准贝叶斯定理，则：

$$\Pr(h_1/e_1) = \frac{\Pr(h_1)\Pr(e_1/h_1)}{\Pr(e_1)} = \frac{1/3 \times 8/10}{1/2} = 8/15 \approx 0.53$$

这一计算结果表明，在得到证据 e_1 之后，h_1 的概率大大提高了，即由原来的1/3提高为8/15。

根据准贝叶斯定理，我们同样可以计算出 $\Pr(h_2/e_1)$ 和 $\Pr(h_3/e_1)$，即：

$$\Pr(h_2/e_1) = \frac{\Pr(h_2)\Pr(e_1/h_2)}{\Pr(e_2)} = \frac{1/3 \times 1/2}{1/2} = 5/15 \approx 0.33$$

$$\Pr(h_3/e_1) = \frac{\Pr(h_3)\Pr(e_1/h_3)}{\Pr(e_1)} = \frac{1/3 \times 2/10}{1/2} = 2/15 \approx 0.13$$

后两个计算结果表明，证据 e_1 没有改变 h_2 的概率，而使 h_3 的概率明显降低了，即由原来的1/3降为2/15。请注意，无论在 e_1 出现之前还是 e_1 出现之后，3个假设的概率之和都等于1，这是因为这3个假设是互斥且穷举的。

假定某人把第一次摸出的球放回去并继续从缸中摸球，第二次摸出的球还是黑色的。我们把这一证据记为 e_2。现问,在得到 e_1 之后,各个假设相对于 e_2 的条件概率是多少?所求概率可记为 $Pr/e_1(h_1/e_2)$、$Pr/e_1(h_2/e_2)$ 和 $Pr/e_1(h_3/e_2)$。根据定义和多重条件合取化定理:$Pr/e_1(h_1/e_2) = Pr/e_1/e_2(h_1) = Pr/e_1 \wedge e_2(h_1) = Pr(h/e_1 \wedge e_2)$。

同理,$\qquad Pr/e_1(h_2/e_2) = Pr(h_2/e_1 \wedge e_2)$
$\qquad\qquad\qquad Pr/e_1(h_3/e_2) = Pr(h_3/e_1 \wedge e_2)$

这样便把二重条件概率化为一重条件概率,这个一重条件是 $e_1 \wedge e_2$,从而可以按照前边的步骤进行计算。

已确定:$Pr(h_1) = Pr(h_2) = Pr(h_3) = 1/3$,并且 e_1 和 e_2 是相互独立的,于是,$Pr(e_1 \wedge e_2/h_1) = 8/10 \times 8/10 = 16/25$,$Pr(e_1 \wedge e_2/h_2) = 1/2 \times 1/2 = 1/4$,$Pr(e_1 \wedge e_2/h_3) = 2/10 \times 2/10 = 1/25$。根据全概率定理,则:

$$Pr(e_1 \wedge e_2) = \sum_{i=1}^{3} Pr(h_i) Pr(e_1 \wedge e_2/h_i)$$
$$= 1/3 \times 16/25 + 1/3 \times 1/4 + 1/3 \times 1/25 = 31/100$$

根据准贝叶斯定理:

$$Pr(h_1/e_1 \wedge e_2) = \frac{Pr(h_1) Pr(e_1 \wedge e_2/h_1)}{Pr(e_1 \wedge e_2)} = \frac{1/3 \times 16/25}{31/100} = 64/93 \approx 0.69$$

$$Pr(h_2/e_1 \wedge e_2) = \frac{Pr(h_2) Pr(e_1 \wedge e_2/h_2)}{Pr(e_1 \wedge e_2)} = \frac{1/3 \times 1/4}{31/100} = 25/93 \approx 0.27$$

$$Pr(h_3/e_1 \wedge e_2) = \frac{Pr(h_3) Pr(e_1 \wedge e_2/h_3)}{Pr(e_1 \wedge e_2)} = \frac{1/3 \times 1/25}{31/100} = 4/93 \approx 0.04$$

此结果表明,e_2 使 h_1 的概率进一步提高,而使 h_2 的概率有所下降,使 h_3 的概率进一步下降。用类似的步骤,我们还可以求出,在得出 e_1 和 e_2 之后,各个假设相对于 e_3 以至更多证据的条件概率。随着证据的增加,各个假设的条件概率会不断变化,变化的基本规律是:当证据为摸出 1 个黑球时,该证据将使 h_1 的概率有所上升,而使 h_3 的概率有所下降;当证据为摸出 1 个白球时,该证据将使 h_1 的概率有所下降,而使 h_3 的概率有所上升。这种差别是由甲缸和乙缸所含黑、白球的比例不同而造成的:哪个假设所断定的黑、白球比例同证据中的黑、白球比例最为接近,它便从证据得到的支持程度最高,反之,它得到的支持程度最低。

第二章

概率解释及其发展

20世纪30年代以后,概率数学逐步臻于完善,其标志之一就是苏联数学家柯尔莫哥洛夫(A. N. Kolmogorov)于1933年构建的概率公理系统。与此同时,概率归纳逻辑得以迅速发展。

柯尔莫哥洛夫的概率公理有以下三条:(1)任何事件的概率大于等于0,即$P(A) \geq 0$;(2)必然事件概率等于1;(3)对于两个互斥事件A和B有:$P(A \cup B) = P(A) + P(B)$。只需把概率公理中的事件改为命题,就成为本书所阐述的命题概率逻辑系统Pr。我们把任一事件或命题的概率$P(A)$或$Pr(h)$叫作"基本概率"。概率公理系统的逻辑功能就是在给定其基本概率之后推导出有关的其他概率。至于基本概率如何确定,概率公理除了告诉我们,一组互斥且穷举的事件或命题的基本概率之和等于1外,什么也没说。这种情况类似于演绎逻辑。演绎逻辑并没有告诉我们如何得到真前提;其作用仅仅在于我们得到真前提之后保证由此推出的其他命题都是真的。可见,概率公理系统实际上只是演绎逻辑(或数学)的一个分支。

正如怎样获得真实的前提属于归纳逻辑的研究范围,怎样获得基本概率的问题也属于归纳逻辑的研究范围。因此,获得基本概率的原则属于归纳原则,与概率公理系统一道构成一个扩充的系统,这个扩充的系统就是概率归纳逻辑。换言之,所谓概率归纳逻辑就是增加了确定基本概率的归纳原则的概率公理系统。由此可见,柯尔莫哥洛夫的概率公理系统或系统Pr仅仅属于概率演绎逻辑亦即概率演算,而不属于概率归纳逻辑,因为它们都不涉及确定基本概率的归纳原则。

归纳原则的不同取决于概率解释的不同，概率归纳逻辑由于采纳不同的概率解释和归纳原则而分为不同的派别，主要包括经验主义、逻辑主义和主观主义即贝叶斯主义，他们对概率所做的解释分别是频率解释、逻辑解释和主观主义解释。下面我们对这三个学派和三种解释进行讨论和比较。

第一节 频率解释

一、古典概率理论的缺陷

我们知道，在古典概率论中，一个事件 A 的概率被定义为：该事件所含基本事件的数目（m）与所有基本事件数目（n）之比，即 $P(A) = m/n$，而所有基本事件都是等可能的。例如，为确定一枚均匀的骰子抛落后偶数点朝上的概率，古典概率论是这样分析的：这枚骰子落下后有六种可能结果，即 1 点朝上、2 点朝上、3 点朝上、4 点朝上、5 点朝上和 6 点朝上，而且出现这些结果的可能性是相等的，其中偶数点朝上的结果有三个，因此，$P(偶数点朝上) = 3/6$。

关于概率的这种古典定义涉及基本事件的等可能性。那么，我们如何确定不同事件的等可能性呢？为解决这一问题，古典概率论的创始人伯努利和拉普拉斯等提出"无差别原则"，其内容是：对于两个事件 A 和事件 B，如果我们关于它们的知识是无差别的，亦即我们没有理由认为其中一个比另一个更有可能发生，那么，我们就赋予这两个事件相等的概率，即 $P(A) = P(B)$。

在上面掷骰子的例子中，我们之所以认为六种点数朝上是等可能的，就是因为我们没有理由认为其中一种比其他任何一种更有可能发生。由于无差别原则是基于人们没有理由偏向某一事件的，因此，无差别原则又叫作"不充分理由原则"。无差别原则和古典概率定义合起来构成确定基本概率的规则。从这个意义上讲，古典概率论也算是一种概率归纳逻辑，只是它的适用范围十分有限。

古典概率论的局限性主要在于无差别原则的局限性，无差别原则只适用于一些简单场合，而对于一般场合是不适用的。例如，所掷骰子不是匀称的，而是在它的靠近 6 点的地方被嵌入一小块铅，在这种情况下，我们无法根据无差别原则确定等可能的基本事件是什么，因而也就不能根据古典定义来确定一个事件——如偶数点朝上的概率是什么。

无差别原则的另一个缺点是纵容主观随意性。由于无差别原则是基于"不充分理由"之上的，而完全无知是不充分理由的典型情形。这意味着，无知可以成为确定基本概率的依据。古典概率论者耶芳斯（W. S. Jevons）在他的《科学原则》一书中提出，如果我们对一个命题除了知道其或真或假以外一无所知，那么，我们就把这个命题为真的概率和为假的概率都定为 1/2。然而这样做将会导致逻辑矛盾。关于无差别原则及其悖论，我们在后面要做专门讨论。

二、概率的频率解释

经验主义概率归纳逻辑与古典概率论相比，其最大区别在于确定基本概率的方法是不同的，或者说，二者所采纳的归纳原则是不同的。如前所述，古典概率论确定基本概率的依据是无差别原则亦即不充分理由原则。与之不同，经验主义概率论对基本概率的确定是以人们的经验为依据的，此经验就是人们对某一事件出现的观察频率。

经验主义概率归纳逻辑的主要倡导者是德国逻辑经验主义哲学家赖欣巴哈及其学生萨尔蒙（W. Salmon）。赖欣巴哈在 1935 年出版的《概率论》一书中，将概率定义为相对频率的极限，即在某种事件的无穷序列中，出现某一特征的相对频率的极限就是该特征相对于该序列的概率。例如，抛掷一枚硬币其正面朝上的概率是 1/2，这句话的意思是，将这枚硬币无休止地抛下去，这枚硬币正面朝上的相对频率将收敛于 1/2。这里所说的相对频率就是所讨论的特征即硬币正面朝上的次数与所讨论的事件即抛掷硬币的次数之比值。这里所说的相对频率的极限是在标准的数学意义上使用的，即：

相对频率的序列 $F_n(n=1, 2, 3, \cdots)$ 当 n 趋于无穷大时有极限 L，当且仅当，对于任意小的正数 ε，总存在一个数 N 使得，如果 $n > N$，则 $|F_n - L| < \varepsilon$。

这就是说，当事件序列充分长时，其特征的相对频率 F_n 将越来越接近于一个常数 L，L 便是该特征相对于该序列的频率极限。数学中所讨论的序列常常是通过某种数学规则确定的，如 $1/n$、$1/2^n$ 等。相应地，这些序列的极限可以从数学上确定，如这两种序列当 n 趋于无穷大时的极限均为 0。与此不同，相对频率的序列不是由数学规则确定的，而是由观察经验产生的。相应地，相对频率的极限是什么甚至相对频率的极限是否存在，这是不能预先通过数学方法来确定的。于是，经验主义概率归纳逻辑需要解决的一个基本问题是：如何确定相对频率的极限？

我们知道，事件特征的频率极限是无法观察到的，人们所能观察到的只是无穷序列中的非常有限的一段。因此，经验主义概率论主张，要确定频率极限即基本概率需要依据某种经验推论的方法，即渐近认定的简单枚举法。这种方法的基本程序如下：

在事件 A 的序列的最初 n 项中，观察到特征 B 出现的相对频率 $F_n(A, B) = m/n$，我们就认定，特征 B 相对于序列 A 的频率极限（即概率）就是 m/n。这就是简单枚举法，更确切地说，这是简单枚举法的一种推广——将频率由 1 推广到任何分数 m/n。不过这种简单枚举法的结论需要根据以后的观察结果不断地加以纠正。例如，在对事件 A 开始的 100 次观察中，特征 B 出现 60 次，我们就认定，特征 B 相对于事件 A 的概率是 60%；当我们增加定到 200 次观察时，特征 B 出现 125 次，我们就重新认定特征 B 的概率是 125/200；照此进行下去，我们终将可以找到频率的极限；更确切地说，我们的观察数目 n 终将达到某一充分大的值 N，从那以后的相对频率 $F_n(A, B)$ 与其极限 L 的差值总是小于任何给定的正数 ε。

三、对归纳原则的实用主义辩护

然而，问题并未就此了结，因为我们无法知道无限延续下去的观察频率的序列是否存在极限。我们不能排除这种可能性即所考察的频率序列是发散的。如果真是这样，那么所谓的频率极限如何被确定的问题也就无从谈起了。赖欣巴哈坦然地承认这一点。但他指出，即便如此，使用渐近认定的简单枚举法也是合理的，这是因为，如果频率极限不存在，那么用什么方法都不能找到概率；如果频率极限存在，那么，用这种方法一定能找到概率。换句话说，这种方法不可能比其他方法更坏，只可能比其他方法更好。正是在这种实用的意义上，用渐近认定的简单枚举法寻找频率极限是合理的。

赖欣巴哈关于渐近认定的简单枚举法的辩护是实用主义的，其思路可用下面一个例子加以类比。假定一个正在治疗严重病人的医生唯一可能救活该病人的办法是进行某种手术，然而他对这种手术是否成功却无把握。他所知道的一切是，如果进行这种手术，那个病人可能活也可能死；但是如果不进行这种手术，那个病人一定会死。在这种情况下，那位医生进行这种只有一线希望的手术也是合理的。在赖欣巴哈看来，渐近认定的简单枚举法是唯一有希望找到频率极限亦即基本概率的方法，因此使用这种方法是合理的。

然而，赖欣巴哈很快发现，能够借助于观察频率而不断接近频率极限的方法并非只此一种，而是有无数种。这一大类推论方法被赖欣巴哈统称为"渐近规则"。渐近规则的一般形式可以表述为：

给定 $F_n(A, B) = m/n$，则推得，

$$\lim_{n \to \infty} F_n(A, B) = \frac{m}{n} + c \quad （C 是 n 的一个函数，当 n \to \infty，则 C \to 0）。$$

不难看出，渐近认定的简单枚举法只是渐近规则的一种特殊形式，即 C 为常数 0。与其他渐近规则相比，简单枚举法更为直截了当，因而又被叫作"径直规则"（the straight rule）。

其他渐近规则的 C 不是常数 0，而是一个当 n 趋于无穷大时而趋于 0 的函数。例如，C 可以是 $1/n^2$，也可以是 $1/\sqrt{n}$ 等。当 n 增大时，其他渐近规则就越来越靠拢径直规则。不过，由于不同渐近规则的 C 为不同的函数，因而，它们向径直规则靠拢的速度也是不同的。可以设想，某一渐近规则向径直规则靠拢得非常慢，以致在一个人的一生中都难以实现这种靠拢。对于这个人来说，这一渐近规则只是理论上的，实际上和非渐近规则没有什么区别。然而，赖欣巴哈为径直规则所做的辩护同样适用于这种实际上的非渐近规则。由此可见，赖欣巴哈为径直规则所做的辩护不仅在理论上适用于无数不同的渐近规则，而且在实际上甚至适用于非渐近规则。这样，赖欣巴哈不得不为径直规则的合理性做进一步的辩护。赖欣巴哈这一辩护是：径直规则比其他渐近规则更为简单，因为径直规则比其他渐近规则少一个函项 C。显然，这一辩护也是实用主义的。从实用主义的角度看，赖欣巴哈的这一辩护是不无道理的。

四、经验主义的困境

经验主义概率归纳逻辑需要解决的另一难题是，如何将概率概念用于单个事件，或者说，如何对某个事件赋予概率值。由概率的频率极限定义我们知道，概率概念仅仅对于事件的无穷序列才有意义，而对于单个事件是无意义的。然而，在日常生活和科学实践中，人们大量谈论的不是某一无穷序列的概率，而是某一单个事件的概率。如明天下雨的概率、某时某地发生地震的概率、下一次抛掷硬币正面朝上的概率等。如果经验主义概率论回避单个事件的概率，那么，这种概率理论的实用价值将是很低的，甚至没有实用价值，因为人们在实际生活中永远不会同无穷序列打交道。

赖欣巴哈试图解决这个问题，为此，他提出"虚构意义的概率"。他所谓虚构意义的概率就是人们赋予单个事件的概率，这种概率是由无穷序列的真正概率移植而来的。当人们说，下一次抛掷硬币正面朝上的概率是 1/2，不外乎是说，如果将这枚硬币一直抛下去，正面朝上的频率极限是 1/2。当人们说，明天下雨的概率是 1/3，不外乎是说，在具有类似天气条件的一系列场合中，下雨的频率极限是 1/3。赖欣巴哈宣称，"某某单个事件的概率"只不过是"某某单个事件所在的无穷序列的频率极限"的省略说法，单个事件并不具有真正的概率，只是具有虚构意义上的概率。

即使赖欣巴哈的这一观点被人们接受，他仍然面临一个问题，即如何确定单个事件的（虚构意义的）概率。我们知道，一个单个事件可以属于不同的事件序列或参照类（"事件序列"和"参照类"在赖欣巴哈那里是通用的），而某一特征 B 在不同的参照类中的相对频率往往是不同的，因而由径直规则推出特征 B 的频率极限也是不同的；这样，一个单个事件具有特征 B 的概率就有多个不同的数值。例如，为确定李白死于心脏病的概率，历史学家们可以以诗人为参照类，也可以以男人为参照类，还可以以酗酒者为参照类，等等。显然，当以酗酒者为参照类时，由此推出李白死于心脏病的概率要高于以其他两个参照类为依据的概率。那么，为确定一个单个事件——如李白死于心脏病——的概率，我们应当以哪个参照类为依据呢？对此，赖欣巴哈的回答是：以某个事件所在的最小参照类为依据。这个回答相当含混不清。后来，萨尔蒙较为精确地回答说：以单个事件所属的最大同质（homogeneous）参照类为依据。[①]

萨尔蒙所谓的特征 B 的同质参照类 A 是这样一类，没有任何一种性质 C 能使 B 相对于 A 的概率受到影响。具体地说，根据有无性质 C 能使 B 相对 A 分为两个子类，即 A∩C 和 A∩C̄。如果性质 B 相对于 A∩C 的概率不同于 B 相对于 A∩C̄ 的概率，那么，A 不是 B 的同质参照类。反之，如果两者没有区别，则 A 是 B 的同质参照类。例如，诗人就不是死于心脏病的同质参照类，因为相对于酗酒的诗人类和不酗酒的诗人类，死于心脏病的概率是不同的。萨尔蒙认为，掷一枚匀称的硬币就是硬币正面朝上的同质参照类，因为相对于这一参照类没有一种性质能改变硬币朝上的概率即 1/2。

萨尔蒙承认，在确定单个事件的概率时，满足以最大同质参照类为依据的要求在实际中是很难实现的。由于知识的欠缺和其他条件的限制，人们很可能把一个非同质的参照类作为同质参照类。我们在任何时候都不能说，我们确定某个单个事件的概率所依据的参照类就是真正的最大同质类，而只能说，那个参照类是目前我们所认识到的最大同质类。我们在任何时候都不能排除这样的可能性：有朝一日我们发现某种性质可以对原以为的某个最大同质参照类发生影响。这样一来，对于最大同质参照类的确定在很大程度上带有主观性和私人性，从而使单个事件的概率也具有很大程度的主观性和私人性。这与经验主义所标榜的客观概率是相冲突的，进而表明经验主义概率归纳逻辑含有内在矛盾。

经验主义概率归纳逻辑的内在矛盾性还表现在，关于概率的命题既不能被经验证实也不能被经验证伪，根据经验主义的意义标准，这些命题都是无意义的，进而他们关于概率的定义也是无意义的。例如，某人断言一无穷序列中出现特征

[①] W. C. Salmon. The Foundations of Scientific Inference [M]. University of Pittsburgh Press, 1966：225.

B 的概率是 1，而在前 1 000 次观察中该特征出现的相对频率是 0。这一观察结果是否证伪了那个人关于概率为 1 的断言呢？没有，因为我们不能排除这样的可能性，即在 1 000 次之后的观察中，特征 B 总是出现，因而当观察次数 n 趋于无穷大时，特征 B 出现的相对频率的极限趋于 1。类似地，在前 1 000 次观察中，特征 B 出现的相对频率是 1，这一观察结果也不能证实那个人关于概率为 1 的断言。因为仍有可能在 1 000 次之后的观察中，特征 B 总是不出现，从而使特征 B 出现的相对频率的极限趋于 0。

经验主义概率归纳逻辑的根本特征是把概率解释为频率极限，这一概率解释使概率陈述不仅不能用于单个事件，而且不受经验之检验。这两个缺陷是致命的，因为它们直指经验主义纲领的最高原则。有鉴于此，我们可以说，经验主义概率归纳逻辑从理论上讲是失败的。

五、赖欣巴哈辩护思想的启示

由于赖欣巴哈为一个错误的目标进行辩护，他的这一辩护往往也被看作是错误的。但是，目标的错误同辩护本身的错误不是一回事；正如演绎推理，前提的错误同推理的错误不是一回事，即使前提错了，推理本身可以是对的。在我们看来，赖欣巴哈关于渐近认定的简单枚举法的实用主义辩护是基本成功的。

赖欣巴哈辩护思想的关键在于区分了两种合理性：一种是真理的合理性，另一种是实用的合理性。在归纳原则的真理合理性上，赖欣巴哈承认休谟的质疑是无可辩驳的，归纳原则在任何意义上都不能保证其结论具有真理性，甚至不能保证其结论具有高概率。因此，赖欣巴哈不为归纳原则的真理合理性辩护，而为它的实用合理性进行辩护，即说明归纳原则对我们达到目标是必要的甚至是最佳的。

赖欣巴哈首先论证了渐近认定枚举法的必要性，即表明它是一条收敛原则，而且其他任何收敛原则最终都会向它靠拢。其次论证了渐近认定枚举法的最佳性，即它比其他任何收敛原则来得简单。有人批评说，用简单性来为归纳原则辩护是不成立的，因为方法的简单并不能保证它更好地通向真理。在我们看来，这种批评是不着边际的，因为赖欣巴哈已经明确地宣称，不为归纳原则的真理性辩护，只为它的实用性辩护，只要它在实用上是最好的，我们就有理由保留它。简单性是一个实用上的优点，可以成为我们保留归纳原则的理由。

我们知道，演绎推理的合理性在于它的保真性，即当它的前提真时其结论一定真。恰恰是在这一点上归纳逻辑与演绎逻辑不同，所以，为归纳逻辑辩护的着眼点一定不能是真理合理性，只能是实用合理性。赖欣巴哈明确地将这两种合理性加以区分，并把归纳合理性确定为实用合理性，这应该说是赖欣巴哈对解决休谟问题的一大贡献。在我们看来，为归纳法的实用合理性进行辩护，这是解决休谟问题的必由之路。

第二节 逻辑解释

逻辑主义概率归纳逻辑的代表人物是卡尔纳普（R. Carnap）。在他之前的凯恩斯（J. M. Keynes）、杰弗里斯（H. Jeffreys）等是逻辑主义概率归纳逻辑的先驱。以下我们着重论述卡尔纳普的概率归纳逻辑。

一、概率的逻辑解释

卡尔纳普把概率分为两种，即逻辑概率和经验概率。逻辑概率定义为"确证度"（degree of confirmation），经验概率定义为"长序列（long run）的相对频率"。前者记为 $C(h, e)$，读作：h 相对于 e 的确证度。这里的 h 和 e 是两个命题，h 表达一个假设，e 表达一个证据，$C(h, e)$ 相当于条件概率 $Pr(h/e)$。在卡尔纳普看来，赖欣巴哈等倡导的经验概率尽管在统计学家和物理学家那里占据着主导地位，但是，由于经验概率正如"长度""温度"一样必须通过观察经验来测度，这使得经验概率属于经验科学，而不宜作为归纳逻辑的基础。归纳逻辑属于方法论和元科学，是以全体经验科学为其研究对象的。因此，可望成为归纳逻辑基础的概率只能是逻辑概率。

表示确证度的 $C(h, e)$ 为什么是逻辑概率呢？在卡尔纳普看来，这是因为 $C(h, e)$ 仅仅表达了 h 和 e 这两个命题之间的某种逻辑关系，而对 h 和 e 各自的真假毫无断定。正如演绎逻辑只涉及前提和结论之间的逻辑关系而不涉及前提和结论各自的真假。所不同的是演绎逻辑涉及前提与结论之间的完全蕴涵关系，而概率归纳逻辑涉及证据与假设之间的部分蕴涵关系。演绎逻辑只有两个值，即蕴涵或不蕴涵，亦即 1 和 0；而概率归纳逻辑却涉及 1 和 0 之间的无穷多个值。$C(h, e) = 1/3$ 意味着假设 h 在 1/3 的程度上被证据 e 所蕴涵；这也就是说，h 相对于 e 的确证度是 1/3。演绎逻辑和归纳逻辑的两种不同的蕴涵关系可以表示为图 2-1。

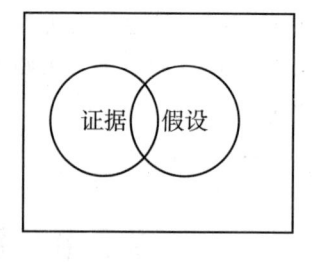

图 2-1 演绎与归纳

直观地讲，图 2-1 方框内代表全部的可能事态。在演绎的图示中，使前提为真的事态全都属于使结论为真的事态。因而前提真时结论必然真；也就是说，演绎推理的前提完全蕴涵其结论；在归纳的图示中，使证据为真的事态并非全都属于使假设为真的事态，因而当前提（即证据）真时，结论（即假设）不一定为真。不过，论据却部分地蕴涵假设，其蕴涵的程度取决于证据与假设的相交部分在证据中所占的比例；比例越大，蕴涵程度越高。"从这个意义上讲，$C(h, e)$ 正是 h 与 e 的相交部分在 e 中所占比例的测度"。

卡尔纳普关于逻辑概率的这种解释使我们不禁想起古典概率的解释，即一个事件的概率是该事件所包含的基本事件数目与全部基本事件数目的比例，而这些基本事件都是等可能的，确定事件之间的等可能性的依据是无差别原则。类似地，卡尔纳普也是先通过确定某些命题之间的等可能性进而确定其他命题概率的，并且确定等可能性的依据也是无差别原则。下面我们就具体考察卡尔纳普确定命题的基本概率的逻辑程序。

二、确定基本概率的逻辑方法

在卡尔纳普那里，与古典概率中的基本事件相对应的是"状态描述"，也叫作"世界描述"。一个世界描述是由若干原子命题构成的。一个原子命题是由一个一项谓词和一个个体常项即专有名词构成的。如"金字塔是壮观的""白宫是美国总统的住所"等。显然，这是一种非常简单的语言系统，记为 L。对应于一个非常简单的世界模型，这个世界模型中只有 m 个个体和 n 个基本属性。相应地，L 中共有 m 个个体常项，即 a、b、c……和 n 个一项谓词即 A、B、C……。Aa、Ba、Cb……表达不同的原子命题。由这些原子命题构成的复合命题是分子命题，如 Aa→Cb、Bc∧Ba→Cb∨Ab 等。

对于一个个体 a，我们用所有的基本谓词来考察它，看它是否具有这些谓词所表达的属性。如果 a 具有基本谓词 Φ 所表达的属性，我们记为 Φa；如果不具有，则记为 $\overline{\Phi}\alpha$。考察完毕，我们把所有考察结果合取起来，如：$\Phi_1\alpha \wedge \overline{\Phi_2}\alpha \wedge \overline{\Phi_3}\alpha \wedge \cdots \wedge \Phi_n\alpha$。这样形成的合取命题就完整无缺地刻画了这个简单世界模型中的某个个体 α 的状态，因此，我们把这个合取命题叫作关于 α 的"个体描述"。个体描述也可不作为合取命题，而作为简单命题 Qa，这里的 Q 代表相应的复合谓词。即：$\Phi_1 \wedge \overline{\Phi_2} \wedge \Phi_3 \wedge \cdots \wedge \Phi_n$，可见 Qa 与前一种个体描述是逻辑等价的。卡尔内普把 Q 这种谓词叫作"Q—谓词"。一个"Q—谓词"是由所有基本谓词或其否定合取而成。L 中的基本谓词一共有 n 个，对于每个基本谓词 Φ、Φ 和 $\overline{\Phi}$ 至少有 1 并且至多有 1 出现在每一个"Q—谓词"中，因此，L 中共有 2^n 个"Q—谓词"，并且这 2^n 个"Q—谓词"是互斥且穷举的。这就是说，任何 1 个个体都具有 1 个也只能具有 1 个"Q—谓词"所表示的复合属性。

我们逐一地考察每一个体，并给它们分别赋予"Q—谓词"。当我们把 m 个个体考察完毕，便得到 m 个个体描述。我们把这 m 个个体描述合取起来便构成一个世界描述，即：

$$Q\alpha_1 \wedge Q\alpha_2 \wedge \cdots \wedge Q\alpha_m \tag{2.1}$$

一个世界描述是对相应的简单世界模型的毫无遗漏的描述，不同的世界描述刻画了不同的可能世界模型。我们知道，"Q—谓词"一共有 2^n 个，因而每一个体对于"Q—谓词"可以有 2^n 个选择，m 个个体所构成的世界描述就有 $(2^n)^m$ 种可能形式，并且这 2^{nm} 种世界描述也是互斥且穷举的。这就是说，所讨论的简单世界模型必使其中一个也只能使其中一个世界描述是真的。我们把这 2^{nm} 个世界描述分别记为：$u_1, u_2, \cdots, u_k$ ($k = 2^{nm}$)。

前面我们曾提到，卡尔纳普的世界描述相当于古典概率的基本事件，这是因为二者的各个成员之间都具有互斥且穷举的性质。此外，古典概率的各个基本事件是等概率的，人们自然想到，卡尔纳普的各个世界描述也是等概率的。卡尔纳普最初的确是这样考察的，他使 k 个世界描述中的每一个的概率为 1/k。

各个世界描述的概率确定以后，就可以进而确定 L 中的任何一个命题 h 的概率。我们知道，任何一个命题 h 对所有个体的所有基本性质有所断定，或者只对一部分个体或一部分基本性质有所断定。如果属于前者，h 就等值于某个世界描述，因而 h 只有在那个唯一的相应的可能世界中是真的。如果属于后者，h 就可在若干个可能世界中是真的（这些世界都含有 h 所断定的情况，但在其他情况下有所不同），因而 h 逻辑等值于相应的若干个世界描述的析取，即：

$$\Box(h \leftrightarrow u_1 \vee u_2 \vee \cdots \vee u_r) \tag{2.2}$$

其中 $u_1 \vee u_2 \vee \cdots \vee u_r$ 是使 h 在其中为真的那些世界描述的析取。根据系统 Pr 的等值规则（即定理 1.5），有：

$$Pr(h) = Pr(u_1 \lor u_2 \lor \cdots \lor u_r) \qquad (2.3)$$

由于各个世界描述是互斥并且等概率的,故:

$$Pr(h) = \sum_{i=1}^{r} Pr(u_i) = \frac{1}{k} \cdot r = \frac{r}{k} \qquad (2.4)$$

这就是说,所有世界描述中的任何一个命题的基本概率都可以先验地、逻辑地确定下来。由于 h 相对 e 的确证度为:

$$C(h, e) = Pr(h/e) = \frac{Pr(h \land e)}{Pr(e)} \qquad (2.5)$$

这使得,任何两个命题 e 和 h 之间的确证度可以逻辑地确定下来,既然 Pr(e) 和 Pr(h∧e) 可以逻辑地确定下来。这就是卡尔纳普为什么把 C(h, e) 叫作"逻辑概率"的依据。需要强调,卡尔纳普之所以能够先验地确定基本概率,关键在于使用了无差别原则,即把无差别原则应用于各个世界描述,从而使它们具有相等的概率。

三、概率归纳逻辑系统 C^+ 和 C^*

前面曾谈到,概率归纳逻辑与概率演绎逻辑的区别就在于,前者是在后者的基础上增加了关于确定基本概率的原则。在卡尔纳普的系统中,确定基本概率的原则可以归结为确定世界描述的概率的原则。从上面的讨论中我们看到,此原则是:

$$Pr(u_i) = \frac{1}{k} \quad (k = 2^{nm}) \qquad (2.6)$$

将式 (2.6) 加入概率演绎逻辑便构成一个概率归纳逻辑系统,卡尔纳普称之为 C^+。然而,C^+ 作为归纳逻辑系统是有严重缺陷的,它使得一个命题 h 的概率一旦先验地确定之后,便不能被观察经验所改变,这是与归纳逻辑的基本功能相违背的。由于系统 C^+ 不能使人们"从经验中学习",因此卡尔纳普用另一个系统 C^* 取而代之。C^* 不同于 C^+ 的地方在于,无差别原则不是用于世界描述,而是用于结构描述亦即分布描述。

让我们以一个只有两个个体和两个基本性质的简单世界模型为例。与这一简单世界模型相应的语言系统 L 只有两个个体常项 a 和 b,和两个基本谓语 S(是天鹅)和 W(是白的)。由于基本谓词的数目为 2,故"Q—谓词"的数目为 $2^2 = 4$,即,SW、S$\overline{W}$、$\overline{S}$W 和 $\overline{S}\overline{W}$。又由于个体常项的数目为 2,故世界描述的数目为 $2^{2 \times 2} = 16$。这 16 个世界描述在表 2 - 1 中列出。

我们也可以这样看待世界描述,即每一个世界描述只不过是对全部 4 个"Q—谓词"分配个体常项,不同的世界描述有不同的分配。例如,世界描述 Sa-WaSbWb 就是把全部 2 个个体常项 a 和 b 分配给同一个"Q—谓词"SW,而把 0

个个体常项分配给其他"Q—谓词"。世界描述 SaWaSbW̄b 就是把 a 分配给 SW，而把 b 分配给 SW̄，把 0 个个体常项分配给其他"Q—谓词"。

我们注意到，表 2-1 右起第一列是各个世界描述的同构测度（ismorphism measure）。两个世界描述 u_i 和 u_j 是同构的，当且仅当，u_i 和 u_j 所包含的"Q—谓词"是相同的。更一般地说，两个公式 A 和 B 是同构的，当且仅当，B 可由 A 这样的得到：仅仅将 A 所含的个体常项一致地替换为另一个体常项，而谓词保持不变。从表 2-1 我们看到，世界描述 u_5 和 u_6 是同构的。u_7 和 u_8、u_9 和 u_{10}、u_{11} 和 u_{12}、u_{13} 和 u_{14}、u_{15} 和 u_{16} 也是同构的。一个世界描述的同构测度 $I(u_i)$ 就是包括它自己在内的所有与它同构的世界描述的数目。据此，前 4 个世界描述的同构测度均为 1，而后 12 个世界描述的同构测度均为 2。

表 2-1　　　　　　　　世界描述定义

世界描述 u_i	世界描述（个体分布形式）				世界描述（合取形式）	同构测度 $I(u_1)$
	SW	SW̄	S̄W	S̄W̄		
1	a, b				SaWaSbWb	1
2		a, b			SaW̄aSbW̄b	1
3			a, b		S̄aWaS̄bWb	1
4				a, b	S̄aW̄aS̄bW̄b	1
5	a	b			SaWaSbW̄b	2
6	b	a			SaW̄aSbWb	
7	a		b		SaWaS̄bWb	2
8	b		a		S̄aWaSbWb	
9	a			b	SaWaS̄bW̄b	2
10	b			a	S̄aW̄aSbWb	
11		a	b		SaW̄aS̄bWb	2
12		b	a		S̄aWaSbW̄b	
13		a		b	SaW̄aS̄bW̄b	2
14		b		a	S̄aW̄aSbW̄b	
15			a	b	S̄aWaS̄bW̄b	2
16			b	a	S̄aW̄aS̄bWb	

现在，我们给出分布描述（即结构描述）的定义。一个分布描述是相互同构的所有世界描述的析取。如：$u_5 \vee u_6$、$u_7 \vee u_8$、$u_9 \vee u_{10}$、$u_{11} \vee u_{12}$、$u_{13} \vee u_{14}$、

$u_{15} \lor u_{16}$ 都是分布描述。u_1、u_2、u_3 和 u_4 也是分布描述,既然与它们同构的只是它们自己。由此可见,一个分布描述的析取支的数目等于其析取支的同构测度 $I(u)$。一个分布描述的每一个析取支是一个世界描述。相互同构的世界描述给各个"Q—谓词"分配的个体数目是相同的,尽管分配给各个"Q—谓词"的个体常项有所不同。相应地,一个分布描述断定了满足各个"Q—谓词"的个体数目是多少,但却没有断定满足各个"Q—谓词"的个体常项是什么。

世界描述确定后,分布描述也就相应地确定了。我们把分布描述的数目记为 j,j 不大于世界描述的数目 k。相对于所讨论的世界描述模型,分布描述共有 10 个。具体地说,前 4 个世界描述就是 4 个分布描述;而后 12 个世界描述,每两个析取起来构成 1 个分布描述。我们把所有的分布描述记为 d_1, d_2, …, d_j。由于不同的分布描述所断定的满足各个"Q—谓词"的个体数目是不同的,同时,它们联合起来就穷尽了这类分布描述的所有可能性,所以,分布描述是互斥且穷举的,故有:

$$\sum_{i=1}^{j} \Pr(d_i) = j \times \Pr(d_i) = 1, \quad \therefore \Pr(d_i) = \frac{1}{j}$$

将无差别原则用于各个分布描述,则有:

$$\Pr(d_1 \lor d_2 \lor \cdots \lor d_j) = \sum_{i=1}^{j} \Pr(d_i) = 1$$

这样,每一个分布描述 d_i 的概率便确定了。然后,将无差别原则再用于每一分布描述的各个析取支。由于一个分布描述的析取支是 $I(u_i)$ 个相互同构的世界描述,故有:

$$\Pr(u_i) = \frac{1}{j \times I(u_i)} \tag{2.7}$$

式(2.7)就是卡尔纳普的概率归纳逻辑系统 C^* 确定各个世界描述的基本概率的规则。对于上面讨论的那个简单世界描述模型,结构描述共有 10 个,故每一结构描述的概率为 1/10。由于前 4 个世界描述的同构测度 $I(u_i)=1$,根据式(2.7),前 4 个世界描述的概率为 1/10。后 12 个世界描述的同构测度 $I(u_i)=2$,根据式(2.7),后 12 个世界描述的概率均为 1/20。与之不同,在系统 C^+ 中,每一个世界描述的概率均为 1/16。与 C^+ 相比,C^* 的优越性在于,一个命题 h 的概率先验地确定之后,还可以被观察经验加以改变,从而具有"从经验中学习"的功能。

四、逻辑主义的困境

在前面讨论古典概率论的时候已经指出,它所依据的无差别原则会导致逻辑矛盾。其原因在于，无差别原则的根据是主观认识上的无差别，如果不加以限制，就会有很强的主观任意性。现在我们看到，逻辑主义概率归纳逻辑用以确定基本概率的原则也是无差别原则，那么，它也就难免带有很强的主观任意性。事实上的确如此。

卡尔纳普的两个概率归纳系统 C^+ 和 C^* 以不同的方式应用无差别原则，从而得到不同的概率分配。卡尔纳普承认，他没有压倒性的理由说其中哪一种方法更合理。卡尔纳普偏爱 C^*，只是因为 C^* 较为接近人们实际的归纳推理，他不排除有比 C^* 更好的归纳系统的可能性，因而他也不排除应用无差别原则的其他方式。事实上，卡尔纳普在他 1952 年发表的另一本归纳逻辑著作《归纳方法连续论》中，将各种不同的归纳逻辑系统构成一个连续的谱系，其中每一个系统采用不同的分配基本概率的方法，亦即以不同的方式应用无差别原则。

该连续统的特征参数 λ 可在 0 和 ∞ 之间取值，当 λ 取值为 0 时，此方法相当于赖欣巴哈确定基本概率的径直规则，即概率等于相对频率。当 λ 取值为 ∞ 时，此方法相当于卡尔纳普的归纳系统 C^+。径值规则和系统 C^+ 处于该谱系的两个极端，前者只考虑经验因素而不考虑逻辑因素，后者只考虑逻辑因素而不考虑经验因素，致使后者失去从经验中学习的功能。当 λ 取 0 和 ∞ 之间的其他任何值时，逻辑因素和经验因素同时起作用。例如，当 λ 取值为 1 时，此系统相当于卡尔纳普的系统 C^*。

现在的问题是，在这诸多的归纳方法中，一个人在某一时刻只能选择其中一个，这种选择有什么合理的依据呢？卡尔纳普没有给出这样的依据，只是说："这种问题不是一个纯理论问题，而是一个实践的问题。在这里，评价一种方法正如评价一种工具对于某一目的或多或少的适合性。"[1] 他又说："对一种归纳方法的采用既不是信念的表现，也不是信念行为的表现，尽管二者之一或二者可能是构成动机的因素。"[2]

由此可见，对归纳方法的特征参数 λ 的确定带有很强的主观性和任意性，这与卡尔纳普最初宣称的归纳方法的纯逻辑特征是相冲突的。事实上，这种冲突一开始就潜伏在逻辑主义概率归纳逻辑之中，因为它所依据的无差别原则并不是一条纯逻辑的规则。

卡尔纳普关于归纳法的合理性的辩护经历了一系列的变化。在 1945 年发表的"关于归纳逻辑"一文中，卡尔纳普赞扬赖欣巴哈对于归纳合理性的实用主义辩护是朝正确的方向迈出积极的一步，尽管这一辩护尚不完善。然而，在

---

[1] Carnap. The Continuum of Inductive Methods [M]. University of Chicago Press，1952：7.
[2] Carnap. The Continuum of Inductive Methods [M]. University of Chicago Press，1952：55.

《概率的逻辑基础》(1950年)中,卡尔纳普则试图为归纳合理性提供一个纯逻辑的辩护。如果能够证明归纳概率具有纯逻辑分析的性质,那么,归纳推理的合理性正如演绎推理的合理性一样成为无可置疑的。这就是逻辑主义概率归纳逻辑对于休谟问题的解决方案。但是,卡尔纳普未能做到这一点。卡尔纳普认识到这一归纳理论的缺陷,于是,在1963年他把归纳辩护与人们的直觉联系起来。他说:

"我理解归纳辩护的问题是关于为接受归纳逻辑公理而给出何种理由的问题……在我看来,为接受任何归纳逻辑公理而给出的理由具有以下特征:

(a) 那些理由建基于我们关于归纳有效性亦即关于实践决策如赌博的归纳合理性的直觉评价上。因此,

(b) 给出关于归纳方法的纯演绎辩护是不可能的。

(c) 那些理由是先验的。"[①]

由此我们看到,卡尔纳普已经放弃原先为归纳法提供纯演绎辩护的企图,转而求助于先验的直觉辩护,而且这些直觉是关于诸如赌博之类的实践决策的。与赌博行为联系起来的归纳理论正是主观主义概率归纳逻辑。显然,卡尔纳普基本放弃了逻辑主义的立场,在很大程度上转向主观主义亦即贝叶斯主义概率归纳逻辑。

我们认为,尽管从总体上讲,逻辑主义概率归纳逻辑是不成功的,但是在某些特定的情境下,逻辑主义的思路和方法还是可行的,例如,当我们的背景知识已经把许多因素确定下来的时候。对此,我们在后面的讨论中会有所涉及。

第三节 主 观 解 释

主观主义概率论的创始人是拉姆齐(F. P. Ramsey)和德菲耐蒂(B. de Finetti),他们彼此独立地研究和发表了这方面的论著。拉姆齐的代表作《真理和概率》写于1926年,发表于他死后的1931年。德菲耐蒂的代表作《预见:它的逻辑规律和主观根源》发表于1937年。主观主义理论的有力支持者萨维奇(L. J Savage)更多地自称为"私人主义"或"贝叶斯主义"。

[①] P. Schilpp. The Philosophy of Rudolf Carnap [M]. Open Court and Cambridge University Press, 1964: 978.

一、概率的置信度解释

主观主义概率归纳逻辑把一个命题或事件 A 的概率 Pr(A) 解释为某一个人对 A 的置信度，在这种解释下，概率具有私人性和主观性。于是，这种概率是否具有某种程度的公共性和客观性便成为一个异常尖锐的问题被提了出来。主观主义的回答是肯定的，其理由主要有两点。第一，主观主义概率并不是一成不变的，而是根据经验证据不断地加以修正的，修正的逻辑依据是概率演算的一个定理即贝叶斯定理。主观主义概率论的"意见收敛定理"表明，随着证据逐渐地增加，最初人们对某一命题所具有的彼此不同的主观置信度最终将趋于一致，从而显示出这种概率的公共性和客观性来。第二，主观置信度具有某种客观的可测度性，即所谓的"公平赌商"（fair betting-quotient）。具体地说，一个人对一个命题 A 的置信度越高，那么，当他为 A 的真实性进行赌博时，他愿下的赌注就越高；反之，越低。公平赌博是一种特殊的赌博，即它事先在赌者看来是既不输又不赢的赌博。正因为如此，在公平赌博中，赌者愿意在结果揭晓之前随时与对方交换位置。如果在一个赌博中，赌者在结果揭晓之前不愿意与对方交换位置，那就意味着此赌博在他看来并不是公平的。对一个赌者 x 来说，决定一个赌博是否公平取决于他的赌商是否公平。赌商是赌者 x 所愿下的赌注 d_1 与全部赌注 $S = d_1 + d_2$ 的比值，其中 d_2 是其对手 Y 所愿下的赌注。如果赌商 d_1/S 使 x 愿意与其对手 y 交换位置，那么，这一赌商对于 x 来说便是公平的。显然，赌商是客观可测度的，赌者是否愿意与其对手随时交换位置即赌博的公平性也是客观可测度的，这便决定了公平赌商是客观可测度的。

主观主义把概率解释为置信度，又把置信度解释为公平赌商，这一做法得到一个定理的有力支持，这就是所谓的"大弃赌定理"（dutch book theorem）。① 大弃赌（dutch book）是指这样一种赌博，即无论所赌的那个命题是真是假，赌者都将输钱。大弃赌定理说的是：一个人要想在一组赌博中避免大弃赌，当且仅当，他对所赌命题的置信度亦即他的公平赌商满足概率演算公理。由于一个人接受一个大弃赌是不合理的，由大弃赌定理便得出一条合理性原则，即一个人要想在一组赌博中避免不合理性，当且仅当，他的公平赌商满足概率演算公理。大弃赌定理是令人感兴趣的，它将概率演算公理与公平赌商进而与置信度紧密地联系在一起。下面我们将介绍这一定理的证明过程。在此之前，我们有必要介绍一下使大

---

① 国内有文献把"dutch book theorem"译为"荷兰赌定理"，但这与该词的实际意义相去甚远。我们更倾向于音译为"大弃赌定理"，这至少可以保持意义上的中立，甚至与这个词的实际用法比较贴近。

弃赌定理得以成立的模型即公平赌博,其规则如下:

(1) 一个赌博体系是由一组赌博 a_1, a_2, …, a_n 构成的,这 n 个赌博涉及 n 个命题即 A_1, A_2, …, A_n,其中每一个 a_i 是关于一个命题 A_i 的真实性或虚假性的赌博。赌者 X 对每一个 A_i 的公平赌商等于他对 A_i 的置信度 $P(A_i)$,即 $d_1(A_i)/[d_1(A_i)+d_2(A_i)]=P(A_i)$。相应地,其对手 Y 的赌商为:$d_2(A_i)/[d_1(A_i)+d_2(A_i)]=1-P(A_i)$[①]。

(2) 在每一赌博 a_i 中,赌者 X 同意与其对手 Y 随时交换位置,并且同意 Y 提出的任何赌金总额 $S(A_i)=d_1(A_i)+d_2(A_i)$。

(3) 当 X 为 A_i 的真实性进行赌博时,其对手 Y 就为 A_i 的虚假性进行赌博。如果 A_i 为真,X 得到全部赌金 $S(A_i)$,其纯收益就是 Y 所出的赌金 $d_2(A_i)=S(A_i)(1-P(A_i))$。如果 A_i 为假,全部赌金归 Y,X 输掉自己所出的赌金,其纯收益为 $-d_1(A_i)=-S(A_i)P(A_i)$。不难看出,无论 A_i 是真是假,Y 所获纯收益与 X 的纯收益的绝对值相同而正负号相反。

二、大弃赌定理

大弃赌定理是由拉姆齐和德菲耐蒂于 20 世纪 30 年代分别独立地提出和证明的。大弃赌定理只涉及初级代数,因而证明它并不困难。这里所给出的证明主要参照了斯基尔姆斯(B. Skyrms)的更为清晰的表述。[②] 证明分为两个部分。第一部分证明,一个人的置信度满足概率演算公理是使他避免大弃赌的必要条件;第二部分证明,一个人的置信度满足概率演算公理是使他避免大弃赌的充分条件。前一部分比后一部分复杂一些。我们先证明前一部分。

(1) 概率演算的第一条公理是:$Pr(A) \geq 0$。一个人对命题 A 的置信度 $P(A)$ 也就是他为 A 的真实性打赌的公平赌商。这意味着,对一个赌金总额为 1 元的关于命题 A 为真的公平赌博,他将出赌金:1 元 $\times P(A) = P(A)$ 元。现假定 $P(A) < 0$。根据赌博规则,如果 A 为真,他将赢得 1 元 $\times (1-P(A)) = (1+|P(A)|)$ 元。如果 A 为假,他将得到 $-(1$ 元 $\times P(A)) = |P(A)|$ 元。他与其对手对调位置后,他便处于大弃赌的境地,即无论 A 为真还是为假,他总是输钱。

(2) 概率演算的第二条公理是:如果命题 A 是必然真的,那么 $Pr(A)=1$。

[①] 请注意,这里把置信度表示为 $P(A)$,而非 $Pr(A)$。这是因为 $Pr(A)$ 是满足概率公理的置信度,而这正是所要证明的,因此在这里并不假定置信度满足概率公理,故用 $P(A)$ 表示之。

[②] 参见 B. Skyrms. Choice and Chance [M]. Belmont:Wadsworth Publishing Company,1977:6. 或 C. Howson & P. Urbach. Scientific Reasoning:The Bayesian Approach [M]. Open Court Publishing Company,1993:5.

由于 A 是必然真的亦即 A 不可能是假的，所以，一个人为 A 真而进行的赌博总使他得到 1 元 × (1 - P(A)) = (1 - P(A)) 元。若 P(A) > 1，(1 - P(A)) 元总为负值，这使他处于大弃赌境地。若 P(A) < 1，(1 - P(A)) 元总为正值，他与对手交换位置后仍处于大弃赌境地。

(3) 概率演算的第三条公理是：对于两个互斥命题 A 和 B，Pr(A∨B) = Pr(A) + Pr(B)。现假定一个人同时进行两个赌博，即赌金总额为 1 元的关于 A 真的赌博和赌金总额为 1 元的关于 B 真的赌博。可能出现的结果不外乎三种：A 真而 B 假，A 假而 B 真和 A 假而且 B 假（由于 A 和 B 是互斥的，故不会出现 A 真并且 B 真）。他在这三种情况中相应的收益如表 2-2 所示。

表 2-2　　　　　　　　　　　赌博收益分析一

A　B	收益
真　假	1 元 (1 - P(A)) - 1 元.P(B) = [1 - (P(A) + P(B))] 元
假　真	-1 元 P(A) + 1 元 (1 - P(B)) = [1 - (P(A) + P(B))] 元
假　假	-1 元 P(A) - 1 元 P(B) = - (P(A) + P(B)) 元

从表 2-2 中我们看到，前两种情况的收益是相同的，而且前两种情况都使得析取命题 A∨B 为真；第三种情况与前两种情况的收益不同并且使得 A∨B 为假。这表明，关于命题 A 和 B 的真实性的这两个赌博相当于关于析取命题 A∨B 的一个赌博，而且这一赌博中公平赌商恰恰是 P(A) + P(B)。（这一点可以根据公平赌博的定义从表 2-2 中看出）这一赌博及其收益如表 2-3 所示。

表 2-3　　　　　　　　　　　赌博收益分析二

A∨B	收益
真	[1 - (P(A) + P(B))] 元
假	- (P(A) + P(B)) 元

关于 A∨B 的公平赌商等于关于 A 的公平赌商 P(A) 和关于 B 的公平赌商 P(B) 之和，这是符合概率演算的第三条公理的。现假定某人关于 A∨B 的公平赌商 P(A∨B) ≠ P(A) + P(B)，赌金总额仍为 1 元。当他和对手交换位置后，他就是在为 A∨B 的虚假性进行赌博并且其公平赌商为 1 - P(A∨B)。我们把此赌博记为 (iii)，而把他分别为 A 和 B 的真实性进行的赌博记为 (i) 和 (ii)，这三个赌博构成一个赌博体系。前面已表明，(i) 和 (ii) 合起来相当于一个关于 A∨B 的真实性的赌博，而且其公平赌商是 P(A) + P(B)。这样，(i)、(ii)

和（iii）合起来相当于两个关于 A∨B 的赌博，一个是关于其真实性的赌博，另一个是关于其虚假性的赌博。这一赌博的收益矩阵如表 2-4 所示。

表 2-4　　　　　　　　　　赌博收益分析三

A∨B	收益：(i) + (ii) + (iii)
真	1 - (P(A) + P(B)) - (1 - P(A∨B)) = P(A∨B) - (P(A) + P(B))
假	-(P(A) + P(B)) + P(A∨B) = P(A∨B) - (P(A) + P(B))

由表 2-4 可见，如果 P(A∨B) < P(A) + P(B)，那么，无论 A∨B 是真还是假，这个赌博体系的收益总是负值，这使赌者处于大弃赌的境地；如果 P(A∨B) > P(A) + P(B)，那么，无论 A∨B 是真还是假，收益总是正值，让他同对手交换位置后，他处于大弃赌境地。

（4）概率演算中关于条件概率的定义是：如果 P(B) > 0，那么，Pr(A/B) = $\frac{P(AB)}{P(B)}$。与条件置信度相对应的赌商叫作"条件赌商"，条件赌商是关于条件赌博的赌商。什么是条件赌博呢？我们说，a 是一个关于 A 相对于 B 的条件赌博，意为 a 是一个在 B 已表明为真的情况下进行的关于 A 的赌博，而当 B 为假时，此赌博不进行。公平条件赌商 P(A/B) 就是在 B 为真的情况下一个人为 A 的真实性而进行赌博的公平赌商。表 2-5 是关于 A 相对于 B 的条件赌博的收益矩阵。

表 2-5　　　　　　　　　　赌博收益分析四

A	B	收益
真	真	S(1 - Pr(A/B))
假	真	-SPr(A/B)
	假	0

在表 2-5 中，"S"为赌金总额。我们看到，当 B 为假时，收益为 0，因为在这种情况下此赌博不进行，当然任何一方都是既不输也不赢的。现假定某人同时进行两个赌博，一个是关于合取命题 A∧B 的真实性的赌博，并且赌金总额为 P(B) 元，此赌博记为（i）。另一个是关于 B 的虚假性的赌博，并且赌金总额为 P(A∧B) 元，此赌博记为（ii）。他对 A∧B 的置信度为 P(A∧B)，对 B 的置信度为 P(B) 并且 P(B) > 0。相应地，他在（i）中的公平赌商是 P(A∧B)，在（ii）中的公平赌商是 1 - P(B)（注意，在（ii）中的公平赌商不是 P(B)，因为（ii）是关于 B 的虚假性赌博）。（i）和（ii）合起来构成一个赌博体系，其收益矩阵为表 2-6。

表 2-6　　　　　　　　　　　赌博收益分析五

A∧B　B	收益：(i) + (ii)
真　真	$P(B)(1-P(A\wedge B)) - P(A\wedge B)(1-P(B)) = P(B)\left(1-\dfrac{P(A\wedge B)}{P(B)}\right)$
假　真	$-P(B)P(A\wedge B) - P(A\wedge B)(1-P(B)) = -P(B)\dfrac{P(A\wedge B)}{P(B)}$
假　假	$-P(B)P(A\wedge B) + P(A\wedge B)P(B) = 0$

请注意，当 B 为假时，A∧B 也为假；这使得表 2-6 的真值组合只有三种，第三种实际上是"假，假"，而不存在第四种"真，假"的情况。不难看出，表 2-6 相当于一个关于 A 相对于 B 的条件赌博的收益矩阵，其赌金总额为 P(B) 元，条件赌商为 $\dfrac{P(A\wedge B)}{P(B)}$。这是与概率演算中关于条件概率的定义相符合的。现假定他关于 A 相对于 B 的公平条件赌商 $P(A/B) \neq \dfrac{P(A\wedge B)}{P(B)}$，那么，可以构造一个赌博体系使他处于大弃赌的境地。这个赌博体系是在 (i) 和 (ii) 基础上再加上两个赌博，即 (iii)：一个关于 A 为假相对于 B 的条件赌博，赌金总额为 P(B) 元，公平条件赌商为 1 - P(A/B)。(iv)：一个关于 B 的真实性的赌博，赌金总额为 [P(A∧B) - P(B)P(A/B)] 元，公平赌商为他对 B 的置信度 P(B) > 0。表 2-6 为 (i) 和 (ii) 合起来的收益矩阵，在此基础上，很容易得到赌博体系 (i) + (ii) + (iii) 的收益矩阵，即表 2-7。

表 2-7　　　　　　　　　　　赌博收益分析六

A∧B　B	收益：(i) + (ii) + (iii)
真　真	$P(B)\left(1-\dfrac{P(A\wedge B)}{P(B)}\right) - P(B)(1-P(A/B)) = P(B)P(A/B) - P(A\wedge B)$
假　真	$-P(B)\dfrac{P(A\wedge B)}{P(B)} + P(B)P(A/B) = P(B)P(A/B) - P(A\wedge B)$
假　假	$0 + 0 = 0$

在表 2-7 的基础上，又可得到赌博体系 (i) + (ii) + (iii) + (iv) 的收益矩阵，即表 2-8。

表 2 - 8　　　　　　　　　赌博收益分析表七

A ∧ B　B	收益：(i) + (ii) + (iii) + (iv)
真　真	P(B)P(A/B) − P(A∧B) + [P(A∧B) − P(B)P(A/B)](1 − P(B)) = P(B)[P(B)P(A/B) − P(A∧B)]
假　真	P(B)P(A/B) − P(A∧B) + [P(A∧B) − P(B)P(A/B)](1 − P(B)) = P(B)[P(B)P(A/B) − P(A∧B)]
假　假	0 − [P(A∧B) − P(B)P(A/B)]P(B) = P(B)[P(B)P(A/B) − P(A∧B)]

从表 2 - 8 中我们看到，无论 A∧B 和 B 的真假情况如何，这个赌博体系的收益总是一样的，即 P(B)[P(B)P(A/B) − P(A∧B)]，亦即 $P(B)^2 \left[P(A/B) - \dfrac{P(A\wedge B)}{P(B)} \right]$；既然已知 P(B) > 0，那么，如果 $P(A/B) \neq \dfrac{P(A\wedge B)}{P(B)}$，其收益要么总是正值，要么总是负值，这就使他处于大弃赌的境地。

以上给出了第一部分的证明，即一个人的置信度亦即公平赌商一旦违反概率演算公理，那么，这个人就不可避免地处于大弃赌的境地。这也就是说，置信度遵守概率演算公理是避免大弃赌的必要条件。接下来，我们给出第二部分的证明，即证明置信度遵守概率演算公理是避免大弃赌的充分条件。此证明需要借助于期望效用公式，即：

$$EU(a) = U_1 Pr_1 + U_2 Pr_2 + \cdots + U_m Pr_m \qquad (2.8)$$

在这里，EU(a) 表示某一行为（或行为体系）a 的期望效用；$U_1, U_2, \cdots, U_m$ 分别表示 a 的 m 个可能后果的效用；$Pr_1, Pr_2, \cdots, Pr_m$ 分别表示行为者对各个可能后果的置信度。也就是说，一个行为或行为体系 a 的期望效用是 a 的各个可能后果的效用的加权和，权就是各个可能后果的置信度。现在，我们让 α 表示一个赌博体系，它由 $a_1, a_2, \cdots, a_n$ 这 n 个彼此独立的赌博组成，a_i 表示关于命题 A_i 的一个赌博。一个赌博的可能后果只有两种（注意：一个赌博体系的可能后果可以多于两种），即所赌命题 A_i 为真或为假亦即赢或输，分别由 U_{i1} 和 U_{i2} 表示两种后果的效用。相应地，$Pr_{i1} = Pr(A_i)$，即 A_i 为真亦即赢的置信度，$Pr_{i2} = Pr(\neg A_i)$，即 A_i 为假亦即输的置信度。根据定义，置信度 $Pr(A_i)$ 就是关于 A_i 的真实性的公平赌商。因此，$U_{i1} = S_i(1 - Pr(A_i))$；$U_{i2} = -S_i Pr(A_i)$。（$S_i$ 是赌博 a_i 的全部赌金）于是，赌博 a_i 的期望效用为：

$$EU(a_i) = S_i(1 - Pr(A_i))Pr(A_i) - S_i Pr(A_i)Pr(\neg A_i) \qquad (2.9)$$

如果置信度满足概率演算公理，那么，$Pr(\neg A_i) = 1 - Pr(A_i)$，代入式 (2.9)，则有：

$$EU(a_i) = S_i(1 - Pr(A_i))Pr(A_i) - S_i Pr(A_i)(1 - Pr(A_i)) = 0 \qquad (2.10)$$

式（2.10）表明，如果置信度亦即公平赌商满足概率演算公理。那么，按此进行的任何赌博 a_i 的期望效用为 0。相应地，由 n 个这样的赌博构成的赌博体系 α 的期望效用也为 0；因为 α 的期望效用等于组成它的各个赌博 a_1，a_2，…，a_n 的期望效用之和，即 $UE(\alpha) = UE(a_1) + UE(a_2) + \cdots + UE(a_n)$。对此做以下简单证明：

a_1 和 a_2 是分别关于命题 A_1 和 A_2 的两个赌博，其收益如表 2-9 所示。

表 2-9　　　　　　　　赌博收益分析八

A_1	收益	A_2	收益
真	a	真	c
假	-b	-假	-d

于是，这两个赌博之和的收益如表 2-10 所示。

表 2-10　　　　　　　　赌博收益分析九

A_1	A_2	收益
真	真	a + c
真	假	a - d
假	真	c - b
假	假	-b - d

这个赌博体系的期望效用是：

$$Pr(A_1 \wedge A_2)(a+c) + Pr(A_1 \wedge \neg A_2)(a-d) + Pr(\neg A_1 \wedge A_2)(c-b)$$
$$+ Pr(\neg A_1 \wedge \neg A_2)(-b-d)$$

即：$aPr(A_1 \wedge A_2) + cPr(A_1 \wedge A_2) + aPr(A_1 \wedge \neg A_2) - dPr(A_1 \wedge \neg A_2) + cPr(\neg A_1 \wedge A_2) - bPr(\neg A_1 \wedge A_2) - bPr(\neg A_1 \wedge \neg A_2) - dPr(\neg A_1 \wedge \neg A_2)$

即：$a[Pr(A_1 \wedge A_2) + Pr(A_1 \wedge \neg A_2)] - b[Pr(\neg A_1 \wedge A_2) + Pr(\neg A_1 \wedge \neg A_2)] + c[Pr(A_1 \wedge A_2) + Pr(\neg A_1 \wedge A_2)] - d[Pr(A_1 \wedge \neg A_2) + Pr(\neg A_1 \wedge \neg A_2)]$

即：$aPr(A_1) - bPr(\neg A_1) + cPr(A_2) - dPr(\neg A_2)$

其中 $aPr(A_1) - bPr(\neg A_1)$ 恰是 a_1 的期望效用，$cPr(A_2) - dPr(\neg A_2)$ 恰是 a_2 的期望效用。可见，该赌博体系的期望效用等于组成它的两个赌博的期望效用之和。这个证明可以推广到包含更多赌博的赌博体系上去。显然，由公平赌博组成的赌博体系仍然是公平的，即其期望效用为 0。

接下来的问题是，赌博体系 α 的期望效用为 0 是否意味着 α 的效用不可能总为正值或总为负值？若是，则 α 不可能是一个大弃赌；否则，α 可能是一个大弃赌。

说 α 是一个大弃赌，就是说，无论 α 所涉及的一组命题 A_1，A_2，$\cdots$，A_n 的真值情况如何，α 的效用总是正值或总是负值，而在这种情况下，α 的期望效用就不可能是 0。因为 $EU(\alpha) = U_1 Pr_1 + U_2 Pr_2 + \cdots + U_m Pr_m$（在这里，$U_i$ 和 Pr_i 分别表示 A_1，A_2，$\cdots$，A_n 的任何一种真值组合下的效用和置信度），既然 $Pr_i \geqslant 0$，那么，在 U_1，U_2，$\cdots$，U_m 均为正值或均为负值的情况下，仅当 Pr_1，Pr_2，$\cdots$，Pr_m 均为 0，才能使 $EU(\alpha) = 0$。然而，根据概率公理，$Pr_1 + Pr_2 + \cdots + Pr_m = 1$（因为 A_1，A_2，$\cdots$，A_n 的全部 m 种真值组合的析取是一必然事件并且每两种真值组合是互斥的），所以，Pr_1，Pr_2，$\cdots$，Pr_m 不能均为 0。这表明，在置信度满足概率演算公理条件下，如果赌博体系 α 的期望效用为 0，那么 α 的效用不可能总为正值或总为负值，因此 a 不可能是一个大弃赌。前面表明，置信度满足概率演算公理的公平赌博体系的期望效用为 0，所以，置信度满足概率演算公理是避免大弃赌的充分条件。

三、静态合理性原则

大弃赌定理是以公平赌博为模型的。相对于这一决策模型，一个人要想避免大弃赌，当且仅当他的置信函项满足概率演算公理。一组置信度导致大弃赌，意味着这组置信度导致某种实用上的悖论，因而是不协调的。正如逻辑矛盾标志着演绎系统的不协调性。演绎系统的协调性叫作一致性（consistency），仿此，拉姆齐把置信度之间的协调性也称为"一致性"。为与演绎系统的一致性相区别，德菲耐蒂则把一组信度之间的协调性称为"一贯性"（coherency），并给出如下定义：

一组置信度是一贯的，当且仅当，这组置信度不可能导致大弃赌。

一个置信函项是合理的，当且仅当，由之得出的任何一组置信度都是一贯的。

由这两个定义可得定理：

一个置信函项是合理的，当且仅当，该置信函项不可能导致大弃赌。

结合大弃赌定理，即：

一个置信函项不可能导致大弃赌，当且仅当，该置信函满足概率演算公理。

进而得出结论：

一个置信函项是合理的，当且仅当，该置信函项满足概率演算公理。

这一结论就是主观主义的静态合理性原则。需要强调，静态合理性原则虽然对确定基本概率施加了一些限制，但这些限制并不能保证确定概率的唯一性；这是因为，概率演算公理对概率的限制等价于：对于一组互斥且穷举的命题 h_1，

h_2，…，h_n，我们赋予它们的概率之和等于 1，即 $\sum_{i=1}^{n} \Pr(h_i) = 1$。然而，能够满足这一条件的概率赋值有无穷多。以 h 和¬h 为例，满足静态合理性原则的置信度包括：$\Pr(h) = 0.5$ 和 $\Pr(\neg h) = 0.5$；$\Pr(h) = 0.2$ 和 $\Pr(\neg h) = 0.8$；$\Pr(h) = 0.999$ 和 $\Pr(\neg h) = 0.001$；$\Pr(h) = 0$ 和 $\Pr(\neg h) = 1$……这就是说，根据静态合理性原则，关于 h 和¬h 的以上各对概率赋值都是合理的，不同的人可以做出不同的合理选择。

主观主义在确定基本概率上的这种自由主义态度受到许多人的批评。例如，经验主义概率论者萨尔蒙指责说："如果一贯性要求是确定一组信念为合理的全部必要条件，那么，持有那些按照任何通常标准看来极为不合理的信念也可能是合理的。你可以持有任何你提到的信念，只要该信念关于未观察事件是逻辑一致的。你不能被证明为不合理的，只要你愿意在你的信念系统的其他地方作出适当的调整。你可以以 0.99 的程度相信太阳明天不会升起。你可以同样地确信母鸡将生出台球。你可以非常肯定地坚持，一个已在一亿次试验中有四分之三的次数呈现为正面的硬币，其重心是有利于反面朝上的。这类被看作合理的明显谬论是不胜枚举。虽然并非该理论要求接受这样的谬论，但是该理论的确容忍它们。"①

对于这类批评，主观主义给出的有力回答是：满足一贯性要求并非合理性的全部，意见收敛定理表明，随着证据的增加，验前概率的主观性和任意性将被验后概率的客观性和确定性所代替。根据证据修改验前概率的手段就是贝叶斯定理，贝叶斯定理提供了动态合理性的依据，而一贯性要求仅仅是静态合理性原则。

四、意见收敛定理

德菲耐蒂在其力作《预见：它的逻辑定律和主观根源》（1937）② 中给出意见收敛定理（the convergence theorem for opinion）的证明。③ 这个证明是针对他所谓的可交换事件而言的。一些学者已经表明，可交换事件相当于通常所说的独立重复试验的结果。我们以略为不同的方式将其证明表述如下。④

考虑某一独立重复试验的结果 A 在 n 次试验中出现 r 次的概率。这一概率记

---

① 引自陈晓平．主观主义概率论对于休谟问题的"解决"[J]．自然辩证法通讯，1994（1）：17-24．
② De Finetti, B. Foresight: Its Logical Laws, Its Subjective Sources [M]. English Translation in H. E. Kyburg and H. E. Smokler (eds.). Studies in Subjective Probability [M]. Wiley, 1964: 93-158.
③ 德菲耐蒂并没有给这个定理正式命名。据我们所知，首先称之为"意见收敛定理"的是赫西（M. Hesse，见其著作 The Structure of Scientific Inference），有些文献把这个定理称为"逆大数定理"（the inverse law of large numbers）。
④ 参阅 Gillise, D. Philosophical Theories of Probability [M]. London: Routledge, 2000: 70-75.

为 $P_n(r)$，根据二项分布公式：
$$P_n(r) = C_n^r p^r (1-p)^{n-r} \qquad (2.11)$$
其中 C_n^r 相当于从 n 个不同元素中取出 r 个元素的组合数，计算公式为：
$$C_n^r = \frac{n!}{(n-r)!\,r!} = \frac{n(n-1)(n-2)\Lambda(n-r+1)}{r!} \qquad (2.12)$$

其原理是这样的：A 在 n 次试验中出现 r 次的可能结果不止一个，如在抛掷一枚硬币两次的试验中正面朝上一次的可能结果有两个，即第一次朝上而第二次未朝上和第一次未朝上而第二次朝上。一般而言，A 在 n 次试验中出现 r 次的可能结果的数目为 C_n^r，其中每一个可能结果出现的概率为 $p^r(1-p)^{n-r}$，这里的 p 为 A 在这 n 次试验的每一次试验中出现的概率，亦即 $P(A)$，$(1-p)$ 为 A 不出现的概率，亦即 $P(\neg A)$。既然此试验是独立重复的，根据概率的特殊合取规则，A 在 n 次试验中出现 r 次的每一可能结果的概率是 $p^r(1-p)^{n-r}$，一共 C_n^r 个这样的可能结果，故式（2.11）成立。

现在的问题是，我们在不知道 p 是什么的情况下来确定 $P_n(r)$，因此式（2.11）现在对我们没用。于是，我们对 $P_n(r)$ 的值进行猜测，即对于 A 在 n 次试验中出现 r 次这一结果给以验前概率亦即主观置信度，记为 $\omega_n(r)$，将其替换到式（2.11）中得：
$$\omega_n(r) = C_n^r p^r (1-p)^{n-r} \qquad (2.13)$$
其中每一可能结果的验前概率为 $\dfrac{\omega_n(r)}{C_n^r}$。

现在我们考虑这个 n 次独立重复试验的一个实际结果 e，记为：
$$e = E_1 \wedge E_2 \wedge \cdots \wedge E_n \qquad (2.14)$$
其中每一次试验结果 E_i 是 A 出现或者 A 不出现，A 在 e 中出现 r 次。我们对 e 的验前概率为 $\dfrac{\omega_n(r)}{C_n^r}$。再考虑假设 H，H 预言：下一次试验结果为 A 出现。因此，
$$H \wedge e = E_1 \wedge E_2 \wedge \cdots \wedge E_n \wedge E_{n+1} \qquad (2.15)$$
其中 A 出现 r+1 次。我们对 $H \wedge e$ 的验前概率是 $\dfrac{\omega_{n+1}(r+1)}{C_{n+1}^{r+1}}$。接下来考虑 H 相对于 e 的验后概率，根据简化贝叶斯定理（亦即条件概率的定义）：
$$\begin{aligned}
P(H/e) &= \frac{P(H \wedge e)}{P(e)} = \frac{C_n^r}{C_{n+1}^{r+1}} \cdot \frac{\omega_{n+1}(r+1)}{\omega_n(r)} \\
&= \frac{n!}{(n-r)!\,r!} \cdot \frac{(r+1)!\,((n+1)-(r+1))!}{(n+1)!} \cdot \frac{\omega_{n+1}(r+1)}{\omega_n(r)} \\
&= \frac{(r+1)}{(n+1)} \cdot \frac{\omega_{n+1}(r+1)}{\omega_n(r)}
\end{aligned} \qquad (2.16)$$

由式（2.16）我们得到如下定理：

当 $n\to\infty$，$P(H/e)\to r/n$，只要当 $n\to\infty$，$\omega_{n+1}(r+1)/\omega_n(r)\to 1$。

应该说，这一定理的附加条件是容易满足的，因为在试验次数很多的时候，人们对相邻的两次试验结果的验前置信度相差不大，而且越来越近。例如，对于 3 次抛掷硬币的试验中 2 次结果为正面朝上和 4 次试验中 3 次结果为正面朝上，我们所持的验前置信度可能会有较大的差别；但对于 10 000 次试验中 6 000 次结果为正面朝上和 10 001 次试验中 6 001 次结果为正面朝上，我们所持的验前置信度的差别就会小得多。这一定理告诉我们，无论对于 A 在 n 次试验中出现 r 次这一结果赋予怎样的验前概率，随着试验次数 n 的增加，下一次试验结果出现 A 的验后概率越来越接近于证据 e 中 A 出现的频率 r/n。由于这是独立重复试验，下一次试验出现 A 的概率也就是每一次试验出现 A 的概率即 P(A) 或 p。这就是意见收敛定理。

这个定理也是一个大数定理，但不同于伯努利大数定理，文献中有时把它称为"逆大数定理"，我们更愿意称其为"德菲耐蒂大数定理"或"贝叶斯大数定理"。伯努利大数定理是先假定 P(A) = p，然后得出结论：当 $n\to\infty$，$r/n\to p$。有人以为伯努利大数定理已经为统计归纳推理即从观察频率 r/n 推出概率 p 提供了辩护，但这是一种误解。因为伯努利大数定理只是从概率 p 推出频率 r/n 提供辩护，而不是相反。不难看出，可能为归纳推理提供辩护的工具是其逆定理即德菲耐蒂大数定理或贝叶斯大数定理。这正是本书后面章节所要讨论的。

现在我们做一个比较。客观主义者认为，随机试验的某一可能结果 A 有一个真正的客观概率 P(A) = p。随着试验次数 n 的增加，观察频率 r/n 提供了关于 p 的越来越好的估计。但在主观主义者德菲耐蒂看来，"真正的客观概率 p"只不过是一种"形而上学的错觉"，实际上随着试验次数的增加，p 越来越接近 r/n，只不过是人们关于 P(A) 之验后概率的不断趋近，而无论他们的验前概率有多么大的差别。这只是一种主观意见的趋近，而不是独立于人的客观概率。正因为如此，以上定理被称为"意见收敛定理"。这个名称虽然不是德菲耐蒂本人给出的，但却表达了他的意思。德菲耐蒂把这种趋近称为"出于相当深刻的心理学理由的不同个体之意见的精确或近似的吻合"。

贝叶斯主义对验前概率给予很大的自由度，唯一的限制是一贯性要求。置信度满足一贯性要求的充分必要条件是满足概率演算公理。对于 n 次独立重复试验，A 出现的次数可以是从 0 至 n 之间的任何数目。对于所有这些可能结果的验前概率是一贯的，当且仅当，

$$\omega_n(0) + \omega_n(1) + \omega_n(2) + \cdots + \omega_n(r) + \cdots + \omega_n(n) = 1 \qquad (2.17)$$

对于可能结果的验前概率,除了一贯性要求外,我们还可以根据个人爱好增加一些非强制的条件。一种常用的非强制条件是"无差别原则"。无差别原则通常表述为:如果我们没有理由偏向于某一个可能的结果,那么就给所有可能结果以相等的概率。据此,

$$\omega_n(0) = \omega_n(1) = \omega_n(2) = \cdots = \omega_n(r) = \cdots = \omega_n(n) = 1/(n+1) \quad (2.18)$$

将此代入式(2.16)得到:

$$P(H/e) = \frac{r+1}{n+1} \frac{n+1}{n+2} = \frac{r+1}{n+2} \quad (2.19)$$

式(2.19)是一个经典的结论,即拉普拉斯的接续规则(the rule of succession)。现在我们把它作为意见收敛定理加上无差别原则的一个推论。显然,当 $n \to \infty$,$P(H/e) \to r/n$。

德菲耐蒂在证明意见收敛定理之后,对休谟问题的解决表示乐观。他说:"如果接受了主观主义观点,归纳问题就因此得到一个解答。这解答自然是主观的,但是它本身却完全合乎逻辑。"[①] 下面举例说明借助于意见收敛定理或接续规则来解决休谟问题的一种考虑。

我们像休谟那样被明天太阳是否升起的问题所烦扰。于是,我们从过去5000年的历史记录中找根据。假定这个记录是精确的,此记录表明,过去的1 826 250天里,太阳每天都升起,于是,r = n = 1 826 250。根据接续规则即式(2.17),明天太阳升起的概率是1 826 250 + 1/1 826 250 + 2 ≈ 0.9999994。因此,我们几乎完全相信明天太阳还会升起,因而不再被休谟问题所烦扰。

对于这一论证,波普尔曾经给出一个反驳。[②] 假定在某一天上午伦敦的居民发现太阳没有升起来,尽管钟表的时针已经指到上午的时刻,窗外仍然是黑的。居民们从收音机里得知,地球已经停止转动,太阳固定在地球另一半的上空,那边没有黑夜。除此之外,一切现象都同往常是一样的。当然,这同我们已知的物理规律是相违背的,全世界的物理学家对此感到大惑不解。在这种情况下,明天太阳升起的概率是多少?现在 r = n - 1,n = 1 826 251。根据接续规则,明天太阳升起的概率为 1 826 250 + 1/1 826 251 + 2 = 0.9999989。这个概率虽然比前面计算的概率略低一点,但仍然接近百分之百的置信度。这个结论显然是荒谬的,它表明接续规则和意见收敛定律是缺乏普遍有效性的,休谟问题并未得到解决。

我们以为,波普尔的这一反驳虽然很有趣,但却没有说到点子上。首先,接

---

① De Finetti, B. Foresight. Its Logical Laws, Its Subjective Sources [M]. English translation in H. E. Kyburg and H. E. Smokler (eds.), Studies in Subjective Probability [M]. Wiley, 1964:147.

② 转引自 Gillise, D. Philosophical Theories of Probability [M]. London:Routledge, 2000:72.

续规则和意见收敛定理都是针对独立重复试验而言的。既然这个例子中的人们已经知道太阳升起的原因是地球自转，那么太阳每天升起就不是一个随机事件，更不是独立重复试验的结果，而是一个必然事件。对于必然事件，只要遇到一个反例就会被推翻，或者人们对这个反例表示怀疑。其次，贝叶斯主义是重视背景知识的，背景知识是人们确定验前概率的重要依据。既然地球自转引起太阳每天升起已经成为人们的背景知识，那么贝叶斯方法不会让人把太阳每天升起看作一个随机事件，自然也不会让人把接续规则用于这个事例并得出以上荒谬的结论。当然，当我们说波普尔的这一批评没到点子上，同时意味着借用接续规则或意见收敛定理来计算明天太阳升起的概率，这种为归纳辩护的做法也是没到点子上的。

第四节 主观解释的新发展：主体交互解释

在主观解释中，当用打赌的方法去测量个体的信念度时，只涉及两个主体，然而现实生活中往往有很多主体参与打赌。对于涉及众多主体诸如经济学中的社会群体的信念，我们将如何确定呢？英国著名逻辑学家吉利斯（D. Gillies）为了解决这一问题尝试发展了一种关于把主观解释从个体扩展到社会群体的主体交互解释。这一解释是他在1991年的《不列颠科学哲学》杂志上发表的《主体交互概率与确认理论》中首次提出，后来在2000年《概率的哲学理论》一书中详细介绍。下面我们将详细地论述吉利斯的这一思想。

一、主体交互概率的测度

概率主观解释的出发点是关于一个我们称之为 B 先生的特定个体的信念度。我们设想一位心理学家 A 小姐，通过让 B 先生在一种具体地被指定的情形下打赌，负责测量他的信念度。因此，这个理论是与特定个体的信念度有关的。然而，主观解释不能确定在诸如经济学中具有至关重要的群体信念，吉利斯认识到了这一困难并把大弃赌定理从个体扩展到社会群体，从而发展了主体交互概率论。在吉利斯看来，主体交互解释是关于一个社会群体的共同信念度，而不是关于一个特定个体的信念度。因而，社会群体的共同信念度往往得到一个社会群体的几乎所有成员的普遍支持，而且一个特定个体常常通过与这个群体进行社会交互作用获得它们。

拉姆齐、德菲耐蒂等在介绍主观概率论时,认为可以通过对某个事件 E 进行打赌的方法来测定某个主体(个体)对 E 的信念度。他们给定的赌商定义是:设想 A 小姐(一个心理学家)想测度关于 B 先生对某一事件 E 的信念度。要这样做,她让 B 先生同意在下列条件下和她对 E 进行打赌。B 先生不得不选择一个数字 q(叫作他对 E 的赌商),然后 A 小姐选择赌注 S。如果 E 发生,那么 B 先生付给 A 小姐 qS,A 小姐付给 B 先生 S。S 可以是肯定的也可以是否定的,但由于关系到 B 先生的钱财,所以 |S| 必须是小的。在这些情况下,q 被看作 B 先生对 E 信念度的一种测度。为了把这种方法推广到社会群体,吉利斯保留了心理学家 A 小姐,但用一个个体集合 $B = (B_1, B_2, \cdots, B_n)$ 来替代 B 先生。为了简单起见,吉利斯最初取 n = 2。于是,我们有以下的定理:

定理 2.1:假定 A 小姐要对事件 E 与 $B = (B_1, B_2)$ 进行打赌。并假定 B_1 选择了赌商 q_1 和 B_2 选择了赌商 q_2。A 小姐将会选择赌注,使得除了 $q_1 = q_2$ 外,无论发生什么情况,她都能赢 B 的钱。

证明:假定 $q_1 > q_2$ 时,主体没有输。并假定 A 小姐选择 S > 0 与 B_1 进行打赌,选择 ~S 与 B_2 进行打赌。这样一来,如果 E 发生了,A 小姐的收入 G_1 是由下列等式给定的:

$$G_1 = q_1 S - S - q_2 S + S = (q_1 - q_2) S \qquad (2.20)$$

如果 E 没有发生,那么 A 小姐的收入 G_2 是由下列等式给定的:

$$G_2 = q_1 S - q_2 S = (q_1 - q_2) S \qquad (2.21)$$

很显然,$G_1 > 0$ 和 $G_2 > 0$,除非 $q_1 = q_2$。

从 2 到 n 的推广是十分简单的。

定理 2.2:假定 A 小姐要对事件 E 和 $B = (B_1, B_2, \cdots, B_n)$ 进行打赌。假定 B_i 选择赌商 q_i。A 小姐将会选择赌注使得除了 $q_1 = q_2 = \cdots = q_n$ 外,无论发生什么情况,她都能赢 B 的钱。

证明:假定 q_i 不是都相等的。这样一来,一定存在 q_j 和 q_k 使得 $q_j > q_k$。假定 A 小姐选择 S > 0 与 B_j 进行打赌,选择 ~S 与 B_k 进行打赌以及选择 S = 0 与 B_i 进行打赌,其中 i≠j 和 i≠k。那么如同定理 2.1 的证明那样进行论证,可以推断出,无论发生什么情况,A 小姐都会赢 B 的钱。因此,除了 $q_1 = q_2 = \cdots = q_n$ 外,无论发生什么情况,A 小姐都能赢 B 的钱。

定理 2.3:假定 A 小姐要对事件 $E_1, \cdots, E_r$(其中 r≥1)和 $B = (B_1, B_2, \cdots, B_n)$ 进行打赌。并假定 B_i 对事件 E_j 选择赌商 q_{ij}。如果(a)对 1≤j≤r 来说,$q_{1j} = q_{2j} = \cdots = q_{nj} = q_j$,并且(b)$q_j$ 满足标准的概率公理,那么对 A 小姐来说要与 B 打大弃赌将是不可能的。

证明:如果条件(a)得到满足,那么这个群体可以被看作一个对事件 E_j(1≤

j≤r）有赌商 q_j 的单一个体。因而，这个结论紧跟着使用条件（b）从拉姆齐定理逆得出。

由此可见，定理2.1、定理2.2和定理2.3所表明的就是这样的观点：令 B 是某一个社会群体。如果 B 的成员同意有一个共同的赌商而不是这个群体的每一个成员都选择他或她自己的赌商，那么就是为了整个 B 的利益。如果一个群体实际上的确同意一个共同的赌商，那么在这些情况下，这个共同赌商就被看作 B 对事件 E_1，…，E_r（其中 r≥1）信念度的一种测度。因而，这个共同的赌商就被称为这个社会群体一致的概率或主体交互概率。

二、主体交互概率形成的条件

我们知道，主观概率是关于特定个体的信念度。主体交互概率概念是吉利斯通过大弃赌定理从个体向群体的扩展而得来的，因而，主体交互概率是关于一个群体的共同信念度。被用来介绍主体交互概率的大弃赌定理表明，如果这个群体同意一个共同的赌商，那么这个共同的赌商就会保护他们不被狡猾的对手打败。但是，一个社会群体在什么条件下形成主体交互概率呢？吉利斯（2000）认为，一个社会群体形成主体交互概率的条件是：

（1）具有共同的旨趣（common interest）：也就是说构成一个群体的成员必须有一种共同的关注、利益或兴趣等。因而，这个群体的成员必须被一个共同的目标联结起来，在这个群体内，无论这个共同的目标导致团结，还是对立都关系不大，重要的是，这些成员在一起行动和达成一致意见时都有一个共同的旨趣。这个共同的目标可能是经济上的，但不一定是，例如，一群战士的共同目标可能就是以这个群体最少的伤亡占领敌人的阵地。

（2）保持信息流的传递（flow of information）：一个群体的成员之间必须要有信息流的传递和观点的交流，只有通过采用直接的（在任何两个成员之间）或是间接的（通过第三个成员的介入）方式及时地交换相互取得的发现与信息，才能保证信息得到真正的沟通和传递。

共同的旨趣意味着这个群体的大小和组成可以改变，因为如果当个体成员估计通过"单独进行"时他们也能够获利，他们可能就会决定离开这个群体；同样地，当新的成员认识到这个群体为了某种共同旨趣而有一个共同的目标时，他们就可能会加入这个群体。共同的目标必须是足够强以致能够把与特定事件联系的成员一起联结起来，尽管不需要排除计划要离开或者在不同的问题上以牺牲他人为代价而获利的个体成员。同时，寻求其主体交互概率的命题必须是与共同的目标相关的。例如，考察居住在英国的意大利亡命者这个群体。关于在几年内是否将有新的规章，使得对居住在英国的意大利人来说，在当地的选举中进行投票成为可能的这个问题，这个群体会适当地形成一致的概率。然而，这个群体不会形成一个关于在南太平洋的象岛上的王企鹅数目的主体交互概率。

信息流的传递蕴涵着条件概率。因而，主体交互概率像主观概率一样也具有 $Pr(E|K)$ 形式，而且 $Pr(E|K)$ 随着 K 的变化而变化。在主观概率论的情况下，如果 B 先生给 E 指派一个概率，那么 K 仅仅是 B 先生在那个时候拥有的知识集合，而主体交互概率论中的 K 是指这个群体拥有的知识集合。这个群体拥有的知识可能比这个群体的任何个体成员所拥有的知识更广泛。因为在这个群体内有信息流的传递和观点的交流，如果个体成员认可这个群体的共同目标，那么他或她将会交换和传递相关的信息；如果个体成员估计他或她通过拒绝交流信息并且单独进行可以获得更多的东西，那么他或她就可能会脱离这个群体。

如果这个群体很大，那么在满足条件 1 和条件 2 时，需要有一个代理处、协会或联盟去组织这个包括在它里面的信息流的群体。只有这样，主体交互概率（一致的概率）或许还是可能的。据此，吉利斯（2000）认为：“主体交互概率概念可能适用于许多不同的领域，其中之一就是经济学，另一个就是科学假说的确认。”然而，吉利斯不主张主体交互概率应该完全替代主观概率。第一种概念的使用并不排除第二种概念的使用，而是需要它的使用。例如，如果 $Pr(E)$ 是社会群体 $B = (B_1, B_2, \cdots, B_n)$ 赋予 E 的主体交互概率，那么 B 的每一个成员 B_j 都赋予 E 以主观概率 $Pr(E)$。此外，可能适当地存在着不能达成一致意见并因而具有各自的主观概率而不存在任何主体交互概率的个体集合。还有，一个社会群体可能又会达成一个被几乎所有的成员都接受的一致意见，同时包含一两个持不同意见者，他们的主观概率不同于这个群体的主体交互概率。因而，在吉利斯看来，这些各种各样的可能性表明在对人类信念进行分析时，不仅主观解释是需要的，而且主体交互解释也是需要的。

由以上分析可知，大弃赌定理能从个体扩展到群体的关键在于，这个群体具有一个共同旨趣。因此，这个论证表明这样的群体应该在群体内建立交流并进行信息流的传递，使得通过讨论他们能够形成一致意见或主体交互概率。只有通过这种方式整个群体才能保护自己不输给狡猾的对手。例如，在公共决策中，具有共同旨趣的群体通过信息交流形成的"公共知识"（common knowledge）直接影响到决策，并且决定了这个群体是否会在竞争中处于有利地位，因为"公共知识发生改变，群体的均衡便发生改变"（潘天群，2003）。因此，为了使群体在竞争中处于有利地位，增加公共知识——即保持信息流的传递与沟通就极为重要了。

关于主体交互解释，一个有效的方法就是把它看作介于早期凯恩斯的逻辑解释与他的批评者拉姆齐的主观解释之间的。按照早期凯恩斯的逻辑解释，在给定证据 e，某一结论 c 中存在着一个单一的合理信念度。如果事实是这样的，我们就会期望几乎所有的人在给定 e 的 c 中都有这样单一的合理信念度，因为，毕竟大多数人都是理性的。关于演绎逻辑，这样一种广泛的一致意见实际上确实存在。但是，在 e 不能逻辑地衍推 c 的情况下，关于估计证据 e 在结论 c 中提供支持的信念度的情形是不可能的。于是，不同的个体可能会得到十分不同的结论，尽管他们具有同一背景知识并在相关领域里具有一技之长，并且尽管他们都是相当理性的。因而，要得到一种所有理性的人都应该同意的单一合理信念度是不可能的。概率的主观主义观点似乎也不是完全令人满意。信念度并不完全是个人或个体的事。我们往往会发现一个属于分享共同见解的群体的个体有一定程度的共同旨趣并且关于它的信念能够达成一致意见。这类群体的显而易见的例子就是宗教流派、政治党派或者关于各种科学问题的思想学派。对这样的群体来说，主体交互概率概念是合适的概念。这些群体可能是大的也可能是小的，但通常他们没有达到包含全体人类。因此，这种群体的主体交互概率在合理信念度（早期凯恩斯）和主观信念度（拉姆齐）之间是中立的。

三、从主观到客观的谱系

前面我们论述了吉利斯通过大弃赌定理把主观解释从个体扩展到群体而使主体交互解释向更为客观的方向移动。下面我们还将试图表明吉利斯把客观解释划分为完全客观的解释和包含某些主观的（或人类的）成分的解释。通过这种划分，我们能够构造一个从完全主观到完全客观延伸的谱系。

吉利斯使用"完全客观"（fully objective）这个短语指称完全独立于人类的事物。这样一种事物的一个显著例子就是太阳。在没有人类存在的恐龙时代，太阳就能够产生和发出能量，并且它将以同一方式继续产生和发出能量，即使所有的人类明天都消失了。实际上，人类活动目前对太阳没有任何影响。因此，它是完全客观的。

我们可以把太阳这种情形与杯子的情形对照起来。既然一只杯子是一种物质对象，因此在某种意义上是客观的，但它显然不是独立于人类的，是人类为了一定的目的而制造的。实际上，还可以说，如果所有的人类明天都消失掉而其他对象都不受影响，那么这只保持着一种物质对象的杯子将不再是一只杯子。一只杯子就是某种用来喝液体的东西，而如果一个对象不再以这种方式被使用，那么它就不再是一只杯子。因此，吉利斯把某些客观的，而又不独立于人类的东西称为"人造客体"（artefactual）。因而，人造客体当然要包括像杯子一样的人类物质制造物，但它具有更广泛的意义。这可以通过天上的星座这个例子得到说明。就大熊星座的北斗七星来说，这是一组在北半球的夜空中容易被认出的星星。我们不能说北斗七星是主观的，因为任何受过一些教育的人都能从周围的星星中把它辨认出来。我们也不能说它像群体信念一样仅仅是主体交互的，因为它的确是由客观存在的星星组成的。我们不能说它是完全客观的，因为在组成它的星星之间没有任何实际的物理关系。另一种关于星座任意性的迹象表明，在古代中国文明中所使用的星星分组方法是不同于西欧所使用的星星分组方法。因而，星座并不是杜恒（Duhem）在《物理理论的目标与结构》一书中所称的一种自然类。然而尽管这样，星座在某种意义上是客观的，并且吉利斯主张像杯子一样把它们归类为人造客体。

完全客观解释与人造客体解释的区分还可以在具有更加牢固基础的概率上进行。例如，抛掷一枚有偏的硬币。在这里，出现正面的概率是客观的，但硬币显然是人造的。这枚硬币是一种人类制品并且它的抛掷是一种按照固定的规则执行的人类干涉。如果我们考察在量子力学中起因于某个实验的重复的概率，那么这种人造客体的解释正好同样适用。然而，如果我们现在考察一种放射性原子分裂的概率，那么我们将会从人造客体的解释转移到完全客观的解释，因为在这种情形（不同的原子分裂）下重复实际上自然地发生而不需要人类的介入。然而，困难之一就是如果要对一种特定类型分裂的放射性原子的概率赋值，那么我们不得不指定一个期限，比如说一年，而这个期限似乎是一种使这个概率更加具有人造客体性质的人类附加物。因而，吉利斯提出了一种避免这个问题的方法，他把放射性分裂看作是一个泊松过程。在泊松过程中，基本参数表示一个事件如分裂的概率，在很小的时间间隔 t 中，是近似地等于 t。因此，一般来说，可以被看作是每单位时间一个事件的概率。指定一种人类相对时间间隔的需要没有了，并且可以被看作是某种完全客观的东西。

通过对主体交互概率与人造客体概率的介绍，吉利斯认为我们可以将认识论的与客观的区分转化为更加类似于一个连续体的东西。因此，如适用于概率一样，我们能够明确地陈述从主观到客观延伸的谱系。它有四个过程：

（1）主观：这里概率表示特定个体的信念度。

（2）主体交互：这里概率表示一个达成一致意见的社会群体的信念度。

（3）人造客体：这里概率可以被看作是存在于物质世界中，并因而是客观的，但它们是人类与自然界之间相互作用的结果。

（4）完全客观：我们达到了客观性的最高级别。存在于物质世界中完全独立于人类的事物就是完全客观的。

四、主体交互解释的恰当性

综上所述，吉利斯提出的主体交互解释是把大弃赌定理从个体向群体扩展的结果。因此，一方面，主体交互解释是主观解释的发展，因而在某种程度上可以被看作是主观解释的衍生物（off-shoot）或另外一种情况，与主观解释并不矛盾。例如，在经济学中，与群体的决定相联系的主体交互解释适用于生产以及它的组织领域，其中的群体（生产者或工人们）通常一起行动。而在消费领域中，个体都是按他或她自己的决定而行动的，因而在我们看来，主观解释更为合适。同时，它也是与知识或人类的信念有关的，因而主体交互解释属于我们进行的认识论解释与客观解释区分中的认识论解释。

另一方面，主体交互解释比主观解释具有一个更为显著的优点：主体交互解释通过大弃赌定理从个体向群体的扩展而具有明显的客观性。主体交互概率是关于一个社会群体的共同信念度，与主观主义学派可以自由、任意地选择信念度相比，主体交互解释更为强调的是一个社会群体所形成的一致的或共同的信念度。因而，吉利斯根据某个群体的实际情况，亦即根据某个群体在对某个事件上达成一致意见的情况来确定这个群体的主体交互概率，从而使主体交互概率向更为客观的方向移动。

尽管主体交互概率论是主观概率论的发展，但吉利斯不同意拉姆齐等主观主义者在确定基本概率时对主观任意性的纵容和放任。相反，他认为，根据大弃赌定理，这个群体的成员同意有一个共同的赌商而不是这个群体的每一个成员都选择他或她的赌商，并且他还把主体交互解释看作是介于早期凯恩斯的逻辑解释与他的批评者拉姆齐的主观解释之间，从而避免了在确定主体交互概率时的主观任意性。此外，主体交互概率与人造客体概率一道构造了一个融贯主观与客观的谱系。也就是说，通过主体交互概率与人造客体概率，我们能够构造一个从完全主观到完全客观延伸的概率谱系，从而使主观与客观处于一个连续统中。在这个谱系中，不同的概率适用于不同的领域或情况，如主体交互概率论解释适用于经济学、科学假说的确认、宗教教派以及政治党派等。

但是，主体交互解释也不可避免地存在着一些问题，如它只适用于具有共同旨趣的社会群体，而对一个缺乏共同旨趣的群体没有有效性，因为每个个体都将不关心这个群体的其他成员发生什么事情，因而每个个体将形成他或她自己的主观概率而不考虑其他人的信念；主体交互概率概念对宗教流派、政治党派等社会群体来说是合适的概念，但他们通常没有达到包含全体人类。总的来说，尽管主体交互解释与主观解释一样都具有一定的局限性，但它们是迄今为止可利用的比较有效的认识论解释，并且在社会科学中有广泛的应用。

　　归纳逻辑发展的一个重要趋势是主观概率的长足发展。主观概率理论正在成为归纳逻辑发展势头最为强劲的一种理论，其中主体交互解释是最前沿的研究对象之一。由于它依赖于主体的涉身性，由于它面向经验的开放性，使它在合理决策和理性选择中发挥了越来越重要的作用，在经济学、法学和哲学等领域得以广泛应用。可以说，如果没有主观概率理论的发展，归纳逻辑应用和合理决策理论就不会有今天这样蓬勃发展的新局面。

第三章

认证逻辑与认证悖论

认证逻辑是关于假说检验的逻辑理论。我们知道，科学活动的基本程序可以分为两个阶段，即提出科学假说和检验科学假说。在科学活动的这两个阶段里，归纳推理都是必不可少而且是至关重要的。本章着重讨论检验科学假说的归纳方法即科学认证的逻辑以及认证逻辑所面临的一些疑难问题，特别是认证悖论。

第一节 古典认证逻辑

古典认证逻辑的主要内容是假说—演绎法。因此，本节着重讨论假说—演绎法。

一、检验性预测

科学假说的重要特征之一就是具有可检验性。说一个科学假说是可检验的，就是说，从这个假说可以推出一些关于尚未观察到的事件的断言，而这些断言的真假可以通过一定的检验加以确认，从而使人们可以间接地确定这一假说的可信性。我们把断定一个尚未观察到的事件并且其真假可以通过适当的检验加以确定的命题叫作"检验性预测"。于是，我们又可以说，科学假说的一个重要特征是从它可以推出一些检验性预测。

例如，从爱因斯坦的广义相对论可以做出这样的预测：当光线经过太阳表面时将发生偏转，其偏转的角度为 1.74 秒。这一预测由爱丁顿等于 1919 年所进行的日食观察加以证实，从而使人们对广义相对论的置信程度得以提高。

我们说，某个检验性预测是从某个假说演绎地推出，这只是一种简略的说法。在一般情况下，一个检验性预测不能由单独一个假说演绎地推出，而是由一组假说演绎地推出。例如，单单从牛顿的万有引力定律即 $F = G\dfrac{m_1 m_2}{r^2}$ 是推不出月球上物体的重力加速度为 1.6 米/秒^2 的。要推出这一预测还必须加上如下的假说：质量为 m_2 的物体的重力加速度等于引力 F 和 m_2 的商，即 $g_2 = \dfrac{F}{m_2}$；月球的质量 m_1 约为 7.35×10^{25} 克；月球的半径约为 1 738 千米；引力恒量 G 为 6.67×10^{-11} 牛顿·米^2/千克^2。由这一组假说才能推出"月球上的物体的重力加速度为 1.6 米/秒^2"。当我们说，"月球上的物体的重力加速度为 1.6 米/秒^2"这个检验性预测是由万有引力定律推出时，只不过是强调万有引力定律是需要检验其真假的那个假说，而其他假说都是已被确认为真因而无须检验的假说。我们把其真假需要加以检验的假说叫作"被检验假说"，而把那些已被确认为真且有助于从被检验假说演绎地推出检验性预测的假说叫作"辅助假说"。从一个被检验假说推出一个检验性预测的一般模式是：

  h   被检验假说
  A_1
  ⋮   辅助假说
  A_n
  ∴
        检验性预测
  e

此模式也可表述为：$h \wedge A_1 \wedge \cdots \wedge A_m \Rightarrow e$。

二、假说—演绎法

假说—演绎法的基本思想是：从被检验假说和辅助性假说演绎地推出一个预测，然后对这个预测进行检验；如果这个预测是假的，那么，被检验假说便被否证；如果这个预测是真的，那么，被检验假说便被认证。不难看出，假说—演绎法包括两种推理，即否证推理和认证推理。下面我们先讨论否证推理，然后讨论认证推理。

前面谈到，由被检验假说 h 和若干辅助假说 A_1，A_2，⋯，A_n 推出检验性预测 e 的一般模式是：

$$h \wedge A_1 \wedge \cdots \wedge A_m \Rightarrow e$$

这里的符号"⇒"表示"演绎地推出"，可以看作一种严格蕴涵。根据否定后件的推理规则，如果 e 假，那么，$h \wedge A_1 \wedge \cdots \wedge A_m$ 也是假的；这就是说，如果检验性预测被实验或观察表明是假的，那么，被检验假说和各个辅助假说之中，至少有一项是假的。这一推理过程为：

$h \wedge A_1 \wedge \cdots \wedge A_m \Rightarrow e$

$\neg e$

∴ $\neg (h \wedge A_1 \wedge \cdots \wedge A_m)$

在一般情况下，各个辅助假说已被确认为真，由此便可断定，那个被检验假说 h 是假的。在假定各个辅助假说为真的情况下，以上推理可以简化为：

$h \Rightarrow e$

$\neg e$

∴ $\neg h$

需要指出，演绎推理的必然性仅仅在于：如果前提为真时，结论一定为真。而当有一个前提为假时，演绎推理对其结论的真实性不能做出任何保证。因此，否证推理虽然是演绎性的，但其结论未必总是正确的，因为作为前提的辅助假说有时是假的。对此，我们举例加以说明。

开普勒的老师第谷·布拉埃（1546～1601）反对哥白尼的日心说，他的主要理由是：如果真是地球围绕太阳运动，那么，地球上的观察者在每天固定的时间观察某颗恒星的视线方向将会逐渐改变，就像坐在旋转木马上的孩子看一位旁观者的脸。在一年内，观察一颗恒星的两个不同方向的视线所张开的最大角称为该恒星的周年视差。恒星离地球越近，它的周年视差就越大。第谷用他当时最精密的仪器寻找恒星的这种"视差运动"，但却什么也没发现。现在已经查明，第谷关于恒星与地球之间距离的辅助假说是假的，即使离地球最近的恒星也比他所设想的远得多。这样，第谷反对哥白尼日心说的推理及其结论便是不可靠的。事实上，地球绕日运动所造成的遥远恒星的周年视差已被现代科学家们用高倍率的望远镜观察到了，而这一结果是第谷当时用比较简陋的仪器所观察不到的。

由检验性预测被证明为假，进而推出被检验假说是假的，这种否证推理虽然不是完全可靠的，但在形式上是演绎的，因而比较简单。与之不同，认证推理是由检验性预测的真实性推出被检验假说的真实性，这种推理在形式上不是演绎的。在古典归纳逻辑中，认证推理的形式可以有两种表达方式。在假定各个辅助假说为真的情况下，这两种认证推理形式是：

认证推理形式 1：　　　　　认证推理形式 2：
　　　h⇒e　　　　　　　　　h⇒e
　　　e　　　　　　　　　　　e
　　∴ h　　　　　　　　　∴ 很可能 h

第二种形式是对第一种形式的改进，因为这样可以使认证推理看上去更为可信。然而，即使如此，这两种推理形式不仅不属于有效的演绎推理，而且作为归纳推理的一般形式，也是很不恰当的。因为由这两种形式可以导致十分荒谬的"推理"。例如，h 代表"所有美国人都是第一任美国总统"；e 代表"华盛顿是第一任美国总统"，根据以上两种认证推理形式，则有以下两个推理：

（1）如果所有美国人都是第一任美国总统，那么华盛顿是第一任美国总统；
华盛顿是第一任美国总统，
所以，所有美国人都是第一任美国总统。

（2）如果所有美国人都是第一任美国总统，那么华盛顿是第一任美国总统；
华盛顿是第一任美国总统，
所以，很可能所有美国人都是第一任美国总统。

推理（1）和推理（2）的前提都是真的，但是结论却是很荒谬的。这足以使我们有理由认为，推理（1）和推理（2）都不是认证推理的正确形式。

那么，认证推理的正确形式是怎样的呢？这个问题在古典归纳逻辑中始终没有得到令人满意的解决。直到概率归纳逻辑发展起来之后，人们借助于贝叶斯定理才澄清认证逻辑的实质。与此同时，人们还认识到，古典否证推理形式也是不精确的。

下面就介绍一种最为重要的现代认证逻辑理论即贝叶斯认证逻辑。在此之前，我们先讨论一个重要的概念即"假说的验前置信度"。

三、假说的验前置信度

并非任何假说都值得检验，有些假说在检验之前就被看作是不可信的，只有那些在检验之前被认为比较可信的假说才被人们挑选出来作为检验的对象。在检验之前人们对一个假说所持的置信度叫作该假说的"验前置信度"，在检验之后人们对一个假说所持的置信度叫"验后置信度"。

一个假说的验前置信度主要由两方面的因素所决定，即它的解释力和简单性。所谓解释力就是一个假说解释已被观察事件的能力；它能解释的不同事件越多，它的解释力就越大。"简单性"是一个主观性很强因而很难给出精确定义的概念。粗略地说，就某一方面而言，一个假说所涉及的因素越少，它在这个方面就越简单。

我们评价假说的验前置信度的标准是：

（1）解释力标准：如果假说 h_2 能够解释假说 h_1 所能解释的事实，并且 h_2 还能解释一些 h_1 所不能解释的事实，那么 h_2 比 h_1 有较高的验前置信度。

（2）简单性标准：如果 h_2 和 h_1 的解释力相同，并且就我们所关注的方面而言，h_2 比 h_1 所涉及的因素少，那么 h_2 比 h_1 有较高的验前置信度。

需要强调的是，这两个标准并不是平等的，相比之下，解释力标准更为基本也更为重要。如果应用这两个标准对某两个假说的验前置信度的评价发生冲突，那么我们应以解释力标准为准。仅当根据解释力标准对某两个假说的验前置信度分不出高低，即这两个假说有相同的解释力时，简单性标准才能起作用。对此我们举例加以说明。

假定我们对某种物理对象进行研究，发现该对象的某个定量特征 y 可能是它的另一个定量特征 x 的函数，如自由落体的下落时间是下落路程的函数。于是，我们试图构造一个假说来表示该函数的数学形式。该假说由于某种限制，目前只观察到如下少量结果，当 x 为 0，1，2，3 时，y 分别为 2，3，4，5，当 x = −2 时，y = 0。根据这几个数据，我们试图提出用以概括 y 和 x 之间的函数关系的假说，以下就是几种可能的假说：

h_1：$y = x^4 - 6x^3 + 11x^2 - 5x + 2$

h_2：$y = x^5 - 4x^4 - x^3 + 16x^2 - 11x + 2$

h_3：$y = x + 2$

这些假说的每一个都适用于以上前 4 对数据，即对于所考察的前 4 个 x 值中的任何一个，根据这些假说所算得的 y 值正好是所观察到的 y 值。用解析几何的语言来说，如果在平面坐标系中用图形来表示这 3 个假说，那么，所得到的 3 条曲线都通过（0，2）（1，3）（2，4）（3，5）4 个数据点。然而，对于以上第五个数据点（−2，0），只有 h_2 和 h_3 是适合的，而 h_1 是不适合的。这就是说，h_2 和 h_3 能够解释已被观察到的全部数据点，而 h_1 却不能。于是，根据解释力标准，我们给 h_1 以较低的验前置信度，尽管 h_1 比 h_2 看上去要简单一些。

由于 h_2 和 h_3 有相等的解释力，所以，为区别它们的验前置信度，仅依据解释力标准是不够的，还必须依据简单性标准。对于数学公式而言，简单性的标准一般是：有较少的多项式的项、较少的任意参数、较低的代数幂、较低的微分方程的阶等。既然 h_3 比 h_2 的项少些、代数幂低些，那么 h_3 比 h_2 简单一些。根据简单性标准，我们给 h_3 以较高的验前置信度。

也许有人觉得，以上应用简单性标准来评价 h_2 和 h_3 的验前置信度过于轻率，为什么不等有了更多的数据以后再根据解释力标准进行评价呢？例如，当有了新数据点时，我们就会发现，只有 h_2 适合于观察到的全部数据点，而 h_3 却不行。然而，问题在于，具有判决性作用的新证据并非总是容易得到的。在科学评价的过程中，常常面临这样的局面，两个相互对立的科学理论都能解释已知的所有事实，但在长时期内却得不到一个只能被其中之一解释的事例。在这种情况下，依据简单性标准评价科学理论便成为不可避免的了。

哥白尼的日心说取代托勒密的地心说的过程，就是一个凭借简单性标准评价科学理论的典型案例。在托勒密的体系中，每一个行星都沿着一个叫作"本轮"的较小的圆圈做匀速运动，而本轮的中心又沿着一个偏心圆即"均轮"围绕地球运动，这样就能解释行星离地球时远时近，其运行速度时快时慢等许多不规则现象，并且能够比较准确地预测各个行星的位置。不过托勒密体系中的本轮和均轮竟然多达80多个，这使得对行星位置的推算非常复杂。哥白尼发现，如果把宇宙中心由地球改为太阳，而地球与其他行星一道沿着大小不同的圆形轨道围绕太阳匀速旋转，那么宇宙体系就可以大大简化，用以解释天体运动的圆由原来的80多个减少为34个。尽管当时哥白尼的理论在预测行星方位等方面并不比托勒密理论准确多少，但是，哥白尼和其他一些天文学家深信，新理论比托勒密的理论更为正确，因为新理论更加简单和谐。哥白尼说："我相信，这种看法比起把地球放在宇宙中心因而必须设想有几乎无穷多层天球，以致使人头脑紊乱要好得多。我们应当领会造物主的智慧。造物主特别注意避免造出任何多余无用的东西，因此它往往赋予一个事物以多种功能。"①

运用简单性标准评价科学理论的另一个典型案例是爱因斯坦用狭义相对论取代洛伦兹理论的过程。洛伦兹理论的提出是为了消除经典电磁理论与迈克尔逊（Michelson）实验结果之间的矛盾。为此目的，他引入了11条特殊假说。而爱因斯坦的狭义相对论则只需引入两条假说，即狭义相对性原理和光速不变原理，并且摒弃了作为光媒质的"以太"概念。尽管洛伦兹理论与爱因斯坦理论都与当时所有的实验结果相符合，然而在尚未对这两个理论做出进一步的实验检验之前，爱因斯坦根据简单性原则已经赋予狭义相对论以很高的验前置信度。爱因斯坦极为重视简单性标准在科学理论评价中的作用。他说："一切理论的崇高目标，就在于使这些不能简化的元素尽可能简单，并且在数目上尽可能少，同时不至于放弃对任何经验内容的适当表示。"②请注意，爱因斯坦是在解释力标准的基础上谈论简单性标准的。在上面那段引文中，爱因斯坦排斥了那种通过放弃理论的经验内容——即减弱理论的解释力——所换取的简单性。

---

① 哥白尼. 天体运行论 [M]. 叶式辉译. 西安：陕西人民出版社，2001：33.
② 爱因斯坦文集：第一卷 [M]. 北京：商务印书馆，1976：314.

另外需要注意的是，验前置信度和验后置信度是相对于某一检验而言的：对于先后进行的两个检验 t_1 和 t_2，假说 h 相对 t_1 的验后置信度可以成为它相对于 t_2 的验前置信度。这意味着，验前置信度是一个相对概念，它不同于先验论哲学的绝对先验，尽管二者时常涉及同一个词"先验的"（a priori）。

第二节 贝叶斯认证逻辑

贝叶斯定理是命题概率逻辑的一个重要定理，它在概率归纳逻辑中占据核心位置。在本节中将看到贝叶斯定理是认证推理和否证推理的共同逻辑基础。

一、对贝叶斯定理的进一步阐释

在前面关于概率演算规则的讨论中，我们曾举例说明贝叶斯定理对于简单统计假说的一些应用，但这并不能说明贝叶斯定理在验证一般科学假说中的应用，因为一般科学假说大多是以全称命题的形式出现。如牛顿的万有引力定律和运动三定律、爱因斯坦的相对性原理以及洛伦兹变换公式、量子力学中薛定谔的波动方程和德布罗意的物质波公式等。因此，我们有必要详细考察贝叶斯定理如何应用于科学假说的检验。前面我们已经给出贝叶斯定理的表达式，即：

在 $Pr(e) > 0$ 和 $Pr(h_i) > 0$ 的条件下，如果 $h_1, h_2, \cdots, h_n$ 是互斥且穷举的，那么，

$$Pr(h_j/e) = \frac{Pr(h_j)Pr(e/h_j)}{\sum_{i=1}^{n} Pr(h_i)Pr(e/h_i)} \quad (1 \leq j \leq n) \quad (3.1)$$

在这里，$h_1, h_2, \cdots, h_n$ 代表 n 个竞争假说。贝叶斯定理要求这 n 个竞争假说是互斥且穷举的，意即它们之中至多有一个是真的并且至少有一个是真的；换言之，它们之中恰好有一个是真的。e 代表检验结果即证据。贝叶斯定理要求 $Pr(e) > 0$ 和 $Pr(h_i) > 0$。这是因为定理中含有条件概率即 $Pr(h_j/e)$ 和 $Pr(e/h_i)$，而条件概率的定义不允许条件本身的概率等于 0。

在贝斯定理中，条件概率 $Pr(h_i/e)$ 表示：假定证据 e 为真时假说 h_i 的概率；有关文献中一般称之为 h_i 相对于 e 的"后验概率"。相应地 $Pr(h_i)$ 一般被称为 h_i 相对于 e 的"先验概率"。考虑到这两个术语容易同哲学上的后验论和先验论

联系起来以致产生误解，本书不采用这两个术语，而代之以"验后概率"和"验前概率"。①

贝叶斯定理中的另一个条件概率是 $Pr(e/h_i)$，它表示在假说 h_i 为真的条件下证据 e 的概率。在许多文献中把这一概率称为 h_i 相对于 e 的"似然性程度"(degree of likelihood)。我们则采用某些作者（A. Burks）的术语，把它称为假说 h_i 对证据 e 的"预测度"(degree of prediction)。这一术语更符合我们讨论认证逻辑的需要。

在贝叶斯定理中，对假说 h 有两种表示，即 h_i 和 h_j，二者的含义是有所不同的。h_i 是一变项，表示诸多竞争假说 h_1, h_2, …, h_n 中的任何一个假说；而 h_j 则代表其中一个特定的假说，即那个被检验假说，因而是一个常项。

根据贝叶斯定理，竞争假说至少有两个，即 $n \geq 2$；否则，所进行的检验是毫无意义的。因为，当竞争假说只有一个即只有被检验假说 h_j 时，式（3.1）右边的分母成为 $Pr(h_j)Pr(e/h_j)$，与其分子完全相同，因而 $Pr(h_j/e) = 1$。由于贝叶斯定理要求竞争假说是穷举的因而至少有一个为真，而此时竞争假说只有 h_j，故 $Pr(h_j) = 1$。可见，当竞争假说只有一个时，被检验假说的验前概率和验后概率总是 1。这意味着，检验结果与假说的置信度是无关的。

既然竞争假说至少有两个，那么，贝叶斯定理要求任何一个竞争假说的验前概率 $Pr(h_i) > 0$，等于要求任何一个竞争假说的验前概率 $Pr(h_i) < 1$。因为这些竞争假说是互斥且穷举的，故其概率之和 $Pr(h_1) + … + Pr(h_n) = 1$；只要一个竞争假说的验前概率等于 1，其他竞争假说的验前概率则等于 0，这便违反了贝叶斯定理关于 $Pr(h_i) > 0$ 的要求。

接下来，需要对概率 Pr 做解释。我们把 Pr 解释为"置信度"，相应地，验前概率和验后概率分别是验前置信度和验后置信度。这同眼下讨论认证逻辑的目的是吻合的，因为认证逻辑的核心问题就是如何确定假说相对于证据的置信度。当然，关于概率的解释问题是概率归纳逻辑和概率哲学的一个核心问题，对此我们已在前面做了专门讨论。

总之，把贝叶斯定理用于假说检验时需要满足以下条件：至少有两个竞争假说，并且这些假说中至少有一个为真并且最多有一个为真；任何一个竞争假说的验前置信度大于 0 而小于 1；证据的无条件置信度大于 0。

---

① 严格地说，条件概率与验后概率并不是同一个概念，二者是有区别的。不过在一定条件下，一个假设相对于一个证据的验后概率和条件概率在数值上是相等的。本书为了讨论方便，我们不妨暂时把验后概率和条件概率等同起来。

二、认证逻辑系统 CPr

贝叶斯定理是命题概率逻辑系统 Pr 的一个定理，而 Pr 只是关于由给定概率推导出其他概率的逻辑系统，并不涉及假说的认证与否证这些概念，当然也不含有关于一个假说被某个证据认证或否证的标准。因此，要想使贝叶斯定理以致系统 Pr 能够应用于认证问题，就必须增加一条关于假说被认证或被否证的标准，即认证标准。

提出认证标准，等于回答这样一个问题：被检验假说与证据之间具有怎样一种关系时我们才能说该假说被该证据认证或否证。当我们决定在命题概率逻辑的框架内回答这一问题时，至少有两个方案可供选择，一个被称为认证的"K-标准"，另一个被称为认证的"正相关标准"，首先考虑 K-标准。K-标准可以表达为：

e 认证 h，当且仅当，$P(h/e) > k$

这里的 K 是大于 0 而小于 1 的常数，如 1/2。K-标准说的是：证据 e 认证假说 h，当且仅当，h 相对于 e 的验后置信度（验后概率）大于常数 K，如 1/2。

乍一看起来，K-标准似乎有些道理，但稍加分析，就会发现 K-标准是不适当的。请设想，在检验之前，我们对假说 h 的置信度是 0.9，但是，检验结果 e 不利于 h，因而在检验之后我们对假说 h 的置信度降低为 0.6。在这种情况下，我们倾向于说"e 否证 h"或者"e 对 h 有否证作用"。然而，根据 K-标准（假定 K=1/2），应当说，e 认证 h。

K-标准与认证之实际用法的这种不相符合的缺陷可以被正相关标准所克服。认证的正相关标准如下：

e 认证 h，当且仅当，$Pr(h/e) > Pr(h)$

这就是说：证据 e 认证假说 h，当且仅当，h 相对于 e 的验后置信度大于其验前置信度。换言之，证据 e 认证假说 h，当且仅当 h 的验后置信度有所提高。可见，正相关标准关心的是假说的验后置信度相对于其验前置信度的高低，而不是假说的验后置信度的绝对值。可以说，K-标准是一种绝对值标准，而正相关标准则是一种相对值标准。

还拿上面的例子来说，尽管 h 相对于 e 的验后置信度大于 1/2，但它低于 h 的验前置信度，根据正相关标准，我们说，e 不认证 h。与此相对照，假定 h 相对于 e 的验前置信度是 0.1 而其验后置信度为 0.4，根据正相关标准，我们说，e 认证 h，尽管 h 相对于 e 的验后置信度仍小于 1/2。

对于"不认证"这一术语我们进一步分为"否证"和"无关于"。相应地，正相关标准可以进一步表达为：

如果 $Pr(h/e) > Pr(h)$，那么，e 认证 h；

如果 $Pr(h/e) < Pr(h)$，那么，e 否证 h；

如果 $Pr(h/e) = Pr(h)$，那么，e 无关于 h。

应当说，正相关标准是比较符合人们对"认证""否证"和"无关于"的通常用法的，因而我们采用正相关标准而摒弃 K – 标准。把正相关标准加入命题概率逻辑系统 Pr 便构成认证概率逻辑系统，记为"CPr"。

系统 CPr 的许多定理是与人们的直觉相符的，或者说，人们关于假说验证的许多直觉都可以表述为 CPr 的定理。对此，本章的其余部分将逐步给予说明。这里我们先给出 CPr 的几个重要定理。

定理 3.1：如果 e 认证 h，那么 e 否证 ¬h。

证明：

(1) e 认证 h　　　　　　　　　　　　　假说

(2) $Pr(h/e) > Pr(h)$　　　　　　　　(1)，正相关标准

(3) $Pr(h) = 1 - Pr(\neg h)$　　　　　Pr 定理 1.1

(4) $Pr(h/e) = 1 - Pr(\neg h/e)$　　　Pr 定理 1.1.1（即 Pr/e 定理 1）

(5) $1 - Pr(\neg h/e) > 1 - Pr(\neg h)$　(2)(3)(4)，算术

(6) $Pr(\neg h/e) < Pr(\neg h)$　　　　(5)，算术

(7) e 否证 ¬h　　　　　　　　　　　　(6)，正相关标准

定理 3.2：如果 $Pr(e) > 0$ 且 $Pr(h) > 0$，那么，e 认证、否证或无关于 h，当且仅当，h 认证、否证或无关于 e。

这就是说，认证关系、否证关系或无关于关系都是对称的，如果 e 对 h 具有某一关系，那么，h 对 e 具有相同的关系。定理 3.2 可作"认证的对称性定理"。

证明：

(1) $Pr(e) > 0$ 且 $Pr(h) > 0$　　　　　假说

(2) 如果 $Pr(e) > 0$ 且 $Pr(h) > 0$ 则

$$Pr(h/e) = \frac{Pr(e/h)Pr(h)}{Pr(e)}$$

Pr 定理 1.7

(3) $Pr(h/e) = \dfrac{Pr(e/h)Pr(h)}{Pr(e)}$　(1)(2)，肯前

(4) $\dfrac{Pr(h/e)}{Pr(h)} = \dfrac{Pr(e/h)}{Pr(e)}$　(3)，算术（等号两边同除以 $Pr(h)$）

(5) $Pr(h/e) \gtreqless Pr(h)$，当且仅当，$Pr(e/h) \gtreqless Pr(e)$

(4)，算术

(6) e 认证、否证或无关于 h，当且仅当，h 认证、否证或无关系于 e。
(5)，正相关标准

定理 3.3：在 Pr(e) >0 且 Pr(h) >0 的条件下，如果 e 认证 h，那么 ¬e 否证 h。

证明：

(1) Pr(e) >0 且 Pr(h) >0　　　　　　　假说
(2) e 认证 h　　　　　　　　　　　　　假说
(3) e 认证 h，当且仅当，h 认证 e　　　(1)，定理 3.2，肯前
(4) h 认证 e　　　　　　　　　　　　　(2)(3)，肯前
(5) h 否证 ¬e　　　　　　　　　　　　 定理 3.1 代入 e/h，h/e，(4)，肯前
(6) h 否证 ¬e，当且仅当，¬e 否证 h　 定理 3.2 代入 e/h，h/¬e，(1)，肯前
(7) ¬e 否证 h　　　　　　　　　　　　 (5)(6)，肯前

定理 3.4：在 Pr(e) >0，Pr(h) >0 和 Pr(¬h) >0 的条件下，e 认证、否证或无关于 h，当且仅当，Pr(e/h) 大于、小于或等于 Pr(e/¬h)。

定理 3.4 说的是，e 是否认证 h，取决于 h 对 e 的预测度是否大于 ¬h 对 e 的预测度。定理 3.4 可叫作"认证的预测度定理"。

证明：

(1) Pr(e) >0 且 Pr(h) >0 且 Pr(¬h) >0　　　假说

(2) $Pr(h/e) = \dfrac{Pr(e/h)Pr(h)}{Pr(e)}$　　　(1)，Pr 定理 1.7，肯前

(3) $Pr(¬h/e) = \dfrac{Pr(e/¬h)Pr(¬h)}{Pr(e)}$　　(2)，代入 h/¬h，

(4) $\dfrac{Pr(h/e)}{Pr(¬h/e)} = \dfrac{Pr(e/h)Pr(h)}{Pr(e/¬h)Pr(¬h)}$　　(2)(3)，算术

(5) $\dfrac{Pr(h/e)}{Pr(h)} = \dfrac{Pr(e/h)}{Pr(e/¬h)} \cdot \dfrac{Pr(¬h/e)}{Pr(¬h)}$　　(4)，算术$\left(\text{两边同乘}\dfrac{Pr(¬h/e)}{Pr(h)}\right)$

(6) $Pr(¬h/e) = 1 - Pr(h/e)$　　　Pr 定理 1.1.1

(7) $Pr(¬h) = 1 - Pr(h)$　　　　　Pr 定理 1.1

(8) $\dfrac{Pr(h/e)}{Pr(h)} = \dfrac{Pr(e/h)}{Pr(e/¬h)} \cdot \dfrac{1 - Pr(h/e)}{1 - Pr(h)}$　　(5)(6)(7)，算术

(9) $Pr(h/e) \gtreqqless Pr(h)$，当且仅当，$1 - Pr(h/e) \lesseqqgtr 1 - Pr(h)$
　　　　　　　　　算术

(10) $Pr(h/e) \gtreqqless r(h)$，当且仅当，$Pr(e/h) \gtreqqless Pr(e/¬h)$
　　　　　　　　(8)(9)，算术

(11) e 认证、否证或无关于 h，当且仅当，Pr(e/h) 大于、小于或等于 Pr(e/¬h)。

(10)，正相关标准

定理 3.4 是关于 h 和 ¬h 的。其实对于任何两个互斥且穷举的假说 h_1 和 h_2，都有相应的预测度定理。这是因为，在系统 Pr 中，互斥且穷举的两个假说 h_1 和 h_2 在概率上满足以下关系：

$$Pr(h_1) + Pr(h_2) = 1$$
$$Pr(h_1/e) + Pr(h_2/e) = 1$$

因而，

$$Pr(h_2) = 1 - Pr(h_1)$$
$$Pr(h_2/e) = 1 - Pr(h_1/e)$$

我们只需将 h_1 和 h_2 分别代入定理 3.4 及其证明中的 h 和 ¬h，便得到定理 3.5 及其证明。

定理 3.5：在 Pr(e)>0 且 $Pr(h_1)$>0 且 $Pr(h_2)$>0 的条件下，如果 h_1 和 h_2 是互斥且穷举的，那么，e 认证、否证或无关于 h_1，当且仅当，$Pr(e/h_1)$ 大于、小于或等于 $Pr(e/h_2)$。

定理 3.6：在 Pr(e)>0 且 $Pr(h_1)$>0 且 $Pr(h_2)$>0 的条件下，如果 h_1 和 h_2 是互斥且穷举的，那和 e 认证、否证或无关于 h_1，当且仅当，e 否证、认证或无关于 h_2。

证明：

(1) Pr(e)>0 且 $Pr(h_1)$>0 且 $Pr(h_2)$>0　　　　假说
(2) h_1 和 h_2 是互斥且穷举的　　　　　　　　假说
(3) e 认证、否证或无关于 h_1，当且仅当，$Pr(e/h_1)$ 大于、小于或等于 $Pr(e/h_2)$
　　　　　　　　　　　　　　　　　　(1)(2)，定理 3.5
(4) e 认证、否证或无关于 h_2，当且仅当，$Pr(e/h_2)$ 大于、小于或等于 $Pr(e/h_1)$
　　　　　　　　　　　　　　　　　　(3) 代入 h_1/h_2，h_2/h_1
(5) e 否证、认证或无关于 h_2，当且仅当，$Pr(e/h_1)$ 大于、小于或等于 $Pr(e/h_2)$
　　　　　　　　　　　　　　　　　　(4)，算术
(6) e 认证、否证或无产于 h_1，当且仅当，e 否证、认证或无关于 h_2
　　　　　　　　　　　　　　　　　　(3)(5)，命题逻辑

我们暂且讨论系统 CPr 的这几个定理。这些定理对于讨论假说的检验问题是很有用处的。

三、简化贝叶斯定理

前面曾谈到，为把贝叶斯定理有意义地用于假说的检验，贝叶斯定理要求竞争假说至少有两个，至于竞争假说最多有多少，贝叶斯定理没有明确限制。不过从实用的角度来看，竞争假说的数目不应是无穷多的，否则，对贝叶斯定理的实际应用将成为不可能的。虽然从理论上说，对于同一批事实，可以构造无数多个能够覆盖它们的竞争假说，但从科学史的实际情况来看，在同一时期同一领域中出现的竞争假说是相当少的，通常只有两个，即旧理论假说与新理论假说。为了使我们的讨论简捷实用，下面只考察两个竞争假说的情形；相应地，贝叶斯定理可以简化为：

在 $\Pr(e) > 0$、$\Pr(h_1) > 0$ 和 $\Pr(h_2) > 0$ 的情况下，如果 h_1 和 h_2 是互斥且穷举的，那么，

$$\Pr(h_1/e) = \frac{\Pr(h_1)\Pr(e/h_1)}{\Pr(h_1)\Pr(e/h_1) + \Pr(h_2)\Pr(e/h_2)} \quad (3.2)$$

在这里，h_1 是被检验假说，h_2 是唯一与 h_1 相竞争的假说。请注意，在一般情况下，h_1 和 h_2 之间的关系并不等于 h 和 $\neg h$ 之间的关系，h 和 $\neg h$ 之间具有逻辑的和无条件的互斥性和穷举性，而 h_1 和 h_2 之间的互斥性和穷举性却是有条件的，即相对于一定的知识背景，这一知识背景主要是由两个竞争假说即 h_1 和 h_2 出现于其中的特定时期和特定领域来决定的。竞争假说 h_1 和 h_2 之间的互斥性和穷举性可以分别表达为 $\Box\neg(h_1 \wedge h_2)$ 和 $\Box(h_1 \vee h_2)$。这里的"$\Box$"所表达的必然性是广义的，包括相对于一定知识背景的必然性，而 h 和 $\neg h$ 之间所具有的那种逻辑必然的互斥性和穷举性只是特例。

贝叶斯定理还要求两个竞争假说的验前置信度大于 0，这个要求在直观上也是合理的。因为如果一个假说的验前置信度等于 0，这意味着人们完全不相信它，自然不会以它们为竞争假说。一个假说之所以有资格成为竞争假说，就是因为人们在一定程度上相信它。贝叶斯定理的这一要求决定了它的另一个要求，即两个竞争假说的验前置信度均不为 1。从直观上讲，如果一个假说的验前置信度为 1，意味着人们完全相信它，那也就没有必要对它加以检验了。

贝叶斯定理的再一个要求是，检验证据的验前置信度大于 0，即 $\Pr(e) > 0$。由系统 Pr 的全概率定理可知，$\Pr(e)$ 等于贝叶斯公式的分母，即：

$$\Pr(e) = \Pr(h_1)\Pr(e/h_1) + \Pr(h_2)\Pr(e/h_2) \quad (3.3)$$

既然 $\Pr(h_1)$ 和 $\Pr(h_2)$ 都大于 0，那么，$\Pr(e) = 0$，当且仅当，$\Pr(e/h_1)$

和 $\Pr(e/h_2)$ 都等于 0，亦即两个竞争假说对于证据 e 的预测度均为 0。然而，我们之所以对两个假说进行某一检验，原因之一是这两个假说对该检验证据具有不同的预测度；否则，进行这一检验将失去意义。既然这样，我们便有理由要求 $\Pr(e/h_1) \neq \Pr(e/h_2)$，因而 $\Pr(e/h_1)$ 和 $\Pr(e/h_2)$ 不能均为 0，即 $\Pr(e) > 0$。可见，贝叶斯定理关于 $\Pr(e) > 0$ 的要求在直观上也是合理的。

以上分析表明，应用贝叶斯定理的那些先决条件，对于科学检验来说都是合理的要求，因而都是应该被满足的。这初步表明，把贝叶斯定理作为我们探索假说检验问题的逻辑工具是可取的。接下来的讨论将进一步表明，应用贝叶斯定理重建古典的假说—演绎法也是合理的和可取的。

四、假说—演绎认证推理的重建

假说—演绎法包含两种推理，即认证推理和否证推理，我们首先重建认证推理。前面曾介绍，古典认证推理的形式是（假定辅助假说 A_1，…，A_n 均为真故予以省略）：

$h_1 \Rightarrow e$

e

∴（很可能）h_1

前面已经指出，这种推理形式会导致十分荒谬的"推理"，有必要加以改造。我们注意到，这样的认证推理仅仅考虑被检验假说 h_1，而没有考虑与之竞争的另一假说 h_2，这便违反了贝叶斯定理关于至少有两个竞争假说的基本要求。从贝叶斯定理的角度看，这种认证推理形式是不正确的。

为了确立正确的认证推理形式，我们在考虑被检验假说 h_1 的同时，必须考虑与之竞争的另一假说 h_2。不妨让 h_2 代表旧理论假说，h_1 代表新理论假说。由系统 CPr 的定理 3.5 即认证的预测度定理可知，证据 e 认证 h_1，当且仅当，$\Pr(e/h_1) > \Pr(e/h_2)$。这意味着，对于一个能够认证 h_1 的证据 e 来说，它更容易被新理论 h_1 预测到，而不太容易被旧理论 h_2 预测到。我们把 e 的这种性质叫作"e 对于 h_2 的意外性"。

定义 3.1：e 对 h_2 具有意外性，当且仅当，h_1 对 e 的预测度大于 h_2 对 e 的预测度，即 $\Pr(e/h_1) > \Pr(e/h_2)$。

不难看出，当证据 e 对于 h_2 具有意外性时，$\Pr(e/h_1) > 0$，故使 $\Pr(e) > 0$（参见上面的分析）。此外，当 h_1 的验前置信度大于 0 而小于 1 时，h_2 的验前置信度也大于 0 而小于 1，既然 h_1 和 h_2 是互斥且穷举的，我们把大于 0 而小于 1 的置信度定义为"部分置信度"。我们可以得到系统 CPr 的另一些定理。

定理 3.7：如果 h_1 和 h_2 是互斥且穷举的，并且 h_1 具有部分验前置信度，以及 e 对于 h_2 具有意外性，那么，e 认证 h_1 而否证 h_2。

证明：

（1） h_1 和 h_2 是互斥且穷举的	假说
（2） h_1 有部分验前置信度	假说
（3） e 对 h_2 具有意外性	假说
（4） $Pr(h_1) > 0$	（2），定义
（5） $Pr(h_2) > 0$	（1）（4），定义，算术
（6） $Pr(e/h_1) > Pr(e/h_2)$	（3），定义
（7） $Pr(e) = Pr(h_1)Pr(e/h_1) + Pr(h_2)Pr(e/h_2)$	Pr 定理 1.31（全概率定理），（1）（4）（5），肯前
（8） $Pr(e) > 0$	（4）（5）（6）（7），算术
（9） e 认证有 h_1 当且仅当，$Pr(e/h_1) > Pr(e/h_2)$	（1）（4）（5）（8），CPr 定理 3.5
（10） e 认证 h_1	（6）（9），命题逻辑
（11） e 认证 h_1，当且仅当，e 否证 h_2	（1）（4）（5）（8），CPr 定理 3.6
（12） e 否证 h_2	（10）（11），命题逻辑
（13） e 认证 h_1 并且 e 否证 h_2	（10）（12），命题逻辑

定理 3.8：如果 h_1 和 h_2 是互斥且穷举的，并且 h_1 具有部分验前置信度，并且 e 对于 h_2 具有意外性，以及 e 可由 h_1 演绎地推出，那么，e 认证 h_1 而否证 h_2。

定理 3.8 与定理 3.7 的唯一区别就是，定理 3.8 在前件中增加了一项"e 可由 h_1 演绎地推出"，此项条件可表达为 $h_1 \Rightarrow e$，亦即 $\Box(h_1 \rightarrow e)$。现在，我们只需证明这项要求与前件中的其他要求不冲突，这便表明，定理 3.8 只是定理 3.7 的一个特例，因而成立。

我们知道，系统 Pr 有定理：

在 $Pr(h_1) > 0$ 的条件下，如果 $\Box(h_1 \rightarrow e)$，那么，$Pr(e/h_1) = 1$。

定理 3.8 的前件使 $Pr(h_1) > 0$ 和 $\Box(h_1 \rightarrow e)$ 都得到满足，故可得 $Pr(e/h_1) = 1$。而这一结论与 e 对 h_2 具有意外性的要求即 $Pr(e/h_1) > Pr(e/h_2)$ 并不冲突。由此可见，定理 3.8 是定理 3.7 的一个特例。

我们不妨用更通俗的表达方式即"h_1 和 h_2 是仅有的两个竞争假说"代替"h_1 和 h_2 是互斥且穷举的"，根据定理 3.8，我们有如下推理形式：

贝叶斯认证推理形式：

$h_1 \Rightarrow e$

  e

  h_1 具有部分验前置信度

  e 对 h_2 具有意外性

  h_1 和 h_2 是仅有的两个竞争假说

  ∴ h_1 被认证（h_2 被否证）

  将贝叶斯认证推理形式与古典认证推理形式做比较，我们看到，前者比后者多出三个条件即前者的后三个前提。此外，前者的结论"h_1 被认证"比起后者的结论即"h_1"或"很可能 h_1"，其含义更为精确。"h_1 被认证"的意思就是：当证据 e 出现后，h_1 相对于 e 的验后置信度高于其验前置信度。贝叶斯认证推理形式的前提与结论之间的逻辑联系由系统 CPr 的定理 3.8 给予保证，因而，此推理形式是逻辑有效的，而古典认证推理形式不满足贝叶斯定理的基本要求，也不满足经典演绎逻辑的要求，因而其逻辑有效性没有得到保证。鉴于这种情况，我们有理由摒弃古典认证推理，而采纳贝叶斯认证推理，更准确地说，采纳贝叶斯假说—演绎认证推理。

  现在，我们从贝叶斯认证推理的角度进一步分析古典认证推理的不恰当性，还以前面曾讨论的一个"推理"为例。那个具体例子是：如果所有美国人都是美国第一任总统，那么，华盛顿是美国第一任总统；华盛顿是美国第一任总统，所以，（很可能）所有美国人都是美国第一任总统。

  在此推理中，"所有美国人都是美国第一任总统"相当于 h_1，"华盛顿是美国第一任总统"相当于 e。首先，这个推理的被检验假说 h_1 显然是假的，因而其验前置信度为 0，这便违反了贝叶斯认证推理的要求。其次，该推理没有提到竞争假说 h_2 以及 e 对于 h_2 的意外性，这也是不符合贝叶斯认证推理形式的。最后，即使补充一个 h_2，如"有些美国人不是美国第一任总统"，并且 e 相对于 h_2 具有一定程度的意外性，此认证推理仍然无效，因为其无效性已由 h_1 的验前置信度等于 0 决定了。

  我们再考察一个前面曾提到的科学史案例。由爱因斯坦的广义相对论可以推出一个检验性预测，即光线经过太阳时会发生 1.74 秒的弯曲。这一预测由爱丁顿等于 1919 年进行的日食观察证实之后，立即大大提高了广义相对论的置信度。在这里，爱因斯坦的广义相对论相当于被检验假说 h_1、牛顿理论相当于竞争假说 h_2、光线经过太阳时会发生 1.74 秒的弯曲相当于证据 e。由于科学家们开始并非完全不相信广义相对论，故广义相对论的验前置信度大于 0（事实上，在进行日食观察之前爱丁顿就是广义相对论的最早支持者之一）；又由于广义相对论与牛顿理论是当时仅有的两个值得人们认真考虑的引力理论，因此，相对于当时的引力论领域，这两个理论是互斥且穷举的。此外，由于广义相对论的这一预测几乎不能由牛顿理论推出,故 e 对于 h_2 有很高程度的意外性。可见,爱丁顿等对广义相对论所进行的这一检验是符合贝叶斯认证推理形式的全部要求的。正因为这样,其检验结果能够使广义相对论得到很大程度的认证。

需要指出,由广义相对论还可以推出,当光线经过小质量物体时近似于直线,但是人们并不认为此预测的证实会提高广义相对论的置信度。为什么呢?关于这一问题的答案很容易从贝叶斯认证推理形式中得出,即因为这一预测由牛顿理论也容易推出,因而它对牛顿理论不具有意外性。然而,这一问题在古典认证逻辑中是难以回答的,既然古典认证推理并不考虑竞争假说,更不考虑证据对竞争假说的意外性。

以上分析表明,贝叶斯假说—演绎认证推理不仅在系统 CPr 中得到逻辑上的辩护,而且与科学检验的实际情况是相符合的。

五、假说—演绎否证推理的重建

前面曾讲到,古典假说—演绎法的否证推理形式是(假定辅助假说 A_1,…,A_n 均为真故予以省略):

$h_1 \Rightarrow e$

$\neg e$

∴ $\neg h_1$

这里的证据是 $\neg e$ 而不是 e。为了便于将否证推理与认证推理做比较,现将证据统一地表示为 e,相应地,否证推理形式成为:

$h_1 \Rightarrow \neg e$

e

∴ $\neg h_1$

这种否证推理形式是演绎推理,这是没有问题的。然而,有些符合此推理形式的推理并不构成一个真正的否证推理。例如:

如果所有美国人是第一任美国总统,那么肯尼迪是第一任美国总统;

肯尼迪不是第一任美国总统,

所以,并非所有美国人都是第一任美国总统。

在这个推理中,"所有美国人是第一任美国总统"相当于 h_1、"肯尼迪不是美国第一任总统"相当于 e,所得结论是对 h_1 的否定。尽管我们赞成对 h_1 的否定,但其理由并不是来自此证据 e,而是来自对 h_1 的语义分析;具体地说,第一任美国总统只能赋予一个人,而不可能赋予所有美国人。因此我们从一开始就对 h_1 持否定态度,而不是按照以上古典否证推理而对 h_1 持否定态度的;这就是说,以上古典否证推理并没有真正起到否证作用，可见，这种否证推理形式是不恰当的。这个否证推理的不恰当性从贝叶斯认证逻辑的角度看是很明显的，因为它使得 $Pr(h_1/e) = Pr(h_1) = 0$，根据系统 CPr 的正相关标准，此证据 e 无关于此 h_1，尽管验后概率 $Pr(h_1/e) = 0$。要使 e 否证 h_1，当且仅当，$Pr(h_1/e) < Pr(h_1)$，这就要求 $Pr(h_1) > 0$。按照贝叶斯认证逻辑，假说—演绎法的否证推理形式应成为：

贝叶斯否证推理形式：

$h_1 \Rightarrow \neg e$

e

h_1 具有部分验前置信度

e 对 h_2 具有负意外性

h_1 和 h_2 是仅有两个竞争假说

∴ h_1 被否证，并且其验后概率为 0。

定义 3.2：e 对 h_2 具有负意外性，当且仅当，$Pr(e/h_1) < Pr(e/h_2)$。

从定义 3.2 中看到，e 对 h_2 具有负意外性相当于 e 对 h_1 具有（正）意外性；或者说，对于 h_1 和 h_2 来说，（正）意外性和负意外性是互逆的。

此外，在贝叶斯否证推理形式的结论中不仅断定 h_1 被否证，而且断定 h_1 的验后概率为 0。后一断定得以成立的理由很容易从贝叶斯公式中得到（这一点作为习题留给读者自证）。

贝叶斯否证推理形式正如贝叶斯认证推理形式，其逻辑有效性可以在系统 Cpr 中得以说明，因而其逻辑有效性得以保证。相比之下，古典否证推理形式不仅会导致不恰当的"否证推理"，而且不能被表述为系统 CPr 的一个定理，因而其逻辑有效性是没有得到保证的。有鉴于此，我们摒弃古典否证推理而采纳贝叶斯否证推理，更准确地说，采纳贝叶斯假说—演绎否证推理。下面我们举例说明这一否证推理形式在科学实践中的恰当性。

现代科学史上一个著名的否证性实验是迈克尔逊—莫雷实验。迈克尔逊和莫雷这两位科学家于 1887 年进行此项实验的目的是为了证实当时被人们普遍接受的静止以太假说。该假说断定地球处于以太的包围之中，以太是光波传播的媒质，它是绝对静止的。如果该假说是正确的，那么由于地球公转速度是每秒 30 公里，在地球表面就会形成同样速度的"以太风"。地球表面存在速度为每秒 30 公里的以太风，就是由静止以太假说演绎地推出的一个检验性预测。然而，迈克尔逊—莫雷实验的结果是否定性的，即证实地球表面不存在这样一股以太风。按照古典假说—演绎否证推理，科学家们应当由这一否定性结果立即否定静止以太假说。但事实上并非如此。科学家们对这一意外的否定性结果只是感到迷惑不解,就连迈克尔逊本人不但不怀疑静止以太假说,反而认为自己的实验是失败的。他感到十分沮丧,以致不愿继续进行此项研究,而用他的精密仪器干别的事了。直到 20 年后爱因斯坦提出狭义相对论,人们才认识到光波是在真空中传播的,而不需要以太这样的绝对静止的媒质。也只是在这时,人们才回过头去把 20 年前进行的迈克尔逊—莫雷实验看作是对静止以太假说的否证性检验。

以上事实表明,对于被检验假说 h_1 的否证,否定性检验结果并不能单独起作用,必须同另一个能够较好解释此检验结果的竞争假说 h_2 结合起来才能起作用。而这正是贝叶斯假说—演绎否证推理所要求的,即 e 对于 h_2 具有负意外性,亦即 $\Pr(e/h_1) < \Pr(e/h_2)$。由此可见,贝叶斯假说—演绎否证推理不仅在逻辑上得以辩护,而且与科学史事实是相符合的。

六、贝叶斯判决性检验

所谓"判决性检验"就是能够在两个竞争假说中做出真假判定的检验。判决性检验的推理过程可以看作假说—演绎认证推理和假说—演绎否证推理的联合使用。在古典认证逻辑中,判决性检验的推理形式是:

古典判决性检验推理形式:

(1) $h_1 \Rightarrow e$ 前提
(2) $h_2 \Rightarrow \neg e$ 前提
(3) e   前提
(4) $h_1 \lor h_2$ 前提
∴ (5) $\neg h_2$ (2)(3),否定后件
∴ (5) h_1 (4)(5),否定析取支

按照这一推理形式,我们能够在 h_1 和 h_2 中判定一个为真而另一个为假。然而,正如前面所指出的,由于古典的假说—演绎法无论在认证推理上还是在否证推理上都是不精确的,这就决定了以上推理形式也是不精确的。

按照贝叶斯认证逻辑,判决性检验的推理形式是:

贝叶斯判决性检验推理形式:

(1) $h_1 \Rightarrow e$ 前提
(2) $h_2 \Rightarrow \neg e$ 前提
(3) e   前提
(4) h_1 具有部分验前置信度   前提
(5) h_1 和 h_2 是仅有的两个竞争假说   前提
∴ (6) h_2 被否证,并且其验后置信度为 0   (1)(2)(3)(4)(5),

贝叶斯否证

∴ (7) h_1 被认证，并且其验后置信度为 1。　(6)，Pr 定理 1.18.1（即对应于 Pr 定理 1.18 的 Pr/e 定理）

此推理形式没有要求 e 对 h_2 具有意外性，因为这一要求已被其前提 $h_1 \Rightarrow e$ 和 $h_2 \Rightarrow \neg e$ 所满足。根据系统 Pr 的定理，前提 $h_1 \Rightarrow e$ 使得 h_1 对 e 的预测度为 1，前提 $h_2 \Rightarrow e$ 使得 h_2 对 e 的预测度为 0。这就决定了 e 对 h_2 具有最大程度的意外性。这表明，此推理形式的第一个结论即第（6）行是应用贝叶斯假说—演绎否证推理得出的。

第二个结论即第（7）行是根据系统 Pr 的定理 1.18′ 由前一个结论推出的。其推理过程是：由前一结论即行（6）得知 $Pr(h_2/e) = 0$，由行（5）可知 h_1 和 h_2 是互斥且穷举的，因而 $Pr(h_1/e) + Pr(h_2/e) = 1$（Pr 定理 1.18′），所以，$Pr(h_1/e) = 1$。

这样，贝叶斯判决性检验推理形式的逻辑有效性便在系统 CPr 中得以说明。接下来，我们考察此推理形式的实际事例。

在科学史上，判决性检验的一个著名例子是关于光的波动假说（h_1）和光的微粒假说（h_2）的检验，这个检验是傅科于 1850 年进行的。由光的波动假说（h_1）推出的一个检验性预测是：光在空气中的传播速度大于在水中的传播速度（e）。而由光的微粒假说（h_2）得出的检验性预测是：光在空气中的传播速度小于在水中的传播速度（$\neg e$）。傅科通过一个巧妙的装置把光在空气中的速度和光在水中的速度直接加以比较，结果证实了波动假说的预测，即光在空气中的速度大于光在水中的速度。傅科的这一检验使光的波动假说获得决定性胜利，从而在一定时期内取代了光的微粒假说。

傅科的这一检验性推理除了具备前提 $h_1 \Rightarrow e$ 和 $h_2 \Rightarrow \neg e$ 以及 e 以外，还满足条件：h_1 具有部分验前置信度，e 对 h_2 具有意外性，以及 h_1 和 h_2 是当时关于光的仅有的两个竞争假说，因而它符合贝叶斯判决性检验的推理形式。

有趣的是，半个世纪以后，傅科的判决性检验的结论被另一个检验结果动摇了。这后一个检验就是由勒纳德于 1902 年进行的光电效应实验。该实验表明，微弱的紫光能从金属表面打出电子，而很强的红光却不能打出电子，这说明光电效应的产生只取决于光的频率而与光的强度无关。这一现象用光的波动说是解释不了的，因为波动说认为光是一种波，其能量是连续的，和光的强度有关，而和光的频率无关。按此假说，如果微弱的紫光能从金属表面打出电子来，那么很强的红光则更能打出电子来。勒纳德的光电效应实验可以看作是对光的波动说的这一预测的否定。

不过，勒纳德的光电效应实验还不足以作为对光的波动说本身的否证。这是因为光的波动说同样不能解释光电效应现象，而且光的波动说在经过傅科判决性检验后甚至已经失去作为竞争假说的资格。由于缺乏竞争假说，勒纳德的光电效应实验只满足贝叶斯假说—演绎否证推理的两个前提即 $h_1 \Rightarrow \neg e$ 和 e，而不满足其余三个前提；因此，该实验不构成一个贝叶斯否证推理。然而，在三年之后爱因斯坦提出光量子假说，并且该假说很好地解释了光电效应现象。只是在那时，人们才回过头来把勒纳德的实验看作是对光的波动说的否证性检验。

傅科的判决性检验的结论后来被另一检验推翻，这一事实向人们提出一个问题：真正的判决性检验是可能的吗？关于这个问题，在科学哲学和科学方法论中有过不少争论。在我们看来，解决这一争端的首要前提是澄清"真正的判决性检验"这一概念。按照古典认证逻辑的观点，所谓"真正的判决性检验"就是对两个竞争假说的真或假做出一劳永逸的判定。在这种意义上，我们承认，真正的判决性检验是没有的。然而，从贝叶斯认证逻辑的观点来看，"真正的判决性检验"是相对于一定的背景知识而言的，背景知识决定了哪些假说构成互斥且穷举的竞争假说以及这些假说的验前置信度。因此，随着背景知识的变化，对被检验假说的真或假的判定也会发生变化。例如，上面提到的傅科实验和勒纳德实验，它们相对于各自的背景知识都构成真正的判决性检验，尽管二者关于光的波动说的判定结果是截然相反的。具体地说，在傅科实验中，光的波动说是相对于光微粒说而被认证的；而在勒纳德实验中，光的波动说是相对于光量子说而被否证的。在光的波动说提出之前，由于缺少竞争假说，勒纳德实验实际上并不构成对光的波动说的否证。这一事实表明判决性检验对于竞争假说和背景知识的依赖性，进而表明贝叶斯检验理论的这些要求的恰当性。

七、认证度与意外度

在本章结束之前，我们再讨论两个重要概念即"认证度"和"意外度"，它们分别是"认证"和"意外性"这两个概念的定量化。

定义 3.3：h 相对于 e 的认证度 $= \Pr(h/e) - \Pr(h)$。

不难看出，认证度的值域是 $[-1, 1]$。当认证度取正值时，h 被 e 认证；当认证度取负值时，h 被 e 否证；当认证度取 0 时，h 与 e 无关。

需要指出，在一些文献中，把假说相对于证据的认证度与假说相对于证据的验后置信度作为同一概念。但在贝叶斯认证逻辑中，二者是不同的概念；正如定义 3.3 所表明的，假说相对于证据的认证度依赖于假说相对于该证据的验后置信度，后者比前者更为基本。不过，在对假说进行检验时，假说的验前置信度已经确定，因此，假说相对于证据的认证度将决定于假说相对于该证据的验后置信度，并且二者是同向变化的。这就是说，这两个测度尽管不同，但却密切相关并且共增共减。

定义 3.4：e 对 h_2 的意外度 = $Pr(e/h_1) - Pr(e/h_2)$。

显然，e 对 h_2 的意外度的值域也是 [-1, 1]。当意外度取正值时，e 对 h_2 具有正意外性；而当意外度取负值时，e 对 h_2 具有负意外性；当意外度取 0 时，e 对 h_2 不具有意外性。

从前面的讨论中我们知道，证据对假说的意外性对于假说的认证与否是非常重要的。现在我们进一步分析，证据对假说的意外度与假说的验后置信度之间的关系。为简明起见，我们只限于考察假说—演绎法的认证推理。

关于 h_1 的假说—演绎认证推理满足条件 $h_1 \Rightarrow e$。根据系统 Pr 的有关定理，当 $h_1 \Rightarrow e$ 时，$Pr(e/h_1) = 1$。这样，由贝叶斯公式可得：

$$Pr(h_1/e) = \frac{Pr(h_1)}{Pr(h_1) + Pr(h_2)Pr(e/h_2)} \tag{3.4}$$

由公式（3.4）我们看到，在 $h_1 \Rightarrow e$ 的条件下，h_1 相对于 e 的验后置信度 $Pr(h_1/e)$ 取决于两个因素，即 h_1 的验前置信度 $Pr(h_1)$ 和 h_2 对 e 的预测度 $Pr(e/h_2)$（由于 $Pr(h_2) = 1 - Pr(h_1)$，因而 $Pr(h_2)$ 不是一个独立因素）。又因 $Pr(e/h_1) = 1$，则 e 对 h_2 意外度等于 $1 - Pr(e/h_2)$，于是，由式（3.4）可得：

$$Pr(h_1/e) = \frac{Pr(h_1)}{Pr(h_1) + Pr(h_2)(1 - e \text{ 对 } h_2 \text{ 的意外度})} \tag{3.5}$$

根据式（3.5）我们又可说：h_1 相对于 e 的验后置信度 $Pr(h_1/e)$ 取决于两个因素：h_1 的验前置信度和 e 对 h_2 的意外度。具体地说，在其他条件不变的情况下，这两个因素的值越高，h_1 相对于 e 的验后置信度就越高。

在科学哲学和科学方法论的讨论中，证实主义和证伪主义均未全面考虑这两个因素，而是各执一端，相持不下。以卡尔纳普、赖欣巴哈为首的证实主义强调科学假说的可信性，但却忽略了科学假说的意外性或大胆性；以波普尔为首的证伪主义则强调科学假说的意外性或大胆性，但却忽略了科学假说的可信性。现在可以看到，在贝叶斯认证逻辑中，证实主义和证伪主义有价值的观点被兼收并蓄，而其偏颇之处均被克服。具体地说，在贝叶斯认证逻辑中，为使一个假说的验后置信度尽可能的高，就应当使这个假说的验前置信度和意外度尽可能的高，而不应忽略其中任何一项。这样，我们便可在贝叶斯认证逻辑的框架内把证实主义和证伪主义的科学哲学或科学方法论观点在一定程度上统一起来。

第三节　认 证 悖 论

认证悖论是关于假说验证问题的逻辑悖论。认证悖论有狭义和广义之区别：

狭义的认证悖论专指渡鸦悖论，广义的认证悖论包括绿蓝悖论。本节讨论广义的认证悖论。

一、渡鸦悖论

渡鸦悖论（the ravens paradoxes）是由著名逻辑学家和科学哲学家亨佩尔（Carl G. Hempel）于1937年首先提出，以后他又在《认证逻辑研究》（此文最早发表于1945年）和《新近的归纳问题》等论著中给出详细的论述。与此同时，亨佩尔还试图给出消除这些悖论的方案。但是，在许多哲学家看来，亨佩尔消除这些悖论的努力是不成功的。于是，各种各样的解决方案相继被提出，渡鸦悖论成为归纳逻辑和科学哲学中的一个经典问题。

亨佩尔在《认证逻辑研究》的第三节和第五节以两种不同的方式表述了认证悖论。第三节是从逻辑的方面表述认证悖论的，我们称为"逻辑悖论"；第五节是从直觉的方面表述认证悖论的，我们称为"直觉悖论"。尽管亨佩尔本人并未明确使用这两个术语，并且他把"认证悖论"这个术语着重用于直觉悖论，但是我们即将表述的四个逻辑悖论和三个直觉悖论无疑都包含在亨佩尔的有关论述中，或者说，是对亨佩尔的认证悖论的更加清晰的表述。

（一）逻辑悖论

认证的逻辑悖论得自于认证的两个基本原则之间的冲突，这两个基本原则是尼科德标准和等值条件。

尼科德标准：对于任何（x）（Px→Qx）这种形式的假说（即普遍条件句形式的假说），(i) 一个是 P∧Q 的个体认证它；(ii) 一个是 P∧¬Q 的个体否证它；(iii) 一个是¬P 的个体，即¬P∧Q 或¬P∧¬Q 的个体，与它无关。

等值条件：如果假说 h 和事例 e 分别逻辑等值于 h′和 e′，并且 e 认证（否证或无关于）h，那么，用 e′替换 e 或者用 h′替换 h，原来的认证关系不变。

从这两个公认的基本原则出发，可以推出以下四个逻辑悖论。

逻辑悖论3.1：S_1 即"所有渡鸦是黑"和 S_2 即"所有非黑的是非渡鸦"是两个逻辑等值的假说。现令字母 R 和 B 分别代表谓词"……是渡鸦"和"……是黑的"，于是，这两个假说可以表达为两个逻辑等值的公式，即：

S_1：(x)(Rx→Bx)

S_2：(x)(¬Bx→¬Rx)

根据尼科德标准 (i)，认证 S_2 的事例是：

E_2：¬Ba∧¬Ra

根据等值条件，E_2 也认证 S_1。然而根据尼科德标准（iii），E_2 无关于 S_1。因此 E_2 既认证 S_1 又无关于 S_1。

逻辑悖论 3.2：与 S_1 逻辑等值的另一个假说是：

S_3：$(x)[(Rx \vee \neg Rx) \to (\neg Rx \vee Bx)]$

根据尼科德标准（i），认证 S_3 的事例可以表达为：

E_3'：$(Ra \vee \neg Ra) \wedge (\neg Ra \vee Ba)$

而与 E_3' 逻辑等值的一个命题是：

E_3：$\neg Ra \vee Ba$

根据等值条件，E_3 认证 S_3 因而认证 S_1。在亨佩尔看来，这意味着："我们因此必须把任何非渡鸦或是黑的客体看作对 S_1 的认证。"但是，尼科德标准（iii）要求必须把任何非渡鸦的客体看作与 S_1 是无关的。

逻辑悖论 3.3：与 S_1 逻辑等值的又一个假说是：

S_4：$(x)[(Rx \wedge \neg Bx) \to (Rx \wedge \neg Rx)]$

根据尼科德标准（i），认证 S_4 的事例可以表达为：

E_4：$(Ra \wedge \neg Ba) \wedge (Ra \wedge \neg Ra)$

然而，E_4 是一个矛盾式，没有任何客体能够满足它。这意味着，根据尼科德标准，S_4 不可能有认证事例。根据等值条件，S_1 同样如此。然而，根据尼科德标准（i），S_1 有认证事例，即：

E_1：$Ra \wedge Ba$

逻辑悖论 3.4：这个悖论涉及含有二目谓词的假说。现令 L 代表一个二目谓词"……爱……"，于是，

S_5：$(x)(y)[\neg(Lxy \wedge Lyx) \to (Lxy \wedge \neg Lyx)]$

表示：对于任何个体 x 和 y 而言，如果 x 和 y 并不彼此相爱，那么 x 爱 y 而不爱 x。与 S_5 逻辑等值的一个假说是：

S_6：$(x)(y)[(Lxy \wedge Lyx)]$

S_6 的意思是：任何 x 和 y 都是彼此相爱的。根据尼科德标准（i），认证 S_5 的事例可以表达为：

E_5：$\neg(Lab \wedge Lba) \wedge (Lab \wedge \neg Lba)$

而 E_5 逻辑等值于：

E_6：$Lab \wedge \neg Lba$

根据等值条件，E_6 认证 S_6。然而，E_6 与 S_6 显然是逻辑不相容的。

（二）直觉悖论

认证的直觉悖论只涉及尼科德标准（i）和等值条件，它是这二者的逻辑推

论与人们的直觉（或常识）之间的冲突。直觉悖论有三个，它们分别如下：

直觉悖论 3.1：根据尼科德标准（i），证据 E_2 即 $\neg Ba \wedge \neg Ra$ 认证 S_2 即 $(x)(\neg Ba \rightarrow \neg Rx)$，而 S_2 逻辑等于 S_1 即 $(x)(Rx \rightarrow Bx)$，根据等值条件，E_2 认证 S_1。这意味着，任何一个既非渡鸦又非黑色的事例，如一头黄牛、一朵红花或一只白鞋等，都能认证假说"所有渡鸦是黑的"。这显然与人们的直觉是相违的。

直觉悖论 3.2：根据尼科德标准（i）和等值条件，证据 E_3 即 $\neg Ra \vee Ba$ 认证 S_3，而 S_3 逻辑等值于 S_1，根据等值条件，证据 E_3 认证 S_1。这意味着，任何一个非渡鸦或黑色的事物都认证假说"所有渡鸦是黑的"。换句话说，除了非黑色的渡鸦，任何事例都是该假说的认证事例。显然，这一结论与人们的直觉相冲突，而且冲突的程度比起直觉悖论 3.1 来是有过之而无不及的。

直觉悖论 3.3：根据尼科德标准（i），S_4 的"证据"即 E_4 具有形式：$(Ra \wedge \neg Ba) \wedge (Ra \wedge \neg Ra)$。然而，$E_4$ 是一个矛盾式，不可能被任何事例所满足。因此，S_4 不可能有认证事例。根据等值条件，S_1 即"所有渡鸦是黑的"也不可能有认证事例。这一结论也是与人们的直觉相违的。

直觉悖论 3.1、直觉悖论 3.2 和直觉悖论 3.3 分别与逻辑悖论 3.1、逻辑悖论 3.2 和逻辑悖论 3.3 相对应。由于逻辑悖论 3.4 所涉及的假说较为复杂，与直觉相距较远，因而没有与之相应的直觉悖论。

（三）亨佩尔对渡鸦悖论的消除

既然认证的逻辑悖论产生于等值条件和尼科德标准之间的冲突，因此，在亨佩尔看来，解决逻辑悖论的途径有两个：第一是修改或放弃等值条件；第二是修改或放弃尼科德标准。亨佩尔断然拒绝前一个途径。因为对等值条件的任何背离，都意味着事例对假说的认证与否不是取决于假说所表述的内容，而是取决于假说被表达的方式。具体地说，当一个科学假说采用某种表达方式时具有很多的认证事例，而换一种方式表达相同的内容时，则只有很少甚至没有认证事例，这显然是荒谬的。于是，亨佩尔选择了后一个途径。

从前面对逻辑悖论 3.1 和逻辑悖论 3.2 的分析中我们看到，由尼科德标准（i）和等值条件，可以推出这样的结论：一个非渡鸦的事例可以认证 S_1 即"所有渡鸦是黑的"，而这一结论恰好与尼科德标准（iii）相抵触。既然亨佩尔已经接受了等值条件，那么，他必须在尼科德标准（i）和（iii）之间放弃其中之一。在亨佩尔看来，尼科德标准（i）比（iii）更为合理，因此他保留（i）而放弃（iii）。这样一来，逻辑悖论 3.1 和逻辑悖论 3.2 也就被消除了。

至于逻辑悖论 3.3 和逻辑悖论 3.4 的消除，在"认证逻辑研究"中亨佩尔没有讨论，而是把这两个悖论放在其著作第五节的脚注中。在亨佩尔看来，这两个逻辑悖论，特别是逻辑悖论 3.4，比前两个逻辑悖论更难对付，原因在于：逻辑悖论 3.3 和逻辑悖论 3.4 都是仅仅由尼科德标准（i）和等值条件推出的。既然亨佩尔优先考虑等值条件，那么，解决这两个悖论的唯一途径就是放弃尼科德标准（i），而放弃尼科德标准（i）是亨佩尔所不情愿的。因此，亨佩尔宁可把这两个悖论束之高阁，悬而不决。

关于直觉悖论 3.1 和直觉悖论 3.2，亨佩尔指出，其产生的原因在于人们的一种错误的直觉。这种错误直觉的来源之一是，人们不知不觉地把"所有 P 是 Q"这样的假说局限于对 P 类事物的应用上，因而把非 P 类的事物看作是与该假说无关的。但是，从逻辑上讲，"所有 P 是 Q"等值于"对于任何事物 x 而言，x 是非 P 或者 x 是 Q"。这表明，"所有 P 是 Q"并不局限于对 P 类事物的应用，而是对任何事物都有所断定。由于一切非 P 类的事物都满足该假说的断定，所以，一切非 P 类的事物都是该假说的认证事例。同样地，一切 Q 类事物也都是该假说的认证事例。

引起直觉悖论的错误直觉的另一来源是，人们不知不觉地引入证据以外的一些背景知识，从而改变了假说与证据之间的认证关系。例如，从逻辑上讲，只包括一个黑色物体的证据认证假说"所有事物是黑色的"，既然由该假说可以推出一个较弱的假说，即"所有渡鸦是黑的"，那么，该证据当然也认证这后一假说。然而，由于人们自然而然地参照已有的一些知识，如并非一切事物都是黑色的，这就使得人们觉得以上认证关系有些怪诞。不过这种怪诞得自于人们的错误的直觉，并不表明我们的认证规则有逻辑上的缺陷。

亨佩尔由此表明，非黑色的渡鸦以外的一切事例确实能够认证假说"所有渡鸦是黑的"。虽然这一结论"初看上去确实显得没有道理甚至在逻辑上是荒谬的。然而我认为，人们通过进一步的考虑必将得出结论，它们是完全正当的。正是我们关于这一问题的直觉引导我们误入歧途。因此，这些惊人的结果只是在心理学的意义上而不是在逻辑学的意义上是悖谬的"。① 一旦人们认识并消除这种错误的心理直觉，那么，直觉悖论 3.1 和直觉悖论 3.2 也就随之消失了。

至于直觉悖论 3.3，亨佩尔在"新近的归纳问题"中给出一个解决，即既然尼科德标准（iii）已被放弃，那么尼科德标准（i）只是事例认证假说的充分条件，而不是必要条件。这就是说，如果一个事例满足尼科德标准（i），那么该事例一定认证所讨论的假说，但是，如果一个事例不满足尼科德标准（i），那么，该事例未必不认证所讨论的假说。相应地，虽然根据尼科德标准（i），S_4 因而

---

① Hempel. Recent Problems of Induction [M]//Thomas Nagel. Mind and Cosmos. New York：Oxford University Press，2012：120.

S_1 没有认证事例，但这并不排除 S_1（根据其他标准）有认证事例的可能性。

需要强调，亨佩尔如此消除的仅仅是直觉悖论 3.3，而不是逻辑悖论 3.3。逻辑悖论 3.3 是：根据尼科德标准（i），S_1 既可能有认证事例，而又不可能有认证事例。显然，对此悖论的消除是不能通过仅仅摒弃尼科德标准（iii）来达到的。

此外，为消除直觉悖论 3.1 和直觉悖论 3.2，亨佩尔在关于人们的错误直觉的两个来源的讨论中，分别应用了两种"推理"。一是如果某物 a 是非 P 或 Q，那么，a 认证假说"所有事物是非 P 或 Q"（即"所有 P 是 Q"），所以，如果 a 是非 P，那么 a 认证该假说；如果 a 是 Q，那么 a 也认证该假说。二是如果 a 认证 H，而由 H 可以逻辑地推出 S，那么，a 认证 S。然而，一些学者已经指出，亨佩尔的这两种"推理"都是不可靠甚至是错误的，其中包括所谓的"认证的传递性错误"。[①]

二、绿蓝悖论

（一）新归纳之谜的提出

当代著名哲学家古德曼（Nelson Goodman）在《事实、虚构和预测》一书中提出"新归纳之谜"。古德曼的新归纳之谜是相对于休谟的旧归纳之谜而言的。古德曼和休谟都把注意力集中于最基本的归纳推理即简单枚举法上。我们知道，简单枚举法的推理形式是：S_1 是 P，S_2 是 P，……，S_n 是 P，所以，所有 S 都是 P。或者 S_1 是 P，S_2 是 P，……，S_n 是 P，所以，S_{n+1} 也是 P。通常把前一种形式叫作"归纳概括"，而把后一种形式叫作"归纳预测"。这两种形式的简单枚举法分别表明，假说"所有 S 都是 P"或预测"S_{n+1} 也是 P"得到证据陈述"S_1 是 P"，"S_2 是 P"，……，"S_n 是 P"的认证（或支持）。休谟的问题是两方面的，一是为什么预测（或概括）是这种形式的而不是别种形式的？二是为什么预测（或概括）应该是这种形式的而不应该是别种形式的？对于前一个问题休谟的回答是：习惯的力量使人们的预测（或概括）成为这种形式的，具体地说，当人们所看到的具有性质 S 的事例都具有性质 P，这种多次反复的观察结果便在人们心中产生一种惯性，这种惯性便驱使人们期望下一个将要观察到的具有 S 性质的事例也具有性质 P。对于后一个问题休谟的回答是：不为什么，这种预测（或概括）只不过是人的"自然的本能"，而没有什么逻辑的合理性或必然性。

相当多的哲学家基本上接受休谟对前一个问题的解答，但却不接受休谟对后

---

① Mary Hesse. The Structure of Scientific Inference [M]. University of California Press, 1974.

一个问题的解答。在他们看来，休谟对前一个问题的解答仅仅说明了归纳预测（或归纳概括）的起源，但却没有说明归纳预测（或归纳概括）的合理性。相反，休谟对后一个问题的回答恰恰是对归纳预测（或归纳概括）的合理性的否定。这些哲学家们坚持追问：这种引导人们进行预测（或概括）的习惯究竟是一个好习惯还是一个坏习惯？仅当能够证明这是一个好习惯，这种形式的预测（或概括）才是合理的，因而应当保留和发扬；否则它就是不合理的，因而应当抛弃。

古德曼是同时接受休谟的这两个回答的少数哲学家之一。他进一步认为，合理的推理规则就是那些符合人们的牢固习惯的推理规则。这样，他就把休谟的两个问题合二为一了。因此，一方面他认为，休谟既已基本上正确地回答了第一问题，也就基本正确地回答了第二个问题；另一方面，他把多数哲学家所追问的独立于描述人们日常推理习惯的归纳合理性问题看作一个"假问题"，因而主张予以取消。

古德曼所要提出的"新归纳之谜"是一个被休谟忽视了的问题。休谟笼统地认可了具有简单枚举法形式的归纳"推理"，而没有看到，有些具有这种形式的"推理"是无效的。也就是说，有些由这种"推理"所得出的预测或概括不能被相应的证据所认证。例如，当发现铜的某些样品是导电的，由此便可以认证假说"所有铜都是导电的"。但是，当发现我书桌上的某些东西是导电的，并不能由此认证"我书桌上所有的东西都是导电的"。尽管后一假说与所给的证据之间同样满足简单枚举法所要求的认证关系。古德曼把前一种能够得到证据认证的假说叫作"类律假说"（lawlike hypotheses），而把后一种不能得到证据认证的假说叫作"偶适假说"（accidental hypotheses）。既然简单枚举法的推理形式不能提供区分类律假说和偶适假说的标准，我们就必须寻找另外的规则。究竟如何区分类律假说和偶适假说？或者说，如何区分有效的归纳推理和无效的归纳推理？这就是古德曼所提出的新归纳之谜。

（二）绿蓝悖论的表述

在古德曼的新归纳之谜的若干例证中，最令人感兴趣同时也最令人困惑的是他的绿蓝悖论（the grue paradox）。绿蓝悖论可以表述如下：

假定在某个时刻 T 之前，我们所观察的翡翠是 a_1, a_2, …, a_n 并且它们都是绿的，于是，我们有证据陈述：a_1 是绿的，a_2 是绿的，…，a_n 是绿的；根据简单枚举法，这些证据陈述认证假说 H_1 即"所有翡翠是绿的"。现在我们引进一个全新的颜色词"绿蓝"（grue），"绿蓝"的定义是：

某物 X 是绿蓝的，当且仅当，X 是绿的并且在时刻 T 之前已经被观察过，或者，X 是蓝的并且在时刻 T 之前未被观察过。

根据这一定义，在 T 之前所观察的绿色翡翠也都是绿蓝的；而且恰恰因为它们是绿的，它们才是绿蓝的。具体地说，证据陈述"a_1 是绿的""a_2 是绿的""a_n 是绿的"都有一平行的证据陈述："a_1 是绿蓝的""a_2 是绿蓝的""a_n 是绿蓝的"。根据简单枚举法，后一组证据陈述认证假说 H_2 即"所有翡翠是绿蓝的"。然而，当我们预测在 T 以后将被观察的某一块翡翠的颜色时，根据 H_1 得出的预测是：那块翡翠是绿的；而根据 H_2 得出的预测是，那块翡翠是绿蓝的，因而是蓝的。显然，这两个预测是相互冲突的，故 H_1 和 H_2 也是相互冲突的。H_1 和 H_2 这两个相互冲突的假说"被描述同一观察的证据陈述给予同等的认证"，这就是古德曼的绿蓝悖论。

另一位著名的逻辑家和科学哲学家卡尔纳普（Rudolf Carncap）曾经试图通过区分"纯定性谓词"（purely qualititative predicate）和"定位谓词"（positional predicate）来解决绿蓝悖论。所谓"定位谓词"就是其定义含有对空间位置或时间位置的某些限定，而"纯定性谓词"则没有这种限定。显然"绿"是一个纯定性谓词，而"绿蓝"则是一个定位谓词，因为"绿蓝"的定义涉及一个特定的时间词"T"。在卡尔纳普看来，只有那些仅仅含有纯定性谓词的假说才能得到相应证据的归纳认证，而那些含有定位谓词的假说则不能。因此，只有 H_1 能够得到归纳认证，而 H_2 则不能，因为 H_2 含有定位谓词"绿蓝"。

对于卡尔纳普的这种解决，古德曼的回答是："绿"和"绿蓝"在是否定位谓词的问题上是完全对称的，二者之间并不存在实质性的区别。为了证明这一点，他又引入一个新的颜色词"蓝绿"（bleen），其定义是：

某物 X 是蓝绿的，当且仅当，X 是蓝的并且在 T 之前已被观察过，或者，X 是绿的并且在 T 之前未被观察过。

有了"绿蓝"和"蓝绿"这两个颜色词，就可以反过来给"绿"和"蓝"这两个颜色词下定义，即：

某物 X 是绿的，当且仅当，X 是绿蓝的而且在 T 之前已被观察过，或者，X 是蓝绿的而且在 T 之前未被观察过。

某物 X 是蓝的，当且仅当，X 是蓝绿的而且在 T 之前已被观察过，或者，X 是绿蓝的而且在 T 之前未被观察过。

这样，"绿"和"蓝"便成为定位谓词。由此可见，全部问题在于选择哪些谓词作为初始谓词。"确实，如果我们从'蓝的'和'绿的'开始，那么'绿蓝的'和'蓝绿的'将用'蓝的'和'绿的'以及一个时间词来解释。但同样可以说，如果我们从'绿蓝的'和'蓝绿的'开始，那么'蓝的'和'绿的'将用'绿蓝的'和'蓝绿的'以及一个时间词来解释。因此，定性完全是相对的，它本身并不能把谓词分为两类。"

古德曼的上述论证如果成立，那么卡尔纳普等便被推到一个两难境地：对于"绿"和"蓝"及"绿蓝"和"蓝绿"这两对谓词，或者都作为定位谓词从而使得 H_1 和 H_2 均不能得到归纳认证；或者都作为纯定性谓词从而使得 H_1 和 H_2 都能得到归纳认证。但是，这两种选择都是不可取的。因为前者使得 H_1 不能得到归纳认证，从而被排除在类律假说的范围之外，这与人们的直觉不符；后者使得"描述相同观察的证据陈述"同样好地认证两个互不相容的假说，这在逻辑上是荒谬的。

（三）投射理论的基本思想

在古德曼看来，绿蓝悖论表明偶适假说的出现绝非偶然，而是简单枚举法这种推理形式的必然产物。进而表明人们通常所理解的归纳认证有着根本性的缺陷，这个缺陷在于，人们把认证关系仅仅看作是证据和假说这两方面的关系，而忽略了大量相关的背景知识对认证关系的重要作用。古德曼指出，在大量相关的背景知识中有一种背景知识总是可以得到并且是至关重要的，这就是过去实际进行过的预测及其结果的记录。

古德曼喜欢把"预测""概括""归纳推理"等纳入一个更广泛的概念即"投射"（projection），并把自己的归纳理论称为"投射理论"。相应地，他所致力解决的新归纳之谜也可表述为区分可投射假说和不可投射假说的问题。古德曼解决这个问题的基本策略就是借助于过去实际进行过的投射及其结果的记录。为此他引进一个新的概念即"牢靠性"（entrenchment）。一个谓词的牢靠性取决于它过去实际被投射的多寡；一个假说的牢靠性取决于它所包含的谓词的牢靠性。具体地说，如果假说 H 比起 H′，其前件的牢靠性并不差，而其后件的牢靠性更好；或者其前件的牢靠性更好，而其后件的牢靠性并不差，那么，H 比起 H′更为牢靠。这一牢靠性标准就是古德曼用以区分可投射假说和不可投射假说的主要依据。

古德曼用以拒斥不可投射假说的第一个规则是：

对于两个均被支持并且均未被违反并且均未穷尽的相互冲突的假说，如果其中第一个比第二个更为牢靠，那么第二个就是不可投射的因而应当被拒斥。

在这里，古德曼所使用的术语"被支持"（supported）、"未被违反"（unviolated）和"未穷尽"（unexhausted）分别指"有正面事例""无反面事例""有未被检验的事例"。一个假说如果不具备这三个条件中的任何一个，那么它就是不可投射的。但是，一个具备这三个条件的假说并不一定是可投射的。古德曼所着重讨论的正是在具备这三个条件的诸假说中区分可投射的和不可投射的问题。

根据这一规则，H_2 即"所有翡翠是绿蓝的"是不可投射的，因而应被拒斥。

这是因为相对于给定的证据即翡翠 a_1，a_2，…，a_n 是绿的，H_1 和 H_2 均为被支持的、未被违反的和未穷尽的，但是二者相互冲突，而 H_1 比 H_2 更为牢靠。说 H_1 比 H_2 更为牢靠是因为 H_1 和 H_2 的前件相同，而 H_1 的后件"绿的"比 H_2 的后件"绿蓝的"更为牢靠，既然"绿的"在过去被人们使用或投射的次数远远多于"绿蓝的"。这样，绿蓝悖论就被"解决"了。

人们不禁要问，按照古德曼的投射理论，科学创造将成为不太可能的事情。因为一个新发现的科学假说常常包含新的谓词，而新谓词总是最不牢靠的。为了回答这一问题，古德曼引进"母谓词"（parent predicate）这一术语。说谓词中的 P 是 Q 的母谓词，当且仅当，P 的外延包括了 Q 的外延。例如，"陆军师的士兵"就是"陆军第 26 师的士兵"的母谓词。古德曼指出，一个新谓词虽然没有自获的牢靠性（earned entrenchment），但却可能有来自母谓词的继承的牢靠性（inherited entrenchment），因而并非所有的新谓词都是不牢靠的；相应地，并非所有含有新谓词的假说都是不牢靠的。作为例示，古德曼比较了两个谓词"口袋 B 中的球"和"之字形转角 A 中的球"。假定这两个谓词分别第一次出现在两个假说的前件中，因而它们自获的牢靠性都是微不足道的。然而前者比后者有较强的继承的牢靠性，因为前者的母谓词"一袋球"比后者的母谓词"一个之字形转角中的球"有较强的牢靠性，既然前者比后者曾经在更多的其他假说中被投射过。这使得，包含新谓词"口袋 B 中的球"的假说，如"口袋 B 中的球全都是红的"，也具有一定的牢靠性。

对古德曼投射理论的另一个常见的质疑是：为什么仅仅那些正确的谓词恰巧成为比较牢靠的？按照古德曼的基本观点，这个问题是一个没有意义的假问题。因为它把一个谓词的正确性和牢靠性分离开来了，正如把合理性和习惯性分离开来一样。在古德曼看来，"仅仅那些正确的谓词恰巧如此幸运地成为牢靠的理由正在于：相当牢靠的谓词已经因此而成为正确的。"[①]

---

① Goodman. Fact, Fiction and Forecast [M]. Harvard University Press, 1983: 98.

第四章

概率动态认知逻辑

概率动态认知逻辑是用来处理语言、机会和变化等涉及信息问题的逻辑。目前，概率逻辑和认知逻辑各自都有了较大的发展，然而，它们都有自己的局限和各自的适用范围。为此，本书将采用分支融合方法，对以下三种逻辑，即认知逻辑、动态逻辑和概率逻辑加以有机结合，形成概率动态认知逻辑，并利用这种逻辑来研究信息变化的或然性推理。

第一节 概率认知逻辑（PEL）

一、概率认知逻辑（PEL）的基本概念

概率认知逻辑是归纳概率逻辑与认知逻辑的融合。它的研究开辟了归纳逻辑发展的新方向。本节讨论其形式系统及其特征。

（一）语言和语义

可以用一般的方法来建立内涵概率逻辑，当概率被看作是信念度的时候，那么就可以给主体指派这些信念度，这样就涉及了多主体的概率逻辑。在费金和哈

尔彭（Fagin and Halpern，1994）以及塔特尔（Tuttle，1993）的文献中提出了一个非常好的处理方法。同时它也包括认知逻辑，它的动机有两个。

第一，我们必须对知识和确定性加以区分，确定性指的是，如果存在有某个主体 a 确定了某事，那么指派给主体 a 的概率就应该是 1（记为 $\text{cert}_a(\phi)$）。现在当一枚硬币反复地抛掷的时候，可以证明，抛掷硬币所出现的确定的无穷序列的概率是小于任意正有理数的。因此每一个抛掷硬币所产生的无穷序列都有一个概率 0。因此，对于任意的无穷序列它都不会发生也是确定的。例如，头向上的一个无穷序列将不会发生也是确定的。另外，某人不知道一个正面向上的无穷序列不会发生，因为根据已知的所有信息，它将会发生。因此从形式层面上来区分知识和确定性是恰当的，即使这只发生在无穷语境下。

第二，可能会想到模型而忽视了概率。在处理从物概率的时候，很容易会出现这种情况。假设有两枚硬币，并且正面着地的概率是 1/3。现在假设主体不能够区别这两个硬币，并且两个硬币之一被投掷了，她知道是这两个硬币之一，但却不知道是哪一个。据此硬币正面着地的概率是多少？如果一个正面被看作是从物概率，那么她不能够说出正面着地的概率是 1/2 或是 1/3 就是很正常的事。注意这两个从物概率将会产生唯一一个统计概率。随机捡起一枚硬币并且将它投出去就会产生一个正面着地的概率，如果硬币是根据等概率分配的，那么就等于 5/12。为了刻画从物概率，某人需要表明主体事先并不知道它的概率，因此就需要增加认知算子。我们提出的概率认知逻辑为 PEL。

下面我们来构造一个概率认知逻辑系统（PEL）。

定义 4.1 （PEL 语言）：

令 P 是一个可数命题变元集，并且令 A 是一个有穷的主体集，对于 PEL 的语言 L_{PA}^P 可以通过下面的规则来定义如下（Backus – Naur 的扩张形式）：

$$\phi ::= \bot \mid p \mid \neg\phi \mid \phi_1 \wedge \phi_2 \mid \Box_a\phi \mid q_1 P_a(\phi_1) + \cdots + q_n P_a(\phi_n) \geq q$$

其中 $p \in P$，$a \in A$ 并且 $q_1, \cdots, q_k, q \in ¤$（有理数和有理数的名称之间不加以区分）。另外，我们也采用其他形式的简写。

公式 $P_a(\phi) \geq q$ 应该被读作"主体 a 指派给 ϕ 的概率大于或等于 q"。在这种语言中，可以用来表达高阶的概率陈述，例如 $P_a[P_b(\phi) \geq q_1] \geq q_2$，该语句表达的意思是主体 a 指派给语句主体 b 指派给 ϕ 的概率大于或者等于 q_1 的概率大于或等于 q_2。在这种意义下的高阶表达的是一个主体的信息中包含有其他主体的信息。它完全类似于这种情况，在认知逻辑中，形如 $\Box_a\Box_b p$ 这样的语句，表达的是主体 a 所拥有的信息中包含有主体 b 的信息。

该语言可以在概率认知模型中得到解释。存在带有函数 P 的认知模型，用来表示在每一个世界中给每一个主体指派一个概率函数。费金和哈尔彭定义了一个概率认知模型。在他们的概率模型中，给每一个世界中的每一个主体指派一个概率空间。在此对该模型进行限制，其中的可测度的 σ-代数集具有和样本空间一样的表达力。因此该定义有一点简单，下面我们就引入一个更一般的概率认知模型。

定义 4.2 （概率认知模型）（probabilistic epistemic models）：

L_{PA}^P 的概率认知模型 M 是一个四元组（W，R，V，P），使得：

(1) W≠∅；W 表示一个非空的可能世界集；

(2) R：A→$2^{W×W}$；表示的是给每一个主体指派一个可及关系；

(3) V：P→2^W；给每一个命题变元指派一个世界集。

(4) P：（A×W）→（W→[0，1]）；使得：

$$\forall a \in A \forall w \in W \sum_{v \in dom(P(a,w))} P(a,w)(v) = 1$$

给在每一个世界中的每一个主体指派一个概率函数使得它的定义域是非空可能世界的子集（指的是一个偏函数；有些世界可能不在该函数的定义域内）。

费金和哈尔彭（1994）给出了一个更一般的模型，其中给每一个主体和每一个世界指派一个概率空间。定义 4.2 的概率函数是它的一种特殊情况。它们非常简单，并且在此不需要使用全的一般性的概率空间。主要的区别是内涵概率模型并不需要在整个模型中将概率函数指派给主体，它有别于从世界到世界。因此，问题是一个概率语句是否成立，它们依赖于被赋值的语句所在的世界。注意定义 4.2 留下了认知可及关系和概率函数之间的关系的完全开放的问题有待于解决。

定义 4.3 （L_{PA}^P 的语义）：

已知 L_{PA}^P 的概率认知模型 M =（W，R，V，P）和一个世界 w∈W，

(M, w)⊭⊥

(M, w)⊨ p   当且仅当 w∈V(p)

(M, w)⊨¬φ   当且仅当 (M, w)⊭ φ

(M, w)⊨(φ∧ψ)   当且仅当 (M, w)⊨ φ 并且 (M, w)⊨ ψ

(M, w)⊨□$_a$φ   当且仅当，对任意的 v，使得 wR(a)v，(M, v)⊨ φ

(M, w)⊨ $\sum_{i=1}^n q_i P_a(\phi_i) \geq q$ 当且仅当 $\sum_{i=1}^n q_i P(a,w)(\phi_i) \geq q$

其中 $P_{(a,w)}(\phi_i) = P_{(a,w)}(\{v \in dom(P_{(a,w)}) | (M, v)\models \phi_i\})$。

（二）样本空间指派（sample space assignments）

在进行一般情况的讨论之前，先要重点对概率认知模型的子类进行讨论，它是由样本空间指派和先验概率分配而建立的。这种模型的思想是根据哈尔彭和塔

特尔（1993）的关于多主体系统的语境而引入的，多主体的系统是一个非概率的系统。一个概率分配可以定义在这样的系统上，和样本空间指派一起就可以决定主体指派给该系统的一个点的概率（在某个确定的时间上运行）。在概率认知模型的语境中，样本空间指派是一个函数 $S: A \times W \to 2^W$。已知在世界集上的一个先验概率分配 P^{prior}，在每一个世界上的每一个主体的概率函数 P 的定义域是 $S(a, w)$。定义域上的元素的概率函数，可以定义如下：

$$P(a, w)(v) = \frac{P^{prior}(v)}{P^{prior}[S(a, w)]}$$

采用这种方法，所需要的概率模型当且仅当对每一个主体 a 和每一个世界 w，$P^{prior}[S(a, w)] > 0$。也可以采用下面的方法，把这样的模型看作是一个统计概率模型。定义域 D 是世界集 W，对每一个命题变元 p，存在一个一元谓词 R_p，使得 $I(R_p) = V(p)$。对每一个主体 a，存在有一个二元关系符号 R_a 作为可及关系，使得 $I(R_a) = R(a)$。对每一个主体 a 也存在一个二元关系符号 S_a 作为样本空间，使得 $I(S_a) = \{(w, v) \mid v \in S(a, w)\}$。并且我们采用 $\mu = P^{prior}$。

现在我们可以给出下面的翻译来作为 PEL 的语言，在此定义中需要使用条件概率。条件概率可以用科尔莫戈罗夫（Kolmogorov，1956）所定义的演算给出。

$$P(X \mid Y) = \frac{P(X \cap Y)}{P(Y)}, \text{ 如果 } P(Y) > 0$$

在 PEL 的语言中，带有条件概率的语句可以被看作是下面所证明的简写。

定义 4.4　（从 L_{PA}^P 翻译到 $L^P(X, F, R)$）：

翻译 t：$(X^o \times L_{PA}^P) \to L^P(X, F, R)$ 被定义如下：

(1) $t_x(\bot) = \bot$；

(2) $t_x(p) = R_p(x)$；

(3) $t_x(\neg \phi) = \neg t_x(\phi)$；

(4) $t_x(\phi \wedge \psi) = t_x(\phi) \wedge t_x(\psi)$；

(5) $t_x(\square_a \phi) = \forall y[R_a(x, y) \to t_y(\phi)]$；

(6) $t_x(q_1 P_a(\phi_1) + \cdots + q_n P_a(\phi_n) \geq q) = q_1 P_y(t_y(\phi_1) \mid S_a(x, y)) + \cdots + q_n P_y(t_y(\phi_n) \mid S_a(x, y)) \geq q$。

其中最后一个公式是不带条件概率的更长的公式的简写。如，$q_1 P_y(t_y(\phi_1) \mid S_a(x, y)) + q_2 P_y(t_y(\phi_n) \mid S_a(x, y)) \geq q$ 是下面的公式的简写：

$(q_1 \times P_y(t_y(\phi_1) \wedge S_a(x, y))) + (q_2 \times P_y(t_y(\phi_2) \wedge S_a(x, y))) \geq q \times P_y(S_a(x, y))$，其中没有条件概率。

注意和个体认知算子的短语 $t_x(\square_a \phi)$ 之间相类似的有：

$$\forall_y(R_a(x, y) \to t_y(\phi))$$

对应的概率算子 $t_x(P_a(\phi_1) \geq q)$：
$$P_y(t_y(\phi) \mid S_a(x, y)) \geq q$$

这样立即就会想到，概率算子类似于全称量词，而条件概率类似于蕴涵。当我们考察对偶的情况 $t_x(\Diamond a\phi)$ 的时候：
$$\exists_y(R_a(x, y) \land t_y(\phi))$$

对应的 $t_x(\neg(P_a(\phi_1) \geq q))$：
$$P_y(t_y(\phi) \mid S_a(x, y)) < q$$

在这种情况下，概率算子也类似于存在量词，并且条件概率类似于合取。

与定义 4.7 相对应，现在也应该注意到对应于一个被翻译的语句的变元在结论中总是自由的。

定理 4.1：

令 L_{PA}^P 的一个概率认知模型 $M = (W, R, V, P)$ 是建立在样本空间指派 S 和先验概率分布 P^{prior} 的基础上，令 $L^P(X, F, R)$ 的统计概率模型 $M = (D, I, \mu)$。假设 $D = W$；对每一个命题变元 p 存在一个一元谓词 R_p，使得 $I(R_p) = v(p)$；对每一个主体 a 存在一个二元关系符号 R_a，使得 $I(R_a) = R(a)$；对每一个主体 a 存在一个二元关系符号 S_a，使得 $I(S_a) = \{(w, v) \mid v \in S(a, w)\}$。并且假设 $\mu = P^{prior}$，那么：

$(M, w) \vDash \phi$，当且仅当，$(M, g[xa, w]) \vDash t_x(\phi)$，对所有的 $\phi \in L_{PA}^P$。

该结论虽然仅对模型类成立，其中存在一个公共先验概率分布。

（三）一般的统计概率逻辑 GSPL

问题是是否可以将每一个概率认知模型都看作是一个统计概率模型，答案是否定的。为了把 PEL 的语言翻译为统计概率的语言，我们需要比 SPL 更一般的统计概率逻辑。在此我们提供了一个新的一般的统计概率逻辑 GSPL。在概率认知模型中，把一个概率函数指派给每一个主体和世界。实质上该概率函数说的是主体指派一些世界的概率，指的是一些特殊的世界。如果我们希望对 SPL 也采用类似的方法来进行处理的话，我们希望把概率认知模型的世界集看作是统计模型的定义域。但是现在选择了一个元素 d_2 之后的概率，先要选择一个元素 d_1，并不需要是和首次选择的 d_2 的概率相同。因此需要更一般的方法来选择函数，一个选择函数决定从定义域中所选择的元素的概率。有许多可供选择的方法，例如，选择中是否包含有替换？如果不存在替换，那么该选择就并不是独立于任一先前的选择。通常有一个协议来决定从定义域中选择元素的概率，可能依靠于前面的选择，令每一个主体都带有这样的协议。

定义 4.5 （GSPL 的语言）：

已知由对象变元 x_1^0, x_2^0, … 组成的可数集 X^0，由域变元 x_1^f, x_2^f, … 组成的可数集 X^f，由 n – 元个体函数符号 f_1^n, f_2^n, … 组成的可数集 F^n，对每一个 $n \in N$；由 n – 元个体谓词符号 R_1^n, R_2^n, … 组成的可数集 R^n，对于每一个 $n \in ¥$；和一个有穷的主体集 A。其中所有这些集合都是不相交的。令 $X = X^0 \cup X^f$，$F = \cup_{n \in N} F^n$ 和 $R = \cup_{n \in ¥} R^n$。GSPL 的语言 $L^P(X, F, R, A)$ 由对象项 τ^0，域项 τ^f 组成，公式 φ 可以通过下面的规则以 Backus – Naur 的扩充形式给出：

$\tau^0 ::= x^0 \mid f^n(\tau_1^0, \cdots, \tau_n^0)$

$\tau^0 ::= x^f \mid 0 \mid 1 \mid \tau_1^f + \tau_2^f \mid \tau_1^f \times \tau_2^f \mid Px_1^0, \cdots, x_n^0(\varphi)$

$\varphi ::= \bot \mid R^n(\tau_1^0, \cdots, \tau_n^0) \mid \tau_1^f = \tau_2^f \mid \tau_1^f > \tau_2^f \mid \neg\varphi \mid (\varphi_1 \wedge \varphi_2) \mid \forall x^0 \varphi \mid \forall x^f \varphi$

其中 x^0 是在 X^0 上的值，x^f 是在 X^f 上的值，f 是在 F^n 上的值，R 是在 R^n 上的值，a 是在 A 上的值。

它和 SPL 语言唯一的不同点就是在定义 4.4 中提出的 $L^P(X, F, R)$，现在的概率算子有了下标，它暗示了对主体执行了选择。所以现在公式 $P_a x_1, \cdots, x_n(\varphi)$ 可以读作通过主体 a 满足 φ 而随机地选择的序列 $x_1, \cdots, x_n$ 的概率。在这种情况下，并不希望 $P_a xy(\varphi)$ 等价于 $P_a yx(\varphi)$，因为先前的选择对未来的选择会产生影响。

定义 4.6 （一般的统计概率模型）：

$L^P(X, F, R, A)$ 的统计概率模型是三元组 $M = (D, I, \mu)$，使得：

（1） $D \neq \emptyset$，表示个体变元集非空。

（2） I: 表示解释函数，其中给每一个 n – 元对象函数符号指派 D 上的一个 n – 元函数。它给每一个 n – 元谓词符号指派 D 上的一个 n – 元关系。

（3） $\mu: (A \times N) \rightarrow D^n \rightarrow [0, 1]$；对每一个主体 a 和每一 $n \in N$，给每一个 D^n 上的元素指派一个概率，使得对每一 $n \in N$ 和每一个 $(d_1, \cdots, d_{n-1})$：

$$\sum_{d \in D} \mu(a, n)(d_1 K d_{n-1}, d) = 1$$

随后我们经常使用带有赋值 (M, g) 的模型，其中 g 指派一个定义域中的元素给每一个对象变元，并且指派 R 中的一个元素给每一个域变元。在这种情况下，我们也希望对 μ 采用同样的方法，如果 E 是 D^n 的子集，那么：

$$\mu(a, n)(E) = \sum_{(d_1 L d_n) \in E} \mu(a, 1)(d_1) \times L \times \mu(a, n)(d_1, L, d_n)$$

这样就产生了一个建立在 D^n 上的概率函数。

定义 4.7 （从 L_{PA}^P 翻译到 $L^P(X, F, R, A)$）：

翻译 t: $L_{PA}^P \rightarrow L^P(X, F, R)$ 定义如下：

（1） $t_x(\bot) = \bot$；

(2) $t_x(p) = R_p(x)$；

(3) $t_x(\neg \phi) = \neg t_x(\phi)$；

(4) $t_x(\phi \wedge \psi) = t_x(\phi) \wedge t_x(\psi)$；

(5) $t_x(\square_a \phi) = \forall y [Ra(x, y) \rightarrow t_y(\phi)]$；

(6) $t_x[q_1 P(\phi_1) + \cdots + q_n P(\phi_n) \geq q] = q_1 P_a yz[t_z(\phi_1) \mid x = y] + \cdots + q_n P_a yz[t_z(\phi_n) \mid x = y] \geq q$。

其中第一个自变量被写为下标。

定理 4.2：

令 L_{PA}^P 的内涵概率认知模型 $M = (W, P, V)$，并且令 $L^P(X, F, R, A)$ 的统计概率模型 $M' = (D, I, \mu)$。假设 $D = W$，$\mu = P$ 并且对每一个 $p \in P$ 存在有一个 $R_p \in R_1$，使得 $I(R_p) = V(p)$。假设上面所要求的状态是满足的，那么：

$(M, w) \models \phi$ 当且仅当 $(M', g[xa, w]) \models t_x(\phi)$

对所有的 $\phi \in L_{PA}^P$。

二、概率逻辑的对应理论

在模态逻辑和谓词逻辑的情况下，标准的翻译已经在被称为是对应原理的研究中被提出来：模态逻辑和一阶逻辑表达的系统研究。在此，仅粗略地概括如何采用类似的方法来利用这些理论研究概率逻辑。在阿巴迪（Abadi）和哈尔彭（1994）的文献中，一阶内涵概率逻辑和统计概率逻辑的关系得到了研究。一阶内涵概率逻辑的语言也可以被翻译成统计概率的语言。阿巴迪和哈尔彭证明了反方向也是可能的，这些翻译也被用于研究这些逻辑的表达力。

（一）对应（correspondences）

在概率认知逻辑中存在有大量的公理都是根据直觉提出的。费金和哈尔彭（1994）讨论了大量的公理。如果人们把概率表达为信念度似乎是很自然地引入概率公理也对信念是成立的。我们就简单考虑通过一个先验概率分布和样本空间指派而产生的模型类。公理 $D(\square_a \phi \rightarrow \Diamond a \phi)$ 的概率是什么呢？人们可能会期望它是 $P_a(\phi) \geq q \rightarrow \neg P_a(\neg \phi) \geq q$。但是，该公理在任意概率认知概率模型中并不成立。使 $\phi = T$ 并且 $q = 0$，现在 T 的概率显然比 0 大，但是 $\bot$ 的概率却并不小于 0，所以我们不得不对 D 公理进行重新地考虑。在认知逻辑的情况下公理 D 所对应的可及关系是持续的。在概率认知逻辑的语境中持续性意味着概率函数的定义域是非空的，但这种情况显然是成立的。事实上我们不得不根据确定性考虑下面的公理的形式：

$(PD) \, cet_a \phi \rightarrow \neg cet_a \neg \phi$

这样我们将会明白该公理的翻译是什么，我们希望它在所有的世界中都成立，所以增加了一个全称量词。

$$\forall x(P_y(t_y(\phi) \wedge S_a(x, y))) = P_y(S_a(x, y)) \rightarrow P_y(\neg t_y(\phi) \wedge S_a(x, y)) \neq P_y(S_a(x, y))$$

这应该被看作是一个公式中存在一个建立在 φ 上的蕴涵的二阶量词。在该情况下，在统计概率模型中的公式成立当且仅当 $\forall_x P_y(S_a(x, y)) > 0$，这意味着把样本空间指派给 a 一个比 0 大的概率，并且因此是非空的。给我们的启示就是在概率语境下，我们不得不考虑如何借助公理来表达信念。认知算子不能简单地用概率算子进行替换。

我们也可以看出该公理对应于正内省和负内省。在认知逻辑中这些公理分别对应于传递性和欧性的可及关系。在和 D 公理所作的类比中某人可能希望这些公式 $cert_a\phi \rightarrow cert_a cert_a\phi$ 并且 $\neg cert_a\phi \rightarrow cert_a \neg cert_a\phi$ 是成立的。这些公理事实上所对应的性质是样本空间赋值是传递的和欧性的，这些性质可以通过对这些公理进行翻译而得出。但是在一般情况下，在概率认知逻辑中，这些公理并不表达正内省和负内省。尽管它可以确保在其样本空间中，对所有的世界把样本空间指派给一个世界是相同的，把概率指派给这些世界却可能是多变的。内省是指一个主体完全觉知到了自己的信念，根据下面的两条公理，它可以得到更好的表达，因为这些表达了该主体知道他们自己的信念度。

$$(P4) \sum_{i=1}^{n} q_i P_a(\phi_i) \geq q \rightarrow P_a(\sum_{i=1}^{n} q_i P_a(\phi_i) \geq q) = 1$$

$$(P5) \neg \sum_{i=1}^{n} q_i P_a(\phi_i) \geq q \rightarrow P_a(\neg \sum_{i=1}^{n} q_i P_a(\phi_i) \geq q) = 1$$

费金和哈尔彭（1994）把这两式称为"UNIF"。UNIF 的含义是指对在样本空间中的所有的世界，把概率指派给在样本空间中的所有的世界都是相同的。

在一般的情况下，前面所说的是一个主体的认知可及关系和把概率函数指派给主体之间并不存在关联。如果某人希望强加一个关系，自然需要通过下面的公理来进行表达：

$$CONS \quad \Box a\phi \rightarrow P_a(\phi) = 1$$

对这个公理来说同样也是费金和哈尔彭（1994）介绍的。它说的是知识蕴涵确定性。该公理在一个框架上是有效的，当且仅当对所有的 $w \in W$，通过主体的认知可及关系：$domP(a, w) \subseteq \{v | wR(a)v\}$ 把概率函数的定义域指派给可及的世界集的子集 a。通过把公理翻译成统计概率逻辑，这可以很容易的理解。

$$\forall_x(y(R_a(x, y) \rightarrow t_y(\phi)) \rightarrow P_y(t_y(\phi) | S_a(x, y)) = 1)$$

上式必须看作是全二阶公式，其中 $t_x(\phi)$ 是建立在关系上的自由变元。我们可以选择 $R_a(x, y)$。那么该公式等价于：

$$\forall_x(P_y(R_a(x, y) | S_a(x, y)) = 1)$$

又等价于：$\forall_{xy}(S_a(x, y) | S_a(x, y)) = 1)$。

于是很容易就可以看出，这些对应给出了更好地涉及概率的概念和内涵及统计概率之间的关系。在此存在的开放性的问题之一是，它是否可能用来表达主体有公共的先验，它被假设为一个概率认知模型的子类。一个公共的先验也经常在博弈论（Aumann，1976）中被假设存在。

（二）复杂性（complexity）

内涵概率逻辑和统计概率逻辑之间主要的区别之一是前者通常是可判定的，然而后者却不是。费金、哈尔彭和米吉多（1990）及费金和哈尔彭（1994）提出了大量的令人感兴趣的关于内涵概率逻辑的可判定性问题的复杂性的结论。从这里可以看出，命题内涵概率逻辑的复杂性非常类似于命题逻辑，并且概率认知逻辑的复杂性非常类似于模态逻辑，二者都是可判定的，但是对大多数判定性问题来说，用可计算性的方法并不适合于判定这些问题。

统计概率的复杂性非常类似于一阶逻辑。在阿巴迪和哈尔彭（1994）的文献中复杂性问题被看作是对统计概率逻辑和一阶内涵概率逻辑的研究。人们可能会将一阶内涵概率逻辑翻译成统计概率逻辑，但也可能采用其他的方法。这些逻辑的复杂性在阿巴迪和哈尔彭中也得到了研究。简言之，统计概率逻辑一般是不可判定的。它甚至比一阶逻辑的情况更糟糕，其中有效集是递归可数的，然而在此并非是这种情况。可以想象得出 GSPL 的情况可能比一般的更糟糕。当把模型类限制在有理数上时，那么情况也许会变得好一些。并且像一元一阶逻辑，一元统计概率逻辑是可判定的。统计概率逻辑的一部分仍然可以具有很好的可计算的性质。尽管此时把模型限制在有理数上，但是概率认知逻辑的翻译确实包含着二元谓词符号和等词，概率认知逻辑所提出的互模拟的概念也可以起到非常重要的作用。

第二节 概率动态认知逻辑（PDEL）

一、引言

认知逻辑是一种模态逻辑，常用于对信息以及高阶信息进行推理。动态认知逻辑是认知逻辑的扩充，它可以用来对信息和信息变化进行推理。在概率论中贝叶斯更新可以看作是信息变化的模型，但却忽略了高阶信息变化。当人们希望对变化的概率高阶信息推理进行形式化时就会出现问题。

在本节中，首先，简要地介绍库伊（Kooi）将概率认知逻辑 PEL 和动态认知逻辑 DEL 相结合而构造的一种新的逻辑 PDEL，也就是概率动态认知逻辑。其次，它处理的是概率变化并且对高阶信息进行了阐述，介绍了 PDEL 的语义，给出了在特殊情况下构造模型的方法，并且为 PDEL 提供了一个可靠性和完全性的证明，为概率认知模型引入了互模拟，还讨论了一些应用实例。最后，得出了一些结论，并且提出了进行更深入研究的一些建议。在此之前，先介绍一下为什么要发展 PDEL。

二、动机

在此，将要澄清为什么将动态认知逻辑和概率论进行结合是有价值的，并且对本节内容做一些简单的介绍。

正如在认知逻辑的情况中那样，融入了涉及新的信息的概率论研究得到了重视，在概率论中采用的是用后验概率代替先验概率的方法实现的，也就是说，已知了新信息的条件概率，这也被称为贝叶斯更新。后验概率可以通过科尔莫戈罗夫（Kolmogorov）的定义来进行计算。其思想是 P(X│Y)，是指人们已经得到信息 Y 的概率之后，希望得到 X 的概率，就属于这种情况，所以过去常常利用后验概率来建立信息变化的模型。

概率动态认知逻辑推理的主要动机是将 PEL 作为 PDEL 的基础，使得在 PEL 中可以对高阶信息概率进行研究。并且通过构造动态的 PEL，我们可以研究高阶信息的概率变化，在动态认知逻辑和概率论中都和新的信息结合起来进行研究是非常令人感兴趣的事情，但是至于如何恰当地去做，却出现了不同的理论。动态逻辑更多地涉及信息的变化，其主要是对高阶信息进行解释，我们在处理信息变化过程中是将这两种理论互相借鉴。

幸运的是，涉及这两个领域的形式系统已经建立起来，证明了概率逻辑可以看作是内涵（非动态的）认知逻辑，认知语言也可以理解为是概率语言的一部分，这可以通过信念和确定性关系来实现。标准的概率逻辑可以看作是 KD45 的扩充。现在我们重点关注确定性和条件确定性：P(φ) = 1，它是 cert(φ) 的缩写，P(φ│ψ) = 1 是 cert(φ│ψ) 的缩写。我们利用下面的语句表示条件确定性：

$$P(\psi) > 0 \rightarrow (cert(\phi|\psi) \leftrightarrow cert(\psi \rightarrow \phi))$$

该蕴涵的后承非常类似于动态认知逻辑的知识更新公理（也被称为拉姆齐概

括公理（generalized Ramsey axiom））：

$$[\psi]\Box\phi \leftrightarrow \Box(\psi \rightarrow [\psi]\phi)$$

这两者唯一的不同之处是，在概率逻辑中分离记法用 $\psi \rightarrow \phi$ 所替换，在动态认知逻辑中我们有 $\psi \rightarrow [\psi]\phi$。最重要的区别则表现在对信息变化的处理上：在动态认知逻辑中可知 ψ 能够改变 ϕ 的真值，但在概率逻辑中就没有这种假定。当我们对高阶信息感兴趣的时候这种不同就无足轻重了。假设我们获悉了某些东西并不能改变事实，（也就是说命题变元的真值），如果一个主体知道了 ψ，如果 ϕ 有时涉及一个主体所拥有的信息状态，那么 ϕ 的真值可能会改变。在此所构造的概率动态认知逻辑确实说明语句的真值可以随着信息的改变而改变，在此省去了把它更新到公开宣告逻辑上的研究，也就是说，所有的主体都类似地得到相同的信息，这将成为它们所接受的公共知识。这种简化了的动态认知逻辑在格布兰迪和格罗内维尔德（Gerbrandy and Groeneveld, 1997）的文献中得到了介绍，称其为 DEL。通过动态认知逻辑，可以使概率理论更适合于处理信息的变化。

下面构造概率动态认知逻辑系统（PDEL）。

三、语言和语义

把 DEL 扩充为带有更新算子的 PEL 语言，这样就可以获得一个新的语言，并用来实现对概率和信息变化进行推理。

定义 4.8（PDEL 语言）：

令 P 是可数命题变元集，并且 A 为有穷的主体集，PDEL 的语言 $L_{PA}^{P[\cdot]}$ 可以通过下面的规则来定义（Backus–Naur 的扩张形式）：

$$\phi ::= p \mid \neg\phi \mid (\phi_1 \wedge \phi_2) \mid \Box a\phi \mid [\phi_1]\phi_2 \mid q_1 P_a(\phi_1) + \cdots + q_n P_a(\phi_n) \geq q$$

其中 $p \in P$，$a \in A$ 并且 $q_1, \cdots, q_n$ 和 q 是有理数。此外，我们可以使用通常的缩写。

此外我们还有如下的形式：

$$\sum_{i=1}^{n} q_i P_a(\phi_i) \geq q : q_1 P_a(\phi_1) + \cdots + q_n P_a(\phi_n) \geq q$$

$$q_1 P_a(\phi) \geq q_2 P_a(\psi) : q_1 P_a(\phi) - q_2 P_a(\psi) \geq 0$$

$$\sum_{i=1}^{n} q_i P_a(\phi_i) \leq q : \sum_{i=1}^{n} -q_i P_a(\phi_i) \geq -q$$

$$\sum_{i=1}^{n} q_i P_a(\phi_i) < q : \neg (\sum_{i=1}^{n} q_i P_a(\phi_i) \geq q)$$

$$\sum_{i=1}^{n} q_i P_a(\phi_i) > q : \neg (\sum_{i=1}^{n} q_i P_a(\phi_i) \leq q)$$

$$\sum_{i=1}^{n} q_i P_a(\phi_i) = q : (\sum_{i=1}^{n} q_i P_a(\phi_i) \geq q) \wedge (\sum_{i=1}^{n} q_i P_a(\phi_i) \leq q)$$

PEL 的语句 L_{PA}^{P} 包括 $L_{PA}^{P[\cdot]}$ 的语句,在其中不出现更新算子。

在上式中公式 [ϕ]ψ 可以读作 "ψ 是这种情况,当每一个人同时并且一般都知道 ϕ 是这种情况的时候之后"。为了解释这种语言,我们不得不给出两种相似的定义,就是真值定义和更新模型定义。这两个定义是相互依存的,但却不是循环的。

定义 4.9 （$L_{PA}^{P[\cdot]}$ 的语义）：

已知概率认知模型 M =（W，R，V，P），世界 w ∈ W,则：

(M, w) ⊨ ⊥

(M, w) ⊨ p   当且仅当 w ∈ V(p)

(M, w) ⊨ ¬ϕ   当且仅当 (M, w) ⊭ ϕ

(M, w) ⊨ (ϕ ∧ ψ)   当且仅当 (M, w) ⊨ ϕ 并且 (M, w) ⊨ ψ

(M, w) ⊨ □aϕ   当且仅当 (M, v) ⊨ ϕ 对所有的 v,使得 wR(a)v

(M, w) ⊨ [ϕ]ψ   当且仅当 (M, w) ⊨ ψ

$(M, w) \models \sum_{i=1}^{n} q_i P(\phi_i) \geq q$ 当且仅当 $\sum_{i=1}^{n} q_i P(\phi_i) \geq q$

其中 $P(a, w)(\phi_i) = P(a, w)(\{v \in dom(P(a, w)) | (M, v) \models \phi_i\})$

定义 4.10 （关于更新的语义）：

已知概率认知模型 M =（W，R，V，P）和世界 W,且 w ∈ W,更新模型 M_ϕ = (W_ϕ, R_ϕ, V_ϕ, P_ϕ) 被定义如下：

$W_\phi = W$,

$R_\phi(a) = \{(u, v) | (u, v) \in R(a)$ 并且 $(M, v) \models \varphi\}$

$V_\phi = V$

$$dom(P_\phi(a, u)) = \begin{cases} dom(P(a, u)) & \text{如果 } P(a, u)(\varphi) = 0 \\ \{v \in dom(P(a, u)) | (M, v) \models \varphi\} & \text{否则} \end{cases}$$

$$P_\phi(a, u)(v) = \begin{cases} P(a, u)(v) & \text{如果 } P(a, u)(\varphi) = 0 \\ \dfrac{P(a, u)(v)}{P(a, u)(\varphi)} & \text{否则} \end{cases}$$

对于点模型（M, v）,其更新模型是（M_ϕ, w）(即 W_ϕ = W)。

宣告 ϕ 产生一个由初始模型而构成的更新模型,这个模型与原模型并不完全相同,其不同之处在于:宣告后的可及关系和指派的概率函数与宣告前不同;ϕ 无效的世界不再与任一主体有可及关系,同样概率函数也不再被指派到 ϕ 无效的世界上,ϕ 无效的世界也不在函数的定义域内。需注意的是,宣告 ϕ 并不假定 ϕ

是真的，所以，更新总被执行，也就是说 $<\phi>T$[①] 一般来说是有效的。

然而，在此提到的更新只能改变将非零概率指派到 φ 上的主体的概率函数。在概率论中对概率为 0 的语句的更新还有一些方法，最常用的方法就是不去定义。如果在概率逻辑中采用这种方法，就会导致真值差异，因此对完全性证明系统的给定将会产生很大困难。还有一种方法，概率为 0 的语句更新后，主体将概率 0 指派到任一事物上。此法参见巴克斯（Bacchus, 1990），以及普罗霍洛夫和罗扎诺夫（Prohorov and Rozanov, 1969），但是这与模态逻辑规则相悖，因为如果按照这种方法去做，真实世界也可能会被指派为概率 0，同样将概率 1 指派到任一世界上也与概率理论规则相违背，以上这两种方法均会导致完全性证明出现困难。对概率为 0 的语句的更新还有一些更好的方法（Halpern, 2001）所有这些方法可以处理非空世界集中均能有效更新的语句。然而对在任一世界上都无效的语句更新，如谬论仍会导致真值差异。在对概率动态认知逻辑的介绍中，概率为 0 语句的更新采用的方法是不去理会，也就是说更新后不会产生与原语句不同的结果。

动态认知逻辑也不能处理不一致信息的更新，当不一致信息更新后原有的可及关系为空。在信念修正中研究的修正方法在这里不可用，在 PDEL 中，我们必须处理概率为 0 的信息更新，而不是直觉的表述。其方法在定义 4.10 中给出：忽略该信息即原信息不会发生任何改变，这样主体指派给可能世界的概率也不会在接收到新信息后发生改变。这可以确保定义 4.11 中更新后的概率表达式的分母不为 0。当然这种选择并非是哲学上的，而是为了使得证明相对简单。

引理 4.1：如果（M, w）是概率认知模型，则（M_ϕ, w_ϕ）也是概率认知模型。

证明：存在的唯一困难就是 P_ϕ 是否指派概率函数到每个世界的每个主体上。已知世界 u 和主体 a，如果 P(a, u)(φ) = 0，则 P_ϕ(a, u) = P(a, u)，因此，这也是概率函数，如果 P(a, u)(φ) ≠ 0，则 P_ϕ(a, u) 的定义域是在初始定义域中 φ 有效的世界集，因此，证明[②]如下：

(1) $\sum_{v \in dom(P_\varphi(a, u))} P_\varphi(a, u)(v)$

(2) $\sum_{v \in dom(P(a, u)) \text{且}(M, v) \models \varphi} P_\varphi(a, u)(v)$ 定义域的定义

(3) $\sum_{v \in dom(P(a, u)) \text{且}(M, v) \models \varphi} \dfrac{P(a, u)(v)}{P(a, u)(\varphi)}$ 概率的定义

(4) $\dfrac{\sum_{v \in dom(P(a, u)) \text{且}(M, v) \models \varphi} P(a, u)(v)}{P(a, u)(\varphi)}$ 代数方法

---

① $<\varphi>T$ 是指在宣告 φ 后，其值保真。

② 证明参见 Barteld P. Kooi. Probabilistic Dynamic Epistemic Logic [J]. Journal of Logic, Language and Information, 2003（12）: 381-408.

(5) $\dfrac{P(a, u)(\varphi)}{P(a, u)(\varphi)}$ $P(a, u)(\phi)$ 的定义

(6) 1 $P(a, u)(\phi) \neq 0$

此外，对于所有的 $v \in \text{dom}(P_\phi(a, u))$ 和 $P(a, u)(v) \leq P(a, u)(\phi)$，$P(a, u)(v) \in [0, 1]$，因此 $P_\phi(a, u)(v) \in [0, 1]$。

由此可以看出这种更新明显类似于贝叶斯更新，事实上，

$P_a(\phi|\psi) = q$，当且仅当 $[\psi]P_a(\phi) = q$ 对许多语句都有效。

通过增加条件概率到语言中造成符号被重复使用，条件概率可定义如下：$P_a(\phi|\psi) = \dfrac{P_a(\varphi \wedge \psi)}{P_a(\psi)}$。如果 ϕ 的真值在知道 ψ 后没有改变则等式有效，但是该等值式并不是普遍有效的。如在没有进行成功更新中就不是有效的，带有 ϕ 的成功更新将会导致主体相信 ϕ。但是，例如，当你得到这样一个信息，"你不知道天正在下雨，事实上天正在下雨"①，那么你将不会相信你不知道现在天正在下雨。格布兰迪（1999）对这个话题进行了深入的讨论，如关于不成功更新的有趣的泥孩子疑难。类似于这个概率的形式有，假定 a 投掷了一枚均匀的硬币，使得 b 看不到结果但是 a 却知道这个结果，然后 a 告诉 b 硬币正面朝上的概率不为 0 且结果是反面朝上，在更新了 b 的正面朝上的概率指派为 0 之后的结果将会是：

$$[P_a(\text{heads}) > 0 \wedge \text{tails}]P_a(P_a(\text{heads}) > 0 \wedge \text{tails}) = 0$$

无论如何：

$$P_a(P_a(\text{heads}) > 0 \wedge \text{tails} | P_a(\text{heads}) > 0 \wedge \text{tails}) = 1$$

这是由于在概率理论和动态认知逻辑中关于信息变化处理的角度不同导致的。虽然在公开宣告后，宣告的公共知识 ϕ 是真的，但是在宣告后不需要公共知识 ϕ，因为 ϕ 有可能包含关于信息的陈述。

DEL 中仍存在的一个问题就是对可能导致不成功更新的那些语句的语法描述，同样，在 PDEL 中仍未得到解决。范本特姆（van Benthem, 2002b）对于这些导致成功的更新语句的语法描述取得了一些进步。

虽然获得新信息能够在某种程度上构建模型并且涉及高阶信息，但是该语言却不能精确地描述更新是如何发生的。当一个人构建博弈模型时，博弈者就可采用某种策略构建公开宣告，或许他们不会透露所有他们知道的，或者其行为取决于较为复杂的协定。对于我们考虑的这种更新，必须假定由某些过程产生的"ϕ 宣告"或"¬ϕ 宣告"而导致"宣告 ϕ"发生。如关于 ϕ 问题的答案。例如，一个骰子被多次投掷，主体 a 能看到结果而 b 不能，但是 b 可以通过询问 a 结果是

---

① 一些人主张不成功更新的发生是由于没有合适的与时间量度结合，如果是那样的话，命题就不能改变其真值。在动态逻辑中，命题的真值能改变的观点则更为有用。

奇数、是偶数还是三的倍数来猜测结果。如果 b 肯定地认为结果是偶数，那么结果是 6 的概率是多少？答案取决于 b 的策略或协议，这种更新没有在 PDEL 中得到处理。

四、关于概率的推理

在概率理论中，推理通常用构建某个情境的模型的方法进行证明已经得到了研究。① 然后在那个模型对相关的命题进行分析。在逻辑中，推理通常翻译成形式化语言然后来证明它是有效的，并且在形式证明系统中结论可以从前提得到推演。这里提供了在特殊情况下建构模型的方法和构造概率动态认知逻辑形式证明系统的方法。

（一）构建模型

虽然前面介绍了概率认知模型，但对于如何构建特定情况下的模型仍不太清楚。哈尔彭和塔特尔（1993）也曾给出这样的方法。这里可以给出与他俩不同但却相似的方法，即纯概率模型。从这点说，只有哈尔彭和塔特尔（1993）的纯概率模型才是符合 S5② 系统的。这些模型还有个有趣的特征，就是其中主体都有共同的前提，这意味着如果他们忘记了已经知道的所有的事情，那么将会和所有的概率相一致。这样一来存在一个开放性的问题：这类模型能否由 PDEL 语言中的语句来刻画。在博弈理论（Aumann, 1976）中，假定存在有公共前提是非常重要的。

如上，假定一个主体知道硬币正面朝上的概率是 1/3 或 1/2 中的一个，但他却并不确切地知道是哪一个，这时就不容易构建模型。在此将介绍如何从两个模型中构造概率认知模型：一个是非概率信息模型（即命题的和认知的信息）；另一个是概率信息模型。直观上容易理解，这两种信息的论域是不同的。该思想是把认知模型增加到我们所称的纯概率模型中去。

定义 4.11（纯概率模型）：

已知一个非空集 E 和一个有穷主体集 A，纯概率认知模型 M 是一个三元组（W，R，P），使得：

（1）W $\neq \emptyset$；

---

① 其方法是首先构建一个用于研究的合适的模型，其次相关的命题就在这个模型上进行分析。
② 系统 S5 是常用的正规模态命题演算系统之一。由刘易斯和兰福德在《符号逻辑》的附录中首次提出。它由初始符号、形成规则、初始公式、变形规则四部分组成基础。它是 T 系统的扩充，也是 S4 的扩充。

（2） R：A→$2^{W×W}$；

（3） P：W→{P│P 是定义域为 E 的概率函数}。

这样，概率函数就是从 W 到 E 上的一个映射，即给 W 中的每一个世界指派一个概率值。称这样的模型为纯概率模型，因为其中不包含命题变元，但是概率函数具有相似的作用，然而，可及关系则解释为认知的关系。

已知一认知模型 M 和一纯概率模型 M，可得到一个概率认知模型 M，就可以构造一个概率认知模型 M。这两个模型必须定义具有相同的主体，认知模型中的可能世界集 W 必须是在 P 中的所有的概率区间（即 E = W）的定义域。为纯概率模型中的世界提供了一个建立在认知模型的世界集上的先验概率分布。主体指派给世界集上的概率是建立在主体的知识上的条件化的先验概率。

定义 4.12（乘积）：

已知一个认知模型 M 和一个纯概率模型 M，使得 M =（W, R, V）和 M =（W, R, P）。

M⊗M = M =（W, R, V, P）当且仅当，

W = W × W

R(a) = {((w, w), (v, v))│wR(a)v ∧ wR(a)v}

V(p) = V(p) × W

dom(P(a, (w, w))) = {v│wR(a)v} × {w}

$$P(a, (w, w))(v, w) = \frac{P(w)(v)}{\sum_{(u, w) \in dom(p(a, (w, w)))} P(w)(u)}$$

概率函数的定义域就是给主体指派序对（w, w）也包括序对（v, w）使得在认知模型中和主体相关的从 w 到 v 具有可及关系。所以，定义域是与认知模型中的主体具有可及关系的世界集的概率的副本，通过主体把概率指派给一个世界是该主体的条件概率，已知它在该主体的概率函数的定义域内（此时我们放弃有序对中的第二个元素）。

现在，我们可以处理最开始提及的例子：投掷一枚硬币并且主体 a 并不知道投掷的结果，所以并不能区分该世界是正面朝上，或者是反面朝上。但是她知道该硬币是均匀的或者知道正面朝上的概率 1/3，但是却无法知道每次的确切结果是什么。因此，她不能够区别头向上的概率是 1/2 或者是 1/3。因此，我们可以根据 a 关于硬币投掷结果的信息建立一个认知模型，根据 a 关于硬币的信息建立一个纯概率模型，这两个模型和它们相乘的结果可以用图 4 - 1 来表示，则我们就可以明白，语句 $P_a(\phi) \geq q$ 不应该读作"主体 a 指派给 ϕ 的概率大于或等于 q"，因为这里不需要指派给 ϕ 一个唯一的概率 q，在该例中 a 不能区分两个概率的分布。$P_a(\phi) \geq q$ 应该读作"主体 a 将要指派给 ϕ 的概率大于或等于 q，已知

建立在世界上的'实际的'概率分配并且已知主体 a 的其他信息"。因此，我们将会对形如 $\Box a(P_a(\phi) \geq q)$ 这样的语句感兴趣。一个语句有效当且仅当主体 a 知道她将要指派给 ϕ 的概率大于或等于 q。

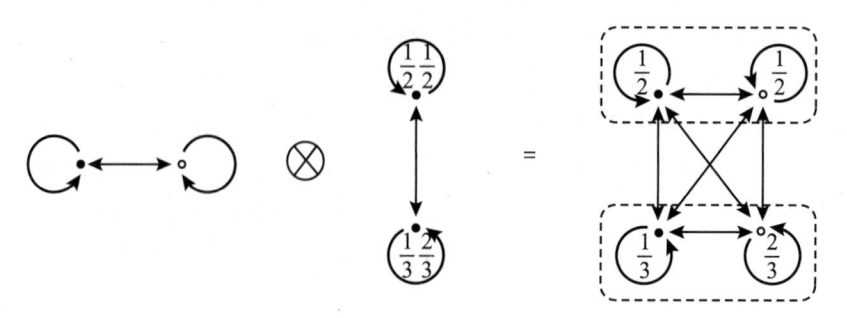

图 4-1　认知—纯概率—相乘

这里只有一个必要条件，即基本模型必须满足乘法：与主体有可及关系的世界集必须是非 0 概率的。这样确保能够给概率函数一个恰当的定义，因为这保证与主体有可及关系的世界集是非空的，并且不会出现分母为 0 的情况。

图 4-1 相乘的例子。左边是认知模型，中间的是纯概率模型，右边的则是二者相乘的结果：概率认知模型。在概率认知模型中，实心节点表示硬币投掷的结果是正面朝上，空心节点表示硬币投掷结果反面朝上，虚线框表示概率函数的定义域。

（二）证明系统，可靠性和完全性

PDEL 的证明系统是建立在格布兰迪（1999）的动态认知逻辑 DEL 的证明系统和费金、哈尔彭（1994）的概率认知逻辑 PEL 的证明系统的基础之上的，这两个系统是由概率更新 1 和概率更新 2 组合而形成的 PDEL 的证明系统。

定义 4.13　（证明系统）：

PDEL 的证明系统是建立在格布兰迪（1999）的动态认知逻辑 DEL 的证明系统和费金、哈尔彭（1994）的概率认知逻辑 PEL 的证明系统的基础之上的，这两个系统是由概率更新 1 和概率更新 2 组合而形成的 PDEL 的证明系统。

定义 4.14　（证明系统）：

概率动态认知逻辑的证明系统 PDEL 的组成如下：

已知一个可数的命题变元集 P 和一个有穷主体集 A，则 PDEL 证明系统由下列公理和推演规则组成：

命题逻辑

$\vdash \phi$，ϕ 是命题重言式的实例　　　　　　　　　　（PC 公理）

认知逻辑

(1) $\vdash \Box_a(\phi \to \psi) \to (\Box_a \phi \to \Box_a \psi)$ （$\Box_a$ 分布公理）

(2) 从 $\vdash \phi$，可以推出 $\vdash \Box_a \phi$ （$\Box_a$ 必然化规则）

更新逻辑

(1) $\vdash [\phi](\psi \to \chi) \to ([\phi]\psi \to [\phi]\chi)$ （$[\phi]$ 分布公理）

(2) $\vdash \neg[\phi]\psi \leftrightarrow [\phi]\neg\chi$ （函数性公理）

(3) $\vdash p \leftrightarrow [\phi]p$ （原子不变性）

(4) $\vdash [\phi]\Box_a \psi \leftrightarrow \Box_a(\phi \to [\phi]\psi)$ （知识更新公理）

(5) $\vdash P_a(\phi) > 0 \to ((([\phi]\sum_{i=1}^{n} q_i P_a(\varphi_i) \geqslant q) \leftrightarrow (\sum_{i=1}^{n} q_i P_a(\varphi \wedge [\varphi]\varphi_i) \geqslant q P_a(\varphi)))$

（概率更新 1）

(6) $\vdash P_a(\phi) = 0 \to ((([\phi]\sum_{i=1}^{n} q_i P_a(\varphi_i) \geqslant q) \leftrightarrow (\sum_{i=1}^{n} q_i P_a([\varphi]\varphi_i) \geqslant q))$

（概率更新 2）

(7) 从 $\vdash \psi$，可以得到 $\vdash [\phi]\psi$ （$[\phi]$ 必然化规则）

线性不等式

(1) $\vdash \sum_{i=1}^{n} q_i P_a(\varphi_i) \geqslant q \leftrightarrow (\sum_{i=1}^{n} q_i P_a(\varphi_i) + 0 P_a(\varphi_{k+1}) \geqslant q)$

（0 项）

(2) $\vdash \sum_{i=1}^{n} q_i P_a(\varphi_i) \geqslant q \to \sum_{i=1}^{n} q_{j_i} P_a(\varphi_{j_i}) \geqslant q$ $j_1, \cdots, j_k$ 排列方式为 $1, \cdots, k$

（排列公理）

(3) $\vdash \sum_{i=1}^{n} q_i P_a(\varphi_i) \geqslant q \wedge \sum_{i=1}^{n} q'_i P_a(\varphi_i) \geqslant q' \to \sum_{i=1}^{n} (q_i + q'_i) P_a(\varphi_i) \geqslant (q + q')$

（加法公理）

(4) $\vdash \sum_{i=1}^{n} q_i P_a(\varphi_i) \geqslant q \leftrightarrow \sum_{i=1}^{n} dq_i P_a(\varphi_i) \geqslant dq$ 且 $d > 0$

（乘法公理）

(5) $\vdash (t \geqslant q) \vee (t \leqslant q)$ （二分法公理）

(6) $\vdash (t \geqslant q) \to (t > q')$ 且 $q > q'$ （单调性）

概率逻辑

(1) $\vdash P_a(\phi) \geqslant 0$ （非否定公理）

(2) $\vdash P_a(T) = 1$ （概率真值公理）

(3) $\vdash P_a(\phi \wedge \psi) + P_a(\phi \wedge \neg \psi) = P_a(\phi)$ （加法公理）

(4) 从 $\vdash \phi \leftrightarrow \psi$，可以得到 $\vdash P_a(\phi) = P_a(\psi)$ （等值规则）

以上证明系统包含了命题逻辑、认知逻辑和不包含 DEL 概率更新公理的更新逻辑的公理和规则，以及命题逻辑、认知逻辑、线性不等和 PEL 概率逻辑的公理和规则。DEL 的完全性和可靠性证明由格布兰迪和格罗内维尔德（1997）给出，PEL 的完全性和可靠性证明由费金和哈尔彭（1994）给出。概率更新公理 1 阐释了条件概率和更新概率概念之间的关系，这种关系由以下范本特姆提出的等式表述：

$$[\psi](P_a(\varphi) = q) \quad 当且仅当 \quad P_a([\psi]\varphi \mid \psi) = q$$

注意，这不是正规的模态逻辑，因为它不能进行全称替换，主要是因为存在有不成功的更新所致。例如：

$\vdash [p]\square_a p$ 是定理，但 $\vdash [\neg\square_a p \wedge p]\square_a(\neg\square_a p \wedge p)$ 则不是定理，尽管它也是替换的例子，动态认知逻辑中还有一些原则是有效的，但却不是可推演的[①]。

定理 4.3（可靠性定理）：如果 $\vdash \varphi$，那么 $\models \varphi$。

证明：只需证明系统里的每条公理都是有效式并且推演规则保持有效性。其中 DEL 和 PEL 公理的可靠性已由格布兰迪（1999）、格布兰迪和格林菲尔德（1997）、费金和哈尔彭（1994）证明，本书就不再给出，下面给出库伊对概率更新 1 的可靠性证明。

对于概率更新 1，假定 $(M, w) \models P_a(\varphi) > 0$：

$$\{v \mid (M, v) \models [\varphi]\psi \wedge \varphi 且 v \in dom(P(a, w))\}$$
$$= \{v \mid (M_\varphi, v_\varphi) \models \psi 且 v_\varphi \in dom(P_\varphi(a, w_\varphi))\}$$

假定 $(M, w) \models P_a(\varphi) > 0$ 则下列等式有效：

(1) $(M, w) \models [\varphi] \sum_{i=1}^{n} q_i P_a(\varphi_i) \geq q$ 　　　由假定可知

(2) $(M_\varphi, w_\varphi) \models \sum_{i=1}^{n} q_i P_a(\varphi_i) \geq q$ 　　　真值定义

(3) $\sum_{i=1}^{k} q_i P_\varphi(a, w_\varphi)(\varphi_i) \geq q$ 　　　真值定义

(4) $\sum_{i=1}^{k} q_i P_\varphi(a, w_\varphi)(\{v_\varphi \mid (M_\varphi, v_\varphi) \models \varphi_i 且 v_\varphi \in dom(P_\varphi(w_\varphi))\}) \geq q$

　　　真值定义

(5) $\sum_{i=1}^{k} q_i P_\varphi(a, w_\varphi)(\{v \mid (M, v) \models [\varphi]\psi \wedge \varphi 且 v \in dom(P(a, w))\}) \geq q$,

　　　定义 4.8

[①] Johan van Benthem. One is a Lonely Number: On the Logic of Communication [C]. To be published in the proceedings of the Logic Colloquium, 2002.

(6) $\sum_{i=1}^{k} q_i \dfrac{P(a,w)([\varphi]\varphi_i \wedge \varphi)}{P(a,w)(\varphi)} \geqslant q$ 根据 P_φ 定义和 (M,w)

$\vDash P_a(\varphi) > 0$

(7) $\sum_{i=1}^{k} q_i P(a,w)([\varphi]\varphi_i \wedge \varphi) \geqslant q P(a,w)(\varphi)$ 代数方法

(8) $(M,w) \vDash \sum_{i=1}^{n} q_i P_a([\varphi]\varphi_i \wedge \varphi) \geqslant q P_a(\varphi)$ 真值定义

概率更新 2 的可靠性可以由更新的定义立刻得出，因为如果 φ 的概率为 0，则在更新后概率函数的定义域没有任何改变。

为证明完全性，下面提供了概率动态认知逻辑语句到概率认知逻辑语句的翻译。给定 PEL 为概率认知逻辑是完全的，则 PDEL 的语句在其翻译上是可证明等值的。相同的证明可参见格布兰迪（1999），使用证明系统的公理，将一种语言翻译到另一种语言上，使得完全性证明是有效的。

定义 4.15（从 $L_{\wp A}^{P[g]}$ 到 $L_{\wp A}^{P}$ 的翻译）：

翻译 $t: L_{\wp A}^{P[g]} \rightarrow L_{\wp A}^{P}$ 可以定义如下：

(1) $t(p) = p$

(2) $t(\neg\phi) = \neg t(\phi)$

(3) $t(\phi \wedge \psi) = t(\phi) \wedge t(\psi)$

(4) $t(\square_a \phi) = \square_a t(\phi)$

(5) $t(\sum_{i=1}^{n} q_i P_a(\varphi_i) \geqslant q) = (\sum_{i=1}^{n} q_i P_a(\varphi_i) \geqslant q)$

(6) $t([\phi]p) = p$

(7) $t([\phi]\neg\psi) = \neg t([\phi]\psi)$

(8) $t([\phi](\psi \wedge \chi)) = t([\phi]\psi) \wedge t([\phi]\chi)$

(9) $t([\phi]\square_a \psi) = \square_a(t(\phi) \rightarrow t([\phi]\psi))$

(10) $t([\phi][\psi]\chi) = t([\phi]t([\psi]\chi))$

(11) $(t([\phi] \sum_{i=1}^{n} q_i P_a(\varphi_i) \geqslant q) =$

$(P_a(t(\phi)) > 0 \wedge (\sum_{i=1}^{n} q_i P_a(t(\varphi_i) \wedge t([\varphi]\varphi_i)) \geqslant q P_a t(\varphi))))$

∨

$(P_a(t(\phi)) = 0 \wedge \sum_{i=1}^{n} q_i P_a(t([\phi]\phi_i)) \geqslant q)$

注意，尽管更新算子具有无穷的特征（其在全部模型上起作用），当赋值语句发生作用时仅需要给出有穷的内涵深度（叠置的模态算子的数量），翻译的证

明可以使用下面的复杂度的方法来完成。

定义 4.16（复杂度 complexity）：

语句的复杂度定义如下：

(1) $c(p) = 1$；

(2) $c(\neg\phi) = 1 + c(\phi)$；

(3) $c(\phi \land \psi) = 1 + \max(c(\phi), c(\psi))$；

(4) $c(\Box_a \phi) = 1 + c(\phi)$；

(5) $c(\sum_{i=1}^{n} q_i P_a(\varphi_i) \geq q) = 1 + \max_{1 \leq i \leq k} c(\phi_i)$；

(6) $c([\phi]\psi) = c(\phi) + c(\psi)$。

引理 4.2： 对任意一 PDEL 的语句 ϕ，语句 $t(\phi)$ 的翻译是把概率认知逻辑中的语句翻译到动态概率认知逻辑中可证的等价的语句。

证明： 对 ϕ 的复杂度施用归纳法证明[①]（证明参见 Barteld P. Kooi，2003）。

基本情况： 不足道。

归纳假设： 对于 PDEL 中的每一语句 ϕ 使得 $c(\phi) \leq n$，语句 $t(\phi)$ 的翻译是在概率认知逻辑中的语句 ϕ，并且 $t(\phi)$ 在概率动态认知逻辑中是可证等价的。

归纳步骤： 假定 $c(\phi) = n + 1$，ϕ 是否定、合取或认知，概率语句时可以直接得出。

(1) 假定 ϕ 是形如 $[\psi]p$ 的语句，则 $t([\psi]p) = p$。因为 $t([\psi]p)$ 是概率认知逻辑中的语句，根据原子不变性公理推出，该式是等价的。

(2) 假定 ϕ 是形如 $[\psi]\neg\chi$ 的语句，则 $t([\psi]\neg\chi) = \neg t([\psi]\chi)$，根据归纳假设 $t([\psi]\chi)$ 是概率认识逻辑中的语句，因此 $t([\psi]\neg\chi)$ 是概率认知逻辑中的语句；再根据归纳假设，$t([\psi]\chi)$ 等价于 $[\psi]\chi$，因此 $\neg t([\psi]\chi)$ 等价于 $\neg[\psi]\chi$，这是根据函数性公理 $\neg[\psi]\chi$ 等价于 $[\psi]\neg\chi$ 而得到的。

(3) 假定 ϕ 是形如 $[\psi](\chi \land \xi)$ 的语句。那么 $t([\psi](\chi \land \xi)) = t([\psi](\chi)) \land t([\psi]\xi)$，根据归纳假设 $t([\psi](\chi))$ 和 $t([\psi]\xi)$ 是概率认知逻辑中的语句，因此 $t([\psi](\chi \land \xi))$ 也是概率认知逻辑中的语句。再根据归纳假设 $t([\psi]\chi)$ 和 $t([\psi]\xi)$ 分别等价于 $[\psi]\chi$ 和 $[\psi]\xi$，根据模态推理就足以证明 $[\psi](\chi \land \xi)$ 等价于 $[\psi]\chi \land [\psi]\xi$。

(4) 假定 ϕ 是形如 $[\psi]\Box_a \chi$ 的语句。那么 $t([\psi]\Box_a \chi) = \Box_a(t(\psi) \to t([\psi]\chi))$。根据归纳假设，$t(\psi)$ 和 $t([\psi]\chi)$ 是概率认知逻辑中的语句，因此 $t([\psi]\Box_a \chi)$ 也是概率认知逻辑中的语句。再根据归纳假设，$t(\psi)$ 和 $t([\psi]\chi)$ 分别等

[①] Barteld Pieter Kooi. Probabilistic Dynamic Epistemic Logic [J]. Journal of Logic Language and Information 2003，12（C）.

价于 ψ 和 [ψ]χ，根据知识更新公理，可以得到 [ψ]□$_a$χ 等价于 □$_a$(ψ→[ψ]χ)。

（5）假定 φ 是形如 $[\psi](\sum_{i=1}^{n} q_i P_a(\varphi_i) \geq q)$，则 $t([\psi](\sum_{i=1}^{n} q_i P_a(\varphi_i) \geq q))$

$= (P_a(t(\psi)) > 0 \land (\sum_{i=1}^{n} q_i P_a(t(\psi) \land t([\psi]\phi_i)) \geq q P_a(t(\psi))))$

$\lor (P_a(t(\psi)) = 0 \land (\sum_{i=1}^{n} q_i P_a(t([\psi]\varphi_i)) \geq q))$。

根据归纳假设，t(ψ) 和 t([ψ]φ$_i$) 是概率认知逻辑中的语句。则 $t([\psi](\sum_{i=1}^{n} q_i P_a(\varphi_i) \geq q))$ 也是概率认知逻辑中的语句。根据归纳假设 t(ψ) 和所有的 t([ψ]φ$_i$) 分别等价于 ψ 和 [ψ]φ$_i$，可推演出 P$_a$(φ) > 0 ∨ P$_a$(φ) = 0，根据概率更新公理可得证。

（6）假定 φ 是形如 [φ][ψ]χ 语句，那么 t([φ][ψ]χ) = t([φ]t([ψ]χ))，对 t([ψ]χ) 施归纳假设，我们可以得到比 [ψ]χ 复杂度低的公式，同样地，对 t([φ]t([ψ]χ)) 施归纳假设即可得证。

定理 4.4：如果 ⊨$_{PDEL}$φ，那么 ⊢$_{PDEL}$φ。

证明：假设 ⊨$_{PDEL}$φ。根据引理 4.2 和可靠性可以得到 ⊨$_{PDEL}$t(φ)，因此 ⊨$_{PEL}$t(φ)，再根据 PEL 的完全性可得到 ⊢$_{PEL}$t(φ)，根据引理 4.2 可以得到结论 ⊢$_{PDEL}$φ。该完全性不是强完全的，因为概率认知逻辑不是紧致的。

推论 4.1：概率动态认知逻辑的语言可以通过概率认知逻辑的语言来表达。

推论 4.2：概率动态认知逻辑的有效性问题是可判定的。

证明：参阅费金和哈尔彭（1994）[①] 的相关证明。

因为涉及复杂度，概率认知逻辑的有效性问题相对于多项式空间是完全的，但是从定义 4.15 的翻译是更新后概率算子的深度中的空间指数，即形如 [φ](P$_a$(P$_a$(⋯))) 这样的公式。当然我们可推出在多项式空间是复杂度的下确界，指数空间是复杂度的上确界。DEL 复杂度问题是开放的，因为在更新算子后翻译也是空间中知识序列深度中指数的。

强完全性是不存在的，因为概率认知逻辑是不紧致性的（compact）。

引理 4.3（非完全性）：

概率认知逻辑是不紧致性的。

证明：考虑下面的语句集 Γ = {P$_a$(p) > 0} ∪ {P$_a$(p) ≤ 2^{-i} | i ∈ N}

每一个有穷的 Γ 子集都有一个模型，但是整个集 Γ 却没有模型。

[①] Fagin R. and J. Halpern. Reasoning about knowledge and probability [J]. Journal of the Association for Computing Machinery, 1994, 41 (2): 340 - 367.

该引理是建立在凯斯勒（Keisler，1985）的基础上的，其中提出了一个类似的结论，它是基于概率逻辑中的统计概率而言的。该"季诺"（"Zeno"）-例子使其等价于其他的逻辑。在凯斯勒（1985）中主要讨论的是无穷的概率逻辑，其中紧致性可通过其他方法获得。

五、概率动态逻辑的互模拟

互模拟在模态逻辑中是一个非常有用的概念。在一般的情况下，如果两个结构是互模拟的，那么它们的行动就是不可区分的。在概率认知模型中，行动的不可区分性意味着满足相同的语句。在模态逻辑中的一个著名的结论是如果两个点模型是互模拟的，那么它们满足相同的语句（Blackburn, de Rijke and Venema, 2001）。在此，我们将要证明该结论对概率动态认知逻辑也是成立的。

定义 4.17（互模拟）：

采用下面的缩写：

$$\text{Forth}(E, E'): = \forall x \in E \exists y \in E'(xBy)$$
$$\text{Back}(E, E'): = \forall y \in E' \exists x \in E(xBy)$$

已知两个概率认知模型 M 和 M′。关系 $B \subseteq W \times W'$ 是互模拟，当且仅当，对所有的 $w \in W$，并且 $w' \in W'$，如果 wBw'，那么对所有的 $n \in A$，下面成立：

原子　$w \in V(p)$　当且仅当 $w' \in V'(p)$，对每一个 $p \in P$

向前　$\text{Forth}(\{v \mid wR(a)v\}, \{v' \mid w'R'(a)v'\})$

向后　$\text{Back}(\{v \mid wR(a)v\}, \{v' \mid w'R'(a)v'\})$

PForth 对每一个 $E \subseteq \text{dom}(P(a, w))$ 存在一个 $E' \subseteq \text{dom}(P'(a, w'))$ 使得
　　　　$P(a, w)(E) \leq P'(a, w')(E')$ 并且 $\text{back}(E, E')$

PBack 对每一 $E' \subseteq \text{dom}(P'(a, w'))$ 存在一个 $E \subseteq \text{dom}(P(a, w))$ 使得
　　　　$P(a, w')(E') \leq P'(a, w)(E)$ 并且 $\text{forth}(E, E')$

如果在模型 M 和 M′之间存在一个和 w 及 w′相关联的互模拟，则将其记为：$(M, w) \leftrightarrow (M', w')$。

原子，向前和向后是互模拟的一般条件。笔者增加了 PForth 和 PBack 以适应概率语句，可以分别称为概率向前、概率向后。如果对概率理论比较熟，可以很容易地把这些定义扩充到更一般的概率认知模型上，费金和哈尔彭（1994）已经给出很多这样的情况，并且带有概率空间。其中可以采用内部测度（inner measure）来代替在 PForth 和 PBack 中的概率函数。对模型来说，下面的定理也成立。

定理 4.5：

对所有的模型 (M, w) 和 (M′, w′) 并且对所有的语句 ϕ，如果 (M, w)↔(M′, w′)，那么 (M, w)⊨ϕ，当且仅当 (M′, w′)⊨ϕ。

证明：通过施归纳于 ϕ。假设 (M, w)↔(M′, w′)。基于基本情况和对于合取，否定，个体认知算子 $\Box_a$ 可以直接得出。根据引理 4.2，我们可以得到自由更新的情况。

假设 uBu′ 并且 $(M, u) \models \sum_{i=1}^{n} q_i P_a(\varphi_i) \geq q$，令

$$E_i = \{v \in \text{dom}(P(a, u)) \mid (M, v) \models \phi_i\}$$

并且

$$E_i' = \{v' \in \text{dom}(P'(a, u')) \mid (M, v') \models \phi_i\}$$

如果我们证明 $P(a, u)(E_i) \leq P'(a, u')(E_i')$，就可以达到目的。从 uBu′ 和 pforth 可以推出存在有一个 $S' \subseteq \text{dom}(P'(a, w'))$ 使得：

$$P(a, w)(E_i) \leq P'(a, w')(S') \text{ 并且 } \text{back}(E_i, S')$$

根据归纳假设且 back(E_i, S′) 可以蕴涵 $(M', v') \models \phi_i$，对每一个 $v' \in S'$。因此 $S' \subseteq E_i'$，并且因此 $P'(a, u')(S') \leq P'(a, u')(E_i')$。现在可以得出：

$$P(a, u)(E_i) \leq P'(a, w')(S') \leq P'(a, u')(E_i')$$

对于从右向左的情况是类似的。这给出了一个条件结论 $P(a, u)(E_i) = P'(a, u')(E_i')$。

因此，对所有的模型 (M, w) 和 (M′, w′)，如果 (M, w)↔(M′, w′)，那么对所有的语句 ϕ：(M, w)⊨ϕ，当且仅当 (M′, w′)⊨ϕ。

定理 4.3 的另一个方向也成立，当模型是有穷的或当人们使用无穷语言时，其允许任意的语句集的合取。

在此所表达的互模拟也可以适用于概率空间，它可以看作是概率认知克里普克模型的特殊情况，并且因此它也对概率论感兴趣，为了明白两个相同的实验模型是否是等价的，有必要对数学进行更深入的研究。

对于概率推理存在有更加丰富的语言，其可以用来区别互模拟模型，例如，统计概率逻辑（SPL）语言。依靠该语言，可以对概率进行推理。人们可能会考虑是否存在有为信息构造模型，这是没有必要的。这将会产生这样的问题是否人们可以定义最小模型。在模态逻辑中人们可以定义一个最小模型其对应于一个任意的克里普克模型，根据所有的互模拟世界都是等价的。对模态逻辑来说这似乎是一个传统，它也适用于概率认知模型。

定义 4.18 （最小模型）：

令一个概率认知模型 M = (W, R, V, P) 为已知。和 M 有关的最小模型是

模型 M′ = (W′, R′, V′, P′)，其中：

(1) W′ = {E⊆W | 对所有的 w, v∈E：(M, w)↔(M, v)}；

(2) R′(a) = {(E, E′)∈(W′×W′) | 存在 w∈E 和 v∈E′ 使得 wR(a)v}；

(3) V′(p) = {E | 存在有 w∈E 使得 w∈V(p)}；

(4) dom(P′(a, E)) = {E′∈W′ | 存在有 w∈E 并且 v∈E′ 使得 v∈dom(P(a, w))}；

(5) P′(a, E)(E′) = sup{q∈R | 存在有 w∈E 使得 q = P(a, w)(E′∩dom(P(a, w)))}。

其中第 (5) 句中 E′∈dom(P′(a, E′))。

引理 4.4：一个最小模型是一个概率认知模型。

证明：令 M′ 是一个最小模型。仅有的困难就是证明 P′ 是一个概率函数。我们不得不证明：

$$\forall a\in A \ \forall E\in W' \quad \sum P'(a, E)(E') = 1$$

任取一主体 a∈A，任取一世界 E∈W′，并且任取 E′∈dom(P′(a, E))。概率 P′(a, E)(E′) 定义为：

Sup{q∈R | 存在有 w∈E 使得 q = P(a, w)(E′∩dom(P(a, w)))}

假设在 E 中存在有两个世界 w 和 v。另外假设 P(a, w)(E′∩dom(P(a, w))) ≠ P(a, v)(E′∩dom(P(a, v)))。不失一般性地概括可知前者大于后者。因为 w 和 v 都在 E 中，他们是互模拟的。令 B 是一个互模拟，构造 (M, w)↔(M, v)。从 pforth 可以推出存在有集合 F′⊆dom(P(a, v)) 使得：

$$P(a, w)(E'\cap dom(P(a, w)))(a, w) \leq P(a, v)(F')$$

并且 back(E′∩dom(P(a, v)), F′)。从 back(E′∩dom(P(a, w)), F′) 可以推出 F′⊆E′∩dom(P(a, v))，因为与 E′ 中所有的互模拟的世界都在 E′ 中。但是并不会出现这样的情况 P(a, w)(E′∩dom(P(a, w))) > P(a, v)(E′∩dom(P(a, v)))。因此 {q∈R | 存在有 w∈E 使得 q = P(a, w)(E′∩dom(P(a, w)))} 是单元集。因此 $\sum_{E'\in dom(P'(a,E))W'} P'(a, E)(E') = 1$

引理 4.5：每一个模型 M 和与它相关的最小模型 M′ 是互模拟。

证明：令 M = (W, R, V, P) 并且 M′ = (W′, R′, V′, P′) 如定义 4.10。现在我们证明的是建立在 W×W′ 上的 ∈ 关系是互模拟的。对于原子、前向、向后可以直接得出。

对于 pforth 的情况。假设 w∈E，其中 E∈W′。假设 S⊆dom(P(a, w))。现在我们必须证明的是存在有定义域为 P′(a, E) 的子集 S 使得指派给它的概率大于或者等于指派给 S 的概率，并且 back(S, S)。令 S = {E′∈W′ | 存在有 v∈S 使得 v∈E′}。

从 $\mathrm{dom}(P'(a, E))$ 的定义可以推出 $S \subseteq \mathrm{dom}(P'(a, E))$。很容易地看出 back$(S, S)$。从 $P'(a, E)$ 的定义可以推出 $P(a, w)(E' \cap \mathrm{dom}(P(a, w))) \leqslant P'(a, E)(E')$，对每一个 $E' \in S$。因此 $P(a, w)(S) \leqslant P'(a, E)(S)$。

对于 pback 的情况，假设 $w \in E$，其中 $E \in W'$。假设 $S \subseteq \mathrm{dom}(P'(a, E))$。现在必须证明存在有 $P(a, w)$ 的定义域的子集 S_w 使得指派给它的概率大于或等于指派给 S 的概率，并且 forth(S, S)。令 $S_w = \{v \mid$ 存在有 $E' \in S$ 使得 $v \in E'$ 并且 $v \in \mathrm{dom}(P(a, w))\}$。

显然在这种情况下 $S_w \subseteq \mathrm{dom}(P(a, w))$ 并且 forth(S_w, S)。假设，和它相反的方向成立 $P'(a, E)(S) > P(a, w)(S_w)$。因此存在有 $u \in E$ 使得对集合 $S_u = \{v \mid$ 存在有 $E' \in S$ 使得 $v \in E'$ 并且 $v \in \mathrm{dom}(P(a, u))\}$。

在这种情况下 $P(a, u)(S_u) > P(a, w)(S_w)$。但是因为 w 和 u 都在 E 中，他们必须是互模拟的，已知 $E \in W'$。令 B 是互模拟，构造 $(M, w) \leftrightarrow (M, u)$。从 pback 可以推出对于 S_u 存在有集合 $S \subseteq \mathrm{dom}(P(a, w))$ 使得 $P(a, u)(S_u) \leqslant P(a, w)(S)$ 并且 forth(S, S_u)。因此对于每一个在 S 中的世界 v 存在有在 S_u 中的 v' 和它是互模拟的。因此 v 和 v' 在 $E' \in S$ 中最终是同样的世界。因为 $S \subset \mathrm{dom}(P(a, w))$，就会出现这样的情况 $S \subseteq S_w$。但这将会导致矛盾，因为现在可以推出 $P(a, w)(S) \leqslant P(a, w)(S_w)$。但是我们已经假设 $P(a, w)(S_w) < P(a, u)(S_u)$，并且已经推出 $P(a, u)(S_u) \leqslant P(a, w)(S)$。

因此 $M \leftrightarrow M'$。

在此我们介绍了概率转换（transition）系统，并且提出了概率互模拟的概念：注意这些是由拉素和斯肯（Larsen and Skon, 1991）提出的，他们介绍了作为分离（discrete）系统的互模拟的概念，并且德·文克和萨（de Vink and Rutten, 1999）也总结了拉素和斯肯的方法来构造概率转换系统。这些概率互模拟概念和我们所提供的互模拟概念之间存在有一些细微的区别，并且问题是这些概念是否是一致的，或者人们可构造其他的更一般的互模拟概念，都需要做进一步的研究。但是迄今为止我们知道，两个概率认知模型之间的互模拟蕴涵着它们有相同的概率动态认知理论却是新的，其结论就是最小模型。

六、结论和有待研究的问题

在此，我们提出了概率动态认知逻辑，它常用于对概率、信息、信息变化进行推理。在没有涉及的概率的逻辑中用它来模型信息变化，而在概率论中则可以用它来模型高阶信息的变化。除了提出了它的语义之外，我们还提供了构造模型及可靠性和完全证明系统的一些方法，另外，在该逻辑中也定义了互模拟，它可以用在博弈中，例如，带有公开宣告的纸牌游戏，而且也可以用来解决三门问题。

PDEL 在概率论中的主要作用是可以用来给推理提供一个形式化的语言，使得标准的逻辑工具可以用来证明它是否是个好的推理，因此非常适合模型推理。在概率论中把概率指派给世界集。在概率论语言中出现的这些集合，采用的方法总是利用特殊的模型来发挥作用，这促使它很难估计推理是否在所有的模型中都成立，这一点正是可以用逻辑的方法来证明。另外，根据已有的语言，如 PDEL，人们可以清晰地处理高阶信息。

基于信息变化研究的贡献，PDEL 提供了一个有效的方法用来处理概率更新。在概率论和 PDEL 中的更新是非常类似的，在概率论中新的信息通常用可能世界集来表达，人们把现实世界看作是该集合中的元素。在 PDEL 中，新的信息通过被语句来表达。根据定义 4.2，每一个语句都对应于一个可能世界集。人们认识到现实也是那个集合中的元素，这和在概率论中的情形一样，但是根据已有的这些语言要素人们可以用来表达高阶信息。我们可以把语句的真值的变化解释为更新。用相同的语句更新两次和更新一次产生的结果是不同的，用一个语句更新然后用另一个语句更新和从相反的方向进行更新也是有区别的。这些情境在概率理论中是无法得到解释的，其中接收同样的信息两次和接收一次是相同的，并且和接收信息的顺序也没有关系。

现在我们讨论更深层次的研究，公开认知一个语句并不是人们可以获得新信息仅有的方法。在信息中存在有一种变化并不能用 PDEL 来模型。在将来，我们也希望可以模型博弈行动，例如，一个博弈者给第二个博弈者出示一张卡片，而第三个博弈者可以看到，并且这个过程继续下去，但是第二个博弈者不能看到出示的是哪一张卡片。为了能够处理这种类型的行动，我们需要在 PDEL 中引入更多的动态认知逻辑，通过采用更多的类似程序动态算子（类似于 PDL 格式）。可以用检测、不确定选择、序列复合和子群的更新等并不会遇到许多困难的方法来进行扩充。子群更新是某些主体获得新的信息，然而其他的主体并没有得到那些信息的更新。证明技巧是相同的，也就是说，可以根据翻译，借助于完全性等方法。

还有很多情境需要我们去刻画，例如，公共知识，因为公共知识在许多博弈状态下发挥着非常重要的作用。这给证明系统带来了很多的问题。巴尔塔、摩斯、索·莱基（Baltga、Moss and Solecki, 1999）为带有公共知识的动态认知逻辑提供了一个完全性的证明系统，我们也希望能够增加到 PDEL 中去。

另外一个研究方向是沿着巴尔塔（2002）所提出的方法来发展新的逻辑，其中认知行动被看作是认知动模型，可以是带有认知模型的积，产生一个执行行动后的结果。所有这些模型都可以看作是由概率模型组成。在这些方面做出的工作可参看范本特姆（2002a）。无论如何，我们在前面所提出的问题仍然不能够得到解决，当行动的前提不能够把可能世界集区分开来的时候，就出现了这样的问题。为了解决这样的问题，人们就不得不提出策略和协议。

在概率论中，还有其他更复杂的新信息混合的方法，例如，杰弗里（Jeffrey，1983）的条件化规则、邓普斯特（Dempster，1967）的复合规则及库尔贝克和莱布勒（Kullback and Leibler，1951）的交叉熵（cross entropy）。所有这些思想都产生出了不同的不满足条件概率做模型来表达混合新信息的方法。他们也都对用动态认知类型来研究更新这些相对应的信息类型产生了浓厚的兴趣。

本章只是介绍了认知逻辑和概率论相结合所做的初步成果，这些方面的研究还需要做进一步的工作。

第五章

概率认知博弈逻辑

重复剔除求解均衡算法和理性选手的决策问题始终是博弈论和博弈逻辑等研究领域的热点问题。例如,具有完美信息的扩展式博弈可以通过逆向归纳法求解,静态博弈可以通过重复剔除劣策略求解。无论是逆向归纳法还是重复剔除严格劣策略,在博弈分析中,绝大多数文献总是假定主体是贝叶斯理性的(Bayesian rational)(即如果在给定某选手关于其他选手所选策略的概率信念后,该选手的某个策略可以最大化该选手的期望效益,那么这个策略对于此选手而言就是理性的),并且认为"每个选手是理性的"是选手之间的公共知识(common knowledge)(Rubinstein,1998;Osborne et al.,1994;Fudenberg et al.,1991)。然而,由于博弈论本身并不能精确模型主体间相互认知的高阶信息(higher-order information)变化,所以,对理性的解释和描述也总是模糊的。范本特姆(van Benthem,2007)和博纳诺(Bonanno,2008),基于不同的理性定义,深入剖析了博弈中理性选手的决策问题,并通过认知逻辑更加精细地刻画了博弈论中不同类型的重复剔除算法。

在本章中,正是基于范本特姆(2007)和博纳诺(2008)所建构的认知博弈模型和哈尔彭的概率认知逻辑(Fagin et al.,1994),构建了一个新的逻辑系统,概率认知博弈逻辑(probability epistemic game logic,PEGL),并且通过重新定义一种理性表明:当把这种理性概念分别作为选手间的公共知识(common knowledge)和公开宣告逻辑的某种适当的宣告事实时,可以从静态和动态两种不同的认知角度,刻画一种对于有穷博弈快速求解和精炼均衡都具有重要的意义的算法——重复可允许算法(Brandenburger,2008),从而给出由这种算法所求得的均衡的认知基础。具体来讲，这种重复可允许算法是建构在有穷博弈中重复剔除弱劣策略算法基础之上。给定选手 i 的两个策略 s_i 和 r_i，r_i 弱劣于 s_i（或 s_i 策略弱占优于策略 r_i）指的是如果对于给定其他选手的任意一种策略，选择策略 s_i 带给选手的效用（或称收益）至少和选择 r_i 所得收益一样好，并且在某些情况下还严格好于 r_i 所带来的收益。这样，按照我们所定义的理性，原子命题"一个选手是理性的"恰巧只在那些所对应的策略是这个选手弱劣策略的可能世界（或状态）上为假。那么，以这种理性定义作为选手间的公共知识是与通过重复可允许算法所求得的均衡的认知基础相一致的。而从动态的认知角度分析，我们将会发现：在公开宣告逻辑中，通过宣告"博弈选手都是理性的"一次，可以同时剔除所有这些可能世界，从而导致新的子博弈模型出现。在这个博弈子模型中，选手可能会发现相对可供其选择的某个策略，由于某些可能世界的缺失，使得他的某些策略变成弱劣策略。因此，重复宣告上面的命题，我们可以连续剔除选手不理性的那些世界，直到"选手是理性"——这一命题在某个子模型的所有可能世界上都成立为止。由于我们所考虑的是有穷策略空间的博弈，所以在经过有穷次剔除步骤后，博弈最终稳定下来，继续宣告命题不能再改变其所对应的博弈模型，从而化简博弈模型，帮助求解均衡，而这一动态过程恰好与博弈论中的由布兰登伯格（Brandenburger, 2008）和吉利（Gilli, 2002）等支持的重复可允许算法相对应。

本章组织如下：第一节，介绍相关博弈论的概念、算法和概率认知逻辑系统；在第二节中我们构建概率认知博弈逻辑，给出其语型、语义以及可靠性的证明，同时，证明新的理性定义作为选手间的公共知识可以刻画重复可允许算法；之后，第三节表明基于 PAL，这种理性可以作为一个宣告事实，从而可以从动态认知的角度，给出重复可允许算法的认知基础。

第一节 引　论

一、博弈与占优

本章中，我们所考虑的是非合作有穷双人策略式博弈，定义如下：

定义 5.1：有穷策略式博弈是 $G = (N, \{S_i\}_{i \in N}, \{\Delta(S_i)\}_{i \in N}, \{\succeq_i\}_{i \in N},$

$\{u_i\}_{i \in N}$, $\{U_i\}_{i \in N}$),① 其中 $N = \{1, 2\}$ 是博弈选手集；S_i 是选手 i 的有穷策略集；$\Delta(S_i)$ 是关于 S_i 的有穷混合策略集。如果 $S_i = \{s_i^1, s_i^2, \cdots, s_i^m\}$，那么 $\delta_i = \{\delta_i^1, \delta_i^2, \cdots, \delta_i^m\}$ ($\delta_i \in \Delta(S_i)$) 表示选手 i 的一个混合策略，且 δ_i^k 表示 i 选择纯策略 s_i^k 的概率，同时，满足条件 $0 \leqslant \delta_i^k \leqslant 1$, $\sum_{k=1}^{m} \delta_i^k = 1$；$u_i$ 是关于选手 i 效用函数，$U_i: S \to Q$，对每个策略组合 $s \in S$ 指派一个效用值（有理数值）给选手 i；（其中 $S = \prod_{i \in N} S_i = S_1 \times S_2$）；$U_j: \times_{j \in N} \Delta(S_j) \to Q \geqslant_i$ 表示选手 i 对于可供选择的策略 $\times_{j \in N} \Delta(S_j)$ 的偏好关系，且严格偏序 $\delta_i >_i \eta_i$ 成立，当且仅当 $\delta_i \geqslant_i \eta_i$，且并非 $\eta_i \geqslant_i \delta_i$；选手的偏好关系 $\geqslant_i$ 是偏序性的，并且与选手所得的期望效用是一致的，即 $\delta_i \geqslant_i \eta_i$ 当且仅当选手 i 选择策略 δ_i 所得的期望效用与选择策略 s'_i 所得的期望效用至少是一样的。另外，在博弈论中，我们可以把纯策略看成是混合策略的一种特殊情况。例如，选手 i 的一个纯策略 s_i^1 可对应是其的一个混合策略 $\delta_i = (\underbrace{1, 0, 0, \cdots, 0}_{m})$，其中 $S_i = \{s_i^1, s_i^2, \cdots, s_i^m\}$。

纳什均衡是博弈论中最基本且核心的概念。简单来讲，它是指博弈中在给定其他选手策略的条件下，所有选手都选择自己的最优策略所构成一个策略组合，其形式定义为：

定义 5.2：给定博弈 $G = (N, \{S_i\}_{i \in N}, \{\Delta(S_i)\}_{i \in N}, \{\geqslant_i\}_{i \in N}, \{u_i\}_{i \in N}, \{U_i\}_{i \in N})$，如果对每一个选手 i，公式 $U_i(\delta_i^*, \delta_{-i}^*) \geqslant U_i(\delta_i, \delta_{-i}^*)$，$\forall \delta_i \in \Delta(S_i)$，那么混合策略组合 $\delta^* = (\delta_1^*, \delta_2^*, \cdots, \delta_n^*)$ 是一个纳什均衡。②

判断某一结果是否是纳什均衡的通常做法是看选手是否可以通过单方面改变策略而受益，即若每个选手都不能通过单方面改变某个策略组合中自己的策略提高自己的收益，则此策略组合就是一个纳什均衡。

例如，在下面著名的博弈事例囚徒困境和智猪博弈，策略组合（坦白，坦白）和（按，等待）分别是这两个博弈中唯一的纳什均衡。

例 5.1：囚徒困境：两个犯罪嫌疑人作案后被警察抓住，分别被关在不同的屋子里审讯。警察告诉他们：如果两个人都坦白，各判刑 8 年；如果一个人坦白另一个人抵赖，坦白的放出去，抵赖的判刑 10 年。图 5-1 给出囚徒困境的策略式表述。

---

① 一般地，在博弈论中是通过支付函数来表示。这里，为了便于在后面的逻辑系统中分析博弈算法，我们同时保留了这两个函数。

② 给定选手 i，通常地，δ_{-i} 表示由除 i 之外的所有选手的策略组成的策略组合集。

囚徒A \ 囚徒B	坦白	抵赖
坦白	(−8, 8)	(0, −10)
抵赖	(−10, 0)	(−1, −1)

图 5−1 囚徒困境

在这个例子里，给定 B 坦白的情况下，A 的最优策略是坦白；给定 A 的情况下，B 的最优策略也是坦白，所以，纳什均衡就是（坦白，坦白）。事实上，这里，（坦白，坦白）不仅是纳什均衡，而且是一个占优（dominant strategy）策略均衡，也即不论对方如何选择，个人的最优选择都是坦白。这样，A 和 B 的占优策略都是坦白。

例 5.2：智猪博弈：猪圈里圈两头猪，一头大猪，一头小猪，猪圈的一头有一个猪食槽，另一头安装一个按钮，控制着猪食的供应。按一下按钮会有 10 个单位的猪食进槽，但谁按按钮谁就需要付 2 个单位的成本，若大猪先到，大猪吃到 9 个单位，小猪只能吃 1 个单位；若同时到，大猪吃 7 个单位，小猪吃 3 个单位；若小猪先到，大猪吃 6 个单位，小猪吃 4 个单位。图 5−2 给出智猪博弈的策略式表述。

大猪 \ 小猪	按	等待
按	(5, 1)	(4, 4)
等待	(9, −1)	(−0, 0)

图 5−2 智猪博弈

这里，不论大猪选择"按"还是"等待"，小猪的最优选择都是"等待"，所以，"等待"是小猪的占优策略。但大猪的最优选择根据小猪所选策略的不同而不同，所以大猪没有占优策略。因此，这个博弈也就没有占优策略均衡。但是，我们可以通过剔除小猪的严格劣策略"按"后，小猪只剩下策略"等待"，大猪仍有两个策略。此时，"等待"是大猪的严格劣策略，继续剔除这个策略，剩下唯一的一个策略组合（按，等待）就是这个博弈的唯一的纳什均衡。同时，也称（按，等待）是这个博弈的重复剔除（iterated elimination）的纳什均衡。

由于重复剔除劣策略算法是本章中的核心概念，所以，我们通过另一事例给以具体说明。我们先给出劣策略以及这种算法的形式定义。

定义 5.3：给定博弈 $G = (N, \{S_i\}_{i \in N}, \{\Delta(S_i)\}_{i \in N}, \{\succeq_i\}_{i \in N}, \{u_i\}_{i \in N}, \{U_i\}_{i \in N})$，如果选手 i 有一混合策略 $\delta_i \in \Delta(S_i)$，使得对 $\forall s_{-i} \in S_{-i}$, $U_i(\delta_i, s_{-i}) \geq u_i(s_i^k, s_{-i})$，并且 $\exists s'_{-i} \in S_{-i}$，使得 $U_i(\delta_i, s'_{-i}) > u_i(s_i^k, s'_{-i})$，那么，称策略 $s_i^k \in S_i$ 是 S_i 中弱被占优策略（或不可允许策略）。

在博弈论中，选手的弱占优策略（弱劣策略）也叫选手的可允许策略。

定义 5.4：重复可允许算法（iterated admissibility，IA）。

可递归定义如下：给定博弈 $G = (N, \{S_i\}_{i \in N}, \{\Delta(S_i)\}_{i \in N}, \{\succeq_i\}_{i \in N}, \{u_i\}_{i \in N}, \{U_i\}_{i \in N})$，设 IAS 表示博弈中选手们的弱占优策略组合集（或重复可允许策略组合集）：

$\text{IAS} = \prod_{i \in N} \text{IAS}_i$，其中 $\text{IAS}_i = \cap_{m \geq 0} \text{IAS}_i^m$，同时满足：$\text{IAS}_i^0 = S_i$ 且当 $m \geq 1$ 时，$\text{IAS}_i^m = \text{IAS}_i^{m-1}/\text{IS}_i^{m-1}$，而 $\text{IS}_i^m = \{s_i \in \text{IAS}_i^m | s_i$ 在子博弈 G^m 相对于 IAS_i^m 是不可允许的策略$\}$。

根据定义 5.4，对于任意一个策略式博弈，每一阶段都要同时剔除这个博弈中的所有弱劣策略（即弱被占优策略）。因此，重复可允许算法尽管剔除的是选手的弱劣策略，但是与剔除顺序并无关系。例 5.3 给出了重复可允许算法的具体说明。

例 5.3：一个双人策略式博弈如图 5-3 所示，选手 1 有 X、Y、Z 三个策略，而选手 2 有 A、B、C 三个可供选择的策略。其中，二元组 (i, j) 表示选手 1 的收益为 i，选手 2 的收益为 j。

		选手2		
		X	Y	Z
选手1	A	(2, 3)	(2, 2)	(1, 2)
	B	(5, 3)	(0, 2)	(4, 2)
	C	(3, 1)	(1, 3)	(0, 4)

		选手2	①	③	
		X	Y	Z	
选手1	A	(2, 3)	(2, 2)	(1, 2)	②
	B	(5, 3)	(0, 2)	(4, 2)	②
	C	(3, 1)	(1, 3)	(0, 4)	

图 5-3　IA 算法剔除求解博弈

$IAS_1^0 = \{A, B, C\}$, $IS_1^0 = \varnothing$, $IAS_2^0 = \{X, Y, Z\}$, $IS_2^0 = \{Y\}$;
$IAS_1^1 = \{A, B, C\}$, $IS_1^1 = \{A, C\}$, $IAS_2^1 = \{X, Z\}$, $IS_2^1 = \varnothing$;
$IAS_1^2 = \{B\} = IAS_1$, $IS_1^2 = \varnothing$, $IAS_2^2 = \{X, Z\}$, $IS_2^2 = \{Z\}$;
$IAS_2^3 = \{X\} = IAS_2$,所以,$IAS = \{(B, X)\}$。

二、概率认知逻辑

本章中,我们构建的逻辑是基于前面所介绍的概率认知逻辑(probabilistic epistemic logic,PEL),通过添加一个概率算子 P_i 拓展了多主体 S5 系统的语言,同时,将一个线性不等式 $q_1 P_i(\varphi_1) + \cdots + q_n P_i(\varphi_n) \geq q$,即 $\sum_{k=1}^{m} q_k P_i(\varphi_k)$ 作为 PEL 语言中的合法公式,代表选手 i 的一个概率公式。这样,基于这样的概率认知逻辑系统,我们可以使用逻辑语言表达混合概率的线性函数,从而使得通过逻辑来描述和分析具有混合策略的博弈成为可能。[①]

鉴于前面几章已详细介绍了有关 PEL 系统的语言和语义的定义,故在本章中,仅简单介绍和说明此系统的公理化体系及其完全性的证明。

PEL 系统的公理化体系被划分为四个模块。在第一部分公理模块中,我们可以进行命题推理;第二部分允许我们对选手的知识进行推理;利用第三部分的公理我们可以对线性不等式进行推导;而最后一部分的公理则是唯一的一个包含对概率进行推理的公理和推理规则的模块。这四大公理模块分别为:

(1)命题推理的公理和推理规则(包括公理 K1 和规则 R1):

K1:所有的命题逻辑重言式

规则 R1:从 φ,$\varphi \rightarrow \psi$ 可以得到 ψ(分离规则 MP)。

(2)推理选手知识的公理和规则(包括公理 K2~K5 和规则 R2):

K2:$K_i(\varphi \rightarrow \psi) \rightarrow (K_i \varphi \rightarrow K_i \psi)$　　　　知识分配

K3:$K_i \varphi \rightarrow \varphi$　　　　知识公理

K4:$K_i \varphi \rightarrow K_i K_i \varphi$　　　　正内省

K5:$\neg K_i \varphi \rightarrow K_i \neg K_i \varphi$　　　　负内省

规则 R1:从 φ 可以得到 $K_i \varphi$;

(3)推理线性不等式的公理(包括公理 I1~I6):

I1:零项的添加与删除:

$(a_1 P_i(\varphi_1) + \cdots + a_k P_i(\varphi_k) \geq b) \Leftrightarrow (a_1 P_i(\varphi_1) + \cdots + a_k P_i(\varphi_k) + 0 P_i(\varphi_{k+1}) \geq b)$。

[①] 为适合分析问题的需要,这里我们采用的是库伊(Kooi,2004)文中所简化的 PEL 系统。

I2：置换：

如果 $j_1, \cdots, j_k$ 是 $i, \cdots, k$ 的一个置换，那么：

$(a_1 P_i(\varphi_1) + \cdots + a_k P_i(\varphi_k) \geq b) \Rightarrow (a_{j_1} P_i(\varphi_{j_1}) + \cdots + a_{j_k} P_i(\varphi_{j_k}) + 0 P_i(\varphi_{k+1}) \geq b)$

$j_1, \cdots, j_k$ 是 $a_1, \cdots a_k$ 的一个置换。

I3：系数的相加：

$(a_1 P_i(\varphi_1) + \cdots + a_k P_i(\varphi_k) \geq b) \wedge (a'_1 P_i(\varphi_1) + \cdots + a'_k P_i(\varphi_k) \geq b') \Rightarrow (a_1 + a'_1) P_i(\varphi_1) + \cdots + (a_k + a'_k) P_i(\varphi_k) \geq (b + b')$。

I4：非零系数的相乘：

如果 $d > 0$，那么：

$(a_1 P_i(\varphi_1) + \cdots + a_k P_i(\varphi_k) \geq b) \Rightarrow (da_1 P_i(\varphi_1) + \cdots + da_k P_i(\varphi_k) + 0 P_i(\varphi_{k+1}) \geq db)$。

I5：二歧性：

如果 t 是一个项，那么 $(t \geq b) \vee (t \leq b)$。

I6：单调性：

如果 t 是一个项并且 $b > c$，那么 $(t \geq b) \Rightarrow (t \geq c)$。

(4) 推理概率的公理（包括公理 P1～P4）：

P1：概率非负性：$P_i(\varphi) \geq 0$；

P2：真实事件的概率为 1：$P_i(true) = 1$；

P3：概率可加性：$P_i(\varphi \wedge \psi) + P_i(\varphi \wedge \neg\psi) = P_i(\varphi)$；

P4：概率分配性：如果 $\varphi \Leftrightarrow \psi$ 是命题重言式，那么：$P_i(\varphi) = P_i(\psi)$。

这里，公理 P1～P3 分别对应刻画了有穷空间概率测度的三大性质：非负性、规范性和可列可加性（Fagin et al., 1994）。

本章中，我们仅关注可测空间的概率推理系统，下面的定理在有完整的证明（Fagin et al., 1994），这里不再累述。其中框架性质 MEAS 是指在概率认知模型中，公式定义了可测集（Fagin et al., 1994）。

定理 5.1：概率认知逻辑 PEL 相对于满足 MEAS 性质的框架是可靠和完全的。

第二节　概率认知博弈逻辑

一、概率认知博弈逻辑系统建构

为了能从认知逻辑的角度去分析和刻画通过重复可允许算法所求解出的纳什

均衡的认知基础,所以,基于 PEL 我们构建了新的逻辑系统——概率认知博弈逻辑。

定义 5.5（PEGL 的语言）:给定一个带有纯策略集 $S_i = \{s_i^1, s_i^2, \cdots, s_i^m\}$ 的博弈 G,令 $\mathcal{P}$ 表示有限命题变元集且 N 是有限主体集,PEGL 的语言 $\mathcal{L}_{PEGL}$ 形式定义如下:

$$\varphi ::= p \mid \neg \varphi \mid \varphi_1 \wedge \varphi_2 \mid K_i\varphi \mid C_N\varphi \mid \sum_{k=1}^{m} a_k P_i(\varphi_k) \geq a$$

这里 $p \in \mathcal{P}$,$i \in N$ 且 $a_1, \cdots, a_n$ 和 a 是任意有理数,代表选手 i 的效用值。同一般的认知逻辑一样,我们用 $K_i\varphi$ 表示主体知道命题 φ,$C_N\varphi$ 表示 φ 是群体 N 中的公共知识。同时,在原子命题集 $\mathcal{P}$ 增添下列命题形式（k,m 代表某一自然数）。

◆ 纯策略符号 $s_i^1, s_i^2, \cdots, s_i^m$ 等,S_i 是选手 i 的纯策略集;混合策略符号 $\delta_i, \eta_i, \sigma_i, \cdots$ 以及选手的混合策略集 $\Delta(S_i)$;

◆ 符号 Ra_i 意味着选手是理性的,则 Br_i 被解释为选手 i 的最佳反应,而符号 NE 表示博弈中的一个纳什均衡;

◆ $\delta_i \geq_i s_i^k$ 和 $\delta_i >_i s_i^k$ 分别代表对于选手来说,δ_i 混合策略至少与纯策略 s_i^k 一样的好和它严格好于纯策略 s_i^k;

需要注意的是,在此逻辑系统中我们限制概率模态算子 P_i 只对原子命题集 S_i 起作用,并且 $P_i(s_i^k)$ 表示选手赋予他的一个纯策略 s_i^k 的概率值,这与 PEL 系统中的概率算子定义不同。

定义 5.6（PEGL 框架）:给定博弈 G,PEGL 的框架是多元组 $\mathcal{F} = (W, R_i, f_i, P)$,其中,$W \neq \emptyset$:由所有选手的所有纯策略形成的策略组合所构成;$R_i$ 表示选手 i 的认知择换关系,是与选手 i 所处位置相一致的等价关系。一般地,选手 1 的认知择换关系是沿水平方向,而选手 2 的认知关系则是沿垂直方向;f_i 是纯策略函数:$W \to S_i$,满足性质:$R_i wv$ 当且仅当 $f_i(w) = f_i(v)$;$P:(N \times W) \to (W \to [0, 1])$,满足公式 $\sum_{v \in dom(P(i,w))} P(i, w)(v) = 1$,使得对 $\forall i \in N$,$\forall w \in W$ 指派一个其定义域是可能世界集的非空子集的概率函数,且限定其定义域为 $dom(P(i, w)) = \{w' \mid R_j ww'\}$,同时我们规定:如果 $R_i wv$ 那么 $P(i, w)(v) = P(i, w)(w) = P(i, v)(w)$。即要求选手 i 在一次博弈中,应该对同一个纯策略赋予相同的概率值。①

因此,一个 PEGL—框架 $\mathcal{F}$ 是在双主体 S_5 - Kripke 框架上添加一个把每个可能世界与一个策略组合联系起来的策略函数 f_i 和一个在每个世界上给每个选手指

---

① 这里的概率认知博弈模型是限制到可测集的 σ—代数是样本空间的幂集。

派了一个概率函数的函数 p。这样，基于给定的框架 $\mathcal{F}$，可以定义初始的概率认知博弈模型 M。

定义 5.7（PEGL 语义）：给定一个带有纯策略集 $S_i = \{s_i^1, s_i^2, \cdots, s_i^m\}$ 的博弈 G，初始的概率认知博弈模型是一个四元组 $M = (W, R_i, V, P)$，且基于 M 上的 PEGL 公式的语义定义如下：

$(M, w) \models p$ 当且仅当 $w \in V(p)$

$(M, w) \models s_i^k$ 当且仅当 对 $\forall v \in W, R_i wv \Rightarrow f_i(v) = s_i^k$，且 $P(i, w)(v) = 1$

$(M, w) \models \delta_i$ 当且仅当 对 $\forall v \in W, \exists s_i^k \in S_i$，使得 $R_i wv \Rightarrow f_i(v) = s_i^k$，且 $0 < P(i, w)(v) \leq 1$

$(M, w) \models \neg \varphi$ 当且仅当 $(M, w) \models \varphi$

$(M, w) \models \varphi_1 \vee \varphi_2$ 当且仅当 $(M, w) \models \varphi_1$，且 $(M, w) \models \varphi_1$

$(M, w) \models K_i \varphi$ 当且仅当 对 $\forall v \in W, R_i wv \Rightarrow (M, w) \models \varphi$

$(M, w) \models C_N \varphi$ 当且仅当 对 $\forall v \in W, R_* wv \Rightarrow (M, w) \models \varphi$

$(M, w) \models \sum_{k=1}^{m} a_k P_i(\varphi_k) \geq a$ 当且仅当 $\sum_{k=1}^{m} a_k P(i, w)(\varphi_k) \geq a$

$(M, w) \models \delta_i \geq_i s_i^k$ 当且仅当 $(M, w) \models \sum_{k=1}^{m} u_i(s_i^k, f_j(w)) P_i(s_i^k) \geq u_i(s_i^l, f_j(w))$

$(M, w) \models \delta_i >_i s_i^k$ 当且仅当 $(M, w) \models \sum_{k=1}^{m} u_i(s_i^k, f_j(w)) P_i(s_i^k) > u_i(s_i^l, f_j(w))$

$(M, w) \models Br_i$ 当且仅当 $(M, w) \models \wedge_{s_i^l \in S_i} (\sum_{k=1}^{m} u_i(s_i^k, f_j(w)) P_i(s_i^k) \geq u_i(s_i^k, f_j(w)))$

$(M, w) \models NE$ 当且仅当 $(M, w) \models \wedge_{i \in N} Br_i$

在这个定义中，R_* 是 $\cup_{i \in N} R_i$ 的自反传递闭包，并且 $P(i, w)(\varphi_k) = P(i, w)(\{v \in \mathrm{dom}(P(i, w)) \mid (M, w) \mid = \varphi_k\})$。这样，按照我们的语义定义可推得 $P(i, w)(s_i^k) = P(i, w)(\{v \in \mathrm{dom}(P(i, w)) \mid (M, w) \mid = s_i^k\}) = P(i, w)(\{w\})$，因此，选手对某个可能世界 w 指派概率，即选手对于单元集 $\{w\}$ 所指派的概率值实质上是该选手对于他的一个纯策略所指派的概率值。

需要强调的是，由于在我们的概率认知博弈模型中，选手关于对手选择的不确定性，我们是通过选手的认知择换关系来体现的，而没有以概率的形式来量化关于对手选择的不确定性，简言之，选手仅考虑在给定对方纯策略情形下自己的混合策略，所以这里的最优反应和纳什均衡的概念实质上仍然是限制到纯策略博弈中的概念。因此，我们的概率认知博弈系统并不能刻画混合策略的纳什均衡。

图 5-4 表示前面例 5.1 中所示博弈的初始概率认知博弈模型。其中，因为 A 知道自己要选择的策略，但不知道 B 所选择的策略，所以 A 的认知不确定关系是沿着行起作用。同理，B 的认知不确定关系是沿着列起作用。所以，此模型显示出每个选手都清楚自己所选择的策略，但不能分辨的对手的所做的选择的认知择换关系。通常，为了便于分析，我们直接将所给定的策略式博弈稍做处理后，作为初始的 PEGL 模型，如图 5-4 所示。

```
(A, X)— 1 —(A, Y)— 1 —(A, Z)      (2, 3)— 1 —(2, 2)— 1 —(1, 2)
  |             |             |                |             |             |
  2             2             2                2             2             2
  |             |             |                |             |             |
(B, X)— 1 —(B, Y)— 1 —(B, Z)      (5, 3)— 1 —(0, 2)— 1 —(4, 2)
  |             |             |                |             |             |
  2             2             2                2             2             2
  |             |             |                |             |             |
(C, X)— 1 —(C, Y)— 1 —(C, Z)      (3, 1)— 1 —(1, 3)— 1 —(0, 4)
```

图 5-4　概率认知博弈模型

另外，在图 5-5 中，表明了在此博弈中选手们最佳反应的分配情况。例如，给定选手 2 选择纯策略 a 的情况下，选手 1 选择策略 Y 所得的效用最高，故策略 Y 是选手 1 在选手 2 选择 a 的条件下的最佳反应，而给定选手 2 选择策略 b，则 X 成为 1 的最佳反应等。

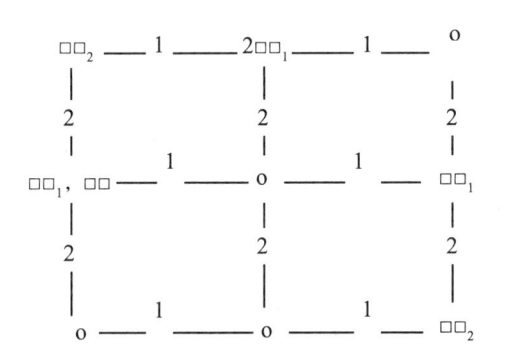

```
  □□₂ — 1 — 2□□₁ — 1 — o
   |              |              |
   2              2              2
   |              |              |
 □□₁,□□ — 1 — o — 1 — □□₁
   |              |              |
   2              2              2
   |              |              |
   o — 1 — o — 1 — □□₂
```

图 5-5　最优反应的分布

由图 5-5 可知，因为选手们的认知择换关系是全通的，我们很容易证明（¬K_1 Br_1 ∧ ¬K_2 Br_2）相对于概率认知博弈模型 M 有效，即 M ⊨ (¬K_1 Br_1 ∧ ¬$K_2$$Br_2$)，选手 1 和选手 2 都并不知道他们选择的都是最佳反应策略。这样，在我们的博弈逻辑中，如果仍按通常对于理性定义的理解，将理性看成是选手选择的

是其最佳反应策略，那么，这与博弈论中剔除算法的基本分析原则——理性应作为选手之间的公共知识相悖，因为选手甚至不知道自己选择的是最佳反应策略。因此，我们有必要重新修订理性的定义（van Benthem，2007）。

二、理性定义

定义 5.8（理性）：选手 i 在模型 M 的一个世界 w 上是理性的，当且仅当，选手 i 没有这样的策略 δ_i，他知道 δ_i 至少与策略 $f_i(w)$ 是一样好，并且 i 也认为 δ_i 好于 $f_i(w)$ 是有可能的，形式化为：$(M, w) \vDash Ra_i \Leftrightarrow \neg \exists \delta_i \in \Delta(S_i)$，满足：$(M, w) \vDash K_i(\delta_i \geq_i f_i(w)) \wedge \langle K_i \rangle (\delta_i >_i f_i(w))$，$(i \in N)$ 其中 $\langle K_i \rangle$ 是 K_i 的对偶算子。

进一步，我们拓展初始的概率认知博弈模型 M 为 PEGL 模型 M_G：

定义 5.9（PEGL 模型）：一个概率认知博弈模型 M_G 是满足原子命题 Ra_i 的初始概率认知博弈模型 M。

这样，按照定义 5.8，$(M, w) \vDash Ra_i$ 意味着不存在任何一个选手 i 的混合策略 $\delta_i \in \Delta(S_i)$，使得对 $\forall v \in W$，$R_i wv$ 满足 $(M, v) \vDash \delta_i \geq_i f_i(w)$，并且 $\exists v' \in W$，$R_i wv'$ 满足 $(M, v) \vDash \delta_i >_i f_i(w)$ $(i \neq j)$。进一步，我们有，不存在混合策略 $\delta_i \in \Delta(S_i)$，对 $\forall v \in W$，$R_i wv$ 满足 $u_i(\delta_i, f_j(v)) \geq u_i(f_i(w), f_j(v))$，且 $\exists v' \in W$，$R_i wv'$ 满足 $u_i(\delta_i, f_j(v')) > u_i(f_i(w), f_j(v'))$ $(i \neq j)$。因为 R_i 是等价关系且由 $R_i wv$ 可推得 $f_i(w) = f_i(v)$，所以 $(M, w) \vDash Ra_i$ 等价于不存在混合策略 δ_i，使得对 $\forall v \in WR_i wv$ 满足 $u_i(\delta_i, f_j(w)) \geq u_i(f_i(w), f_j(w))$，且 $\exists v' \in W$，$R_i wv'$ 满足 $u_i(\delta_i, f_j(w)) > u_i(f_i(w), f_j(w))$ $(i \neq j)$。因此，原子命题 Ra_i 恰好只在那些对应是选手弱劣策略（不可允许策略）的可能世界上为假。例如，在图 5-4（右图）所示的认知博弈模型中，我们不难验证：原子命题 Ra_2 在 (X, b)、(Y, b) 和 (Z, b) 这三个可能世界上为假。

三、PEGL 公理系统及其可靠性

基于博纳诺（2008）所做的研究之上，我们可以构建一个完整的 PEGL 公理系统，并用一个"RA 公理"来表达理性概念。这个公理非常直观，它表明：如果一个选手尽管知道有策略至少与他所选择的策略一样好，甚至好于其当前所选的策略也是有可能的，但他仍然选择当前策略，那么我们就称这个选手是不理性的，反之则相反。形式化为：

RA 公理 $\quad s_i^k \wedge K_i(\delta_i \geq_i s_i^k) \wedge \langle K_i \rangle (\delta_i >_i s_i^k) \rightarrow \neg Ra_i$

除了 RA 公理之外，PEGL 公理系统还包括所有 PEL 系统中的公理，以及下面几个关于博弈性质的公理：

- G1：$\delta_i \vee \eta_i \vee \cdots \vee \sigma_i$
- G2：$\neg(\delta_i \wedge \eta_i)$
- G3：$(\delta_i \geqslant_i \eta_i) \vee (\eta_i \geqslant_i \delta_i)$
- G4：$(\delta_i >_i \eta_i) \leftrightarrow ((\delta_i \geqslant_i \eta_i) \wedge \neg(\eta_i \neg_i \delta_i))$
- G5：$\delta_i \rightarrow K_i \delta_i$

直观上，这些公理的含义非常明显。公理 G1 和公理 G2 联合起来表示在一次博弈中，每个选手必须选择且只能选择一个策略。另外，公理 G3 和公理 G4 则表明选手关于策略偏好的性质同通常关于偏好序定义的性质是一样的。而公理 G5 说明选手能够意识到自己所做的选择。这里，由于 PEGL 系统中框架上的关系 R_i 是等价关系，具有自反性，所以，对于公理 G5，我们可以进一步推得定理：$\delta_i \leftrightarrow K_i \delta_i$ 的成立。

用 $\mathcal{L}_G$ 表示满足 PEL 系统中所有公理以及公理 RA、公理 G1~G5 的 PEGL 公理系统。

定理 5.2：逻辑 $\mathcal{L}_G$ 相对于模型类 $\mathcal{M}_G$ 是可靠的。

证明：设 M_G 是模型类 $\mathcal{M}_G$ 中任意一个模型。

根据理性 Ra_i 的定义，公理 RA 在模型 M_G 显然是成立的。

由于对每一个可能世界 w，总存在唯一的纯策略 s_i^k 使得 $f_i(w) = s_i^k$，同时根据定义 5.7，$(M, w) \vDash \delta_i$，当且仅当，对 $\forall v \in W$，$\exists s_i^k \in S_i$，使得 $R_i wv \Rightarrow f_i(v) = s_i^k$ 且 $0 \leqslant P(i, w)(v) \leqslant 1$，所以，公理 G1 和公理 G2 在模型 M_G 上是有效的。

因为选手对于策略的偏好与其所获得的期望效用是一致的，即选手总偏好于能带给他更多收益的策略，并且由于选手的期望效用是用有理数来表示的，那么，根据有理数可比较性，所以，在模型 M_G 上公理 G3 和公理 G4 显然成立。

关于公理 G5：设 M 上的任意一个可能世界 w，且设 $(M, w) \vDash \delta_i$，从而有：对 $\forall v \in W$，$\exists s_i^k \in S_i$，使得 $R_i wv \Rightarrow f_i(v) = s_i^k$，且 $0 \leqslant P(i, w)(v) \leqslant 1$。又因为 R_i 是等价关系，且 $R_i wv \Leftrightarrow f_i(w) = f_i(v)$，根据定义 5.6，进一步，对 $\forall v' \in W$，满足 $R_i vv'$，我们有：$f_i(v') = s_i^k$，并且 $0 \leqslant P(i, w)(s_i^k) = P(i, v)(s_i^k) = P(i, v')(s_i^k) \leqslant 1$，那么，对 $\forall v \in W$，满足 $R_i wv$，有 $(M, v) \vDash \delta_i$，所以，$(M, w) \vDash K_i \delta_i$。

四、IA 算法的刻画

在本章初时，我们表明：在 PEGL 系统中，如果我们将新的理性定义 Ra_i 作为博弈中选手间的公共知识可以刻画可允许算法，从而给具有能够快速帮助博弈求解和精炼均衡的可允许算法提供坚实的认知逻辑基础。下面的定理5.3正是对此思想的说明。在后文中，我们用 Ra 表示 $\bigwedge_{i \in N} Ra_i$，即 Ra = $\bigwedge_{i \in N} Ra_i$ 表示所有的选手都是理性的。

定理5.3：给定一个基于有穷策略式博弈 G 上的博弈概率认知博弈模型 M_G 和其上任意一个可能世界 w，下列命题（a）和（b）均成立：

(a) 如果 $(M_G, w) \vDash C_N Ra$，那么 $f(w) \in IAS$（其中 $f(w) = (f_i(w), f_{-i}(w))$）；

(b) 如果 $f(w) \in IAS$，那么 $(M'_G, w) \vDash C_N Ra$，其中模型 M'_G 中可能世界集 W = IAS；

证明：我们使用归纳法证明（a）。给定 $(M_G, w) \vDash C_N Ra$。

首先，对 $\forall v \in W$，满足 $R_* wv$，我们需要证明 $f(v) \notin IS^2$。（反证法）若假设不成立，则必存在一个可能世界 w'，使得 $R_* ww'$ 且 $f(w') \in IS^0$。这样，必存在一个选手 i 和其一个纯策略，设为 s_i^l，满足 $f(w') = s_i^l$ 且 s_i^l 是被选手 i 的某个混合策略 δ_i 弱占优。因此，对 $\forall s_j^h \in S_j$，$U_i(\delta_i, s_j^h) \geq U_i(s_i^l, s_j^h)$，并且 $\exists s_j^g \in S_j$，$U_i(\delta_i, s_j^g) > U_i(s_i^l, s_j^g)$。进一步，对 $\forall v \in W$，满足 $R_i w'v$，$U_i(\delta_i, f_j(v)) \geq U_i(s_i^l, f_j(v))$，并且 $\exists v' \in W$，满足 $R_i w'v'$，$U_i(\delta_i, f_j(v')) \geq U_i(s_i^l, f_j(v'))$，即对 $\forall v \in W$，满足 $R_i w'v$，$\sum_{k=1}^{m} u_i(s_i^k, f_j(v)) P(i,v)(s_i^k) \geq u_i(s_i^l, f_j(v))$ 且 $\exists v' \in W$，满足 $R_i w'v'$，$\sum_{k=1}^{m} u_i(s_i^k, f_j(v)) P(i,v')(s_i^k) > u_i(s_i^l, f_j(v'v'))$。由于 R_i 是等价关系且根据定义5.6对于概率函数 $P(i,w)(v)$ 的要求，我们有：$\delta_i^k = P(i,v)(s_i^k) = P(i,v')(s_i^k)$，从而，对 $\forall v \in W$，满足 $R_i w'v$，有 $(M_G, v) \vDash \sum_{k=1}^{m} u_i(s_i^k, f_j(v)) P_i(s_i^k) \geq u_i(s_i^l, f_j(v))$，同时，$\exists v' \in W$，满足 $R_i w'v'$ 有 $(M_G, v') \vDash \sum_{k=1}^{m} u_i(s_i^k, f_j(v')) P_i(s_i^k) > u_i(s_i^l, f_j(v'))$。进一步，根据语义定义，有：对 $\forall v \in W$，满足 $R_i w'v$，$(M_G, v) \vDash \delta_i \geq_i s_i^l$，并且 $\exists v' \in W$，满足 $R_i w'v'$，$(M_G, v') \vDash \delta_i >_i s_i^l$，这样，由 Ra_i 定义可知 $(M_G, w') \vDash \neg Ra_i$。但这与 $(M_G, w) \vDash C_N Ra$ 相矛盾，这是因为由条件 $(M_G, w) \vDash C_N Ra$ 和 $R_* ww'$ 可推得：$(M_G, w') \vDash Ra_i$，因此对 $\forall v \in W$，满足 $R_* wv$，$f(v) \notin IS^0$，从而：$f(v) \in IAS^1$。

下一步，固定一个整数 $m \geq 1$，令 $f(v) \in IAS^m$，我们将证明 $f(v) \notin IS^m$。同样，假设不成立，那么存在一个可能世界 w'，使得 $R_* ww'$ 且 $f(w') \in IS^0$。这样，必存在一个选手 j 和其一个纯策略，设为 s_j^l，满足 $f(w') = s_j^l$ 且 s_j^l 是被选手 j 的某

个混合策略 η_j 弱占优。因此，由假设，对 $\forall s_i^h \in S_i$，$U_j(\eta_j, s_i^h) \geq U_j(s_j^t, s_i^h)$，并且 $\exists s_j^g \in S_j$，$U_j(\eta_j, s_i^g) > U_j(s_j^t, s_i^g)$。进一步，对 $\forall v \in W$，满足 $R_j w'v$，$U_j(\eta_j, f_i(v)) \geq U_j(s_j^t, f_i(v))$，并且 $\exists v' \in W$，满足 $R_j w'v'$，$U_j(\eta_j, f_{ij}(v')) \geq U_j(s_j^t, f_i(v'))$，即，对 $\forall v \in W$，满足 $R_j w'v$，$\sum_{k=1}^{m} u_j(s_j^k, f_i(v)) P(j, v)(s_j^k) \geq u_j(s_j^t, f_i(v))$ 且 $\exists v' \in W$，满足 $R_j w'v'$，$\sum_{k=1}^{m} u_j(s_j^k, f_i(v')) P(j, v')(s_j^k) > u_j(s_j^t, f_i(v'))$。由于 R_j 是等价关系且根据定义 5.6 对于概率函数 $P(j, w)(v)$ 的要求，我们有：$\eta_j^k = P(j, v)(s_j^k) = P(j, v')(s_j^k)$，从而，对 $\forall v \in W$，满足 $R_j w'v$，有 $(M_G, v) \models \sum_{k=1}^{m} u_j(s_j^k, f_i(v)) P_j(s_j^k) \geq u_j(s_j^t, f_i(v))$，同时，$\exists v' \in W$，满足 $R_j w'v'$ 有 $(M_G, v') \models \sum_{k=1}^{m} u_j(s_j^k, f_i(v')) P_j(s_j^k) \geq u_j(s_j^t, f_i(v'))$。进一步，根据语义定义 5.7，有：对 $\forall v \in W$，满足 $R_j w'v$，$(M_G, v) \models \eta_j \geq_j s_j^t$，并且 $\exists v' \in W$，满足 $R_j w'v'$，$(M_G, v') \models \eta_j >_j s_j^t$，这样，由 Ra_j 定义可知 $(M_G, w') \models \neg Ra_j$，同样，与 $(M_G, w) \models C_N Ra$ 相矛盾。因此对 $\forall v \in W$，满足 $R_* wv$，$f(v) \notin IS^m$，从而：$f(v) \in IAS^{m+1}$。这样，由归纳法，以及关系本身的自反性质，我们证明了命题（a）的成立。

命题（b）的证明：设 w 是模型 M_G' 上任意一个可能世界，任意选手 i。依照前面 IAS 定义，对 $\forall s_i^k \in IAS_i$，不妨取 $f_i(w) = s_i^k$，则 $f_i(w)$ 就是选手 i 可允许策略集中的一个策略，从而有：$\neg \exists \delta_i \in \Delta(S_i)$，使得对 $\forall s_j^h \in S_j$，$U_i(\delta_i, s_j^h) \geq U_i(f_i(w), s_j^h)$，并且 $\exists s_j^g \in S_j$，$U_i(\delta_i, s_j^g) > U_i(f_i(w), s_j^g)$，因此，由 Ra_i 理性定义，可推得 $(M_G', v) \models Ra_i$。进一步，由于 w、i 的任意性，所以我们易得：$(M_G', w) \models C_N Ra$。

定理 5.3 表明我们可以从静态认知的角度给出重复可允许算法的逻辑认知基础，从而保证了以这种理性定义作为选手间的公共知识是与通过重复可允许算法所求得的均衡的认知基础相一致的。

另外，我们不仅可以从静态认知的角度来描述和刻画重复可允许算法 IAS，而且还可以从动态认知的角度对此算法加以分析和刻画。在接下来的几节中，我们将基于公开宣告逻辑（PAL），通过证明新的 Ra_i 理性定义可以作为公开宣告的事实，从而表明：连续公开重复宣告"选手们是理性的"的命题，依次剔除不满足此命题成立的可能世界的过程，恰好对应了重复可允许算法的剔除过程，因此，我们进一步给出此算法的动态认知的逻辑基础。

第三节 基于 PAL 求解均衡

一、公开宣告逻辑

逻辑在多主体系统中的突出应用是模型主体关于知识和信念的推理，尽管认知逻辑基本可以完成这一任务，但是标准认知逻辑不能表达主体知识和信息的交流。而模型主体的知识和信息的变化在多主体系统中是非常重要的，为此，逻辑学家构建了多种动态认知逻辑系统来模型主体的高阶信息变化（Kooi, 2004; van Ditmarsch et al., 2007; Baltag Moss, et al., 1999）。而公开宣告逻辑 PAL 通过在标准认知逻辑语言中添加一个动态算子 $[\varphi]$，表达和描述由主体行动而引起主体信息的变化，从而增强了语言的表达力。因此，公开宣告逻辑是对标准多主体认知系统所进行的扩充，其形式语言是对原有的多主体认知逻辑语言的一个扩展。

定义 5.10（语言 $\mathcal{L}_{PAL}$）：给定一有穷主体集 G 和一有穷命题变元集 P，公开逻辑语言 $\mathcal{L}_{PAL}$ 中的语句定义如下：

$$\varphi ::= p \mid \neg\varphi \mid \varphi_1 \wedge \varphi_2 \mid K_i\varphi \mid C_N\varphi \mid [\varphi]\psi$$

其中，$K_i\varphi$ 表示主体 i 知道 φ，$[\varphi]\psi$ 的含义是指对某一群体公开宣告一个事实 φ 后，公式 ψ 为真。在 PAL 中，我们还可以用如下的公式来丰富语言的表达力，例如，$[\varphi]K_i\psi$：如实公开宣告 φ 后，主体 i 知道 ψ。同时，宣告的事实可以包含认知成分，例如，$K_a(K_b secret \wedge [K_b secret]K_c leaked_{a,b})$：a 知道 b 知道一个秘密，并且公开宣告 b 知道这个秘密后 c 知道 a 把秘密泄露给了 b。类似于其他常规模态词，其对偶模态词 $\langle\varphi\rangle\psi ::= \neg[\varphi]\neg\psi$，直观意思是"并非如果成功宣告 φ 之后 ψ 为假"，即"成功宣告 φ 并且 ψ 成立"。

公开宣告逻辑可以完全公理化，已广泛应用于多主体系统。

下面 PAL 的模型和语义解释。

定义 5.11（PAL 的认知模型）：给定一个有穷主体集 N 和一个有穷命题变元集 $\mathcal{P}$，认知语言 $\mathcal{L}_{PAL}$ 的模型是一个三元组 M =（W, R, V），需满足下列三个条件：

(a) W 是一个非空的可能世界的集合；

(b) R 是一个从 N 到 $\wp(W \times W)$ 的函数，它对每个主体指派一个 W 上的二元等价关系；

（c）V 是一个从 $\mathcal{P}$ 到 $\wp(W)$ 的函数，它对每个变元在每个可能世界上进行赋值。

定义 5.12（公式语义）：给定一个有穷主体集 N 和一个有穷命题变元集 $\mathcal{P}$，认知语言 $\mathcal{L}_{PAL}$ 中任一公式的真值可以归纳定义如下：

$(M, w) \vDash p$ 当且仅当 $w \in V(p)$

$(M, w) \vDash \neg \varphi$ 当且仅当 $(M, w) \nvDash \varphi$

$(M, w) \vDash \neg \varphi_1 \wedge \varphi_2$ 当且仅当 $(M, w) \vDash \varphi_1$ 且 $(M, w) \vDash \varphi_1$

$(M, w) \vDash K_i \varphi$ 当且仅当 对 $\forall v \in W, R_i wv \Rightarrow (M, w) \vDash \varphi$

$(M, w) \vDash C_N \varphi$ 当且仅当 对 $\forall v \in W, R_* wv \Rightarrow (M, w) \vDash \varphi$

$(M, w) \vDash [\varphi]\psi$ 当且仅当 如果 $(M, w) \vDash \varphi$，那么 $(M | \varphi, w) \vDash \psi$

$(M, w) \vDash \langle\varphi\rangle\psi$ 当且仅当 $(M, w) \vDash \varphi$ 并且 $(M | \varphi, w) \vDash \psi$

其中 $M | \varphi := \langle W', R', V' \rangle$ 定义如下：令 $\| \varphi \|_M = \{v \in W | (M, v) \vDash \varphi\}$

$W' = \| \varphi \|_M$

$R' = R \cap (|\varphi|_M \times |\varphi|_M)$

$V' = V \cap \| \varphi \|_M$

从语义可以看出，我们是通过刻画一个动作的影响来刻画一个动作的。一般地，我们称一个点模型（M, w）为一个认知状态，这样公开宣告命题 φ 的影响是把认知状态限制到 φ 成立的那些可能世界上去，并同时继承原来的认知择选关系。从而，公开宣告命题 φ 这一动作改变了主体当前的知识状态，使得主体当前认知模型发生了改变。更精确地说，宣告 φ 消除了所有同 φ 不相容的世界，将当前模型（M, w）变成了它的子模型（M | φ, w），定义域是集合 $\{v \in M | (M, v) \vDash \varphi\}$。如图 5-6 所示。

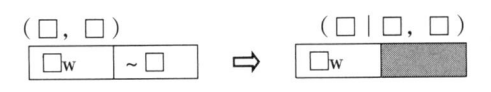

图 5-6　公开宣告公式

因此，公开宣告一个命题为真的直接结果就是各个主体摒弃那些原先自己认为的可能为假的那些可能世界。经过这一变化之后，主体的认知状态就发生了改变。因此，这里的行动模态算子 [φ] 相当于起到从一个模型到它的相对化子模型的动态转换功能。

公开宣告逻辑可以完全公理化，已广泛应用于多主体系统。图 5-7 中列举出来一些 PAL 中比较典型的有效公式。特别地，在 PAL 中有以下两个事实与后文中验证我们的基于 PAL 求解均衡的方法有密切的联系。

- 主体只能公开宣告他知道为真的事实或断定；
- 随着模型的改变，主体的知识在不断的累加。

```
• [□]p □(□→ p)                        原子命题保真
• [□]¬□□(φ→¬[□]□)                     宣告与否定
• [□](□∧□)□([□]□∧[□]χ)                宣告与合取
• [□]□□↔(□→□□[□]□)                    宣告与知识
• [□]□是有效的    当且仅当    [□]□□是有效的。
```

图 5-7 PAL 中比较典型的有效公式

定理 5.4（公开宣告是部分函数）：

（a）公开宣告如果能执行，则只有一种执行方式，即 $\langle φ \rangle ψ → [φ]ψ$ 是有效的。

（b）公开宣告只能部分执行，即 $\langle φ \rangle T$ 不是有效式。

证明：(a) 设 M 是任意模型。根据定义，如果 $(M, w) \vDash \langle φ \rangle ψ$，则 $(M, w) \vDash φ$ 并且 $(M|φ, w) \vDash ψ$。于是，如果 $(M, w) \vDash φ$，那么就有 $(M|φ, w) \vDash ψ$，即 $(M, w) \vDash [φ]ψ$ 成立。因此 $\langle φ \rangle ψ → [φ]ψ$ 是有效的。

(c) 因为 $\langle φ \rangle T$ 在 φ 为假的模型中都是假的，所以不是一个有效式，从而公开宣告一个命题在只有为该命题真的时候才能执行。

综上所述，公开宣告是一个部分函数。

不难看出，对于任意一个认知模型 M，一直重复宣告某一命题，每一次只保留模型 M 中使得 φ 成立的那些可能世界，并且最终这个宣告过程将达到一个固定点，即 M 的一个子模型，在这个模型的所有可能世界上 φ 都为真，继续公开宣告 φ 并不能够改变此模型。

定义 5.13： 对于任意认知模型 M 和公式 φ，公开宣告极限是 M 的第一个子模型#(φ, M)，在这个子模型 M′，重复宣告 φ 不能对模型有进一步的影响，即模型不再被改变（van Benthem, 2007）。

由此，公开宣告某个命题 φ 会导致原来模型 M 中使得命题 φ 不成立的可能世界被删除掉，缩减了原来的认知模型。并且随着模型的变小，主体的知识在不断增加。这一过程与博弈论中的重复剔除劣策略算法有很大的相似性。如果我们把已定义的理性，作为宣告的事实，那么我们完全可以把可允许算法的求解过程看作是对此恰当的一个重复宣告过程，连续删除那些使得"Ra"为假的可能世界，仅保留 Ra 在其上为真的世界，这个过程必定会结束在一个有穷模型，即#(Ra, M)。因此，将 IA 算法求解均衡的过程看成是在我们的逻辑语言中增添

宣告模态算子 $[\varphi]$，公开宣告"选手们是理性的"的过程是很自然的。从而，借助公开宣告逻辑更加精细地描述博弈求解中主体的认知变化，同时给这种通过简化博弈模型来求解均衡的 IA 算法提供一个动态认知的分析基础。

二、宣告理性求解均衡

这里，我们将前面所定义的概率认知博弈模型 M_G 命名为完整的概率认知博弈模型，而取其任意一个子模型（包括自身模型）命名为完整概率认知博弈模型的一个广义的概率认知博弈模型：

定义 5.14：广义博弈模型 M'_G 是概率认知博弈模型 M_G 中的任意子模型。

由于在公开宣告逻辑中，一般规定选手只能宣告他们知道为真的事实，因此，为了保证我们所定义的作为原子命题的"理性"，可以作为公开宣告的事实。当每次公开宣告时，就会剔除那些弱劣策略所对应的行或列。首先需要表明"所有选手是理性的"这一命题是选手们知道并且在任意广义概率认知博弈模型上均是可满足。

定理 5.5：在任意一个广义概率认知博弈模型，命题 Ra 是可满足的。

证明：根据原子命题 Ra_i，只在选手 i 的弱劣策略所对应的那些可能世界上不成立，设 M'_G 是一个任意的广义概率认知博弈模型。

若模型 M'_G 不存在任何一个选手的弱劣策略，则命题 Ra 在此模型所有的可能世界上都为真。这样，再重复宣告 Ra 也不会改变博弈模型，所以，在 M'_G 中 Ra 处处为真。

若此博弈中存在某个选手的一个弱劣策略（多选手和多于一个弱劣策略的情形证明类似），不妨设选手 i 有一个弱劣策略 a。由于选手的弱劣策略是一个相对性的概念，即如果选手 i 有一个弱劣策略是 a，那么他一定也会有一个策略 b，b 相对 a 是弱占优策略。这样，命题 Ra_i 在策略 b 所对应的行或列的可能世界上为真。同时，对于选手 j 而言，如果模型 M'_G 中不存在 j 的弱劣策略，那么 Ra_j 在此模型所有世界上为真，进一步，Ra_j 就在策略 b 所对应的行或列的可能世界上也为真，从而，Ra 命题在 M'_G 是可满足的。如果选手 j 也有弱劣策略，则相应地必然也有一个弱占优策略，不妨设为 Y。那么，命题 Ra_j 在策略 Y 所对应的行或列的可能世界上为真，从而，命题 Ra_j 在可能世界（Y, b）上是可满足的。

因此，综上所述，"所有选手都是理性的"，命题 Ra 在任一个广义概率认知博弈模型中都是可满足的。

定理 5.6：理性是认知自省的，即公式 $Ra_i \rightarrow K_i Ra_i$ 在广义概率认知博弈模型中有效。

证明：取任一个广义概率认知博弈模型 M'_G 中任意一个可能世界 w，并假设：$M'_G, w \vDash Ra_i$，但 $(M'_G, w) \nvDash K_i Ra_i$，这样，由 $(M'_G, w) \nvDash K_i Ra_i$ 可知：存在可能世界 v 满足 $R_i wv$ 且 $(M'_G, v) \nvDash Ra_i$。那么，根据 Ra_i 的定义，有：$\exists \delta_i \in \Delta(S_i)$（$S_i$ 是选手 i 的纯策略集），满足：$(M'_G, v) \vDash K_i(\delta_i \geq_i f_i(v)) \land \langle K_i \rangle (\delta_i >_i f_i(v))$，即对 $\forall v' \in W$，$R_i vv'$ 满足：$(M_G, v') \vDash \delta_i \geq_i f_i(v)$，并且 $\exists v'' \in W$，$R_i vv''$ 满足 $(M_G, v'') \vDash \delta_i >_i f_i(v)$。又因为 R_i 是等价关系，所以有 $R_i wv'$，且 $R_i wv''$，进一步，根据 PEGL 框架定义，有：$f_i(w) = f_i(v) = f_i(v') = f_i(v'')$，所以，$\exists \delta_i \in \Delta(S_i)$，使得 $(M_G, v') \vDash \delta_i \geq_i f_i(w)$，且 $(M_G, v'') \vDash \delta_i >_i f_i(w)$，从而，$(M'_G, w) \nvDash Ra_i$。这与题设矛盾。故假设不成立，命题得证。

这样，由这些定理保证，我们可以通过反复公开宣告"所有选手都是理性的"这一命题 Ra，连续剔除使得 Ra 为假的那些可能世界，从而不断更新（缩小）概率认知博弈模型，达到简化复杂的博弈模型，帮助求解均衡的目的。图 5-8 中最左边的模型是来自图 5-4，其他模型是连续公开宣告命题 Ra 过程所形成的不同广义概率认知博弈模型。

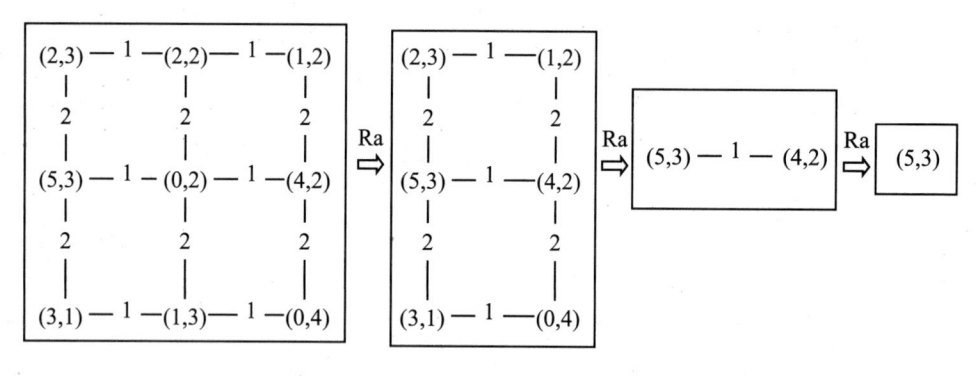

图 5-8 宣告理性

具体讲，由于对于选手 2 而言，他的纯策略 b 是被纯策略 c 弱占优。因为无论给定对手选择什么策略，选手 2 选择策略 c 所带给他的（期望）效用至少与选择策略 b 使其获得的策略是一样的好，并且在有的情形下还要严格好于策略。例如，当选手 1 选择策略 Z 时，选手 2 选择纯策略 c 所获得的效用是 4 个单位，而选择纯策略 b 得到的效用只有 3 个单位，所以，在第一次公开宣告命题 Ra 后，我们可以剔除策略 b 所对应的三个可能世界（X, b）、（Y, b）和（Z, b）。这样，在剔除这三个可能世界后所形成的新的广义概率认知博弈模型中，由于这三个世界的缺失，我们不难发现，对于选手 1 而言，策略 X 和策略 Z 成为被策略 Y 弱占优的策略。那么，同样地，在公开宣告 Ra 后，这两个策略所对应的六个可能世界也将被剔除。因此，继续这样的宣告和剔除过程，直到达到宣告极限，在最终得到的广义概率认知博弈模型中，我们有：

$$(M_G, (Y, a)) \models [Ra][Ra][Ra]C_N(NE)$$

上式表明：如果重复公开宣告选手是理性的，那么在完整的概率认知博弈模型中，原子命题 NE（纳什均衡）就将成为所有选手间的公共知识。

又如，在下面的博弈例子（见图 5-9）中，这个博弈尽管不存在纯策略均衡，但我们注意到：对于选手 2 而言，纯策略 a 和 b 虽然未占优于任何一个纯策略，但策略 c 是被以 1/2 的概率 a，1/2 概率选择 b，0 的概率选择 c 的混合策略 (1/2, 1/2, 0) 弱占优。这是因为，无论是给定选手 1 选择策略 A，选手 2 选择混合策略 (1/2, 1/2, 0) 所得到的期望效用为：$1/2 \times 8 + 1/2 \times 0 + 0 \times 3 = 4$，而选择纯策略的效用值是 3；或者是给定选手 1 选择纯策略 B，选手 2 选择混合策略所得到的期望效用为 $1/2 \times 0 + 1/2 \times 6 + 0 \times 3 = 3$，还是选手 1 以概率 p 选择 A，以概率 (1-p) 选择 B，混合策略带给选手 2 的期望效用：$(3+p)(0<p<1)$，至少大于选手 2 选择纯策略 c 时的期望效用 3。因此，在这个博弈中，选手 2 的策略 c 是一个弱被占优的策略，也因此，在第一次公开宣告命题 Ra 后将被删除（见图 5-9）。在新构成的子博弈模型中，我们不难发现策略 B 对于选手 1 来说，由于可能世界 (A, c) 和可能世界 (B, c) 的剔除，纯策略 B 成为这个新子模型中唯一的弱劣策略。这样，在第二轮公开宣告 Ra 后，我们可以剔除 (B, a) 和 (B, b)。同样，继续这样的宣告过程，一直到宣告不再引起博弈模型的任何变化为止，最终，我们求得了这个博弈的纳什均衡 (A, a)。

选手1 \ 选手2	a	b	c
A	(4,8)	(3,0)	(1,3)
B	(0,0)	(2,6)	(8,3)

选手1 \ 选手2	a	b
A	(4,8)	(3,0)
B	(0,0)	(2,6)

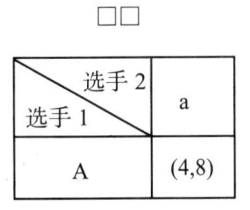

选手1 \ 选手2	a
A	(4,8)

图 5-9 宣告理性

而这种通过 PAL 求解均衡更为重要的一个事实是：这种重复公开宣告的过程完全刻画了博弈论中的重复可允许算法。

事实：命题 Ra 是自我实现的（self-fulfilling）。[①]

因为在 PAL 中，公式 $[\varphi]p \leftrightarrow (\varphi \rightarrow p)$ 是有效的，加之在概率认知博弈模型中，选手的认知择换关系相对于公共知识算子 C 是全通的，所以上述事实的验证显然。

定理 5.7：给定一个完整概率认知博弈模型 M_G 和其上任意一个可能世界 w，如果经过重复公开宣告命题 Ra 后，w 仍被保留在最终稳定的某个广义概率认知博弈模型 M_G'（即再重复宣告 Ra，M_G' 不会发生改变），那么 w 也一定属于重复可允许集 IAS，并且，反之亦成立。形式化为：$w \in \#(Ra, M_G)$，当且仅当 $f(w) \in IAS$。

证明：设 $M_G' = (W, R_i, V, P)$ 是对应于宣告极限 $\#(Ra, M_G)$ 的概率认知博弈模型，即 M_G' 是通过重复公开宣告不再引起模型改变时的广义概率认知博弈模型，并设任意一个可能世界 $w \in \#(Ra, M_G)$，那么按照宣告极限定义，则 $(M_G', w) \vDash Ra$，这样，根据定义 5.7，选手们的认知可及关系的性质，我们有 $(M_G', w) \vDash C_N Ra$。由定理 5.3，所以，$f(w) \in IAS$。

反过来，设 $M_G' = (W, R_i, V, P)$ 的可能世界集 W 是由可允许策略组合集 IAS 中的策略组合构成并设任意一个可能世界 $w \in W$。若 $f(w) \in IAS$，则根据定理 5.3，可得：$(M_G', w) \vDash C_N \varphi$。又因为公式：$C_N \varphi \rightarrow \varphi$ 是多主体 S5 系统中的一个内定理，所以，推得 $(M_G', w) \vDash Ra$。因此，根据点 w 的任意性和宣告极限的定义，我们可推得：$w \in \#(Ra, M_G)$。

综上所述，我们有 $w \in \#(Ra, M_G)$，当且仅当 $f(w) \in IAS$。

第四节　剔除算法逻辑刻画的比较与分析

博弈论中，通过重复剔除选手的劣策略来简化博弈模型，从而帮助求解均衡的算法被许多学者所研究（Apt，2007；Christian，2002；Aumann，1999）。特别地，范本特姆（2007）和博纳诺（2008）都是通过认知逻辑重新定义理性，从认知逻辑的角度分析和刻画了博弈论中的不同类型的重复剔除算法。不难看出，它们正是本书思想的主要来源。但这些文献和我们所讨论问题也存在许多不同之处。

范本特姆（2007）定义了两种不同的理性：弱理性和强理性，分别用 WR_i

[①] 如果对某群体重复公开宣告一个命题后，最终这个命题在宣告极限的模型中成为此群体的公共知识，那么就称这样的命题是自我实现的。

和 SR_i 表示。尽管他并没有严格形式化这两个定义,并且只局限到纯策略的博弈分析,但便于比较说明,我们形式化这些理性定义,同时,将我们前面的定义和分析也暂且限制到纯策略的博弈。这两个理性定义分别是:

$(M_G, w) \models WR_i$ 当且仅当 $(M_G, w) \models \wedge_{s_i^k \neq f_i(w)} \langle K_i \rangle (f_i(w) \geqslant_i s_i^k)$

$(M_G, w) \models SR_i$ 当且仅当 $(M_G, w) \models \langle K_i \rangle \wedge_{s_i^k \neq f_i(w)} (f_i(w) \geqslant_i s_i^k)$

按照这样的定义,命题 WR_i 只在选手严格劣策略所对应的世界上为假,而命题 SR_i 只在选手的最佳反应策略对应的可能世界上为真。因此,重复公开宣告 WR_i 刻画了博弈论中重复剔除严格劣策略算法(iterated elimination strictly dominated strategy,IEDS),而重复公开宣告 SR_i 则刻画了由皮尔斯(Pearce,1984)所提出的限制到纯策略的策略式博弈的可理性化(rationalizability)算法。例如,下面的例 5.4 和例 5.5 分别具体说明了对这些算法的刻画和对应。

例 5.4:如图 5-10 所示的博弈 G 中,选手 2 的策略 c 严格劣于其策略 a,因此,在第一次宣告"选手 2 是理性的"命题 WR_2 后,三个世界将被剔除。在新的概率认知博弈模型中,选手 1 的策略 f 成为被其策略 d 严格占优的劣策略,那么,第二次宣告选手 1 是理性的命题 WR_1 后,我们可以剔除策略 d 所对应的三个世界,接下来,依次宣告选手 i 是弱理性的 WR_i,最终求出此博弈的纳什均衡(d, a)。

选手2 选手1	a	b	c
d	(2, 3)	(2, 2)	(1, 1)
e	(0, 2)	(4, 0)	(1, 0)
f	(0, 1)	(1, 4)	(2, 0)

□□₂

选手2 选手1	a	b
d	(2, 3)	(2, 2)
e	(0, 2)	(4, 0)
f	(0, 1)	(1, 4)

□□₁

选手2 选手1	a	b
d	(2, 3)	(2, 2)
e	(0, 2)	(4, 0)

□□₁

选手2 选手1	a	b
d	(2, 3)	(2, 2)
e	(0, 2)	(4, 0)

□□₂

选手2 选手1	a
d	(2, 3)

图 5-10 公开宣告 □□□

例 5.5:图 5-11 中的第一个图显示的是例 5.3 中的博弈有关选手的最佳反应的分布。按照定义 SR_i,命题 SR_2 只在第 3 列中的三个可能世界上均不成立,即（d，c）、（e，c）及（f，c）三个世界，所以，第一次公开宣告 SR_2 后，这些世界将被剔除。这样，在新的子认知博弈模型中的第一行所对应的三个可能世界中，命题 SR_1 又为假，故宣告 SR_1 后，我们可以删除这些世界，类似地，继续宣告 SR_2，剔除相应的使其为假的可能世界……最后求得均衡（e，b）。

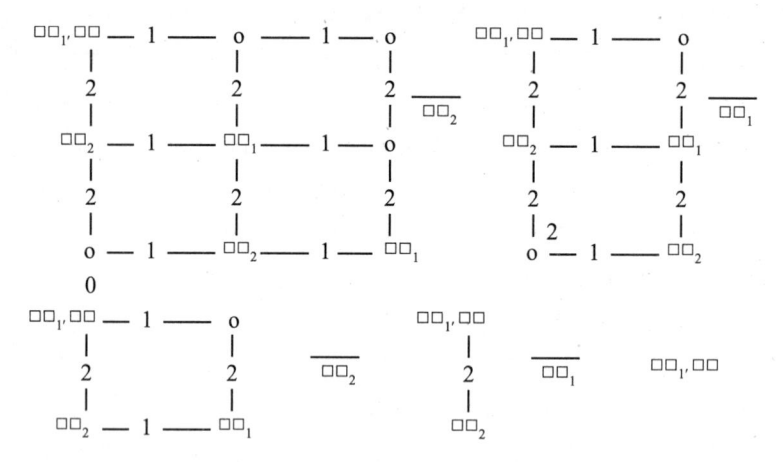

图 5-11 公开宣告□□。

因此，把这两种理性与我们所定义的理性 Ra_i 相比较，由于宣告命题 WR_i 是对重复剔除严格劣策略算法的刻画，而宣告 SR_i 则是对可理性化算法的刻画，所以，不难得出：重复公开宣告 WR_i 所剔除的可能世界一定会可以通过宣告 Ra_i 所剔除，但反之却不成立。例如，例 5.4 中的博弈，我们也可以通过依次重复公开宣告 Ra_i 四次求得均衡。而对于例 5.3 中的博弈，因为不存在某个选手的严格劣策略，所以无法通过重复公开宣告 WR_i 简化博弈模型，求解均衡。因此，在一定意义上，Ra_i 理性定义强于 $WR(WR = \wedge_{i \in N} WR_i)$。

定理 5.8：$Ra_i \rightarrow WR_i$ 在任意一个概率认知博弈模型 M'_G 是有效的。

证明：我们通过验证此定理的逆否命题 $\neg WR_i \rightarrow \neg Ra_i$ 来证明。

假设对 $\forall w \in W$，$(M'_G, w) \vDash \neg WR_i$。由命题 WR_i 的定义我们可知：$(M'_G, w) \vDash \neg WR_i \Leftrightarrow (M'_G, w) \vDash \vee_{s_i^k \in S_i} \langle K_i \rangle (f_i(w) <_i s_i^k)$。因此，可假定 $\exists s_i^l$，满足 $(M'_G, w) \vDash \langle K_i \rangle (f_i(w) <_i s_i^l)$。根据公理 G5，公式 $f_i(w) <_i s_i^l \rightarrow f_i(w) \leqslant_i s_i^l$ 在模型 M'_G 上是有效的，所以根据公理 K2，推得 $K_i(f_i(w) <_i s_i^l) \rightarrow K_i(f_i(w) \leqslant_i s_i^l)$ 在 M'_G 也是有效的，即 $(M'_G, w) \vDash K_i(f_i(w) <_i s_i^l) \rightarrow K_i(f_i(w) \leqslant_i s_i^l)$。又因为根据公理 D，我们可推出，$\exists s_i^l \in S_i$ 满足 $(M'_G, w) \vDash K_i(f_i(w) <_i s_i^l) \rightarrow \langle K_i \rangle (f_i(w) \leqslant_i s_i^l)$，从而有：$(M'_G, w) \vDash Ra_i$。

但值得我们注意的是，强理性定义 $SR(SR = \wedge_{i \in N} SR_i)$ 和 Ra 之间却不存在这样的关系。通过宣告 SR 求得的纳什均衡不一定可以通过宣告 Ra 求得，反之亦然。例如，在图 5-12 中的两个博弈 G_1 和 G_2 中，博弈 G_1 只可以通过依次重复宣告 SR_i 三次，求此博弈的均衡为 (X, a)。但由于这个博弈中不存在任何一个选手的弱劣策略，所以我们不能通过宣告 Ra 来求解博弈。但是，对于博弈 G_2，过程刚好相反，博弈 G_2 只能通过宣告 Ra 三次求得均衡 (X, b)。

选手2 选手1	a	b	c
X	(1, 2)	(1, 0)	(1, 1)
Y	(0, 0)	(0, 2)	(2, 1)

G_1

选手2 选手1	a	b	c
X	(1, 2)	(1, 3)	(1, 3)
Y	(0, 2)	(0, 1)	(2, 0)

G_2

图 5-12　两个博弈结构

另外，范本特姆还通过固定点逻辑重新分析这两种理性 WR_i 和 SR_i，给出这些算法的更深层次的认知分析。这也正是我们未来所要进行研究的一个方向——用固定点公式重新分析和解释 Ra。

博纳诺（2008）同样提出两种不同的理性概念——WR'_i 和 SR'_i，但由于博纳诺（2008）对于剔除算法的逻辑分析并没有像我们那样是建构在具有诺拉曼-摩根斯坦恩（Neumann-Morgenstern）效用的博弈框架之上，而是基于更一般的情形——建构在具有纯粹序数性质的框架之上，即选手所获得的效用不一定是纯数字型表示，而只要选手可以对策略的选择有偏好和比较即可。所以，他所定义的博弈形式中并没有支付函数和期望效用函数，取代为结果函数 $z: S \to O$（$S = S_1 \times S_2 \times \cdots \times S_n$）对每个策略组合指派一个结果 $z(s) \in O$，其中符号 O 表示一个博弈中的所有结果构成的集合。因此，基于这样的博弈定义，他的两种理性定义如下[①]：

$(M, w) \vDash WR'_i \Leftrightarrow \forall s_i^k \in S_i \exists w' \in B_i(w)$，使得 $z(f_i(w), f_{-i}(w')) \geq_i z(s_i^k, f_{-i}(w'))(M, w) \vDash SR'_i \Leftrightarrow \forall s_i^k \in S_i$，只要 $\exists w' \in B_i(w)$ 满足 $z(s_i^k, f_{-i}(w')) >_i z(f_i(w), f_{-i}(w'))$，那么就一定 $\exists w'' \in B_i(w)$ 使得 $z(f_i(w), f_{-i}(w'')) >_i z(s_i^k, f_{-i}(w''))$

因此，博纳诺（2008）通过创建新的博弈逻辑，采用公理化的模式将这两种理性概念分别作为博弈选手间的公共信念和公共知识进行了分析和讨论，证明了把策略式博弈限制到纯策略情形时，对应弱理性 WR'_i 的公理能够刻画了重复剔除严格劣策略算法，而对应强理性 SR'_i 的公理则刻画了由斯大纳克（Stalnaker, 1997）提出的可理性化算法。下面的定理 5.9 表明了将 SR'_i 作为选手间的公共知

---

① 其中，公式中的 □ 是信念模态算子。

识对于这种可理性化算法的刻画。

定理 5.9：给定一个具有序数性效用的有穷策略式博弈 G，设是构建在 G 上的任意一个满足 SR'_i 语义的博弈认知模型 M_G^{S5} 和任一个可能世界 w。如果（M_G^{S5}, w）⊨ $C_N SR'$，那么 $f(w) \in T^\infty$。

对每一个 $s_i^k \in T^\infty$，都存在一个满足 SR'_i 语义的博弈认知模型 M_G^{S5} 和一个可能世界 w，使得 $f(w) = s_i^k$ 并且（M_G^{S5}, w）⊨ $C_N SR'$。

博纳诺（2008）的博弈逻辑所刻画的是更为现实的博弈情形，模型的是选手的一种信念，而不单单只是选手的知识。这样，选手的认知择换关系不一定相对于整个博弈认知模型是全通的或者是等价关系，其认知关系只需要满足条件：$w' \in B_i(w) \Rightarrow f_i(w) = f_i(w')$ 即可。所以，为了能够模型选手的信念，博纳诺强调博弈逻辑框架上选手们的认知择换关系非等价且非全通的。这导致了依据这两种理性的定义，博纳诺剔除可能世界的过程和结果在许多情况下与我们的过程是不相同的。

尽管博纳诺并没有从动态认知的角度来考虑剔除算法的逻辑刻画，但为了能够更为突出地显示这些不同点，这里我们也将这种对于可理性化算法的刻画放到 PAL 中进行考虑和分析，即通过重复公开宣告 SR'_i 去简化博弈模型，帮助求解均衡。

例 5.6：如图 5-13 所示的博弈模型。根据定义 SR'，命题 SR'_1 在初始的博弈认知模型 G^0 上（C, f）为假，而 SR'_2 在（B, e）上是不成立的。因此，如果我们公开宣告 $SR'(SR' = \wedge_{i \in N} SR'_i)$ 一次，这两个世界将会被剔除。而在得到的新子博弈认知模型 G^1 中，SR'_2 再次在（C, e）和（B, d）为假，而 SR'_1 在世界（B, f）。故在第二次公开宣告后，得到的是新博弈认知模型 G^2。这样持续公告三次 SR'，将得到被简化的子博弈认知模型 G^3，再继续公告 SR' 模型不再改变。

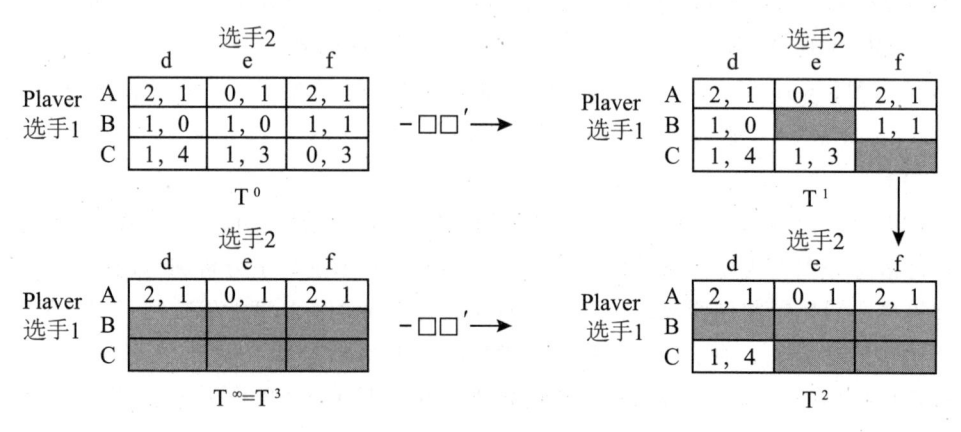

图 5-13 公开宣告 □□′

例 5.7：同例 5.5 所示博弈相同，图 5-14 表明了采用重复公开宣告理性 Ra 的过程和结果。在两次公开宣告后，我们就可以得到这个博弈的均衡（A，d）和（A，f）。

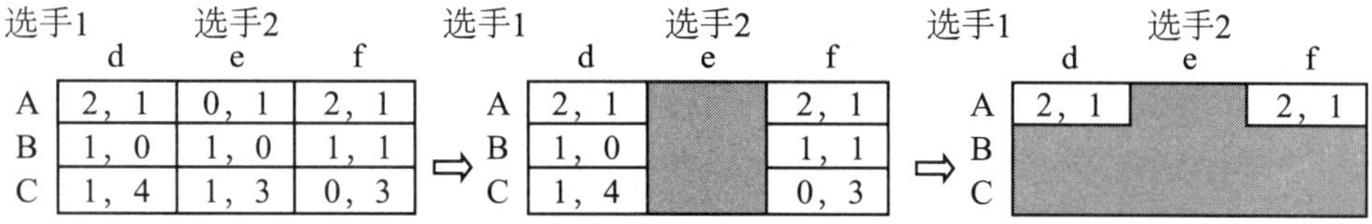

图 5-14　公开宣告□□

因此，由上述例子不难看出，我们所定义的认知博弈模型与博纳诺的博弈逻辑模型是有很大的差别。基于"存在确定明晰的博弈结构并且这种博弈结构是选手间的公共知识"这样的事实之上，我们所考虑的认知博弈模型中，选手的认知择换关系是等价的且相对于整个博弈模型是全通的。因此，在某种程度上，我们是从参与博弈者的角度进行建模，分析和刻画重复剔除算法。而在博纳诺所构建的博弈逻辑中，其对应的框架和模型中认知择换关系是任意的，主要模型的是选手们的信念结构。所以，在某种意义上，他是从外部建模者的角度来分析和刻画那些算法。

不过，对于他的弱理性定义，由于将 WR_i' 作为博弈选手间的公共知识，可以刻画重复剔除严格劣策略算法，因此同前面的原因一致，我们的理性定义 Ra 强于 WR'（$WR' = \bigwedge_{i \in N} WR_i'$）。

此外，正如前面表明，我们也从动态认知的角度，通过 PAL 逻辑来描述和刻画重复剔除算法，通过宣告剔除的过程和结果与可允许算法的过程和结果是完全一致的，而博纳诺（2008）则更关注于对算法结果的刻画，在一定意义上，这是一种静态的描述和刻画。

但是，博纳诺所提出了与模态逻辑刻画含义相一致的证明方式，从框架而不是模型的角度来进行分析和刻画博弈论中的这些剔除算法，同时，对于博弈的分析并没有局限到双人博弈，这是我们文章所没有的涉及的，值得我们进一步借鉴和研究。

第六章

对合作博弈的逻辑分析

不同领域的研究工作者如社会学家、逻辑学家、计算机科学家、经济学家以及博弈论学家等都不约而同地在关注合作问题的研究。主体之间结成联盟是促使合作得以实现的一个重要方式。一个良好的合作关系不单可以使每个合作主体节省更多的时间、资源或提高收益、效率等，还可以使合作主体通过联盟的集体力量完成靠个人力量无法（高效）完成的工作。良好合作关系的形成和稳定不单需要考虑合作主体该如何协调自己同其他主体的行动，同时还需要考虑合作产生的收益如何在合作主体间进行公平合理的分配。

合作博弈论作为研究合作—冲突条件下最优决策问题的理论，无论是在理论研究领域还是在社会生产生活实践中都有着广泛的应用。然而，合作博弈的传统刻画方法使得合作博弈解的求解过程十分烦琐复杂。逻辑学为博弈论提供了形式化的理论分析工具。对联盟博弈逻辑的研究在国际上才刚刚起步。1985年，帕里克（R. Parikh）首次提出博弈逻辑概念，他指出博弈逻辑是命题动态逻辑 PDL 的一个分支。马克·帕利（Marc Pauly, 2001）在他的论文中，将博弈逻辑扩展成可以对博弈中联盟的力量进行推理的逻辑。另外，范德霍克和伍德里奇（Van der Hoek and Wooldridge, 2002）给出一个逻辑系统交互时间认知逻辑（alternating-time temporal epistemic logic，ATEL）以对联盟、知识和时间等进行推理。交互时间认知逻辑（ATEL）的产生要从克拉克和爱默生（Clarke and Emerson）在1981年构建的计算树逻辑（computation tree logic，CTL）说起。CTL 可以描述并发系统的许多时态特征；后来，阿卢尔等（Alur et al., 1997）发现可以把这个系统扩展到多主体系统并且不增加系统的复杂性，他们把联盟处理成算子得到的新系统称为 ATL。范德霍克和伍德里奇（Van der Hoek and Wooldridge，2003）意识到在 ATL 中对主体知识进行推理是可行的，于是他们就把知识算子添加到了 ATL 中，从而得到了能够在多主体系统中处理联盟、知识和时间的 ATEL。但是，无论是沿着 PDL 还是 CTL 发展而来的逻辑系统，他们都有一个共同的不足，那就是对联盟博弈结构的逻辑分析很不充分。从逻辑角度对体现联合博弈特征的解概念的理性和认知基础的形式分析更是少见。这严重阻碍了联盟博弈理论以及相关学科的快速发展。

本章旨在对合作博弈的逻辑刻画分析的基础上，运用相关的研究成果对夏普里值等合作博弈解的求解过程进行系统的逻辑研究，以期简化合作收益在主体间公平合理分配的计算复杂度，为进一步推动合作博弈中联盟形成、收益分配等问题的形式化研究、促进逻辑学和博弈论的学科交叉发展做贡献。

本章的主要目标：第一，对合作博弈论涉及的基本概念做一个简要的介绍；第二，分析合作形成和得以持续的逻辑理性认知基础和理论假设；第三，针对特征联盟博弈逻辑介绍如何用逻辑刻画的方式将传统的合作博弈用逻辑规则表示出来；第四，根据这种逻辑的刻画，重点讨论和分析夏普里值的定义、性质和计算等问题。

第一节 引　论

在本节我们重点介绍在支付可转移的前提下，根据联盟行动对其他联盟有无影响的两类合作博弈。然后，我们基于可转移支付博弈 TU 博弈（transferable utility games），分析一些贯穿整个联盟博弈的基本理论假设。

一、合作博弈的类型和基本理论假设

如果有一个统一的效用（utility）度量标准，合作主体可以相互比较或转移他们的效用，那么满足这种假设前提的合作博弈，我们称之为可转移支付博弈（transferable utility game），或简记为 TU 博弈；而不可转移支付博弈（non-transferable utility game），或者称为 NTU 博弈则不满足这样的前提条件。此外，如果考虑一个联盟的形成或分裂对整个合作系统中其他已有联盟的效用（或值）产生影响，并根据这种影响的有无，我们可以把联盟博弈分为两大类型，也就是无影响型联盟和影响型联盟博弈。相对无影响型博弈，影响型博弈模拟的情形要复

杂得多。如果将这两种分类标准综合在一起，就会产生四类联盟博弈类型：可转移支付无影响型联盟博弈、可转移支付影响型联盟博弈、不可转移无影响型联盟博弈和不可转移影响型联盟博弈。

通常所说的可转移支付联盟博弈（transferable utility games）不考虑联盟间的影响，也就是，联盟值的大小不受系统中其他联盟行动的影响。为了区别，我们也称这种可转移支付联盟逻辑为特征函数联盟博弈。而那种模拟联盟值会受到系统中非成员行动影响的可转移支付联盟博弈被称为范式博弈（normal form games）。我们首先分析特征函数联盟博弈的一些性质特征，其次再讨论范式联盟博弈。

一个特征函数联盟博弈可记作（Ag, v），其中 Ag 是所有主体组成的集合，赋值函数（或称特征函数）$v: 2^{Ag} \rightarrow R$，v 给每个联盟赋一定的值，这个值代表相应联盟的能力、收益或价值等。需要再次强调的是，在这类联盟博弈中，每个联盟的值是由特征函数给定的，它不受联盟外成员行动的影响。

为了便于讨论，我们始终假设所有联盟的值都是非负数。这样的假设并不失一般性，因为即使实际上有联盟的值是负的，只要不是无限负值，我们就可以通过令每个联盟的值减去最小的那个联盟值（一个负数）而重新定义所有联盟的值，从而保证每个联盟的值都大于等于零。得到这个新的博弈和原来博弈是等价的（J. Kahan and A. Papoport, 1984）。

我们用 Ag = $\{a_1, \cdots, a_n\}$ 表示系统中所有主体的集合，一个联盟结构 CS = $\{C_1, \cdots, Cr\}$ 是主体集 Ag 的一个划分。一个特征函数联盟博弈（Ag, v），其中 Ag 是主体集，v 是该博弈的特征函数。我们给出一个简单的联盟博弈例子。

例 6.1（多数选举博弈）：假定有奇数个（|Ag|）选举人，并且假定每个选举人的偏好是严格偏好，他们从两个候选人中选出一个自己喜欢的，根据多数选举规则决定哪个候选人胜出。其中：

$$v(C) = \begin{cases} 1 & \text{当 } |C| > |Ag|/2 \\ 0 & \text{否则} \end{cases}$$

所有选举同一候选人的选举人形成一个联盟，我们通过给获胜的联盟赋值 1 而别的联盟赋值 0 来模拟这一选举。

我们可以根据赋值函数单调性的不同将这类联盟博弈大致分为以下几类：

超加型（superadditive）：$\forall C_1, C_2 \subseteq Ag, C_1 \cap C_2 = \emptyset, v(C_1 \cup C_2) \geq v(C_1) + v(C_2)$。

在这类博弈中，任何两个联盟合并之后的收益值比原收益值之和大或至少一样多。那么随着联盟规模的不断扩大，最终所有主体形成的一个最大联盟将是收益最大的联盟。我们在后面讨论基本概念的时候也正是基于这类博弈基础上进行的探讨。这类博弈是博弈学家最早关注和研究的一类博弈，它们最能体现形成联盟的价值和意义所在。

超减型（subadditive）：$\forall C_1, C_2 \subseteq Ag, C_1 \cap C_2 = \emptyset, v(C_1 \cup C_2) \leq v(C_1) + v(C_2)$。

在这类博弈中，每个主体单干要比形成联盟得到的收益高或至少一样高。那么由于合作不但不会带来更高的收益还有可能使原收益减少，在这种情况下主体便没有积极性去和别的主体或联盟合作。

不确定型（unconstrained）：在这类博弈中，赋值函数对一些联盟是超加的而对另一些联盟而言是超减的。也就是说，有一些联盟合并后总的收益可能会提高，而有些可能会减少。这类博弈刻画了比前两种博弈更复杂和有趣的情形：合作不是所有人的"摇钱树"。

可加型（additive）：$\forall C_1, C_2 \subseteq Ag, C_1 \cap C_2 = \emptyset, v(C_1 \cup C_2) = v(C_1) + v(C_2)$。

在这类博弈中合不合作对每个联盟的收益都没有任何影响，联盟总的收益是其成员收益的简单相加，即 $v(C) = \sum_{i \in C} v(i)$。有时我们也称这类博弈为非本质联盟博弈，因为它们完全没有体现联盟的任何作用。

不过，这些博弈有一个共同的特点，那就是每个联盟的值是通过赋值函数唯一确定的。因此，它们不会因为联盟结构的不同而改变。

但是，系统中联盟（如公司）的合并或分裂等行动对其他联盟真的没有影响吗？或者说这种影响可以忽略吗？如果是这样的话，那么现在一些国家也不会出现反垄断法来禁止过于庞大的托拉斯出现。托拉斯是指在同一商品领域，通过企业间的合并托管等形式形成一个大的企业。这种形式的企业通过内部制定统一价格等手段使企业在市场占据主导地位，排挤掉小型企业达到对市场的独占，从而最终实现收益的最大化。虽然目前一般对托拉斯的介绍都使用"企业垄断市场的形态之一"这种说法，但是，托拉斯作为一种经济行为，自从1879年首先在美国出现之后一直都未被完全禁止。其原因之一就是虽然它影响市场上未加盟的中小型企业的收益和发展，但是它能够提高加盟者的收益，刺激投资和经济的发展。由此可见，联盟行动对其他联盟的影响有时是不可忽略的。同一联盟的值会随着联盟结构的改变而改变，非成员的行动会对一个联盟的值产生正面或负面的影响。消极影响的产生可能是由于非成员与该联盟之间共享资源的有限，非成员对资源的使用可能会导致该联盟因资源不足而无法实现其自身目标；也有可能是由于目标的相互冲突或矛盾，从而非成员目标的实现使得联盟离实现其目标更远。范式博弈（normal form games）模拟了这种联盟值会受到系统中非成员行动影响的情形。卢卡斯等（W. Lucas et al., 1963）首次深入地研究了该类联盟博弈。库诺特寡头竞争（Cournot oligopoly）博弈（T. Michalak et al.，2010）便是这类博弈的典型代表。

二、理性、分配有效性和总体收益

一个 TU 博弈可记作（Ag, v），其中 Ag 是所有主体组成的集合，特征函数 $v: 2^{Ag} \to R$ 给每个联盟赋一个值，代表该联盟的值或收益。这也就是说特征函数 v 是针对联盟赋值而不是针对个体。那么这就要考虑联盟形成后收益在个体间的分配问题。收益分配（payoff distribution）$x = \{x_1, \cdots, x_n\}$ 表示联盟的值在其成员间的分配情况。其中，x_i 表示是主体 i 在该分配中得到的收益。我们用 x(C) 表示 C 中所有主体通过 x 得到的收益总和，记为 $x(C) = \sum i \in C x_i$。一个收益构造 PC（payoff configuration）是一个二元组（CS, x），其中 CS 是一个联盟结构，x 是一个收益分配。一个系统设计者总是希望设计出能够最大化社会福利（social welfare）的最优联盟结构，并且希望这个联盟结构能够保持稳定。为了使这样的联盟结构保持稳定，使得所有参与其中的主体都不想改变（或脱离）其当前的状态（联盟），系统设计者需要给出一个好的收益分配方案 x。我们将在后面的章节详细探讨这些问题。这一节我们首先分析联盟形成需要的一些基本思想和概念，例如，个体理性（individual rationality）、集体理性（group rationality）、分配有效性（distribution efficiency）、帕累托有效性（pareto efficiency）和总体收益（total revenue）等形式定义和解释。

个体理性：主体 i 会加入一个联盟仅当 $x_i \geq v(\{i\})$。

我们称一个主体参与某个联盟是个体理性的，如果这个主体在其所参与的联盟中获得的收益比其单干获得的收益多或至少一样多，换句话说就是"没有人愿意做赔本的买卖"。

集体理性：$\forall C \subseteq Ag, x(C) \geq v(C)$。

一个收益分配 x 满足集体理性，当且仅当，对主体集中任意联盟 C，其成员在收益分配 x 中分得的收益之和比该联盟值要多或至少一样多。

分配有效性：$x(Ag) = V(CS)$。

其中，V(CS) 表示联盟结构 CS 中所有联盟的值（或收益）之和。该分配有效性说的就是，如果收益分配 x 分给所有主体的收益之和等于该联盟结构中所有联盟的总收益，那么这个收益分配就是有效的收益分配。从这个普遍的分配有效性概念很容易推出上面针对超加型联盟博弈的分配有效性，它只是普遍有效性的特殊情况。

帕累托有效性：一个收益分配 x 是帕累托有效的，当且仅当 $\neg \exists y \in R^n$，使得

∃i ∈ Ag 满足 $\{y_i > x_i$ 且 $\forall j \neq i, y_j \geq x_j\}$。

当没有别的收益分配 y 使得至少有一个主体在 y 中的收益比在 x 中的更高且不存在任何主体在 y 中的收益比在 x 中差时，我们说一个收益分配 x 是帕累托有效的或者说帕累托最优的。也就是说，在一个帕累托最优收益分配里没有主体能够在不降低其他主体收益的同时提高自己的收益。

总体收益：总体收益相当于一个收益分配中所有主体的收益总和。

总体收益最大化的收益分配一定是帕累托有效的，但是一个帕累托有效的收益分配却不一定是总体收益最大的收益分配。例如，一个系统总共有三个收益分配 x（3，2，1）、y（4，3，1）和 z（3，3，3）。那么只有收益分配 z 是总体收益最大的收益。因为它的总体收益值是 9，而 x 和 y 的总体收益值分别为 6 和 8。但收益分配 y 和 z 都是帕累托有效的。

第二节　稳定性和博弈解

博弈论学界对联盟的形成问题曾做过广泛而全面的分析研究（J. P. Kahan and A. Papoport, 1984; M. T. Osborne and A. Rubinstein, 1994; L. S. Wu, 1977）。无论是对非合作博弈还是对合作博弈，博弈结果的稳定性都是十分重要的一个问题。每个主体都会尽可能多地追求个人收益。面对这些追求个人收益最大化的理性主体，如何设计出一种稳定的机制，是系统设计工作者最为关心的一个问题之一。我们这里谈到的稳定性主要是指博弈结果的确定性和可持续性。我们将在本小节中从非合作博弈过渡到合作博弈，探讨各类博弈结果保持稳定所需要满足的不同要求。

有时候我们可以利用占优策略（dominant strategies）来设计这样一种占优策略均衡的稳定机制。一个主体采用他的占优策略就意味着无论其他主体使用什么策略，该主体的收益是他能得到的收益中最高的一个。例如，囚徒困境存在的均衡就是一种占优策略均衡。

但是，有的时候，并不是所有主体都有这样的占优策略，一个主体的最优策略常常是相对于其他主体的策略而言的。但是如果所有采用的策略构成的策略组合是纳什均衡的话，这个博弈或者称这个系统也是可以达到稳定的。在这个纳什均衡中，每个主体都使用相对其他主体的策略而言是最佳反应的策略。例如，在智猪博弈中大猪就没有占优策略。

然而，当纯策略纳什均衡不存在或者存在多个纳什均衡的时候（如下面的猜硬币游戏和性别战博弈），问题就又出现了。因为很难通过采用均衡策略的方法保持稳定。

例 6.2（猜硬币游戏）：两个主体各拿一枚硬币，他们决定自己的硬币要显示正面向上还是反面向上。如果两枚硬币同时正面向上或同时反面向上，那么主体 1 付给主体 2 一元钱，而如果两枚硬币只有一枚正面向上，则主体 2 付给主体 1 一元钱。

如图 6-1 所示，列策略是主体 1 的策略，行策略是主体 2 的策略。这个博弈中不存在纯策略纳什均衡。因为如果 2 选择正面，1 会选择反面；但是如果 1 选择反面，2 也会选择反面。如果 2 选择反面，1 会选择正面；但是如果 1 选择正面那么 2 会选择正面。我们可以看到这个推理是一个循环，也就是任何一个策略组合都不是纳什均衡。尽管我们这类博弈存在所谓的混合策略纳什均衡。这里我们就纯策略和混合策略做一个非形式的说明。一个策略如果规定在给定信息情况下一个主体能够选择一个特定的策略，则称该策略为纯策略。而一个策略如果规定在给定信息情况下主体以某种概率分布随机地选择不同的策略，则称该策略为混合策略。也就是说，主体的一个混合策略是该主体纯策略空间上的一种概率分布。例如，在猜硬币的游戏中，每个选手分别以（1/2，1/2）的概率选择正面和反面构成的均衡就是一个混合策略均衡。但这是从多次或无限次重复的角度而言的一种均衡，具体到某一次博弈，双方仍无确定具体这次对方选择什么，而只能猜测各有一半概率选择正面和反面。所以在这类一次性的博弈中无法找到稳定性的解。

	正面	反面
正面	(-1, 1)	(1, -1)
反面	(1, -1)	(-1, 1)

图 6-1 猜硬币游戏

当存在多个纳什均衡的时候，我们很难通过采用均衡策略的方法保持稳定，如性别战博弈所展现给我们的情形。

例 6.3（性别战博弈）：夫妻两人，妻子喜欢看芭蕾，丈夫喜欢看足球。但是他们都不愿意因为看自己喜欢的节目而和对方分开。如图 6-2 所示，行选项是丈夫的策略，列选项是妻子的策略。如果他们一起去看芭蕾那么妻子的收益是 4 个单位的愉悦，丈夫是 3 个单位的愉悦；如果他们一起去看足球那么丈夫是 4 个单位的愉悦，妻子是 3 个单位的愉悦。如果他们分开看节目那么得到 0 个单位的愉悦。

	芭蕾	足球
芭蕾	(4, 3)	(0, 0)
足球	(0, 0)	(3, 4)

图 6-2　性别战

在这个博弈中有两个纳什均衡，如果他们没有或者无法事先商量好的话，那么他们无法确定对方究竟采用哪个均衡策略。这就很难通过选择均衡策略的办法来达到稳定。

实际上，在有些时候，即使纳什均衡存在且唯一，系统也很难保持稳定。例如，在序贯博弈（sequential games）中参与者选择策略有时间先后，每次博弈结构不同而连续多次。在这种博弈中，主体在前一阶段采取的策略可能是最优的但到下一阶段可能就不是最优的了。子博弈精炼纳什均衡是非合作博弈论提出来的一个精炼的解概念，它要求参与主体在博弈的每个时点上选择的策略都是最优的策略。但是子博弈精炼纳什均衡同样会面临我们前面提到的纳什均衡会遇到的那些问题，也就是它同样面临着存在性和唯一性的问题。

纳什均衡即使存在且唯一也不一定能保持稳定的另一个原因是它有时候太弱，也就是说，系统中可能存在这样一群主体，他们为实现自身小团体的利益最大化通过协同合作的方式而导致系统的不稳。为解决这一问题奥曼（R. Aumann, 1959）引入强纳什均衡的概念，强纳什均衡要求不存在子团体在其他主体策略不变的情况下能够通过改变策略的方式使其收益增加。一个策略组合是强纳什均衡，如果在其他主体的策略不变的情况下，不存在任何子主体集合有动力改变他们的策略。但是强纳什均衡的要求太强以致在许多博弈中找不到这样的均衡。防联盟纳什均衡（coalition-proof Nash equilibrium）的提出部分地弥补强纳什均衡不存在的问题（B. Bernheim et al.，1987）。

与非合作博弈采用策略方法做均衡分析不同，合作博弈对更加抽象和复杂的情形进行分析，研究系统稳定性的问题。

对于合作博弈稳定性问题，不妨打这样一个比方，如果把一个合作博弈系统看作是一家公司，把合作博弈中的主体看作是该公司的员工，那么公司总裁要想让整个公司的总收益最大化，他就必须合理地将所有员工进行分组：哪些人在销售部、哪些人在生产部等，不同的分组安排就是不同的联盟结构或称为公司结构。如果存在一些员工他们当前在销售部的收入没有他们在生产部的收益高，并且假定他们在两个部门投入的时间和精力是完全相同的，那么他们就有积极性背离当前的销售部到生产部去，最优的公司结构就会被破坏，公司的最大收益将不能实现。所以保证该公司结构（联盟结构）稳定的一个重要的问题就是，如何分配合作带来的收益以使得所有主体都没有积极性背离其当前所在的联盟。

这里扼要地介绍一些合作博弈解概念和它们的一些特点、更具体的分析，尤其是具体的算法，将在第四节详细给出。

为了保证联盟结构的稳定性，博弈论学家们研究了很多种在联盟内部分享整个联盟的收益的方法。例如，稳定集（stable sets）、核（the core）、夏普里值（Shapley value）、内核（kernel）以及核仁（nucleolus），还有它们不同的变种。诺伊曼和摩根斯特恩（Neumann and Morgenstern）在1944年的著作《博弈论和经济行为》中提出合作博弈和稳定集（stable sets）的概念。20世纪50年代，吉利斯（Gillies）引入了核（the core）概念用以研究稳定集（D. B. Gillies, 1959; Shapley and Shubik, 1961）后来把它发展成为一个解概念。核概念最能体现稳定：没有哪些参与者能够通过形成新的联盟而获得比目前更高的收益。也就是说，如果一个收益分配在核中，没有参与者会有积极性去加入另外一个不同的联盟。这一概念和非合作博弈中的纳什均衡很相似。不过，这一概念预设了一个很强的前提条件：要满足集体理性。但并不是所有的博弈都有核，也就是说对某些博弈而言，其核可能为空。当核为空时，至少有一个参与者因对收益分配不满而破坏联盟。

例6.4（核）：一个TU博弈$G = (Ag, v)$，其中$Ag = \{a, b, c\}$是三个参与者的集合，特征函数（或赋值函数）$v: 2^{Ag} \to R$给每个联盟一个值或收益。每个参与者仅靠自己的力量得不到收益。$v(\{ab\}) = 9$，$v(\{ac\}) = 8$，$v(\{bc\}) = 7$，$v(\{abc\}) = 12$。

通过计算，可得在这个博弈中收益分配$(5, 4, 3)$在核中且是核中唯一的元素，形成的联盟是$\{abc\}$。如果$v(\{abc\})$的值增加，则核也会变大；如果$v(\{abc\})$的值减小，则核为空。

夏普里（L. S. Shapley, 1953）提出的夏普里值（Shapley value）是一个体现公平的联盟博弈解概念。夏普里值由三条公理唯一定义得到，和核不一样的是，它总是存在且唯一。当一个博弈的核非空时，夏普里值也可能不在核中，但是如果特征函数是凸函数，那么夏普里值就在核中，因为这时夏普里值满足集体理性。戴维斯和马希勒（M. Davis and M. Maschler, 1965）及施梅德勒（D. Schmeidler, 1969）分别提出了两个解概念即内核（kernel）和核仁（nucleolus）。溢出e（excess）是和这两个概念密切相关的一个基本概念。对于一个收益分配x，溢出e是度量参与者通过形成新的联盟C而得到的收益提高量$e(C, x) = v(x) - x(C)$。

在内核中，参与者的能力（strength）根据参与者通过与不同的参与者形成新联盟而获得的最大溢出度量。参与者通过自己与同联盟中其他成员的这种"能力"的比较来判断一个收益分配是否是可接受的。当两个参与者具有相同的能力，他们就没有任何离开联盟的积极性。当所有的参与者都处于这样的状态，那么这个收益分配就在内核中。这个解概念的目标是最小化任意两个参与者间的溢出。当一个收益分配是抱怨最小的序列时，它在内核中。内核这一解概念虽然没有核概念那么直观，但是它总是存在且总是非空。并且这个概念体现了对能力相同者待遇相同这一公平分配的精神。核仁的定义也是基于溢出概念之上提出来的。在核仁里，溢出度量的是一个联盟对收益分配的抱怨程度，它的目标是最小化每个联盟的溢出。对于一个收益分配，可以计算出每个联盟的溢出并且把这些溢出从大到小排列，所得到的向量就是每个联盟对这个收益分配的抱怨程度的有序列。然后使用字典式排序（lexicographic order）的方法比较两个收益分配。核仁总是存在且唯一，核仁在内核中；当核非空时，核仁在核中。

第三节　特征函数联盟博弈的逻辑刻画

在这一节里，我们主要分析如何基于一组逻辑规则（Rule）刻画特征联函数联盟博弈。

每条逻辑规则（Rule）都形如：P→V。

其中，P 是主体集上的布尔表达式，具体来说就是把每个主体看作是命题逻辑中的变元，P 就是这些变元的合取式。V 表示该规则的值，可以把它看作是 P 中变元对应的主体对他们所在联盟的边际贡献总值。

命题 6.1：任何的特征函数联盟博弈都可以通过形如逻辑规则（Rule）的一组规则刻画出来；反过来，任何一组形如逻辑规则（Rule）的规则所刻画的博弈都可以转化成特征函数联盟博弈形式。

根据下面的规则设置，我们很容易得到该命题的证明。

对任意的特征函数联盟博弈，可以通过设置一组逻辑规则来描述。规则的设置通过递归的方法完成。首先从单元联盟开始，其次逐步完成：

对任意的单元联盟 $\{i\}$，给出规则 Rule1：$i \to V\{i\}$，其中 $V\{i\} = v(\{i\})$；

对任意的二元联盟 $\{i, j\}$，给出规则 Rule2：$i \wedge j \to V\{i, j\}$，其中 $V\{i, j\} = v(\{i, j\}) - (V\{i\} + V\{j\})$；

……

对任意 n 元联盟 $C = \{1, 2, \cdots, n\}$，规则 Rulen：$1 \wedge 2 \wedge \cdots \wedge n \to V\{1, 2, \cdots, n\}$，这里，$V\{1, 2, \cdots, n\} = v(C) - \sum Vc$，其中主体集 c 是主体集 C 的真子集且不为空。

这里略去所有 V 值为 0 的规则。

我们以一个具体的特征函数联盟博弈为例来说明如何用逻辑规则刻画这样的联盟博弈。

例 6.5（特征函数联盟博弈）：一个特征函数联盟博弈 $G = (Ag, v)$。其中 $Ag = \{a, b, c\}$，并且 $v(\{a\}) = 1$，$v(\{b\}) = 0$，$v(\{c\}) = 0$，$v(\{ab\}) = 1$，$v(\{ac\}) = 1$，$v(\{bc\}) = 0$ 以及 $v(\{abc\}) = 3$。

按照将特征函数联盟博弈转化成逻辑刻画的规则设置：

（1）由对任意的单元联盟 $\{i\}$，规则 Rule1：$i \to V\{i\}$，其中 $V\{i\} = v(\{i\})$，得：

$$a \to 1, \quad b \to 0, \quad c \to 0$$

（2）由对任意的二元联盟 $\{i, j\}$，规则 Rule2：$i \wedge j \to V\{i, j\}$，其中：$V\{i, j\} = v(\{i, j\}) - (V\{i\} + V\{j\})$，得：

$$a \wedge b \to 1 - 1 - 0 = 0, \quad a \wedge c \to 1 - 1 - 0 = 0, \quad b \wedge c \to 0 - 0 - 0 = 0$$

（3）由对任意三元联盟 $C = \{a, b, c\}$，规则 Rule3：$1 \wedge 2 \wedge 3 \to V\{1, 2, 3\}$，这里 $V\{1, 2, 3\} = v(C) - \sum V_c$，其中主体集 c 是主体集 C 的真子集且不为空，得：

$$a \wedge b \wedge c \to v(\{a, b, c\}) - (V\{a\} + V\{b\} + V\{c\}$$
$$+ V\{a, b\} + V\{a, c\} + V\{b, c\})$$
$$= 3 - 1 = 2$$

略去所有 V 值为 0 的规则，于是仅用两条逻辑规则便可以将特征联盟博弈 G 刻画出来：$a \to 1$，$a \wedge b \wedge c \to 2$。

同样地，我们可以根据一个联盟博弈的逻辑刻画规则，构造出其相应的特征函数联盟博弈形式。

我们说联盟 C 符合合取式 P，如果合取式 P 中变元对应的主体都在联盟 C 中，或者说它们组成的集合是联盟 C 的子集。从逻辑语义赋值的角度讲，也就是说，如果当所有对应于 C 中主体的变元被赋值为真，而所有和联盟 C 之外的其他主体对应的变元被赋值为假时合取式 P 为真。记作：$C \vDash P$。我们说规则 Rule 是可适用于联盟 C 的，如果 C 符合 Rule 的合取式 P。一个联盟 C 的值 $v(C)$ 是所有可适用于该联盟的规则的值之和：

（1）令 $v(C) = 0$，

（2）对于所有规则 Rule：$P \to V \in Rules$ 且 $C \vDash P$，

$$v(C) := v(C) + V。$$

显然，如果一个联盟 C 不符合所有规则中的任何合取式，那么它的联盟值为 0。

这里我们以一个具体的例子说明，将一组形如逻辑规则 Rule 的规则所刻画的博弈构造成特征联盟博弈形式。

例 6.6：一个联盟博弈 G 的一组逻辑刻画是：a→1，a∧b→2，b∧c→3。

根据 C⊨P 的逻辑语义和联盟值 v 的递归求解算法：

一个联盟 C 的值 v(C) 是所有可适用于该联盟的规则的值之和。我们说规则 Rule 是可适用于联盟 C 的，如果 C 符合 Rule 的合取式 P。我们说联盟 C 符合合取式 P，如果当所有对应于 C 中主体的变元被赋值为真，而所有和联盟 C 之外的其他主体对应的变元被赋值为假时合取式 P 为真。记作：C⊨P。

(1) 令 v(C) = 0，

(2) 对于所有规则 Rule：P→V ∈ Rules 且 C⊨P，

$$v(C) := v(C) + V。$$

联盟博弈 G 的特征函数 v：

(1) 对于单元联盟 {a}：

①令 v({a}) = 0，

②规则 a→1 适用于联盟 {a}，

$$v(\{a\}) := v(C) + V = 0 + 1 = 1。$$

只有规则 a→1 适用于该联盟，所以该联盟的联盟值为 v({a}) = 1。

对于单元集 {b} 和 {c}：没有任何规则适用于它们，故 v({b}) = 0，v({c}) = 0。

(2) 对于二元联盟 {a, b}：

①令 v({a, b}) = 0，

②规则 a→1，a∧b→2 适用于联盟 {a, b}，

$$v(\{a, b\}) := v(C) + V = 0 + 1 + 2 = 3。$$

对于二元联盟 {a, c}：

①令 v({a, c}) = 0，

②规则 a→1 适用于联盟 {a, c}，

$$v(\{a, c\}) := v(C) + V = 0 + 1 = 1。$$

对于二元联盟 {b, c}：

①令 v({b, c}) = 0，

②规则 b∧c→3 适用于联盟 {b, c}，

$$v(\{b, c\}) := v(C) + V = 0 + 3 = 3。$$

(3) 对于三元联盟 {a, b, c}：

①令 v({a, b, c}) = 0，

②规则 a→1，a∧b→2 以及规则 b∧c→3 均适用于联盟 {a, b, c}，

$$v(\{a, b, c\}) := v(C) + V = 0 + 1 + 2 + 3 = 6。$$

于是，博弈 G 的特征函数联盟博弈形式为（Ag, v），其中 Ag = {a, b, c}，特征函数 v：v({a, b}) = 3，v({a, c}) = 1，v({b, c}) = 3，v({a, b, c}) = 6。

因此，任何可以由特征函数联盟博弈形式刻画的问题也同样都可以通过形如逻辑规则 Rule 的一组规则刻画出来，反之亦然。

例 6.7（分摊差旅费）：假设北京（b）、重庆（c）和广州（g）三座城市的逻辑学会会长邀请纽约市（n）的一批逻辑学家讲学，除了讲学费外，还要报销他们的差旅费。如果三座城市的会长能够事先协商好，请专家们到中国后分别到三座城市讲完学之后再回国。那么不但减少了专家们路途的辛劳也会节约很多的差旅费。假设对三座城市而言，专家们家讲学的价值都是 200 万元。以下是专家们在这四座城市之间的单程花费（单位：10 万元）。Cost(x, y) 表示 x 城市与 y 城市之间需要的单程花费。

Cost(n, b) = 6　　Cost(b, c) = 4
Cost(n, c) = 8　　Cost(b, g) = 4
Cost(n, g) = 7　　Cost(c, g) = 2

我们将这一问题转化成 3 人特征联盟博弈，然后将其用逻辑规则刻画出来。如果三座城市的逻辑学会彼此互不合作，那么他们得到的收益分别为：

v({b}) = 20 − 2Cost(n, b) = 20 − 12 = 8
v({c}) = 20 − 2Cost(n, c) = 20 − 16 = 4
v({g}) = 20 − 2Cost(n, g) = 20 − 14 = 6

如果三座城市的逻辑学会会长彼此精诚合作，那么他们得到的收益为：

v({b, c, g}) = 3 × 20 − (Cost(n, b) + Cost(b, c) + Cost(c, g) + Cost(g, n)) = 60 − 19 = 41

此外，如果两两合作，那么可能的收益分别为：

v({b, c}) = 2 × 20 − (Cost(n, b) + Cost(b, c) + Cost(c, n)) = 40 − 18 = 22
v({b, g}) = 2 × 20 − (Cost(n, b) + Cost(b, g) + Cost(g, n)) = 40 − 17 = 23
v({c, g}) = 2 × 20 − (Cost(n, c) + Cost(c, g) + Cost(g, n)) = 40 − 17 = 23

所以该问题可以用相应的 3 人特征函数联盟博弈（Ag, v）刻画，其中 Ag = {b, c, g}，特征函数 v：

v({b}) = 8，v({c}) = 4，v({g}) = 6，v({b, c}) = 22，v({b, g}) = 23，v({c, g}) = 23，v({b, c, g}) = 41

将该差旅费分摊问题用逻辑规则刻画出来：

(1) b→20 − 2Cost(n, b) = 20 − 12 = 8，同样的计算，可得：c→4，g→6。

(2) b∧c→2 × 20 − (Cost(n, b) + Cost(b, c) + Cost(c, n)) − (V{b} +

$V\{c\}) = 40 - 18 - 12 = 10$,

同样的计算，可得：$b \wedge g \to 9$，$c \wedge g \to 13$。

(3) $b \wedge c \wedge g \to 3 \times 20 - ($Cost$(n, b) + $Cost$(b, c) + $Cost$(c, g) + $Cost$(g, n)) - (V\{b\} + V\{c\} + V\{g\} + V\{b, c\} + V\{b, g\} + V\{c, g\}) = 41 - 50 = -9$。

该费用分摊问题可用逻辑规则刻画：

$b \to 8$，$c \to 4$，$g \to 6$，$b \wedge c \to 10$，$b \wedge g \to 9$，$c \wedge g \to 13$，$b \wedge c \wedge g \to -9$。

我们将在下一节继续讨论这个例子，主要讨论在不同刻画方式下博弈解的计算问题，特别地，讨论这种逻辑刻画对夏普里值解计算复杂度的降低。

我们还可以通过引入否定的布尔联结词扩大规则中合取式的范围。否定联结词引入可以用来表示某主体没有在一个集合中。例如以下规则 Rule：

$$b_1 \wedge b_2 \wedge \cdots \wedge b_m \wedge \neg d_1 \wedge \neg d_2 \wedge \cdots \wedge \neg d_n \to V$$

对这一规则的语义解释就是：该规则可适用于主体集 C 仅当所有的 b_i（$i = 1, 2, \cdots, m$），$b_i \in C$，并且所有的 d_i（$i = 1, 2, \cdots, n$），$d_i \notin C$。我们称在上述规则中出现的所有 b_i 是正文字，而所有 d_i 是负文字。我们以例 6.8 为例说明负文字在刻画联盟博弈时的作用。

例 6.8（**联盟博弈 G**）：其主体集 Ag 由 n 个研究人员组成。他们研究项目需要 m 个不同专业的知识。对于同一个专业，同一个联盟内一个研究人员知道和多个人知道的价值（或者说收益）是一样的，假设关于专业 x 的知识价值是 Vx。令 $K_i x$ 表示主体 i 知道专业 x，$arcK_i x$ 表示知道专业 x 的主体 i；$\neg K_i x$ 表示主体 i 不知道专业 x，$arc \neg K_i x$ 表示不知道专业 x 的主体 i。对于专业 x，可以用以下规则表示：

$arcK_1 x \to Vx$，$arcK_2 x \wedge \neg arcK_1 x \to Vx$，$\cdots$，$arcK_n x \wedge \neg arcK_{n-1} x \wedge \cdots \wedge \neg arcK_1 x \to Vx$

我们可以用这样 m 组逻辑规则刻画这样的研究联盟博弈。这样的刻画需要占用的空间是 $O(mn^*)$，其中 n^* 是知道同一专业的最多人数。

虽然并不是所有的联盟博弈用逻辑规则刻画一定比用特征函数刻画简洁，但对大多数联盟博弈，这种多项式复杂度的逻辑规则刻画与指数复杂度的特征函数刻画相比会节约很多的空间。

第四节 基于逻辑规则的夏普里值计算

合作博弈的关键问题是如何在成员间分配整个联盟得到的收益，并让所有成员感到公平合理或满意，因为如果分配不公或者有成员对分配不满意，那么他们所形成的联盟就有可能不稳定甚至瓦解。一个收益分配（payoff distribution）x =

$\{x_1, \cdots, x_n\}$ 表示联盟的值在其成员间的分配情况。其中 x_i 表示是主体 i 在该分配中得到的收益。我们用 x(C) 表示 C 中所有主体通过 x 得到的收益总和,记为 $x(C) = \sum_{i \in C} x_i$。一个收益构造 PC(payoff configuration)是一个二元组(CS,x),其中 CS 是一个联盟结构,x 是一个收益分配。为了使这样的联盟结构 CS 保持稳定,也就是说,让所有参与其中的主体都不想改变或没有积极性脱离其当前的状态(联盟),那么需要一个好的收益分配方案 x。为了保证所形成的联盟的稳定性,博弈论学者们研究了很多种在联盟结构内部分享整个联盟结构收益的方法,核(the core)、夏普里值(Shapley value)、稳定集(stable sets)、内核(kernel)以及核仁(nucleolus)等,其中核和夏普里值是最能体现系统稳定和公平分配精神的两个基本的联盟解概念。本节主要从逻辑认知的角度讨论和分析夏普里值的定义、性质和计算等问题。

核概念最能体现稳定:没有哪些参与者能够通过形成新的联盟而获得比目前更高的收益。也就是说,如果一个收益分配在核中,没有参与者会有积极性去加入另外一个不同的联盟。这一概念和非合作博弈中的纳什均衡很相似,它们背后的基本思想是一样的。不过,核概念预设了一个很强的前提条件:要满足集体理性。但并不是所有的博弈都有核,也就是说对某些博弈而言,其核可能为空。当核为空时,至少有一个参与者因对收益分配不满而破坏联盟。

在这一节对解概念的讨论中,我们基于超加型可转移联盟博弈,也就是说,在这类博弈中,任何两个联盟合并之后的收益值比原收益值之和大或至少一样多。那么随着联盟规模的不断扩大,最终所有主体形成一个最大的联盟将是收益最大的联盟。这类博弈是博弈学家最早关注和研究的一类博弈,它们最能体现形成联盟的价值和意义所在。这里讨论的解概念的定义以及其他解概念可以扩展到其他类型的联盟博弈。

核通常用作度量结果的稳定性,作为一个解概念它有时包含多个收益分配,而有时核还有可能是空集。夏普里值和核最大的不同也许就在于它总是存在且唯一。夏普里值旨在为联盟提供一个公平的分配方案。夏普里值中的每个向量值可以看作是对相应主体价值或能力的度量。夏普里值被广泛地应用到各种多主体系统问题的处理中(S. P. Ketchpel, 1994; M. Klusch and O. Shehory, 1996)。在本节,我们基于前面对特征联盟博弈的逻辑刻画,对比分析这种刻画对夏普里值计算复杂度的影响。我们首先给出定义夏普里值的一组公理,其次基于边际盈余(marginal surplus)给出它的一个直观解释并证明这样的解总是存在且唯一。最后,对比分析对于同一个联盟博弈,传统刻画方式下和逻辑刻画方式下夏普里值求解算法的不同。

一、夏普里值的逻辑性质和计算问题

对每个可能的特征函数博弈 $G = (Ag, v)$，其中 $N = |Ag|$，v 是特征函数，夏普里值函数 φ 是一组 N 元实数向量 $\varphi(v) = (\varphi_1(v), \varphi_2(v), \cdots, \varphi_N(v))$，对 $\forall i \in Ag$，$\varphi_i(v)$ 表示主体 i 在博弈 G 中的价值或者能力。夏普里值由以下三条公理唯一定义：

公理 6.1：SYM（symmetry）（对称性）：$\forall i, j \in Ag$，$\forall S \subseteq Ag$ 且 $i, j \notin S$，如果 $v(S \cup \{i\}) = v(S \cup \{j\})$，那么 $\varphi_i(v) = \varphi_j(v)$。

公理 6.2：DUM（dummy player）（无用人）：$\forall i \in Ag$，$\forall S \subseteq Ag$ 且 $i \notin S$，如果 $v(S) = v(S \cup \{i\})$，那么 $\varphi_i(v) = 0$。

公理 6.3：ADD（additivity）（相加性）：如果 u 和 v 是两个特征函数，那么 $\varphi(v + u) = \varphi(v) + \varphi(u)$。

公理 6.1 说的是，如果一个特征函数关于主体 i 和 j 是对称的，也就是说，对任意的某一联盟 S，主体 i 加入联盟带来的收益和 j 加入该联盟带来的收益是一样多的，那么夏普里值函数分给这两个主体的值相等。夏普里值要体现个人的能力和价值，既然他们对相同的联盟贡献都相同，说明他们的能力相同，所以他们分得的夏普里值也应该是相同的。公理 6.2 说的是，如果一个主体对他所加入的所有联盟都没有任何影响，也就是说，他不会给他所加入的联盟带来任何好处也不会带来任何坏处。他对任何联盟都没有贡献，说明他没有任何可以带来收益的能力，相应地，体现他能力的夏普里值就为零。前两条公理是针对单个联盟博弈而言的。公理 6.3 说的是，任意两个不同的特征联盟博弈，其特征函数分别为 v 和 u。对主体集中任意的主体 i 而言，如果体现他能力的夏普里值分别为 $\varphi_i(v)$ 和 $\varphi_i(u)$，那么在特征函数为 $v + u$ 的博弈里，体现他能力的夏普里值 $\varphi_i(v + u)$ 应该等于他在两个子博弈中的夏普里值 $\varphi_i(v)$ 和 $\varphi_i(u)$ 的和。对于第三条公理，我们也可以从时间动态的角度来理解，也就是说任意两个博弈同时进行的所能得到的收益，是他们分别在不同时间进行所能得到的收益之和。

夏普里值是根据主体能力体现公平分配的博弈解概念，所以对夏普里值的解释可以基于有序边际贡献（ordered marginal contribution）。对于一个联盟 S 和某些想要加入它的主体，比较主体能力的一个方法就是比较每个主体 i 能够给联盟带来的边际盈余（marginal surplus）：$\Delta_i(S) = v(S \cup i) - v(S)$。我们假设一个联盟 S 形成的方式是：一次只允许一个主体加入该联盟而逐步形成的。并且假设每个主体 i 在 S 中的收益是他的边际贡献。在这样的假设下，每个主体的值和它加入联盟的顺序有很大的关系，这显然是不公平的。为解决这一问题，夏普里值取在所有可能加入顺序上的边际盈余的平均值。也就是主体加入联盟的先后顺序不影响主体的收益，夏普里值平均了每个主体在所有可能的加入顺序上的收益，主体 i 在联盟 S 中的夏普里值是他所有可能加入顺序上的平均边际盈余值：

$$\varphi_i(v) = \varphi(S, i) = \sum_{i \notin C \subseteq S} |C|!(|S|-|C|-1)!(v(C \cup i) - v(C))/|S|!$$

在这个公式里，数值 $(v(C \cup i) - v(C))$ 是当 i 加入联盟 C 时联盟值的增加量。因此计算 $\varphi(S, i)$，只需要将所有有 i 加入的联盟找出来，计算 i 对那个联盟贡献值并乘以 $|C|!(|S|-|C|-1)!/|S|!$，然后求和。

我们很容易便能够验证按照这个公式计算出来的夏普里值满足公理 6.1、公理 6.2 和公理 6.3，这里不再累述。

我们可以对这个公式这样解释：对于一个有 |S| 个主体的联盟，其形成的可能顺序（我们假设一个联盟 S 是通过一次只允许一个主体加入这种方式逐步形成的）有 |S|! 种，我们从中任意选一种，并假设当主体 i 加入形成联盟 {C∪i} 时（也即联盟 C 已经形成），他的收益为 $(v(C \cup i) - v(C))$。那么在 i 加入联盟前，联盟 C 的形成有 |C|! 种可能的顺序，在 i 加入联盟之后，后面的 (|S|-|C|-1) 个主体有 (|S|-|C|-1)! 种可能的顺序进入联盟。所以当主体 i 加入联盟时他发现联盟 C 已经形成的概率是 $|C|!(|S|-|C|-1)!/|S|!$。这个公式表明在主体随机逐个加入形成联盟 S 的情况下，$\varphi_i(v)$ 是主体 i 对联盟 S 的平均贡献。

例 6.9：一个联盟博弈 $G = (Ag, v)$，其中 $Ag = \{1, 2, 3\}$，$v(\{1\}) = 0$，$v(\{2\}) = 0$，$v(\{3\}) = 0$，$v(\{1, 2\}) = 9$，$v(\{1, 3\}) = 8$，$v(\{2, 3\}) = 7$，$v(\{1, 2, 3\}) = 12$。

在这个博弈中形成的联盟结构是 {1, 2, 3}。利用上面的公式计算夏普里值。我们首先计算 $\varphi_1(v)$ 在这个博弈中的夏普里值。主体 1 第一个进入联盟的概率是 2!0!/3! = 1/3，他这时的期望收益是 $v(\{1\}) = 0$；主体 1 第二个进入并且发现主体 2 已在联盟中的概率是 1/6，并且这时主体 1 的期望收益是 $v(\{1, 2\}) - v(\{2\}) = 9 - 0 = 9$；主体 1 第二个进入并且发现主体 3 已在联盟中的概率是 1/6，并且这时主体 1 的期望收益是 $v(\{1, 3\}) - v(\{3\}) = 8 - 0 = 8$；主体 1 最后一个进入的概率是 1/3，并且他的期望收益是 $v(\{1, 2, 3\}) - v(\{2, 3\}) = 12 - 7 = 5$。因此主体 1 的平均收益是：$\varphi_1(v) = 0 \times 1/3 + 9 \times 1/6 + 8 \times 1/6 + 5 \times 1/3 = 27/6$。同样的运算，可得 $\varphi_2(v) = 0 \times 1/3 + 9 \times 1/6 + 7 \times 1/6 + 4 \times 1/3 = 24/6$；$\varphi_3(v) = 0 \times 1/3 + 7 \times 1/6 + 8 \times 1/6 + 3 \times 1/3 = 21/6$。所以夏普里值 $\varphi = (27/6, 24/6, 21/6)$。在这个博弈中夏普里值并不在核中。这个解不满足集体理性，因为 $\varphi_1(v) + \varphi_2(v) = 27/6 + 24/6 = 51/6 < v(\{1, 2\}) = 9$。

如果将联盟 {1, 2, 3} 的值增加 2，即 v({1, 2, 3}) = 14。则经计算夏普里值 φ = (31/6，28/6，25/6)，它满足集体理性且在核中。

下面我们从另一个角度解释联盟博弈（Ag, v）的夏普里值解，这一解释和本章第三节对联盟博弈的逻辑刻画方式密切相关。

定理 6.1：存在唯一一个函数 φ 满足公理 6.1、公理 6.2 和公理 6.3。

证明：对一个给定的非空集合 $S \subseteq Ag$，令 $w_S(T)$ 是在主体集 Ag 的所有子集 T（$\forall T \subseteq Ag$）上定义的特殊特征函数：

$$w_S(T) = \begin{cases} 1 & \text{当 } S \subseteq T \\ 0 & \text{否则} \end{cases} \qquad (6.1)$$

根据公理 6.2，当 $i \notin S$，$w_S(S) = w_S(S \cup \{i\}) = 1$，所以 $\varphi_i(w_S) = 0$。根据公理 6.1，当主体 i 和主体 j 都在联盟 S 中，那么 $\varphi_i(w_S) = \varphi_j(w_S)$。所以对于所有 $i \in S$，$\varphi_i(w_S) = 1/|S|$。类似的分析可以扩展到特征函数 aw_S，a 为任意数值：

$$\varphi_i(aw_S) = \begin{cases} a/|S| & \text{当 } i \in S \\ 0 & \text{当 } i \notin S \end{cases} \qquad (6.2)$$

下面我们证明任意的特征函数 v 都可以表示成形如式（6.1）的特征函数的加权和，对于一些合适的并且容易计算出来的常数 a_S，$v = \sum S \subseteq Ag\, a_S w_S$。然后我们可以根据公理 6.3 证明如果一个值函数存在，那么它一定是：

$$\varphi_i(v) = \sum_{i \in S \subseteq Ag} a_S/|S| \qquad (6.3)$$

这个值是在所有包含主体 i 的联盟 S 上求和。下面我们给出 a_S 的递归定义：

令 $a_\varnothing = 0$，对于 Ag 上每个子集 $T \subseteq Ag$，

$$a_T = v(T) - \sum_{S \subset T} a_S \qquad (6.4)$$

这里每个 a_T 是在 T 的所有真子集上定义得出的，即，$S \subseteq T$ 且 $S \neq T$。因此

$$\sum S \subseteq Ag\, a_S w_S(T) = \sum_{S \subseteq T} a_S = a_T + \sum_{S \subset T} a_S \qquad (6.5)$$

又根据式（6.4），$a_T + \sum_{S \subset T} a_S = v(T)$

故有

$$v = \sum S \subseteq Ag\, a_S w_S \qquad (6.6)$$

关于函数 φ 的存在性，通过证明式（6.6）满足三条公理可证得其存在，这里从略。为证明唯一性，可用反证法证明：假设存在两个常数集合 a_S 和 b_S 使得对于所有 $T \subseteq Ag$，有：

$$v(T) = \sum S \subseteq Ag\, a_S w_S(T) = \sum S \subseteq Ag\, b_S w_S(T) \qquad (6.7)$$

我们采用递归的方法证明，对于所有的 S，$a_S = b_S$：

在式（6.7）中，如果 T 是单元集 {i}，那么除了 S = {i} 时 $w_S(T)$ 为 1 之外所有的 $w_S(T)$ 都为零，所以对所有的 i 有 $a_{\{i\}} = b_{\{i\}}$。

令 R 为任意一个联盟，并且假设对所有 S⊆R，都有 $a_S = b_S$。那么在式 (6.7) 中 (T = R)，除了 S = R 那一项外，我们可以同时消除式两边相同的项，故有 $a_R = b_R$。

定理 6.1 的证明为我们提供了另外一种计算夏普里值的方法。我们仍然以例 6.9 为例来计算该博弈的夏普里值。

$v(\emptyset) = 0$ 　　$v(\{1\}) = 0$ 　　$v(\{2\}) = 0$ 　　$v(\{3\}) = 0$
$v(\{1, 2\}) = 9$ 　$v(\{1, 3\}) = 8$ 　$v(\{2, 3\}) = 7$ 　$v(\{1, 2, 3\}) = 12$

我们通过递归计算，首先得出：$a_{\{1\}} = v(\{1\}) = 0$, $a_{\{2\}} = v(\{2\}) = 0$, $a_{\{3\}} = v(\{3\}) = 0$。

其次得出：$a_{\{1,2\}} = v(\{1, 2\}) - a_{\{1\}} - a_{\{2\}} = 9$, $a_{\{1,3\}} = v(\{1, 3\}) - a_{\{1\}} - a_{\{3\}} = 8$, $a_{\{2,3\}} = v(\{2, 3\}) - a_{\{2\}} - a_{\{3\}} = 7$。

最后得出：$a_{\{1,2,3\}} = v(\{1, 2, 3\}) - a_{\{1,2\}} - a_{\{1,3\}} - a_{\{2,3\}} - a_{\{1\}} - a_{\{2\}} - a_{\{3\}} = 12 - 9 - 8 - 7 = -12$。

根据式 (6.3) $\varphi_i(v) = \sum_{i \in S \wedge S \subseteq Ag} a_S / |S|$，得：

$\varphi_1(v) = 9/2 + 8/2 - 12/3 = 9/2$
$\varphi_2(v) = 9/2 + 7/2 - 12/3 = 8/2$
$\varphi_3(v) = 8/2 + 7/2 - 12/3 = 7/2$

根据式 (6.6) $v = \sum_{S \subseteq Ag} a_S w_S$，可以把特征函数 v 写作：

$$v = 9w_{\{1,2\}} + 8w_{\{1,3\}} + 7w_{\{2,3\}} - 12w_{\{1,2,3\}}$$

由此可得：夏普里值 $\varphi = (9/2, 8/2, 7/2)$。它和我们运用式 (6.6) 得到的值是一样的。

二、特征联盟逻辑博弈的夏普里值计算

我们通过以下命题（S. Leong and Y. Shoham, 2005）建立夏普里值和逻辑规则之间的联系。

命题 6.2：在逻辑规则刻画下的联盟博弈中，一个主体在该博弈中的夏普里值等于该主体在每条逻辑规则上的夏普里值之和。

证明：在逻辑规则刻画下的联盟博弈中，对任意的联盟 C，联盟 C 的值 v(C) 是所有可适用于该联盟的规则的值之和。因此，我们可以把每条规则看作一个博弈。根据前面讨论的（ADD）公理，由所有这些规则刻画的联盟博弈的夏普里值和在这些规则上的夏普里值之和相等。

根据（SYM）公理，每条逻辑规则上的夏普里值就是该规则的值除以该规则

中的人数。再根据（ADD）公理，这里我们可得到一个一般性公式：

$$\varphi_i(v) = \sum_{i \in C} \frac{V_C}{|C|} \tag{6.8}$$

在定理 6.1 的证明过程中我们得到式（6.3）$\varphi_i(v) = \sum_{i \in S \wedge S \subseteq Ag} a_S / |S|$，其中 a_S 的递归定义为：令 $a_\varnothing = 0$，对于 Ag 上每个子集 $T \subseteq Ag$，$a_T = v(T) - \sum_{S \subset T} a_S$。当 $C = T$ 时，$V_C = a_T$。这一证明的结果和这里逻辑刻画方法下的夏普里值计算不谋而合。这也间接证明了这种逻辑刻画下求解夏普里值的正确性。

我们不妨根据命题 6.2，计算一下例 6.7 里讨论的分摊花费问题的夏普里值。

例 6.7.1（分摊差旅费）：假设北京（b）、重庆（c）和广州（g）三座城市的逻辑学会会长邀请纽约市（n）的一批逻辑学家讲学，除了讲学费外，还要报销他们的差旅费。如果三座城市的会长能够事先协商好，请专家们到中国后分别到三座城市讲完学之后再回国。那么不但减少了专家们路途的辛劳也会节约很多的差旅费。假设对三座城市而言，专家们家讲学的价值都是 200 万元。以下是专家们在这四座城市之间的单程花费（单位：10 万元）。Cost(x, y) 表示 x 城市与 y 城市之间需要的单程花费。

Cost(n, b) = 6　　Cost(b, c) = 4
Cost(n, c) = 8　　Cost(b, g) = 4
Cost(n, g) = 7　　Cost(c, g) = 2

该费用分摊问题可用逻辑规则刻画：

b→8, c→4, g→6, b∧c→10, b∧g→9, c∧g→13, b∧c∧g→ −9

于是，有

$$\varphi_b(v) = 8 + 10/2 + 9/2 - 9/3 = 29/2$$
$$\varphi_c(v) = 4 + 10/2 + 13/2 - 9/3 = 25/2$$
$$\varphi_g(v) = 6 + 9/2 + 13/2 - 9/3 = 14$$

因此，夏普里值 $\varphi = (29/2, 25/2, 14)$，该夏普里值表示三个地方的逻辑学会分别得到的收益。那么相应地，需要分摊的差旅费分别为：

$$P_b = 20 - \varphi_b(v) = 20 - 29/2 = 11/2$$
$$P_c = 20 - \varphi_c(v) = 20 - 25/2 = 15/2$$
$$P_g = 20 - \varphi_g(v) = 20 - 14 = 6$$

其中，P_x 表示 x 需要分摊的花费。

前面我们根据式（6.6）对例 6.9 中的联盟博弈的夏普里值进行了递归计算。这里我们采用第三节中的逻辑规则将该博弈刻画如下：

1∧2→9, 1∧3→8, 2∧3→7, 1∧2∧3→ −12

然后根据多项式 $\varphi_i(v) = \sum_{i \in C} \frac{V_C}{|C|}$，于是得出：

$\varphi_1(v) = 9/2 + 8/2 - 12/3 = 9/2$，$\varphi_2(v) = 9/2 + 7/2 - 12/3 = 8/2$，$\varphi_3(v) = 8/2 + 7/2 - 12/3 = 7/2$，夏普里值 $\varphi = (9/2, 8/2, 7/2)$。

我们看到例 6.9 中的联盟博弈采用本章第三节中的逻辑刻画方法，便可以省去根据式（6.6）进行的烦琐的递归计算，而直接将相应规则中各值代入多项式求得夏普里值。可见，对逻辑规则刻画下的联盟博弈进行夏普里值求解，计算的时间复杂度由传统方法下输入的指数阶降到了输入的线性阶，这也彰显了逻辑刻画在博弈求解算法中的重要作用。

第七章

支持逻辑及其发展

第一节 逻辑的视角：非帕斯卡概率逻辑的支持理论

支持理论是逻辑学界和认知科学界共同关心的研究课题。但是由于逻辑学家和认知科学家仅仅关心自己视野内的问题，无暇顾及其他相关学科，使得双方的研究受到自身视野的局限而难以深入。为突破这一视域局限，我们从不同视角探讨支持理论，希冀推动这一理论的跨学科研究。

归纳支持理论是由英国著名学者科恩（L. J. Cohen）在20世纪70年代首次提出的。当时引起了国内外不少学者的关注和评论。作为一种非帕斯卡归纳概率逻辑，它在逻辑哲学上的意义是很大的，但它在逻辑上存在若干缺陷。于是，学界对它的关注日渐减低。近年来，认知科学家提出了一种新的支持理论，即著名认知心理学家特沃斯基（Tversky）等学者提出的概率判断支持理论。尽管这两种理论出自不同的理论背景，但它们最显著的共同点是，二者都是对经典概率逻辑理论的"变异"，是非经典的异常概率逻辑。此外，它们都在不同程度上背离或修改了经典概率理论中的可加性原则、合取规则、析取规则，推动了非经典逻辑的发展。本章试图考察支持理论从逻辑到认知的发展历程并就支持理论的困难与出路提出自己的一些看法。

按照逻辑学界的通行看法，评价证据支持的那种函项，要么本身必须符合帕斯卡首创的经典概率演算原则，要么可以由符合这些原则的函项构造出来。这种按帕斯卡概率原则建立起来的概率逻辑，就叫作帕斯卡型概率逻辑。无论赖欣巴哈的频率解释、卡尔纳普的逻辑解释，还是萨维奇的私人主义解释，都没有超出帕斯卡型概率的范畴。事实证明，这种概率逻辑在科学研究的实际应用中遇到了种种困难，越来越多的现代逻辑学家也认识到了这一点。要解决这些困难，有两种不同的对策。一是保守的策略：让科学实际迁就逻辑句法，至多是调整辅助假设，以维护旧逻辑的核心原理。二是激进的、革新的策略：采用新的逻辑句法以适应科学实际。换句话说，后一种策略认为问题的症结恰恰在于经典概率演算的核心原理需要修改。非帕斯卡概率的推崇者科恩走的就是第二条道路。科恩从客观主义概率理论出发建立了一个非帕斯卡概率系统——新培根主义概率逻辑系统。

科恩非帕斯卡概率系统的根本特点在于：第一，由于科学理论系统一般不具有完全性，因此，概率的否定原则应是非互补的，排中律在这里不能成立。第二，由于因果效应和证据事例是不可加的，因此归纳逻辑不仅要有定量测度，还需要排序的分级。第三，证据支持不仅有形式的方面，而且还有内容的方面（即信息量方面），因此，概率应当是类似于凯恩斯证据"权重"（有关信息度）的东西。由此可见，对于任何一个坚持概率演算原则的人来说，科恩的思想触动了他们的根本原则，因而带有强烈的革命性。

实际上，非帕斯卡概率系统的理论基础就是归纳支持理论。其中，"归纳支持"（inductive support）是归纳支持理论中最基本的概念。在科恩看来，当我们援引实验报告与假设（hypothesis）之间的支持关系作为归纳支持的例证时，应该把这种关系理解为两个命题即证据命题 E 与假设命题 H 之间在逻辑上的关系。这种关系与个人在获得 E 所陈述的事实时所引起的作用无关，也与个人在获得对 H 的主观态度无关。归纳支持概念不是纯粹定性的概念，而是可以比较甚至半定量的分级的概念。

科恩认为，要表明非帕斯卡概率有独特的地位和作用，表明它无论如何不是从帕斯卡概率中导出的，那就有必要表明非帕斯卡概率所由导出的归纳支持本身并不是帕斯卡的函项。要证明这一点，又需要证明归纳支持分级的一些原理。例如，合取原理、否定原理。

首先，归纳支持的合取原理是很有特色的。按照这条原理，在任何特定研究领域中，两个命题之合取，以任何第三命题为证据，同两个合取支中得到较弱支持的那一个支的等级相同；如果两个合取支得到的支持等级相等，则与这种相等的支持等级相同。具体地说，假定 H 和 H′是同一个范畴的一阶全称量化条件句或它的代入例，则有以下原理：

如果 $S[H', E] \geq S[H, E]$，则 $S[H\&H', E] = S[H, E]$。

不难看出，这一原理与帕斯卡概率的合取原理有着重大的区别。原因在于，在实验科学实践中，作为合取支的简单概括的支持程度在组合时不具有乘法性质，因而在归纳支持的合取原理中，乘法定理是不成立的。

其次，在科恩的归纳支持逻辑系统中，另一个原理就是否定原理，即

对于任何 E 和 H，如果 E 报道物理上可能的一个时间或一些事件或一个合取式，那么，如果 $S[H', E] > 0$，则 $S[非 H, E] = 0$。

在科恩看来，由于科学原理通常是不完全的，因而归纳支持的否定原理不应当是互补的，而应当是非互补的。

简而言之，归纳支持理论包含以下基本假定：（1）归纳支持的合取关系不具有可加性，帕斯卡的乘法原理不成立；（2）归纳支持的否定不是互补的，数学概率的否定原理不成立；（3）归纳支持关系不仅是外延关系，它涉及信息量之类的非外延成分。归纳支持理论的这些思想原则为支持理论后来的发展奠定了基础。

第二节　认知的视角：主观概率判断的支持理论

与逻辑学家把支持关系解释为证据命题 E 与假设命题 H 之间的关系不同，认知科学家把支持关系解释为概率判断之间的关系。在认知科学家那里，根据对同一事件的不同描述可以产生不同的判断，研究这些判断之间的支持关系的理论就是支持理论，它是一个关于主观概率判断的非外延性理论。不难看出，前者的出发点是客观主义概率理论，后者是主观主义概率理论。前一理论是从概率逻辑的立场出发的，后一理论则从认知科学的视角看问题。尽管二者出发点和研究视角不同，但是概率判断支持理论是对归纳支持理论的发展。

认知科学家的实验研究探明，在日常推理中，人们通常并不遵循概率理论的外延逻辑原则。具体来说，对于同一事件的两种不同描述，往往会导致两种不同的主观概率判断结果，而且，一个明确的事件（如有 1 000 人将死于地震）比一个笼统的事件（如有 1 000 人将死于自然灾害）往往被认为更有可能发生。为了处理这种情况，特沃斯基和科勒（Tversky and Koehler）于 1994 年创立了一种关于信念的非外延性理论——支持理论。在这种理论中，主观概率判断并不依赖于事件本身，而是依赖于对事件的描述，这种描述被称作假设。根据支持理论，每一个假设 A 都有一个支持度 s(A)，它的大小与这个假设的证据强度成正比。如果假设 A 和假设 B 有且仅有一个成立，那么，假设 A 成立而假设 B 不成立的判

断概率 P(A, B) 为：

$$P(A, B) = \frac{s(A)}{s(A) + s(B)}$$

因此，判断概率可通过中心假设 A 与备择假设 B 的相对支持度来解释。支持理论的关键性假设是：把一个事件分解成几个事件（部分）来描述（例如，将"一架飞机失事 C"分解为"由于人为因素或者机械事故而导致的一架飞机意外失事 C_a，或者由于恐怖袭击或者蓄意破坏而导致的一架飞机非意外失事 C_n"）通常可以增加它的支持度。因此，显性选言事件 $C_a \vee C_n$ 的支持度等于或大于隐性选言事件 C 的支持度，即 $s(C) \leq s(C_a \vee C_n)$。这个假定有两层意思。第一，分解隐性选言假设可以提示人们想到那些可能被他们忽视但却可能发生的情况；第二，明确地提出某种情况有助于提高其显著性，从而增加其感知支持度。

在特沃斯基等看来，支持理论可以为各种不同的事件提供了一个统一的分析和解释框架。它假定一个事件的判断概率会随着中心假设的分解而提高，并且会随着备择假设的分解而降低。例如，关于某个人将会自然死亡而不会非自然死亡的判断概率会随着导致自然死亡的各种因素（如心脏病、中风、癌症等）的罗列而提高，而且会随着导致非自然死亡的各种因素（如车祸、谋杀、火灾等）的罗列而降低。

实际上，建立在主观概率理论基础上的支持理论主要关心的是如何借助概率方法来表达信念度，然而，借助帕斯卡概率逻辑，能否恰当地表达信念度的问题，一直是激烈争论的焦点。第一种正统观点是贝叶斯主义观点，按照这种概率理论，信念度是可以借助可加概率方法来表达的。第二种观点是对此抱怀疑态度的怀疑论，他们认为，很难用帕斯卡概率的规则来对信念进行分析以表达主观不确定性。第三种观点是关于主观概率的修正主义理论，即信念修正模型理论，包括邓普斯特－谢弗的信念理论（Dempster, 1967; Shafer, 1976）、查德（Zadeh）的可能性理论等。与贝叶斯主义观点类似，修正主义者认为，运用直接论证或者运用偏好方法，可以对信念加以量化，但是他们发现概率演算对于实现该目的来说约束太强了。因此，他们替换了在帕斯卡概率理论中使用的可加方法，而采用非可加的集合函数的方法来满足弱化的需要。

贝叶斯主义理论和信念修正模型的基本假设都是外延性原则：给具有相同外延的事件指派一个相同的概率。然而，很多研究表明，人们的主观概率判断并非遵循外延性原则，因为对相同事件的不同描述经常会产生不同的判断。信念描述理论的发展客观上也促使人们相信，对信念的描述可以摆脱外延性假设。特沃斯基认为，外延性原则不具有普遍有效性是人类判断的基本特征，而不仅仅是一个个孤立的例子。这表明概率判断并不仅依赖于事件本身而且还依赖于对事件的描述。

简而言之,特沃斯基等的支持理论的主要观点是:(1) 主观概率判断受到描述的影响,具有描述的依赖性;(2) 主观概率判断的结果是判断者对中心假设的相对支持的反映;(3) 主观概率在二元判断中表现出二元互补性;(4) 在多元判断中表现出次可加性;(5) 主观概率判断存在分解效应和促进效应。现讨论其中的(1)(3) 和(4)。

关于描述的依赖性。

规范性概率理论和其他一些主观概率理论认为,对同一事件的不同描述的概率判断值应该不变,而支持理论认为,人类在不确定条件下的概率判断不符合外延性原则,而是表现出描述的依赖性,即对同一外延事件的不同描述所得出的主观概率不同。因此,支持理论区分了事件和对事件的描述,事件的描述也称为假设。支持理论认为,不同于帕斯卡概率理论,主观概率判断并不基于事件 A′和事件 B′本身,而是基于对事件的描述 A 和描述 B。这种描述依赖性的原则和启发式的传统是一致的,因为不同的启发式是由事件的不同描述引起的。

描述的依赖性一个基本出发点是,主观概率判断中,人们通常不是将同一事件的不同描述表征为相等的样本空间,并不认为它们具有相同的外延。支持理论认为,概率判断中外延性假定的失效不是一些孤立的现象,而是体现了人类主观概率判断的本质特征。

关于概率判断的二元互补性。

支持理论认为,当假设只有两个且二者是互补和穷尽时,概率判断表现出二元互补性,即二者的概率判断之和为 1。即

$$P(A, B) + P(B, A) = 1$$

一些研究发现概率判断符合二元互补性,如福克斯和伯克(Fox and Birke)的研究表明当律师在判断诉讼结果时体现了二元互补性。但另一些研究表明有些二元判断不具有互补性。例如,伊德森(Idson)和克兰茨(Kranz,2001)通过修正支持理论的基本公式提出了扩展的支持理论。在这个修正的公式中引入了两个参数:K,备择假设证据支持的缺失值,即在判断中被试用来代替备择假设的支持;λ,在判断 A 的概率时被试注意到的不支持 A 的支持。即

$$P(A) = \lambda \times \frac{for(A)}{for(A) + against(A)} + (1 - \lambda) \times \frac{for(A)}{for(A) + K}$$

在这个公式中,for(A) 表示支持 A 的支持,against(A) 表示不支持 A 的支持。实验表明,该公式能够解释二元判断中的非互补性;修正的公式在预测概率判断上比基本公式更为成功。

关于概率判断的次可加性。

支持理论认为，当假设多于两个时，概率判断满足次可加性规律，即几个假设的概率判断之和大于1。支持理论发现了两种次可加性：其一是隐性选言假设的次可加性，用公式表示为：

$$s(A) \leq s(B \vee C) = s(B) + s(C)$$

在上述公式中，A 表示隐性选言假设（如病人患呼吸系统疾病），而 $B \vee C$ 是和 A 具有相同外延的显性选言假设（如病人患病毒性或者细菌性的呼吸系统疾病），即显性选言假设列出了事件的各子假设而隐性选言假设没有列出。公式左边的不等式表示隐次可加性，即隐性选言假设 A 的支持小于或等于显性选言假设 $B \vee C$ 的支持，显然，隐性选言假设具有次可加性。

其二是备择假设的次可加性。支持理论用整体权重（global weight）和局部权重（local weight）来衡量备择假设的次可加性程度。假设 A 和 $\overline{A}_1, \cdots, \overline{A}_n$ 相互排斥且穷尽，当判断中心假设 A 的概率时，备择假设 $\overline{A}_1, \cdots, \overline{A}_n$ 通常被压缩为整体判断，于是备择假设的次可加性表示为：

$$s(\overline{A}) = W\overline{A}[s(\overline{A}_1) + s(\overline{A}_2) + \cdots + s(\overline{A}_n)]$$

$W\overline{A}$ 被称为整体权重，它反映了把 $\overline{A}_1 + \cdots + \overline{A}_n$ 压缩成整体 $\overline{A}$ 时所打折扣的大小，$W\overline{A}$ 值越小代表次可加性的程度越大，也表示压缩后损失的支持越多。

随着研究的深入，特沃斯基等又给出了一个更一般的支持理论，它允许显性选言假设具有次可加性。为了说明这一点，我们以下届美国总统选举的获胜者的可能性为例。在这里，获胜者有可能是民主党人（Dem），也有可能是共和党人（Rep），或者是独立党人（Ind）。最初的支持理论认为，显性选言假设的支持度是可加的，即显性选言假设的判断概率（P）就像帕斯卡概率理论中的情况一样，也是可加的。但是，许多心理学实验表明，显性选言假设的支持度是次可加的，即：

$$s(Rep \vee Ind) \leq s(Rep) + s(Ind)$$

因此，

$$P(Rep \vee Ind, Dem) \leq P(Rep, Dem \vee Ind) + P(Ind, Rep \vee Dem)$$

也就是说，在下届总统选举中，获胜者将是共和党人或独立党人而不是民主党人的判断概率，小于或等于获胜者是共和党人而不是民主党人或独立党人的判断概率加上获胜者是独立党人而不是共和党人或民主党人的判断概率。一般来说，如果我们假定 A 和 B 是两个互斥的假设，而且 (A_1, A_2) 是 A 的划分，那么，$s(A) \leq s(A_1 \vee A_2) \leq s(A_1) + s(A_2)$。这个假定认为，支持函数 s 可把以下几个限制条件施加在已观察测度（observed measure）P 上。特别地，不等式的左边隐含着一个可验证的条件，叫作隐次可加性，即：

$$P(A, B) = \frac{s(A)}{s(A) + s(B)}$$

$$\leqslant \frac{s(A_1 \vee A_2)}{s(A_1 \vee A_2) + s(B)} \quad \text{因为 } s(A) \leqslant s(A_1 \vee A_2)$$

$$= P(A_1 \vee A_2, B)$$

而且，不等式的右边也隐含着一个可验证的条件，叫作显次可加性，即：

$$P(A_1 \vee A_2, B) = \frac{s(A_1 \vee A_2)}{s(A_1 \vee A_2) + s(B)}$$

$$\leqslant \frac{s(A_1) + s(A_2)}{s(A_1) + s(A_2) + s(B)} \quad \text{因为 } s(A_1 \vee A_2) \leqslant s(A_1) + s(A_2)$$

$$\leqslant \frac{s(A_1)}{s(A_1) + s(B \vee A_2)} + \frac{s(A_2)}{s(A_2) + s(B \vee A_1)} \quad \text{理由同上}$$

$$= P(A_1, B \vee A_2) + P(A_2, B \vee A_1)$$

我们注意到，帕斯卡概率理论要求显性选言假设具有可加性，而谢弗（Shafer）信念函数理论却要求显性选言假设具有超可加性。因此，支持理论和信念函数理论从两个完全不同的方向背离了帕斯卡概率理论的主观概率计算方法。

第三节　支持理论的形式阐述

令 T 是一个至少包括两个元素的有限集，解释为世界状态。假设只能够获得一个唯一的一般情况下不知其判断的状态。T 的子集称为事件。要区分事件与称之为假设的事件的描述。令 H 是在 T 中描述事件的假设集。假定每一个假设 A ∈ H，对应于唯一的事件 A′⊂T。这是一个多对一的映射，因为存在有不同的假说，称为 A 和 B，可能会有不同的外延。（也就是说 A′ = B′）。例如，假定抛掷两个相同的结果。假设"总和是 3"和"乘积是 2"是对同一事件的不同的描述。即一个骰子的点数是 1，另一个骰子的点数是 2。假定 H 是有穷的，并且对每一个事件至少包含了两个不同的描述。下面建立在 H 上的关系可以根据建立在 T 上的关系进行推导。如果 A′∈T，那么 A 就是一个基本元。如果 A′ = ∅，那么 A 就是空的。如果 A′∩B′ = ∅，那么 A 和 B 就是不相容的。如果 A 和 B 在 H 中，并且它们就是不相容的，那么它们就是显性析取（disjunction），将其记为 A∨B，也在 H 中。因此，H 在不相容的析取下是封闭的。假定∨满足结合律和可交换律并且 (A∨B)′ = A′∪B′。

这些表达式的重要特征是对显性的和隐性的析取进行了区分。如果它既不是元素也不是空的，并且它也不是一个显性的析取（即在 H 中不存在非空的 B，C，使得 A = B∨C），那么 A 就是一个隐性的析取，或者简称为隐性假设，例如，假定 A 代表"李琳选修生物学"，C 表示"李琳选修物理学"。显性的析取 B∨C（李琳或者选修生物学或者选修物理学）都有一个相同的外延 A。（即 A′ = (B∨C)′ = B′∨C′），但 A 是一个隐性假设，因为它不是一个显性的析取。注意显性的析取 B∨C 对任意的不相容的 B，C∈H 是被定义的，但是，一个互不相容的隐性析取是不存在的，因为某些事件不可能不说出它们的构成部分而必然地来描述它们。

一个赋值框架（A，B）由一对不相容的假设组成：第一个元素 A 是赋值判断的焦点假设（focal hypothesis）；第二个元素 B 是备择假设。为了简化问题，我们假设，当 A 和 B 不相容时，法官也同样会认识到它们，但我们不可能假设法官可以列出一个隐性析取的所有的构成部分。就上述例子而言，我们假定法官知道，例如，基因是生物科学，天文学是自然科学，以及生物学和物理科学是不相容的。但是，我们不能够假设法官可以列出生物学或物理科学领域的所有构成部分。因此，我们假设可以认识到其中的某些构成部分，但却不能认识到所有的构成部分。

我们可以把一个人的概率判断解释为从一个赋值框架到一个单位区间的映射。为了简化问题，我们假定 P(A，B) 为零，当且仅当 A 是空的，它等于 1 当且仅当 B 是空的，我们假设 A 和 B 是不能同时为空。因此，P(A，B) 是判断概率，A 优于 B，并且假定其中有一个并且只有一个是有效的。显然，A 和 B 每一个都可以表示显性的或隐性的析取。在标准理论中，P(A，B) 的外延对应物是条件概率 P(A′ | A′∨B′)。但特沃斯基等的处理方法是非外延的，因为它假设的概率判断依赖于对 A 和 B 的描述，而不仅依赖于事件 A′ 和 B′。

支持理论假定有一个指派给每一个在 H 上的假设一个非负实数比例刻度 s（解释为支持度），使得对于任何一对不相容的假设 A，B∈H，

$$P(A,B) = \frac{s(A)}{s(A) + s(B)} \quad (7.1)$$

如果 B 和 C 是不相容的，A 是隐性，且 A′ = (B∨C)′，那么：

$$s(A) \leq s(B \vee C) = s(B) + s(C) \quad (7.2)$$

借助焦点假设和备择假设，支持式（7.1）提供了一个主观概率的表征。式（7.2）陈述的是隐性析取（implicit disjunction）A 的支持小于等于一个共外延的显性析取 B∨C 并且等于它的构成部分的支持的和。因此，支持对于显性析取和是可加的，对于隐性析取和是次可加的。可见，支持理论是一个关于主观概率判断的描述性理论，它通过建构支持将各种影响主观概率判断的启发式机制融入一

个统一的框架中。

支持理论的第一个直接推论是二元互补性（binary complementarity）：
$$P(A, B) + P(B, A) = 1 \quad (7.3)$$

第二个推论是比例性（proportionality）：
$$\frac{P(A, B)}{P(B, A)} = \frac{P(A, B \vee C)}{P(B, A \vee C)} \quad (7.4)$$

假若 A、B 和 C 是相互不相容的，并且 B 是非空的。因此，A 和 B 的比率和附加的假设 C 是无关的。

为了使得下面的条件形式化，引入一个概率的比率 R(A, B) = P(A, B)/P(B, A) 是有用的，它是 A 和 B 的比值。式（7.1）包含下面的乘法规则（product rule）：
$$R(A, B)R(C, D) = R(A, D)R(C, B) \quad (7.5)$$

假若 A、B、C 和 D 是非空的，并且在式（7.5）中的四对假设是两两不相容的。因此，A 和 B 的比值和 C 和 D 的比值的乘积等于 A 和 D 的比值和 C 和 B 的比值的乘积。引入乘法规则是必须的，根据式（7.1），式（7.5）的两边都等于 s(A)S(c)/s(B)s(D)。事实上同样的条件在偏好树理论中也得到了利用（Tversky and Sattath, 1979）。

式（7.1）和式（7.2）共同蕴涵着分解原理（unpacking principle）。假设 B、C 和 D 是互不相容的，A 是隐性的，并且 A′ = (B∨C)′，那么：
$$P(A, D) \leqslant P(B \vee C, D) = P(B, C \vee D) + P(C, B \vee D) \quad (7.6)$$

s 的性质可以推出对应的 P 的性质：判断概率对于显性析取是可加的，对于隐性析取是次可加的。换言之，分解一个隐性析取可能会增加，但不会减少它的判断概率。不像式（7.3）～式（7.5）那样，它们在标准的概率理论中是成立的，分解规则式（7.6）是对经典模型的概括。注意该假设下限概率模型的一个变式，它假设了外延性和超可加性（即如果 A′∩B′ = ∅，P(A′∪B′) ≥ P(A′) + P(B′)）。

第四节　小结与展望

考察支持理论从逻辑到认知的发展历程，从逻辑和认知的不同视角审视支持理论，我们可以概括其主要特点如下：一是非外延性。概率判断的支持理论是关于信念的非外延性理论，它是关于主观概率判断的支持理论；而非帕斯卡概率逻辑的归纳支持理论包含了非外延因素，是一种客观概率的支持理论。二是次可加性。在主观概率判断支持理论中，判断概率或者通过相关的支持给出的，或者根据强的证据分别由中心假设和备择假设提供。在客观概率的支持理论中，命题概率刻画的是证据与假设之间的逻辑关系。在主观概率判断的支持理论中，支持对于隐性析取和显性析取（显性选言）都是次可加的；而在归纳支持理论中，合取关系不具有可加性，帕斯卡概率的乘法原理不成立。可见，次可加性是支持理论的一个非常重要的概念。三是非互补性。在主观概率支持理论中，概率判断在二元情况下是互补的，在多元情况下是非互补的；而在归纳支持理论中，归纳支持的否定原理也是非互补的，帕斯卡概率的否定原理不成立。这样一来，作为外延逻辑基本原则的二值原理不再有效。概率判断支持理论这一思想是对科恩支持理论的进一步发展。可见，归纳支持理论与主观概率判断支持理论是一脉相承的，后者是对前者的发展。

尽管主观概率的支持理论得到了大量心理实验的支持，可以为人文社会科学提供一个统一的分析和解释框架，但是它也面临着一些挑战，需要进一步发展。

第一，主观概率的支持理论认为概率判断具有描述依赖性，然而，影响到概率判断的除了描述性特征之外，有没有规范性特征？如果有，又有哪些规范性特征呢？这些规范性特征又是怎样影响概率判断的？例如，对假设与证据的逻辑刻画是否会影响到概率判断？实际上，对假设的描述仅仅是一个方面，对证据的不同描述也会影响到概率判断，更重要的是，对证据与假设之间关系的逻辑刻画才是影响概率判断的必要条件。

因此，探索主观概率判断的逻辑形式和认知机制是未来研究中应该注意的一个重要方面。从逻辑刻画和认知描述分析相结合的角度发展支持理论，有助于拓展支持理论研究者的视野，使支持理论能够广泛运用于自然科学和人文社会科学各个领域。

第二，在主观概率判断是否总是满足次可加性规律的问题上，还存在一些不同看法，甚至受到质疑。如前所述，按照谢弗理论，主观概率判断并不是次可加的，而是可加的或超可加的，斯洛曼等也发现把假设分解为典型事例会产生可加性，分解为非典型事例会产生超可加性。可见，主观概率判断次可加性的普遍有效性还是有争议的，需要进一步研究。

我们认为，次可加性规律是否普遍有效，究竟在多大范围内有效，还需要深入研究，现在下结论为时尚早。在我们看来，无论是可加性、次可加性、超可加性还是不可加性，作为一种规律，它们都各有一定的适用范围，不存在放之四海而皆准的绝对有效规律。

第三，支持理论是一种非外延理论，用经典外延逻辑难以刻画，在这里，非经典逻辑会不会大有用武之地呢？在我们看来，用非经典的内涵逻辑手段来解决支持理论的形式表述问题，也许是一个可行的发展方向。近年来，国内外逻辑学界已经对内涵语境逻辑、超内涵逻辑等做了较为深入的研究。借鉴这些相对成熟的逻辑理论，吸收认知科学的研究成果，支持理论的研究将会有广阔的前景。

第八章

归纳逻辑的认知基础问题

归纳逻辑本质上是一种哲学逻辑，是逻辑学、哲学界和心理学界共同关心的研究领域。因此，探讨归纳逻辑的认知基础以及哲学问题非常必要。另外，从休谟以来的历史经验证明，归纳逻辑的研究离不开认知方面的分析。本章将探讨几个涉及归纳逻辑的认知基础问题：三门问题、睡美人问题、贝叶斯推理问题等。

第一节 三门问题的认知分析

归纳与认知的联系古已有之。最早的认知悖论是由智者派哲学家美诺向苏格拉底提出来的。他问苏格拉底："既然一切知识都来自潜藏在灵魂中的理念，为什么学习会成为可能？"苏格拉底的回答是：一个人既不能研究他所知道的东西，也不能研究他所不知道的东西。因为如果他所研究的东西是他已经知道的，也就没有研究的必要了；如果他所研究的东西是他所不知道的，他就不能去研究，因为他根本不知道他所要研究的是什么。①"美诺悖论"的产生根源在于其局限于演绎性知识范围，仅仅坚持要么无知要么全知的要求，如果注意到知识往往处于无知和全知的中间状态，悖论也就不复存在。而这种中间状态正是归纳逻辑的用武之地。对认知之谜的解决不仅是认知逻辑的任务，也是归纳逻辑面临的难题。

---

① 常健. 现代西方对哲学真理的重建与转向 [J]. 南开学报（哲学社会科学版），2003（3）：24–31.

三门问题（或称蒙提·霍尔问题）是"认知错觉"中的一个著名的例子，常用于表明人们处理不确定性问题的阻力和不完全性。我们可以从博弈思维和归纳逻辑的认知基础方面探讨这个问题。从归纳逻辑的角度来看，它涉及如何进行归纳评价或概率赋值的问题。因此，它有助于探讨归纳逻辑的认知基础问题。

另外，三门问题考虑的是颁奖人与抽奖人之间的行为互动，所以实际上是一个决策和博弈的过程。它涉及博弈过程中如何正确理解概率的含义和概率的变化，此外，它是不完全信息的博弈事件。所以，对其研究属于博弈中的归纳逻辑与认知的研究。

一、问题的提出

蒙提·霍尔（Monty Hall）是一位美国电视台著名主持人，主持了一个名为"让我们赌一把"（Let's Make a Deal）的游戏节目。节目快结束时要上演最后一幕：当晚的获胜者会看到自己面前有三扇门，门前挂有幕布，某一扇门背后有一个特别奖：一辆汽车；而另两扇门背后的奖品价值微不足道：一只山羊。获胜者要在三扇门中选择一扇门，并将获得门后的奖品：山羊或汽车。获胜者在做出自己的选择如挑选了 1 号门后，知道各扇门背后是什么的节目主持人蒙提·霍尔为了制造紧张气氛并不直接打开获胜者选择的门，而是去打开另外两扇门中的一扇，比如说 3 号门，那里有一只山羊。现在还剩下两扇门背后可能藏有汽车。此时，主持人问获胜者：现在你可以重新选择，你要不要改变一下选择？你愿意保持最初的选择（1 号门）还是换成另一扇没打开的门（2 号门）？

如果做出选择的是你，你的答案是换还是不换？节目中的参赛者经常面对困难的选择，因为他们必须决定是否坚持最初的选择或是改变到另一个选择。许多人面临这一挑战时会坚持他们原来的选择。理由看来是充分的：在剩下的两扇门中肯定有一扇门后有汽车，不管换还是不换碰上好运的机遇都是 1/2。既然这是一种 50 对 50 的选择，干吗要换？况且如果改选了，却发现原来选择的门后面就是汽车的话，那不要后悔死吗？

这个"山羊还是汽车"的问题，后来也常以节目主持人蒙提·霍尔的名字命名为"蒙提霍尔问题"。它的原始表述是：

假设你参与一个游戏，要求你从所给的三个门中做出一个选择。其中一扇门后是小汽车；另外两扇门后都是山羊。你选了一扇门（记为 1 号），然后主持人——知道每扇门后面是什么东西——打开了另外的一扇门（记为 3 号），门里是只山羊。这时主持人再问你："你想要选择 2 号门吗？"那么改变你最初的选择对你有利吗？

这个问题是关于条件概率的两阶段决策问题。被试首先要在三扇门中猜测一扇有奖品的门，之后在剩下的两扇门中主持人打开一扇没有奖品的门，在决策的第二阶段，被试要选择坚持最初的还是改变最初的选择。对被试来说两难的问题就是坚持还是改变最初的选择。

有趣的是，这个"惊人的困扰"问题在流传过程中曾引起过相当大的争论与轰动。最著名的一次发生在 1990 年的美国。当时，一位读者把这个问题投寄到《展示杂志》（*Parade Magazine*）杂志中一个叫"去问玛丽莲"的专栏中。这个专栏的评论员是以智商 228 而获得吉尼斯智商世界纪录的玛丽莲·沃斯·萨万特（Marilyn vos Savant）。玛丽莲对此进行了回答。她说如果重新选择，中奖的概率会从 1/3 提高到 2/3，所以，重新选择会更有利。

结果，据《纽约时报》报道，这个问题以及玛丽莲的回答在美国引发了一场全民论战，许多人为此进行激烈的争论。指责的信件像雪片般飞到杂志社，甚至包括一些享有盛誉的机构的教授都批评玛丽莲的回答与解释。

换还是不换？谁是正确的？答案是：应该换，玛丽莲是正确的。

来自最初的观察以及较为严格的实验研究的结果都表明，多数参与者表现出坚持最初选择的倾向，如弗里德曼（Friedman, 1998）的研究表明约 90% 以上的被试固执地坚持自己最初的选择。唐纳德·格兰伯格（Donald Granbergm, 1999）对包括中国在内的四个国家的研究，结果说明这个问题上四种文化都没有明显不同。人们在这样的情况下，总是固执地坚持自己最初的选择，因为他们认为剩下两扇门里有奖品的可能性是 50∶50。而与之相反，正确答案是改变最初的选择会提高赢的比例。

这个问题的答案是反直观的。如果我们假设主持人是知情的、诚实的，提前说明了游戏的程序，那么理智的回答应该是改变最初的选择。因为这样赢的概率是 2/3，而坚持最初选择赢的概率只有 1/3。

实际上，人们曾经用决策树、计算机模拟和列举的方法分析过"蒙提霍尔问题"。现在我们借助贝叶斯定理来说明为什么改变会使赢的比例提高（Falk, 1992; Gilovich, Medvec and Chen, 1995; Shimojo and Ichikawa, 1989）。首先，我们可以看出，在这个案例中先验概率（亦即被试做出选择前每扇门后有奖品的概率）如下：

$$P(门1) = P(门2) = P(门3) = 0.33$$

其次计算条件概率：$P(门j/门i)$ 表示在门 j 后有奖品时，主持人打开门 i 的概率。为了说明的方便，假设被试选择了门 1，而主持人打开了门 3：

$$P(门3/门1) = 0.5$$
$$P(门3/门3) = 0$$

$$P(门3/门2) = 1$$

根据贝叶斯定理，当主持人打开门 i 时，奖品在门 j 的概率是：

$$P(门j/门i) = P(门j) \times P(门i/门j)/[P(门1) \times P(门i/门1) \\ + P(门2) \times P(门i/门2) + P(门3) \times P(门i/门3)]$$

被试者最初选择了门1，在主持人打开门3后，门1中奖的概率是：

$$P(门1/门3) = 0.33 \times 0.5/(0.33 \times 0.5 + 0.33 \times 1 + 0.33 \times 0)$$
$$\approx 0.33$$

如果被试改变最初选择，选择门2，就会提高中奖率：

$$P(门2/门3) = 0.33 \times 1/(0.33 \times 0.5 + 0.33 \times 1 + 0.33 \times 0)$$
$$\approx 0.67$$

为什么每个门有奖品的概率是相同的这个答案看起来是正确的，而实际上是错误的呢？当玛丽莲·沃斯·萨万特在杂志上详细介绍了"蒙提霍尔问题"的正确答案后，她收到了成千上万的回信，其中有92%的来信表示不同意她的看法，其中65%来自受过高等教育的人，甚至一位著名的数学家也提出反对意见。可见，就是有丰富的逻辑学或是概率统计知识，人们也不能较好地解决这一问题。

实际上，"蒙提霍尔问题"是一个理性选择或者认知决策的问题，是关于不完全信息博弈中如何正确理解概率的含义和概率变化的问题。

二、理性选择的认知分析

尽管在三门问题上，人们遇到了许多困难，但仍然有少数人凭直觉找出了正确的解决方案。这自然导致两个问题：这些成功地解决难题的少数人使用了哪种推理方法？倘若我们了解这种机制，那么我们如何才能用合适的方法来表示和说明认知难题，比如如何消除那种改变决定的阻力？[1] 对这些问题的深入探讨显然具有非常重要的理论和实践意义。到目前为止，针对三门问题的困难原因分析主要有以下几种观点：自然频率观、心理模型理论、压缩模式假说、因果推理的冲突原则以及"少即是多"效应等。

（一）自然频率观点

吉仁泽等（Gigerenzer et al., 1995）在研究中采用乳腺癌问题作为实验素材，探讨了不同的信息格式对被试推理结果的影响。结果发现，在概率格式（相

---

[1] The Monty Hall Problem [EB/OL]. http：//www.letsmakeadeal.com/problem.htm；Monty Hall Dilemma [EB/OL]. http：//www.cut-the-knot.org/hall.shtml.

关的数字信息用百分数提供）的贝叶斯推理中只有8%的被试得到了接近正确结果的答案，而在频率格式（相关的数字信息用频数提供）的贝叶斯推理中却有46%的被试取得了正确的答案。可见，采用频率格式可以在一定程度上提高贝叶斯推理的正确性。这一结果似乎表明我们不应当指责人们在概率问题上的失误，而应当以自然频率即与人类心智进化的环境中获得信息的方式相对应的形式，来表征贝叶斯推理中的数字信息。也就是说，人类的推理算法是为自然频率而不是相对频率（概率）设计的。因此，当信息不是采用概率（百分比）形式，而是与人类在进化的环境中反复出现的信息形式相同时，人们的推理则变得容易得多、简单得多。

根据这一观点，奥冈（Aoarn，1998）认为在标准的三门问题里面，个体只能基于概率判断来做出选择，因而往往导致错误的决定。但是如果我们启发被试从频率的角度而不从概率的角度思考这一问题，就会在一定程度上改变他们的选择倾向。于是，通过让被试回答一系列相关的概率或是频率问题，然后再让被试来判断是否应当改变自己的最初选择。结果表明，在频率分析条件下，有29%的被试改变了最初的选择；在概率分析条件下，只有12%的被试愿意改变最初的选择。另外，在频率条件下，有21%的被试能正确回答所有的判断问题；而在概率条件下，没有一人的回答完全正确。

（二）心理模型理论

以约翰逊·莱尔（Johnson Laird，1999）首创的模型理论认为，人们在解决三门问题时，通常只建构三个心理模型，每个心理模型都代表某一扇门获得奖品的事实概率。以标准的三门问题为例：

门1　　　　　门2　　　　　门3
中奖
　　　　　　中奖
　　　　　　　　　　　　中奖

根据这三个心理模型所提供的概率信息，被试只能随机选择一扇门（如门1）。接下来主持人打开门2，被试发现里面没有奖品，因此他们就理所当然地将相应的心理模型删掉，剩下两个最初的模型。此时，无论是最初的选择（门1），还是未打开的门（门3）中奖的可能性都是50%，在这种情况下，被试显然没有足够的理由来说服自己改变最初的选择，除非他们意识到改变选择会使他们更有可能获得奖品，因此一般情况下，被试都会坚持自己的选择，不愿改变。

约翰逊·莱尔等认为不运用贝叶斯定理也可以得到正确答案。如果被试在主持者打开某一扇门以后，能够充分意识到被试的最初选择与主持人的行为之间的三种条件关系，并根据等概率的原理对心理模型进行扩展，那么就可以有效地改善三门问题的成绩。例如，参与者随机选择了门 1，主持人打开了门 2，那么被试应当考虑到：

（1）如果门 1 里面有奖品，那么主持者将随机打开门 2 或门 3（概率均为 50%）。

（2）如果门 2 里面有奖品，那么主持者必然打开门 3。

（3）如果门 3 里面有奖品，那么主持者必然打开门 2。

由于第一种条件关系的后件可能存在两种不同的情况，因此个体需要相应地建构两个心理模型：

门 1	门 2	门 3
中奖	打开	
中奖		打开

既然第一种条件关系的心理模型扩展成了两个，那么其他两种条件关系下的心理模型也应当扩展相同的倍数，以保持三者发生的概率相同。

那么完整的心理模型是：

门 1	门 2	门 3
中奖	打开	
中奖		打开
中奖	打开	
中奖	打开	
打开	中奖	
打开	中奖	

如果个体能够建构以上完整的六个心理模型，那么在主持人打开某一扇没有奖品的门以后，就可以准确推断坚持与改变最初选择获奖的概率，从而做出正确的选择。

实际上，在笔者看来，问题的关键在于，不同的概率解释适用于不同的场合或情景。每一种解释都有它自己的适用范围。概率解释应该是多元的，不是一元的。一般来说，频率解释适用于信息相对掌握较多的场合，适用于可以多次重复博弈的场合；（主观）概率解释适用于信息相对掌握较少的场合（在这里局中人博弈靠的只能是信心），往往适用于单一而非重复博弈的场合。

（三）压缩模式假说

本泽夫、丹尼斯、斯蒂贝尔和斯洛曼（Ben–Zeev, Dennis, Stibel and Sloman, 2000）假设，当人们在三个门中做出选择时，他们头脑中形成了每扇门平均有 0.33 概率的模型。当他们撇开一扇门不予考虑，余下的 2 扇门都有相同的比率。也就是说，首先有三扇门，中奖率是 1∶3，但是去掉一扇门后，中奖率就变成 1∶2 了。格兰贝格尔和博文（Granbegr and Borwn，1995）的研究也发现，多数人在解决三门问题的时候之所以固执地坚持自己最初的选择，是因为人们在解决三门问题的时候，通常都经历了这样两个认知加工阶段。由于认为两扇门的中奖率是相同的，所以他们认为没有必要改变自己最初的选择。人们运用的是"恒比"（constant ratio）法则（Falk，1992；Shimojo and Ichikawa，1989）。

本泽夫等认为，如果人们运用心理模型表征，那么当呈现给他们 100 扇门时，他们会更倾向于改变最初的选择，因为表征 100 个独立的选项会超出工作记忆容量。"压缩模式假说"假设超负荷的记忆内容会迫使人们形成两个模式：一个是他们最初的选择（我的选择）；另一个是压缩的余下选项的模式（余下的选项）。把 1 个选项从 3 个选项中去掉时，余下的 2 个选项似乎中奖概率各占一半；而从 100 个选项中去掉 1 个，从剩下的 99 个中拿走 98 个，那么在压缩模式里余下的那个选项就得到了与所属模式相连的高概率。唐纳德和南希（Donald and Nancy，1992）的实验中，分别设置了 7 扇门、5 扇门和 3 扇门的条件，结果显示门数多的那组被试回答正确率显著增加。

季洛维奇等（Gilovich et al.，1995）认为，人们之所以倾向于坚持最初选择是因为害怕将来可能后悔的效应。他们的观点是，人们宁愿冒失败的风险坚持最初的选择，也不愿放弃最初的选择。巴·海莱尔和奈特（Bar – Hiellel and Neter，1996）研究也提出，人们不愿意换抽奖的彩票的原因是怕后悔。

（四）因果推理的冲突原则

针对因果推理中的一种特定结构，格利莫尔（Glymour，2001）提出了所谓的"冲突原则"（collider principle）。在这一结构里，有两个彼此独立的因素（原因）与特定的结果之间存在着因果关系。也就是说，在解决三门问题的过程中，依据因果推理的冲突原则，可以根据主持人打开的是哪扇门（结果）以及参与者最初的选择（其中一个原因）来推断奖品到底在哪一扇门里（另一个原因）。阿尔纳和托马斯的研究也表明，三门问题中如果主持人的策略是不能打开奖品的门，那么主持人打开的门就提供了有用的信息。如果主持人的行为与被试最初的选择相独立，那么他的行为就不能为被试提供有用的信息。也就是说，主持人选择打开门的策略不一样时，被试所应该做的最后判断也就不一样。伯恩斯和维特（2004）认为如果被试能够比较容易地发现三门问题中的冲突原则，那么将有助于改善他们的作业成绩。他们设计了 5 个系列实验来验证这一假设，当把三门问题放到这样的一个情景中，被试应该会正确地估算出改变最初选择的赢的概率。在竞争的情况下就是这样的。竞争还可以给人们提供在活动中体验到冲突原则的情景。例如，被试可随机分成两个组，一组是标准版本组，另一组是拳手问题组。在竞争者之间进行一个比赛游戏，一个已经打败了一个对手，另一个还没有参加过比赛。人们往往会倾向于选择原来有过胜利的人会赢。之所以会有这样的普遍倾向，主要是由于冲突原则而导致的（这里不考虑经验等其他因素）。两个独立的变量，即谁是最佳的选手和谁是没有参加过第一次比赛的选手，对谁是第一次比赛中失败者是有影响的。就冲突原则来看，其冲突结构如下：

谁是最佳→谁是第一次比赛的失败者←谁没有参加第一次比赛

从实验结果来看，似乎让被试充分意识到推理中的冲突原则，可以较好地改善他们的作业成绩，但拳手问题是否与三门问题完全一致，却值得商讨。

图布阿（Tubua，2003）设计了另外一个与三门问题类似的竞争情景，试图采用两个对手玩扑克牌的游戏方式来呈现三门问题。在他看来，谁能从三张牌里抽中唯一的一张A牌，谁就获胜。一方是决策者，先从三张牌里选一张，余下的给另一被试即信息者，若信息者翻开其中一张没有A的牌，就让决策者再选择是否改变原来的选择。如果决策者能表征出对手得到A牌的概率的模式（如下）就不难发现，最好的策略是改变最初的选择。

决策者	信息者
A	非A，非A
非A	A，非A
非A	非A，A
P(A) = 1/3	P(A) = 2/3

在这样的心理表征基础上，有望提高概率推理的正确性。唐纳德和南希（1992）的实验也证明，在这样两个对手的条件下被试回答的正确率更高。

（五）"少即是多"效应

"少即是多"效应的意思是：知道越少的信息似乎反而有助于人们做出更好的决定。例如，德斯坦和吉仁泽（Goldstein and Gigerenzer，1995）曾就有关"圣地亚哥和圣安东尼究竟哪个城市的人口更多"这个问题调查了一些美国人和德国人，调查中将近2/3的美国人正确回答出：圣地亚哥人口更多。但出乎意料的是，尽管一些德国人并不了解这些美国城市，但是他们的正确回答率几乎达100%。为什么有时知识了解得多的人的推理并不比知识甚少的人更好呢？在该测验中，几乎所有的德国人都听说过圣地亚哥（即能够再认），而几乎一半的人都不知道圣安东尼（即不能够再认）。为了解释在启发式再认推理实验中发现的这一奇怪现象，吉仁泽等提出了"少即是多"效应，并且通过大量实验证明了

"少即是多"效应的相对普遍性。他们认为,人们在决策和判断的过程中会使用诸多启发式策略,使人们做出简便快捷的反应,如"少即是多"效应等。尽管启发式策略的使用有时会导致错误的推理,但是他们认为人们的这一有限的理性已经足以使他们适应变化着的环境,在日常生活中做出合理的判断和决策。

克劳斯和王(Krauss and Wang, 2003)认为,人们在解决三门问题的过程中,可能存在两种心智状态:一种是仅仅认为在他做出选择后,主持人便会打开另一扇没有奖品的门;另一种是在做出最初的选择以后,他对主持人将要打开哪一扇门已经做了全面的推断和估计。显然根据以往的研究发现,被试可能根本就没有去考虑主持人将会打开的是哪一扇门,也就是说被试在做出选择的过程中,可能根本就没有利用这一信息。虽然解决三门问题的认知过程比启发式再认推理要复杂得多,但是克劳斯等认为两者似乎都隐藏着相同的认知规则,即知道越少的信息似乎反而有助于人们做出更好的决定。为了检验这一假设,他们对三门问题中的"少即是多"效应做了研究。

在标准的三门问题里通常会确定一个最初的选择门1,然后主持者打开一个没有奖品的门2。为了检验"少即是多"效应,他们认为最好的办法就是不给被试提供门2的具体情况,只告诉被试主持人打开了另一扇没有奖品的门,然后再看其是否会对被试的选择行为产生影响。结果表明,实验组有38%的被试愿意改变最初的选择,其中有12%能够做出正确的概率判断;而对照组有21%的被试也愿意改变选择,但是仅有3%做出了正确的判断。这一结果似乎表明在给予较少信息的情况下,被试的作业成绩的确有所提高。当然,克劳斯和王认为三门问题之所以困难的原因是多方面的,除了"少即是多"效应外,还有频率因素、思考视角(让被试从参与者的角度转变为主持人的角度来思考这一问题)等。

在标准的三门问题里,明确告知被试主持人打开了门2,反而会增加被试的认知负荷,因为被试需要考虑得更为具体,因此,在这样的情况下,做出正确的选择较为困难。提供较少的信息反而有助于被试做出更好的推断。

有趣的是,博弈论中有一个斯塔克博格模型,虽然它描述的是所谓的先行者优势,但在其中,却也反映了这种"信息多者反而失败"的现象。我们不妨举个例子来说明这一模型。在宽体客机的国际市场上,波音公司和空中客车公司是两大"巨无霸"。为了市场优势,两家公司都需要决定是否开发一种新型飞机。由于宽体客机制造成本很高,只有当销量较大具有规模效应时,新机型的研发才是有利可图的。由于市场只能容纳一家公司,谁率先制造新飞机谁就独占垄断利润。若两家同时制造新飞机,则两败俱伤。因此,谁抢先行动谁就具有"先行优势"。

由于波音公司得知一个额外的信息——欧盟会给空中客车公司补贴,于是自已行动迟缓，失去了先行者优势。在动态博弈中，先行动者决策时看不到追随者的选择，拥有的信息较少；后行动者知道领先者的实际选择，拥有的信息较多，反而会犹豫不决，错失良机。在这种信息不对称的情况下，信息较多者不一定得益较多。

三、小结

关于三门问题的讨论还在继续。但是三门问题的提出给了我们重要的启示。第一，三门问题实际上是一个关于决策和博弈的认知问题。在这个拥有信息相对较多的博弈和推理过程中，用频率进行推理优于用概率进行推理。在重复博弈的场合，采用符合直观的、自然的频率来推理比采用概率来进行推理更为恰当、更适用。第二，作为一个"认知错觉"或"心理隧道"的最富有表现力的例子，三门问题提醒我们，必须重视归纳逻辑的认知方面的研究。从归纳逻辑的视角研究三门问题认知过程，分析三门问题的困难原因，探讨问题解决的推理过程等，有助于深化归纳逻辑研究。三门问题的认知过程分析带来的启发是，我们不仅要用现代逻辑的方法来拓展归纳逻辑的研究，而且要借鉴认知科学的研究成果，深入探讨归纳逻辑的认知基础，推动归纳逻辑研究向新的深度和广度拓展。

第二节 "睡美人"问题的认知分析

"睡美人"问题是受阿罗德·楚波夫（Arnold Zuboff）在未出版的著述中讨论的有关案例启发，由罗伯特·斯塔尔内克（Robert Stalnaker）正式命名的。"睡美人"问题非常类似于博弈论文献中有时讨论的不完美回忆（imperfect recall）的问题。由于大卫·刘易斯（David Kellogg Lewis，2001）的1/2观点与亚当·埃奥伽（Adam Elga，2000）的1/3观点之争，这一问题引起了哲学界的广泛关注。近几年来，这种争论越演越烈，呈白热化趋势，但时至今日，两派观点都没有取得决定性优势。

一、"睡美人"问题的案例

"睡美人"问题的案例至少有三个大同小异的版本。

（一）版本一

实验室的研究人员决定进行以下实验。首先，他们会告诉"睡美人"在实验中实验者要告诉他的一切。他们试图表明"睡美人"完全相信她被告知的事情。其次，在星期天晚上他们会让她睡觉。在星期一他们会叫醒她一会儿。起初他们不会告诉她今天是星期几，但是随后他们会告诉她今天是星期一。最后，他们会强迫她抹掉记忆。也许他们会在星期二再次唤醒她一会儿。他们什么时候唤醒"睡美人"取决于那个公平的硬币：如果正面朝上，他们将只在星期一唤醒她；如果背面朝上，他们只在星期二唤醒她。在星期三实验将会结束，并且将会允许"睡美人"醒来。在试验期间，这三次可能的醒来将会是无法区分开来的：无论投掷硬币的结果如何，她在星期一醒来时都会拥有相同的全部证据，但是如果她是在星期二被唤醒的话，那么在星期一的记忆删除将会确保她在星期二醒来所拥有的全部证据与星期一醒来的全部证据是完全一样的。然而，她将能够并且她将会被告知如何区分她在试验期间——从她星期三醒来直到试验结束，那个时间段中的短暂的醒来，并且真正地能够从所有过去曾有的，或者将会有的真实的清醒中区别开来。

（二）版本二

一些研究人员试图控制"睡美人"的睡眠。在两天中，让"睡美人"一直沉睡，他们会短暂地唤醒"睡美人"一两次，唤醒"睡美人"的次数由抛硬币决定，当硬币的正面（头像）向上，唤醒"睡美人"一次；而当背面向上时，唤醒"睡美人"两次。每次唤醒之后，他们会使用药物将"睡美人"催眠，并且使"睡美人"忘记曾经醒来过。当"睡美人"第一次被唤醒时，"睡美人"在多大程度上相信硬币是头像朝上呢？

（三）版本三

星期天，让"睡美人"入睡。她在星期一曾被唤醒，在服用使她忘记曾经醒来的擦除记忆的药以后又让她入睡。抛掷一枚公平硬币。当且仅当，该硬币出现背面"睡美人"才在星期二被再次唤醒。她知道这一切。问题是：当她星期一醒来时，她是否应该相信那枚硬币将出现正面呢？

"睡美人"问题的实质："睡美人"问题是关于自我定位信念问题的一个案例。即一个主体或处于某一时段的主体可以具有关于他自己的定位。确切知道哪一个可能世界是现实世界的那个主体仍然可能不知道自己在那个世界中的定位。

如果该世界包含两个或多个主观上无法识别其证据状态的主体，这种情况就会发生。这些主体因而就不能百分之百地判定他们自己的时空定位。

"睡美人"问题是关于自我定位信念（self-locating belief）理论的试金石。而自我定位信念理论是关于数据或理论包含了索引信息时我们应该如何推理的理论。关于这个问题的看法分为两个阵营：其一是1/2观点，代表人物是大卫·刘易斯（David Lewis）；其二是1/3观点，代表人物是亚当·埃奥伽（Adam Elga）。有意思的是，尼克·波斯滕（Nick Bostrom）认为，这两种观点都是错误的。他提出了一种新的"混合"（hybrid）模型，既可以避免上述观点的缺陷，又有其独特的魅力。如果这一模型没错的话，那将会对自我定位研究、观察选择理论（observation selection theory）和"人择推理"（anthropic reasoning）研究提供有益的启示。

二、"睡美人"问题的争论

对于（当她星期一醒来时，她是否应该相信那枚硬币将出现正面呢？）这个睡美人问题有两个经典的答案。①

第一个答案（由大卫·刘易斯提出）：1/2的可能性是正面朝上。一开始"睡美人"确信硬币是公平的，所以睡美人确信硬币正面向上的可能性为1/2。被叫醒以后，"睡美人"就再没有得到任何新的信息（睡美人一直都知道，她将会被唤醒）。所以，"睡美人"确信硬币正面朝上的可能性为1/2。

第二个答案（由亚当·埃奥伽提出）：1/3的可能性是正面朝上。他让我们想象一下可以重复多次的实验。那么，从长期来看，有1/3的概率是正面朝上——被唤醒。因此，在任何特殊的情况下被唤醒，"睡美人"会认为硬币（头像）正面朝上的概率是1/3。基于这样的考虑，在当前的情况下，这种实验只可发生一次。因此，1/3是正确的答案。

让我们假定"睡美人"是一个概率理性（probabilistic rationality）的尤物，并且总是给她指派她应该具有的信任度（主观概率）。必须在三个不同的时刻考虑她的信任函数。令 P 为她在星期一被叫醒时的信任函数。设 P_+ 为她在被告知是星期一时的信任函数。设 P_- 为她星期日被催眠前的信任函数，但这是在她被告知试验是如何开展之后的事了。

"睡美人"在她星期一被唤醒的一开始，她认为投硬币的结果是硬币正面朝上的信任度是多大呢？那么她认为硬币背面朝上的信任度是多大呢？埃奥伽认为

---

① Lewis, D. Sleeping Beauty: reply to Elga [J]. Analysis, 2001, 61 (271): 171–176.

正面朝上的概率为 1/3，背面朝上的概率为 2/3 ［P（正面朝上）= 1/3，P（背面朝上）= 2/3］。刘易斯不同意这个说法并且论证说正面朝上的概率等于背面朝上的概率，均为 1/2 ［P（正面朝上）= P（背面朝上）= 1/2］。

三、争论双方的异同

让我们先来探讨没有争议的共同背景。刘易斯和埃奥伽都认可高度限定的无差别原则（highly restricted principle of indifference），因此，两人都进一步指出，$P(T_1) = P(T_2)$，并设定：当"睡美人"星期一醒来时，她被告知今天是星期一，她的信任函数就从 P 变到 P_+。

以上是两人的共性。现在让我们来探究一下他们对该问题的各自的分析，包括他们对于 P（正面朝上）的不同结论。

（一）埃奥伽的论证（1/3 观点）[①]

1/3 观点认为，当"睡美人"醒来时，她应该对出现正面指派 1/3 的信念度。埃奥伽的论证如下：

当"睡美人"醒来时，她知道自己面临三种情况之一：

H_1：正面并且是星期一
T_1：反面并且是星期一
T_2：反面并且是星期二

假定没有证据表明究竟是星期一还是星期二，就有：
$$P(T_1) = P(T_2) [根据无差别原则]$$

如果"睡美人"了解到那天是星期一，她对正面出现的信念度就应该是 1/2，因为这正是抛掷一枚已知公平的硬币出现正面的信念度。所以，
$$P(H_1 | H_1 \vee T_1) = 1/2 [根据直观]$$

既然 $P(H_1 | H_1 \vee T_1)$ 可以重写为 $P(H_1)/[P(H_1) + P(T_1)]$，那么我们就有：
$$P(H_1) = P(T_1) = P(T_2)$$

这些信念度的总和是 1，所以可以得知 $P(H_1) = 1/3$。

（二）刘易斯的论证（1/2 观点）

按照刘易斯提出的 1/2 观点，"睡美人"醒来应该对出现正面有 1/2 的信念

---

① Dorr, C. Sleeping Beauty: In Defense of Elga [J]. Analysis, 2002, 62 (4): 292–296.

度,而她在给定星期一或者出现正面或者出现反面的条件下相信正面出现的条件信念度(条件概率)是 2/3。

$$P(H_1) = 1/2$$
$$P(H_1 | H_1 \vee T_1) = 2/3$$

假设"睡美人"被告知当天是星期一,令 P_+ 是她得知这一信息后的新的信念函数。刘易斯断言 P_+ 应该通过对关于星期一的 P 加以条件化而获得。因此,

$$P_+(正面) = P(正面 | 星期一) = 2/3$$

刘易斯对这个断言的论证很简单:实验之前,"睡美人"应该对一枚在将来抛掷的公平硬币将出现正面的命题指派 1/2 的信念度。她已经知道她将苏醒。所以,当她醒来时,她得不到任何相关新信息;所以她对出现正面的信念度仍然应该是 1/2。

总之,两人论证的不同之处在于:埃奥伽否认刘易斯的前提,刘易斯也否认埃奥伽的前提。这就是两人存在的差异。

四、小结

"睡美人"问题仅仅是关于本书的推理中如何把索引信息与非索引信息联系起来的较大谜题中的片段。如果我们脱离这一宽广的背景来研究这一问题,我们就不能真正有助于解决这一谜题。更重要的是,不管我们如何回答这一问题,我们都必须认识到,应用归纳逻辑中的贝叶斯推理时,不仅要关注其逻辑形式方面,而且要关注其认知或心理因素。"睡美人"问题至少让我们考虑一个新问题:一个理性的主体如何随着时间的推移来更新他的信念?

第三节 贝叶斯推理的认知分析

贝叶斯推理是概率逻辑研究的热点,贝叶斯推理问题非常复杂,几乎涉及了概率演算的所有规则,如加法规则、乘法规则、条件概率规则。所以贝叶斯推理对于研究复杂的概率信息加工具有典型性。另外,贝叶斯推理问题是生活中经常会遇到的问题,如医生根据症状诊断疾病、司法人员根据证据判断犯罪、经济学家对某项投资做出决策等都与贝叶斯推理问题有关。贝叶斯推理问题的研究涉及归纳逻辑的认知基础问题。我们先做一些简要介绍和分析。

一、贝叶斯推理问题的界定

在讨论概率逻辑系统时,我们已经介绍了贝叶斯定理的逻辑形式。为了研究方便,我们主要研究简化的贝叶斯推理。简化贝叶斯推理问题可以表述如下:假设互不相容的 h、-h 构成一个完全事件,且已知 p(h) 和 p(-h),现在观察到 h、-h 的某种证据 d 且已知 p(d/h) 和 p(d/-h)。于是,简化贝叶斯定理的公式为:

$$p(h/d) = p(h)p(d/h)/[p(h)p(d/h) + p(-h)p(d/-h)] \quad (8.1)$$

在式 (8.1) 里,p(h) 和 p(-h) 分别是假设 h 和假设 -h 的基础概率;p(d/h) 表示如果假设 h 出现,证据 d 出现的概率;p(d/-h) 表示假设 -h 出现时,证据 d 出现的概率;p(h/d) 表示证据 d 出现时,假设 h 出现的概率,即后验概率。

心理学研究中常引用以下例子来说明贝叶斯公式的应用:

参加常规检查的中年妇女患乳腺癌的概率是 1%。如果一个妇女有乳腺癌,则她有 80% 的概率将在早期胸部肿瘤 X 射线测定法检查(以下简称胸检)中呈阳性。如果一个妇女没有患乳腺癌,也有 9.6% 的概率将在早期胸部肿瘤 X 射线测定法检查中呈阳性。在这一年龄群的常规检查中,某妇女在早期胸部肿瘤 X 射线测定法检查中呈阳性。问她实际患乳腺癌的概率是多少?(以下简称乳腺癌问题)

以上涉及的概率可以用表的形式表示(见表 8-1)。

表 8-1　　　　　　　　　乳腺癌问题

是否患癌	中年妇女	检查呈阳性
患乳腺癌 h	1% p(h)	80% p(d/h)
不患乳腺癌 -h	99% p(-h)	9.6% p(d/-h)

按照式 (8.1),在该问题中 h = 乳腺癌,-h = 非乳腺癌,d = 早期胸部肿瘤 X 射线检查中呈阳性,已知 p(h) = 1%,p(-h) = 99%,p(d/h) = 80%,p(d/-h) = 9.6%,要求估计的是 d 出现时 h 发生的后验概率 p(h/d)。根据贝叶斯定理,p(h/d) = 1% × 80% / (1% × 80% + 99% × 9.6%) ≈ 0.078。

应该注意的是,在认知科学家研究贝叶斯问题的文献中,p(h) 和 p(-h) 称为基础概率、p(d/h) 为击中率、p(d/-h) 为误报率。

乳腺癌问题中估计一个在胸检中呈阳性的妇女患乳腺癌的概率取决于两个因素：一个因素是在整个人群中患乳腺癌与不患乳腺癌的概率分布（基础概率或先验概率）；另一个因素是取决于胸检呈阳性的妇女中患乳腺癌与不患乳腺癌的概率分布。从归纳逻辑的认知基础的视角看，我们感兴趣的问题是，一个不懂贝叶斯原理的人对上述问题进行直观推理时是否遵循贝叶斯定理，即人们的直观推理过程是否就是贝叶斯公式的算法过程。认知心理学家往往将人们的估计结果与贝叶斯公式计算的结果做比较来研究贝叶斯推理过程的心理规律。在认知心理学领域，有关这类问题的推理研究就是所谓贝叶斯推理研究。

二、贝叶斯推理的问题研究

现在的问题是：人们的实际推理过程是不是真的与贝叶斯定理的计算过程相一致呢？如果回答是肯定的，则当人们遇到贝叶斯推理问题时，其概率估计应该与贝叶斯定理计算的结果相差无几；如果回答是否定的，则说明两者之间存在较大差异。对这一领域的研究的问题主要有以下几个方面。

（一）基础概率忽略现象研究

最早用实验方法研究人们的推理是否遵循贝叶斯原理的是沃德·爱德华兹和他的同事（Ward Edwards，1968；Phillips and Edwards，1966；Rouanet，1961）提出的。他们用实验的方法检验了人类的推理是否遵循贝叶斯定理。爱德华兹的研究认为，人们的估计基本上和贝叶斯定理相符合，只是人们得到的结果与贝叶斯定理计算的结果相比偏向于保守，但和从贝叶斯原理估计的结果是成比例的。后来有研究进一步验证了这一结果。例如，斯洛维克和切特斯汀（Slovic and Lichtenstein）做了以下实验研究：左边盒子装有 70 个红球和 30 个白球，右边盒子有 30 个红球和 70 个白球，主试随机从一个盒子取球，从中取出 4 个白球和 2 个红球，要求被试估计从左边盒子里取出这些球的概率有多大？实验结果表明，被试一般认为从左边盒子取出的概率小于 0.5，按照贝叶斯公式计算的结果大约是 0.4。将被试的估计结果与此对照发现，直观的概率推理与计算结果在肯定和否定的方向上是一致的；但直观概率推理的结果略为保守（Slovic and Lichtenstein，1971；王甦、汪圣安，1992）。

尽管爱德华兹等最早用实验的方法研究了概率推理问题，但由于这一研究并不深入，没有发现新的现象。他们的研究基本上与历史上提出的逻辑理性观念是一致的。尽管这一研究没有多大影响，但是它的重要意义在于用实验的方法开辟了用心理学实验研究概率推理的道路，为这一研究领域的发展起到了重要的推动作用。

人们的概率推理是否就是遵循贝叶斯规则进行加工的呢？后来的研究结果表明，结论是否定的。卡尼曼和特沃斯基（Kahneman and Tversky）在20世纪70年代初期的研究表明，人们的直观概率推理与贝叶斯定理相差甚远，表现在判断中往往忽略问题中的基础概率信息（base rate information），而主要根据击中率信息做出判断。他们的工作开辟了概率推理研究的新方向。

卡尼曼和特沃斯基（1972）讨论了一个肇事逃逸出租车案例①。在一个小镇上，出租车车祸时有发生，需要判定责任。这个小镇有两个出租汽车公司。一个是蓝车公司，另一个是绿车公司。前者车身上涂蓝色，后者车身上涂绿色。绿色出租车在该镇出租车市场上占有份额为85%，蓝色出租车在该镇出租车市场上占有份额为15%。

在冬天一个大雾的夜晚，一辆出租车涉嫌一起夜间肇事逃逸事故。一目击者确认，肇事车属于蓝车公司。交通警察在类似出事那天晚上的条件下对目击者进行测验。5次测验中她有4次能正确地说出车的颜色。也就是说，不管她在大雾的夜晚的情况看到的是蓝车还是绿车，她在80%的情况下能正确地辨别颜色。换言之，目击者做出正确判断的可靠性为80%。

基于以上信息，请问：与该事故有牵连的出租车是"蓝色"的概率是多少？

上述问题是心理学家卡尼曼和特沃斯基在一项研究中向许多被试提出的。结果他们得到的一个有代表性的答案是：大约80%。但这是错误的。正确的答案是大约41%。实际上，按照贝叶斯规则来计算，肇事逃逸的出租汽车是"绿色"的可能性更大。

我们来看看计算的结果与人们的直观究竟有没有差异，如果有，这个差异有多大。

根据已知情况，我们有 pr("肇事逃逸的出租汽车是绿色") = pr(G) = 0.85，pr("肇事逃逸的出租汽车是蓝色") = pr(B) = 0.15。由于目击者说肇事逃逸的出租汽车是一辆蓝色出租车，而目击者仅在80%的情况下能正确地辨别颜色，因此 pr("目击者说出租车是蓝色的"/"肇事逃逸的出租汽车是蓝色") = pr(WB/B) = 0.8；又因为目击者在20%的情况下会做出错误回答，所以当肇事逃逸出租车为绿色时她说是"蓝色"的概率为20%，因此 pr("目击者说出租车是蓝色的"/"肇事逃逸的出租汽车是绿色") = pr(WB/G) = 0.2。现在我们想要知道的是 pr("肇事逃逸的出租汽车是蓝色"/"目击者说出租车是蓝色的") = pr(B/WB) 和 pr("肇事逃逸的出租汽车是绿色"/"目击者说出租车是蓝色的") = pr(G/WB)。

---

① 这个案例选自：Ian Hacking. Probability and Inductive Logic [M]. Cambridge University Press, 2001: 72–73.

根据贝叶斯规则，可以得到：

$$\mathrm{pr}\left(\frac{B}{WB}\right) = \frac{\mathrm{pr}(B) \times \mathrm{pr}(WB/B)}{\mathrm{pr}(B) \times \mathrm{pr}(WB/B) + \mathrm{pr}(G) \times \mathrm{pr}(WB/G)}$$

$$= \frac{0.15 \times 0.8}{(0.15 \times 0.8) + (0.85 \times 0.2)} = \frac{12}{29} \approx 0.41$$

$$\mathrm{pr}\left(\frac{G}{WB}\right) \approx 1 - 0.41 \approx 0.59$$

从计算结果中可以看出，肇事逃逸出租车是绿色的概率比是蓝色的概率更大。

这是否意味着目击者的证词没有意义呢？不是。毕竟如果没有目击者的话，肇事逃逸出租汽车是"蓝色"的概率仅为15%，正是目击者的证词使这个概率升到约41%——它不过是没有像许多人错误估计的那么高罢了。

人们在肇事逃逸问题上之所以犯错误，是因为他们把这个城市中出租汽车的基础概率看作非主要的因素，而不是看作起作用的或引起某种结果的因素。大多数人在估计目击者的陈述时，似乎过高估计了目击者准确报告这一特殊肇事逃逸事件的可能性而过低估计了更为一般的这个城市中出租汽车的基础概率，因为基础概率信息看来太不特殊。而这种对基础概率的忽视，使人们得出了错误的推断。

这一现象被称为基础概率忽略现象。卡尼曼和特沃斯基得出结论说，从概率估计的证据来看，人们显然没有遵循贝叶斯定理，人们直观的概率估计几乎与贝叶斯定理无关。

关于基础概率忽略现象的研究结果得到其他一些研究的支持。卡斯尔斯（Casscells，1978）等也进行了如下研究：有一种病的患病率是1/1 000，检测该病的方法的误判率是5%。有一个人被这种方法检测为患有此病，假设你不知道他的症状，则他实际患该病的概率是多少？研究结果表明，哈佛医学院的教师和学生被试中，45%的人回答为95%，而正确答案应该是2%，只有18%的被试答对了。伊德（Eddy，1982）用前述乳腺癌问题让内科医生判断，结果95%的人判断介于70%~80%，远高于用贝叶斯定理计算所得的标准值7.8%。他们认为之所以做出如此错误的估计就是由于忽略了基础概率。

在20世纪70年代和80年代，支持这一观点的许多研究者指出，人们在贝叶斯推理问题的判断中往往忽略基础概率，基础概率忽略错误被认为是一种相当普遍的现象（Bar-Hillel，1980）。由此可见，人们的直观概率推理并不符合贝叶斯定理的计算结果（Kahneman and Tversky，1973），贝叶斯定理并不是对日常推理以及人脑工作原理的正确描述（Gould，1992）。

（二）问题表述的研究

在随后的研究中，人们发现，如果改变一些条件来进行研究，那么概率估计的正确率就会明显提高。有研究表明,在某些条件下,被试对基础概率的反应是敏感的。考斯米德斯和杜拜(Cosmides and Tooby,1996)做了与卡斯尔斯实验十分类似的实验,只不过问题表述有所不同。他们发现,92%的被试考虑了基础概率信息,就可以得出正确的答案。马奇(Macchi,1995)的研究认为,如果表述问题的措辞强调某些特征,如强调基础概率和击中率这两类信息是独立的,被试对基础概率的忽略就会减少。另一些研究者在实验中强调要理解基础概率与判断的相关性(Ajzen,1977;Bar-Hillel,1980;Beckett and Park,1995)或强调了事件是随机抽样的(Gigerenzer,Hell and Blank,1988),这样一来,基础概率忽略现象就会减少或者消除。

按照心理学家的观点,这些研究实际上暗示了注意的选择性在概率估计中具有重要作用,人们往往选择性地注意那些被强调的信息,而不重视那些不显眼的信息。因为在这些实验材料的设计中,基础概率往往是很低的,所以不容易引起人们的注意,当在实验中强调它在概率估计中的重要作用时,人们自然地要高度重视对基础概率信息的加工。可见,对问题的不同表述有助于提高概率估计的正确率。概率推理的研究需要结合语言表述和认知分析,归纳逻辑认知基础的研究是一个很有发展前景的研究方向。

(三) 概率信息形式的研究

吉仁泽和霍夫拉格(Gigerenzer and Hoffrage)关于概率数据(信息)形式的研究对特沃斯基和卡尼曼的观点提出了挑战。在此之前的30年研究中,特沃斯基和卡尼曼关于忽略基础概率的研究几乎占据着主导地位。按照这种观点,在贝叶斯推理中,人们并不能恰当地加工概率信息。然而,吉仁泽和霍夫拉格则认为,人们是可以加工概率信息的。正因为没有合适的概率信息形式的输入,所以在贝叶斯推理问题中才会常常出错。他们强调指出,概率信息的数据形式对概率估计有较大的影响。在他们看来,人们不能恰当地加工以百分数表示的概率信息,但可以恰当地加工以频数形式表示的概率信息。只要将概率数据改变为以自然抽样所得到的频数,就可以提高贝叶斯推理中的概率估计正确率。他们采用15个类似前述乳腺癌的文本问题进行了实验,问题的概率信息用两种形式呈现:一种沿用标准概率形式(百分数);另一种采用自然数表示的频数形式,对上述乳腺癌问题以如下形式呈现:

"1 000名妇女中有10名患有乳腺癌,在患有乳腺癌的妇女中8名妇女接受早期胸部X射线测定法检查呈阳性,在没有患乳腺癌的990名妇女中有95名接受早期胸部X射线测定法检查呈阳性"。

如果在自然频率形式条件下,接近50%的判断符合贝叶斯定理,而在标准概率条件下只有 16% 的判断符合贝叶斯定理（Gigerenzer and Hoffrage，1995）。支持这一研究结果的证据还有科斯米德斯和图比（Cosmides and Tooby，1996；1998）等的研究。

但是对吉仁泽和霍夫拉格提出的频率形式，一些研究者也提出异议，有人认为他们在改变信息形式操作的同时也改变了其他的变量。如刘易斯和克伦（Lewis and Keren，1999）提出，当数据形式发生改变时，也使原来的击中率信息改变为与基础概率联合的概率信息，所以贝叶斯推理正确率的提高不是因为数据形式的改变带来的。菲德勒（Fiedler）也指出，概率从百分数改变为频率也就改变了数据的参照系。在百分数形式中数据大小的比较是在同一参照系中，击中率和误报率都是以同一个集合为参照的；而在频率形式中数据大小的比较则在不同参照系之中，如乳腺癌问题中妇女检查呈阳性的概率是以患乳腺癌的人群为参照的，而误报率是以没有患乳腺癌的人群为参照的。

尽管如此，频数形式实际上有助于提高贝叶斯推理的正确率，只不过解释不同而已。

（四）概率信息呈现方式的研究

尽管许多研究的概率信息是以整理好了的数据用文本方式呈现的，但在实际生活中，人们进行概率估计需要从自己经历过的事件中搜集概率信息，而不是从文本中被动得到这些概率信息。因此，有的研究者主张，在实验中设计一些情境，让被试主动搜集信息来获得基础概率、击中率和误报率等情况的信息，然后再做出概率估计。

例如，洛维特和肖恩（Lovett and Schunn，1999）为了探讨基础概率信息和特殊信息对被试解决问题策略的影响，利用建筑棒任务（building stick task，BST）进行训练。对于一个给定的 BST 问题来说，计算机屏幕下方提供 3 条不同长度（长、中、短）的建筑棒并在上方显示 1 条一定长度的目标棒，要求被试用建筑棒通过加法（中棒+短棒）策略或减法（长-中或短棒）策略制造目标棒。被试只能凭视觉估计每条棒的长度，这就迫使他们不能用代数方法而只能用策略尝试来解决问题。基础概率是两种策略解决问题的基本成功率；特殊信息是建筑棒与目标棒的接近类型对选择策略的暗示性和成功的预见性：长棒接近目标棒则暗示使用减法策略，中棒接近目标棒则暗示使用加法策略，如果暗示性策略成功则表明该策略具有预见性，否则为非预见性。问题设计时，在 200 个任务中控制两种策略基本成功率（基础概率）（偏向：一策略高如 70%，另一策略低如 30%；无偏向：各 50%）和暗示性策略对成功预见性的比例（击中率与误报率）（有预见性：暗示性和非暗示性策略成功率分别为 80% 和 20%；无预见性：暗示性和非暗示性策略成功率各 50%）。研究者对被试在训练上述任务前后分别用 10 个建筑棒任务进行了测试，发现被试在训练前主要用特殊信息选择策略，在训练后主要依据两种策略的基本成功率信息选择策略。这说明人们在 200 个任务的训练之后对训练中基础概率信息的反映是敏感的。

不少学者采用以上方法，让被试在获得贝叶斯推理问题中的各种信息后做出后验概率估计，但不同的实验却得出了不同的结果。有的结果表明，大多数被试的估计与贝叶斯原理一致，说明被试没有忽略基础概率（Estes, Campbell, Hatsopoulous and Hurwitz, 1989; Gigerenzer et al., 1988; Gluck and Bower, 1988; Maddox, 1995; Manis, Dovalina, Avis and Cardoze, 1980）。例如，埃斯蒂斯等（Estes et al., 1989）和格鲁克和鲍尔（Gluck and Bower, 1988）借助医学诊断任务来研究经验性的基础概率现象，在此任务中，要求被试在每一次尝试读出一个假设的病人所出现的症状清单后，根据病症将病人的疾病归类，两种病的总的基础概率分别设为 25% 和 75%，从基础概率的角度来看，一类病很少发生而另一类病常常发生，经过约 200 次试验，被试对各种训练情形所做的疾病归类，表明了他们对基础概率的敏感性，被试在其归类中偏向于普遍发生的疾病。这些结果表明，当人们在非言语方式下学习和表达他们的预测时表现出对基础概率的敏感性行为。对于这一结果，比较普遍的解释是：比起外显的学习和外显的估计来，通过经验内隐地学习基础概率和通过行为内隐地做出选择对基础概率更具敏感性（Spellman, 1996）。

有证据表明，由直接经验获得的基础概率信息比从其他途径获得的基础概率信息在判断中发挥更大的作用。克里斯坦森－查兰斯基和布什海德（Christensen Szallanski and Bushyhead, 1981）研究发现，一些医生根据自己的临床经验得知患肺炎的基础概率较低。他们发现，这些医生在诊断时非常依赖这种基础概率信息。根据这些研究结果，研究者试图得出这样的结论，经验是使得被试对基础概率更具有敏感性的关键，也就是说，当问题被经验地呈现出来时，人们就会对基础概率很敏感。但结论也不完全是这样，有几项研究与这一概括相抵触，他们的研究结果表明，在直接经验的情境中也会忽略基础概率（Gluck and Bower, 1988; Goodie and Fantino, 1995, 1996; Medin and Edelson, 1988）。看来直接经验对改善贝叶斯推理也不一定可靠。

三、贝叶斯推理的主要理论

如前面所述，人们进行概率估计时，在某些条件下估计的正确率较高，而在另一些条件下估计的正确率却较低，那么，如何解释这些现象呢？为此，不同的研究者提出了不同的观点。

（一）启发法—偏差理论

卡尼曼和特沃斯基认为，人们直观的概率推理与贝叶斯定理模型是两回事，主要受认知策略的影响，人们的直观估计是一种依赖于经验的判断或猜测，这样的策略被称为判断启发法（judgmental heuristics）。启发法策略是人们适应环境的有效工具但在许多情况下会做出有偏差的估计。所以他们的研究被称为"启发法—偏差进路"（heuristics and biases approach）（Kahneman, Slovic and Tversky, 1982; Tversky and Kahneman, 1974）。他们的启发法主要包括"代表性启发法"（representativeness heuristic）和"可得性启发法"（availability heuristic）。

代表性启发法是指人们在进行概率的直观判断或预见时，常常根据样本是否类似于总体来估计其出现的概率，类似程度越高则越具有代表性。他们对代表性做了如下解释（Kahneman and Tversky, 1996）：代表性是对一个样本与一个总体之间、一个实例与一个范畴之间、一个行动与一个行动者之间，或者更一般的是一个结果与一个模型之间的一致性程度的评价，模型可以指一个人、一枚硬币或者世界经济，结果可能分别是婚姻状况、落地时的正面或反面出现的顺序或者是当前的黄金价格。在概率估计中，代表性高的事件，人们估计其出现的概率就高；代表性低的事件，人们估计其出现的概率也低。

可得性启发法是指人们根据一种现象出现的情况来做出概率判断，即根据该现象是否容易从记忆中提取（可得性）来做出判断。在这里，可得性程度高的被估计出现的概率高，可得性程序低则被估计出现的概率低，不管实际上出现的概率是高还是低。例如，人们通过回忆熟人中的离婚的例子来估计一个社团中的离婚率就属于这种情形。

这些学者用代表性启发法来解释贝叶斯推理中的估计偏差，认为在上述乳腺癌问题中，击中率传达了 X 射线检查呈阳性对妇女患乳腺癌的代表性信息。正因为如此，一个在 X 射线检查结果呈阳性的妇女患乳腺癌的概率估计值接近于来自击中率信息的估计值。

（二）自然抽样空间假说

加万斯基（Gavanski, 1992）认为，在判断一个事件出现的概率时，人们从什么范围抽取一个样本有一种自然的抽样倾向，即自然抽样空间（natural sampling space），如果所要判断的事件是从自然的抽样空间中抽样，则判断会是准确的；如果要求从不自然的抽样空间中抽样就会出现判断偏差。如前述乳腺癌问题，人们较自然地认为患了乳腺癌才在接受 X 射线检查时呈阳性，所以，从乳腺癌中抽样来判断接受 X 射线检查呈阳性的概率更自然。尽管贝叶斯问题的要求是反向的，但被试对问题的表征顺从于自然的倾向，所以，被试判断错误不在于忽略了基础概率，而在于错误地把贝叶斯公式中的 $p(h_i/d)$ 表征为 $p(d/h_i)$，就是将击中率与后验概率进行了颠倒表征，导致了推理方向的错误。

（三）进化论观点

吉仁泽和霍夫拉格（Gigerenzer and Hoffrage, 1995）从人类加工概率信息的进化过程视角，分析了为什么人们不能在标准概率形式下获得好的贝叶斯推理成绩，而在频数形式下却能得到改善。他们认为，在概率论发明之前，人们不是使用百分数这种形式来加工概率信息的，标准概率（百分数表示的概率）是后来才发展起来的。贝叶斯的原始论文中既没有用标准概率也没有用上述的公式表达。实际上，直到数学上的概率理论发明了一个世纪之后，概率这个概念才被提出来（Gigerenzer, Swijtink, Poter, Daston, Beatty and Kruger, 1989）。百分数只是到了 19 世纪才成为一个普遍概念。因此，概率和百分数是经历了 1 000 来年的识字和识数才进化而来的，人们借助概率来获得信息已经是很近的事情了。所以，在这个漫长的进化过程中，人类对贝叶斯推理的研究已经使之进化为一种认知算法。然而，这种算法不能很好地加工以百分数表示的标准概率信息，只能恰当地加工以自然数表示的频数信息。因为标准概率是在概率论发展以后才被人们认识的，而频数在人类进化的早期就被认识了。人们对事件的频率容易编码而且这种编码几乎是自动的，而对标准概率难以编码。就像十进制的袖珍计算器，如果输入二进制数字或罗马数字，计算器是不可能加工的，只有输入十进制的数字才能加工。因为它的算法系统是为十进制数字设计的。同样，大脑的认知算法系统是为频数设计的，而不是为标准概率设计的。认知加工过程受外部信息形式的影响，具有同等意义的不同外部信息形式会产生不同的心理表征。吉仁泽和霍夫拉格认为，这才是分析直观的贝叶斯推理的关键。

（四）抽样偏差理论

菲德勒（Fiedler, 2000）认为，概率判断必须依赖于许多样本，根据样本对总体进行概率估计的认知过程可以分为两个过程：(1) 利用没有偏差的样本对一个总体的概率进行估计，这是归纳推理过程，也是一个数据驱动加工过程。在这一过程中只要样本没有偏差并可直接用于问题的判断，人们的概率估计就较为准确。(2) 元认知控制和调整过程（metacognitive control and adjustment process）。当样本本身由于各种原因存在潜在的偏差时，就要对基于不同来源的样本整合，然后再根据整合的样本来做出最后的概率估计。这一过程涉及大量演绎的、基于规则的操作。包括逻辑规则、概率演算、统计学知识或元认知知识。在这一过程中由于样本不能直接用于概率判断，人们缺乏上述一些操作手段，概率估计就会出现大量的偏差，击中率是从小样本中抽取而得到的，而误报率是从较大的样本中抽取得到的信息，这就需要被试对样本进行元认知控制加工，但由于人们缺乏这种能力，所以往往出现估计偏差。然而，在吉仁泽和霍夫拉格（1995）的频率问题中，击中率和误报率都是相对于总体而抽取的，不需要对样本信息进行调整，所以概率估计的正确率才得以改善。

（五）心理模型理论

心理模型理论（mental model theory）是由约翰逊－莱尔德（P. N. Johnson - Laird）在演绎推理的研究中提出来的，后来他将其运用于解释概率推理的过程（P. N. Johnson - Laird，1999），从而说明了为什么人们在进行贝叶斯推理时，对频率的表述的成绩优于用百分数表述的成绩。

在概率推理中，前提可能涉及频数。例如，一项人口检查发现，10 个人中有 4 个人得了某种疾病，4 个有这种疾病的人中 3 个有某种症状，6 个没有这种疾病的人中有 2 个有这种症状，随机抽取一个叫帕蒂的人，发现她有该症状，现在的问题是：帕蒂有该疾病的概率是多少？

新手可以建立如下等可能性模型：

疾病　　　　　症状
疾病　　　　　症状
疾病　　　　　症状
疾病　　　　　无症状
无疾病　　　　症状
无疾病　　　　症状
疾病　　　　　症状
……

省略点所表示的隐性模型代表既没有疾病也没有症状。

同样，推理者可以建立如下的数字模型：

　　　　　　　　　频率
疾病　　　症状　　　3
疾病　　　无症状　　1
无疾病　　症状　　　2
……　　　　　　　　4

上述两组模型中的任一组模型都可以确定一个人有该症状的概率是 5/10，一个有该症状的人有该种疾病的概率是3/5,后验概率可以从任意一个模型计算出来而不需要运用贝叶斯公式。这就阐明了频率为什么可以改善贝叶斯推理的原因。

四、对贝叶斯推理研究的简要评价

从国内外贝叶斯推理的研究进展,我们可以提出以下建设性建议:

第一,关于基础概率忽略现象的研究还存在着不少的争论和分歧,其根本原因在于,只是注重心理实验研究,没有充分引进现代逻辑,尤其是现代归纳逻辑的研究方法,没有注意到逻辑学界非经典逻辑研究的最新成果。例如,认知逻辑、博弈逻辑、进化逻辑以及哲学逻辑分支的融合。本书主张逻辑学界要关注心理学界的有关研究;心理学界要借鉴逻辑学的研究成果。只有这样,才能推动逻辑学和心理学的共同发展。

第二,贝叶斯推理问题是一个相当复杂的概率推理问题,认知负荷是影响贝叶斯推理的重要因素,这虽然被心理学研究者所认同,但逻辑学界缺少对这一问题的研究,更没有从认知负荷的角度进行逻辑分析,如果能结合认知科学、进化生物学以及心灵哲学来加以研究,也许可以找到新的突破口。

第三,影响贝叶斯推理的因素是多方面的,对于贝叶斯推理的影响因素虽然进行了一些心理学的实验研究,但没有较为系统的逻辑研究。特别是如何结合认知心理学研究从逻辑和哲学方面加以研究还没有引起学界的充分重视。我们建议加强贝叶斯推理的认知基础研究,借助认知科学哲学研究成果,探索归纳逻辑的认知基础问题。

第四,从研究方法上看,目前贝叶斯推理的研究普遍采用实验验证有关假设的方法。显然,仅仅是这样是不够的。如果采用认知科学中的多种方法,尤其是计算机科学广泛采用的非单调推理方法和数据挖掘方法等,有可能可以更好地说明一些争论问题。

第九章

因果化的归纳逻辑

从归纳逻辑的历史和现实来看,归纳逻辑有两个不同的发展方向。一是培根开创的"因果化"方向,二是巴斯卡开创的"概率化"方向。第一个方向即传统归纳逻辑注重因果方法的研究,培根和穆勒的方法本质上是寻求因果联系的方法。一些现代逻辑学家,例如,罗素、勃克斯、冯·赖特,沿着培根方向继续前进,对穆勒五法做了现代逻辑的解读,从因果条件句中提炼出"因果蕴涵""反事实蕴涵",以实现因果陈述句的形式化和公理化。第二个方向即概率化方向则与传统归纳逻辑大相径庭,代表了现代归纳逻辑的主流。20 世纪 20 年代,量子力学的兴起令人信服地表明,"上帝是掷骰子的",概率定律是世界的终极定律。在这种科学背景下,一些逻辑学家使用概率理论来挽救原先建立在因果定律之上的归纳逻辑,从而发展出一系列概率逻辑系统。近年来,现代归纳逻辑出现了因果化方向与概率化方向相互渗透、有机结合的倾向。这预示归纳逻辑发展的新趋势。[①]

第一节 穆勒五法的现代解读

对穆勒五法的发展和改进属于现代归纳逻辑的因果化研究方向。穆勒等

---

① 桂起权,任晓明,朱志方. 机遇与冒险的逻辑 [M]. 北京:石油大学出版社,1996:22 - 23.

(Mill et al., 1843) 提出的方法是发现原因的"实验探究方法",然而,日常语言中的"原因"是有歧义的。有时指的是充分条件,有时指的是必要条件。现代条件句逻辑的产生,为穆勒五法的现代化提供了逻辑手段。其中最重要的改进是用条件逻辑的方法来探求不同条件意义上的原因。

穆勒提出五种方法是要给探求原因的实验者以指导。然而,穆勒没有为这些方法建立严密的逻辑基础,也没有深入研究这五种方法。现代逻辑的兴起,使哲学家和逻辑学家得以站在新的高度,以现代逻辑的方法处理穆勒五法。可以说对穆勒五法的条件化分析就是一种对其现代逻辑解读。其中最为重要的是冯·赖特(George Henrik von Wright)的工作。在布罗德(Broad)等研究的基础上,冯·赖特深入研究穆勒五法,并做了条件逻辑分析,把穆勒五法建立在现代逻辑理论的基础之上,使穆勒五法精细化,成为现代归纳逻辑的一个组成部分。因此,冯·赖特等的这种尝试是很有意义的。[①]

一、穆勒五法的局限和作用

穆勒五法的局限性是明显的。例如,冯·赖特对这些方法的阐述中涉及"只有一个事态相同"的场合和"除了一个事态外其余的每个事态都相同"的场合。然而,我们不能从字面上理解这些表述,任何两个物体无论有多少不同,均具有许多相同的方面,没有两件事物只在一个方面不同。我们甚至不能检查所有可能的事态,以确定是否只在一个方面存在差别。实际上,穆勒表述这些方法时涉及所有相关事态的集合,而这些事态又与待研究的因果联系有关。但是哪些是相关事态?只用穆勒五法我们不能知道哪些因素是相关的。我们必须求助于这些方法所应用的背景。"科学的酗酒者"的讽刺表明了这个问题:什么东西使酗酒者多次喝醉?通过仔细观察发现,第一晚他喝的是苏格兰酒和苏打;第二晚喝的是波旁酒和苏打,接着是白兰地和苏打、朗姆酒和苏打、杜松子酒和苏打。他发誓再也不碰苏打!

这个酗酒者正确运用了这些方法的规则,但是被证明是无效力的。因为在先行事态中的相关因素没有被揭示出来。如果酒精被确定为这所有事例中共同的一个事态,用差异法可能很快就会将苏打淘汰。

讨论求异法时常与寻找黄热病原因的英雄行为联系起来,相关的研究证实了黄热病是由于受感染的蚊子叮咬而传染的,我们现在知道了这点,正如我们知道

---

① Georg Henrik von Wright. A Treatise on Induction and Probability [J]. Journal of the Royal statistical Society, 1952: 283-285.

使人醉的是酒精而非苏打。但是黄热病实验需要洞察力也需要勇气，在现实世界中的事态并没贴有"有关的"或"无关的"标签。对蚊子叮咬的检验之前需要因果分析，以便接下来能够使用穆勒五法。当我们手边有了这样的分析之后，这些方法才是有用的。显然，穆勒五法还不足以作为科学发现的工具。

同样，穆勒五法不能构成证明的规则。因为我们总是根据关于因果事实的先行假说而使用这些方法，并且由于不能考虑所有的事态，研究者的注意力将限定在那些认为可能的原因上。但是研究者的判断可能是错误的，例如，医学专家起初没有考虑到脏手在传播着疾病。由于应用这些方法所预设的这些分析本身，可能是不适当的或不正确的，基于这些分析上的推理同样会是错误的。这种依赖性表明穆勒的方法不能用作证明。

此外，所有的穆勒五法依赖观察到的相关性，然而即使观察是十分精确的，这样的观察也可能是骗人的。我们寻求因果规律——普遍的关系，而迄今有机会观察到的东西可能不会告诉我们这种规律。无论观察实例的数量有多大，都不能在没有观察的事例中确定无误地建立一个因果连接。

实际上，一个有效的演绎推理可以构成一个证明或论证，但是任何一个归纳论证至多是高度可靠的，绝不能构成证明。因而，穆勒声称自己的方法是"证明的方法"的观点，实际上是有争议且站不住脚的。

尽管穆勒五法有局限，但是它们在科学方法中处于中心地位并且确实十分有效。由于绝对不可能将所有事态考虑进去，我们必须把穆勒五法与关于被考察的事态的一个或更多的因果假说结合起来使用。我们通常相当不自信，因而提出不同的假说，在这些假说下不同的因素暂时地作为被研究现象的原因。作为排除法的穆勒方法可以使我们演绎地得知：如果对先行事态的某个特定分析是正确的，那么这些因素中的一个因素不能是（或必定是）被研究的现象的原因（或部分原因）。尽管这个演绎论证是有效的，但是这种有效性是建立在对先行事态的正确分析之上的。

二、必要条件、充分条件与因果关系

古希腊著名哲学家德谟克利特（约公元前460～公元前370年）认为，"只找到一个原因的解释，也比成为波斯人的王还好"[①]。科学研究和日常生活中的许多探究都是为了探究某个结果的原因。人类对因果和条件关系的认识，也是萌

---

① 北京大学哲学系外国哲学史教研室，编译. 古希腊罗马哲学［M］. 北京：生活·读书·新知三联书店，1957：103.

生于猜想性的因果类比，发展到因果归纳。有了对因果关系的一般认识后，再接触新的事情时，就可以利用因果知识做因果推理，一方面是运用因果知识，由因推果或由果溯因，做出解释、规范；另一方面是接受实践的检验，修正、丰富和发展，一般其表现首先是发现因果关系中的或然关系，其次可以转化、上升为必然的充分条件、必要条件或充要条件，如某药从试用的一般药，到特效药，此时对因果关系或条件关系的认识，才比较全面、比较深刻，趋于完善，逼近了真理。

例如，医学基本上是探求因果或条件关系的科学，面对疾病，一方面是设法缓解或解除病痛；另一方面是千方百计探寻病因。只有掌握了疾病的来龙去脉，前因后果，才能药到病除。这一过程是从有疾病的远古就开始的。我们祖先摸索脉相、寻找穴位、遍尝百草，其中的类比、归纳的发展轨迹，不难理解。医生出现是后来的事，医学兴盛更是后来的事。今日医病一般是演绎，先找病因，然后下药，病因不明，医生不敢轻易用药，药不对症，医生就束手无策了。

自然科学在某种意义上可以说是关于因果关系与条件的科学，科学家的任务就是揭示、掌握客观事物的因果与条件的规律，不管科学家是否意识到，科学研究工作，宏观上都是按推理链的过程运行的，某一具体工作是推理链中的某一环节。

然而，"原因"一词在应用中其含义非常含混。因此，讨论充分条件和必要条件比讨论原因更有用一些，或者说讨论必要条件和充分条件比讨论原因在逻辑上更为重要。[1] "原因"可能是三种不同意义之一：充分条件、必要条件和充分必要条件。什么是充分条件，什么是必要条件呢？我们先看以下定义。

定义 9.1：一个属性 F 是另一个属性 G 的充分条件，当且仅当，每当 F 出现，G 就出现。

定义 9.2：一个属性 H 是另一属性 I 的必要条件，当且仅当，每当 I 出现，H 就出现。

从这两个定义，可以引出以下几个重要原则：

原则 1：如果 A 是 B 的充分条件，那么 B 是 A 的必要条件。

原则 2：如果 C 是 D 的必要条件，那么 D 是 C 的充分条件。

原则 3：如果 A 是 B 的充分条件，那么¬B 是¬A 的充分条件。

原则 4：如果 C 是 D 的必要条件，那么¬D 是¬C 的必要条件。

根据充分条件的定义，原则 3 可以变成：

原则 3′：如果每当 A 出现时 B 也出现，那么每当¬B 出现¬A 也出现。

另外，根据出现与不出现的定义可知：B 出现仅当¬B 不出现，A 出现仅当¬A 不出现。因此，原则 3 可以重新改写为：

---

[1] 桂起权，任晓明，朱志方. 机遇与冒险的逻辑 [M]. 北京：石油大学出版社，1996：44-50.

原则 3″：如果每当 A 出现时 B 也出现，那么每当 B 不出现时 A 也不出现。

类似地，根据必要条件的定义，可以重新改写原则 4 为：

原则 4′：如果每当 D 出现时 C 也出现，那么每当 ¬C 出现时，¬D 也出现。

另外，根据出现与不出现的定义，可以再次改写原则 4 为：

原则 4″：如果每当 D 出现时 C 也出现，那么每当 C 不出现时 D 也不出现。

还有两个原则也很重要：

原则 5：如果 A 是 B 的充分条件，那么 ¬A 是 ¬B 的必要条件。

原则 6：如果 C 是 D 的必要条件，那么 ¬C 是 ¬D 的充分条件。

根据出现与其否定（即不出现）的定义，我们可以重写原则 5 如下：

原则 5′：如果每当 A 出现时，B 也出现，那么每当 B 不出现时，A 也不出现。

类似地，可以重写原则 6 如下：

原则 6′：如果每当 D 出现时 C 也出现，那么每当 C 不出现时，D 也不出现。

当我们用日常语言来谈论一个结果的原因时，有时指的是充分条件。例如，说感染是患病的原因时就是这样；有时指的是必要条件，例如，当说勤奋学习是得高分的原因时，指的就是必要条件。另外，有时谈论的原因，其实根本不是原因，而是症候或征兆。例如，在矿井下点燃的蜡烛不熄灭是有氧气的征兆、发高烧是感冒的症状。在分析穆勒五法时就会看到，必要条件和充分条件的精确表述比原因、结果、症候和征兆的含混表述要有用得多。

三、新穆勒五法

按照冯·赖特的思路，我们将以不同于穆勒的角度来阐述穆勒的方法。通过讨论契合法、差异法和契合差异并用法，可以确立穆勒五法的逻辑理论基础。从逻辑的观点看，共变法和剩余法本质上没有什么新东西，本书不讨论这两种方法。不过，我们还是要讨论五种方法，这是因为在本书的分析中，契合法有两种形式，并用法也有两种形式。[①]

这些方法可以看作是寻求给定属性的必要条件或充分条件的方法。这些所探求的必要条件和充分条件的属性叫作所求条件属性（conditioned property）。所求条件属性可以有不止一个充分条件。如果所求条件属性是死亡，那么被汽车碾过就是它的一个充分条件，但是还有许多别的充分条件。一个所求条件属性也可以不止一个必要条件。如果所求条件属性是燃烧，那么有氧气存在就是一个必要条件，但是一个可氧化物体的存在也是一个必要条件。有可能是一个给定所求条件属性的必要条

---

① Brian Skyrms. Choice and Chance（4thed）[M]. Wadsworth Publishing Company, 2000：69-97.

件或充分条件的那些属性叫作可能条件属性（possible conditioning propertis）。

现在，可以提出这样的问题：通过考察各种场合而得到的信息怎样用来从可能条件属性中挑选出必要条件和充分条件呢？接下来回答这个问题。

（一）直接契合法

直接契合法是确证一个属性与其必要条件之间因果联系的方法。例如，在同一家烤鸡店吃过午饭的3个人都得了禽流感。调查发现，这3个人吃的食物都不同，但是他们都吃过鸡肉。这是他们食用过的唯一相同的东西。调查的初步结论是：他们的禽流感由鸡肉所导致。

以 A、B、C、D 表示不同的食物。场合1、2、3表示3个人。假定怀疑可能条件属性 A、B、C、D 之一是所求条件属性 E 的必要条件，但哪一个并不知道。又假定或者通过实验操作或者通过刻意观察许多场合，发现在 E 出现的所有这些场合中，只有一个可能的条件属性出现，这个条件属性就是 C。与此相对应，表9-1是对上面所述案例的简明表述。

表9-1　　　　　　　　　　直接契分法

场合	可能条件属性				所求条件属性
	A	B	C	D	E
场合1	P	P	P	A	P
场合2	P	A	P	P	P
场合3	A	P	P	A	P

在表9-1中，"P"表示"出现"，"A"表示"不出现"。场合1表明，D不可能是 E 的必要条件。因为必要条件的定义告诉我们，每当 E 出现时，E 的必要条件一定出现。但在场合1，当 E 出现时，D 没有出现。因此，场合1把 D 排除在可能的必要条件之外。同样，场合2表明，B 不可能是 E 的必要条件，因为 B 不出现时，E 出现了。场合3排除 A 并再次排除了 D。留下来可以作为 E 的必要条件的候选者就只有 C 了。上述观察表明，如果有一个可能条件属性事实上是 E 的必要条件，那么 C 就一定是它的必要条件。

直接契合法的排除原则是：每当 E 出现时不出现的属性都不可能是 E 的必要条件。

由于两个理由，直接契合法只能得到或然性结论。第一，某些重要的可能原因也许被忽视了。例如，也许饭店的鸽子肉或者餐具受到污染，禽流感或许是通过它传染，而不是鸡肉。第二，在这个例子中，也许不止一种食物被污染，禽流感或许是通过多种食物一起传染的。因此，论证的确证强度取决于这两种可能性的大小。应用直接契合法进行的因果推理是或然性的归纳推理。

运用直接契合法来寻找所求条件属性的必要条件时，需要考察尽可能多的场合。如果这些场合多种多样，使得每当所求条件属性出现，可能条件属性之一也出现的话，那么就可以怀疑，这种属性是所求条件属性的必要条件。实际上，这种方法背后的逻辑与侦探探案方法背后的逻辑是一样的。侦探逐一排除嫌疑人以便找到凶手。如果每当所求条件属性出现时可能条件属性都出现的话，那么所有其他可能条件属性都被排除了作为必要条件的可能性。因为它们在所求条件属性出现的每一个场合都没有出现。

直接契合法与侦探探案方法的类似点还表现在以下两个方面。一方面，当着手调查凶杀案时，侦探并不能确信自己能够排除一个之外的所有嫌疑人。因为凶杀有可能是两个人共同作案。在契合法中情况也是一样，因为所求条件属性可能有不止一个必要条件；另一方面，侦探最初的怀疑者名单中也许就没有真正的凶手，很有可能不得不以排除所有可能性而告终。在这种情况下，他就必须回头寻找更多的嫌疑人，列出范围更广的名单。科学家也会遇到类似情形，在他的最初可能条件属性的名单中也许根本就没有所求条件属性的必要条件。这样一来，他的观察就会排除所有的可能条件属性。

（二）逆向契合法

我们首先来看下面的这样一个例子：有大量的证据显示，在怀孕期间吃叶酸（含微量维生素 B）含量低的食物，将增加婴儿早产的机会（早产婴儿的体重比正常新生儿体重轻）。美国新泽西一所大学的塞瑞沙·斯哥尔博士研究了来自新泽西州坎姆顿城市里的 832 名妇女的怀孕结果，以确定食物和叶酸摄入量的影响。"我们发现，每天摄入低于 240 微克叶酸的妇女具有两倍到三倍的可能性使婴儿早产和低体重"她说。她指出，到第 28 周检测发现，这些妇女血清中的叶酸都很低。在 219 名低叶酸用量的妇女中（每天少于 240 微克的摄入量），44 人早产，并且婴儿体重低。危险下降直接与血清中叶酸的增加量相关，它表明，叶酸的低摄入量是整个怀孕期间的一个危险因素。

实际上，斯哥尔博士的研究发现，低叶酸用量的妇女中早产率高。在列举这些妇女的食物中，摄入各种维生素以及其他成分少或者不少以后，斯哥尔博士发现，几个可能的候选成分中，只有一个成分这些妇女的食物中摄入较少：叶酸。因此，结论是，低叶酸是导致早产的原因。这个论证的结论断定，叶酸缺乏是导致早产的充分条件。换言之，如果这些妇女的食物中不缺乏叶酸，她们就不会早产。

这个案例适用逆向契合法。与直接契合法相反，逆向契合法是确证一个属性与其充分条件之间因果关系的方法。换言之，逆向契合法是一个确证充分条件的方法。为找到给定属性 E 的充分条件，我们就要寻找那种每当 E 不出现时它不出现的属性。上面的例子可以说明的是：可能条件属性 D，即叶酸，是每当所求条件属性不出现时也不出现的唯一可能条件属性。这样一来，按照逆向契合法，如果可能条件属性之一是 E 的充分条件，那么 D 就是那个充分条件。

逆向契合法是这样推论的：我们根据充分条件的定义知道，E 的充分条件是这样的：当 E 不出现时，它就不出现。表 9-2 的场合 1 表明，A 不可能是 E 的充分条件，因为当 E 不出现时，它却出现了；场合 2 表明，B 不可能是 E 的充分条件，原因是同样的；在场合 3 中 C 同样不是 E 的充分条件，而且又一次证明 A 不是 E 的充分条件。因此，D 是剩下的作为 E 的充分条件的唯一属性。逆向契合法像直接契合法那样，也是通过逐个排除候选者而推论的。

表 9-2　　　　　　　　　　逆向契合法

场合	可能条件属性				所求条件属性
	A	B	C	D	E
场合 1	P	A	A	A	A
场合 2	A	P	A	A	A
场合 3	P	A	P	A	A

逆向契合法可以看作是把直接契合法应用于否定属性。这一点可以通过这样的原则来说明：如果¬A 是¬E 的必要条件，那么 A 是 E 的充分条件。表 9-3 具体说明这种方法。伴随着¬E 的出现而出现的¬E 的唯一可能必要条件是¬D。

表 9-3　　　　　　　　　　逆向契合法分析

场合	E 的可能充分条件				E 的可能必要条件					
	A	B	C	D	¬A	¬B	¬C	¬D	E	¬E
场合 1	A	A	A	A	P	P	P	P	A	P
场合 2	A	P	P	A	P	A	A	P	A	P
场合 3	P	A	P	A	A	P	A	P	A	P

请注意，换一个说法就是：伴随 E 不出现而不出现的 E 的唯一可能充分条件是 D。这样一来，根据直接契合法，如果¬E 的一个可能必要条件实际上是¬E 的必要条件，那么¬D 就是那个必要条件。但是，根据关于¬E 的否定必要条件与 E

的肯定充分条件相互关系的原则，这就等于是说，如果一个可能充分条件实际上是 E 的充分条件，那么 D 就是那个所要求出的充分条件。这样一来，我们又回到了逆向契合法的表述方式。

这时，把直接契合法与逆向契合法加以比较就有用了。直接契合法是找出必要条件的方法。为了找出 E 的必要条件，我们就得找这样的属性，那就是每当 E 出现它也出现的属性。直接契合法依赖于以下排除原则：当 E 不出现时它就不出现的属性不可能是 E 的必要条件。逆向契合法是找出充分条件的方法。为了找出 E 的充分条件，我们就要寻找每当 E 不出现它也不出现的属性。逆向契合法依赖于以下排除原则：当 E 不出现时出现的那个属性不可能是 E 的充分条件。

同样由于两个理由，直接契合法只能得到或然性结论。第一，我们不能担保所有的重要成分或因素都纳入了可能条件属性之列，也许有的可能原因被忽视了。第二，也许被研究现象是由两个或多个因素共同作用的结果。在这个例子中，也许早产不是因为缺乏叶酸，有的妇女血清中的叶酸含量不低但却早产了；早产或许是通过多种因素共同导致。这些因素此前一直是忽视的。同样，论证的确证强度取决于这两种可能性的大小。应用逆向契合法进行的因果推理也是或然性的归纳推理。

（三）差异法

我们看看下面的例子：多项研究显示了脱发与心脏病之间的直接关联，但最令人信服的支持头发和心脏病之间关系的证据，是新近的一项来自对 35 个新英格兰医院里的男病人的研究。该研究持续两年（见《美国医学协会杂志》，1993 年 2 月 24 日）。护士从 665 个被确认有心脏病的男人和 772 个被确认没有心脏病的男人那里，收集了不同的信息类型，包括头发分布模式等，患心脏病的男人比用来做对照的（没有心脏病的）人群更有可能脱发。对两组人群之间年龄差别进行调整后发现，脱发的人得心脏病的危险多 40 个百分点。脱发越严重，危险越大——患有心脏病的人之中极度脱发，是没有得心脏病的人的三倍。

但是没有理由相信脱发造成心脏病。因而，治疗脱发不可能是防止心脏病的有效方法。这种联系被进一步的研究所解释之前，脱发的人应谨慎地努力控制易得心脏病的其他因素，如吸烟、糖尿病和肥胖。

这个受控实验中采用的方法就是差异法。从条件逻辑的角度看，什么是差异法呢？直接契合法是找出给定属性的必要条件的方法。逆向契合法是要找出给定属性的充分条件的方法。然而，假定我们的探究目标有更多的限定，假定我们想去判明所求条件属性在特定场合中出现的某个特定属性是它的充分条件，我们就要使用差异法。换言之，差异法是在特定场合确证一个属性与其充分条件之间因果联系的方法。

为了说明问题，假定在一个旅馆的房间里发现一具女尸，身上没有被强暴的迹象。要想确定死因，我们就要寻找死亡的充分条件。但是我们并不是寻找死亡的任何充分条件。例如，被汽车碾过是死亡的充分条件，但事实上它与我们的探究不相干，因为这个人并没有被汽车碾过。在这个特定场合，并不存在"被汽车碾过"这一条件属性。我们所要寻找的是死亡的这样一种充分条件，即在死亡出现的这种特定场合也出现的属性中的充分条件。而差异法就可以用来研究这类情形。在判明必要条件时不会出现类似问题。从必要条件的定义可以得知，一个给定属性的所有必要条件在该属性出现时必出现。如果丧失意识是死亡的必要条件，那么死亡的每一个场合都将有丧失意识的情况出现。"什么属性是E的必要条件"和"在E的这个特定场合出现的哪个属性是E的必要条件"这两个问题的答案是完全相同的。与此相反，当一个特定属性出现时，它的某些充分条件可以不出现。有些人死去了，但是没被汽车碾过，也没乘坠毁的那架飞机。"在E的这个特定场合出现的哪个属性是E的充分条件"的问题，比起"哪一个属性是E的充分条件"的问题，一般说来，前者要回答它的问题要比后者回答问题时所列出的一览表短一些。

在脱发与心脏病的案例中，以A，B，C，D表示与心脏病有关的不同因素（秃头、吸烟、糖尿病和肥胖等），E表示所求条件属性，场合°表示我们关注的特定场合。这个例子可以分析如表9-4所示。

表9-4　　　　　　　　　　差异法

场合	可能条件属性				所求条件属性
	A	B	C	D	E
场合°	P	A	P	P	P
场合1	P	A	A	A	A
场合2	A	A	A	P	A

在这里，排除原则与用在逆向契合法中的原则是相同的：当E不出现时出现的属性不可能是E的充分条件。现在，我们来看看当E不出现时的一些场合。上述案例表明了上述研究结果。在这个例子中，场合1和场合2排除了A和D作为E的充分条件的可能。在场合°出现的可能条件属性之中，唯有C留下来了。这样一来，如果在场合°出现的一个可能条件属性是E的一个充分条件，那么C就是那个充分条件。

请注意，B也可以作为E的充分条件，但是并不是我们感兴趣的充分条件，因为我们找的是在场合°中出现的一个充分条件。场合1和场合2排除候选者的方式与逆向契合法的排除方式是完全一样的。然而，在逆向契合法中，是以作为候选者的所求可能条件属性开始考察的，在差异法中，是以所求条件属性出现的一个特定场合中出现的可能条件属性开始考察的（我们将总是把确定候选者的场合叫作"场合"，并把它编排在排除某些候选者的场合的编号之前。）尽管差异法和逆向契合法都意在确证充分条件，但是差异法得出的结论更少一般性。在差异法中，我们感兴趣的是被研究现象出现的特定场合；相反，在逆向契合法中，我们对所有列举的场合都同样关注。

尽管差异法适用于受控实验，其可靠性比契合法大，但是，在科学实验中，要设计在各个方面完全相同的两个场合几乎是不可能的。另外，哪些差异重大，哪些无关紧要，其区别并不明显。例如，我们没有确凿的理由相信脱发造成心脏病。从而，我们也不能指望治疗脱发是防止心脏病的有效方法。所以，应用差异法进行的因果推理同样是或然性的归纳推理。

（四）双重契合法

有时，一个属性既是另一个属性的必要条件又是充分条件。医学权威认为，心脏骤停超过几分钟既是死亡的必要条件也是充分条件。在初等物理学中，力的作用既是物体速度改变的必要条件，也是充分条件。既然有一种发现必要条件的方法（直接契合法）还有两种发现充分条件的方法（逆向契合法和差异法），那么可以把这些方法组合起来以便找到既必要又充分的条件。

双重契合法是结合使用直接契合法和逆向契合法，确证一个属性与其充分必要条件之间关系的方法。先看以下案例：

加勒比海一个小岛上的4个土著居民患了一种罕见的传染病而濒临死亡边缘。一批志愿者得知消息后，带着一种据称可以治愈该病的疫苗上了该岛。到达后他们发现，有些土著居民使用过当地的各种不同草药的"治疗"，于是他们只对患病的一半人使用疫苗。不久，接种疫苗的病人得以康复，没有接种疫苗的另一半病人没有康复。在康复的人中，没有一种草药用于每一个病人，在没有康复的人中，每一种草药至少用于一人。于是志愿者得出结论，疫苗治好了那种传染病。[①]

若以A、B和D表示使用过各种草药，以¬A、¬B和¬D表示没有使用过各种草药，C表示使用疫苗，¬C表示没有使用疫苗，上述案例可以列表分析如下：

在"双重契合法"中，场合1排除B、D、¬A和¬C，而场合2按直接契合法排除A、¬B、¬C、¬D作为E的必要条件的可能性，因为当E出现时，它们

[①] 吴宏志，刘春杰. 批判性思维 [M]. 西安：陕西人民出版社，2005：162.

不出现。这时我们根据直接契合法通过观察场合 1 和场合 2 得出结论，如果有一个可能条件属性是 E 的必要条件，那么 C 就是那个必要条件，如表 9-5 所示。

表 9-5　　　　　　　　　　　双重契合法

场合	可能条件属性								所求条件属性
	简单属性				复杂属性				
	A	B	C	D	¬A	¬B	¬C	¬D	E
场合 1	P	A	P	A	A	P	A	P	P
场合 2	A	P	P	P	P	A	A	A	P
场合 3	P	A	P	A	P	A	P	A	A
场合 4	P	A	A	A	A	P	P	P	A

按照逆向契合法，场合 3 排除 B、D、¬A、¬C，而场合 4 排除 A、¬B、¬C 和 ¬D 作为 E 的充分条件的可能性，因为当 E 不出现时它们出现了。这样一来，就只剩下 C。我们借助逆向契合法，通过考察场合 3 和场合 4 而得出结论：如果可能条件属性之一是 E 的充分条件，那么 C 是那个充分条件。这些结果组合起来可以导出这样的结论：如果可能条件属性之一既是 E 的必要条件，又是其充分条件，那么 C 就是那个属性。然而还可以得出更强的结论：如果可能条件属性之一是 E 的必要条件，可能条件属性之一是 E 的充分条件，则有一个而且是同一个可能条件属性既是 E 的必要条件，又是其充分条件，这个属性就是 C。

双重契合法只能得到或然性结论，原因有以下两点：第一，某些相关的因素也许被忽视。例如，也许该岛居民的免疫力本来就高，这种病像感冒一样，不治疗也会康复。第二，在这个例子中，也许是多种因素的组合治好了这种病。因此，应用双重契合法进行的因果推理是或然性的归纳推理。

（五）契合差异并用法

与双重契合法不同，契合差异并用法是这样一种方法：用差异法确认在一个特定场合出现的一个充分条件，用直接契合法确认一个必要条件，两者的合并使用就可以确认在一个特定场合出现的一个充分必要条件。

考察以下案例：一位坚持锻炼身体的离休老干部黄某，坚持天天服用复合维生素，生活有规律，但是还是患了胆囊炎。服用某品牌利胆片以后，症状消失了。这使医生初步断定，胆囊炎是由服用某品牌利胆片或者坚持天天服用复合维生素或者生活有规律治愈的。进一步，医生研究了另外两个患胆囊炎的老干部：一个从不锻炼，也不服用复合维生素，生活没有规律，给他服用同品牌利胆片，胆囊炎治好了；另一个老干部情况与黄某相同，但没有服用利胆片，胆囊炎也没治好。医生得出结论，黄某的胆囊炎是某品牌利胆片治好的。

若以 A、B、C 和 D 分别表示锻炼、复合维生素、某品牌利胆片和生活有规律，场合°表示黄某，场合 1 和场合 2 表示类似的两个老干部，上述案例可以分析如下：第一步是把差异法应用于上述案例。场合°把在该场合出现的那些属性即 A、C、¬B 和¬D 作为 E 的充分条件的候选者。但是场合 1 表明，A、¬B、¬D 都不可能是 E 的充分条件，因为当 E 不出现时它们都出现，如表 9-6 所示。

表 9-6　　　　　　　　　　契合差异并用法

场合	可能条件属性								所求条件属性
	简单属性				复杂属性				
	A	B	C	D	¬A	¬B	¬C	¬D	E
场合°	P	A	P	A	A	P	A	P	P
场合 1	P	A	A	A	A	P	P	P	A
场合 2	A	P	P	P	A	A	A	P	P

这样一来，留下来的只有 C。我们就可以通过考察场合°和场合 1 而得出结论，如果出现在场合°的可能条件属性之一是 E 的充分条件，那么 C 就是那个充分条件。

现在，我们把直接契合法应用于上述案例。按照直接契合法，再次借助场合°，可以排除 B、D、¬A 和¬C 作为 E 的必要条件的可能性。场合 2 进一步排除 A、¬B 和¬D 作为 E 的必要条件的可能性，因为在 E 出现的一个场合它们也不出现。这就只剩下 C。通过考察场合°和场合 2，借助直接契合法我们可以得出结论说，如果可能条件属性之一是 E 的必要条件，那么 C 就是那个必要条件。把差异法和直接契合法的结果组合起来，可以得到结论：如果出现在场合°中的可能条件属性之一是 E 的充分条件，而且如果可能条件属性之一是 E 的必要条件，那么在场合°中出现的一个并且同一个可能条件属性既是 E 的必要条件又是其充分条件，而这个属性就是 C。

我们可以推广并用法以包容其他复杂属性（如简单属性的析取和合取，简单属性的否定），但是穆勒五法的那些更复杂形式的讨论属于更高深的专著。然而要记住的是，就穆勒五法所讨论的一切问题，以及更复杂形式所讨论的一切问题，都依赖于两个简单的排除原则：

（1）E 的必要条件不能在 E 出现时不出现。
（2）E 的充分条件不能在 E 不出现时出现。

记住这两个原则比记住穆勒五法本身更重要，当纷繁复杂的数据资料需要分析时，我们心里总是应该记住这些方法和原则。

不难看出，经过条件化处理的穆勒五法已经不再是传统归纳逻辑意义上的方法，它已经具有了一定的逻辑基础，可以看作一种因果条件句逻辑的前理论形式。由于与原有的穆勒五法在形式上和内容上都有所不同，我们称之为"新穆勒五法"。下一节讨论的因果条件句逻辑是对它的进一步发展。

第二节　因果陈述句逻辑系统

通常认为，"可能世界"的概念由莱布尼兹（Leibniz）首创。在他看来，可能世界是上帝头脑中的想法，他认为，我们这个神造的现实世界一定是所有可能世界中最好的。在现代意义上使用这个概念的哲学家是克里普克（Kripke）。在克里普克那里，可能世界被用来为关于可能性和必然性的命题提供语义。例如：

可能命题是"在至少一个可能世界中为真"的命题。

必然命题是"在所有可能世界中为真"的命题。

从 20 世纪 60 年代至今，"可能世界"被推广和发展。大卫·刘易斯（David Lewis）和罗伯特·斯塔尔纳克（Robert Stalnaker）所做的反事实条件句分析，依据的就是"邻近的可能世界"。"因果可能世界"是美国哲学家勃克斯（Burks）首创的概念。按照因果可能世界理论，同样可以得出以下定义：

因果可能命题是"在至少一个因果可能世界中为真"的命题。

因果必然命题是"在所有因果可能世界中为真"的命题。

实际上，因果陈述句逻辑的语义学就是因果可能世界理论。这一理论一经提出，就面临着种种挑战和质疑。所以，在讨论这种逻辑之前，我们首先必须回答一些有关的问题。例如，因果必然性的性质是什么？因果必然性在逻辑上如何刻画？什么是因果可能世界？本部分将在模态逻辑和可能世界理论的基础上讨论因果陈述句逻辑的自然语言系统，进一步把因果陈述句逻辑看作是一个形式语言，从而讨论这种形式语言的基本的性质。

冯·赖特认为，从亚里士多德到现代，模态逻辑都只是一元模态逻辑，即只是把模态词当作一元谓词或命题的性质来处理；而条件模态逻辑不同，它是二元的模态逻辑，即把模态词当作二元谓词或命题的关系来处理。因此，古典系统的规律运用到条件化系统中就必须改变自己的形式，这是古典模态逻辑与条件模态逻辑的区别。

另外，他看到，古典模态逻辑与条件化模态逻辑又是一致的。其表现是，古典系统中的规律都可以通过"变形"而成为条件模态逻辑系统中的规律；而并非条件模态逻辑系统中的所有规律都可化为古典模态逻辑系统的规律。因此，条件模态逻辑系统比古典模态逻辑系统更丰富，后者是前者的真子系统。

可见，冯·赖特的新系统的确丰富和发展了古典模态逻辑理论。其主要贡献是以二元的模态词代替了一元模态词，从而大大扩充了古典模态逻辑的内容和应用范围。然而，对因果陈述句逻辑来说，这一系统又是不能使人满意的。因为这一系统是以表达实质蕴涵系统的表达式为其基本单位的。可是我们已经看到，真值函项逻辑中的实质蕴涵不适合表述因果陈述。因此，即使这一新系统再丰富、再漂亮，对因果陈述句逻辑的发展来说，意义也是不大的。以下我们介绍因果陈述句逻辑的缘起。

一、理论缘起

20世纪50～60年代，逻辑学家们对条件句的研究已经取得了较大的进展，并逐步揭示出一般条件句、反事实条件句的逻辑特性。在这种形势下，逻辑学家们不再满足于仅仅分析语句或陈述，开始着眼于语句或陈述之间的联系，进而把它们组织成一个个有着内在联系的系统，沿着布罗德开辟的道路，冯·赖特在1953年建立了条件化模态逻辑的公理系统。在齐硕姆（R. M. Chisholm）等研究成果的基础上，刘易斯在1973年建立了反事实条件句的系统。1954年，赖欣巴哈建立了所谓"法则学陈述和可容许演算"。勃克斯（Burks）在1951年建立了一个因果命题逻辑的公理系统。在1977年又建立了一个更为完善的因果陈述句逻辑公理系统。至此，因果陈述句逻辑的发展进入了一个新的阶段——公理化、系统化的阶段。

如果说因果陈述句逻辑发展到第三阶段是理论自身发展的必然结果的话，那么可以说，自然科学和哲学的发展对其发展起着推波助澜的作用。20世纪20年代以来，围绕着量子力学理论体系的物理解释问题，以玻尔为代表的哥本哈根党派与爱因斯坦等人展开了长达10多年的争论。争论的实质是物理学中是否应当坚持因果决定论，玻尔认为在微观世界中决定论观点是不成立的，在这里起支配作用的是"非决定论"，确切地说是"统计决定论"；但是爱因斯坦却坚持严格的因果性，认为放弃因果性是难以容忍的。这一争论由对物理学的看法发展到对哲学问题的看法。尽管这一争论至今仍未结束，但是比较一致的意见是，决定论和统计决定论是相辅相成的两个侧面。对于特定的问题来说，如果可以忽略次要因素，把复杂的多因果事物简化为简单的单因果事物，简化成"虽然多因，但却有限"的多因果事物，统计决定论就可以转化为因果决定论。宏观和宇观的力学运动就属于这种情况。相反，对于特定的课题，如果需要考虑深一层次的原因，需要把简单的因果关系化繁为无限多因果关系的话，因果决定论就让位于统计决定论。既然二者在一定条件下可以相互转化，那么它们在本质上就是同一种必然性的不同表现形式。既然在自然科学中不能否认因果必然性，那么作为自然科学逻辑抽象的逻辑意义上的因果必然性的存在就是不言而喻的了。可见，自然科学的发展和自然观的进步为因果陈述句逻辑的公理化奠定了客观基础。

因果陈述句逻辑（即因果模态逻辑）公理化的实现是以现代模态逻辑的日趋成熟为前提的。现代模态逻辑的发展和完善使因果模态逻辑有了可供利用的技术手段，我们知道，现代模态逻辑是刘易斯和兰福德（C. H. Langford）在20世纪20年代创立的。从那时到20世纪40年代中期，逻辑学家们纷纷致力于创造种种命题模态逻辑系统。1946年，巴坎（R. C. Barcan）发表了《基于严格蕴涵的一阶函项演算》一文；卡尔纳普发表了《模态词与量词》一文。从这时开始到20世纪50年代末，逻辑学家们构造了谓词模态逻辑和带等词的模态逻辑，建立了广义模态逻辑。从1959年克里普克发表《模态逻辑的完全性定理》开始到现在，逻辑学家们着重探讨不同模态系统的内在联系和统一，建立模态语义学理论。这一时期所提出的一个重要学说是坎格（S. Kanger）、辛迪卡（J. Hintikka）和克里普克的可能世界理论。1959年克里普克为证明模态逻辑系统S5的完全性定理，引入了可能世界的概念。可能世界理论的提出，不仅为模态逻辑的抽象解释，而且为因果陈述句逻辑的抽象解释提供了有力的工具。实际上勃克斯就是依据可能世界理论来对因果陈述句逻辑做抽象解释的。

此外，新西兰逻辑学家普赖尔（A. E. Prior）1957年在《时间与模态性》一书中提出一种新颖的观点。他认为，必然和可能都可以分成不同的强弱层次。例如，他用L表示强必然性，用M表示弱必然性，用m表示强可能性，用l表示弱可能性。这种细致的划分符合人类认识的多层次性。我们将会看到，勃克斯将必然性分为逻辑必然性和因果必然性这两个强弱不同的层次很可能是受到普赖尔的影响。总之，现代模态逻辑的充分发展，为公理化因果陈述句逻辑的产生提供了必要的理论前提和现实的可能性。

以下主要对勃克斯的因果陈述句逻辑系统做简明的阐述。

二、因果陈述句逻辑公理系统

条件化模态逻辑是布罗德和冯·赖特理论发展的结果。它的最大特点是把模态演算建立在演绎的条件逻辑的基础上，它用条件蕴涵术语定义可能、必然等模态算子，并在此基础上研究条件模态算子之间的关系，这就使之成为与古典模态逻辑既有联系又有区别的新的模态逻辑系统。

因果陈述句逻辑的公理系统继承了经典逻辑的基本内核，它由非模态性的一阶谓词理论（或不带等词的一阶函项演算）加上关于逻辑模态词（"可能""必然"）与因果模态词（"因果可能""因果必然"）的演算而构成。

我们先来看一个因果陈述句的例子。

（A）如果一枚戒指（r）是金的（G），把它投到王水（A）中，那么它将会溶解（D）。

显然（A）是一个关于化学事实的一个真的因果陈述语句，因此它是关于经验的一个真的陈述。我们可以运用逻辑蕴涵将它形式化为："$Gr \wedge Ar \rightarrow Dr$"。其中 r 表示"这枚戒指"；Gr 表示"该戒指是金的"；Ar 表示"把它投到王水中"，Dr 表示"它将会溶解"，逻辑联结词 $\wedge$ 表示合取"并且"；逻辑联结词 $\rightarrow$ 表示逻辑蕴涵（或严格蕴涵）。

如果我们采用 $\Box$ 表示必然算子，用联结词 $\supset$ 表示实质蕴涵，那么上式可以等价于"$\Box(Gr \wedge Ar \supset Dr)$"。原因是"$Gr \wedge Ar \supset Dr$"不是逻辑永真式，故"$Gr \wedge Ar \rightarrow Dr$"是假的，因此它不是对真陈述句（A）的一个好的形式化。如果我们考虑用概率的方法把语句（A）形式地表述为："$P(Dr, Gr \wedge Ar) = x$"，其中 x 的值是"非常高的"或者其值为 1。由于原子归纳概率陈述不是非真即假的，但事实上陈述（A）却是经验上为真的，因此"$P(Dr, Gr \wedge Ar)$ 的概率是非常高的"也不是对语句（A）的恰当形式化。

因此需要引入一个新的形式语言系统，即因果陈述句逻辑系统来对上述语句（A）进行形式化，其中前提 $Gr \wedge Ar$ 是结论 Dr 的原因。

"因果陈述句逻辑"这一概念是勃克斯首先提出来的。有人则称之为"因果模态逻辑"，原因在于它带有明显的模态逻辑特征，它的语义学只是"可能世界语义学"的推广。顾名思义，因果模态逻辑是因果条件句的研究与模态逻辑这两个因素的结合。

我们先来分析作为因果陈述句逻辑起源的其中一个方面：因果条件句。因果条件句研究主要是指对所谓"反事实条件句"（即虚拟的因果条件句）进行的逻辑分析。其中心问题在于如何把日常的反事实条件句"转译"为逻辑中的形式表达式。反事实条件句是人类实际推理中必不可少的一个成分，"转译"一词只是借用语言学的一种比喻说法，这里指的是如何用形式语言去恰当刻画"反事实条件句"中的实际推理原型。

我们知道罗素的蕴涵词（实质蕴涵）不能恰当地表达日常语言中的"如果，那么"，尤其不能恰当地刻画直观上有效的"反事实条件句"，那么逻辑学家们也就面临着要求改造经典逻辑的压力,而且不得不采用相应的对策。事实上,从 20 世纪 40 年代开始,齐硕姆、古德曼、卡尔纳普和赖欣巴哈等都讨论了上述问题。按照卡尔纳普的观点,反事实条件句是这样的断定:如果某个事件不发生,则另外某个事件就随之而来。这就是说,在反事实条件句中,前件是假的,但前件与后件之间却有真实联系,即已知的一个空类与另一个类之间有真实联系。

为了便于理解,我们举个大家熟悉的例子。大家知道,1991 年 5 月 21 日拉吉夫·甘地在竞选印度总理时不幸遇刺身亡,刺客给他献的是带烈性定时炸弹的花。这个事例中相应的反事实条件句是:"如果拉·甘地未参加竞选的话,他就不会遇害。"它的意思是说,虽然拉·甘地实际上参加了竞选(直陈句"拉·甘地未参加竞选"为假),但是人们想断定,"如果拉·甘地真的未参加竞选",那么"他就不会遇害"这句话为真,而"他将会遇害"则为假。但是在这类陈述中,用罗素的真值函项联接词"⊃"(实质蕴涵)去代换"如果,那么",能不能正确表达上述断定呢?显然不能。经典数理逻辑的蕴涵词"⊃"允许人们从非 P 导出 P 蕴涵 q,又允许人们从非 P 导出 P 蕴涵非 q。如果拉·甘地事实上参加了竞选,那么下列两个陈述都是真的:(1)(拉·甘地未参加竞选)⊃(拉·甘地不会遇害)。(2)(拉·甘地未参加竞选)⊃(拉·甘地会遇害)。从实质蕴涵的特性讲,当假⊃假时和假⊃真时,蕴涵式都为真(因为唯有真⊃假时蕴涵式才会假)。显然,这两个用实质蕴涵式表达的真陈述,与实际推理中所用的反事实条件句截然不同。相应的反事实条件句并非都真,它们是逻辑上的反对关系。(3)"如果拉·甘地未参加竞选的话,他就不会遇害"为真。(4)"如果拉·甘地未参加竞选的话,他就会遇害"为假。

通常人们都认为,蕴涵是对实际推理中"条件命题前后件关系"的刻画或反映,不同的蕴涵词所刻画的是条件命题前后件关系的不同侧面。其中实质蕴涵就是条件命题前后件之间的真假关系的逻辑抽象。问题在于,实质蕴涵这种逻辑抽象在新的事实面前已经不起作用了。用实质蕴涵式来"转译"反事实条件句,不能保持其真值。而每当形式表达式不能保持非形式原型的真值,它就不再是恰当的。鉴于此,有的逻辑学家主张另起炉灶,建议采用一种新型的蕴涵式,用以恰当地刻画因果条件句。这就预示着一种新的归纳逻辑系统的产生。①

勃克斯正是在对实际推理做细致的调查研究的基础上,在考虑如何对虚拟条件句和因果模态陈述句作恰当的形式刻画过程中,提炼出"因果蕴涵""因果必然""因果可能"以及"因果可能世界"等新概念,并建立起自己的因果陈述句逻辑的。1951 年他在《心灵》(*Mind*)杂志上发表了《因果命题逻辑》的论文;

---

① 桂起权,任晓明,朱志方. 机遇与冒险的逻辑[M]. 北京:石油大学出版社,1995:54 - 55.

1977 年他又出版了篇幅较大的专著《机遇、原因、推理》,进一步完善了因果陈述句逻辑的公理系统。他引申并深化了刘易斯关于严格蕴涵和模态逻辑的思想,将其应用到因果性模态问题之中①。大家知道,刘易斯(更早是麦柯尔)的"严格蕴涵"(→)用必然算子(□)强化了实质蕴涵,在一定程度上克服了它不反映前后件之间的必然联系的缺陷。下面我们具体阐述这种公理系统的形式结构。②

1. 形式系统

因果陈述句逻辑的形式系统包括语法、定义、公理和定理。

2. 语法

因果陈述句逻辑的初始符号可以根据其解释从一个语境到另一个语境是确定的还是变化的而被分成两类:常元和变元。逻辑常元包括真值函项并非"¬"、析取"∨"、左右括号"("")"、全称量词符号"∀"、标点符号",",、模态符号逻辑必然算子"□"和因果必然算子"$□^C$"。

并且包括以下三类有穷多的逻辑变元符号:

(1) 陈述变元:A,B,P,Q,A_1,B_1,等等;

(2) 个体变元:a,b,x,y,x_1,x_2,等等;

(3) 谓词变元:A,B,C,A_1,A_2,等等。

变元 A、变元 B 究竟是陈述变元还是谓词变元,可由上下文确定,不会发生混淆。在定义式中,我们规定用大写希腊字母表示公式,用小写希腊字母表示个体词与谓词。其他的逻辑符号、联结词及模态算子等可以按如下方式定义:

3. 定义

$\Phi \wedge \Psi =_{df} \neg(\neg\Phi \vee \neg\Psi)$

$(\exists \alpha)\Phi =_{df} \neg(\forall \alpha)\neg\Phi$

$\Diamond \Phi =_{df} \neg\Box\neg\Phi$ （逻辑可能性）

$\Diamond^C \Phi =_{df} \neg\Box^C\neg\Phi$ （因果可能性）

$\Phi \supset \Psi =_{df} \neg\Phi \vee \Psi$ （实质蕴涵）

$\Phi \rightarrow \Psi =_{df} \Box(\Phi \supset \Psi)$ （逻辑蕴涵）

$\Phi \xrightarrow{\ c\ } \Psi =_{df} \Box^C(\Phi \supset \Psi)$ （因果蕴涵）

$\Phi \equiv \Psi =_{df} (\Phi \supset \Psi) \wedge (\Psi \supset \Phi)$ （实质等值）

$\Phi \rightarrow \Psi =_{df} \Box(\Phi \equiv \Psi)$ （逻辑等值）

$\Phi \xrightarrow{\ c\ } \Psi =_{df} \Box^C(\Phi \equiv \Psi)$ （因果等值）

$\Phi \neq \Psi =_{df} \neg(\Phi \equiv \Psi)$

---

① 桂起权,任晓明,朱志方. 机遇与冒险的逻辑 [M]. 北京:石油大学出版社,1995:57.

② Arthur W. Burks. Chance, Cause, Reason [M]. Chicago:University of Chicago Press, 1977:363 – 382.

公理 9.1（三类公理模式）：

公理类可以通过递归定义得到。正如在递归定义的初始步骤中，我们定义了三类公理：（Ⅰ）真值函项公理；（Ⅱ）量化公理；（Ⅲ）模态公理。而递归定义的一般的步骤（Ⅳ）则可以通过增加前缀全称量词和逻辑必然算子的方法来生成更多的公理。

（Ⅰ）真值函项公理。

仅由"¬""∨"、陈述变元和括号所组成的任意公式是一个真值函项公式。一个真值函项公式的高度（height）可以通过递归定义给出：

［初始步骤］每一个陈述变元的高度是 0

［一般步骤］¬Φ 的高度比 Φ 的高度大 1

一个真值函项公式是重言式当且仅当对它的所有的变元的每一种真值指派下，它都是真的。

真值函项公理可以通过规则定义如下：

公理 9.2： 每一个重言式及其每一个代入实例都是公理。

（Ⅱ）量化公理（由下列规则给出）。

由于真值函项公理可能会包含量词和模态词，这些量词和模态词的逻辑性质显然和单纯的真值函项公理是没有关系的。我们接着描述一些量词的基本性质。

这些公理是根据个体变元的自由出现和约束出现来进行形式化的，其中约束是指量词限制了变元的出现。这些项可以通过递归定义来实现：

［初始步骤］在 $\theta \alpha_1 \alpha_2, \cdots, \alpha_N$ 中，$\alpha_1, \alpha_2, \cdots, \alpha_N$ 都是自由的。（其中 θ 是谓词变元）

［一般步骤］公式 $\neg \Phi, (\Psi \vee \Phi), (\forall \alpha) \Phi, \Box \Phi, \Box^c \Phi$ 中，除了 $(\forall a) \Phi$ 中出现的每一个 α 是约束的外，其余的公式中出现的任意一个变元的自由状态都没有发生变化。

"自由"和"约束"的概念也被应用于谓词和陈述变元，但是正如前面所提到的这些受量词约束的变元并没有出现在我们的公式系统中，下面的规则就定义了三个量化公理的模式，为了便于将来的推理，我们给每一个公理都指定了一个名称。

规则 9.1：（不相干量词消去规则）如果 α 在 Φ 中不自由出现，那么 $\Phi \equiv (\forall \alpha) \Phi$ 是公理。

规则 9.2：（量词分配规则）$(\forall \alpha)(\Phi \supset \Psi) \supset [(\forall \alpha) \Phi \supset (\forall \alpha) \Psi]$

规则 9.3：（全称例示规则）令 Ψ 是以个体变元 β 代入 Φ 中的 α 的所有自由出现的结果，如果 Ψ 恰好有 Φ 那样多的自由个体变元出现，则 $(\forall \alpha) \Phi \supset \Psi$ 是公理。

（Ⅲ）模态公理。

因果陈述句逻辑是从非模态系，即（不带等词的）一阶量化理论，通过增加模态符号"□""$□^C$"以及这些符号的推演规则构造产生的形式系统。我们接着就给出一些带有模态算子的公理，这些公理就是模态公理。

公理 9.3：$□Φ⊃□^CΦ$　　　　　　　（模态排序关系）（modal ordering）

公理 9.4：$□^CΦ⊃Φ$

以上是两个模态强弱次序的排序公理。公理 9.3 表示逻辑必然性强于因果必然性；公理 9.4 表示因果必然性强于实然性。

定理 9.1：$□(Φ⊃Ψ)⊃(□Φ⊃□Ψ)$　　（一般模态算子的分配）

定理 9.2：$□^C(Φ⊃Ψ)⊃(□^CΦ⊃□^CΨ)$（因果模态算子的分配）

以上两个分配律，分别表示蕴涵式前的"逻辑必然"或"因果必然"算子可以分配到相应的前件、后件中去。

定理 9.3：$(∀α)□Φ≡□(∀α)Φ$　　　（一般模态算子与量词的交换）

定理 9.4：$(∀α)□^CΦ≡□^C(∀α)Φ$　（因果模态算子与量词的交换）

（Ⅳ）公理的生成。

因果陈述句逻辑的公理类是通过递归定义而获得的。公理 9.1 的模式（Ⅰ）~（Ⅲ）中的规则给出了生成公理的初始步骤，而下列规则给出了公理生成的一般步骤。

规则 9.4：若 Φ 是公理，则 $(∀α)Φ$ 也是公理；若 Φ 是没有 □ 和 $□^C$ 出现的公理，则 $□Φ$ 也是公理。

例如，因为 $Px∨¬Px$ 是公理，那么"$(∀x)(Px∨¬Px)$"也是公理，而且"$□(Px∨¬Px)$"也是公理。另外，根据全称例示规则，"$(∀x)Ax⊃Ay$"也是一个公理，"$□((∀x)Ax⊃Ay)$"和"$(∀y)□(∀(x)Ax⊃Ay)$"根据公理的生成规则也是一个公理。

4. 证明和定理

在因果陈述句逻辑的公理系统中只有一个初始推理规则。这就是（这与经典数理逻辑的推理规则相同）：

定理 9.5：若 $(Φ_1, Φ_2, …, Φ_n)⊃Ψ$ 是公理，则 Ψ 可以从 $Φ_1, Φ_2, …, Φ_n$ 推出（即 Ψ 是直接的后承）

证明分两类，即直接证明和有前提的证明。所谓直接证明，就是这样一个有穷的公式序列，其中每一公式或者是公理，又或者是序列中在先公式的直接后承。直接证明的最后一个公式，就是定理（可以用 $⊢Ψ$ 表示）。所谓有前提的证明，是这样的一个有穷序列，其中每一公式，或者是前提，或者是公理，或者是在先公式的直接后承（用 $Φ_1, Φ_2, …, Φ_n⊢Ψ$ 表示）。看起来这些都是我们在经典数理逻辑中已经熟悉的一些说法的简单重复。然而，值得注意的是，现在我们要强调的是，别看它们只是经典的演绎方法，这套方法移用到关于因果性模态的归纳逻辑上仍然十分适用。下面我们就举一个有前提证明的例子。

① $\Box^c(\forall x)(GxAx \supset Dx)$　　　　　　　　　前提

② $(\forall x)\Box^c(\forall x)(GxAx \supset Dx) \equiv \Box^c(\forall x)(GxAx \supset Dx)$　　模态词量词交换公理

③ $(\forall x)\Box^c(\forall x)(GxAx \supset Dx)$　　　　　　①，②运用真值函项公理的直接后承

④ $\Box^c(GrAr \supset Dr)$　　　　　　　　　　　　全称例示规则

所以：$\Box^c(\forall x)(GxAx \supset Dx) \vdash \Box^c(GrAr \supset Dr)$

5. 重要的定理或元定理

（1）推理的导出规则（与经典数理逻辑基本相同）。

规则 9.5：若 $\Phi_1, \Phi_2, \cdots, \Phi_{n-1}, \Phi_n \vdash \Psi$，则 $\Phi_1, \Phi_2, \cdots, \Phi_{n-1} \vdash \Phi_n \supset \Psi$（演绎定理，或称作条件证明规则）。

规则 9.6：若 $\neg \Phi \vdash \Psi \wedge \neg \Psi$，则 $\vdash \Phi$（归谬证明规则）。

规则 9.7：若 $\Phi_1, \Phi_2, \cdots, \Phi_{n-1}, \Phi_n, \neg\Psi \vdash \Psi$，则 $\Phi_1, \Phi_2, \cdots, \Phi_{n-1}, \Phi_n \vdash \Psi$（归谬证明规则）。

（2）系统中的"概括规则"。

"概括规则"不止一个。除了与经典逻辑、一般模态逻辑相同的之外，较有新意的概括规则有：

规则 9.8：若 $\Phi_1, \Phi_2, \cdots, \Phi_{n-1}, \Phi_n \vdash \Psi$，则 $\Box\Phi_1, \Box\Phi_2, \cdots, \Box\Phi_{n-1}, \Box\Phi_n \vdash \Box\Psi$。

规则 9.9：若 $\Phi_1, \Phi_2, \cdots, \Phi_{n-1}, \Phi_n \vdash \Psi$，则 $\Box^c\Phi_1, \Box^c\Phi_2, \cdots, \Box^c\Phi_{n-1}, \Box^c\Phi_n \vdash \Box^c\Psi$。

规则 9.10　若 $\Phi_1, \Phi_2, \cdots, \Phi_{n-1}, \Phi_n \vdash \Psi$，则 $(\forall \alpha)\Phi_1, (\forall \alpha)\Phi_2, \cdots, (\forall \alpha)\Phi_{n-1}, (\forall \alpha)\Phi_n \vdash (\forall \alpha)\Psi$。

规则 9.11：若 $\Phi \vdash \Psi$，则 $\Diamond\Phi \vdash \Diamond\Psi$。

规则 9.12：若 $\Phi \vdash \Psi$，则 $\Diamond^c\Phi \vdash \Diamond^c\Psi$。

规则 9.13：若 $\Phi \vdash \Psi$，则 $(\exists \alpha)\Phi \vdash (\exists \alpha)\Psi$。

概括规则 9.12 和概括规则 9.13 引进了因果模态逻辑词（"因果必然"和"因果可能"）。

（3）元定理中附加的分配原理（用元语言表述的定理，称元定理更确切）。

定理 9.6：$\vdash (\Box^c\Phi \wedge \Box^c\Psi) \equiv \Box^c(\Phi \wedge \Psi)$。

定理 9.7：$\vdash (\Diamond^c\Phi \vee \Diamond^c\Psi) \equiv \Diamond^c(\Phi \vee \Psi)$。

定理 9.8：$\vdash (\Box^c\Phi \vee \Box^c\Psi) \supset \Box^c(\Phi \vee \Psi)$。

以上三个定理，使人容易联想起代数中的量词具有可以"抽调公因子"的性质，因果模态算子也有类似的性质。

定理9.9：$\vdash \Diamond^c(\Phi \land \Psi) \supset \Diamond^c \Phi$。

这些元定理的证明从略。

（4）元定理中附加的模态排序原理。

这组元定理是对勃克斯关于必然、可能分等级的哲学思想所作的更精细的形式刻画。

公理9.5：$\vdash \Box \Phi \supset \Phi$　　　　　　　　（模态排序公理）

定理9.10：$\vdash (\Phi \to \Psi) \supset (\Phi \xrightarrow{c} \Psi)$　　　（模态排序）

定理9.11：$\vdash (\Phi \xrightarrow{c} \Psi) \supset (\Phi \supset \Psi)$　　　（模态排序）

定理9.12：$\vdash (\Phi \to \Psi) \supset (\Phi \supset \Psi)$

定理9.13：$\vdash (\forall \alpha)(\Phi \to \Psi) \supset (\forall \alpha)(\Phi \xrightarrow{c} \Psi)$

定理9.14：$\vdash (\forall \alpha)(\Phi \xrightarrow{c} \Psi) \supset (\forall \alpha)(\Phi \supset \Psi)$

定理9.15：$\vdash (\forall \alpha)(\Phi \to \Psi) \supset (\forall \alpha)(\Phi \supset \Psi)$

定理9.10表明，"逻辑蕴涵"强于"因果蕴涵"，更强于一般蕴涵。定理9.13～定理9.15用了概括原则。

（5）关于存在概括的元定理。

定理9.16：令Ψ是以个体变元β代换Φ中的α的所有的自由出现的结果。如果Ψ恰好有Φ那样多自由变元出现，则$\vdash \Psi(\exists \alpha) \Phi$。

（6）一组能体现"因果蕴涵"重要特性的元定理。

定理9.17：$\vdash ((\forall \alpha)(\Phi \xrightarrow{c} \Psi) \land (\forall \alpha)(\Psi \xrightarrow{c} \theta)) \supset (\forall \alpha(\Phi \xrightarrow{c} \theta))$（传递律）

定理9.18：$\vdash (\forall \alpha)(\Phi \xrightarrow{c} \theta) \supset (\forall \alpha)(\Phi \land \Psi \xrightarrow{c} \theta)$（附加多余条件律）

定理9.19：$\vdash (\forall \alpha)(\Phi \land \Psi \xrightarrow{c} \theta) \equiv (\forall \alpha)(\Phi \land \neg \theta \xrightarrow{c} \neg \Psi)$（易位律）

定理9.20：$\vdash (\forall \alpha)(\Phi \land \Psi \xrightarrow{c} \theta) \equiv (\forall \alpha)(\Phi \xrightarrow{c} (\Psi \supset \theta))$（引出律）

总之，以上就是因果陈述句逻辑公理系统的形式结构的大致轮廓。它的主要特点在于：第一，它使得经典的一阶谓词逻辑成为它的一个特例（无模态词）；第二，因果陈述句逻辑作为符号公式、推理规则、证明与定理组成的形式语言系统已经有了关于公式、公理与定理证明的判定算法。

三、语义解释

我们在对形式结构做语义解释时，若把蕴涵怪论考虑进去，就会使问题不必要的复杂化。为了突出主题，我们只考虑理想化的抽象解释。它涉及两个理想化的系统之间的关系：形式语言（L）和一组模型（M）。也就是说，这是借助于在模型中运用规则为一个公式指派真值，从而使公式得到解释。形象地说，这就是"看图识字"的方法，"字"相当于语言，"图"相当于模型。如"房屋"这两个字是语言，图中画的思想的房屋就是模型。让"字"与"图"对上号就相当于指派的方法。通常的模态逻辑的句法所对应的语义解释往往都要借助于可能世界的语义学。现在勃克斯把这一思想巧妙地贯彻到因果性方面去，从而带给我们一个全新的可能世界理论。

为了便于解释，因果陈述句逻辑的整个模态模型用 M-L 表示。它包括模型的语言部分 L 以及表征现实的相应模型 M。其中，语言 L 包括描述 M 的符号：（1）个体常项——用以命名个体（有无穷多个）；（2）任一级的谓词常项、真值函项联结词——用以表示基本性质、关系；（3）量词；（4）模态算子 □（必然算子）、$□^c$（因果必然算子）等。模型 M 与因果必然性等模态算子相对应，是一种假想的个体域，它包括"现实世界"和一般模态逻辑所要求的一般的"（逻辑）可能世界"以及它的推广即"因果可能世界"。

整个模态模型的基本结构是一一对应的。语言 L 的非逻辑常项与假想个体域 M 中的基本个体是一一对应的；L 中的每一个体常项为 M 中的基本个体名称。每一个 N 级谓词恰好对应一个 N 级基本性质（若 N=1，性质为一元的，若 N>1，则为关系）。语言 L 包含带模态词的"世界描述"的网络结构。"世界描述"概念是从卡尔纳普的"状态描述"演变而来的，从而与"原子陈述"的"基本合取"的概念相关。"原子陈述"由一个谓词配一个专名所组成，意即最基本的、不可进一步分解的陈述；"基本合取"是由所有相关的原子陈述的合取所构成的特殊序列，对其中每一原子陈述或者取其肯定或者取其否定。于是，整个模态模型 M-L 的世界描述集，就可以由语言 L 中原子陈述基本合取的非空集构成。语言 L 的世界描述的网络结构就对应于假想个体域 M 中相应的世界网络结构。这就是说：（1）L 的每一"世界描述"，精确地刻画了一个逻辑可能世界；（2）作为（1）的推广，L 的每一个"因果可能世界描述"，精确地刻画了一个因果可能世界；（3）L 的"真实世界描述"，精确地刻画了"现实世界"。

在此基础上，就可能用模型 M 解释语言 L 中的公式、语法表达式（在"看图识字"中这是用"图"来解释"字"），这里涉及三条基本的解释（翻译）规则：

（1）量词的解释，即解释为包含模型中所有实例的真值函项等值式。如全称量词可解释为真值函项合取式，存在量词可解释为真值函项析取式。

（2）个体常项、谓词常项的解释，即通过与个体域 M 中已知世界有关的原子陈述的真值而得到解释。例如，一个原子陈述 $\Phi_{\alpha_1}, \Phi_{\alpha_2}, \cdots, \Phi_{\alpha_n}$ 在已知世界中为真，当且仅当，相对于个体序列 $\alpha_1, \alpha_2, \cdots, \alpha_n$ 确实具有相关的性质。

(3) 真值函项常元，通过真值表来进行解释。以上这些规则或者是一般数理逻辑中所熟悉的，或者是它的自然的推广。这样一来，就有：

(4) 既然假定模态算子不重叠，量词已经消去，那么 Φ 就成为由以下三种形式组成的真值函项：□Ψ（逻辑必然）、□^{c}Ψ（因果必然）和 Ψ（非模态的）。于是，任一闭公式（无自由变元）的真值赋值就可以按以下方法给出：Ψ——按在现实世界中是否为真，分别赋以 1（真）或者 0（假）；□Ψ——对于可能世界 w_1，对于任意的可能世界 w_2 都有 w_1Rw_2，如果 Ψ 在任一可能世界 w_2 中为真，则 □Ψ 在可能世界 w_1 中为真，并给其赋值为 1，否则就赋值为 0；□^{c}Ψ——对于因果可能世界 w_1，对于任意的可能世界 w_2 都有 w_1Rw_2，如果 Ψ 在任意的因果可能世界 w_2 中为真，则 ◇Ψ 在因果可能世界 w_1 中为真，并给其赋值为 1，否则就赋值为 0。◇Ψ——对于可能世界 w_1，至少存在一个可能世界 w_2 使得 w_1Rw_2，如果 Ψ 在可能世界 w_2 中为真，则 ◇Ψ 在可能世界 w_1 中为真，并给其赋值为 1，否则就赋值为 0；◇^{c}Ψ——对于任意因果可能世界 w_1，至少存在一个因果可能世界 w_2 使得 w_1Rw_2，如果 Ψ 在因果可能世界 w_2 中为真，则 ◇^{c}Ψ 在因果可能世界 w_1 中为真，并给其赋值为 1，否则就赋值为 0。

不难看出，"因果可能世界"概念继承并推广了一般可能世界语义学的核心思想，把"必然"解释为"对所有可能世界为真"。把"可能"解释为"对某些可能世界真"等基本观点皆出自一般模态逻辑。但一般模态逻辑是演绎性的，而因果模态、因果可能世界则是归纳性的，这种推广联想或移植是认识的一个巨大的飞跃，勃克斯的创造性在此可见一斑。

根据上述基本思想，还可以通过不同等级的真值来表达逻辑真。

(1) □^{c}Φ（即因果必然 Φ）为真，当且仅当，Φ 在所有与之有可及关系的因果可能世界中为真。

(2) ◇^{c}（即因果可能 Φ）为真，当且仅当，Φ 在某一与之有可及关系的因果可能世界里为真。

(3) Φ $\xrightarrow{c}$ Ψ（即 Φ 因果蕴涵 Ψ）为真，当且仅当，Φ⊃Ψ（即 Φ 蕴涵 Ψ）在所有与之有可及关系的因果可能世界中为真。

(4) Φ $\xleftrightarrow{c}$ Ψ（即 Φ 因果等值 Ψ）为真，当且仅当，Φ≡Ψ（即 Φ 等值于 Ψ）在所有与之有可及关系的因果可能世界中为真。

一般地，因果陈述句逻辑的公式 Φ 为逻辑真，当且仅当，在每一模态模型 M 中，Φ 的每个解释为真。可以验证，该系统中的每一公理、直接证明公式、量词都是逻辑真的。而且当定理 Φ 是逻辑真时，¬Φ 就不是逻辑真的。这就保证了因果陈述句逻辑的一致性。

勃克斯的归纳逻辑内容十分丰富，既包括概率理论，又包括模态理论。他还引入时空系统、元胞自动机等一系列概念，试图为归纳逻辑建立更坚实的基础。显然，勃克斯的这些探索是有益的，有启发性的。

从概率理论方面看，勃克斯的归纳概率理论是在批判经验主义和逻辑主义，试图吸收和结合二者的长处，并主要借鉴私人主义的主要观点而发展起来的。在这个意义上说，勃克斯的概率理论有一定的合理因素。但需说明的是，他的概率理论存在下列问题：[①]

从模态理论的角度看，勃克斯的归纳逻辑实质上又是一种模态归纳逻辑。他在刘易斯模态逻辑系统的基础上，构建了一种因果模态，建立了因果陈述句逻辑，这是有创见的，对归纳逻辑的发展是十分有益的。但是，勃克斯的因果陈述句逻辑也存在着以下问题：

第一，勃克斯的因果陈述句逻辑系统是一个复杂而解释较弱的系统，而且它不是建立在实验自然科学基础之上，因而与科学实际中使用的推理相去甚远，这是勃克斯模态归纳逻辑的不恰当性。

第二，勃克斯要想建立一种新的模型来解释因果必然性规律，这种模型是三结合的模型，即把标准归纳逻辑的统计模型的可重复特性、模态模型的模态性和元胞自动机的时空组织结合起来。勃克斯把这种模型称为标准归纳逻辑的因果模型。这种模型的内容虽然丰富，但也过于繁杂。

四、因果陈述句逻辑与因果律之谜

实际上，因果陈述句的逻辑的深层次问题在哲学方面。如何证明因果定律普遍适用的合理性就是所谓"因果律之谜"。从以下的分析，我们不难看出这个问题的困难程度。

为了对环境进行控制性操作，我们必须拥有某种因果连接的知识。例如，为了治疗某种疾病，医生必须知道它的原因；并且，他们应当了解他们所用药物的后果（包括副作用）。因和果之间的关系其重要性非同一般。然而，这种关系因为"原因"一词有多种含义而易于混淆。因而，我们先区分这些含义。

在对自然的研究中一个基本的公设是，只有在确定的条件下事件才能发生。人们习惯于区分事件发生的必要条件和充分条件。一个特定事件发生的必要条件是指，在缺乏它的情况下，该事件不能发生。例如，具有氧气是燃烧能够发生的必要条件：如果燃烧发生，必须具有氧气，因为在缺乏氧气的情况下便没有燃烧。

---

① 任晓明. 因果陈述句逻辑的历史发展 [D]. 北京师范大学硕士学位论文, 1986.

尽管具有氧气是一个必要条件，但它不是燃烧能够发生的充分条件。一个事件能够发生的充分条件是，在它出现的情况下事件必定发生。因为在有氧气的情况下也可能不发生燃烧，所以，出现氧气不是燃烧的充分条件。另外，对几乎每一种物质而言，都存在某个温度范围，在该温度范围里具有氧气是该物质燃烧的充分条件。明显的是，一个事件的发生可能有多个必要条件，并且这些必要条件均包含在充分条件里。

必要和充分条件的区分在法律论证中经常起关键作用。例如，在美国高等法院中，一名法官争辩说，州立基金被用于资助宗教协会时必须满足两个条件：必须是公平的——它的发放是中立的，而不对任何一个宗教有所偏爱；必须是间接的——因为宪法禁止宗教协会从政府直接获得资助。这是两个早期得到认同的资助程序，然而受到经费资助的人却自由地将之用于宗教组织之中。对于这两个条件，该法官写道：

在每个资助中，资助是广泛的和中立的，这个事实是资助程序中的必要条件。但是公正的意义失去了。在每个资助情况中，我们没有说，该条件就是充分的，或者说决定性的。情况完全相反。这些资助中对我们决策起决定作用的是这样的事实：资助是间接的；资助到达宗教组织完全是受资助者的完全独立的和私人选择的结果。

这个法官做出这样的区别，是因为在手头案子中（这是关于一所州立大学拒绝为一个学生宗教社团付印刷费的案子），争议中的州资助即使公平地给予，它也是直接的，因此他认为这是不允许的。在这名法官看来，资助的接受程序是两条必要条件，其中能够满足的只有一条。

看起来，"原因"有时是在"必要条件"的意义上使用，而有时是在"充分条件"的意义上使用。当手边的问题是要淘汰不受欢迎的现象时，它更多的是在"必要条件"的意义上使用。为了淘汰某个现象，人们只要找到某个对该现象的存在为必需的条件，然后将该条件淘汰。医生努力寻找何种微生物是某个疾病的"原因"，以便开出杀灭那些微生物的药物，从而治愈该疾病。那些微生物被认为是该疾病的原因，是说它们是疾病的必要条件——因为如果没有它们便不会有该疾病。

忽视这种意义的原因将导致无谓的争论。某种动物行为的真正原因是它的基因还是环境？当然，大多数情况下两者都起作用；当两者都不能独自解释该行为的时候，两者都是本质的。在鸣鸟群里，通常只有雄鸣鸟唱歌。当科学家使幼小的雄鸣鸟不再产生睾丸激素后，它们不能再唱歌。但是，如果它们在其幼年的某个阶段没有听到周边其他鸣鸟的鸣唱，它们也不能唱歌。一个雄鸟听到一首歌，这首歌就开启了一个用睾丸激素以唱歌的方式建立脑神经的过程。所以，本性和养育两者均是鸟能够唱歌的必要条件。

当我们对某个希望发生的事情感兴趣的时候（而不是淘汰不希望的事情），我们是在"充分条件"的意义上使用"原因"一词的。冶金专家的目标是发现什么使金属合金具有更大的强度，如果我们找到了这样的一个热处理的复合过程（该过程使得金属具有我们希望的结果），我们说，这样的一个过程是合金强度增高的原因。

"原因"一词有另外一个普遍的但不精确的用法，该用法与充分条件的含义密切相关。给定现象与某些后果关联，它可能便是原因。例如，我们断定"吸烟导致癌症"。当我们这样说时，可以肯定的是，我们并没有说吸烟是癌症的必要条件。因为我们知道许多癌症是在完全没有吸烟的情况下得的。同样不能说吸烟必定产生癌症，因为可能的是，某些人的长期吸烟的习惯并没有带来癌症后果。但是，吸烟与某些生物环境相结合，在癌症的发展中频繁地发挥作用，以至于我们合理地认为吸烟为癌症的一个"原因"。

这就导致了"原因"的另外一个用法：作为某个现象发生过程中的关键因素。假定一家保险公司派遣调查员弄清一场神秘火灾的原因。如果调查员报告说火灾是由空气中的氧气所致，那么调查员的工作将不保。尽管这种说法没错——在必要条件的含义上，因为如果不存在氧气，火灾便不可能发生。然而，保险公司派遣他们去调查，不是为了弄清该种含义上的原因。保险公司也不是对充分条件感兴趣。如果经过几个星期后调查员汇报说，尽管他们已经证明火是由投保的客户有意点燃的，但他们还不能够知道所有必要条件，因而仍然不能确定（充分条件含义上的）原因，此时，公司将打电话给调查员，告诉调查员别再浪费时间和金钱。保险公司是在另外一种意义上使用"原因"一词的：他们希望查找的是，在现有的条件之下造成该事件出现或不出现的差别的事件或行为是什么。

由此可见，"原因"一词的含义是多种多样的。我们只能在"必要条件"的含义上合法地从结果中推出原因。并且，我们只能在"充分条件"的含义上合法地从原因中推出结果。当我们从原因推出结果并且从结果推出原因时，原因必定是在既充分又必要条件的意义上使用的。显而易见，不存在符合该词的所有不同用法的单个"原因"定义。

但是"原因"一词的每一种用法，无论是在日常生活中还是在科学中，都与下述原则相关，或预设了下述原则：原因和结果齐一（uniformly）相连。我们说，一个特定事态造成了一个特定结果，即是说该类型的其他事态（在与该事态充分类似的条件下）将造成与先前结果同种类型的结果。换句话说，同类原因导致同类结果。我们今天使用的"原因"一词的部分意义是，一个原因产生一个结果的每一次出现，都是普遍因果律——如此的事态总是伴随着如此的现象的一个实例或一个事例。于是，如果在另外的情形下出现了与事态 C 同类的事态，但是结果 E 并不发生，此时我们不认为事态 C 是在一个特定场合下结果 E 的原因。

因为特定事态是特定现象的某一个断定，这个断定与前提之间存在因果律，每一个因果连接的断定都包含与普遍性（generality）有关的一个关键成分。因果律——当我们使用该术语的时候——断定，如此这般的事态下恒常地伴随着一个特定种类的现象，而不管该事态发生于何时何地。但是我们如何知道这样普遍性的真理呢？

因果关系不是纯粹逻辑的或演绎的，它不能被任何先验的论证所发现。因果律只能经验地或后验地（即诉诸经验）发现。但是我们的经验总是与特定情形、特定现象以及现象的特定次序有关。我们能够观察到一个特定事态（如 C）下的几个事例，观察到的事例也能够被一个特定种类现象（如 P）的一个事例所伴随。但是我们未来能够经历的仅仅是世界上事态 C 中的一些事例，这些观察能够展示给我们的仅仅是 P 伴随着 C 的一些事例。然而，我们的目标是建立一个普遍的因果关系。我们如何能够从我们经历的特定事例中，得到 C 的所有场合下都有 P 这样普遍性的命题（C 引起 P）？这实际上就是休谟提出的问题，也叫作归纳之谜。

第三节　因果陈述逻辑推进了归纳逻辑的发展

本节主要从因果陈述逻辑与归纳逻辑的关系方面阐述两者的一致性，分别从对现代归纳逻辑理论的丰富和发展、增强了归纳逻辑理论的哲学性方面进行探讨和说明。

一、对现代归纳逻辑理论的发展

归纳逻辑研究是逻辑学研究的重要组成部分，对于归纳逻辑理论，可以将其分为传统归纳逻辑和现代归纳逻辑。从传统归纳逻辑到现代归纳逻辑的发展过程，本质上是从发现的逻辑到检验的逻辑的转变过程，即从科学发现的逻辑到科学证明的逻辑过渡。现代归纳逻辑是用经典的数理逻辑和概率论等数学工具对归纳推理进行数量化、形式化以及公理化、系统化的研究。很显然，勃克斯的因果陈述逻辑以及他的归纳逻辑体系的构建，是现代归纳逻辑的一个重要组成部分。

现代归纳逻辑的标志性特点是把概率概念引入归纳逻辑中，使得概率理论和归纳理论产生密切的联系。我们知道，归纳问题是由于休谟对因果关系概念的经验分析而被提出来的，概率问题则是为了解决归纳问题而被引入的，但是在归纳逻辑史上，因果关系问题和概率逻辑却往往是两个互不相干的题材。在培根和穆勒那里，归纳的目的主要在于探究因果关系，由于决定论自然观占统治地位，因果观念和概率观念当然不容易融合成协调统一的新观念。① 而勃克斯对现代归纳逻辑的发展所做出的贡献正在于此，尽管他并没有提出新的归纳概率逻辑理论，但是他对当时这一领域理论众多、关系混乱的局面进行了清晰、明确地整理，更重要的是，他将因果陈述逻辑与归纳概率逻辑理论有机地结合起来，对因果律以及具有因果倾向的自然律进行了形式刻画，构建了标准归纳逻辑的因果模型，使得因果必然陈述句在归纳逻辑中得到了证实，从而实现了归纳概率逻辑内在的联系和统一，促进了概率逻辑、因果律和归纳推理相结合的统一理论的形成。

我们知道，在现代归纳逻辑的发展史中，凯恩斯、赖欣巴哈、卡尔纳普和科恩等都做出了重要的贡献。而勃克斯从与上述逻辑学家不同的研究角度和路径出发，以归纳逻辑的因果化为出发点，首次提出了因果陈述逻辑系统，从而使得因果陈述逻辑的发展进入一个新的阶段。其中，在因果陈述逻辑的语义解释中，他提出了"因果可能世界"概念，并将它应用于细胞自动机的系统中，形成了其独特的因果细胞自动机理论，为构造因果陈述逻辑的模型奠定了理论基础。也就是说，"因果蕴涵""因果可能世界"等具有因果特性的概念在勃克斯的因果陈述逻辑中发挥着重要的作用，通过它们的桥梁作用勃克斯将他的归纳概率思想贯穿其中，形成了具有因果特色的归纳概率逻辑理论。

另外，勃克斯对因果模型的构建也是他对归纳逻辑的发展所做出的重要贡献，原因就在于，因果模型不仅是勃克斯所定义的标准归纳逻辑的模态结构，而且通过因果模型能够对该模态结构进行归纳概率的赋值。尽管这一模型存在缺陷，即它虽然能够说明如何证实因果必然性的陈述，但是仍然不能说明如何证实概率或者或然性的陈述，也就是说它无法解释概率或者或然性。② 为此，勃克斯借助"因果细胞自动机"理论，建立了一个新的模型（统计模型），解决了上述问题。可见，勃克斯构造的因果模态模型，是他的因果陈述逻辑和归纳概率逻辑中必不可少的一个理论环节，它和统计模型一起，构成了勃克斯的标准归纳逻辑的模型共同体，而勃克斯也因此建立了概率、因果律和归纳推理的统一理论，解决了归纳逻辑史上因果关系和概率互相排斥的问题，使二者形成了一致和统一，

---

① 王雨田. 归纳逻辑导引 [M]. 上海：上海人民出版社，1992：247.
② 王雨田. 归纳逻辑导引 [M]. 上海：上海人民出版社，1992：258.

从而为归纳逻辑的发展提供了一种新的思路。

总之,勃克斯对归纳逻辑的研究所付出的努力以及他所做出的贡献是具有开拓性的,极大地丰富了归纳思想,拓宽了该领域的视野,而随着归纳逻辑的不断发展,勃克斯的因果陈述逻辑理论也会受到越来越多研究者的关注。

二、增强了归纳逻辑的哲学功能

逻辑哲学是逻辑与哲学互相渗透的产物,是近几十年来迅速发展起来的新兴科学,是现代哲学中出现的新分支。对于说明一种新逻辑为什么产生和怎样演化发展这一类问题,逻辑哲学可以说是最有效的分析工具,可以说它具有相当于方法论上的显微镜和望远镜的功效。① 因此,从逻辑哲学的角度看,勃克斯的因果陈述逻辑就是现代归纳逻辑中的一种形式化、系统化的逻辑理论,它沿着归纳逻辑中培根开创的"因果化"方向继续发展,本质上是寻求因果律的方法论解释;同时又承袭了帕斯卡开创的"概率化"的发展方向,运用归纳概率逻辑的相关理论对因果必然性陈述进行形式刻画。他以因果关系的条件性为研究起点,将实际推理中的反事实条件句作为其理论的初始研究对象,提出了"因果蕴涵",从可能世界理论中提炼和总结出了用于解释因果陈述逻辑的"因果可能世界",实现了从逻辑模态到因果模态的一次飞跃。由此可以看出,因果陈述逻辑是归纳逻辑的一种理论形式,不仅在解决归纳问题哲学本质的"因果问题"上具有实际意义的突破,而且通过对"因果必然性"进行准确的形式刻画,达到了归纳、因果和概率三者的结合和统一。从逻辑哲学的观点看,勃克斯的这种思维方式,超越了传统归纳逻辑和现代归纳逻辑各自的界线,不仅是一种理论上的创新,更是方法论意义上的一次提高,从这一意义上说,因果陈述逻辑理论增强了归纳逻辑的逻辑哲学功能,促进了归纳逻辑的发展,以上内容是该问题的第一个方面。

它的第二个方面主要表现在:归纳逻辑与哲学问题密切相关,现代归纳逻辑中林林总总的各种系统,不仅是逻辑学家为归纳的合理性所做的辩护,从根本上说,更是对休谟问题的回答。也就是说,休谟问题推动了归纳逻辑的发展和进步。因此,逻辑学家所提出的形式系统,都与哲学问题有着这样或那样的联系,渗透着某种哲学精神和思想,因果陈述逻辑也是如此,这一点通过勃克斯对必然性的分级就可以体现出来。根据前面的内容我们知道,为了解释及刻画实际中大量存在的"因果必然性"模态陈述句,勃克斯打破了传统模态逻辑中必然性和可

---

① 俊丽. 现代归纳逻辑的知识创新意义 [J]. 西南民族大学学报(哲学社会科学版), 2000 (7): 133.

能性两种世界类型的划分，大胆地提出了新的划分方法：找出了沟通必然性和可能性的一个纽带——因果必然性，并根据因果必然性的特点，将其定义为介于（逻辑）必然性和可能性之间的一个较弱的必然性类型。我们知道，培根以来对因果关系陈述句的研究大多是归纳性的，而一般的模态逻辑则是演绎性的，"因果必然性"的提出，标志着勃克斯将归纳逻辑和演绎逻辑连接了起来，从而形成了他独特的因果陈述理论。与科恩将必然性分为逻辑必然性和物理必然性相比，将必然性分为逻辑必然性和因果必然性更加凸显了他为归纳问题进行哲学辩护的思想和理念。他运用类比这一强大的方法论武器，将在模态逻辑中行之有效的演算和可能世界语义学理论，完美地转移到了因果陈述逻辑中去，从而诞生了"因果可能世界"语义理论，并对其构建的新形式系统进行了语义解释。由此可以看出，勃克斯不仅是建构了一个具有更强表达力的逻辑系统，更重要的是，他为解决归纳逻辑的哲学性问题所做出的积极努力。因此，从这个意义上说，勃克斯搭建了一个逻辑哲学的理论平台，为后人进行现代归纳逻辑的研究创新了道路。

因果陈述逻辑作为一种证明或者检验的逻辑，首先是基于归纳的。尽管因果陈述逻辑的可能世界语义学——因果可能世界是对模态逻辑的可能世界语义学理论的扩展，但是一般模态逻辑是演绎性的，而包含"因果必然""因果可能"和"因果等值"等概念的因果模态及因果可能世界则是归纳性的。而事实上，世界上任何一种科学，都是从归纳逻辑出发，提出假设，形成所谓的"典范"或"理论"，进行演绎推理，产生预测，然后进行验证，从此各种不同的科学才开始分道扬镳，而现代归纳逻辑更具有这样的科学认知功能。① 因果陈述逻辑作为现代归纳逻辑的一种典型形式，它在知识认知与科学理论创新方面的重要价值也是很突出的。主要表现在以下几个方面：

第一，因果陈述逻辑的核心概念是因果蕴涵和因果必然性，在因果陈述逻辑系统中，勃克斯按照必然性的强弱程度不同，将其分为三个等级，从高到低依次是：逻辑必然、因果必然、实然。与此相对应，一个很重要的推导关系便是从逻辑蕴涵（严格蕴涵）能够推导出因果蕴涵，再从因果蕴涵能够推导出实质蕴涵。由此可以看出，因果蕴涵介于逻辑蕴涵和实质蕴涵之间，从而使得我们可以从具有逻辑必然性的陈述和理论推导出具有因果必然性的因果律陈述，进而推导出事实陈述。也就是说，在处理日常语言中的一些条件句时，我们完全可以利用因果蕴涵去解决，因为它不仅能够避免"蕴涵怪论"现象的发生，也能够准确地刻画条件句中前件和后件之间的真假关系。而以因果蕴涵为桥梁的这种推导关系，不仅能解释已知的事实，也能预测未知的事实，所以它本身就是一种逻辑创新，而

---

① 刘邦凡. 论现代归纳逻辑的科学认知功能[J]. 科学技术与工程, 2005 (8): 487.

这种创新性也是与其科学认知功能息息相关的。

第二，因果陈述逻辑系统的语义解释以可能世界语义学为基础，并增加了"因果"算子，从而将一般的可能世界语义学理论扩展为因果可能世界语义学，而正是借助于这种关于可能性的逻辑工具，并且对其进行扩展，才使得人类的知识得以扩充，使我们对因果可能世界有了一个全面的认知，从而使得科学理论的创新成为可能。也就是说，因果陈述逻辑系统的构建，使得逻辑学的科学认知及创新价值大大加强。因为用于解释一般模态逻辑的可能世界理论在比较纯化的数学领域可以很好地应用，但是在不那么纯化的自然科学领域，仅考虑逻辑可能世界是不够的，它有时并不能解决涉及自然律、因果律的一些问题。因此，因果可能世界的提出，不仅为自然科学领域的研究开辟了新的途径，也是对逻辑可能世界理论的一种创新，因果陈述逻辑比狭义的模态逻辑在科学理论创新方面的作用更大，它所具有的科学认知功能也更强。

第三，因果陈述逻辑的理论起源之一便是对因果虚拟句的研究，解决日常语言中大量出现的反事实条件句的推理。正如勃克斯指出的那样，传统的蕴涵形式无法精确地刻画这类推理，于是因果蕴涵应运而生。由此可以看到，因果陈述逻辑对于探求科学陈述之间的因果联系，进而对科学理论做出因果可能性的推断起着重要作用。勃克斯所创建的这种逻辑对科学理论创新的贡献在于：以"因果蕴涵"为核心的因果陈述逻辑系统，为科学理论中因果联系的探索奠定了逻辑上的基础，从而使我们对模态逻辑的思考更进了一步。同时，它为我们科学认识世界提供了一种新的工具，具有重大的认知意义和创新价值。

如前所述，勃克斯构建的因果陈述逻辑系统为我们提供了一种研究归纳逻辑的新工具，这一形式系统的语义解释——因果可能世界，是可能世界的一种新形式，为模态逻辑的发展增添了新的活力。因果陈述逻辑具有强大的知识创新和科学认知功能，是推动现代归纳逻辑发展和进步的重要动力，这不仅是因果陈述逻辑作为一种形式系统所具有的优点，更是勃克斯为归纳逻辑的发展所做出的贡献。但是，在看到因果陈述逻辑所具有的理论价值的同时，也应当注意到这一逻辑系统存在的一些局限性。众所周知，任何知识结构或者理论体系都有其自身的优势与不足，因果陈述逻辑也不例外。通过前面章节对因果陈述逻辑的公理、定理的解释以及对勃克斯归纳逻辑体系的分析，可以看到，从整体意义上说，因果陈述逻辑仍存在以下问题：

勃克斯的因果陈述逻辑是一个复杂的逻辑系统，但是其解释较弱，即对该逻辑系统的解释强度较低。勃克斯在刘易斯模态逻辑系统的基础上，构建了一种因果模态，加入了他创造的带有因果算子的蕴涵类型，从而建立了因果陈述逻辑。在该形式系统的语形部分，勃克斯在经典逻辑的基础上，对带有"□ᶜ"和

"◇ᶜ"算子的定理、元定理等进行了证明，其中还包括对证明的判定算法的一些解释等。勃克斯花了大量的篇幅对因果陈述逻辑的语形进行了描述和论证，但是这却造成了该形式系统较为烦琐，再加上在它的语义部分中，解释规则过于详细，甚至有些是经典逻辑中的基本知识，勃克斯也要举例对其解释和说明，这就使得因果陈述逻辑系统较为庞杂。也就是说，这一形式系统的内容十分丰富，但是它融一阶谓词逻辑和因果模态理论为一体，系统也较为复杂。然而，与这一复杂的逻辑系统相比，其解释稍显薄弱。尽管因果陈述逻辑系统具备完全性和可靠性，但是勃克斯并没有进行翔实、确切地说明，其一致性的特征也是在对"什么是逻辑真"进行阐述之后简单地表达的。由此可以看出，因果陈述逻辑的系统完备性不足，解释的强度不够大，从而使得该理论的说服力较低，这也可能是它并没有引起研究者及学界重视的一个主要原因。

另外，因果陈述逻辑所具有的深层次哲学问题并没有得到深入地探讨。勃克斯创造了因果蕴涵、因果必然、因果可能等一系列因果概念，而且在因果陈述逻辑系统中对它们进行了应用。他的目的是想要建立一种新的模型来解释因果必然性规律，从而证明因果定律普遍适用的合理性。然而，这一问题所具有的哲学意蕴勃克斯在他的著作中并没有着重说明。关于因果陈述逻辑的哲学性方面，他在提出"因果必然性是分等级的"这一哲学思想之后，便没有对该逻辑系统的哲学内涵以及他所建立的因果模型的哲学机制进行详细的阐述，这一点也是勃克斯因果陈述逻辑理论的一个不足之处。

综观勃克斯的因果陈述逻辑以及他的归纳逻辑理论，我们不难发现，作为一名计算机科学家的勃克斯，其思想与理论始终贯穿着逻辑和哲学的精神。也就是说，勃克斯将自然科学领域的研究与对社会科学领域的研究进行了很好的融合，从而使得他的理论丰富和发展了归纳逻辑，促进了归纳逻辑理论的全面发展和进步。因果陈述逻辑是勃克斯归纳逻辑思想体系中一个非常重要的部分，为他的归纳逻辑理论指引了正确的方向，而勃克斯的归纳逻辑理论则为因果陈述逻辑系统的发展和深化奠定了坚实的基础。因此，对勃克斯的因果陈述逻辑理论进行研究，是一件非常有意义的事情，而笔者也从这一研究过程中，得到了一些启发。主要表现在以下两个方面：

第一，因果陈述逻辑的提出及发展过程不仅是对归纳问题的合理性进行辩护的一个重要表现，而且是对归纳逻辑所具有的强大的认知功能逐步提高的一个重要反映，同时也说明现代归纳逻辑具有深厚的认识论基础。早在1951年，勃克斯就已经提出了因果命题逻辑的形式系统，但是当时没有能够对这一逻辑系统做出恰当的语义解释，所以该形式系统仅停留在语形结构方面。后来由于可能世界语义学理论的发展，为勃克斯提供了一种非常有效的解释工具，从而使他较为成功地解释了因果陈述逻辑系统。这一成果的意义在于：不会被看成仅仅是真值函项逻辑和古典模态逻辑的人为扩充。① 由此可以看出，任何理论都是一个发展的过程，因果陈述逻辑也不例外。我们在前面的内容中曾经提到，用于解释该系统的语义学理论——因果可能世界语义学，从模态逻辑的观点看，它是因果化的可能世界理论，即使得可能世界语义学增加了因果的性质，这是对其的基本理解；从更深层次的意义上讲，它是勃克斯对因果陈述逻辑所具有的科学认知功能的一次挖掘和提高。传统的归纳推理对因果必然性的证明是不严格的，很多是赋予经验的直观形式，勃克斯建构因果陈述逻辑的目的就是为了形成一套证明因果必然律的方法，它的最大特点就是因果必然性规律先验概率的确定，而用来测定因果必然性规律的恰恰是以三种世界类型（逻辑可能世界、因果可能世界和现实世界）为依托的。因此，从这一意义上说，因果可能世界以及"因果必然性"等一系列思想和理论的形成，是因果陈述逻辑对人们的认知能力的一次检验，对于探求科学陈述之间的因果联系，进而对科学理论做出因果可能性的推断有着重要的作用。它使我们看到了归纳逻辑研究的一个新的认知方向，为更好地解决归纳逻辑的哲学性问题提供了一种新的模板和样式。

第二，因果陈述逻辑的深层次问题在其哲学方面，② 具体而言，它表现为因果蕴涵的普遍适用性问题。科学中的因果律指的是原因和结果在时间上总是前后相继的，原因总是在结果之前，结果总是在原因之后。但是，有先后关系的现象之间并不一定都有因果联系，关键在于结果必须与原因之间具有必然的联系。因此，寻求现象之间的因果联系是一个十分复杂的过程，涉及各种各样的因素，而勃克斯的因果蕴涵不可能涵盖所有的因果联系样式，即它不可能反映如此丰富的因果联系内容，它只能反映因果联系中最一般的本质特征，主要表现为因果律。从时间的角度看，因果关系的内在特点是：原因在时间上要先于结果。而勃克斯已经意识到了这一点，于是他构建的因果陈述逻辑是将因果关系的这一时间因素包括在内的，这一点通过他对因果模型的构建就可以看出来。这充分说明勃克斯将因果联系与一般的条件联系严格地区分开来，定义了因果律、因果倾向句、自然律，并分别对其进行了形式刻画，从而丰富了他的归纳逻辑思想，使其归纳逻辑理论向全面化的方向迈出了重要的一步。

寻求事物、现象之间的因果联系自古以来就是人们不断追求的理想和目标。通过勃克斯对因果蕴涵的描述，对因果律的形式化分析，可以看到，原因和结果之间的哲学关联是研究归纳逻辑的一个重要方法与途径。逻辑学中对充分条件和

---

① 王雨田. 归纳逻辑导引 [M]. 上海：上海人民出版社，1992：256.
② 任晓明. 新编归纳逻辑导论 [M]. 郑州：河南人民出版社，2009：125.

必要条件的区分，也可以用于因果关系中。原因有时起着充分条件的作用，有时起着必要条件的作用，因果关系问题不仅是本体论意义上诸如"A 是 B 的原因，B 是 A 的结果"这类对原因和结果之间的辩证关系的探讨，更是对认识论意义上的一个深层次哲学问题的挖掘。正如郭世铭所说："数学中的充分条件和必要条件是直接与认知主体的行为相关的一个认识论概念，但迄今为止逻辑学家所做的工作却是力图把它作为一个本体论的概念加以刻画；数学中的充分条件和必要条件并不是对象语言层次的概念，但迄今为止逻辑学家所做的工作却是力图在对象语言的层次上刻画它；数学中的充分条件和必要条件并不是简单的联结词结构，但迄今为止逻辑学家所做的工作却是力图把它作为一种联结词结构来刻画……要想恰当地刻画数学中的充分条件和必要条件，只靠现有的逻辑工具显然是不够的，需要发展出一种将认识主体的推理、证明活动包括在内（哪怕是在元理论层次）的逻辑理论"。① 也就是说，我们要提出更新、更好的蕴涵理论来刻画充分条件和必要条件，使之符合现代逻辑发展的需要。我们认为，尽管勃克斯的因果陈述逻辑理论仍然存在着某些缺陷，但是"因果蕴涵"的提出，无疑为现代逻辑，尤其是现代逻辑的发展增添了新的认识论元素，从元理论层面上推动了归纳逻辑的发展。

三、因果陈述逻辑的认知与理论创新作用

因果陈述逻辑（Causal-consequence-logic）作为一种证明或检验的逻辑，首先是基于归纳的，这不容置疑，而其在知识认知与科学理论创新的重要价值也是很突出的，集中表现在四个方面：

第一，因果陈述逻辑对于解释或预见事实有重要意义。就如同假说演绎法所起的作用一样，因果陈述逻辑可以从理论命题推演出事实命题，或是解释已知的事实，或是预见未知的事实。这种推演的基本步骤是以一个或多个普遍陈述，如定律、定理、公理、假说等作为理论前提，再加上某些初始条件的陈述，逐步推导出一个描述事实的命题。

第二，因果陈述逻辑对于探求科学陈述之间的因果联系，进而对科学理论做出因果可能性的推断有着重要作用。勃克斯所创建的这种逻辑对科学理论创新的贡献在于：通过对科学推理的细致分析，发现经典逻辑的实质蕴涵、严格蕴涵都不适于用来刻画因果模态陈述的前后件关系。于是，他提出了一种"因果蕴涵"，

---

① 郭世铭. 关于充分条件［A］//中国逻辑学会编. 逻辑今探［C］. 北京：社会科学文献出版社，1999：70.

进而建立一个公理系统，为科学理论中因果联系的探索奠定了逻辑上的基础。

第三，因果陈述逻辑的核心概念是因果蕴涵。比较重要的逻辑推导关系是从逻辑蕴涵（即严格蕴涵）推导因果蕴涵，再从因果蕴涵推导出实质蕴涵。也就是说，我们可以从具有逻辑必然性的规律或理论陈述中推导出具有因果必然性的因果律陈述，进而推导出事实陈述。这种推导过程，不仅能解释已知的事实，而且能预见未知的事实。事实上，这种逻辑推演本身就是一种科学理论的创新。

第四，因果陈述逻辑的语义解释奠基于可能世界语义学。而正是借助这种关于可能性的逻辑工具，才使得人类的知识得以扩充，科学理论的创新才成为可能。因果陈述逻辑将逻辑可能世界理论扩充到包括因果可能世界，就使得逻辑学的知识创新功能大大加强。因为，逻辑可能世界的理论在比较纯化的数学领域可以很好地应用，但在不那么纯化的自然科学领域，仅考虑逻辑可能世界就不够用了，还必须考虑与自然科学中的自然律、因果律密切相关的因果可能世界。因果陈述逻辑比狭义的模态逻辑在科学理论创新方面的作用更大，功能更强。

总之，勃克斯的因果陈述逻辑理论从提出，到丰富和发展，都体现了归纳逻辑的认知功能在科学、理性的道路上不断前进和科学理论的创新功能。随着现代归纳逻辑理论整体水平的不断提高，勃克斯的因果陈述逻辑以及他的归纳思想必将会对其他的归纳逻辑理论产生广泛的影响。

第四节　因果陈述句逻辑与机器语言

一、机器语言概论

机器语言（machine language），又叫低级语言或二进制代码语言。是直接用二进制代码指令表达的计算机语言，指令是用0和1组成的一串代码，它们有一定的位数，并分成若干段，各段的编码表示不同的含义，例如，某台计算机字长为16位，即有16个二进制数组成一条指令或其他信息。16个0和1可组成各种排列组合，通过线路变成电信号，让计算机执行各种不同的操作。

如某种计算机的指令为1011011000000000，它表示让计算机进行一次加法操作；而指令1011010100000000则表示进行一次减法操作。它们的前八位表示操作码，而后八位表示地址码。从上面两条指令可以看出，它们只是在操作码中从左边第0位算起的第6和第7位不同。这种机型可包含256（=2的8次方）个不同的指令。

机器语言或称为二进制代码语言，计算机可以直接识别，不需要进行任何翻译。每台机器的指令，其格式和代码所代表的含义都是硬性规定的，故称之为面向机器的语言，也称为机器语言。它是第一代的计算机语言。机器语言对不同型号的计算机来说一般是不同的。

机器语言也是存在很多缺点：

（1）大量繁杂琐碎的细节牵制着程序员，使他们不可能有更多的时间和精力去从事创造性的劳动，执行对他们来说更为重要的任务。如确保程序的正确性、高效性。

（2）程序员既要驾驭程序设计的全局又要深入每一个局部直到实现的细节，即使智力超群的程序员也常常会顾此失彼，屡出差错，因而所编出的程序可靠性差，且开发周期长。

（3）由于用机器语言进行程序设计的思维和表达方式与人们的习惯大相径庭，只有经过较长时间职业训练的程序员才能胜任，使得程序设计曲高和寡。

（4）因为它的书面形式全是密码，所以可读性差，不便于交流与合作。

（5）因为它严重地依赖于具体的计算机，所以可移植性差，重用性差。这些弊端造成当时的计算机应用未能迅速得到推广。

一种 CPU 的指令系统，也称 CPU 的机器语言。它是该 CPU 可以识别的一组由 1 和 0 序列构成的指令码。用机器语言编程序，就是从实用的 CPU 的指令系统中挑选合适的指令，组成一个指令系列。

例如：

指令部分的范例：

0000　　　　　代表加载（LOAD）

0001　　　　　代表储存（SET）

......

暂存器部分的范例：

0000　　　　　代表暂存器 A

0001　　　　　代表暂存器 B

......

内存部分的范例：

000000000000　　　　　代表位址为 0 的内存

000000000001　　　　　代表位址为 1 的内存

000000001000　　　　　代表位址为 16 的内存

100000000000　　　　　代表位址为 2^{11} 的内存

整合范例：
0000，0000，000000001000　　　　代表 LOAD A，16
0000，0000，000000000001　　　　代表 LOAD B，1
0000，0001，000000001000　　　　代表 STORE B，16
0000，0001，000000000001　　　　代表 STORE B，1

二、因果陈述句逻辑在机器语言中的应用

从世界上第一台电子计算机诞生至今，计算机的功能已经远远超出了最初的数值计算范围进入到了更广泛的非数值领域，例如，语言处理领域。而在计算机出现之前，对语言的研究大多是由语言学家来完成的。利用计算机这一现代计算工具来研究语言，仿佛给计算机赋予了更多的智能化色彩，而"机器语言"（machine language）这一语言学和计算机科学的交叉学科此时则应运而生。当然在机器语言的研究过程中，还涉及数学、认知科学、逻辑学、心理学等许多其他学科。

机器语言的交叉性。内容涉及语言学、信息技术、哲学（特别是语言哲学和逻辑学）、人工智能、认知科学、数学（数理逻辑、自动机和形式语言、图论、统计学等）。我国学者也多有论述，冯志伟先生在自己的多部著作中都认为语言的计算机处理涉及语言学、计算机技术和数学等领域，从而强调培养跨学科人才的重要性。值得注意的是，我国的研究者对于机器语言的人文性认识不足。许多人认为机器语言就是计算，从而忽视了机器语言作为一个语言学分支学科所具有的人文本质。如从逻辑方面对于机器语言的探索。

卡斯滕森等（Carstensen et al.，2001）在题为 *Computerlinguistik und Sprachtechnologie*（《集合与逻辑》）一书中的第一节里，为我们介绍了有关集合论、命题逻辑、谓词逻辑、类型（高阶）逻辑、Lamb-da 演算、模态逻辑等。就目前机器语言中的趋势而言，采用逻辑的领域已经不再局限于过去语义和语用方面了，也已出现不少基于逻辑的句法描述体系。

就现在来看，逻辑是我们所能发现的最好的东西了。正如许多具有哲学素养的机器语言学家所言，逻辑不但能够无歧义地表达意义，更神奇的是通过各种逻辑运算，我们能够操作意义。逻辑有如此功效，难怪各种逻辑方法层出不穷，甚至也可见到完全基于逻辑表达的自然语言理解全过程的逻辑系统（Kempson，2001）。

德国哲学家康德（Emmanuel Kant）也研究知识本体，他认为，事物的本质不仅由事物本身决定，也受到人们对于事物的感知或理解的影响。康德提出这样的问题："我们的心智究竟是采用什么样的结构来捕捉外在世界的呢？"为了回答

这个问题，康德对范畴进行了分类，建立了康德的范畴框架，这个范畴框架包括4个大范畴：数量（quantity）、质量（quality）、关系（relation）、模态（modality）。每一个大范畴又分为3个小范畴。数量又分为单量（unity）、多量（plurality）、总量（totality）3个范畴；质量又分为实在质（reality）、否定质（negation）、限度质（limitation）3个范畴；关系又分为继承关系（inherence）、因果关系（causation）、交互关系（community）3个范畴；模态又分为可能性（possibility）、现实性（existence）、必要性（necessity）3个范畴。根据这个范畴框架，我们的心智就可以给事物进行分类，从而获得对于外部世界的认识。

1991年美国计算机专家尼彻斯等（R. Niches et al.）在完成美国国防部高级研究计划局（Defense Advanced Research Projects Agency，DARPA）的一个关于知识共享的科研项目中，提出了一种构建智能系统方法的新思想，他们认为，构建的智能系统由两个部分组成，一个部分是"知识本体"（ontology），另一个部分是"问题求解方法"（problem solving methods，PSMs）。知识本体涉及特定知识领域共有的知识和知识结构，它是静态的知识，而PSMs涉及在相应知识领域进行推理的知识，它是动态的知识，PSMs使用知识本体中的静态知识进行动态的推理，就可以构建一个智能系统。这样的智能系统就是一个知识库，而知识本体是知识库的核心，这样知识本体在计算机科学中就引起了学者们的极大关注。

机器语言对于知识本体的研究当然也是建立在归纳逻辑中经典的因果陈述逻辑研究基础之上的。

英国数学家图灵最早提出了机器语言对自然语言的模拟需要达到的目标：机器要能回答输入文本的问题；能够对一个文章自动形成文摘；对话语能够释义；能够把一种语言翻译成另外一种语言。他在1950年发表的一篇论文《计算机器和智能》中认为如果机器能成功地伪装成人欺骗观察者，那么就认为它具有了智能。图灵试验虽然形象描绘了计算机智能和人类智能的模拟关系，但是图灵试验还是片面性的试验。例如，在这个试验中试验主持人提出问题的标准，在试验中没有明确给出；被测人本身所具有的智力水平，图灵试验也疏忽了；而且图灵试验仅强调试验结果，而没有反映智能所具有的思维过程。所以，虽然图灵在早期提出的这些机器语言对自然语言的模拟具有一定的启发价值，但是图灵试验还是不能解决机器智能的问题，并且他提出的这些目标也只能在初期运用。机器语言要真正能达到对自然语言的模拟必须满足以下五个终极条件：（1）机器语言可以不受限制地进行真实的理解的输入；（2）机器语言可以实现与人类相类似、相匹配的信息背景；（3）机器语言可以形成与人类相类似的精神与意识结构；（4）机器语言能采用与人相同的运用方式去运作；（5）机器语言可以采用与人相同的输出方式输出。所以研究人工智能的实现，必须从人这个基本点出发，找出人理解问题的方式和框架，才能最终达到对自然语言的真实"理解"。

勃克斯采用所谓量子论证来应对上述挑战。首先，他借用量子论概念来分析时间空间结构，将时间、空间分割到不可再分的最小单元，从而得到时空量子的概念。在勃克斯看来，由于存在着时空量子，生物有机体也就只需对发生在时空中的有限数目的质的差异做出反应。由于人的肉体是有限的，可分为有限个空间量子，生物有机体也就只需区别有限数目的不同的可能输入状态了。其次，他进一步论证说，人的时空量子与自动机的时空结构有某种对应关系。人的时间量子可对应于有穷自动机的离散时刻直至无穷；人的一个空间量子可对应于有穷自动机的一根输入线。这样一来，就人的自然功能而言，人的输入函数关系曲线具有与有穷自动机同样的逻辑结构：因为二者的每一条可能的输入函数关系曲线都是由有限设备制作的输入状态的离散序列。同样，人的输出函数关系曲线也具有与有穷自动机相同的逻辑结构。最后，勃克斯论证说，人的输入曲线向输出曲线的转换与自动机的类似转换，其结构也是相同的。

机器语言中的抽象。科尔伯恩在 1999 年 1 月的《一元论者》中发表了一篇《软件、抽象和本体论》的文章探讨了抽象性问题。2007 年，科尔伯恩和舒特（Colburn and Shute）通过比较数学和计算机科学中的抽象的不同特征和作用，对于把计算机科学看作纯粹数学学科的观点提出了挑战。在他看来，各种形式的抽象，对于数学活动是至关重要的，但是数学中的抽象会抑制（suppresses）具体细节，这样一来，在可计算理论中就不再需要纠缠于自然数的具体性质了。按照数学抽象这个概念，他们把数学中的抽象特征刻画为"对信息的抑制"（supression of information）或者信息忽略（information neglect）。他们认为，计算机科学中的抽象与数学中的抽象完全不同：如果数学抽象是远离具体细节（抑制或忽略信息），那么计算机科学中抽象就是隐藏具体细节或隐藏信息（information hiding），计算机科学家这样做的目的大概是为了用不同的程序来处理这些信息。有趣的是，这种隐藏信息与毕晓普（Bishop）的建构数学（constructive mathematics）中的隐藏信息酷似。

证明与计算程序验证是计算机科学的基本问题之一。有关的哲学问题是：程序正确性的证明是真正的数学证明吗？也就是说，这些证明与标准的数学证明具有同等地位吗？这个哲学问题就是程序验证在认识论上的地位问题。

1979 年，有人对定理证明与社会进程的关系做了探讨。费策尔（J. H. Fetzer）也做过程序验证方面的研究。阿寇达斯（K. Arkoudas）和布林斯乔德（S. Bringsjord）探究了计算机—生成证明（computer-generated proof）的认识论地位问题。他们首先指出，在数学家看来，通常的数学证明是先验的，如果这些数学家要验证给出的证据并证明其可靠性，就要拥有关于已证命题的真的先验知识。其次他们还把这种做法推广到计算机辅助证明，坚持认为理想数学家能够验证有关正确性证明的可靠性。更一般地说，他们认为，只要理想数学家能够证明基本程序的正确性，通过先验计算获得的知识就可以看作计算的先验知识（computational a priori knowledge）。

因果陈述句逻辑与机器语言相结合后，两者也可称为产生了新生物，勃克斯把这样的哲学叫作逻辑机器哲学（philoshy of logical machinism）。逻辑机器哲学的中心论题是一个有穷自动机（机器人）可以实现人的一切自然功能。这就是他所谓的"人＝机器人论题"（man = robots thesis），也叫作"心智—机器论题"（mind machinethesis）。逻辑机器哲学及其人＝机器人论题显然是基于早期唯物论哲学之遗绪，即希腊人的朴素唯物论，18世纪拉美特利（人是机器）和霍尔巴赫的机械唯物论的遗绪。然而，逻辑机器哲学形态与众不同之处在于，它还基于这样一些在最近100年间取得长足发展的有关学说，即数理逻辑、现代电子计算机和程序语言的理论以及应用、宇宙进化和生物进化理论。

逻辑机器哲学是传统哲学与现代计算机科学、信息技术的哲学思考相结合的产物。它通过人与计算机的类比，探讨用计算机模拟人类心智的可能性以及有关的哲学问题。

逻辑机器哲学建基于信息技术的迅速发展。但是，它有深远的哲学源流与宽广的历史背景。大致说来，逻辑机器主义植根于古希腊唯物主义原子论传统、毕达哥拉斯主义和柏拉图主义传统以及亚里士多德的目的论传统。首先，逻辑机器哲学在古希腊的唯物主义原子论中就已经萌芽。在卢克莱修（Lucretius）的《物性论》中，留基伯和德谟克利特的唯物主义原子论得到了最充分的表述。卢克莱修认为，实在世界由原子和虚空组成，一切物体都是原子的复合物，人与人心也不例外。为了说明人的思想为什么比行动快，他把人类心灵看作是由细小的、光滑的、快速运动的原子组成的复合物，而身体则由大得多的相互连接的原子构成。在卢克莱修身心理论暗示中，心灵、思想可以还原为物质。可见，作为机器人论题基础的还原论思想在古希腊早已萌芽。其次，逻辑机器哲学源于古希腊的毕达哥拉斯主义和柏拉图主义。众所周知，毕达哥拉斯主义坚持认为，世间万事万物都是由数组成的。对这种"万物皆数"的观点，勃克斯认为应按柏拉图的观点做两点修正：一是数学说明和描述的应该是自然的形式而不是内容；二是数学是抽象的，而自然界则是具体的，它由事物和事素组成并受规律和规则所支配。勃克斯把古希腊人关于数学性质的观点发展为一种现代计算机数学的观点。在勃克斯看来，一台计算机就是一台逻辑计算机器，它由开关以及由计算机语言写成的程序控制存储硬件构成。基于这一点，勃克斯把"万物皆数"的哲学命题应用于人类，得到这样的结论：我们每个人都有自己的毕达哥拉斯数，它是一个包括先天的遗传程序和后天的遗传因素与环境间的相互作用这样两部分的数串。换言之，每个人都有能够实现自己的一切自然功能的机器人替身。显然，这是毕达哥拉斯主义的现代版本。最后，逻辑机器哲学源于古希腊的目的论。由于众所周知的原因，目的论在哲学史上已经被搞得"臭名昭著"了。但是，20世纪中叶以来，由于系统科学的兴起，长期被埋没的目的论自然观又在新的条件下复活了。生物学家和系统科学家惊奇地发现，经过重新解释的目的论，仍然是理解自然奥秘的既有启发力的研究纲领。于是，目的论问题成了哲学家和科学家共同关注的问题。冯·诺伊曼的合作者勃克斯提出了进化逻辑思想，从逻辑机制方面发展了逻辑机器哲学，奠定了进化逻辑理论的基础。可以说，没有目的性哲学的复活，就没有逻辑机器哲学，也没有哲学的信息转向。"逻辑机器主义"这一哲学术语是由美国密歇根大学计算机与通讯科学系教授勃克斯首先提出的。逻辑机器哲学的主要观点是：人等价于有穷决定性自动机；对于人的独一无二的能力可以做一种还原论的说明；对于产生这种能力的进化过程可以做逻辑机器的说明。它主要探讨人、社会、科学与计算机的关系问题，研究计算机与心智、进化与意向性、生物学与自动机、自由意志与决定论的关系等问题，但它的中心论题是：一个有穷自动机能否实现人的一切自然功能？换言之，一个机器人能否实现人的一切自然功能？这就是所谓"人＝机器人论题"。

第十章

归纳逻辑在人工智能中的应用

第一节 归纳逻辑与人工智能概述

一、美国归纳逻辑与人工智能的研究

随着20世纪后期逻辑经验主义的衰落,国际上归纳逻辑的研究似乎也不再像过去那样引人注目。学界普遍认为,归纳逻辑的黄金时代已经过去,但是在美国归纳逻辑发展势头还在持续,不过关注的焦点已经发生了较大的转移。其中最重要的一个转变就是从纯理论的研究转向应用研究,尤其是归纳逻辑在人工智能(artificial intelligence,AI)和计算机科学中的应用研究。

(一)人工智能研究者视野中的概率理论

人工智能的研究开始于20世纪50年代,70年代专家系统的产生是一种突破。以斯坦福大学启发式程序设计组为代表,尤其是布坎南(Buchanan)、费根鲍姆(Feigenbaum)和肖特利菲(Shortliffe)为领军人物的研究取得了重要的成果。他们认为,成功的关键就是从专家那里获得他过去用来执行一项专门任务的知识,然后对这种知识进行编码并输入计算机。研究发现,在吸收人类专家的知

识的基础上能够产生执行特定任务的"专家系统"。这方面的工作表明专家系统的提出引出了如何把概率引进 AI 的问题。

20 世纪 70 年代肖特利菲和他的同事与斯坦福医学院的传染病组协作开发了专家系统 MYCIN。他们把这个领域的医学知识编成关于这种形式的规则：如果如此这般的症状被观察到，那么可能的结论就是如此这般。MYCIN 的知识库是由从医学专家那里获得的 400 多个这样的规则组成的（Jackson，1986）。

肖特利菲和布坎南是在主观的意义上使用概率去测度一个专家持有的个人信念度的。这就出现了为什么人们更喜欢根据专家获得的主观概率去测度信念，而不愿根据数据获得的客观概率去测度信念的问题。实际上，肖特利菲和布坎南就是这样考虑问题的。他们回答说，在典型的医学应用中，要获得需要的客观概率没有足够的数据。这是因为医院记录的不充分而且疾病种类在不断发生变化。然而，仅仅是三年以前，另一个从事计算机诊断的研究组正好得到相反的结论。这个研究小组是以德·多姆巴尔（de Dombal）为首组建的。德·多姆巴尔的研究组创造了一个基于贝叶斯推理的急性腰疼的计算机诊断系统，应用主观概率的计算机系统的表现实际比相对不常见疾病的情况下的临床医生的表现更糟糕。他们意识到，看起来在非常见病情况下，使用客观概率似乎更可取。虽然这个结论具有强有力证据，但是在往后的 20 年被忽视了，在这个领域，几乎每一个研究者都使用主观概率。关于这一点有两个可能的原因。首先，在许多情况下，根据数据获得客观概率可能是困难的。其次，由于专家系统研究的一般方法论涉及从专家那里获得知识，所以这可能促使人们更倾向于关注主观概率或专家的信念度。可见，主观概率与客观概率各自有不同的适用范围。一般说来，在可获得信息比较完全的情况下，往往适用客观概率；而在信息不完全或不确定的情况下，使用主观概率更合适。

另一个专家系统 PROSPECTOR 是关于矿物探测的专家系统，在 20 世纪 70 年代的后半期由斯坦福研究所开发（Gasching，1982）。PROSPECTOR 最重要的改进就是用一个推理网络来描绘知识。PROSPECTOR 采用主观贝叶斯主义。但这种主观贝叶斯主义不是纯粹的，而是与模糊逻辑规则的使用相结合的。这些研究所依据的基本假定以及对这些假定的探究导致推理网络这个概念的修正以及贝叶斯网络这个概念的出现。可见，在人工智能中，不仅考虑主观概率与客观概率的结合，而且考虑了主观概率与模糊逻辑规则的结合。

20 世纪 80 年代贝叶斯网络的出现使概率逻辑与人工智能研究进入了一个新阶段。贝叶斯网络这个概念被珀尔（Pear）等学者在一系列的文章和著作中介绍和发展。它的一个重要扩充被劳里森（Lauritzen）和施皮格尔哈特（Spiegelhalter）完成。根据这种方法，贝叶斯网络解决了如何在专家系统中处理不确定性的问题。什么是贝叶斯网络？现在我们做一点说明。如果在这种网络中，一个箭头从节点 A 指向节点 B，那么 A 就可以说是 B 的一个母体，而 B 是 A 的一个子体。如果一个节点没有母体，那么它被称为一个根。在贝叶斯网络中，一个子体有几个母体是可能的。然而，如果每一个子体至多有一个母体，那么这个网状物被称为一个树形图。珀尔用树形图来开始他关于网络的研究，因为这种表述方式在数学上更简单。珀尔还发展了一种容许贝叶斯更新发生的规则系统。如果代表一个观察的一个变化被指派一个特定值的话，那么由整个树形图的所有可能的新信息所造成的变化可以通过一种能行的方式来计算。在后来的工作中，他把这个更新的规则系统扩展到更复杂的网络中。

从逻辑哲学的角度看，人们对贝叶斯网络已经给出了两个完全不同的定义。第一个是关于因果关系的定义，第二种定义纯粹是概率关系的。对于用纯粹概率关系加以定义的网络，将使用"贝叶斯网络"这个术语，对于根据原因定义的网络，则称为"因果关系的网络"。然而珀尔倾向于交替地使用"贝叶斯网络"和"因果关系网络"，因为他认为这两个概念是密切联系的。可以说，因果关系与概率关系在贝叶斯网络中正走向融合。

我们来总结这种独创性的方法，根据这种方法，贝叶斯网络解决了关于在专家系统中如何处理不确定的问题。在以上所考虑的大多数领域中，如医疗诊断中，该领域的专家是相当熟悉在其中起作用的各种因果因素的。因此，让他或她提供一个因果网络应该是很容易的。根据概率论的加法原则，这样就可以被转换为贝叶斯网络。

上述研究中出现的问题归根到底，就是人工智能和认知科学中关于概率的哲学问题。实际上，它们对科学哲学中至少三个重要的问题具有深刻的影响：一是关于贝叶斯主义与非贝叶斯主义的争论问题；二是关于概率解释的问题；三是关于因果关系与概率的关系问题（Gillies，1996）。

首先是关于贝叶斯主义与非贝叶斯主义的争论。在科学哲学家中已经持续了50年而没有任何解决的迹象。在20世纪50年代，主要的竞争对手是卡尔纳普（支持贝叶斯主义）和波普尔（反对贝叶斯主义）。在80年代后期和90年代，又有豪森（Howson）和乌尔巴赫（Urbach）支持贝叶斯主义与米勒（Miller）反对贝叶斯主义之争。在人工智能和认知科学研究中提出的新结论显然是与这种争论相关的，而且是支持贝叶斯主义阵营的（Gillies，1998）。

其次是与此密切相连的问题是概率解释问题。在这里，主要分歧存在于那些支持客观解释诸如频率或性向解释的人与那些支持主观解释或信念度解释的人之间。当然，概率解释的多元论的观点也是值得注意的观点，根据这种观点，不同的解释被认为是适用于不同的情况，没有普遍适用的概率解释。吉利斯（Gilles

的概率解释多元论观点就是一个代表。人工智能的发展表明，吉利斯的多元论比一元论更合理，而且人工智能专家似乎都偏爱概率的主观解释。（Gillies，2000）

最后是关于因果与概率之间关系的问题。因果关系的问题是西方哲学中最古老、最重要的问题之一。亚里士多德、休谟和康德都对因果关系的分析做出了贡献。然而，在最近的 50 年中，这种争论随着关于不确定因果关系概念的出现和关于因果与概率之间关系的相应研究发生了很大的转变。许多科学哲学家，包括波普尔、赖欣巴哈、萨尔蒙都比较深入讨论了这个问题。显而易见，关于贝叶斯网络的新理论其实就是关于因果与概率的一种新颖组合。可见，因果与概率并不是截然二分的，它们相互渗透，相互联系。

（二）机器学习与归纳程序

机器学习有时用"归纳"之类的术语，亦即"归纳学习"或"归纳概念形成"，但是机器学习的概念要与哲学和逻辑中的工作联系起来，也不是那么容易的。机器学习研究建立在特定概念的语义学应用之上，并不建基于归纳过程的普遍概念之上。机器学习的归纳过程实际上是亨普尔确认与波普尔反驳的混合。

有关机器学习与归纳关系的问题是：学习程序通常关注单个概念的获得，并不关注理论的形成和发展。相反，归纳的研究关注整个理论的地位以及理论做出的预测。例如，下一只渡鸦是黑的预测依赖于"所有渡鸦都是黑的"，如果发现例外，就只能得出"有的渡鸦是黑的"的预测。这是为什么？这是因为一般的机器学习程序只能达到非常有限的世界；而人类可以到达外在的世界（Craig，1988）。

机器学习所涉及的只是关于数据的很具体的假说。例如，温斯顿（Winston）在 1970 年提出的拱形学习程序（Winston，1970），米切尔（Mitchell）的译本空间技术，它们看起来很像亨普尔的确认理论（Hempel，1965）。例如，昆兰（Quinlan）的 ID3 和米切尔斯基（Michalski）的关于概念簇的程序很像归纳概率主义程序（Michalski，1983）。最明显地与机器学习的归纳有关的工作是兰利（Lanley）的培根程序序列（Langley，1983）。他试图发现科学理论，如波义耳定律，它是对培根科学方法的建模或模型化。培根程序背后的基本思想是，理论形成是一种数据驱动过程，亦即先收集证据，根据这些证据发展出理论。另外，吉利斯 1996 年的专著《人工智能与科学方法》详细讨论了关于机器学习中新的结论是如何影响归纳哲学思想的。

与归纳逻辑有关的机器学习方式主要有：示例学习、基于说明的学习、启发式学习、类比学习、联结主义学习等。示例学习的具体程序如下：给定一组概念的样例和非样例，根据这些样例，形成最一般的概念描述。这种学习程序的目标是要学习概念、提炼概念。这种学习程序中,最著名的是温斯顿的程序,这个程序根据大量的拱形概念的样例和非样例去学习拱形。其中的样例可以产生普遍概括,而非样例限制普遍概括的产生。当现有定义没有涵盖概念的新的正面事例(样例)时,就说明现有定义太特殊,必须使之更普遍;当现有定义没有涵盖概念的新的负面事例(非样例)时,就说明现有定义太普遍,必须使之更特殊。

人们通常这样解释示例学习的程序:这种程序实际上是一种搜索过程。搜索空间的点表示概念。示例学习有两种基本操作:一是普遍化,二是特殊化。从特殊到普遍的方法开始于最特殊的概念描述,结束于更普遍的概念描述。从普遍到特殊的方法开始于最普遍的概念描述,结束于更特殊的概念描述。从认知的角度看这种程序,我们就会发现,在自然环境中,学习者通常并不知道概念的哪一个事例是有利事例,哪一个是不利事例:这就是渡鸦悖论出现的原因。因为任何非黑的物体都会支持这个归纳假说。大多数机器学习程序通过搜索明确支持假说的相关信息来避免悖论。

示例学习的方法可以看作是归纳的,因为我们并不能先天地保证,所学习的概念刚好是没有问题的。所学概念的有利事例和不利事例被误解、被歪曲,迫使学习程序产生无意义或荒谬的结果,这是完全可能的。

启发式学习是一种动态的学习,它的目的是要解决一些实际问题,如做出计划、问题求解,这就使启发式学习成为机器学习研究的主要领域。

问题求解的基本思路是:把问题分解为可以通过应用算子来得到的状态,每一个问题都可以用一个初始状态、一个目标状态和一组算子(用来转移初始状态到目标状态的算子)加以具体规定。当不止一个算子应用于任何特定状态时就需要进行搜索,在这里,必须考虑可替代的选项,根据这些选项有多大可能以较少步骤到达目标来评价这些选项。为了减少搜索数量,就必须考虑每个算子的启发式相关条件,而获得这些条件是启发式学习的目标。因为,启发式相关条件决定了什么时候一个算子可以被应用。为使启发式程序简化,需要使用尼尔森(Nilson)提出的问题归结(problem reduction)方法。首先,把任务分成若干子任务;其次,形式地表述每个算子所用的启发式条件;最后,把规则重新组合成一个完全的启发式搜索系统。这就是启发式程序的三步骤。可见,启发式学习程序是一种发现程序,也是与归纳逻辑有密切联系的机器学习程序。

类比学习常常被认为是强有力的推理方法。因为,一旦解决了某一问题,人们就比较容易解决类似的问题了。他们可以用他们先前的经验做指导去解决以前看起来毫不相关的问题。按机器学习的说法,类比学习相当于从先前的经验中学习。具体说,它是一种用先前问题的解作为指导去解决新出现问题的方法。

类比的学习有两种主要的方法:转换的类比与诱导的类比。转换类比在于把先前解决问题的解答加以转换，使之用于解决新问题。有四个步骤：

第一步，搜索与现有问题描述相匹配的以前问题的事例的存贮（记忆）；

第二步，回忆以前的解答；

第三步，使用在解题空间中的手段—目的分析程序来转换对先前解答的回忆；

第四步，只有在转换失败时才使用。如果从回忆的解答中找不到现有问题的解，那么就要通过记忆以及重复前两个步骤选出新的候选问题。

转换类比的有效性依赖于现有问题与先前问题之间相似性的测度。诱导类比依赖于搜索解答时产生的信息。这种问题求解系统常常要提出一个子目标，关注增加的信息，也关注做出特定决定的原因。诱导类比聚焦于如何导出一个解答，换言之，它关注于如何证明任何给定算子应用的合理性。

近年来，美国人工智能界对类比推理的兴趣与日俱增。但是，难以看出类比学习与传统的归纳推理有什么特别的联系。尽管波利亚（Polya，1945）已经对类比做了广泛的应用，但是归纳文献始终忽视类比的研究。人工智能学者把类比看作映射一组结果到另一组结构的过程；逻辑学家则认为归纳逻辑研究假说的产生，研究其预测力量。

联结主义学习多数不是符号形式的学习而是数字形式的学习。联结主义网络基本上是并行处理的程序，而多数符号学习程序是串行处理的程序。联结主义学习并不通过逻辑过程或启发式过程去组合全部符号，而是通过把微观特性融合在一起去表征信息。在联结主义网络中，监管学习（supervised learning）是最简单的学习过程。监管学习的基本算法通过调节联系强度来运作，从而决定什么是存储在网络中的微观特性。通过向网络呈现某些方面相同而另一些方面不同的模式，网络不难获得对模式的表征，使得每当呈现一个模式，输出就表征一组概括。联结主义学习的主要问题是：它们似乎在很低的层次上运行而且适合于用来解决知觉的任务，而不是用来解决认知任务。

联结主义模型与归纳之间关系的问题很多。尤其是联结主义模型的非符号本质使它很难与我们使用的高层次归纳过程的描述相协调。目前还没有成熟的联结主义模型的概念框架，这是一个严重的问题。

综上所述，机器学习与归纳推论理论的关系是值得探讨的。因为：

第一，示例学习和启发式学习可以看作是一种归纳过程。

第二，如前所述，机器学习与归纳的关系并不是那么明朗的。但是机器学习与亨普尔和波普尔提出的理论显然是有联系的；不过与卡尔纳普的工作关系不大。

第三，在关于自然科学理论的学习方面，也有一些问题，兰利虽然提出了培根程序，这些程序想要表征培根的归纳法，但是实际上它们是如何效法培根方法而不仅仅是考察规律性,这一点并没有说得很清楚。

机器学习技术从根本上说只关注计算技术,所提出问题的范围是很有限的。联结主义学习不同于符号学习,它们探讨的是不同层次上的问题。联结主义学习模型本质上是统计的模型,它的监管学习的思想非常接近于归纳概率主义的精神。可以公正地说,机器学习是一项取得了很大成绩的技术,但目前还不能说它是以哲学家、逻辑学家理解的归纳逻辑为基础的。因此确立机器学习的归纳逻辑基础应该是归纳逻辑发展的一个方向。

(三) 非单调推理在归纳逻辑中的应用

美国哲学家、逻辑学家较早地借鉴了人工智能中的非单调推理,并把它应用于归纳逻辑之中。那么,什么是非单调推理和非单调逻辑呢?我们首先讨论这一问题,其次再讨论如何把它应用于归纳逻辑的问题。

一般说来,逻辑学的目标是确定系统公式集合 Γ 与个体公式 A 之间的后承关系。这种确定通常采用以下两种形式之一。从证明论观点看,每当有一个从作为前提集 Γ 到 A 的演绎时,A 就被认为是 Γ 的后承。从模型论观点看,每当 A 在满足 Γ 中的每一个公式的每一个模型中都成立时,A 被认为是 Γ 的一个后承。

尽管由特定逻辑认可的具体推论根据所出现的联结词及其性质的不同而大不相同,但是后承关系的某些抽象特征在各种逻辑系统中显然是稳定不变的。这种不变性特征之一就是单调性的作用:如果 A 是 Γ 的后承,则 A 就是 $\Gamma \cup \{B\}$ 的后承。这一切意味着,即使前提补充了新增加的信息,由一个前提集合得出的任何结论仍然不变,亦即结论的集合随前提集合的增加而单调地增加。

单调性来自深深扎根于证明论和语义学的基本假定。不仅在经典逻辑是这样,而且在许多哲学逻辑系统中情况也是一样。从证明论观点看,单调性是由于事实上从前提集 Γ 到公式 A 的任何推导也可以算作由扩展的前提集 $\Gamma \cup \{B\}$ 到该公式的推导;前提的增加不能影响推导,因为标准推论规则仅仅依赖出现的信息,并不依赖于不出现的信息。按照模型论观点也可以间接地证实这种单调性:因为每一个 $\Gamma \cup \{B\}$ 的模型就是 Γ 的一个模型,由此可知,如果公式 A 在 Γ 的每一模型中成立,它就必然也在 $\Gamma \cup \{B\}$ 的每一模型中成立。

非单调逻辑是这样一种逻辑,它的后承关系不满足单调性,也就是说,一个前提的增加能够导致已做出结论的收回,从而使结论集合不必随着前提集合的增加而单调地增加。尽管某些哲学逻辑系统,如相干逻辑,在这个意义也是单调的,但是这个术语通常专用于在人工智能领域中诞生的一组逻辑,这些逻辑系统的目标是形式地表述用来指导智能行为的缺省推理模式。

如果不考虑形式的定义,可以把缺省推理粗略看作依赖信息的缺失以及信息出现的推理，它以下列普遍形式的规则为中介：给定 P，就能推出结论 q，除非有相反的信息。不难看出为什么这类推理的逻辑说明需要一种非单调后承关系。例如，假定用众所周知的真命题"鸟会飞"来表达这种缺省：已知 x 是鸟，因此 x 会飞，除非有相反信息。又假定有人告诉我们 tweety 是鸟，那么鸟会飞和 tweety 是鸟这两个前提就会支持结论 tweety 会飞，因为前提集合没有包含相反信息。但现在设想给前提集补充了 tweety 不会飞的前提（也许 tweety 是企鹅，或者是幼鸟）。这样一来，由于缺省推理导出的原有结论是以相反信息缺失为基础的，而新的前提集则包含了这样的信息，因此 tweety 会飞这个原来的结论就必须撤销。

非单调逻辑的研究开始于 20 世纪 70 年代后期，是在通常的逻辑框架中表征这类推理的尝试。从那以后，这一领域成为学术研究的热点，召开了上百次会议，发表了数百篇论文，但这些成果的大多数仍然局限于人工智能的著述中。

接下来，我们讨论非单调推理在归纳逻辑中的应用。我们知道，非单调推理通常用在演绎逻辑中，但是，通过对这种推理做归纳的解释，它也可以应用于归纳逻辑中。探讨假定性推理的非单调性就是致力于探讨非单调推理在归纳逻辑中应用的一个实例。

所谓假定性推理（suppositional reasoning）是指与实际评议（practical deliberation）、说明（explanation）、预测和假说检验有关的推理。以论证为目的（for the sake of the argument）而做出的假定有时会与我们的信念冲突，当出现冲突时，我们就要拒绝一些信念，保留一些信念。显然，假定性推理是一种放大性的归纳推理。

美国哥伦比亚大学教授、世界著名哲学家艾萨克·莱维（Isaac Levi）借鉴人工智能学者率先提出的非单调推理尤其是缺省推理，分析了假定性推理的两种非单调性。一种是由于假定的信念出现了与之冲突的反例，因此，新增加到假定中的反例会不利于没遇到反例之前所得到的结论；另一种是由于假定性推理的结论是对前提的放大、扩充，因此原有结论有可能被推翻。于是，在归纳逻辑中，有两种非单调推理：第一，包含相反信念的假定性推理；第二，放大的假定性推理。这种探讨与条件句逻辑、决策理论和归纳推论有密切联系。致力于专家系统、缺省推理、非单调推理研究的人工智能学者也关注这方面的问题。

一方面，艾萨克·莱维认为，对于归纳推理来说，需要应用缺省推理以及同类的各种非单调推理。在他看来，归纳推论一方面基于相对完备的信念，另一方面也基于以论证为目的而采用的假定的信念。前者可用归纳扩充（inductively extended）条件句的形式来表述；后者可用非单调推理，尤其是缺省推理的形式加以重构。他着重探讨了后者。他指出，缺省推理在归纳逻辑中有广泛的可应用性。这种应用表明,这种假定性推理应该是放大性的,是归纳的推理。

另外,莱维的研究表明,缺省推理也是一种包含相反信念的假定性推理。因此,莱维认为也可以对缺省推理做这样一种归纳解释。在赖特(Reiter)和普尔(Poole)工作的基础上,莱维对作为归纳推论的缺省推理,做了自己的重构。他认为,这种推理出现在做出最大胆推论的时候,出现在把背景证据提供给归纳推论的结论且反复做出推论直到到达固定点为止,亦即没有更多信息可以获得之处为止。美国逻辑学界的另一项研究涉及 AGM 修正(基于信念值的修正)。加登佛斯、梅金森和阿尔丘隆(Gardenfors Makinson and Alchourron,1985)及莱维(1996)等研究了用于期望的缺省推理。梅金森(1991)提出了一种把非单调蕴涵翻译成 AGM 修正的方法。从而表明,非单调推理是一种放大的归纳推理,可以对用于期望的缺省推理加以重构。这样一来,对缺省推理的说明就与概率理论、决策理论联系起来了。

总之,近年来,美国归纳逻辑研究的最重要的一个转变就是从纯理论的研究转向应用研究,特别是归纳逻辑在人工智能和认知科学中的应用。人们越来越注重从人工智能的研究中总结和概括有关的归纳逻辑问题;同时逻辑学家和哲学家越来越重视在归纳逻辑研究中借鉴人工智能中的逻辑方法。尽管目前人工智能学者与归纳逻辑学者在各自的领域独立地进行研究,但是双方都惊奇地发现,原来双方有许多东西是不谋而合的,有许多可以相互借鉴的方法和思路。

二、普特南的归纳逻辑与人工智能研究

(一)归纳理论与人工智能产生与发展

随着信息哲学和计算机科学哲学的探究逐渐深入,人们对于人工智能的研究热情也进一步高涨。人工智能是相对于人类智能而言的,人类智能是指人们在认识、改造世界的过程中,用脑力活动表现出来的智力,而人工智能则是指用机械和电子装置模拟和代替人的某些智能,也叫机械智能或智能模拟,也可以说是人的智能在机器中的再现。人工智能自 20 世纪 50 年代初创以来,取得了许多惊人的成就,但同时人工智能也遇到了许多理论和实践上的困难。有人指出,"在科学家族中,没有一门学科比 AI 与哲学的关系更密切"(博登,2007)。在他们看来,人工智能领域的很多问题不能由计算机科学单独来回答,而要与哲学共同回答。这样的观点是具有深刻的洞见的。作为当代著名的哲学家,普特南(Putnam)对于人工智能也进行了深入的哲学思考,他从归纳逻辑的角度对于人工智能的发展趋势以及人工智能研究所蕴涵的哲学启示提出了精辟的见解。

追溯人工智能发展的历史，从古至今很多伟大的哲学家为其研究、发展做出了不可磨灭的贡献。普特南也详细考察了人工智能发展的历史，在他看来，这一思想一直可以追寻到古希腊时期。毕达哥拉斯学派最早探讨了这一问题，他们认为，世间万物都是由数构成的，他们把数的概念赋予了全部生命体和灵魂。后来的柏拉图主义摒弃了数是实体的思想，发展了数学实在论。这个论点在近代与直觉主义、逻辑主义、形式主义共同构成了近代数学的思想基础。柏拉图主义的数学实在论指明这个世界的确是遵循数学规律的。后来，伟大的思想家亚里士多德采用符号组合的方法进行逻辑推演，奠定了形式逻辑的基础。到了12世纪末13世纪初，西班牙逻辑学家赖蒙德·卢里（Raymond Lull）设计出了历史上第一台把基本概念组合成各种命题的、以机械方式来模拟和表达人类思维的原始逻辑机。赖蒙德·卢里的创意暗示了思维和计算的同一性。17世纪，法国哲学家笛卡尔（Descartes）提出把几何学、代数学和逻辑学三门学科的优点进行统一，形成一种普遍数学方法的逻辑。1642年，年仅19岁的法国数学家巴斯卡尔（Bhaskar）利用纯粹机械的装置研制了一台能做加法和减法的计算器来代替我们的思考和记忆。英国哲学家霍布斯（Hobbes）提出思维可以解释为一些特殊的数学推演的总和。1673年，莱布尼茨在伦敦展示了手摇计算机。莱布尼兹继承了思维可计算的思想，提出用"通用代数"建立理性演算的设想——一切推理的正确性将归于计算。这些只是用计算机模拟人类思维过程的前奏，但它们深刻地影响了后人的思想。

20世纪是人工智能发展的黄金时代。普特南指出："20世纪早期逻辑领域出现的两位巨人哥德尔（Kurt Godel）和赫尔布兰德（Jacques Herbrand）对于人工智能研究做出了重要的贡献"（Conant，1994）。普特南认为正是他们两个人第一次提出了计算的现代概念——普遍递归，并且将递归性（recursiveness）与有效计算等同起来。阿兰·图灵（Alan Turing）正是在他们两个人工作的基础之上重新构造了计算（computability）概念，他将这一概念直接与数字计算机相联系，并且图灵还建议将自己的抽象计算机当作思维的一个模型。在普特南看来，即使图灵的建议被证明是错误的，或者是其构想比较空洞，但图灵对于思维领域仍做出了巨大的贡献，他的研究意图是具有开创意义的。因此，"普特南选择图灵机作为其考察的出发点。在当今的数学基础研究中，T-机在使可计算性这个概念精确化中起着重要作用"（施太格缪勒，2000）。但是，普特南认为人工智能不是递归的理论（recursion theory），也不是图灵机的理论，甚至也不是图灵所持有的哲学，因为人工智能关注于更为具体的事物。

（二）计算机科学与人工智能

在普特南看来，现代数字计算机以特别有效的方式实现了普遍应用图灵机的理想，它的体积、价格、速度等方面的优势为达到这一目标奠定了坚实的基础。计算机硬件和软件的改良和构造成为人们生活中的一个事实。人工智能或许在某一天能够告诉我们人类是如何思维的，但是，我们现在为什么这样来行为呢？现在，思维的计算机模型与人工智能密切联系，但这并不是人工智能独有的特点。普特南指出，计算机模型不是由人工智能发明的，它的发明者是阿兰·图灵，因此，计算机科学与人工智能不是等同的。

普特南对于计算机科学和人工智能的区分是有道理的。我们知道，计算机设计是工程学的一个分支（主要设计软件而不是硬件），而人工智能是这一分支的亚分支。有人曾经做出过分夸大其词的断言，认为人工智能是基本的学科，甚至将其作为认识论的基础，这一断言招致了人们的激烈批判。普特南指出："事实上，人工智能作为计算机设计的一个分支，其主要目的在于设计软件从而促进计算机模拟或复制我们人类直觉上识别的知识或智能（intelligence）。有的人认为人工智能到目前为止是计算机科学的真正兴趣所在，对于这样的观点存在很大的争议。因为到目前为止，人工智能领域取得的最大成就莫过于'专家系统'，但是这些系统说到底仅是高速的信息库搜索者"。①

可见，普特南对于人工智能的地位和作用持有一种谨慎的态度。普特南的这种谨慎态度是有道理的。人工智能在不断地演化，在未来的发展中，可能会出现对于我们人类的思维形成变革的新理念，促进我们对精神领域某些方面的认识。但是，我们不能因为对于人工智能的未来充满信心就盲目乐观，更为重要的一点在于，我们不仅要预言未来，更要解释我们目前产生的怀疑以及存在的问题。

事实上，到目前为止，人们关注的主要论题是我们能否将大脑思维模拟为数字计算机。普特南指出："这里要严格区分两个方面的问题，即原则上的问题（inprinciple）和诸如'人工智能能成功模拟大脑思维吗'这样的经验问题（empirical question）"。②

在普特南看来，人们往往忽略这两个问题之间的区别，我们应当首先区分这两个问题，找出它们的差别所在。在他看来，有一个差别是非常明显的，我们可以说在原则上将大脑思维通过恰当的软件模拟为数字计算机是可能的，但是在实践中，我们很难将这样正确的、恰当的软件设计出来，事物不能如此简单地将任意的物理系统模拟为计算机。因此，断言"大脑能被模拟为计算机"是不重要的，"大脑能被模拟为计算机吗？"这一问题具有的意义更为深远。普特南对于原

---

①② 李蒙. 从归纳逻辑视角解读人工智能的哲学意蕴——普特南人工智能思想窥探［J］. 自然辩证法研究，2008（9）：12–16.

则问题和经验问题的区分是很有见地的。或许我们不仅能在原则上可以将思维和大脑以计算机的模型进行模拟，在实践上我们也可能有能力实现这一构想，但是到目前为止，这只是一种理论上的假设，从理论到实践还有很大的距离，还有很多的未解之谜和困惑，哲学家们总是试图对于在知识和实践上具有巨大前景的理念做出自己的断言，一旦人们对于这样的断言充满了自信，那么，介于原则上和实践问题之间的沟壑也就不那么重要了。从某种意义上而言，模糊这两个问题之间的差距只是一种策略上的有利选择。

在普特南看来，大脑思维能否被模拟为计算机或许可以从进化的角度获得一些启示，也就是说，将人类比作是通过进化（evolution）来编程的（programmed）数字计算机，这样一来，对于进化的认识就显得至关重要了。生理医学诺贝尔奖获得者进化生物学家法兰索瓦·雅各布（Francois Jacob）曾经将进化比作是一种思想。从归纳逻辑视角解读人工智能的哲学意蕴家。在雅各布看来，进化不应当被视为是一位构设蓝图然后根据蓝图构造机制的设计师。进化应被视作是一位思想家，进化的过程充满了新的理念，尽管他的很多创建都归于失败，但是这些理念仍具有启发意义。现在，假定思想家变为了一个程序员，仍然以思想家的方式来思维，他研发了"自然智慧"（natural intelligence），他是一个接一个地引入设置和程序理念的。不过，普特南担心这样的观点可能会引起某些宗教人士的反对，因为这样的观点会使得人类的本质和历史充满了盲目的偶然性（blind chance）。

（三）归纳推理、语言学习与人工智能

普特南指出，探究人工智能问题，我们就必须提及全能程序（master program）。一般而言，对于人工智能持否定态度的人认为不存在全能程序这样的事物，他们还将人工智能作为是"该死的事物"（damned）加以批判。普特南并不赞同这样的全盘否定态度。在他看来，如果人工智能是个"该死的事物"的话，那么，思想家认为的"该死的事物"的数量是巨大的。而且如果不存在全能程序的话，那么我们将永远不能实现对于人类智能的模拟。

但是，为什么会有人否定全能程序的存在呢？在普特南看来，这与归纳逻辑有密切联系。我们知道，在演绎逻辑中，能够发现一组规则，这组规则可以对于有效推理进行形式化，而在归纳逻辑中，我们没有发现类似的规则，那么，出现这种情况的理由何在呢？普特南认为："我们在研究归纳逻辑时，对于归纳逻辑的范围没有确切的界定。就'假说演绎方法'（hypothetic-deductive method）（由一个理论的成功到这一理论的可接受性的推理）而言，有的人认为它是归纳逻辑的重要组成部分，但是也有人认为应当将这一方法归属于其他论域。当然，如果

我们的'归纳'一词意味的是有效推理的任意方法的话,那么,归纳逻辑的论域将是非常庞大的"。① 也就是说,在普特南看来,正是归纳逻辑论域的不确定导致了在归纳逻辑中难以如演绎逻辑那样对于有效推理进行形式化,也就难以发现形式化的规则了。

普特南进一步指出,即使形式方法被构造了出来,我们也不能轻易说这些方法对真实的科学推理有重要的启示作用。这样言说的理由在于,科学推理涉及理论的背景知识。在进行科学推理或是确证一个理论的时候,我们很难断定背景知识在何种情况中应被保留以及在何种情况中应被修正。也就是说,我们的科学推理是由背景知识来引导的。这就说明,对于某些探究来说,归纳推理可能是对背景知识的有技巧的运用。因此,在不具有背景知识的情况中就进行归纳推理的话,我们能做的就是推测在具有背景知识的情形中也是如此。

在普特南看来,归纳推理面临的问题给人工智能研究带来很多的启示。归纳以及所有认知活动都预设了下面的能力:在众多事物中能识别出相同性来。但是这种相同性并不是意味着由输入的物理模式(physical patterns)到感觉器官是固定不变的。使刀子相同的绝不是它们看起来都一样,而是它们被产生出来用于切或割,也就是说,任何能识别刀子的系统必须能够赋予主体(agents)以目的性。人类在这一方面具有优势。但是,普特南指出,人类的目的性是否借助了归纳并不清楚。事实上,普特南在这里试图强调人工智能和人类的本质区别,我们知道,诸如约会和再生产活动这样的人类本质活动不必然是人工智能的本质活动,除非我们在构造人工智能时能够直接模拟人类的性情(propensity)。因此,人工智能的任务应该是模拟智能而不是复制(duplicate)智能。这就意味着人工智能难以模拟人类所具有的背景知识。

逻辑实证主义学派对于这一论题非常关注。他们试图通过理想语言系统进行推理,并且重新构造科学推理。普特南指出:"谈及人工智能的历史从某种意义上而言也就是对于逻辑实证主义历史的重述"。② 众所周知,在卡尔纳普之后,符号归纳逻辑的纲领发生了转向,科学哲学的哲学家们谈论的主题转移到了重视背景知识的科学方法上来。普特南提醒我们,在重视科学哲学家们采纳这一方法的启发意义的同时,也要意识到这一方法的局限所在,即如果我们的意图是模拟智能而不是描述智能的情况下,这种方法难有用武之地。如果解决的方案就是赋予系统更多的背景知识的话,会对人工智能有什么影响呢?

在普特南看来,这一问题比较棘手,因为人工智能并不真的试图完全模拟智

---

①② 李蒙. 从归纳逻辑视角解读人工智能的哲学意蕴——普特南人工智能思想窥探[J]. 自然辩证法研究,2008(9):12-16.

能。模拟智能仅是它的概念活动，它的真正活动是为不同的任务记录程序。但是如果人工智能不仅是一个概念，而是真实存在的研究活动的话，那么其实践者就要考虑背景知识问题了，在普特南看来，研究者一般会有两个可供选择的策略来处理背景知识问题。第一个策略是：研究者将接受科学哲学家的观点并且试图将复杂的人类归纳判断所具有的信息编程到一机器中（包括隐含的信息）。不过，普特南对于这一策略不太乐观。因为这一策略需要研究人员对信息进行形式化的处理，这样做的结果并不比专家系统简单，甚至会更为复杂。而且这样的智能无疑超出了人们的想象能力，从而会使得很多准确的背景知识要被放弃。因此，人们是无法实现它的。第二个策略是：人工智能实践者可以构造一个设置（device），这一设置能够通过与人类的接触、互动来学习背景知识，就像一个小孩学习语言一样，随着在人类社会中逐渐地长大，他会学到所有明确的或是隐含的信息。普特南将第二种可选择的策略称为"人工智能"的方案。

但这里又要考虑一个很重要的问题：要猜测出人们言说的事物中隐含的信息是什么的话，这样的机器设置就必须能够模拟理解人类语言。普特南指出："如果我们采纳这一方案的话，就要放弃重视人工理想语言忽略自然语言复杂性的思想。如果不这样做的话，我们将付出很大的代价。因为机器需要的大量信息只有通过自然语言加工才能弥补"。①

不过，一旦人工智能涉及自然语言的话，又有新的问题产生。一般而言，对于人工智能能否模拟自然语言有两种态度。一种是悲观的态度，另一种是较为乐观的态度。乔姆斯基（Chomsky）及其追随者持有悲观的态度。他们认为人类具有先天的能力考察、思考自然语言，包括语义的、概念等方面的考察。杰瑞·艾伦·福多（Jerry Alan Fodor）采用了更为极端的观点，他认为存在思维的先天语言，这一语言初始的充分性（adequate）可以使人类有能力在一个自然环境中学习、表述所有概念。而传统的行为主义学派将语言的学习解释为是应用一般规则获取习惯规则的特殊案例，也就是说，语言学习是另外一组归纳规则的应用。还有的观点认为：语言学习不是真正的学习，它是在一个特殊的环境中先天能力不断成熟的过程。基于以上观点，人类对于自然语言的使用不可能成功地在计算机上进行模拟。这也是乔姆斯基对于自然语言计算机程序不太乐观的原因所在，虽然他同人工智能研究者就思维的计算机模型或是语言器官的计算机模型方面拥有相类似的观点。这一悲观的态度是与对于归纳推理的悲观情绪相对应的，有人指出，归纳不是单独的能力而是复杂的人类本质系统的体现，对于这一本质系统的

---

① 李蒙. 从归纳逻辑视角解读人工智能的哲学意蕴——普特南人工智能思想窥探［J］. 自然辩证法研究，2008（9）：12-16.

模拟需要一个巨大的亚路径（subroutine）系统，几代研究者们所取得的成就也只是对于这一系统的很小一部分进行形式化而已。可见，持有悲观态度的人们强调的是人类的先天能力，而这样的先天能力正是人工智能难以模拟的。

对于语言学习、归纳逻辑和人工智能持有乐观态度的人们则认为：存在论题中立（topic neutral）的启发式，可以将之应用于语言学习，这一启发式足够帮助人们学习自然语言和做出归纳推理。因此，人工智能也可以借助于这样的启发式学习方法模拟人类的自然语言。

但是，普特南指出，人工智能或是归纳逻辑一直关注论题中立的学习策略，但是到目前为止，还没有取得令人信服的成绩。虽然在某种意义上归纳逻辑的任务是构造一个普遍的学习机器，但是时至今日，归纳逻辑只具有很低的学习能力。普特南对于归纳逻辑学习能力的评价是客观的，与学界的观点比较一致。"机器学习有时用归纳之类的术语，亦即归纳学习或归纳概念形成，但是机器学习的概念要与哲学和逻辑中的工作联系起来，也不是那么容易的，机器学习研究建立在特定概念的语义学应用之上，并不建基于归纳过程的普遍概念之上"。① 不过，虽然普特南对于人工智能的发展前景不是很乐观，但是他还是认为，随着归纳推理数学理论的发展，人类可以获得更加完善的数学学习模型，这也必将促进人工智能研究的不断完善，因此我们对于这样的学习机器的前景应当持有乐观的态度。

（四）人工智能哲学

普特南的上述论点一经发表便引起了人们的关注。美国著名哲学家丹尼尔·丹尼特（Daniel Dennett）认为普特南的观点在思维上是混乱的。普特南认为丹尼特的批判是很有意思的。在普特南看来，他自己的阐述只是讨论了模拟人类智能的前景和希望，而不是要找出大脑工作途径的非规范模型。普特南指出："丹尼特将这两样工作结合到一起来考虑了，即丹尼特认为对于人工智能模拟人类智能的悲观主义等同于对于大脑的功能进行描述的悲观主义"。② 在普特南看来，在丹尼特的批判背后实际上有更为深刻的思想背景，丹尼特的思想实质上是 Pascal③ 思想的一个变种，即如果你假设人工智能能够成功，而你是错误的，可是你

---

①② 李蒙. 从归纳逻辑视角解读人工智能的哲学意蕴——普特南人工智能思想窥探［J］. 自然辩证法研究，2008（9）：12-16.

③ Pascal 是一种计算机通用的高级程序设计语言。Pascal 的取名是为了纪念 17 世纪法国著名哲学家和数学家帕斯卡（Blaise Pascal）。它由瑞士尼克劳斯·沃尔斯（Niklaus Wirth）教授于 20 世纪 60 年代末设计并创立。1971 年，瑞士联邦技术学院尼克劳斯·沃尔斯教授发明了另一种简单明晰的计算机程序设计语言，这就是以电脑先驱帕斯卡的名字命名的 Pascal 语言。Pascal 语言语法严谨、层次分明、程序易写，具有很强的可读性，是第一个结构化的编程语言。它一出世就受到广泛欢迎，迅速地从欧洲传到美国。沃尔斯一生还写作了大量有关程序设计、算法和数据结构的著作，因此，他获得了 1984 年度"图灵奖"。

不会失去任何东西；可是如果你假设人工智能不可能成功，你将会失去唯一一次对大脑进行描述的机会。那么，在模拟智能和描述大脑之间究竟有什么样的关联呢？普特南认为：即使大脑的计算机模型是正确的，我们也不能断言人工智能就会成功。这正如乔姆斯基相信计算机模型是正确的，但是他并不期待人工智能一定会成功。在乔姆斯基看来，语言的使用是人类不可分离的能力，我们可以模拟人类最为基本的知识能力，但是不能够模拟人类的语言使用能力，甚至在固定的背景中也难以实现，也就是说，计算机模型不能够模拟人类总体的知识能力。

普特南还进一步讨论了另外一类非常有趣的大脑计算机模型，在这类模型中，没有像逻辑计算那样从归纳逻辑视角解读人工智能的哲学意蕴使用表征（representation）和规则。普特南认为在这类模型中最为有趣的是"神经达尔文主义者"（neural darwinist）模型，这一模型的理论基础是对于独特的个体大脑的自然选择进行类比，在大脑加工活动中存在不同的层次系统。这一大脑模型如果是正确的话，它并不要求我们去预测人类大脑可以做出的归纳。但是，普特南指出："即使这样的模型被证明是正确的，我们也不能断言大脑的思维是混乱的，这就正如我们从计算机科学领域之外发现了大脑活动的最好模型，但是我们不能说这样的模型就是最好的大脑活动模型。许多系统过于复杂，我们难以对其活动进行详细地考察、预测和模拟，但是这并不是说我们不能够搜寻此类系统的有用的理论模型"。① 在普特南看来，丹尼特的批评的另外一个意蕴在于：对于计算模型的悲观主义从某种意义上讲是对于认知科学的怀疑主义，这也是福多经常论述的话题。但是，这样的论断的一个隐藏的前提就是：所有思想家的思维都是还原式的（reductionist）。不过，普特南指出："存在很多的认知心理学不是还原式的。事实上，我们没有任何理由做出下面的断言：对于人类认知的研究要求我们将认知要么还原为计算要么还原为大脑程序（brain process）"。② 普特南试图说明，我们可以很成功地发现大脑的理论模型，这有助于我们更好地理解大脑的工作机制，但是这并不要求我们必须借助于心理学，而且成功地发现心理学中的理论模型不一定就对于大脑科学有独特的作用。这样的还原式研究对于我们理解科学文化并没有太多益处。

通过上面的论述，我们可以看到，普特南探究了人工智能领域中很多重要的哲学问题。其中最为人们关注的一个哲学问题是：研究者试图在计算机程序中模拟人类智力的思想能全面实现吗？与这一问题相关的论题还有很多，如人类知识

---

①② 李蒙. 从归纳逻辑视角解读人工智能的哲学意蕴——普特南人工智能思想窥探 [J]. 自然辩证法研究，2008（9）：12-16.

的结构是什么？我们可以通过计算机记忆来代表人类知识的结构吗？人类思考的过程是什么？我们可以用计算机程序模拟推理、思考和创造吗？人工智能研究者们也一定会提出哲学家们所思考的一系列认知问题。或许正是因为人工智能领域充满了这样的一些令人着迷的论题，才使得多数计算机科学家和诸如普特南这样声名显赫的哲学家对它产生了共同关注。虽然人工智能还是一个年轻的学科，但它引发的深层次哲学思考已经成为哲学关注的焦点。我们有理由相信，随着人工智能研究的不断深入，人类将获得更多的哲学启示，也必将促进哲学和科学的融合发展。

第二节 归纳逻辑程序设计概述

一、归纳逻辑程序设计的概念

（一）什么是归纳逻辑程序设计

归纳是哲学家、逻辑学家、经验自然科学家和人工智能科学家共同关注的主题。亚里士多德说："归纳法是从个别到一般的过程。"[①] 人工智能研究中与归纳密切相关的两个领域是不确定性推理和机器学习。最近十几年，归纳逻辑程序设计（inductive logic programming，ILP）这一术语频繁出现在人工智能文献中。这一术语是 20 世纪 90 年代初由马格尔顿（S. Muggleton）引进的，他把归纳逻辑程序设计定义在机器学习与逻辑程序设计的交叉领域。这方面的研究工作大约开始于 20 世纪 70 年代，90 年代初露头角。1991 年马格来顿联合布拉兹蒂德（P. Brazdid）组织了第一次归纳逻辑程序设计的国际研讨会，吸引了一批研究者。此后每年举办一次，到 2005 年已经是第十五次。归纳逻辑程序设计是一个正在蓬勃发展的主题，显示出强劲的发展势头。

（二）归纳逻辑程序设计中的逻辑工具

归纳逻辑程序设计所要达到的目的，是让计算机通过考察具体的事例，概

---

① 张立英. 归纳推理的概称句解释 [J]. 哲学分析，2017，8（2）：142 - 149, 199.

括出能够刻画这些事例特有属性的一般性规则。完成这类任务所使用的工具是一阶逻辑，更准确地说，是一阶逻辑的一种变体——子句逻辑。这里有三个重要的概念：子句、赫尔布兰德解释和消解，它们分别涉及形式语言、形式语义和形式推演。

第一个重要的概念是子句（clause）。在归纳逻辑程序设计中使用子句来表达知识。子句是一种公式，定义为由文字的析取组成的公式（一个原子公式和原子公式的否定都叫作文字）。一个一阶逻辑的公式经过一定的操作步骤可以转化为子句的一个集合。与通常的一阶逻辑公式相比，子句更简单，能够为机器所阅读和接受，同时基本上保持了一阶语言的表现力。人工智能中经常使用的一种特殊子句是霍恩子句，这是以逻辑学家霍恩（Alfred Horn）的名字命名的。

第二个重要的概念是赫尔布兰德解释（Herbrand interpretation），这是以法国数学家赫尔布兰德（J. Herbrand）的名字命名的。熟悉一阶逻辑的人都知道，要使一阶逻辑的公式表达命题，必须通过解释来实现。首先是确定论域，其次将一阶语言中的个体符号解释为论域中的个体，将关系符号和函数符号分别解释为论域上的关系和函数。对于某个一阶语言，可以有许多种甚至无穷多种不同的解释。不同的解释可以有不同的论域，即使采用同一个论域，对于同一个个体符号，不同的解释可以让它对应于论域中不同的个体。赫尔布兰德解释是一类特别的、非常有意思的解释，对于某个一阶语言，如果这个语言中含有个体符号，则它的赫尔布兰德解释的论域是唯一的、确定的。为什么要引进赫尔布兰德解释？逻辑学家和人工智能学者都关心这样的问题：给定一个公式集合 $\sum$ 和一个公式 A，$\sum \vdash A$ 是否成立？$\sum \vdash A$ 成立，当且仅当，$\sum$ 的每一个模型也是 A 的模型，这需要考察所有满足 $\sum$ 的解释。一个一阶公式集合的解释可以非常多，甚至有无穷多，一个子句集合的赫尔布兰德解释虽然也可以有无穷多，但由于论域只有一个，因此，考察所有赫尔布兰德解释的任务比考察任意解释的任务要容易得多。以赫尔布兰德的名字命名的还有赫尔布兰德定理，这个定理在人工智能自动推理的方法的发展中扮演着重要的角色。

第三个重要的概念是消解（resolution），这是罗宾森（J. A. Robinson）于 1965 年发现的一个推演规则，有些学者把这个规则叫作"归结"，这一发现对于在计算机中应用逻辑是极其重要的。在归纳逻辑程序设计中把从公式集合 $\sum$ 产生逻辑结论 A 的方式或过程叫作证明程序（proof procedure），大致相当于一阶逻辑中的形式推演。我们熟悉的推演规则之一是分离规则（MP）：从集合 $\{A \to B, A\}$ 中推出公式 B。消解也是一种推演规则，它特别适合于子句公式，其形式如下：

$$\frac{A \vee B, \neg A \vee C}{B \vee C}$$

从公式集 $\{A \vee B, \neg A \vee C\}$ 中推出公式 $B \vee C$。

演绎逻辑的推演规则应该具有可靠性（soundness）。一个推演规则是可靠的，如果使用这个规则从集合 $\sum$ 中推出的所有公式都是 $\sum$ 的逻辑后承。据此考察，消解规则是可靠的。除可靠性外，人们还希望一个或一组推演规则具有完备性（completeness）。一组推演规则是完备的，如果使用这组规则可以从前提集 $\sum$ 中推出它的全部逻辑后承。分离规则本身不是完备的，例如，仅用分离规则不能从 $\sum = \{P(a) \wedge P(b)\}$ 推出公式 $P(a)$，尽管 $P(a) \wedge P(b) \vdash P(a)$。消解规则是否完备？罗宾森证明了消解的反驳的完备性。此外，有学者证明了消解可以与其他规则一道组成完备的推演规则集。从公式集 $\sum$ 出发，使用消解，最后得到一个空的子句，这个推演被称为 $\sum$ 的反驳（refutation）。用"□"标示空子句，表示矛盾。消解通过反驳产生证明，这样的证明方法类似于反证法。

以上是归纳逻辑程序设计所使用的逻辑，这是一个完整的演绎逻辑装置。

（三）归纳逻辑程序设计的一般问题背景

通过考察具体的事例，抽取事例共同的特征，概括出一般性的知识，这个过程是归纳，也是学习。人具有这种归纳学习的能力。人工智能是一门使机器去做那些人需要智能才能完成的事情的科学，归纳学习需要智能，因此，机器学习一直是人工智能的一个重要领域。机器学习中使用的方法主要有决策树、遗传算法、神经网络等，归纳逻辑程序设计使用逻辑的方法，在子句逻辑的框架内研究如何从实例中学习。

归纳逻辑程序设计的一般问题背景是，在一定的背景知识 B 下，给出一个正例集合 E^+ 和一个负例集合 E^-，寻找一个理论（假说）H，使得理论 H 连同背景知识 B 能够蕴涵 E^+ 中所有的正例，并且不与 E^- 中的负例相矛盾。由于 E^- 中的负例都是假的，所以，$B \cup H$ 不能蕴涵 E^- 中的任何一个负例。如果 $B \cup H$ 蕴涵 E^+ 中的所有正例，则 H 被称为完全的；如果 $B \cup H$ 不与 E^- 的负例相矛盾，则 H 被称为一致的。如果 H 既是完全的，又是一致的，则 H 是正确的。这里，背景知识和事例都是用子句来表达的，归纳得到的理论也用子句或子句的集合表达。归纳逻辑程序设计的学习任务就是寻找一个对于 E^+ 和 E^- 是正确的理论。在有些情况下，我们不能保证这样的理论一定存在。如果正确的理论存在，则它们"隐藏"在所使用的语言的子句集合中。要想找到一个满意的理论，必须在可能的子句中进行搜索。所以，学习就是搜寻一个正确的理论。含有这个理论中的子句的集合被称为搜索空间或假设空间。

在寻找一个正确的理论时有两种基本的操作——特殊化和泛化。如果现有的理论连同背景知识蕴涵了反例，那么它太强了，应当削弱它，也就是说，需要寻找一个更具体的理论，使得新的理论连同背景知识对于负事例是一致的。这个过程是具体化。如果现有的理论连同背景知识不能蕴涵所有的正例，那么它太弱了，应当加强这个理论，需要找到一个更普遍的理论，让所有的正例都能够被这个理论所蕴涵。这个过程是泛化。一般来说，寻找一个正确的理论就是用特殊化操作和泛化操作来反复调节这个理论，使它适合于所有的事例。

根据系统搜索的总方向，可以把归纳逻辑程序设计的系统分为自顶向下的系统和自底向上的系统。自顶向下的系统从最一般的子句开始，以特殊化为基本操作进行搜索。自底向上的系统从具体的例子开始，以泛化为基本的操作在假设空间上搜索。

先看一个自顶向下的学习方法的简化的例子。FOIL 是很有名的自顶向下的归纳算法，由蒯恩兰（J. R. Quinlan）于 1993 年给出的。这个算法使用的是霍恩子句，为理解方便，这里用通常的一阶语言讲述。先给出正例集合、负例集合以及背景知识。正例集合包括 b747 和 c130，这两个对象是飞机。负例集合包括 cadillac，这是汽车；shalling 和 robin，这两个对象是鸟。背景知识说，b747、c130 和 cadillac 有发动机；b747、c130、shalling 和 robin 有翅膀；所有这 5 个对象都有能量来源。背景知识是以文字的形式一个一个地给出的，例如，hasengine（b747），表示 b747 有发动机。系统的任务是学习飞机的概念，找到对飞机的属性进行描述的蕴涵句。学习开始的时候系统对飞机的属性一无所知，蕴涵句的前件是空的，后件是 aeroplane（x），表示所有的 x 是飞机，因此，它蕴涵了所有五个例子。现在要找到一个文字，把它加入蕴涵句的前件。可供选择的文字有：x 有发动机、x 有翅膀、x 有能量来源。将它们分别加入蕴涵句的前件都可以产生一个假说，每一个假说蕴涵若干个例子。比较三个假说之后，系统认为"x 有发动机"看起来是最好的文字，将它加入蕴涵句的前件，形成假说"如果 x 有发动机，则 x 是飞机"，它蕴涵所有的正例，删除了三个负例中的两个。这个假说还是太强，它蕴涵一个负例，因此，还要继续进行。将"x 有翅膀"加入假说"如果 x 有发动机，则 x 是飞机"的前件，得到假说"如果 x 有发动机并且 x 有翅膀，则 x 是飞机"，它蕴涵所有的正例，不蕴涵负例。学习结束。

自底向上的学习方法正好相反，它从一个特殊的子句开始，不断对它进行泛化操作，使它能覆盖更多的正例。

除上述归纳逻辑程序设计的一般问题背景之外，在归纳逻辑程序设计中还有非单调的问题背景和扩展的问题背景等。非单调的问题背景涉及数据挖掘和知识的发现。扩展的问题背景涉及扩展推理（abduction），这种推理是皮尔斯（C. S. Peirce）提出的，在哲学和逻辑学的文献中被称为回溯推理或溯因法。

（四）关于归纳逻辑程序设计的方法

现在我们结合归纳逻辑程序设计中两个有名的工作，谈谈归纳逻辑程序设计中的一些方法问题。

一个工作是夏皮罗（E. Shapiro）建立的模型推理系统 MIS。MIS 的学习任务是通过考察某个概念的具体的例子，发现刻画这些例子的特征的规则。这些例子属于概念的外延，规则是概念的内涵。MIS 使用了两种策略——枚举和 Oracle。Oracle 通常译为"神谕"，在这里它的意思更接近于"指导"或"教师"。系统同时读取所有的例子有困难，因此需要一个一个地给出例子，这被称为枚举。枚举不仅一个一个给出例子，包括正例和负例，同时还给出这些例子在一个赫尔布兰德解释 I 之下的真值。系统向 Oracle 询问某个基本原子句在解释 I 之下的真值，Oracle 能够给予回答。MIS 采用自顶向下的学习方式。学习过程如下：（1）从一个非常普遍的理论 $\sum$ 开始，通常是从 $\sum = \{\Box\}$ 开始。空子句 $\Box$ 蕴涵任何东西。（2）系统从枚举中读取一个新的例子。（3）如果理论相对于目前已经读取的例子太强，则削弱它；如果太弱，则加强它；反复进行调整，直到这个理论相对于到目前为止所读到的例子是正确的。再从枚举中读取一个例子，重复（2）的过程。

这种算法有几个需要解决的技术问题。一个重要的技术问题：检查当前的理论是否太强或者是否太弱，需要确定对某个 α，$\sum | = \alpha$ 是否成立？这个问题在归纳逻辑程序设计中普遍存在。一般说来，在一阶逻辑中，这是不可判定的。夏皮罗采用了一种方法来处理这个问题。

如果这个理论太强，如何削弱它？理论性太强是由于它蕴涵了一个负例 α。如果 $\sum$ 中所有的子句在解释 I 之下都为真，它就不会蕴涵假的公式。因此，如果这个理论太强，那么 $\sum$ 中至少有一个子句是假的。系统使用一种返回的算法寻找 $\sum$ 中假的子句。输入一个树形的从 $\sum$ 到 α 的消解，结论 α 是树根，作为前提的子句是树叶。算法向 Oracle 询问 A 的真值，如果 Oracle 回答说 A 是真的，则算法选择 ¬AVC 继续搜索；如果 Oracle 回答说 A 是假的，则算法选择 AVC 进行搜索。直到找出那个作为树叶的假的子句，把它从 $\sum$ 中删除。

有时候删除一个假的子句之后理论会变得太弱，在这种情况下，系统把刚被删除的子句的一个比较弱的变体（称为这个子句的精化）加入理论，使它变强。

系统通过求精算子来寻找被删除子句的精化。这就需要比较不同子句的普遍性程度，并将它们排序。这个问题在归纳逻辑程序设计中也是普遍存在的。

还有一个重要的问题是系统什么时候停止读取例子，系统能否知道它已经找到了一个正确的理论。当事例的数量为无穷的情况下，系统无法知道目前的理论是否适用于所有的例子。

这种算法所能做到的是，每当它消化一个事例之后，输出到目前为止所得到的理论。一旦算法找到了正确的理论，它将不再对理论进行修改，并且每读取一个新的例子之后都输出同样的 $\sum$。实际上，机器遇到的这个问题恰恰是我们人类在进行归纳时所面临的问题。

另一项有代表性的工作属于马格莱顿和班提恩（W. Buntine）。他们把归纳看作演绎的逆运算。演绎是从一般的规则向具体情况的运动，而归纳的目标是由具体的情况（事例）寻找一般的规则。在人工智能中，演绎推理的主要工具是消解，于是马格莱顿和班提恩提出逆消解作为归纳的工具。他们建立了一个名叫 CIGOL 的系统，这个名字是将"Logic"反过来书写而得。系统采用自底向上的学习方式，使用了 V 算子和 W 算子。消解是从两个子句 C_1 和 C_2 得到结论 R。V 算子由 R 和一个子句 C_1 寻找另一个子句 C_2，使得 R 是 C_1 和 C_2 的消解结论。W 算子是两个 V 算子的联合，用 w 算子可以产生新的谓词。用 V 算子和 w 算子能够得到普遍性更大的假说，但由子推理不具有必然性，可能产生大量的符合条件的假说，因而逆消解方法面临更多的技术问题。

归纳逻辑程序设计在子句逻辑的框架内研究机器学习，这使得它具有优于其他方法的特点。一阶逻辑具有很强的表达能力，不仅能表达事物的属性，也能表达事物之间的关系。用子句公式表达背景知识和事例，能够自然而有效地利用背景知识。在归纳逻辑程序设计中知识被表达为规则和事实，这比机器学习中任何其他方法更接近于自然语言，由归纳所产生的假说很容易为人所理解。这意味着归纳逻辑程序设计系统可以参与到实验、假说生成、讨论等科学研究活动中来。这对于神经网络之类的方法而言是不可能的。

归纳逻辑程序设计对于逻辑和哲学也有方法上的启发。归纳逻辑程序设计中机器学习的任务是考察某类事物中若干对象，抽取其共同特征，形成一个一般性的规则，并且使得这个规则只适用于该类事物，而不适用于其他类的事物，从逻辑的角度看，这个过程是寻找一类事物的定义。它与现代归纳逻辑着重研究的归纳推理前提与结论之间的关系问题有很大的差别，而且似乎不在一个层次上。但是按照亚里士多德关于归纳法的定义，它的确属于归纳。由此可见，对于归纳，可以从不同层次和不同角度进行研究。在进行枚举归纳推理时，归纳的前提明确给出了部分对象所具有的共同属性，而在机器学习中，正例具有的共同属性要靠机器从背景知识中去抽取、去发现,这个过程具有尝试性和选择性。

归纳逻辑程序设计中的假设是在搜索过程中产生的,假设的起点或者是最一般的子句(自顶向下),或者是特殊的子句(自底向上)。自顶向下的过程是不断证伪假设的过程,自底向上的过程是不断确证假设的过程。在这些过程中背景知识起着重要的作用。归纳逻辑程序设计中的假设虽然很简单,但它确实是机器发现的,因此它对于哲学家们争论的是否有科学发现的逻辑等问题具有启发意义。

二、归纳逻辑程序设计的发展[①]

(一)归纳逻辑程序设计的产生与发展

针对一般机器学习方法中存在的知识表示的局限性和难以利用背景知识的问题,归纳逻辑程序设计的研究领域于20世纪90年代初应运而生。归纳逻辑程序设计是逻辑程序设计与机器学习的交叉领域,其目的是在一阶逻辑理论框架下,借助于成熟的逻辑程序设计的理论与方法,建立新的机器学习体系,克服传统机器学习存在的问题,把机器学习推向深入。

归纳逻辑程序设计研究是机器学习不断发展的必然结果,早在20世纪70年代戈登·普洛特金(Gordon Plotkin)等就提出了一阶公式的学习思想,他们的工作奠定了归纳逻辑程序设计理论基础,其主要成果是引入了相对包含(relative subsumption)的概念,以及由此而产生的称为最小一般泛化(relative least general generalization,RLGG)的归纳机制。RLGG泛化结论一般不是有穷的。20世纪80年代末,马格尔顿等正式提出归纳逻辑程序设计概念。蒯恩兰提出了一个高效学习系统FOIL,这一系统利用信息熵并由已知关系(谓词)进行Horn子句[②]的学习,FOIL采取启发式搜索策略,在一阶Horn子句范围进行归纳学习,特别

[①] 郑磊,贾东,刘椿年.归纳逻辑程序设计综述[J].计算机工程与应用,2003(17):43-46.

[②] 在逻辑学,特别是命题逻辑中,Horn子句或明确子句是有如下一般性形式的命题:(p与q与…与t)蕴涵u,这里由于组合的命题的数目同我们所希望的一样大(也可以是零)。换句话说,Horn子句是一种简单的析取式,在其中最多有一个项是肯定的文字(literal),而余下的是否定的。这显示了Horn子句的合取是合取范式。Horn子句在逻辑编程中扮演基本角色并且在构造性逻辑中很重要。Horn子句对定理证明的实用性是一阶归结提供的,两个Horn子句的归结是一个Horn子句。在自动定理证明中,这能导致子句的在计算机上表示得更加高效。实际上,Prolog就是完全在Horn子句上构造的编程语言。Horn子句在计算复杂性中也是关键的,在这里找到一组变量指派使Horn子句的合取为真的问题是一个P-完全问题,有时叫作HORNSAT。这是布尔可满足性问题的P的变体,它是一个中心的NP-完全问题。"Horn子句"得名于逻辑学家(阿尔弗雷德·霍恩)Alfred Horn,他是在1951年首次指出这种子句的重要性的人,那是在文章On sentences which are true of direct unions of algebras [J]. Journal of Symbolic Logic, 1951: 16, 14-21中。

是 FOIL 能产生问题的递归描述。FOIL 充分反映了一阶系统的能力，以及背景知识的存在对学习质量所产生的重大影响。随着 FOIL 取得成功，一些以 FOIL 基本思想为基础的归纳学习系统相继被开发出来，如 mFOIL、FOCL、FFOIL 等。

随着归纳逻辑程序设计的理论研究与实践不断深入，理查德开发了 FORTE 系统，这一系统基于理论修正的观点，综合使用各种泛化与特殊化算子进行最小化理论修正，有效地克服了交互要求。以理论修正的观点看待归纳学习是归纳逻辑程序设计研究的新尝试。

格尔顿提出了基于逆蕴涵并以模式制导的归纳方法（mode directed inverting entailmen，MDIE）开发了 PROGOL 系统。MDIE 方法的基石是公理：BK ∧ ~E ⊦ ~H，使得归纳结论 H 的解必为这样的子句。PROGOL 的特点是直接以蕴涵来求解归纳结论，并以模式来限制归纳结论的数量。MDIE 方法有利于背景知识的利用以及归纳结论的获取，但存在的问题是 E 必须为单个示例。德里德（De Read）提出了归纳逻辑程序设计的新语义，将归纳逻辑程序设计应用于数据挖掘领域并发表系统 CLAUDIEN。他将示例看作归纳结论的解释，使归纳逻辑程序设计语义成为解释上的特征归纳，即抽取示例间所蕴含的逻辑关系，有力地拓广了归纳逻辑程序设计应用领域。

（二）归纳逻辑程序设计的现状

近几年来，归纳逻辑程序设计的研究主要沿两个方向发展。一个是基于传统的归纳逻辑程序设计框架，研究针对现实数据的有效的归纳逻辑程序设计技术和方法，不良数据（imperfect data）的处理和数值量的处理是其中的热点问题；另一个是将归纳逻辑程序设计技术应用于数据挖掘，处理关系数据库中的多个表的数据，称为关系数据挖掘。

随着归纳逻辑程序设计研究的不断深入，各种归纳逻辑程序设计系统陆续被开发出来。了解归纳逻辑程序设计系统的类型对阅读归纳逻辑程序设计的相关文献，深入理解归纳逻辑程序设计的技术和发展状况都有积极意义。

可以将理论修正的学习多个谓词的交互式增量学习系统称为交互式归纳逻辑程序设计系统，将从头学习单个谓词的非交互式批处理学习系统称为经验式归纳逻辑程序设计系统。典型的交互式归纳逻辑程序设计系统是由少量的例子和对用户的提问学习出多个谓词的定义，交互式归纳逻辑程序设计系统已经有 10 多种，如 MIS、MARVIN、CLINT、CIGOL 等。

以学习系统在假设空间上的搜索方向的不同，还可以把归纳逻辑程序设计系统分为自上而下（top-down）和自下而上（bottom-up）的归纳逻辑程序设计系统。自上而下和自下而上分别对应归纳逻辑程序设计的两个基本技术，即特殊化技术和泛化技术。自上而下的归纳逻辑程序设计系统从最一般的（体为空的）子句开始，以特殊化为基本操作进行搜索，如 MIS；自下而上的归纳逻辑程序设计系统采用逆归结或逆蕴涵方法，从训练例（最特殊的假设）开始，以泛化为基本操作在假设空间上搜索，自下而上的归纳逻辑程序设计系统有 CIGOL 等。特殊化技术比泛化技术更适合处理噪音问题，因为自上而下系统可以用启发函数直接方便地指导搜索。国外学者已经提出了自上而下与自下而上相结合的算法，该算法被成功地应用于学习自然语言分析的学习系统。

另外，也可以从数据挖掘的角度，根据不同的学习任务，将归纳逻辑程序设计系统分为预测型归纳逻辑程序设计系统和描述型归纳逻辑程序设计系统。

第三节 归纳推理与机器学习

一、机器学习概论

机器学习是人工智能的重要研究领域。什么是学习？按照著名心理学家、人工智能学者西蒙的观点，学习就是系统在不断重复的工作中对自身能力的改进或加强，使系统在下一次执行同样的任务或相似的任务时，会比现在做得更好或效率更高。人具有学习能力。某个人的能力在开始时可能不强，但只要他肯学习，会学习，能不断对经验进行分析、总结，领悟其中的规律，能不断接受新的知识，改进自己的做法，他的能力就会不断提高。即使是像金庸笔下的郭靖、虚竹那样的笨人，经过持续不断的学习和训练，也能成为武林高手。

所谓机器学习，就是用智能系统（计算机系统）来模仿人类的某种学习活动，使机器具有某方面学习能力。目前机器学习领域中思想非常活跃，内容极为丰富。我们关注的是与归纳推理有关的工作，也就是归纳学习。

无论是人，其他动物，还是机器，任何学习智能体的核心都是一个算法。用算法来将输入的数据转换为某种特定形式的有用的输出。输出可以是机器人为完成某个任务而要执行的动作，也可以是棋类游戏中的下一步着法，还可以是关于是否允许贷款申请人贷款的建议。学习的结果被称为目标函数。如果学习是正确的或成功的，则目标函数应该能接收输入数据，并产生正确的（最优的）输出。例如，目标函数可能接收某个购房贷款申请人的几个相关属性的数据，然后输出"适合贷款"或"不适合贷款"。

亚里士多德认为归纳法是从个别到普遍的一个过程。归纳法是从个别事例进到普遍，从已知进到未知。逻辑学家把归纳推理理解为通过个别事物或现象找出一般性普遍性规律推理，即从经验中找出规律或定律的思维过程。人工智能学者把从例子中学习看作归纳学习，这与逻辑学家的看法基本相同。形式地说，归纳学习中的每个例子都是一个对子（x，f(x)），其中 x 是输入，f(x) 是输出，是目标函数 f 作用于 x 的输出。目标函数 f 在学习之前是未知的，归纳学习的任务就是通过具体的例子，找出未知的目标函数 f。但通常不会恰好得到准确的 f，而是产生一个函数 h，h 近似于 f，称函数 h 为假设。归纳学习的困难在于，所产生的某个特定的假设 h 是否为函数 f 的良好的近似，这并不容易判断。一个好的假设应该是很一般化的，应该能够正确地预测未见过的事例，对假说的评价和选择正是归纳逻辑中的基本问题。而人工智能在研究归纳学习的方法时，既要解决假设的形成问题，又要考虑假设的检验问题。

在归纳学习领域，比较有名的方法有决策树学习、基于解释的学习、神经网络、遗传算法、归纳逻辑程序设计等，这里主要介绍决策树和归纳逻辑程序设计。

二、决策树学习

（一）什么是决策树

决策树归纳是最简单但是最成功的学习算法之一，它是人们广泛应用的一种归纳推理形式。昆兰（Quinlan）于 1986 年提出的 ID3 算法是最典型的决策树算法，由此又派生出许多算法，如 C4、C4.5、ASSISANT、GID3 等。

在决策树学习中，用一棵树来表达假设（目标函数），树由结点和分支组成，结点表示属性，分支表示属性的值。例如，十字路口的"交通信号灯"是属性，它有红、黄、绿 3 个值；"天气类型"也是属性，它的值有晴朗、多云等。最后的叶结点表示分类的结果。我们来看一个例子，如例 10.1 所示。

例 10.1：图 10-1 中是一棵决策树。这棵树涉及的属性有天气类型、温度和假日。它从根结点"天气类型"开始，沿着不同的路径展开，每一条路径最终都可以到达一个叶结点。根据一条路径上的属性值做出决策，叶结点给出了相应的决策。在这个例子中，决策是"售完"或"未售完"。每一条路径都表达了一个规则。例如，最左边的分支路径表达下面的规则：

IF 天气类型 = 晴朗 AND 温度 = 高 THEN 售完

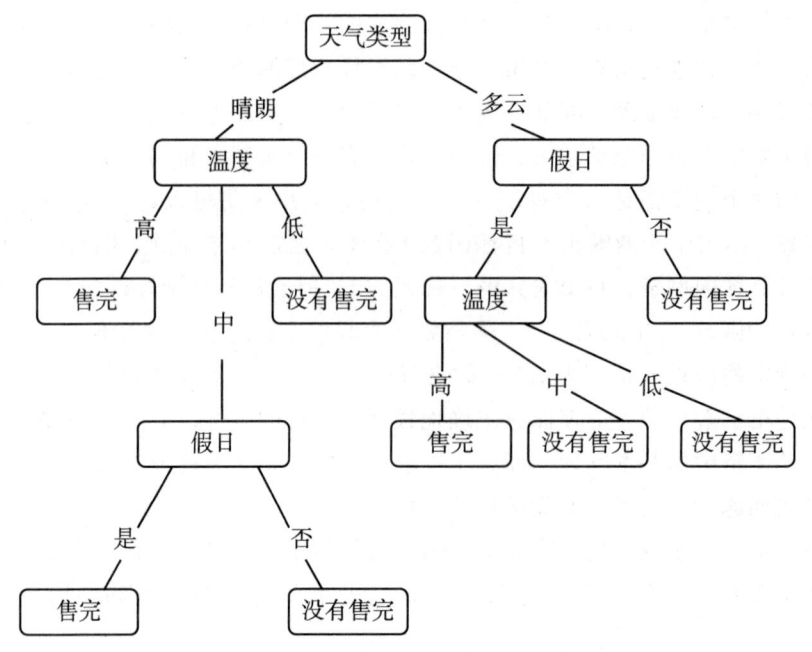

```
                    天气类型
                  晴朗 /    \ 多云
                   温度      假日
               高 / 中 \ 低  是 / \ 否
             售完  |  没有售完  温度  没有售完
                  假日      高/ 中 \ 低
                 是/ \否   售完 没有售完 没有售完
                售完  没有售完
```

图 10-1 在给定天气属性和假日属性的情况下，
　　　　 用来确定冰淇淋是否能售完的决策树①

这条规则用自然语言表达就是：

　　　　如果天气晴朗并且温度高，则冰淇淋售完。

而最右边的分支路径表达的规则为：

　　　　IF 天气类型 = 多云 AND 假日 = 否 THEN 未售完

这条规则用自然语言可表达为：

　　　　如果天气多云且不是假日，则冰淇淋未售完。

在使用决策树时，将属性集合所描述的事物或情景作为输入，通过执行一个测试序列，最后返回一个"决策"，这个决策是根据输入的情况所做的预测输出值。例如，关于冰淇淋能否售完的决策问题（关系到决定生产或预定多少冰淇淋），输入天气类型、温度、假日等属性的值，通过测试序列后返回一个预测值（售完或未售完），将这个预测值作为输出。

属性值可以是离散的，也可以是连续的；目标函数的输出值也可以是离散的或者是连续的。学习一个离散值的函数被称为分类学习，学习一个连续值的函数被称为回归。可以对连续值进行离散化处理。这里只涉及离散的情况。

---

① ［美］Rob Callan. 人工智能［M］. 黄厚宽、田盛丰，等译. 北京：电子工业出版社，2004：20.

(二) 从实例中归纳决策树

决策树可以表达规则或规律。但决策树是如何形成的？决策树是从已有的实例中归纳产生的。在上面冰淇淋的例子中，人或机器通过一组实例进行学习，这些实例是对相应的目标分类（售完或未售完）进行标记，观察并记录下对应的天气、温度、是否为假日等情况。通过对这些实例的学习，人或机器就可以创建相应的决策树。可以将决策树看作一个分类函数。下面用一个简单的例子说明如何从实例中归纳产生决策树。

例 10.2：某个啤酒厂已经在英国各地开设了多家酒吧饭馆。现在它需要对在某些地点是否建立新的酒吧饭馆进行评估，也就是说，对某个指定的地点，确定是否适合建立新的酒吧饭馆。为了对新的地点进行评估，必须对该地点所处区域的一些属性进行考察。这些属性包括：这个区域是否为城市或较大的城镇，该区域内是否有大学，居住区属于什么类型，此外，还可以考察该地点附近是否有工业区（或公园），该区域内公共交通的质量和学校的数量。每个属性都有若干个值。例如，属性"城市/镇"取值为 {是，否}，属性"居住区类型"取值为 {大型，中型，小型，无}，属性"公共交通条件"取值为 {好，一般，差}。这家啤酒厂有一个数据库，其中包括现有的酒吧饭馆及其相关的属性值。表 10-1 给出了这个数据库的一个子集。表中每个酒吧饭馆都有一个类别，+（正）表示这一地点的酒吧饭店营业状况良好；-（负）表示该酒吧的效益尚可，但厂家不希望将来再进行类似的投资了。这家啤酒厂希望利用这个数据库找到一组规则，以便帮助他们确定某个新地点的潜在的投资效应。

表 10-1 关于酒吧饭馆的实例

实例	城/镇	有无大学	居住区类型	有无工业区	交通条件	学校数量	类别
1	是	有	中型	无	一般	多	+
2	否	无	小型	无	差	多	-
3	是	有	中型	无	一般	中	+
4	是	无	中型	无	差	少	-
5	否	无	中型	有	差	中	+
6	否	有	无	无	一般	少	-
7	是	无	无	无	好	少	+
8	是	无	小型	无	一般	中	-
9	否	无	大型	有	差	多	+

续表

实例	城/镇	有无大学	居住区类型	有无工业区	交通条件	学校数量	类别
10	否	无	中型	无	差	少	−
11	否	无	大型	有	一般	中	+
12	是	无	无	无	好	多	+
13	否	有	小型	无	差	多	−
14	否	无	大型	有	差	多	+
15	是	无	中型	无	一般	中	−
16	是	有	无	无	好	少	+
17	否	无	大型	无	一般	中	−
18	否	无	大型	无	差	少	−
19	是	无	无	无	好	多	+
20	是	无	无	无	好	少	+

决策树的一个实例是由输入的属性向量和一个输出值构成，例如，表 10 - 1 中的每个实例都有一些输入的属性值，最后一列"类别"是输出值。其中的正例是目标"投资"为正的那些实例 {1, 3, 5, 7, 9, 11, 12, 14, 16, 19, 20}；负例是"投资"为负的那些实例 {2, 4, 6, 8, 10, 13, 15, 17, 18}。完整的实例集合被称为训练集。

从这个训练集中可以归纳出下面的决策树（见图 10 - 2）。图中每一个结点都表示一个属性，由结点伸出的分支表示该属性的一个值。沿着从根属性到叶结点每一条路径都有一个相应的规则。例如，最右边的那条路径表示的规则为：

　　IF 交通条件 = 好 THEN 在该地点建新酒吧饭馆

　　　　（如果交通条件好，则在该地点建新酒吧饭馆。

　　　　因为事例 {7, 12, 16, 19, 20} 都是正的）

而右边数第二条路径表示的规则为：

　　IF 交通条件 = 差 AND 有工业区

　　　　= 无 THEN 不在该地点建新酒吧饭馆

　　　　（如果交通条件差并且无工业区，则不在该地点建新酒吧饭馆。

　　　　因为事例 {2, 4, 10, 13, 18} 都是负的）

如何找到与训练集相符合的决策树，这是一个比较困难的问题。存在着一个平庸的解，即简单地构造一棵决策树，对于每个实例，树中都有一条到达叶节点的路径。其中每一条路径都依次测试每个属性，循着实例所得到的值，最后到达

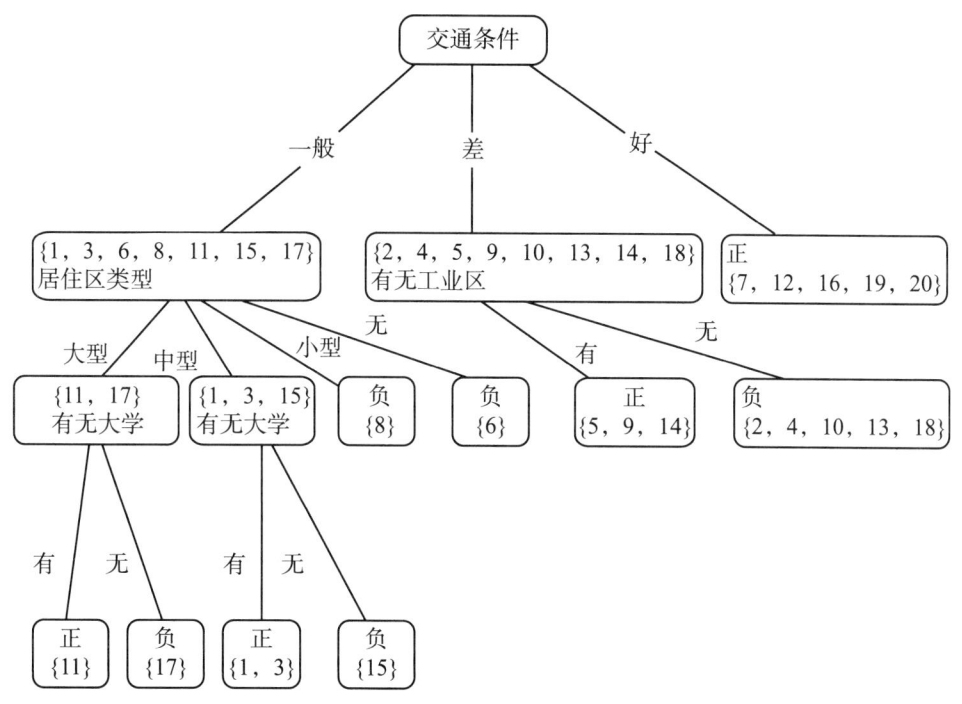

图 10-2　判断是否应当在特定位置建造新酒吧饭馆的决策树

叶节点，叶节点是对该实例的分类。当再次给出相同的实例时，决策树会得到正确的分类。但遗憾的是，这棵平庸的决策树只记住了所观察到的数据，却没有从实例中抽取出任何模式，因此，它不能对未见过的实例进行推断。

理想的目标是找到与实例相一致的最小的决策树，但这个目标很难实现。不过利用一些简单的启发程序，可以找到比较小的树。决策树学习算法的基本思想是，首先测试最重要的属性。所谓"最重要的属性"是使某事例的分类与其他例子最不同的属性。找出最重要的属性后，就可以通过较少数量的测试得到正确的分类。这意味着树中所有的路径都很短，而且整棵树的规模比较小。

我们用图 10-3 来说明这种方法。现在有 20 个训练例子，分为正例集合和负例集合。首先要确定用哪个属性作为树的根节点来进行第一个测试。从图 10-3 (a) 看，"大学"不是一个重要的属性，它有两个可能的输出，每个输出中正例和反例的数目非常接近。类似地，"城/镇"和"学校数量"也不是有用的属性，它们的值不能有效地对正例和负例进行分类。其次，从图 10-3 (b) 看，"交通条件"是一个比较重要的属性，如果交通条件的值是"好"，则产生一个完全是正例的集合，可以明确地做出"投资"的肯定回答。如果交通条件的值是"一般"或"差"，则会留下一个混合例子的集合。一般地，当第一个属性测试对实例进行划分后，如果输出的结果中有混合实例的集合，则又产生一个新的决策树学习问题，不过实例的个数减少了，而且属性也少了一个。在根据交通条件进行划分之后，"工业区"是第二个相当不错的属性。

一般地说，先在属性中选出一个最好的属性，根据这个属性的值，对所有的实例进行划分。当第一个属性测试结束，如果输出的结果中有混合实例的集合，那么分别对这些集合寻找划分它们的最佳属性，继续对这些剩余的实例进行划分。如果划分的结果集合分别都是正例或都是反例，则学习结束。

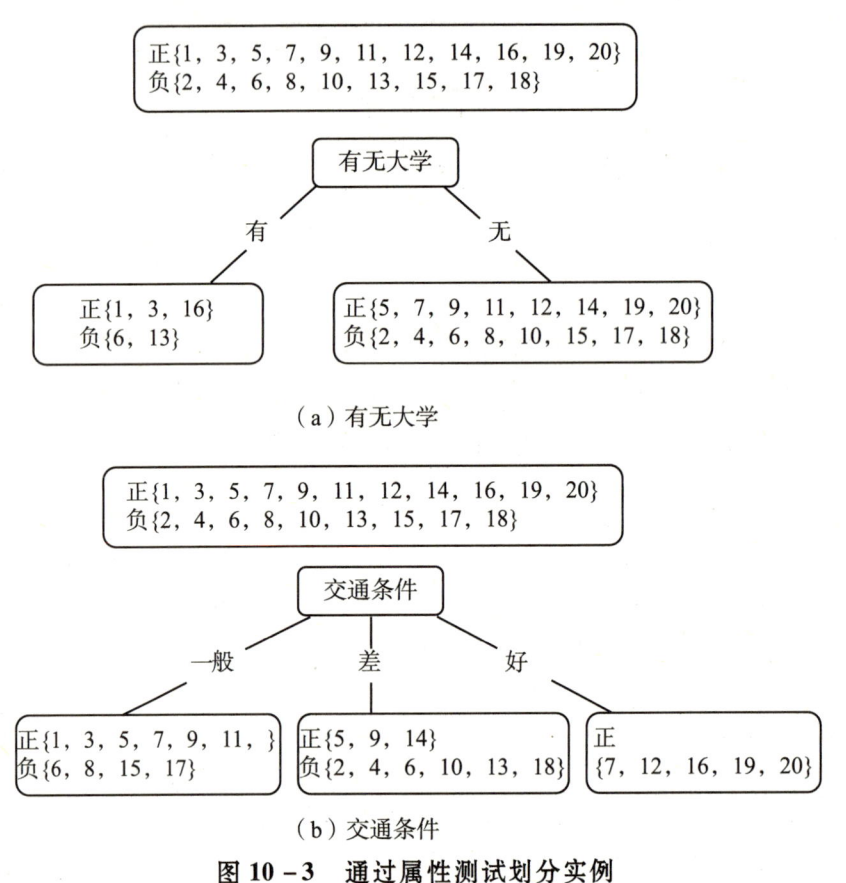

```
正{1, 3, 5, 7, 9, 11, 12, 14, 16, 19, 20}
负{2, 4, 6, 8, 10, 13, 15, 17, 18}
```

有无大学
├─ 有: 正{1, 3, 16} 负{6, 13}
└─ 无: 正{5, 7, 9, 11, 12, 14, 19, 20} 负{2, 4, 6, 8, 10, 15, 17, 18}

（a）有无大学

```
正{1, 3, 5, 7, 9, 11, 12, 14, 16, 19, 20}
负{2, 4, 6, 8, 10, 13, 15, 17, 18}
```

交通条件
├─ 一般: 正{1, 3, 5, 7, 9, 11,} 负{6, 8, 15, 17}
├─ 差: 正{5, 9, 14} 负{2, 4, 6, 10, 13, 18}
└─ 好: 正{7, 12, 16, 19, 20}

（b）交通条件

图 10-3　通过属性测试划分实例

注：（a）根据有无大学不能很好地区分正例和负例。（b）根据交通条件可以比较好地分离正例和负例。

（三）如何选择好的属性

理想的属性是把实例划分为只含有正例或只含有负例的集合。"交通条件"这个属性并不十分理想，但比"大学"这个属性要好。如何选择一个好的属性？人工智能中使用"信息增益"这个特性来确定一个属性的优劣。为了定义信息增益，先给出"熵"的定义。一个随机变量 X 的熵，可以理解为在试验之前取值不确定程度（即无序程度）的一种度量，也可以理解为对一个试验所期待的信息量。

设一个试验有 n 个结果 $X = X_i$（$i = 1, 2, \cdots, n$），X_i 出现的概率为 P_i，熵是这样的概念，当 P_i 很小的时候，X_i 的不确定性比较大；当 P_i 接近于 1 时，X_i 的不确定性就很小。因此，$\log_2(1/P_i)$ 是一个很好的度量，当 $P_i \to 0$ 时，$\log_2(1/P_i) \to \infty$；当 $P_i \to 1$ 时，$\log_2(1/P_i) \to 0$。于是"平均"的 $\log_2(1/P_i)$，即按照 X_i 出现的概率大小 P_i 来加权平均，就得到平均的不确定性，即：

$$H(X) = -\sum_{i=1}^{n} P_i \log_2 P_i$$

如果我们获得了信息，此时概率分布就会改变。用 H 表示原来的熵，H(I) 表示得知信息 I 后的熵，显然，$H(I) \leq H$，否则信息 I 是没有意义的。信息 I 的作用是使熵减少，因此，信息 I 提供的信息量为 H − H(I)，即对信息量的度量。

在决策树学习中，所要回答的问题是，对于给定的实例，正确的分类是什么？一棵正确的决策树将回答这个问题。在例 10.2 中，共有 20 个实例组成一个训练集，这些实例分为两类 {正，负}，可以看成两种可能的结果。有 11 个正例，和 9 个负例。正例出现的概率为 11/20，负例出现的概率为 9/20。用 T 表示这个训练集。在所有的属性被测试之前，所期待的信息量（即熵）H(T) 为：

$$H(T) = -(11/20) \times \log_2(11/20) - (9/20) \times \log_2(9/20)$$
$$= 0.993$$

称 H(T) 为原始的信息需求。

对单个属性 A 的测试并不总能提供这么多的信息，通常只能提供部分信息。因此，可以通过计算对该属性进行测试之后还需要多少信息来度量得到了多少信息。任何属性 A 都可以根据 A 的值将训练集 T 划分为几个子集 $T_1, \cdots, T_v$，其中 A 可以有 v 个不同的值。每个子集包含若干个正例和负例，如果我们沿着这个分支前进，还需要的信息是每个子集的熵的加权和。例如，"城镇"这个属性有两个值 {是，否}。对于属性值"是"共有 7 个正例和 3 个负例：

$$T_{yes}[7 \text{ 正}, 3 \text{ 负}]$$

于是有：

$$H(T_{yes}) = -(7/10) \times \log_2(7/10) - (3/10) \times \log_2(3/10)$$
$$= 0.881$$

对于属性值"否"，"城镇"属性共有 4 个正例和 6 个负例，于是有：

$$T_{no}[4 \text{ 正}, 6 \text{ 负}]$$

$$H(T_{no}) = -(4/10) \times \log_2(4/10) - (6/10) \times \log_2(6/10)$$
$$= 0.971$$

测试完属性"城镇"之后,我们还需要的信息[用 Remainder(A) 表示]为这两个子集的熵的加权和:

$$\text{Remainder}(A) = (10/20) \times H(T_{yes}) + (10/20) \times H(T_{no})$$
$$= 0.926$$

这个表达式中出现的第一个(10/20),是从训练集 T 中随机抽选出属于"城镇"的第一个属性值"是"的实例的概率;公式中出现的第二个(10/20),是从训练集 T 中随机抽选出属于"城镇"的第二个属性值"否"的实例的概率。称 Remainder(A) 为新的信息需求。

从属性测试中得到的信息增益,用 Gain(A) 表示,是原始的信息与新信息需求之差:

$$\text{Gain}(A) = H(T) - \text{Remainder}(A)$$

在以上的例子中,"城镇"属性的信息增益为:

$$\text{Gain}(城镇) = 0.993 - 0.926$$
$$= 0.067$$

对于其他的属性,都可以计算出信息增益,这里就不一一列举了。其中"交通条件"具有最大的信息增益,具体计算如下。

交通条件取值为"好",有 5 个正例,没有负例,相应的熵为:

$$-(5/5) \times \log_2(5/5) - (0/5) \times \log_2(0/5) = 0$$

交通条件取值为"一般",有 3 个正例,4 个负例,相应的熵为:

$$-(3/7) \times \log_2(3/7) - (4/7) \times \log_2(4/7) = 0.985$$

交通条件取值为"差",有 3 个正例,4 个负例,相应的熵为:

$$-(3/8) \times \log_2(3/8) - (5/8) \times \log_2(5/8) = 0.954$$

测试这个属性之后,还需要的信息为:

$$0 + (7/20) \times 0.985 + (8/20) \times 0.954 = 0.727$$

这个属性的信息增益为:

$$\text{Gain}(交通条件) = 0.993 - 0.727 = 0.266$$

由于"交通条件"具有最大的信息增益,所以将它作为树的根结点。然后按照交通条件的 3 个取值(好,一般,差)对训练实例进行划分。由于属于取值为"好"的所有实例都属于同一类别(正),因此,在"好"分支下的那个结点就作为叶结点。其他两个结点按照上述方式进行扩展。需要注意的是,此时相对于"交通条件=一般"这个分支的实例集,它的熵为:

$$H(T) = -(3/7) \times \log_2(3/7) - (4/7) \times \log_2(4/7)$$

(四)对学习算法的性能和假设进行评估

一个学习算法的性能如何,需要进行评估,决策树学习也不例外。

如果某个学习算法产生的假设能够很好地对没有见过的实例进行分类预测，那么这个算法就是一个好的算法。如果一个预测为真，那么它就是一个好的预测。因此，可以将某个假说的预测与我们已经知道的正确的分类进行对比，以此来评估该假设的质量。一般是在测试集上完成这项工作。

在人工智能中常常采用以下一套方法：
（1）选取一个大的实例集合。
（2）将这个实例集合分为两个不相交的子集——训练集和测试集。
（3）将学习算法应用于训练集，产生假设 h。
（4）在测试集上检验假设 h，计算用 h 分类正确的实例的百分比。

如果检验的结果较差，则需要再次进行训练，这是需要使用不同的结构，如更大的训练集，等等。

如何对归纳学习所产生的假设 h 进行评估，是归纳学习中的一个重要问题，在人工智能领域有很多的研究，比如 L. Valiant 等人建立的计算学习理论。

对于决策树学习而言，还有处理噪声和过拟合等问题，有兴趣的读者可以阅读人工智能领域相关的文献。

三、归纳逻辑程序设计系统

前面的章节已经介绍的决策树学习方法，是用图来表示归纳学习的结果。决策树的图有比较强的表达能力，对人而言，理解决策树学习算法的输出是可能的，而这是神经网络所不具有的性质。另外，决策树的表达能力相当于命题语言的表达能力，它无法表达个体的性质和个体之间的关系。我们知道，一阶语言可以表达性质和关系。

还有，决策树学习算法没有利用背景知识，而人在进行归纳推理时往往要用到背景知识。例如，一位去巴西的旅行者，当他第一次遇到一个巴西人时，听到巴西人在说葡萄牙语，他会立刻得出结论：巴西人都说葡萄牙语；但当他得知这位巴西人名叫费尔南德时，却不会得出"所有的巴西人都叫费尔南德"的结论。这是背景知识在起作用：人们知道，在任何给定的国家内大多数人倾向于说同样的语言，但并非大多数人都起同样的名字。在科学中也有类似的情况。例如，一位大学物理系一年级学生在测量特定温度下一块铜的电阻时，他确信能把这个值推广到所有的铜块；当他测量铜的质量时却根本不会考虑"所有的铜块都具有相同的质量"这样的假说，但是，如果对所有一元的人民币硬币，得出这样的归纳结论却是相当合理的。

在归纳学习的方法中，基于解释的学习和归纳逻辑程序设计都是利用背景知识的，归纳逻辑程序设计使用了一阶语言。在本节中我们介绍归纳逻辑程序设计。

归纳逻辑程序设计（inductive logic programming，ILP）这一术语是 20 世纪 90 年代初由马格尔顿引进的，他把归纳逻辑程序设计定义为机器学习与逻辑程序设计的交叉。这方面的研究工作大约开始于 20 世纪 70 年代，90 年代崭露头角。1991 年马格尔顿联合布拉兹蒂德组织了第一次归纳逻辑程序设计的国际研讨会，吸引了一批研究者。此后，这样的国际会议每年都举行一次。

（一）ILP 的逻辑工具

如前所述，归纳逻辑程序设计工具的三个重要概念：子句、赫尔布兰德解释、消解。

第一个重要的概念是子句（clause）。在 ILP 中使用子句来表达知识或命题。

定义 10.1：称原子公式为正文字，称原子公式的否定为负文字，正文字和负文字统称文字。

定义 10.2：子句是 0 个或若干个文字组成的有穷的析取式。

定义 10.3：不含任何文字的子句称为空子句，记作 □。

空子句是不可满足的。

一个一阶逻辑的公式经过一定的操作步骤可以转化为子句的一个集合。具体地说，对于一个一阶逻辑的公式，先把它转变为前束合取范式；如果公式中有存在量词，则采用一种方法消去存在量词，只剩下全称量词，所得到的公式叫作司寇伦标准形式。由于全称量词的次序并不重要，因此可以约定不写出来。没有了全称量词的公式是一个合取范式，消去合取词，用 $\{A, B\}$ 代替 $A \wedge B$，结果得到一个子句的集合。这样，一个一阶逻辑的公式就转化为子句的一个集合。与通常的一阶逻辑公式相比，子句更简单，能够为机器所阅读和接受，同时基本上保持了一阶语言的表达力。

可以把子句：

$$\alpha_1 \vee \alpha_2 \vee \cdots \vee \alpha_m \vee \neg \beta_1 \vee \neg \beta_2 \vee \cdots \vee \neg \beta_n \quad (10.1)$$

写成：

$$\beta_1 \wedge \beta_2 \wedge \cdots \wedge \beta_n \rightarrow \alpha_1 \vee \alpha_2 \vee \cdots \vee \alpha_m \quad (10.2)$$

如果约定蕴涵式前件的文字间恒为合取，后件的文字间恒为析取，则可以将式（10.2）写为：

$$\beta_1, \beta_2, \cdots, \beta_n \rightarrow \alpha_1, \alpha_2, \cdots, \alpha_m \quad (10.3)$$

由于技术的原因，将式（10.3）写成：

$$\alpha_1, \alpha_2, \cdots, \alpha_m \leftarrow \beta_1, \beta_2, \cdots, \beta_n \quad (10.4)$$

其中"$\alpha_1, \alpha_2, \cdots, \alpha_m$"称为子句的头,"$\beta_1, \beta_2, \cdots, \beta_n$"称为子句的体。在式(10.4)中,如果 m = 0,则用下面的式子表达这种特殊情况:

$$\leftarrow \beta_1, \beta_2, \cdots, \beta_n \qquad (10.5)$$

在式(10.4)中,如果 n = 0,则表示为:

$$\alpha_1, \alpha_2, \cdots, \alpha_m \leftarrow \qquad (10.6)$$

人工智能中经常使用的一种特殊的子句是霍恩子句,这是以逻辑学家阿尔弗雷德·霍恩的名字命名的。

定义 10.4:至多只含有一个正文字的字句是霍恩子句。

霍恩子句 $\alpha \vee \neg \beta_1 \vee \neg \beta_2 \vee \cdots \vee \neg \beta_n$ 通常表示为:

$$\alpha \leftarrow \beta_1, \beta_2, \cdots, \beta_n$$

霍恩子句具有以下形式之一:

(1) $\alpha \leftarrow \beta_1, \beta_2, \cdots, \beta_n$ (n 不等于 0)

(2) $\alpha \leftarrow$ (上式中 n = 0)

(3) $\leftarrow \beta_1, \beta_2, \cdots, \beta_n$

(4) □

第二和第三个概念在前面已有论述,在此不再赘述。在 ILP 中把从公式集合 $\sum$ 产生它的逻辑结论 A 的方式或过程叫作证明程序(proof procedure),大致相当于一阶逻辑中的形式推演。我们熟悉的一个推演规则是分离规则(MP):从集合 {A→B, A} 中推出公式 B。归结也是一种推演规则,它特别适合于子句公式。

定义 10.5:令 L_1 为一个正文字,L_2 为一个负文字,如果 $\neg L_1 = L_2$,则 L_1 和 L_2 形成一个互补对。

定理 10.1(归结原理):设 C_1, C_2 是子句集中的任意两个子句,如果 C_1 中的文字 L_1 与 C_2 中的文字 L_2 形成一个互补对,则从 C_1 和 C_2 中分别消去 L_1 和 L_2,并将这两个子句余下的部分做析取构成一个新的子句 C_{12},称这一过程为归结,所得到的子句 C_{12} 称为 C_1 和 C_2 的归结式,称 C_1 和 C_2 为 C_{12} 的亲本子句。形式如下:

$$\frac{C_1 = A \vee L_1, \quad C_2 = B \vee L_2}{C_{12} = A \vee B}$$

也可以表示为 $C_{12} = (C_1 - \{L_1\}) \cup (C_2 - \{L_2\})$,其中" - "表示"集合差运算"。

根据归结原理,归结式 C_{12} 是其亲本子句 C_1 和 C_2 的逻辑结论。

在归结的过程中,还要注意一个问题,由于在子句中可能存在不同的个体变元或个体常元,因此在子句集中寻找子句的互补对就比较复杂,有时需要对子句执行一些操作，这些操作就是置换和合一。

从公式集 Σ 出发，使用归结，最后得到一个空的子句，这个推演被称为 Σ 的反驳（refutation）。用 □ 表示空子句，它表示矛盾。归结通过反驳产生证明，要证明 $\Sigma \vDash A$，可以把 ¬A 加入 Σ，通过给出 $\Sigma \cup \{\neg A\}$ 的反驳，使 $\Sigma \vDash A$ 得到证明。这样的证明方法类似于反证法。

（二）ILP 的一般问题背景

ILP 的一般问题背景是，在一定的背景知识 B 下，给出一个正例集合 E^+ 和一个负例集合 E^-，寻找一个理论（假说）Σ，使得理论 Σ 连同背景知识 B 能够蕴涵 E^+ 中所有的正例，并且不与 E^- 中的负例相矛盾。由于 E^- 中的负例都是假的，所以，$B \cup \Sigma$ 不能蕴涵 E^- 中的任何一个负例。正式的定义为：

定义 10.6：一个理论是有限的子句集。

定义 10.7：如果 $\Sigma = \{C_1, C_2, \cdots\}$ 是一个（可能无限的）子句集，则用 ¬Σ 表示 $\{\neg C_1, \neg C_2, \cdots\}$。

定义 10.8：令 Σ 是一个理论，E^+ 和 E^- 是子句的集合。如果 $\Sigma \vDash E^+$，则 Σ 对于 E^+ 是完全的。如果 $\Sigma \cup \neg E^-$ 是可满足的，则 Σ 对于 E^- 是一致的。如果 Σ 对于 E^+ 是完全的，并且 Σ 对于 E^- 是一致的，则 Σ 对于 E^+ 和 E^- 是正确的。

这里，背景知识和实例都是用子句来表达的，归纳得到的理论也用子句或子句的集合表达。ILP 的学习任务就是寻找一个对于 E^+ 和 E^- 是正确的理论。在有些情况下，并不能保证这样的理论一定存在。如果正确的理论存在，则它们"隐藏"在所使用的语言的子句集合的某个地方。要想找到一个满意的理论，必须在可能的子句中进行搜索。所以，学习就是搜寻一个正确的理论。含有这个理论中的子句的集合被称为搜索空间或假设空间。

定义 10.9：令 Σ 是一个理论，E^+ 和 E^- 是子句的集合。如果 Σ 对于 E^- 不是一致的，则 Σ 是过于强的。如果 Σ 对于 E^+ 不是完全的，则 Σ 是过于弱的。

在寻找一个正确的理论时有两种基本的操作——特化（specialization）和泛化（generalization）。

如果现有的理论连同背景知识对于负实例不一致，那么它太强了，应当削弱它，也就是说，需要寻找一个更具体的理论，使得新的理论连同背景知识对于负实例是一致的。这个过程是逐渐特化的过程。通过向子句体添加文字或将子句中的变量置换为常量执行相应的特化操作。例如，给定子句：

class(x，reptile)（所有的 x 是爬行动物）

可以特化为：

class(x，reptile)←has_covering(x，scales)（对所有 x，如果 x 身上覆盖有鳞片，则 x 是爬行动物）

如果现有的理论连同背景知识不能蕴涵所有的正例，那么它太弱了，应当加强这个理论，需要找到一个更普遍的理论，让所有的正例都能够被这个理论所蕴涵。这个过程是逐渐泛化的过程。通过从子句体删除某个文字或将子句中的常量置换为变量执行相应的泛化操作。例如，给定子句：

class(trout，fish)←has_covering(trout，scales)（如果鲑鱼身上覆盖有鳞片，则鲑鱼是鱼）

可以泛化为：

class(x，fish)←has-covering(x，scales)（对所有 x，如果 x 身上覆盖有鳞片，则 x 是鱼）

一般来说，寻找一个正确的理论就是用特化操作和泛化操作来反复调节这个理论，使其适合于所有的实例。

一般来说，大多数 ILP 系统大致遵循以下的模式：

输入：B，E^+ 和 E^-。

输出：一个理论 $\sum$，使得 $\sum \cup B$ 对于 E^+ 和 E^- 是正确的。

从某个初始的（可能是空的）理论 $\sum$ 开始。

重复。

如果 $\sum \cup B$ 过于强，将 $\sum$ 特化。

如果 $\sum \cup B$ 过于弱，将 $\sum$ 泛化。

直到 $\sum \cup B$ 对于 E^+ 和 E^- 是正确的。

根据系统搜索的总的方向，可以把 ILP 的系统分为自顶向下的系统和自底向上的系统。自顶向下的系统从一个很一般的子句开始，以特化为基本操作进行搜索。自底向上的系统从具体的例子开始，以泛化为基本的操作在假设空间上搜索。

（三）自顶向下的归纳学习方法

自顶向下学习方法是从一条很一般的规则入手，逐步对其进行特化以使其能拟合数据。

FOIL 算法是蒯恩兰于 1993 年给出的，是一个自顶向下的归纳算法。它从子句头开始，通过向子句体添加文字来执行相应的特化操作。当子句不覆盖任何负例，或子句变得过于复杂时，算法将会终止。这里用一个简化了的例子说明 FOIL 算法。

例 10.3：系统的任务是学习有关"飞机"的概念。

正例集包含：b747（飞机）、c130（飞机）；

负例集包含：cadillac（汽车）、swallow（燕子）、eagle（鹰）；

背景知识：

（1）has_engine（b747）、has_engine（c130）、has_engine（cadillac），(b747, c130, cadillac 都有发动机)；

（2）has_wings（b747）、has_wings（c130）、has_wings（swallow）、has_wings（eagle），(b747, c130, swallow, eagle 都有翅膀)；

（3）energysource（b747, fuel）、energysource（c130, fuel）、energysource（cadillac, fuel）、energysource（swallow, food）、energysource（eagle, food），(b747, c130, cadillac 以燃料为能源，swallow 和 eagle 以食物为能源，即这 5 个对象都有能量来源)。

初始的训练集合 T 为：

$$\{<+(b747)>, <+(c130)>, <-(cadillac)>, <-(swallow)>, <-(eagle)>\}$$

初始的子句为：

$$\text{Aeroplane}(x) \leftarrow (\text{所有的 } x \text{ 都是飞机})$$

生成一个新的训练集合 T_1，它是 T 的一个备份：

$$\{<+(b747)>, <+(c130)>, <-(cadillac)>, <-(swallow)>, <-(eagle)>\}$$

T_1 中含有负例，所以，要对该子句进行特化。寻找一个文字，并将其加到该子句右边：

候选的文字有：

（1）has_engine(x)，(x 有发动机)；

（2）has_wings(x)，(x 有翅膀)；

（3）energysource(x, y)，(x 以 y 为能源)。

如果采用（1）has_engine(x)，那么所产生的文字将蕴涵所有的正例 (b747, c130) 和一个负例 (cadillac)；

如果采用（2）has_wings(x)，那么所产生的文字将蕴涵所有的正例 (b747,

c130）和 2 个负例（swallow，eagle）；

如果采用（3）energysource(x，y)，所产生的文字将蕴涵所有的实例。

比较起来 has_engine(x) 是最好的文字，因为它蕴涵了所有的正例，还删除了 3 个负例中的两个。现在，子句变为：

$$Aeroplane(x) \leftarrow has\_engine(x)$$

这个假说还是太强，它蕴涵一个负例，因此，还要继续进行。寻找一个文字，并将其加到该子句右边：

既然这 3 个实例都有能源，文字 energysource(x，y) 将覆盖它们。而文字 has_wings(x) 可以将 cadillac 删除。现在，子句将变成以下形式：

$$Aeroplane(x) \leftarrow has\_engine(x), has\_wings(x)$$

它表示"对所有 x，如果 x 有发动机且 x 有翅膀，则 x 是飞机"，这个假说蕴涵所有的正例，不覆盖任何负例，学习任务完成，学习结束。

实际的学习过程要复杂得多，因为 FOIL 可以使用否定算子和相等算子产生出其他候选文字。另外，为了从候选文字集中选出某个文字，需要进行判断。对于算法的计算机实现，这种判断需要进行量化。FOIL 使用了类似于信息增益的启发式度量。

（四）使用逆向归结的归纳学习

可以把归纳看作演绎的逆过程。演绎是从一般的规则向具体情况的运动，而归纳的目标是由具体的情况（实例）寻找一般的规则。在人工智能中，演绎推理的主要工具是归结，于是有学者提出逆向归结（也称为逆消解或逆向蕴涵）作为归纳的工具。

这种方法的基本思想是：一个普通的归结步骤是选取两个子句 C_1 和 C_2，对其进行归结产生归结式 C_{12}。逆向归结的步骤是，给定一个归结式 C_{12} 和它的一个亲本子句 C_1，产生另一个亲本子句 C_2。逆向归结的过程可以表示为：

（1）识别出现在 C_1 中而没有出现在 C_{12} 中的文字 L；

（2）通过执行 $C_2 = C_{12} - (C_1 - \{L\}) \cup \{-L\}$ 的操作得到 C_2。

由于子句中可能含有不同的变元和常元，有时需要进行合一置换操作。

下面的图 10-4 表明了逆向归结的过程，其中我们关注的是一个正实例 grandfather(John，Bob)。处理的过程从证明的结尾开始（显示在图的底部）。设归结式 C_{12} 为空子句 □（即矛盾），设 C_1 为 ¬grandfather(John，Bob)，它是上述实例的否定。第一个逆向步骤生成子句 grandfather(John，Bob) 作为 C_2。接下来的一步，将生成的子句作为归结式 C_{12}，将子句 mother(Anne，Bob) 作为 C_1，生成子句 ¬mother(Anne，y)∨grandfather(John，y) 作为 C_2。最后一步,将新生成子句作为 C_{12},用 father(John,Anne)作为 C_1,生成的子句 C_2 是¬father(x,z)∨¬mother(z,y)∨grandfather(x,y)。

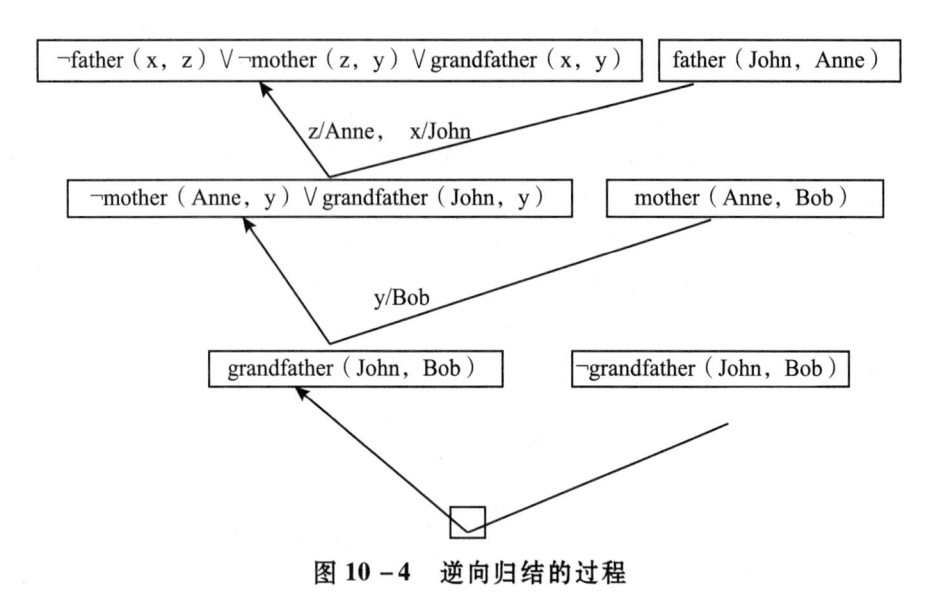

```
¬father(x,z)∨¬mother(z,y)∨grandfather(x,y)      father(John,Anne)
                        ↑                              ↑
                        └──────z/Anne, x/John──────────┘

¬mother(Anne,y)∨grandfather(John,y)       mother(Anne,Bob)
                        ↑                              ↑
                        └──────y/Bob───────────────────┘

grandfather(John,Bob)       ¬grandfather(John,Bob)
                        ↑                              ↑
                        └──────□────────────────────────┘
```

图10-4 逆向归结的过程

逆向归结涉及一个搜索过程,每一个逆向归结步骤都是非确定的,因为对于任何 C_{12},都可能有许多个甚至无限多个子句 C_1 和 C_2 可以归结出 C_{12}。逆向归结很容易导致搜索空间的组合爆炸。

普洛特金(Plotkin)于1969年提出了"θ⁻包含"概念。

定义10.10:子句 C_1 θ⁻包含子句 C_2,当且仅当,存在一个置换 θ,使得 $C_1θ⊆C_2$ 成立。如果子句 C_1 θ⁻包含子句 C_2 并且 C_2 也 θ⁻包含 C_1,那么 C_1 和 C_2 是 θ⁻包含等价的。如果一个子句 θ⁻不包含于它的任何真子集,就称这个子句是简化的。

可以把 θ⁻包含看作蕴涵的一种特殊情况:如果 C_1 θ⁻包含 C_2,则有 $C_1\models C_2$,但反之不一定成立。

"θ⁻包含"概念的意义在于,θ⁻包含关系是偏序关系,这一包含关系在简化子句集上形成某种格结构。如果子句 C_1 θ⁻包含子句 C_2,而 C_2 不 θ⁻包含 C_1,则 C_1 是 C_2 的泛化。

可以用下面通用的算法来进行归纳:

(1)选择要泛化的正例 e。
(2)创立最特殊的子句假设 h。
(3)在位于 h 之上的包含格中找到一个最好的子句 C。
(4)删除所有对 C 来说是冗余的子句。

如何产生最特殊的子句假设 h?给定背景知识 B 和正例 e,需要找到最特殊的子句假设 h，同时满足：

$$B \wedge h \models e$$

由上面的关系可以得到：

$$h \models \neg (B \wedge e)$$

具体过程如下：

（1）计算¬e。

（2）找到能从 B 和 e 导出的文字的一个合取。

（3）通过对第（2）步形成的文字合取进行否定来计算出最特殊的假设。这将产生文字的一个析取，其本身就是一个子句。

下面是一个简化了的例子。

例 10.4：系统的任务是学习有关"鱼类"的概念。

正例集：{class（trout：鲑鱼，fish：鱼），class（salmon：大马哈鱼，fish：鱼)}

负例集：{class（eagle：鹰，fish：鱼），class（crocodile：鳄鱼，fish：鱼)}

背景知识：

has_covering（trout, scales）　　（鲑鱼身上覆盖有鳞片）；

has_covering（salmon, scales）　　（大马哈鱼身上覆盖有鳞片）；

has_covering（eagle, ferthers）　　（鹰身上覆盖有羽毛）；

has_covering（crocodile, scales）　　（鳄鱼身上覆盖有鳞片）；

has_gills（trout）　　（鲑鱼有鳃）；

has_gills（salmon）　　（大马哈鱼有鳃）；

has_legs（eagle, 2）　　（鹰有 2 条腿）；

has_legs（crocodile, 4）　　（鳄鱼有 4 条腿）；

has_eggs（trout）　　（鲑鱼产卵）；

has_eggs（salmon）　　（大马哈鱼鱼产卵）；

has_eggs（eagle）　　（鹰产卵）；

has_eggs（crocodile）　　（鳄鱼产卵）。

需要泛化的正例是：

$$class（trout, fish）$$

相关的背景知识是：

{has_covering（trout, scales），has_gills（trout），has_eggs（trout)}

产生这些文字的合取：

{¬class（trout, fish），has_covering（trout, scales），has_gills（trout），has_eggs（trout)}

对上面的合取进行否定，得到最特殊的假设：

$$\{\text{class}(\text{trout},\text{fish}) \lor \neg\text{has\_covering}(\text{trout},\text{scales})$$
$$\lor \neg\text{has\_gills}(\text{trout}) \lor \neg\text{has\_eggs}(\text{trout})\}$$

它等同于下面的子句：
$$\text{class}(\text{trout},\text{fish}) \leftarrow \text{has\_covering}(\text{trout},\text{scales}),$$
$$\text{has\_gills}(\text{trout}), \text{has\_eggs}(\text{trout})$$

将它泛化为：
$$\text{class}(x,\text{fish}) \leftarrow \text{has\_covering}(x,\text{scales}), \text{has\_gills}(x), \text{has\_eggs}(x)$$

最后，寻找冗余。冗余意味着能够从一个子句中删除一部分文字而不影响证明的结果。在这个例子中，删除文字 $\{\text{has\_covering}(x,\text{scales}), \text{has\_eggs}(x)\}$ 后，仍然可以蕴涵所有的正例，也不覆盖任何负例。最终结果是：
$$\text{class}(x,\text{fish}) \leftarrow \text{has\_gills}(x,x)$$

（五）ILP 与归纳逻辑

ILP 在子句逻辑的框架内研究机器学习，这使得它具有优于其他方法的特点。一阶逻辑具有很强的表达能力，不仅能表达事物的属性，也能表达事物之间的关系。用子句公式表达背景知识和事例，能够自然而有效地利用背景知识。在 ILP 中知识被表达为规则和事实，这比机器学习中任何其他方法更接近于自然语言，由归纳所产生的假说很容易为人所理解。这意味着归纳逻辑程序设计系统可以参与到实验、假说生成、讨论等科学研究活动中来。这对于神经网络之类的方法而言是不可能的。

ILP 对于逻辑和哲学也有方法上的启发。ILP 中机器学习的任务是考察某类事物中若干对象，抽取其共同特征，形成一个一般性的规则，并且使得这个规则只适用于该类事物，而不适用于其他类事物，从逻辑的角度看，这个过程是寻找一类事物的定义。它与现代归纳逻辑着重研究的归纳推理前提与结论之间的关系问题有很大的差别，而且似乎不在一个层次上。但是按照亚里士多德关于归纳法的定义，它的确属于归纳。由此可见，对于归纳，可以从不同层次和不同角度进行研究。在进行枚举归纳推理时，归纳的前提明确给出了部分对象所具有的共同属性，而在机器学习中，正例具有的共同属性要靠机器从背景知识中去抽取、去发现，这个过程具有尝试性和选择性。

ILP 中的假设是在搜索过程中产生的，假设的起点或者是最一般的子句（自顶向下），或者是特殊的子句（自底向上）。自顶向下的过程是不断证伪假设的过程，自底向上的过程是不断确证假设的过程。在这些过程中背景知识起着重要的作用。ILP 中的假设虽然很简单，但它确实是机器发现的，因此它对于哲学家们争论的是否有科学发现的逻辑等问题具有启发意义。

第十一章

人工智能中的不确定推理

逻辑学家研究归纳推理，是为了说明归纳推理的合理性。现代归纳逻辑使用数学概率论作为研究归纳推理的技术手段，与此同时也对概率概念进行了深入的研究，而概率论本身是处理不确定信息的重要工具之一。人工智能的目的是要让计算机具有人的智能。归纳推理是人类智能的重要组成部分。另外，由于信息不完全，认知主体推理的能力有限、处理问题的时间有限，人类大脑有高度的容错机制等方面的原因，人在日常思维中所进行的许多推理是不确定推理。于是现代归纳逻辑与人工智能就有了相交的研究领域。就研究的对象——归纳推理而言，现代归纳逻辑与人工智能中的机器学习，特别是归纳学习是相交的；就研究的技术工具而言，现代归纳逻辑与人工智能中的不确定推理相交。本章将讨论不确定推理。

客观世界中存在大量的不确定性事物或不确定性现象。例如，经常乘飞机旅行的人都知道，由于天气、机场流量等因素影响，飞机不能按时起飞或降落的情况时有发生。电冰箱供应商为顾客提供的保修单是自购买之日起一年之内电冰箱能够正常工作，但厂家也知道，可能有的电冰箱不到一年就出毛病了。有的丰田牌轿车在正常行驶时会突然加速，而驾车的人却无法控制车辆让它减速。购买轿车的人都要买保险，因为尽管开车的人小心谨慎，但也不敢保证自己不会遇到交通意外事故。"意外"二字充分说明了客观事物的不确定性。

客观事物的不确定性以及人们认知能力或推理工具的局限性导致了人们认识的不确定性。例如，病人发高烧，医生认为可能是流感，可能是肺炎、脑膜炎，或其他疾病。汽车发动不起来，司机猜测，可能是火花塞被阻塞了，也可能是电池没有电了。

不确定性是人工智能研究的一个重要领域。目前关于不确定性处理方法的研究主要沿着两条路线发展。一条路线是在推理一级扩展不确定性推理，建立各种不确定推理的模型；另一条路线是在控制一级上处理不确定性，称为控制方法。本书关注的是第一条路线。

就不确定推理而言，通常可分为数值的方法和非数值的方法。非数值的方法有非单调推理等，数值的方法包括概率的方法、证据理论、可能性理论等。我们关注数值的方法。

第一节 贝叶斯网络

概率论研究随机现象。现代归纳逻辑利用概率论研究归纳推理，用概率来刻画归纳推理前提对结论的支持程度，或者用概率刻画认知主体对命题为真或对事件发生的相信度。人工智能在使用概率概念时，兼有概率论和现代归纳逻辑的特点。

一、贝叶斯网

贝叶斯网（Bayesian network），也叫信念网或因果网。一个贝叶斯网是一个有向的非循环的网络图（DAG），图中每一个节点表示一个随机变量，节点之间用带箭头的线段连接，从父节点引向子节点，它表示变量之间的因果关系或条件依赖关系。为清楚起见，本书先介绍定性的贝叶斯网，然后再介绍定量的贝叶斯网。

（一）定性的贝叶斯网

一个定性的贝叶斯网由有向线段（带箭头的线段）以及为这些有向线段所联结的节点的集合组成。如前面所述，贝叶斯网中的有向线段是非循环的。一条有向线段是非循环的，也就是说，不存在节点一个序列 $u_0, \cdots, u_k$，使得 $u_0 = u_k$，并且对于 $i = 0, \cdots, k-1$，有一条从 u_i 到 u_{i+1} 的线段。

例如，一个关于吸烟与癌症之间的推理关系的贝叶斯网，包括 4 个二值的随机变量。用下面的符号表示这些变量：

C——某人患癌症

H——被动地吸二手烟

S——本人吸烟

F——双亲中至少有一人吸烟

用图 11-1 中的贝叶斯网所表示的这几个变量之间的关系似乎是合理的因果关系。我们知道，吸烟是诱发肺癌的一个因素；被动吸烟是诱发肺癌的另一个因素。一个人的双亲中是否有人吸烟，会影响到这个人是否被动吸烟，也会对他本人是否吸烟产生影响。

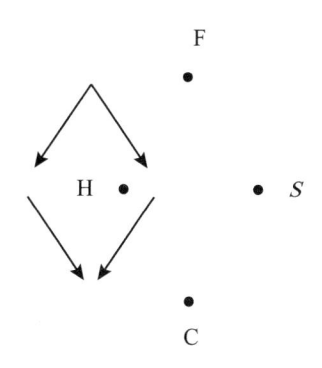

```
        F
       ·
      ↙ ↘
    H·    ·S
      ↘
       ·
       C
```

图 11-1　贝叶斯网例图

"被动吸烟"和"本人吸烟"是"某人患肺癌"的父节点；"双亲中有人吸烟"是"某人患肺癌"的祖节点。一个人的父母是否吸烟显然会对他是否患肺癌产生影响，但是这种影响是通过"被动吸烟"和"本人吸烟"这两个因素的中介作用实现的。如果已经知道了某人是否吸烟或是否被动吸烟，再被告知其父母是否吸烟，就没有给出其他的信息。因此，给定"被动吸烟"和"本人吸烟"的条件下，"某人患肺癌"是独立于"双亲中有人吸烟"这个变量的。这种情况在人工智能的文献中被表示为：给定一个节点的父节点，该节点独立于其祖节点。图 11-1 表示吸烟与肺癌关系的定性的贝叶斯网。

再看 H 与 S 之间的关系。一个人是否被动地吸二手烟也会对他本人是否吸烟产生影响，但是如果已经知道了他的双亲中至少有一人吸烟，那么，再被告知他是否被动地吸二手烟就没有提供任何新的信息。节点 F 是节点 H 的父节点，由于节点 S 不是节点 H 的后代节点，所以，这种情况被称为：给定一个节点的父节点，该节点独立于它的非后代节点。

实际上，一个节点的祖节点也是它的非后代节点，所以，一般地，在一个贝叶斯网中，给定一个节点的父辈节点的集合，该节点独立于它的非后代节点的任何子集。

从图 11-1 中我们可以直观地看到，什么是一个节点的父节点、子节点、祖节点、后代节点、非后代节点等，这里就不对这些概念进行严格的定义了。

给定一个贝叶斯网，对于网中的任一节点 V_i，用 $F(V_i)$ 表示 V_i 的父节点的集合，用 $N(V_i)$ 表示 V_i 的非后代节点的任何子集，贝叶斯网络图表达的是：对于任何 V_i，$I(V_i, N(V_i)/F(V_i))$。

$I(V_i, N(V_i)/F(V_i))$ 的意思是 $P(V_i/N(V_i), F(V_i)) = P(V_i/F(V_i))$。

这就是贝叶斯网中的条件独立性。

假设 $V_1, V_2, \cdots, V_n$ 是贝叶斯网中的节点，给定由贝叶斯网确定的条件独立性，并将这些条件独立性用于链规则表达式，可以写出网中所有节点的联合概率如下：

$$P(V_1, V_2, \Lambda, V_n) = \prod_{i=1}^{n} P(V_i/F(V_i))$$

用这个表达式可以计算网中所有变量的联合概率。

（二）定量的贝叶斯网

一个定性的贝叶斯网给出了变量之间的依赖性和独立性的定性的信息，但是并没有实际给出条件概率的值。在一个定性的贝叶斯网络图中，对每个节点 V_i 给出一个条件概率表（CPT），就得到一个定量的贝叶斯网，条件概率表确定 V_i 的父节点对 V_i 的影响。

例如，对图 11-1 中的各个节点给出概率表，得到图 11-2。图 11-2 是一个定量的贝叶斯网。

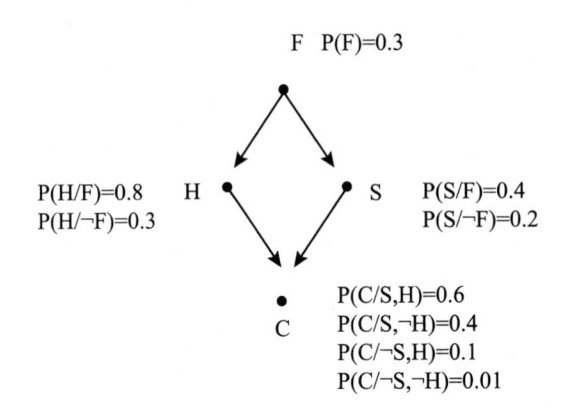

```
                    F  P(F)=0.3

P(H/F)=0.8       H        S    P(S/F)=0.4
P(H/¬F)=0.3                    P(S/¬F)=0.2

                                P(C/S,H)=0.6
                       C        P(C/S,¬H)=0.4
                                P(C/¬S,H)=0.1
                                P(C/¬S,¬H)=0.01
```

图 11-2　表示吸烟与肺癌关系的定量的贝叶斯网

图 11-2 中节点 F 没有父节点，它的概率不以其他节点为条件，这种概率叫作变量 F 的先验概率。其他节点处都给出了以其父节点为条件的条件概率。注意网络所表达的条件独立性，例如，$P(C/H, S, F) = P(C/H, S)$。

用贝叶斯网可以计算所有变量的联合概率，例如，计算 $P(C, H, S, F)$。

使用链规则，计算这个联合概率为：

$$P(C, H, S, F) = P(C/H, S, F)P(H/S, F)P(S/F)P(F)$$

利用贝叶斯网中的条件独立性，则可以用下面的贝叶斯网络公式计算这个联合概率：

$$P(C, H, S, F) = P(C/H, S)P(H/F)P(S/F)P(F)$$

比较这两个公式，显然，贝叶斯网络公式更简单。

如果没有贝叶斯网确定的条件独立性，要在上述例子中进行概率推理需要指定 16 个联合概率（实际上只需要 15 个，因为它们之和必须为 1）。从图 11 - 2 中可以看到，现在只需要指定 9 个概率。而且显然 $P(C/H, S)$ 比 $P(C/H, S, F)$ 更容易得到。当某个领域的变量中有几个条件独立时，用贝叶斯网络公式计算联合概率所需要的条目比没有这些独立性时所需要的条目要少。这种减少有时候会使难处理的问题变得容易处理。

第二节 贝叶斯网的推理模式

在贝叶斯网中有 3 种重要的推理模式。我们用搬积木的机器人的例子说明这些推理模式。

首先，构建贝叶斯网。考虑几个变量之间的因果关系。"积木是可举的"（L）和"电池有足够的能源"（B）是原因，L 和 B 对 M（"机器人手臂移动"）有因果影响。B 对 G（"指示灯是绿的"）也有因果影响。为这个问题画出一个贝叶斯网，在每个节点处给出条件概率或先验概率（见图 11 - 3）。

$P(L) = 0.7$

$P(B) = 0.95$

$P(M/B,L) = 0.9$

$P(M/B, \neg L) = 0.05$

$P(G/B) = 0.95$

$P(M/\neg B,L) = 0.0$

$P(G/\neg B) = 0.1$

$P(M/\neg B, \neg L) = 0.0$

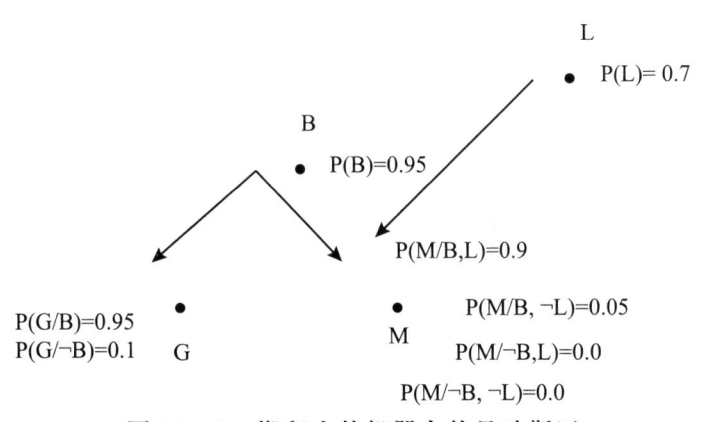

图 11 - 3 搬积木的机器人的贝叶斯网

其次,下面根据这个贝叶斯网进行推理。

一、因果推理(由上向下的推理)

给定积木是可举的,现在来计算手臂能移动的概率,也就是计算 P(M/L)。由于积木可举起是手臂能移动的原因之一,所以,这个计算属于因果推理。L 被称为推理的证据,M 叫作询问节点。推理这样执行:

第一,把 P(M/L)(一个边缘概率)扩展为两个联合概率之和,因为 M 有两个父节点,要利用贝叶斯网中提供的条件概率,需要涉及 M 的另一个父节点 B。可以得到:

$$P(M/L) = P(M, B/L) + P(M, \neg B/L)$$

第二,由于贝叶斯网中提供的是以 M 的两个父节点为条件的概率,所以,可以用一个链规则形式得到:

$$P(M/L) = P(M/B, L)P(B/L) + P(M/\neg B, L)P(\neg B/L)$$

第三,因为现在 M 的真假是未知的,因此 B 独立于 L,而 B 没有任何父节点,于是有 P(B/L) = P(B)。同样地,有 P(¬B/L) = P(¬B)。将这两个等式用于上面的公式,得到:

$$P(M/L) = P(M/B, L)P(B) + P(M/\neg B, L)P(\neg B)$$

第四,这时候计算所需要的数值都在网络中给出,我们得到:

$$P(M/L) = 0.855$$

这种推理的操作要点如下:

(1)对于询问节点 V,用给定证据节点与 V 的其他所有父节点(它们不是证据)的联合概率,重新表达所求的给定证据情况下询问节点 V 的条件概率。

(2)回到以所有父节点为条件的 V 的概率,重新表达这些联合概率。

二、诊断推理(自底向上的推理)

给定手臂不能移动,现在要计算积木是不可举起的概率,即计算 P(¬L/¬M)。由于我们是根据一个结果(或症状)来推测一个原因,所以,这类推理叫作诊断推理。¬M 是推理的证据,L 是询问节点。推理过程如下:

第一,使用贝叶斯定理,有:

$$P(\neg L/\neg M) = \frac{P(\neg M/\neg L)P(\neg L)}{P(\neg M)}$$

第二,先用前面所介绍的因果推理的方法计算 P(M/¬L)。由于 P(M/¬L)

与 P(¬M/¬L) 之和为 1，因此很容易计算出 P(¬M/¬L) = 0.9525。同时从贝叶斯网可以得到 P(¬L) = 0.3。将 P(¬M/¬L) 和 P(¬L) 的值代入贝叶斯公式，得到：

$$P(\neg L/\neg M) = \frac{0.523 \times 0.3}{P(\neg M)} = \frac{0.1573}{P(\neg M)}$$

第三，使用同样的方法，可以得到：

$$P(L/\neg M) = \frac{P(\neg M/L)P(L)}{P(\neg M)} = \frac{0.145 \times 0.7}{P(\neg M)} = \frac{0.1015}{P(\neg M)}$$

第四，由于这两个表达式之和必须为 1，可以得到：

$$P(\neg L/\neg M) = 0.6081$$

从这个例子看到，诊断推理的主要步骤是使用贝叶斯公式将问题转化为因果推理。

三、解释推理

如果我们的证据仅仅是 ¬M（手臂没有移动），那么，用诊断推理可以计算积木是不可举起（即¬L）的概率。但是如果还给定了 ¬B（电池没有足够的能源），那么这会对¬L 的概率产生影响。在这种情况下，我们说¬B 解释¬L，使¬L 的确定性变小。这种类型的推理使用了一个嵌入在诊断推理中的因果推理。

$$P(\neg L/\neg B, \neg M) = \frac{P(\neg M, \neg B/\neg L)P(\neg L)}{P(\neg B, \neg M)} \quad (贝叶斯定理)$$

$$= \frac{P(\neg M/\neg B, \neg L)P(\neg B/\neg L)P(\neg L)}{P(\neg B, \neg L)} \quad (乘法公式)$$

$$= \frac{P(\neg M/\neg B, \neg L)P(\neg B)P(\neg L)}{P(\neg B, \neg L)} \quad (贝叶斯网结构)$$

根据这个表达式，使用网络中给出的概率，用普通的方式求解 P(¬B, ¬M)，可以计算出：

$$P(\neg L/\neg B, \neg M) = 0.030$$

正如我们所预期的，它比前面计算的 P(¬L/¬M) 要小。这是符合常识的：当我们发现机器人的手臂不能移动时，会推测，可能是积木太重，无法举起。但如果这时又得知电池的电量不足，则积木是导致机器人手臂不能移动的原因的概率会降低。

在解释性推理中，贝叶斯定理起着重要的作用。

目前在不确定推理领域中，贝叶斯网是最活跃的一个主题。贝叶斯网的理论基础实质上是根据随机变量的全联合概率分布进行的概率推理，这种方法类似于现代归纳逻辑中卡尔那普的 c 函数。

全联合概率分布通常过于庞大，其直接的形式难以创建和使用。域中直接因果关系所产生的条件独立性可以将全联合概率分布分解为较小的条件概率。贝叶斯网利用条件独立性，根据随机变量之间的直接影响，用带箭头的线和节点画出变量之间的关系。例如，父节点直接作用于子节点，祖节点作用于父节点并通过父节点间接影响子节点，而在给定父节点的情况下，子节点独立于祖节点。这样，在贝叶斯网刻画的系统中，每个组成部分都只与数量有限的其他部分发生直接的相互作用，而不考虑组成部分的总数量。在贝叶斯网的情况下，假定大多数域中每个随机变量至多受到 k 个其他随机变量的影响是合理的（k 是某个常数）。如果有 n 个随机变量，每个变量只有两个值，那么指定每个条件概率表所需信息量最多为 2^k 个数据，整个网络可以由不超过 $n2^k$ 个数据完全描述。而在全联合概率分布中将包含 2^n 个数据。例如，假设有 = 30 个节点，每个节点有 5 个父节点（k = 5），那么贝叶斯网需要 960 个数据，而全联合概率分布需要的数据将超过 10 亿个。

贝叶斯网已经被应用在许多专家系统中。第一个使用贝叶斯网的专家系统是 CONVINCE（Kim, 1983; Kim and Pearl, 1987）。最有名的专家系统是 PATHFINDER，它帮助病理学者诊断淋巴结疾病（Heckerman, 1991, Heckerman and Nathwani, 1992）。另一个是用于内科医学的 CPCSBN（Pradhan et al., 1994），它有 448 个节点和 908 条连线，可以同世界上内科医学中一流的诊断专家相媲美。应用最广泛的贝叶斯网络系统是 Microsoft Windows 中的诊断—修理模块（如打印机向导）（Breese and Heckerman, 1996）以及 Microsoft Office 中的办公助手（Horvitz et al., 1998）。

第三节 主观贝叶斯方法

主观贝叶斯方法是利用贝叶斯公式的某些变形和领域专家给出的某些估计值，计算在一定证据下假设成立的可能性。这种方法是由杜达（R. O. Duda）等于 1976 年提出的，并且该方法成功地应用于他们开发的地矿勘探专家系统（PROSPECTOR）中。

一、基本概念

H 和 E 是随机变量，都只有两个值：真和假；或者说它们都只有两种状态：成立和不成立。令 H 为假设随机变量，E 为证据随机变量。用 H 表示假设成立，

¬H 表示假设不成立，E 表示证据成立，¬E 表示证据不成立。

用 P(H) 表示假设 H 的先验概率，用 P(H/E) 表示在证据 E 出现的情况下，假设 H 的后验概率；P(¬H) 表示¬H 的先验概率，P(¬H/E) 表示在证据 E 出现的情况下，假设¬H 后验概率。

定义 11.1：用 O(H) 表示 P(H) 与 P(¬H) 之比，即假设 H 与¬H 的先验概率之比：

$$O(H) = \frac{P(H)}{P(\neg H)} = \frac{P(H)}{1 - P(H)} \tag{11.1}$$

称 O(H) 为 H 的概率，O(H) 是 H 的先验概率（prior odds）。P(H) 表示 H 为真的可能性，1 - P(H) 表示 H 不为真的可能性，显然，随着 P(H) 的增大，O(H) 也增大，并且：

当 P(H) = 0 时，有 O(H) = 0；

当 P(H) = 1 时，有 O(H) = ∞。

这样，就可以把取值为 [0, 1] 的 P(H) 转变成取值为 [0, +∞) 的 O(H)。

类似地，用 O(H/E) 表示 P(H/E) 与 P(¬H/E) 之比，即假设 H 与¬H 的后验概率之比：

$$O(H/E) = \frac{P(H/E)}{P(\neg H/E)} = \frac{P(H/E)}{1 - P(H/E)} \tag{11.2}$$

称 O(H/E) 为 H 的后验概率（posterior odds），O(H/E) 的取值范围也是 [0, +∞)。

在归纳逻辑中，P(E/H) 被称为假说 H 相对于证据 E 的似然，下面定义充分似然率和必要似然率。

定义 11.2：用 LS 表示充分似然率，有：

$$LS = \frac{P(E/H)}{P(E/\neg H)} \tag{11.3}$$

用 LN 表示必要似然率，有：

$$LN = \frac{P(\neg E/H)}{P(\neg E/\neg H)} \tag{11.4}$$

接下来给出贝叶斯定理的比率形式。由贝叶斯定理可知：

$$P(H/E) = \frac{P(E/H)P(H)}{P(E)}$$

$$P(\neg H/E) = \frac{P(E/\neg H)P(\neg H)}{P(E)}$$

将两式相除，得到：

$$\frac{P(H/E)}{P(\neg H/E)} = \frac{P(E/H)}{P(E/\neg H)} \cdot \frac{P(H)}{P(\neg H)} \tag{11.5}$$

将式（11.1）、式（11.2）、式（11.3）代入式（11.5），得到：

$$O(H/E) = LS \cdot O(H) \tag{11.6}$$

式（11.6）称为贝叶斯定理的充分似然率形式。

同理可以得到：

$$O(H/\neg E) = LN \times O(H) \tag{11.7}$$

其中：

$$O(H/\neg E) = \frac{P(H/\neg E)}{P(\neg H/\neg E)} = \frac{P(H/\neg E)}{1 - P(H/\neg E)} \tag{11.8}$$

式（11.7）称为贝叶斯定理的必要似然率形式。

式（11.6）和式（11.7）都是贝叶斯定理的变形。由这两个公式可以看到，当 E 为真时，可利用 LS 将 H 的先验概率 $O(H)$ 更新为其后验概率 $O(H/E)$；当 E 为假时，可利用 LN 将 H 的先验概率 $O(H)$ 更新为其后验概率 $O(H/\neg E)$。

二、充分似然率 LS 和必要似然率 LN 对假设的后验概率的影响

下面分别讨论 LS 和 LN 对假说 H 的后验概率的影响。在陈述这两个因素对假设的后验概率的影响时，我们只介绍结果，省略了证明过程。

（一）充分似然率 LS 对 $P(H/E)$ 的影响

当 $LS = 1$ 时，$P(H/E) = P(H)$，证据 E 对假设 H 没有影响。当 $LS > 1$ 时，$P(H/E) > P(H)$，证据 E 支持假设 H，由于 E 的存在，使得对 H 为真的相信度增加。LS 越大，E 对 H 的支持越充分。当 $LS \to \infty$ 时，$P(H/E) \to 1$，表示由于 E 的存在，将导致 H 为真。

当 $LS < 1$ 时，$P(H/E) < P(H)$，证据 E 不支持假设 H，由于 E 的存在，使得对 H 为真的相信度减少。

当 $LS = 0$ 时，$P(H/E) = 0$，表示由于 E 的存在，使得 H 为假。

由此可见，LS 表现的是证据 E 的出现对假设 H 为真的相信度影响，所以，称 LS 为知识的充分性度量。

（二）必要似然率 LN 对 $P(H/\neg E)$ 的影响

当 $LN = 1$ 时，$P(H/\neg E) = P(H)$，证据 E 不出现对假设 H 没有影响。

当 $LN > 1$ 时，$P(H/\neg E) > P(H)$，证据 $\neg E$ 支持假设 H，也就是说，由于 E

不出现，使得对 H 为真的相信度增加。

当 LN < 1 时，P(H/¬E) < P(H)，证据 E 不出现使得对假说 H 为真的相信度减少。LN 越小，E 不出现使得对 H 为真的相信度越低，这说明 H 越需要证据 E 出现。

当 LN = 0 时，P(H/¬E) = 0，表示由于 ¬E 的存在，使得 H 为假，换句话说，E 不存在，将导致 H 为假。

从上面的分析可以看到，LN 表现的是证据 E 不出现对假设 H 为真的相信度影响，所以，称 LN 为知识的必要性度量。

（三）LS 与 LN 的关系

从 LN 的定义可知：

$$LN = \frac{P(\neg E/H)}{P(\neg E/\neg H)} = \frac{1 - P(E/H)}{1 - P(E/\neg H)}$$

从这个等式和 LS 的定义可以得到：

$$LN = \frac{1 - LS \cdot P(E/\neg H)}{1 - P(E/\neg H)} \tag{11.9}$$

由式（11.9）可以得到：

$$P(E/\neg H) = \frac{1 - LN}{LS - LN} \tag{11.10}$$

由式（11.10）和 LS 的定义可以得到：

$$P(E/H) = LS\left(\frac{1 - LN}{LS - LN}\right) \tag{11.11}$$

由式（11.10）和式（11.11）可以知道，给出 {LS, LN} 与给出 {P(H/E)，P(¬H/E)} 是等价的。

由式（11.9）可以得知：

如果 LS = 1，则 LN = 1；

如果 LS > 1，则 LN < 1；

如果 LS < 1，则 LN < 1。

在实际应用中，LS 和 LN 的值是由领域专家根据经验给出，上面 3 种关系在数学意义上严格限制了 LS 和 LN 的取值范围。但这 3 种关系并没有涵盖实际应用中的全部情况。例如，在很多情况下，LS > 1 且 LN = 1，直观上看，这表示证据 E 的出现增加了对假设的相信度，但证据 E 不出现对假设 H 的相信度没有影响。又如，在有些情况下，LS = 1 且 LN < 1，这表示证据 E 的出现对假设 H 的相信度没有影响，但证据 E 不出现会降低对假设的相信度。由此可见，基于数学概率论中贝叶斯定理的主观贝叶斯方法对于矿产勘探问题而言是不完全的。

三、后验概率的计算和不确定性的传递算法

主观贝叶斯概率推理的任务,是根据证据 E 出现与否、证据 E 的概率以及 LS 和 LN 的值,把假设 H 的先验概率或先验几率更新为后验概率或后验几率。下面分几种情况介绍计算假设后验概率的公式。

(一) 证据 E 出现的情况

由式 (11.6):

$$O(H/E) = LS \cdot O(H)$$

以及 $O(H/E)$ 和 $O(H)$ 的定义 [式 (11.2) 和式 (11.1)],可得:

$$\frac{P(H/E)}{1 - P(H/E)} = LS \cdot \frac{P(H)}{1 - P(H)}$$

于是,

$$P(H/E)(1 - P(H)) = LS \cdot P(H)(1 - P(H/E))$$
$$P(H/E)(1 - P(H) + LS \cdot P(H)) = LS \cdot P(H)$$
$$P(H/E)[(LS - 1)P(H) + 1] = LS \cdot P(H)$$

得到下面的公式:

$$P(\hat{H}/E) = \frac{LS \cdot P(H)}{(LS - 1)P(H) + 1} \tag{11.12}$$

可以根据这个公式进行主观贝叶斯推理。

(二) 证据 E 不出现的情况

由式 (11.7):

$$O(H/\neg E) = LN \cdot O(H)$$

以及 $O(H/\neg E)$ 和 $O(H)$ 的定义 [式 (11.8) 和式 (11.1)],仿照刚才的推导,可以得到:

$$P(H/\neg E) = \frac{LN \cdot P(H)}{(LN - 1)P(H) + 1} \tag{11.13}$$

根据这个公式也可以进行主观贝叶斯推理。

(三) 不确定性的传递算法

式 (11.12) 和式 (11.13) 给出了主观贝叶斯概率推理的方法。只要领域专家给出充分似然率 LS 和必要似然率 LN,就可以得到 $P(H/E)$ 与 $P(H)$ 的关

系，以及 $P(H/\neg E)$ 与 $P(H)$ 的关系。但在实际应用中，可能出现这样的情况：证据 E 不是确定的，它受到另一个证据 E′ 的影响，即 E′ 也是随机变量。这时，推理是由 E′ 到 E，再由 E 到 H，这样，就产生了概率推理的传播问题。

处理这种推理的方法是，在固定 $P(E/E')$ 的 3 个值的情况下，给出 $P(H/E')$ 的值，从而确定 3 个特殊的点。在此基础上，对 $P(E/E')$ 的其他值采用分段性插值的方法给出 $P(H/E')$ 的值。下面我们只给出结果，省略了证明过程。

当 $P(E/E') = 1$ 时，$P(H/E') = P(H/E)$；
当 $P(E/E') = 0$ 时，$P(H/E') = P(H/\neg E)$；
当 $P(E/E') = P(E)$ 时，$P(H/E') = P(H)$。

这样，可以得到 3 个特殊的点：

$(0, P(H/\neg E))$, $(P(E), P(H))$, $(1, P(H/E))$,

通过这 3 个点，画出图形曲线（图 11-4）：

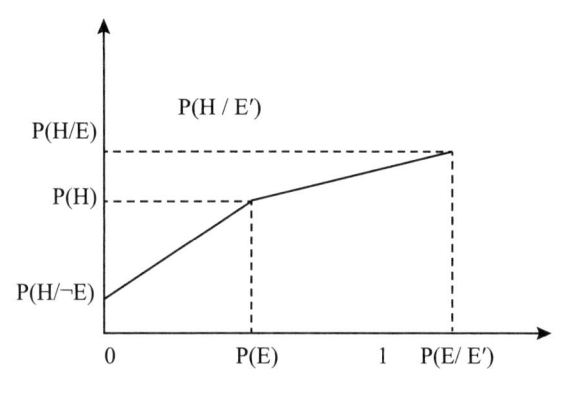

图 11-4　分段线性插值函数

横坐标表示 $P(E/E')$ 的值，纵坐标表示 $P(H/E')$ 的值。当 $P(E/E')$ 取其他值时，用下面的插值公式求 $P(H/E')$：

$$P(H/E') = \begin{cases} P(H/\neg E) + \dfrac{P(H) - P(H/\neg E)}{P(E)} \cdot P(E/E'), \\ \quad 0 \leqslant P(E/E') < P(H/E) \\ P(H) + \dfrac{P(H/E) - P(H)}{1 - P(E)} \cdot [P(E/E') - P(E)], \\ \quad P(E) \leqslant P(E/E') \leqslant 1 \end{cases} \quad (11.14)$$

当给定 $P(E/E')$ 的时候，先利用式（11.12）或式（11.13），求得 $P(H/E)$ 或 $P(H/\neg E)$，再利用插值公式计算 $P(H/E')$，也就是说，根据规则把 E′ 对 E 的影响传给了 H。

还可以有其他的插值公式，这里就不做介绍了。

（四）不同的证据共同作用于同一个假设

对于某个假设 H，有 n 个不同的证据 E_1，E_2，…，E_n，它们分别对假设 H 产生影响，如何计算这 n 个证据的合取对假设 H 的影响，也就是说，如何计算 $P(H/E_1, E_2, …, E_n)$？

这里 H 是假设随机变量，E_1，E_2，…，E_n 是证据随机变量，它们都只有成立和不成立两种状态。主观贝叶斯方法假定了证据 E_1，E_2，…，E_n 关于 H 和 ¬H 是条件独立的，即：

$$P(E_1, E_2, \Lambda, E_n / H) = \prod_{i=1}^{n} P(E_i / H)$$

$$P(E_1, E_2, \Lambda, E_n / \neg H) = \prod_{i=1}^{n} P(E_i / \neg H)$$

使用下面的记法：

$$\prod LS = \prod_{i=1}^{n} LS_i = \prod_{i=1}^{n} \frac{P(E_i / H)}{P(E_i / \neg H)}$$

则有：

$$O(H/E_1, E_2, …, E_n) = \prod LS \cdot O(H) \tag{11.15}$$

其中：

$$O(H/E_1, E_2, \Lambda, E_n) = \frac{P(H/E_1, E_2, \Lambda, E_n)}{P(\neg H/E_1, E_2, \Lambda, E_n)}$$

同时有：

$$P(H/E_1, E_2, \Lambda, E_n) = \frac{\prod LS \cdot P(H)}{(\prod LS - 1)P(H) + 1} \tag{11.16}$$

这里省略了证明过程。

式（11.15）或式（11.16），都可以用来计算 $P(H/E_1, E_2, …, E_n)$。

至此，我们已经介绍了计算假设后验概率的主要公式。下面介绍主观贝叶斯方法中的推理。

四、主观贝叶斯概率推理

主观贝叶斯方法实际上是用式（11.12）、式（11.13）、式（11.14）、式（11.15）、式（11.16）等进行推理，从归纳逻辑的角度看，是计算证据 E 对假设 H 的支持度。在实际应用中，要求专家给出充分似然率 LS 和必要似然率

LN，也就是说，给出一个"如果 E，则 H"这样的规则，就要同时给出 LS 和 LN，用来表示该规则的强度。在专家系统中，一个规则具有以下的形式：IF E THEN（LS，LN）H。其中 LS 和 LN 是领域专家根据经验给出的。在给出 LS 和 LN 时要注意前面所说的充分似然率 LS 和必要似然率 LN 对假设 H 的影响。

例 11.1：设有规则：

IF E THEN（2，0.5）H

已知：$P(H)=0.6$，$P(\neg H)=0.4$，

求：$P(H/E)$ 和 $P(H/\neg E)$。

解：根据规则，由式（11.12）和式（11.13），可以得到：

$$P(H/E) = \frac{LS \times P(H)}{(LS-1)P(H)+1} = \frac{2 \times 0.6}{0.6+1} = \frac{3}{4}$$

$$P(H/\neg E) = \frac{LN \times P(H)}{(LN-1)P(H)+1} = \frac{0.5 \times 0.6}{-0.5 \times 0.6+1} = \frac{3}{7}$$

例 11.2：如果给定假设 H 的证据是 E′，而 E 所对应的观察是 E′，要在观察 E′下，求 H 的后验概率，这种情况下，推理是由 E′到 E，再由 E 到 H，涉及概率推理的传播。

设有规则：

IF E THEN（65，0.01）H

已知：$P(E/E') = 0.5$，$P(H) = 0.01$，$P(E) = 0.1$，

求：$P(H/E')$。

解：根据规则，因为 $P(E/E') = 0.5 > P(E) = 0.1$，由式（11.12），得到：

$$P(H/E) = \frac{LS \times P(H)}{(LS-1)P(H)+1} = \frac{65 \times 0.01}{64 \times 0.01+1} = 0.3963414$$

再由式（11.14），得到：

$$P(H/E') = P(H) + \frac{P(H/E) - P(H)}{1 - P(E)} \times [P(E/E') - P(E)]$$

$$= 0.01 + \frac{0.3963414 - 0.01}{1 - 0.1} \times (0.5 - 0.1)$$

$$= 0.1817$$

如果有 n 个不同的证据 E_1，E_2，…，E_n，则有 n 条规则，即如果 E_i，则（LS，LN）H。如果给出 P(H)，则可以计算 $P(H/E_1, E_2, …, E_n)$ 的和，这时要求 E_1，E_2，…，E_n 关于 H 和 H 是条件独立的。

例 11.3：设有规则：

R_1：IF E_1 THEN（20，0.9）H

R_2: IF E_2 THEN (300, 0.9) H

已知：证据 E_1 和 E_2 一定出现，并且 $P(H) = 0.03$，

求：$P(H/E_1, E_2)$。

解：根据规则，由式（11.16），可以得到：

$$P(H/E_1, E_2) = \frac{\prod LS \times P(H)}{(\prod LS - 1)P(H) + 1}$$

$$= \frac{20 \times 30 \times 0.03}{(20 \times 30 - 1) \times 0.03 + 1}$$

$$= 0.9946$$

主观贝叶斯方法是利用贝叶斯定理的变形，根据领域专家给出的充分似然率 LS 和必要似然率 LN 进行推理。一个规则可以写成：如果 E，则（LS，LN）H，其中（LS，LN）表示该规则的强度。进一步给出 P(H) 时就可以计算出 P(H/E) 和 $P(H/\neg E)$。

在证据传播过程中（由证据 E′ 到证据 E，再由 E 到假设 H），要求已知 E 发生的条件下，E′ 与 H 是独立的，这样，给出 P(H)、P(E) 和 P(E/E′)，就可以得到 P(H/E′) 和 P(H/¬E′)。

如果有 n 个证据 E_1，E_2，…，E_n，则有 n 条规则"如果 E_i，则（LS，LN）H"。如果给出了 P(H)，则可以计算 $P(H/E_1, E_2, \cdots, E_n)$ 和 $P(\neg H/E_1, E_2, \cdots, E_n)$。这时要求 E_1，E_2，…，E_n 关于 H 和 ¬H 是条件独立的。

从归纳逻辑的角度看，主观贝叶斯方法实际上是根据贝叶斯定理进行的推理，是计算证据 E 对假设 H 的支持度。与通常贝叶斯推理不同的是，推理者给出的不是假设的似然，而是充分似然率 LS 和必要似然率 LN。如前所述，在实际应用中，LS 和 LN 的值是由领域专家根据经验给出的，在给出 LS 和 LN 时要充分理解 LS 和 LN 的意义，也就是说，要理解它们对假设的影响或作用，同时要注意 LS 和 LN 之间的关系，不能与这些条件有明显的冲突。

第四节 确定性因子方法

确定性因子方法是肖特利夫（E. H. Shortliffe）和布坎南（B. G. Buchanan）于 1975 年提出的，并于 1976 年首次在细菌感染疾病诊断专家系统（MYCIN）中得到应用。这种方法在 20 世纪 70 年代末和 80 年代广泛应用于专家系统。

一、基本概念

确定性因子方法使用确定性因子 CF（certainty factor）作为刻画不确定性的概念。通过对 CF(H, E) 的计算，确定证据 E 对假设 H 的支持程度，所以，这种方法也称为确定性因子模型（C-F 模型）。CF（确定性因子）也被称为可信度。下面给出几个相关的概念。

设 H 是假设随机变量，E 为证据随机变量。用 P(H) 表示假设 H 的先验概率，用 P(H/E) 表示在证据 E 出现的情况下，假设 H 的后验概率。

定义 11.3：用 MB 表示信任度（Measure Belief），有：

$$MB(H/E) = \begin{cases} \dfrac{\max\{P(H/E), P(H)\} - P(H)}{1 - P(H)}, & P(H) \neq 1 \\ 1, & P(H) = 1 \end{cases} \quad (11.17)$$

定义 11.4：用 MD 表示不信任度（Measure Disbelief），有：

$$MB(H/E) = \begin{cases} \dfrac{\max\{P(H/E), P(H)\} - P(H)}{1 - P(H)}, & P(H) \neq 0 \\ 1, & P(H) = 0 \end{cases} \quad (11.18)$$

在可信度模型中，可信度 CF(H/E) 最初定义为信任度与不信任度之差。

定义 11.5：$CF(H/E) = MB(H/E) - MD(H/E)$ （11.19）

根据上述 3 个定义，可以得到 CF(H, E) 的计算公式：

$$CF(H/E) = \begin{cases} \dfrac{P(H/E) - P(H)}{1 - P(H)}, & P(H/E) \geqslant P(H), P(H) \neq 1 \\ \dfrac{P(H/E) - P(H)}{P(H)}, & P(H/E) \leqslant P(H), P(H) \neq 0 \end{cases} \quad (11.20)$$

在应用确定性因子方法时，不是给出概率，而是根据经验给出 MB(H/E)、MD(H/E) 或 CF(H/E)，因此，必须理解这些概念的意义，并讨论其性质。

由上面的定义，可以得到 MB(H/E)、MD(H/E) 和 CF(H/E) 有以下的性质。

（1）取值范围：

$0 \leqslant MB(H/E) \leqslant 1$，

$0 \leqslant MD(H/E) \leqslant 1$，

$-1 \leqslant CF(H/E) \leqslant 1$。

（2）当 P(H/E) > P(H) 时，MD(H/E) = 0，MB(H/E) 表示由于证据 E 所导致的对假设 H 信任增加的程度。在这种情况下，CF(H/E) = MB(H/E) > 0。

（3）当 P(H/E) < P(H) 时，MB(H/E) = 0，MD(H/E) 表示由于证据 E 所导致的对假设 H 信任减少的程度。在这种情况下，CF(H/E) = -MD(H/E) < 0。

(4) 当 $P(H/E) = P(H)(0 < P(H) < 1)$ 时，$MB(H/E) = MD(H/E) = 0$，这表明证据 E 的出现对假设 H 没有影响。在这种情况下，$CF(H/E) = 0$。

(5) 如果 $P(H/E) = 1(0 < P(H) < 1)$，则表明证据 E 的出现使得假设 H 为真，这时，$CF(H/E) = 1$，$MB(H/E) = 1$，$MD(H/E) = 0$。

(6) 如果 $P(H/E) = 0(0 < P(H) < 1)$，则表明证据 E 的出现使得假设 H 为假，这时，$CF(H/E) = -1$，$MB(H/E) = 0$，$MD(H/E) = 1$。

由此可见，$CF(H/E)$ 表示的是，证据 E 的出现对假设 H 信任的影响情况。因此，关于 $P(H/E)$ 有以下几点：

(1) 当 $CF(H/E) > 0$ 时，证据 E 支持假设 H，即 E 的出现增加了 H 为真的可信度。$CF(H/E)$ 越大，E 出现所增加的 H 为真的可信度越大。当 $CF(H/E) = 1$ 时，证据 E 的出现使假设 H 为真。

(2) 当 $CF(H/E) = 0$ 时，证据 E 反对假设 H，即 E 的出现增加了 H 为假的可信度。$CF(H/E)$ 越小，E 出现所增加的 H 为假的可信度越大。当 $CF(H/E) = -1$ 时，证据 E 的出现使假设 H 为假。

(3) 当 $CF(H/E) = 0$ 时，证据 E 既不支持也不反对假设 H，即 E 的出现对 H 没有影响度。

二、MYCIN 的不确定性推理模型

（一）规则不确定性的表示

在 C-F 模型中，规则是用产生式规则表示的，其一般形式为：

IF E THEN H (CF (H/E))

其中：

E 是规则的前提部分，它既可以是单个条件（简单命题），也可以是用合取（AND）或析取（OR）把几个条件联结起来所构成的复合条件。例如：

$$E = E_1 \text{ AND } E_2 \text{ AND } (E_3 \text{ OR } E_4)$$

H 是结论，它可以是简单命题或复合命题。一般情况下，它是一个单一的结论。

$CF(H/E)$ 是规则的可信度，也称为规则强度或知识强度。例如：

IF 头痛 AND 流涕 THEN 感冒 (0.7)

表示当病人确实有"头痛"和"流涕"的症状时，则有七成的可能性认为他是患了感冒。

$CF(H/E)$ 描述的是知识的静态强度。

（二）证据不确定性的表示

在 C-F 模型中，证据的不确定性也是用可信度因子来表示的，例如，CF(E) = 0.4 表示证据 E 的可信度为 0.4。

证据可信度值的来源有两种：一种是原始证据，其可信度的值是由提供证据的用户给出的；另一种是以先前推出的结论作为当前推理的证据，其可信度的值是在推出该结论时由不确定性的传递算法计算得到的。

CF(E) 的取值范围也是 [1，-1]。对于原始证据 E，如果对它的所有观察 S 能肯定它为真，则 CF(E) = 1；如果能肯定它为假，则 CF(E) = -1；如果它以某种程度为真，则 CF(E) 为 (0，1) 中的某个值，即 0 < CF(E) < 1；如果它以某种程度为假，则 CF(E) 为 (-1，0) 中的某个值，即 -1 < CF(E) < 0；如果对 E 还没有获得任何相关的观察，则可以看作 S 与它无关，这时有 CF(E) = 0，表示对 E 一无所知。

CF(E) 所描述的是证据的动态的强度。

在 C-F 模型中，尽管知识的静态强度和证据的动态的强度在表示方法上类似，但二者的含义并不相同。知识的静态强度 CF(H/E) 表示的是规则的强度，即当 E 所对应的证据为真时对 H 的影响程度，静态强度 CF(H/E) 由领域专家在建立知识库时给出。而动态的强度表示的是证据 E 在当前的不确定性程度。

（三）组合证据不确定性的算法

证据可能是复合命题，例如，一个病人有好几种症状，需要根据这些症状的组合做出诊断。

当组合证据是若干个单一证据的合取时，即：

$$E = E_1 \text{ AND } E_2 \text{ AND} \cdots \text{AND } E_n$$

如果已知 $CF(E_1)$，$CF(E_2)$，$\cdots$，$CF(E_n)$，则：

$$CF(E) = \min\{CF(E_1), CF(E_2), \cdots, CF(E_n)\} \quad (11.21)$$

当组合证据是若干个单一证据的析取时，即：

$$E = E_1 \text{ OR } E_2 \text{ OR} \cdots \text{OR } E_n$$

如果已知 $CF(E_1)$，$CF(E_2)$，$\cdots$，$CF(E_n)$，则：

$$CF(E) = \max\{CF(E_1), CF(E_2), \cdots, CF(E_n)\} \quad (11.22)$$

此外，规定，

$$CF(\neg E) = \neg CF(E)$$

（四）不确定性的推理算法

C-F模型中的不确定性推理是从不确定的原始证据出发，运用相关的不确定性知识（规则），最终推出结论并求出结论的可信度的过程。用下面的公式计算结论的可信度：

$$CF(H) = CF(H/E) \cdot \max\{0, CF(E)\} \quad (11.23)$$

其中，$CF(H/E)$ 是领域专家在建立知识库时在规则中给出的知识的静态强度；$CF(E)$ 中的 E 可以是原始证据，也可以是推理的中间结论；$CF(H)$ H 中的可以是中间结论，也可以是最终结论。

从式（11.23）可以看出，如果 $CF(E) < 0$，即证据以某种程度为假，则：

$$CF(H) = 0$$

这说明在该模型中没有考虑证据为假时对结论所产生的影响。另外，如果 $CF(E) = 1$，即证据为真，则有：

$$CF(H) = CF(H/E)$$

这说明，当规则的前提条件所对应的证据 E 为真时，规则的强度 $CF(H/E)$ 实际上就是结论 H 的可信度。

（五）结论不确定性的合成算法

如果有若干条规则具有相同的结论，这些规则的前提不同，但前提相互独立，而结论的可信度又不相同，则可以用不确定性的合成算法求出该结论的综合可信度。下面先考虑有两条规则的情况。

设有如下规则：

$$\text{IF } E_1 \text{ THEN } H(CF(H/E_1))$$
$$\text{IF } E_2 \text{ THEN } H(CF(H/E_2))$$

则结论的综合可信度可以分以下两步计算：

第一步，分别对每条规则求出其值，即：

$$CF_1(H) = CF(H/E_1) \cdot \max\{0, CF(E_1)\}$$
$$CF_2(H) = CF(H/E_2) \cdot \max\{0, CF(E_2)\}$$

第二步，用下面的公式求和对结论的综合影响的可信度：

$$CF(H) = \begin{cases} CF_1(H) + CF_2(H) - CF_1(H)CF_2(H), & CF_1(H) \geq 0 \text{ 且 } CF_2(H) \geq 0 \\ CF_1(H) + CF_2(H) + CF_1(H)CF_2(H), & CF_1(H) < 0 \text{ 且 } CF_2(H) < 0 \\ \dfrac{CF_1(H) + CF_2(H)}{1 - \min\{|CF_1(H)|, |CF_2(H)|\}}, & CF_1(H) \text{ 与 } CF_2(H) \text{ 异号} \end{cases} \quad (11.24)$$

这种合成过程可以推广应用到两条以上的规则的情况。具体做法是：先把第一条规则的结论与第二条规则的结论合成，然后，用该合成得到的结论与第三条规则的结论合成，依次进行下去，直到全部合成完为止。

例 11.4：设有以下一组规则：

R_1: IF E_1 THEN H (0.9)

R_2: IF E_2 THEN H (0.7)

R_3: IF E_3 THEN H (0.8)

R_4: IF E_4 AND E_5 THEN E_1 (0.7)

R_5: IF E_6 AND (E_7 OR E_8) THEN E_2 (1.0)

已知：$CF(E_3) = 0.3$，$CF(E_4) = 0.9$，$CF(E_5) = 0.6$，$CF(E_6) = 0.7$，$CF(E_7) = -0.3$，$CF(E_8) = 0.8$。

求：$CF(H) = ?$

解：先求 $CF(E_1)$ 的值，由 R_4 得到：

$$CF(E_4 \text{ AND } E_5) = \min\{CF(E_4), CF(E_5)\} = 0.6$$

$$CF(E_1) = 0.7 \times \max\{0, (E_4 \text{ AND } E_5)\} = 0.7 \times 0.6 = 0.42$$

再求 $CF(E_2)$ 的值，由 R_5 得到：

$$CF(E_6 \text{ AND}(E_7 \text{ OR } E_8)) = \min\{CF(E_6), \max\{CF(E_7), CF(E_8)\}\} = 0.7$$

$$CF(E_2) = 1.0 \times \max\{0, CF(E_6 \text{ AND}(E_7 \text{ OR } E_8))\} = 0.7$$

接下来分别用 R_1，R_2，R_3 求 $CF(H)$ 的值，再用式 (11.24) 进行合成。

由 R_1 得到：

$$CF_1(H) = 0.9 \times \max\{0, CF(E_1)\} = 0.9 \times 0.42 = 0.378$$

由 R_2 得到：

$$CF_2(H) = 0.7 \times \max\{0, CF(E_2)\} = 0.7 \times 0.7 = 0.49$$

由于 $CF_1(H) \geq 0$ 且 $CF_2(H) \geq 0$，因此有：

$$CF_{1,2}(H) = CF_1(H) + CF_2(H) - CF_1(H)CF_2(H)$$
$$= 0.378 + 0.49 - 0.378 \times 0.49$$
$$= 0.6828$$

由 R_3 得到：

$$CF_3(H) = (-0.8) \times \max\{0, CF(E_3)\} = (-0.8) \times 0.3 = -0.24$$

由于 $CF_{1,2}(H)$ 与 $CF_3(H)$ 异号，所以，

$$CF(H) = \frac{0.2868 - 0.24}{1 - \min\{|0.6828|, |-0.24|\}} = \frac{0.4428}{0.76} = 0.58$$

确定性因子方法具有简洁、直观的优点，通过简单的计算，不确定性就可以在系统中传播，而且计算具有线性的复杂度。这种方法被应用于专家系统 MY-

CIN 中，MYCIN 系统由斯坦福大学建立，是对细菌感染的疾病进行诊断和治疗提供咨询的系统。医生可以向系统输入病人的信息，系统根据信息进行诊断，并给出诊断结果和处方。

医生在对细菌感染的疾病进行诊断和提出处方时，大致需要经过 4 个步骤：

（1）确定病人是否已被细菌感染并且是否需要治疗。
（2）确定疾病可能是由哪种病菌引起的。
（3）判断哪些药物对抑制这种病菌可能有效。
（4）根据病人的情况，选择最适合的药物。

这一过程很复杂，主要靠医生的临床经验和判断。MYCIN 系统试图用产生式规则的形式表现医疗专家的判断知识，以模仿专家的推理过程。

MYCIN 系统通过与医生进行对话了解病人的情况，例如，症状、病历、化验检查的数据等。系统首先向医生询问病人的基本情况，医生回答时所输入的信息被用于诊断，诊断过程中如果需要进一步的信息，系统会再询问医生。其次一旦可以做出合理的诊断，MYCIN 就提出可能的处方，最后在与医生做进一步对话的基础上选择适合病人的处方。

在判断引起疾病的细菌种类时，采自病人的血液和尿等样品，在适当的介质中培养，可以得到某些关于细菌生长的迹象。但是要完全确定细菌的种类常常需要 24~48 小时甚至更长的时间。然而在很多情况下，病人的病情不允许等待这样长的时间，所以，医生经常需要在信息不完全或不十分准确的情况下，决定病人是否需要治疗，如果需要治疗的话，应选择什么样的处方。因此 MYCIN 系统是以不确定和不完全的信息进行推理。

MYCIN 系统在诊断方面是成功的，但是确定性因子方法也有缺点。

首先，CF 值可能与条件概率得到的值相反。例如：

对假设 H_1，有 $P(H_1) = 0.8$，$P(H_1/E) = 0.9$，$CF(H_1/E) = 0.5$；

对假设 H_2，有 $P(H_2) = 0.2$，$P(H_2/E) = 0.8$，$CF(H_2/E) = 0.75$。

这样，当 E 为真时，根据式（11.23），可以得出，$CF(H_1) = 0.5$ 而 $CF(H_2) = 0.75$，这显然与条件概率不符，也不符合人的直觉。

其次，MYCIN 一般应用于推理链短且假设简单的领域，如果把这种方法应用于不具备推理链短且假设简单的领域，则可能会出问题。

第十二章

基于认知的神经网络及其应用

第一节 神经网络概论

一、什么是神经网络

神经网络可分为生物神经网络和人工神经网络两大类。生物神经网络（biological neural networks）一般指生物的大脑神经元、细胞、触点等组成的网络，用于产生生物的意识，帮助生物进行思考和行动。人的心智活动基础是神经系统，其基本功能及结构的单元是神经元，又称神经细胞；这些神经细胞经由特定的方式相互联结成一个复杂无比的网络，身体内部或外界环境的信息就透过这样的神经网络传递和处理。神经信号基本上是膜电位变化的传递，不同的细胞会受到不同的刺激，但传出的膜电位变化都差异不大，真正决定的内涵是神经细胞之间的联结。例如，感光神经细胞经过几层细胞的联结，信号再送入大脑某特定感光的部位。虽然信号传递方式都一样，但因为它是从感光细胞传来的，所以它代表光线的刺激，而不是感觉信号。由最初单纯每一个感光细胞是否感受到亮光的信号，经过许多层次的运算，最后我们即可感知一个视觉的画面，这些信息运算处理的基础也就是各个神经细胞之间的联结网络。当一个神经细胞伸出轴突要寻找接触对象时，有许多不同的分子（或者在其他的细胞表面，或者在细胞分泌出的基质中）会作为路标，沿途指引方向。当然这个神经细胞本身也必须带有一些受体分子，才能够认识这些路标分子。神经细胞的性质是受它所带的这一群分子所决定，但它不是固定不变的。不断的刺激可以造成信号传递链中某些分子性质的长期改变，或是突触传递信号的强度改变，这些变化可能是感觉适应及记忆的基础。

1943 年，神经生物学家瓦壬·麦卡洛克（Warren McCulloch）和数学家沃尔特·皮茨（Walter Pitts）在论文中提出以电路构成简单类神经网络模型的构想。1949 年，唐纳德·霍布（Donald Hebb）在总结前人观点的基础上提出了新观点："神经联结路径会随着被使用的次数而增强"。1950 年，IBM 实验室成员纳撒尼尔·罗切斯特（Nathaniael Rochester）第一次实验失败了，但后来获得了成功。随后，相关的研究便如火如荼地展开。1956 年，达特茅斯大学暑期研究计划（Dartmouth summer research project）以类神经网络做基础与当时的人工智能研究结合起来。

人工神经网络（类神经网络/artificial neural networks）一般是指用计算机模拟人脑的结构，用许多小的处理单元模拟生物的神经元，用算法实现人脑的识别、记忆、思考过程。人工神经网络应用于图像、语言、声音等的识别，复杂的计算，以及趋势预测等领域。人工类神经网络首先使用数个微处理器，用来当作人脑之中的神经元，将它们组合成人脑的神经网络结构形态，其次选定一个数学推论出来的算法，将这算法置入类神经网络中，最后选定你所要让类神经网络学习的东西，将它转成类神经网络所能接受的形态，经由接口输入，类神经网络就开始学习，并且自己调整每个微处理器（神经元）之间的加权值，直到符合你所要学习的目标。

神经网络更是一种技术。人工神经网络（ANN）基本原理是受生物大脑的启发，试图模仿人脑神经系统的组成方式与思维过程而构成的信息处理系统，它具有非线性、自学习性、容错性、联想记忆和可以训练性等特点。ANN 模型的处理能力主要由网络的拓扑结构和网络节点的功能所决定。理论上已证明，只要具有一个隐层的 ANN 网络即可实现对任意实值的逼近，实现任何非线性映射。BP 神经模型即误差后向传播神经网络是神经网络模型中使用最广泛的一种。网络由输入节点、隐层节点和输出节点组成。其中隐层可以是一层，也可以是多层。对于输入信号，要向前传播到隐层节点，经作用函数变换后，再把隐节点的输入信号传播到输出层节点，再通过节点的作用函数得到最后的结果。

神经网络控制是 20 世纪 80 年代末期发展起来的自动控制领域的前沿学科之一，它是智能控制的一个新的分支，为解决复杂的非线性、不确定、不确知系统的控制问题开辟了新途径。神经网络控制是 ANN 理论与控制理论相结合的产物，是发展中的学科。它汇集了包括数学、生物学、神经生理学、脑科学、遗传学、人工智能、计算机科学、自动控制等学科的理论、技术、方法及研究成果。在控制领域，将具有学习能力的控制系统称为学习控制系统，属于智能控制系统。神经控制是有学习能力的，属于学习控制，是智能控制的一个分支。神经控制发展至今，虽仅有十余年的历史，但已有了多种控制结构。如神经预测控制、神经逆系统控制等。如果不刻意说明，我们在本书的论述中，所谓"神经网络"都是指"人工神经网络"（ANN）。

二、神经网络的基本工作原理

对于神经网络基本原理论述存在不同版本。如《神经网络原理（第2版）》认为神经网络原理应该包括：学习过程、单层感知器、多层感知器、径向基函数网络、支持向量机、委员会机器、主分量分析、自组织映射、信息论模型、植根于统计力学的随机机器和它们的逼近、神经动态规划、使用前馈网络的时序处理、神经动力学、动态驱动的递归网络等内容。而《神经网络原理及其应用》则包括：神经元、神经网及其信息变换、常用神经网络模型概述（联想网络、映射神经网络）、视觉神经网络与信息处理、模式识别与神经网络、组合优化与神经网络、协同学与神经网络等。事实上，在我国，20世纪90年代已经有介绍神经网络原理的书籍，如《人工神经网络原理：入门与应用》，该书所论述的人工神经网络原理主要包括：神经网络理论基础、神经网络的初期模型与基本算法、多阶层神经网络与误差逆传播算法、Hopfield神经网络、随机型神经网络、竞争型神经网络、自组织特征映射神经网络、对向传播神经网络等；高等院校计算机科学与技术"十五"规划教材《人工神经网络原理及仿真实例》对神经网络原理论述的主要内容包括：人工神经网络简介、单层前向网络及LMS学习算法、多层前向网络及BP学习算法、支持向量机及其学习算法、Hopfield神经网络与联想记忆、随机神经网络及模拟退火算法、竞争神经网络和协同神经网络等。可见，不同作者对于陈述神经网络原理有不同角度，但总体而论，对于一个学科原理的论述应该是这样的模式：基本概念、基本思想、基本方法（基本技术）。以上所列书籍也遵从了这个思路。

事实上，ANN没有统一的原理陈述，主要在于ANN不属于某个严格的学科领域或主题。在不同的学科领域、学科主题下，对于ANN原理论述显然是有所不同的。例如，我们在这里，以如何利用反向传播算法来实现模式学习为主题，看看ANN应该有怎样的基本概念与基本技术。

（一） ANN 的基本逻辑过程

根据科学家研究，人脑由百亿条神经组成——每条神经平均联结到其他几千条神经。通过这种联结方式，神经可以收发不同数量的能量。神经的一个非常重要的功能是它们对能量的接受并不是立即做出响应，而是将它们累加起来，当这个累加的总和达到某个临界阈值时，它们将它们自己的那部分能量发送给其他的神经。大脑通过调节这些联结的数目和强度进行学习。尽管这是对生物行为的简化描述，但同样可以充分有力地被看作是神经网络的模型。

（二） 阈值逻辑单元 (threshold logic unit, TLU)

理解神经网络的第一步是从对抽象生物神经开始，并把重点放在阈值逻辑单元（TLU）这一特征上。一个 TLU 是一个对象，它可以输入一组加权系数的量，对它们进行求和，如果这个和达到或者超过了某个阈值，输出一个量。让我们用符号标注这些功能，首先，有输入值以及它们的权系数：X_1, X_2, …, X_n 和 W_1, W_2, …, W_n。其次是求和计算出的 $X_i \times W_i$，产生了激发层 a，换一种方法表示：$a = (X_1 \times W_1) + (X_2 \times W_2) + \cdots + (X_i \times W_i) + \cdots + (X_n \times W_n)$ 阈值称为 theta。最后，输出结果 y。当 $a \geq theta$ 时 $y = 1$，反之 $y = 0$。请注意输出可以是连续的，因为它也可以由一个 squash 函数 s（或 sigma）判定，该函数的自变量是 a，函数值在 0 和 1 之间，$y = s(a)$。

图 12-1 阈值逻辑单元，带有 sigma 函数（顶部）和 cutoff 函数（底部）

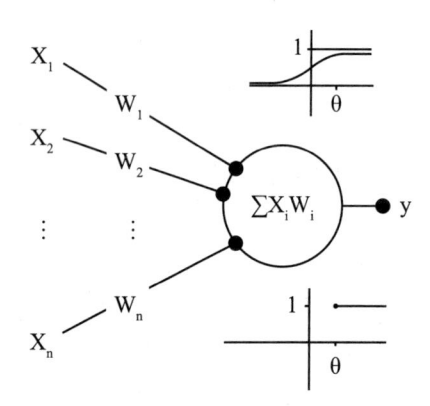

图 12-1　阈值逻辑单元

TLU 会分类，假设一个 TLU 有两个输入值，它们的权系数等于 1，theta 值等于 1.5。当这个 TLU 输入 <0, 0>、<0, 1>、<1, 0> 和 <1, 1> 时，它的输出分别为 0、0、0、1。TLU 将这些输入分为两组：0 组和 1 组。就像懂得逻辑连接（布尔运算 AND）的人脑可以类似地将逻辑连接的句子分类那样，TLU 也懂得一点逻辑连接之类的东西。TLU 能够用几何学上的解释来阐明这种现象，它的四种可能输入对应于笛卡尔图的四个点。从等式 $X_1 \times W_1 + X_2 \times W_2 = theta$，换句话说，也即 TLU 转换其分类行为的点开始，它的点都分布在曲线 $X_2 = -X_1 + 1.5$ 上。这个方程的曲线将 4 个可能的输入分成了两个对应于 TLU 分类的区域。这是 TLU 原理中更为普通的实例。在 TLU 有任意数目的 N 个输入的情况下，一组可能的输入对应于 N 维空间中的一个点集。如果这些点可以被超平面，换句话说，对应于上面示例中的线的 N 维的几何外形切割，那么就有一组权系数和一个阈值来定义其分类刚好与这个切割相匹配的 TLU。

（三）TLU 的学习原理

既然 TLU 懂得分类，它们就知道素材。神经网络也可假定为可以学习。它们的学习机制是模仿大脑调节神经联结的原理。TLU 通过改变它的权系数和阈值来学习。实际上，从数学的观点看，权系数阈值的特征有点武断。让我们回想一下当 $SUM(X_i \times W_i) \geqslant theta$ 时 TLU 在临界点时输出的是 1 而不是 0，这相当于说临界点是出现在 $SUM(X_i \times W_i) + (-1 \times theta) \geqslant 0$ 的时候。所以，可以把 -1 看成一个常量输入，它的权系数 theta 在学习（或者用技术术语，称为培训）的过程中进行调整。这样，当 $SUM(X_i \times W_i) + (-1 \times theta) \geqslant 0$ 时，$y=1$，反之 $y=0$。

在培训过程中，神经网络输入：一系列需要分类的术语示例；它们的正确分类或者目标。

这样的输入可以看成一个向量：$<X_1, X_2, \cdots, X_n, theta, t>$，这里 t 是一个目标或者正确分类。神经网络用这些来调整权系数，其目的是使培训中的目标与其分类相匹配。更确切地说，这是有指导的培训，与之相反的是无指导的培训。前者是基于带目标的示例，而后者却只是建立在统计分析的基础上。权系数的调整有一个学习规则，一个理想化的学习算法如下所示：

fully_trained = FALSE
DO UNTIL (fully_trained)：
    fully_trained = TRUE
    FOR EACH training_vector = $<X_1, X_2, \cdots, X_n, theta, target>$：
    # Weights compared to theta
    a = $(X_1 \times W_1) + (X_2 \times W_2) + \cdots + (X_n \times W_n) - theta$
    y = sigma (a)
    IF y ! = target：

```
fully_trained = FALSE
FOR EACH W_i:
    MODIFY_WEIGHT (W_i)
    # According to the training rule
    IF (fully_trained):
        BREAK
```

培训规则有很多，但有一条似乎合理的规则是基于这样一种思想，即权系数和阈值的调整应该由分式（t-y）确定。这个规则通过引入 alpha(0 < alpha < 1) 完成。我们把 alpha 称为学习率。W_i 中的更改值等于（alpha×(t-y)×Xi）。当 alpha 趋向于 0 时，神经网络的权系数的调整变得保守一点；当 alpha 趋向于 1 时，权系数的调整变得激进。一个使用这个规则的神经网络称为感知器，并且这个规则被称为感知器学习规则。罗森布拉特（Rosenblatt）在 1962 年得到的结论是：如果 N 维空间的点集被超平面切割，那么感知器的培训算法的应用将会最终导致权系数的分配，从而定义了一个 TLU，它的超平面会进行需要的分割。当然，为了回忆起关键点，最终都必须切断与外界的联系，专心思考。但是在计算时间之外仍濒临危险，因为需要神经网络对可能输入的空间进行不止一次地切割，如图 12-2 所示。

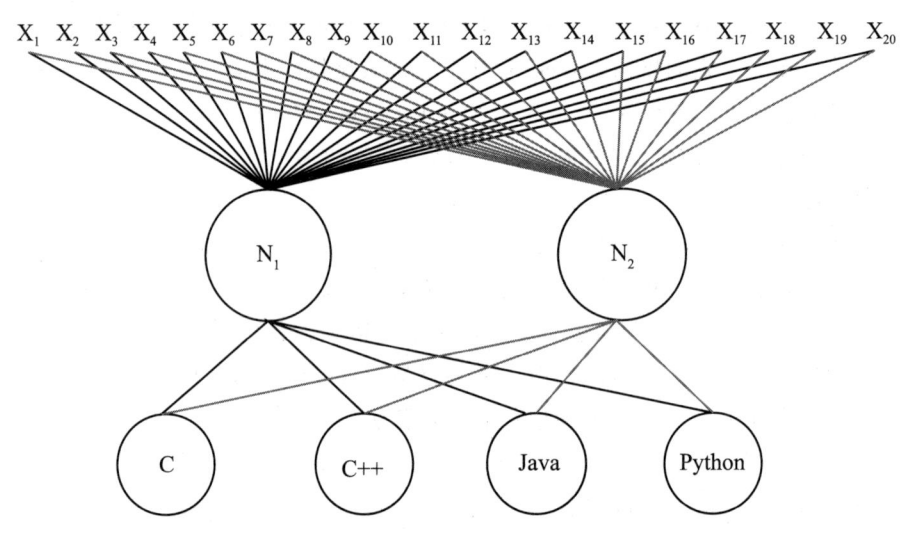

图 12-2 初步的（不完整的）感知器学习模型

假设给 N 个字符的代码段，并知道 C、C++、Java 或者 Python，需要的是构造一个程序来标识编写这段代码的语言。用 TLU 来实现需要对可能的输入空间进行不止一次地分割，它需要把空间分成四个区域，每种语言一个区域。把神经网络培训成能实现两个切割就可完成这种工作。一个切割将 C/C++ 和 Java/Python 分开来，另一个将 C/Java 和 C++/Python 分开。一个能够完成这些切割的网络同样可以识别源代码样本中的语言。但是这需要网络有不同结构，在描述这个不同之处之前，先来简单地看一下实践方面的考虑。

考虑到排除取得 N 个字符代码所需的计算时间，统计从 ASCII 码的 32~127 的范围内可视 ASCII 码字符出现的频率，并在这个统计以及关于代码语言的目标信息的基础上培训神经网络。我们的方法是将字符统计限制到 C、C++、Java 和 Python 代码字符库中最常用的 20 个非字母数字字符。由于关注浮点运算的执行，我们打算用一种规格化因素将这 20 字符统计分开来，并以此培训我们的网络。显然，一个结构上的不同是我们的网络有 20 个输入节点，但这是很正常的，因为我们的描述已经暗示了这种可能性。一个更有意思的区别是出现了一对中间节点，N_1 和 N_2，以及输出节点数量从 2 个变成了 4 个（$O_1 \sim O_4$）。

我们将培训 N_1，这样当它一看到 C 或 C++，设置 $y_1 = 1$，看到 Java 或 Python，它将设置 $y_1 = 0$。同理培训 N_2，当它一看到 C 或 Java，设置 $y_2 = 1$，看到 C++ 或 Python，设置 $y_2 = 0$。此外，N_1 和 N_2 将输出 1 或 0 给 O_i。现在如果 N_1 看到 C 或 C++，而且 N_2 看到 C 或者 Java，那么难题中的代码是 C。而如果 N_1 看到 C 或 C++，N_2 看到 C++ 或 Python，那么代码就是 C++。这个模式很显而易见。所以假设 O_i 已被培训并根据表 12-1 的情况输出 1 或 0。

表 12-1　　　　映射到输出（作为布尔函数）的中间节点

N_1	N_2	O_1(C)	O_2(C++)	O_3(Java)	O_4(Python)
0	0	0	0	0	1
0	1	0	0	1	0
1	0	0	1	0	0
1	1	1	0	0	0

如果这样可行的话，网络就可以从代码示例中识别出语言了。但是在实践上却有些难以置信。不过这种解决方案预示了 C/C++ 和 Java/Python 输入被一个超平面切割了，同样 C/Java 和 C++/Python 输入被另一个超平面切割。这是一个网络培训的解决方案，迂回地解决了这个输入空间的设想。

还有一种培训的规则叫作 delta 规则。感知器培训规则是基于这样一种思路——权系数的调整是由目标和输出的差分方程表达式决定。而 delta 规则是基于梯度降落这样一种思路。这个复杂的数学概念可以举个简单的例子来表示。从给定的几点来看，向南那条路径比向东那条更陡些。向东就像从悬崖上掉下来，但是向南就是沿着一个略微倾斜的斜坡下来，向西像登一座陡峭的山，而北边则到了平地，只要慢慢地闲逛就可以了。所以要寻找的是到达平地的所有路径中将陡峭的总和减少到最小的路径。在权系数的调整中，神经网络将会找到一种将误差减少到最小的权系数的分配方式。

将网络限制为没有隐藏节点，但是可能会有不止一个的输出节点，设 p 是一组培训中的一个元素，t(p, n) 是相应的输出节点 n 的目标。但是，设 y(p, n) 由以上提到的 squash 函数 s 决定，这里 a(p, n) 是与 p 相关的 n 的激活函数，或者用 (p, n) = s(a(p, n)) 表示为与 p 相关的节点 n 的 squash 过的激活函数。为网络设定权系数（每个 Wi），也为每个 p 和 n 建立 t(p, n) 与 y(p, n) 的差分，这就意味着为每个 p 设定了网络全部的误差。因此对于每组权系数来说有一个平均误差。但是 delta 规则取决于求平均值方法的精确度以及误差。我们先不讨论细节问题，只是说一些与某些 p 和 n 相关的误差：? * square(t(p, n) - y(p, n))。现在，对于每个 Wi，平均误差定义如下：

  sum = 0
  FOR p = 1 TO M： # M is number of training vectors
   FORn = 1 TO N： # N is number of output nodes
    sum = sum + (1/2 × (t(p, n) - y(p, n))^2)
  average = 1/M × sum

delta 规则就是依据这个误差的定义来定义的。因为误差是依据那些培训向量来说明的，delta 规则是一种获取一个特殊的权系数集以及一个特殊的向量的算法。而改变权系数将会使神经网络的误差最小化。在此不需要讨论支持这个算法的微积分学，只要认为任何 Wi 发生的变化都是如下所示就够了：alpha × s′(a(p, n)) × (t(p, n) - y(p, n)) × X(p, i, n)。

X(p, i, n) 是输入到节点 n 的 p 中的第 i 个元素，alpha 是已知的学习率。最后 s′(a(p, n)) 是与 p 相关的第 n 个节点激活的 squashing 函数的变化（派生）率，这就是 delta 规则，并且 Widrow 和 Stearns 向我们展示了当 alpha 非常小时，权系数向量接近某个将误差最小化的向量。用于权系数调节的基于 delta 规则的算法就是如此。

梯度降落（直到误差小到适当的程度为止）
  step 1：for each training vector, p, find a (p)
  step 2：for each i, change Wi by：alpha × s′(a(p, n)) * (t(p, n) - y(p, n)) × X(p, i, n)

这里有一些与感知器算法相区别的重要不同点。显然，在权系数调整的公式下有着完全不同的分析。delta 规则算法总是在权系数上调整，而且这是建立在相对输出的激活方式上，不一定适用于存在隐藏节点的网络。

（四）反向传播

反向传播这一算法把支持 delta 规则的分析扩展到了带有隐藏节点的神经网络（见图 12-3）。为了理解这个问题，设想鲍勃（Bob）给爱丽丝（Alice）讲了一个故事，然后爱丽丝又讲给了泰德（Ted），泰德检查了这个事实真相，发现这个故事是错误的。现在泰德需要找出哪些错误是鲍勃造成的而哪些又归咎于爱丽丝。当输出节点从隐藏节点获得输入，网络发现出现了误差，权系数的调整需要一个算法来找出整个误差是由多少不同的节点造成的，网络需要问，"是谁让我误入歧途？到怎样的程度？如何弥补？"这时，网络该怎么做呢？

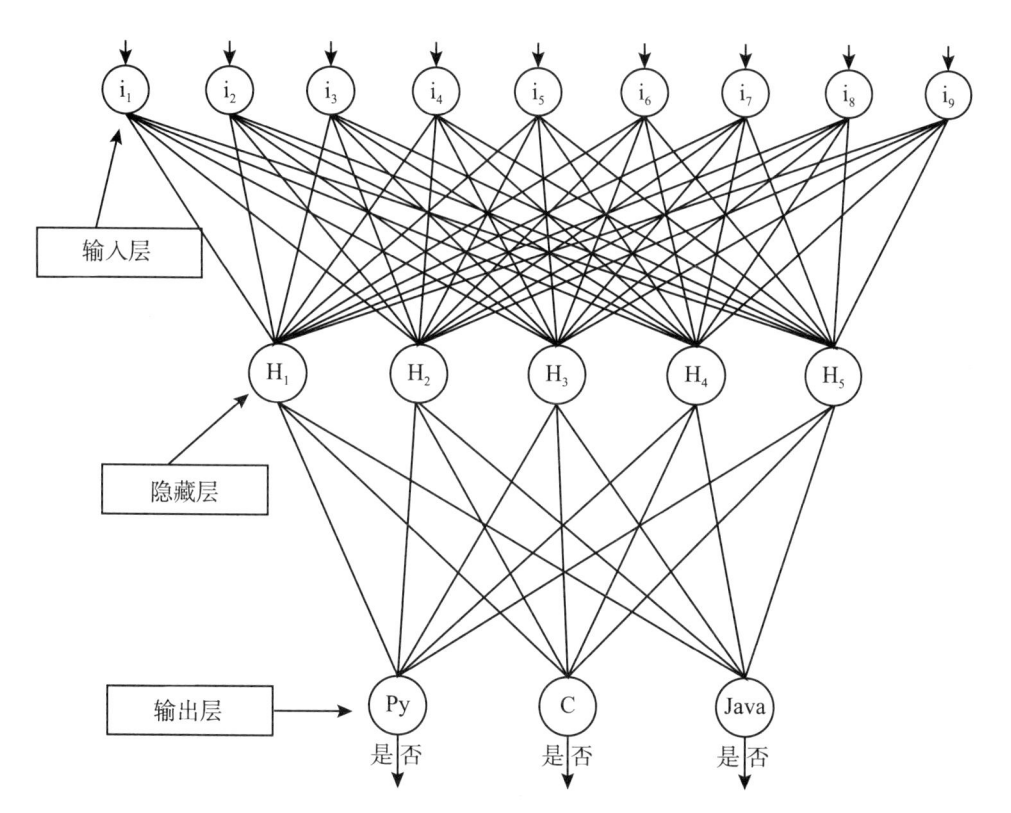

图 12-3　"代码识别"反向传播的神经网络

反向传播算法同样来源于梯度降落原理，在权系数调整分析中唯一不同的是涉及 t(p, n) 与 y(p, n) 的差分。通常来说 W_i 的改变在于：alpha × s'(a(p, n)) × d(n) × X(p, i, n)。

其中 d(n) 是隐藏节点 n 的函数，让我们来看（1）n 对任何给出的输出节点有多大影响。（2）输出节点本身对网络整体的误差有多少影响。一方面，n 影响一个输出节点越多，n 造成网络整体的误差也越多；另一方面，如果输出节点影响网络整体的误差越少，n 对输出节点的影响也相应减少。这里 d(j) 是对网络的整体误差的基值，W(n, j) 是 n 对 j 造成的影响，d(j) × W(n, j) 是这两种影响的总和。但是 n 几乎总是影响多个输出节点，也许会影响每一个输出结点，这样，d(n) 可以表示为：SUM(d(j) × W(n, j))。

这里 j 是一个从 n 获得输入的输出节点，联系起来，我们就得到了一个培训规则，第 1 部分：在隐藏节点 n 和输出节点 j 之间权系数改变，如下所示：

$$alpha \times s'(a(p, n)) \times (t(p, n) - y(p, n)) \times X(p, n, j)$$

第 2 部分：在输入节点 i 和输出节点 n 之间权系数改变，如下所示：

$$alpha \times s'(a(p, n)) \times sum(d(j) \times W(n, j)) \times X(p, i, n)$$

这里每个从 n 接收输入的输出节点 j 都不同。关于反向传播算法的基本情况大致如此。将 Wi 初始化为小的随机值。

使误差小到适当的程度要遵循的步骤：

第 1 步：输入培训向量；

第 2 步：隐藏节点计算它们的输出；

第 3 步：输出节点在第 2 步的基础上计算它们的输出；

第 4 步：计算第 3 步所得的结果和期望值之间的差；

第 5 步：把第 4 步的结果填入培训规则的第 1 部分；

第 6 步：对于每个隐藏节点 n，计算 d(n)；

第 7 步：把第 6 步的结果填入培训规则的第 2 部分。

通常把第 1 步到第 3 步称为正向传播，把第 4 步到第 7 步称为反向传播。反向传播的名字便由此而来。

（五）识别成功

在掌握了反向传播算法后，可以来看我们的识别源代码样本语言的难题。为了解决这个问题，我们提供了尼尔（Neil Schemenauer）的 Python 模型 bpnn。用它的模型解决问题真是难以置信的简单，在类 NN2 里定制了一个类 NN，不过我们的改变只是调整了表达方式和整个过程的输出，并没有涉及算法。基本的代码如下所示：

（用 bpnn.py 建立一个神经网络）

```
# Create the network (number of input, hidden, and training nodes)
net = NN2 (INPUTS, HIDDEN, OUTPUTS)
# create the training and testing data
trainpat = [ ]
```

testpat = [ ]

for n in xrange（TRAINSIZE + TESTSIZE）：

#···add vectors to each set

train it with some patterns

net. train（trainpat，iterations = ITERATIONS，N = LEARNRATE，M = MOMENTUM）

test it

net. test（testpat）

report trained weights

net. weights（）

当然还需要输入数据，实用程序 code2data. py 提供了这个功能。它的界面很直观：只要将一堆扩展名各不相同的文件放到一个子目录 . /code 中，然后运行这个实用程序，并列举那些扩展名作为命令选项。例如，python code2data. py py c java。

我们得到的是一堆 STDOUT 上的向量，可以把这些向量输入到另一个进程或者重定向到一个文件，它的输出如下所示：

Code2Data 的输出向量

0. 15 0. 01 0. 01 0. 04 0. 07 0. 00 0. 00 0. 03 0. 01 0. 00 0. 00 0. 00 0. 05 0. 00 > 1 0 0

0. 14 0. 00 0. 00 0. 05 0. 13 0. 00 0. 00 0. 00 0. 02 0. 00 0. 00 0. 00 0. 13 0. 00 > 1 0 0

[···]

让我们回忆一下输入值都是不同特殊字符出现的规格化数目，目标值（在大于号以后）是 YES/NO，代表包含这些字符的源代码文件的类型，不过对于什么是什么来说，并没有非常明显的东西。数字可以是输入或期望的任意值，这才是最重要的。

下一步是运行实际的 code_recognizer. py 程序。这需要（在 STDIN 中）像上面一样的向量集。这个程序有一个包，它能够根据实际文件推断出需要多少输入节点（计算在内的和期望的），选择隐藏节点的数目是一个诀窍。对于源代码的识别，6~8 个隐藏节点似乎工作得很好。如果打算试验网络从而发现对于这些不同的选项它是如何做的，可以覆盖命令行中的所有参数，但每一次运行还是会耗费一些时间。值得注意的是，code_recognizer. py 将它的（大的）测试结果文件发送到 STDOUT，而将一些友好的消息放在 STDERR 里。这样在大部分时间里，为了安全保管，将会把 STDOUT 定向到一个文件，并监视针对进程和结果概要的 STDERR。

运行 code_recognizer. py

＞code2data. py py c java | code_recognizer. py ＞ test_results. txt

Total bytes of py-source：457729

Total bytes of c-source：245197

Total bytes of java-source：709858

Input set：) (_. = ;",' * / {}： −0 +1 [ ]

HIDDEN = 8

LEARNRATE = 0.5

ITERATIONS = 1000

TRAINSIZE = 500

OUTPUTS = 3

MOMENTUM = 0.1

ERROR_CUTOFF = 0.01

TESTSIZE = 500

INPUTS = 20

error − >95.519⋯23.696⋯19.727⋯14.012⋯11.058⋯9.652⋯
8.858⋯8.236⋯7.637⋯7.065⋯6.398⋯5.413⋯4.508⋯
3.860⋯3.523⋯3.258⋯3.026⋯2.818⋯2.631⋯2.463⋯
2.313⋯2.180⋯2.065⋯1.965⋯1.877⋯1.798⋯1.725⋯
［⋯］
0.113⋯0.110⋯0.108⋯0.106⋯0.104⋯0.102⋯0.100⋯
0.098⋯0.096⋯0.094⋯0.093⋯0.091⋯0.089⋯0.088⋯
0.086⋯0.085⋯0.084⋯

Success rate against test data：92.60%

不断减少误差是个很好的开始，这至少是在一段时间内所获得的一种进步，且最后的结果必然更好。就此而言，网络完成了一项值得尊敬的工作。

三、神经网络的特点

如前所述，神经网络的出发点是通过模拟大脑的机制，将包括听觉系统的生物神经系统的信息处理机制引入机器学习的研究中，使其具有学习和理解的能力。神经网络具有大规模的并行处理和分布式的信息存储能力，并有良好的自适应、自组织性以及很强的学习功能、联想功能和容错功能。系统的所有计算都是由神经元单元完成的，而单元之间的连接权决定了网络对任意输入模式的计算响应。连接权的建立是通过训练算法进行的，具有传统的数字计算机系统即线性网络没有的优点，主要表现在以下几方面：

（一）适用性

神经网络适用于形象思维的问题。自组织和自适应性神经网络可以从数据集中自适应地求解答案，可以有效地用于学习数据集的内在联系。神经网络可以对大量的数据进行分类，并且这种分类只有较少的几种情况，神经网络适应学习一个复杂的非线性映射。这两个方面对传统的人工智能技术来说是比较困难的。目前，神经网络主要用于语音、视觉、知识处理、辅助决策等方面。对于语音识别来说，它可用于解决非特定人语音识别等问题。此外，在数据压缩、模式匹配、系统建模、模糊控制、求组合优化问题的最佳解的近似解（不是最佳近似解）等方面也有较好的应用。

（二）学习功能

神经网络能够直接输入数据并进行学习，通过学习能掌握输入和输出之间的任意映射关系，所以网络可以通过学习将语音模式映射成因素类别。神经网络对所要处理的对象在样本空间的分布状态无须做任何假设，而是直接从数据中学习样本之间的关系，因而它们还可以解决那些因为不知道样本分布而无法解决的识别问题。神经网络可以接受用户提交的样本集合，依照系统给定的算法，不断地修正用来确定系统行为的神经元之间联结的强度，而且在网络的基本构成确定之后，这种修正是根据其接受的样本集合自然地进行的，用户不需要再根据所遇到的样本集合去对网络的学习算法做相应的调整。例如，实现图像识别时，只要先把许多不同的图像样板和对应的应识别的结果输入神经网络，网络就会通过自学习功能，慢慢学会识别类似的图像。自学习功能对于预测有特别重要的意义。预期未来的神经网络计算机将为人类提供经济预测、市场预测、效益预测，应用前景令人瞩目。

（三）可推广性

神经网络不仅能记忆训练数据模式，还能学会相似的模式，并可以根据样本间的相似性对那些与原始训练样本相似的数据进行正确处理，从训练数据推广到新数据。在语音识别上可大大减少训练所需数据量。由于其运算的无精确性，神经网络在被训练后，对输入的微小变化是没有反应的。与事物的两面性相对应，虽然在要求高精度计算时，这种无精确性是一个缺陷，但是，有些场合又可以利用这一点获取系统的良好性能。例如，可以使这种无精确性表现成"去噪音、容残缺"的能力，而这对模式识别有时是非常重要的。还可以利用这种无精确性，比较自然地实现模式的自动分类。神经网络的这种特性不是通过隐含在专门设计的计算机程序中的人类的智能来实现的，而是其自身的结构所固有的特性所给定的。

（四）非线性

网络是非线性的，即它可以找到系统输入变量之间复杂的相互作用，计算非线性函数，对输入进行复杂的变换，更符合现实世界的实际问题，如语音信号是一个高度非线性的过程。在一个线性系统中，改变输入往往产生一个成比例的输出，但在一个非线性系统中，这种影响关系是一个高阶函数。这一特点很适合于实时系统，因为实时系统通常是非线性的，神经网络则为这种复杂系统提供了一种实用的解决办法。神经网络是一种非线性的处理单元，与现行的计算机不同，只有当神经元对所有的输入信号的综合处理结果超过某一门限值后才输出一个信号。因此神经网络是一种具有高度非线性的超大规模连续时间动力学系统。它突破了传统的以线性处理为基础的数字电子。

（五）一致性

神经网络提供了一致的计算模式，可以很容易地融合各种约束条件，就使我们很容易使用倒谱和差分倒谱输入，还可以在听觉/视觉双模态语音识别系统中将声学和视觉因素结合起来。

（六）并行性

神经网络是高度并行的，即其大量的相似或独立的运算都可以同时进行，因此它非常适合在大规模并行机上实现，这就在根本上支持了语音数据的高速处理。这种并行能力，使它在处理问题时比传统的微处理器及数字信号处理器快成百上千倍，这就为提高系统的处理速度，并为实时处理提供了必要的条件。

正是因为神经网络的结构特点和其信息存储的分布式特点，使得它相对于其他的判断识别系统，如专家系统等，具有另一个显著的优点：健壮性。神经网络不会因为个别神经元的损失而失去对原有模式的记忆。最有力的证明是，当一个人的大脑因意外事故受轻微损伤之后，并不会失去原有事物的全部记忆。因某些原因，无论是网络的硬件实现还是软件实现中的某个或某些神经元失效，整个网络仍然能继续工作。

四、一个神经网络系统的逻辑架构

一个神经网络系统的组成组件包括处理数据的基本组件神经元（neuron）和

神经元之间的链接（link），不同数量的神经元组成网络层（network layer），不同的网络层平行排列成神经网络系统架构，而接受数据输入的网络层被称为输入层（input layer），相反，网络计算结果输出的接口被称为输出层（output layer），负责网络内部计算即输入及输出的网络层，被称为隐藏层（hidden layer）。

使用三层网络架构基本上可以模拟、分析及解决大部分的复杂问题，所以三层神经网络系统是比较流行、使用率高的分析架构，而且使用四层架构即两层隐藏层加一层输入及输出层的数量是其上限。

图12-4为三层的神经网络系统及模型架构。图中，位于最左边垂直排列的一层为输入层，中间包括4个输入神经元及1个偏置神经元（bias neuron），而位于最右边是输出层包括2个输出neuron，而介于两者间为内部隐藏计算层，包括3个神经元及1个偏置神经元（bias neuron）。

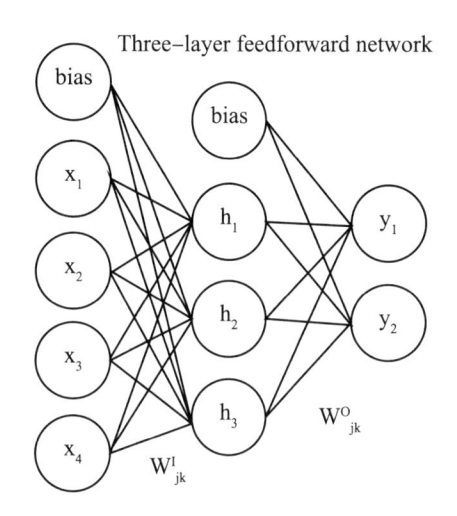

图 12-4　三层神经网络系统及模型架构

三层神经网络系统可以表示为以下公式：

$$y_k = f(\sum_{j=1}^{k} w_{jk}^0 h_j), k = 1, \cdots, m$$

$$k_j = f(\sum_{i=1}^{k} w_{ij}^1 x_i + w_j^T), j = 1, \cdots, h$$

$$f(x) = \frac{1}{1+e^{-\alpha x}}$$

$f(x)$ 称为激活函数（activation function），而 $f(x)$ 本身可以使用 Linear，Step，Ramp，Sigmoid 或 Gaussian 不同种类的函数代替，而现时较流行的神经网络分析系统均使用 S 函数（sigmoidal function），而上述模型中 $f(x)$ 为其中 S 函数中的一种，称为 LS 函数（logistic sigmoid function）。

神经网络的学习训练程序是使用系统分析的主要程序，分析人员需要将整理好的学习训练个案加载网络系统中，系统不断从相关数据里接受训练，并且当学习训练程序到达预先设定好的终止条件后，学习训练程序便会终止。分析人员可以利用以上学习训练结果去进行分析、分类及预测等。而学习训练主要有以下两种方法：

（1）指导性学习训练（supervised learning）。

每一个学习训练的个案必须提供与其有关的既定结果一并给神经网络接受学者训练，系统以便根据每笔数据与其相关结果不断进行内部网络相关参数调整及更新，从而决定最适合的对应函数之相关参数。现时比较流行的神经网络学习训练算法是反向传播训练算法（back-propagation training algorithm），由于计算过程牵涉向量函数（vector function），而微分（derivative）向量函数被称为梯度（gradient），故有称梯度下降算法（gradient descent algorithm），其数学公式如下：

$$Updated(W) = Previous(W) + L(1-M)\Delta W + M(Previous(\Delta W))$$

$$\frac{\partial e}{\partial w_{ij}^I} = \sum_{k=1}^{n}(d_k - y_k(W))y_k(W)(1-y_k(W))\left\{\sum_{j=1}^{k}w_j^0 kh_j(1-k_j)x_i\right\}$$

$$\frac{\partial e}{\partial w_{jk}^0} = (d_k - y_k(W))y_k(W)(1-y_k(W))h_j(W)$$

上列公式中，L 代表神经网络系统学习训练速率（learning rate），而 M 为 momentum term，代表指向某方向并且增加神经网络系统训练学习速度的参数。

（2）非指导性学习训练（unsupervised learning）。

每一个学习训练的个案没有提供与其有关的既定结果给神经网络接受学习训练，系统需要根据加载的学习训练的个案不断进行内部网络相关参数调整及更新，并且自行决定学习训练的个案整体不同特征，自组织学习（Kohonen Learning）就是其中例子。

类神经网络是利用大量的神经元来仿真人脑的基本单元，其网络建构的目标在于映像输入与输出之间关系的数学。基本神经网络架构有三层，分别为输入层（input layer）、隐藏层（hidden layer）和输出层（output layer），如图 12-4 所示，图中每一个圈圈称为节点（node）或神经元（neuron），每一个神经元都是以平行方式进行数据处理，其中输入层是将外界的信息输入到网络，隐藏层则将输入数据进行处理，但使用者看不到整个数据处理过程，故称为隐藏层，输出层则将处理的结果传送出去。

神经网络的特性：一是高度平行处理能力：神经网络利用大量的神经元仿生物的神经系统而具有高度平行处理的能力；二是学习与记忆能力：神经网络调整网络的权重值来学习并记忆输入与输出数据的关系；三是容错能力：网络有大量的链接，当部分链接失效，网络还是可以提供相当正确的输出。

神经网络的缺点：一是类神经网络因为其中间变量（即隐藏层）可以是一层或两层，数目也可设为任意数目，而且有学习速率等参数需设定，工作相当费时。二是类神经网络以迭代方式更新键结值与阈值，计算量大，相当耗费计算机资源。三是类神经网络的解有无限多组，无法得知哪一组的解为最佳解。四是类神经网络训练的过程中无法得知需要多少神经元个数，太多或太少的神经元均会影响系统的准确性，因此往往需以试误的方式得到适当的神经元个数。五是类神经网络因为是以建立数值结构（含加权值的网络）来学习，其知识结构是隐性的，缺乏解释能力。而归纳学习以建立符号结构（如决策树）来学习，其知识结构是显性的，具有解释能力。

类神经网络根据学习模式可以区分成两大类：

（1）监督式学习（supervised learning）。

监督式学习是以迭代方式不断修正神经网络中的权值（weight），在修正的过程中我们希望输出（output）结果符合期待（desired）的结果。在每一个训练例子中，给予神经网络一个输入值和期望输出值，这个期望输出值便扮演老师的角色，不断监督神经网络去修正权值，在整个训练过程中不断修正权值，来修正神经网络输入值与期望输出值之间的误差，直到误差小于一定的临界值或权值不再改变才会停止训练。

（2）非监督式学习（unsupervised learning）。

非监督式学习仅需要提供输入数据，不需要期望输出数据，也就是说它不需要误差信息去改善神经网络的输出，仅需要依照输入数据便可以判断其类别。

非监督式学习神经网络通常用在分类的问题上面，而监督式神经网络则是用在模型训练方面。

五、神经网络在归纳学习中的应用

神经网络是一门交叉学科，由于神经网络适合解决实际问题，同时基于高速计算机和快速优化算法，并且作为一种分析、处理问题的新方法已经在许多领域显示了强大的生命力。由于具备很强的泛化、逼近和非线性变换能力，能够进行再学习且学习效率高，适应了颜色识别的聚类分析和人的心理对颜色的模糊特性。利用神经网络识别方法来归纳所组建的颜色识别系统提高了颜色识别的可靠性。因此其应用领域在不断扩大。

迄今为止对神经网络归纳学习的研究，大致可分为理论研究和现实应用研究两大方面。

理论研究可以分为两类：一是利用神经生理与认知科学研究人类思维和智能

机理；二是利用神经基础理论的研究成果，用数理方法探索功能更加完善、性能更加优越的神经网络模型，深入研究网络算法和性能，开发新的网络数理理论。

应用研究也可以分为两类：一是神经网络的软件模拟和硬件实现的研究；二是神经网络在各个领域中应用的研究。

可以说，神经网络不仅广泛应用于工程、自然科学和社会科学研究领域，而且也广泛应用于农业、军事、商业等领域。神经网络能有效处理带有噪声、冗余或不完整的数据，特别适用于处理一些非线性或无法用数学来描述的复杂系统。

（一）神经网络的归纳学习在水利水保方面得以应用

随着神经网络理论本身以及相关理论、技术的不断发展，神经网络的应用将更加深入和广泛。近年来，神经网络归纳学习在农业、水利、水土保持、水资源等方面的应用主要有以下几类：（1）水文分类预报、水文代表年的选取、灾变预测、水资源评价等；（2）地下水资源研究；（3）水资源优化配置；（4）灌区农业用水预测；（5）水土流失监测与土壤养分流失预测；（6）城镇供水预测；（7）水质的综合评价等。

（二）神经网络的归纳学习在航空军事方面得以应用

在航空军事方面，聂蓉梅等应用神经网络研究了导弹直径和长度与导弹重量之间的映射关系，得到了导弹的总体质量估算网；徐惠民等用神经网络分析了喷气支线飞机和喷气公务机的主要参数估算方法；弗罗布莱夫斯基（D. Wroblewski）等也将神经网络用于直升机旋翼桨叶的动力学设计。而在我国国民生产领域，神经网络的应用范围应该更加广泛，在土木工程、防洪防汛、建筑管理、农业生产乃至经济管理中都取得了显著成效，大大提高了生产力水平，节约和合理分配了社会资源，推进了国民经济与社会的快速发展。

（三）神经网络的归纳学习在城市规划方面得以应用

神经网络也已被广泛应用于模拟许多高难度的地理现象。神经网络能通过适当的训练，方便地模拟出优化的城市形态。可以根据不同的规划目的，形成相应的准则来对原始数据进行修改。对原始训练数据进行修改，产生新的训练数据，利用这些新的数据对神经网络进行训练，获得新的模型参数。由这些新的参数就能模拟出优化的城市形态。在原始数据中，有很多城市开发用地是不合理的。

（四）神经网络的归纳学习在建筑施工中的应用

人工智能技术在施工中的应用涉及水泥挤压强度分类、混凝土强度预测等方面。我们将神经网络用于对水泥挤压强度的分类。采用三层 BP 网络，输入层含 7 个结点（矿渣掺量、二氧化硫、细度、3d 抗折、3d 抗压、快速抗折、快速抗压），隐层含 20 个结点，输出层含 2 个结点，分别代表合格的 28d5215 水泥抗压强度的值和 28d4215 水泥抗压强度的值。选取 50 个样本进行 1 400 次训练之后，对某厂出产的水泥进行测试，取得较好的效果。

在混凝土强度预测上，人工智能也有广泛的应用。传统的四组分混凝土（即水泥、水、砂、石）强调高强度，现在的混凝土则强调高性能，包括强度、可靠性、空间稳定性、耐久性等。为提高性能，在传统四组分的基础上增加添加剂 2 ~ 6 种，不同国家、不同建筑单位使用的添加剂不一样。我们将神经网络用于对混凝土强度的预测。采用一个输入元和一个输出元，中间一个隐层，通过对 3d、4d、5d、6d、7d 的强度值进行学习，来预测 28d 强度值，这比用灰度理论计算的值更优。

神经网络的研究内容相当广泛，反映了多学科交叉技术领域的特点。迄今对神经网络的归纳学习研究领域中，有代表性的网络模型已达数十种，而学习算法的类型更难以统计其数量。神经网络研究热潮的兴起是人类科学技术发展全面飞跃的一个组成部分，它与多种科学领域的发展密切相关。神经网络近年来已被广泛用于各个领域、各个部门，特别用于模式识别、图像处理和信号辨识等领域。纵观当代新兴科学技术的发展历史，人类在征服宇宙空间、基本粒子、生命起源等科学领域的进程之中历经了崎岖不平之路。我们也会看到，探索人脑功能和神经网络的研究将伴随着重重困难的克服而日新月异。

第二节　模糊逻辑与神经网络

一、模糊逻辑与神经网络的关系

（一）不同的产生背景[1]

模糊逻辑和神经网络是智能控制的两个主要分支，它们虽然是两个不同的领

---

[1] 知了. 模糊逻辑和神经网络的产生背景、模糊逻辑和神经网络的结合 [DB/OL]. http：//blog. sina. com. cn/s/blog_4f85c04201000bst. html ~ type = v5_one&label = rela_prevarticle.

域,并且它们的研究方法和实现方法差别很大,但目的相同,是研究和实现人的智能。先看看二者产生背景的不同。

1. 模糊逻辑的产生背景

逻辑学有很悠久的历史发展,从古希腊的亚里士多德逻辑到近现代的数理逻辑,从传统的形式逻辑到当今盛行的非形式逻辑、哲学逻辑,从以演绎逻辑为主到归纳逻辑为主再到认知逻辑(包括模糊逻辑),从古希腊逻辑到中国墨家逻辑、印度因明,这就反映了逻辑学发展的历史性、多样性与丰富性。模糊逻辑的产生既是科学技术发展需要和社会发展需要的必然,也是逻辑学成熟发展多样性与技术性的必然。

当然,模糊逻辑的提出是有其直接原因的。主要有三:其一,在工程领域由于实际系统涉及的因素很多,每个因素之间有耦合关系;同时系统所处条件千变万化;用传统的微分方程或简化的微分方程表示是不可能或不准确的。其二,模糊逻辑在很多学科中存在,例如,文学作品的"庸俗"、心理学的"正常"等。其三,人的智能本身就有精确和模糊两种特征。对各种计算时人的思维表现出精确性,对各种事物识别、学习、推理、经验等就表现出模糊性。人在大多数情况下是表现出模糊性的,例如,人为了生活必须考虑衣、食、住、行,这就涉及冷暖、食物好坏、交通的拥挤和流畅等模糊的概念。

大量的模糊问题难以用经典数学(代数、平面几何、解析几何、微积分、复变函数、概率论与数理统计、泛函分析、运筹学、规划学、拓扑学等)解决,必须期望找到一种全新的数学工具,那就是模糊数学。

1965年美国伊朗裔自动控制理论专家札德(L. A. Zadeh)提出了模糊集合论(fuzzy set)开创了模糊数学的历史;1966年由马里诺斯发表的《模糊逻辑研究报告》标志模糊逻辑的诞生。

2. 神经网络的产生背景

神经网络的实现方法包括软件实现和硬件实现:软件实现灵活性大,网络结构可以随意改变但由于目前计算机执行神经网络功能速度慢,要模拟人脑是不可能的;硬件方法是用物理元件去实现神经网络,这种方法是极有前途的。

19世纪中叶,西班牙解剖学家卡扎尔(Cajal)创建了神经元学。1949年霍布(D. O. Hebb)根据条件反射的机理,对人工神经网络的学习方式进行研究,提出了改变神经元之间结合强度来进行学习的方法——霍布学习法。1957年罗森布拉特(F. Rosenblatt)提出了感知机的概念。1969年人工智能创造人之一的马文·明斯基(Mar Vin Minsky)和西摩·佩伯特(Segmour Papert)出版了《感知机》(*Perceptron*)一书。1982年美国加州理工学院生物物理学家霍普菲尔德(J. J. Hopfield)提出全互连型的神经网络模型成功解决TSP问题(traveling salesman problem，又译为旅行推销员问题、货郎担问题等），使神经网络研究掀起新热潮。我国在神经网络这方面的研究起步较迟，从 1986 年开始才有这方面的研讨会。

（二）共同服务于人工智能

在人工智能解决与技术实现上，模糊逻辑和神经网络可谓是殊途同归。为了人工智能，模糊控制和神经网络采用了不同的方法和路径。模糊控制着眼于可用语言和概念表达的人脑宏观功能；而神经网络则着眼于人脑的微观机理，并通过有自学习、自组织、自适应功能的神经网络上的非线性并行分散动力学，对无法语言化的模糊信息进行处理。

很明显它们有各自的优点与缺点，例如，与人脑并行处理不同模糊推理是以串行方式进行的，这是模糊推理的不足。神经网络总的来说有三个研究领域：第一，对人脑的微结构特性，包括信息的分散表现，并行处理等；第二，数理的信息科学研究，目的是在原理上找出有关信息处理方法；第三，应用研究，该领域课题是研究如何产生实用的并行和自学习信息处理技术。神经网络传递函数的决定性部分就是学习法则，学习法则允许处理单元按照输入信号的状态，改变响应程度。使用学习法则的神经网络一般要进行三种重要的训练：管理训练、分级训练、自组织训练。

模糊逻辑理论和神经网络理论各自优点如下：（1）神经网络的长处在于最重要的两点：一是能生成无须明确表现的知识规则；二是有自学习能力。（2）模糊技术的长处在于最重要的两点：一是可以用模糊性的自然语言表现知识；二是可以用 Max、Min 等简单运算实现模糊推理。

用神经网络解决人工智能问题，在知识推理上存在相当大的困难；在知识获取上模糊技术也十分软弱。其实人们并不完全知道人脑神经网络的工作过程和实质结构，所以神经网络同模糊推理一样也是模糊的。但是把神经网络和模糊推理这两种方法进行结合取长补短，就可以产生很有效的人工智能研究方法——模糊神经网络学。神经网络和模糊技术的结合目前有以下几种方法和动向：

（1）利用神经网络调节隶属函数：在一般的模糊控制中隶属函数是不变的，但是在客观情况下它是变化的。为了使模糊推理能适应环境的变化情况，就需要随系统的状态改变隶属函数。在自组织模糊控制中，传统的参数自调整有三种方法：一是改变控制系统偏差取值比例（缺点：不能充分体现智能）；二是改变模糊值中各元素的隶属函数（缺点：难以实现）；三是改变模糊控制规则。从本质上讲改变了隶属函数也就改变了控制规则，它利用神经网络的学习能力，从而在系统设计和系统运行中能根据运行情况自动进行隶属函数的改变。

（2）知识的获取和表示：模糊控制中，用神经网络获取知识和表示知识是一种研究方向。从经典控制理论知道，当对象数学模型不同时，应采用最合适的针对性控制方式。但是，实际应用中，有些被控对象是变化的，数学模型是无法求取的，这就可以用神经网络对系统的变化进行学习，对控制方式分类并同时用神经网络去表现控制系统的动态特性知识。

（3）模式比较和选择：在实际应用中通常要对模式进行识别，而这种识别是人工智能的体现。

在智能控制方面，模糊逻辑与神经网络控制也有不同的模式。[①]

模糊逻辑控制框如图12－5所示。模糊控制器被分为四个部分：

（1）模糊化，即将输入值转化为模糊量；

（2）知识库，通常由数据库和模糊控制规则库组成；

（3）模糊推理，它是模糊控制器的核心，具有模拟人的、基于模糊概念的推理能力，该推理过程是基于模糊逻辑中的蕴涵关系及推理规则来进行的；

（4）非模糊化，即将模糊推理得到的模糊量变换为实际用于控制的精确量。

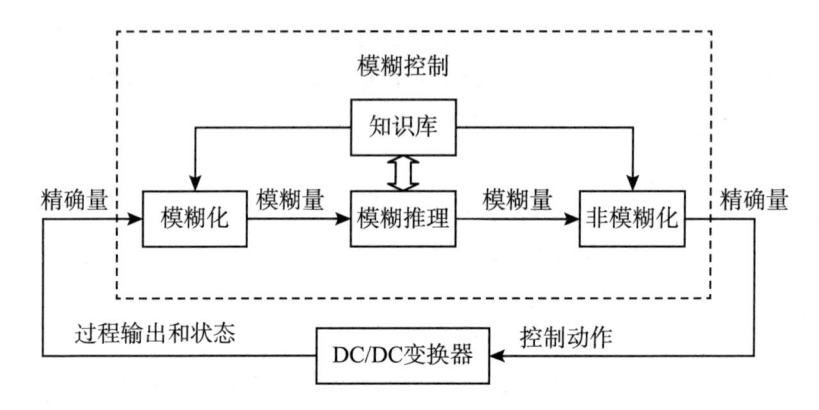

图 12－5　模糊控制框

神经网络系统具有输入和输出，它由许多个神经元组成。每个神经元有一个单一的输出，可以连接到许多其他的神经元，其输入有多个连接通路，每个连接通路对应一个连接权系数。变换权系数将改变整个网络的工作性能，我们的目的就是调整权系数，以获得理想的输入、输出关系。因此，神经网络控制方法是基于人脑控制行为的生理学研究而发展起来的，是一个具有广阔应用前景的智能控制方法。由于神经网络具有非线性映射能力、自学习适应能力、联想记忆能力，并行信息处理方式及其优良的容错性能，所以，神经网络在非线性和复杂控制系统中，起着如传递函数在线性系统中所起的作用。

[①] 在该段落之后的本节主要参考：韩智玲．智能控制在DC/DC变换器中的应用［DB/OL］．http://www.china-power.net/psta/dzkw/311/10.htm.

在神经网络控制系统中，信息处理过程通常分为自适应学习期和控制期两个阶段。在学习期，网络按一定的学习规则调整其内部连接权系数，使给定的性能指标达到最优；在控制期，网络连接模式和权系数已知且不变，各神经元根据输入信息和状态信息产生输出。两个阶段可以独立完成，也可以交替进行。

通常神经网络在控制中的作用可分为以下几种：

（1）充当系统的模型，构成各种控制结构，如在内模控制、模型参考、自适应控制、预测控制中，充当对象的模型等；

（2）在反馈控制系统中直接用作控制器；

（3）在控制系统中起优化计算的作用；

（4）在与其他智能控制方法和优化算法相融合中，为其提供非参数化对象模型，优化参数，推理模型及故障诊断等。

目前，国内外学者提出了许多面向对象的神经网络控制结构和方法，较具代表性的有神经网络监督控制、神经网络直接逆动态控制、神经网络参数估计自适应控制、神经网络模型参考自适应控制、神经网络内模控制、神经网络预测控制。

神经网络和模糊控制在对信息的加工处理过程中，均表示出很强的容错能力，它们在处理和解决问题时，不需要对象的精确的数学模型；从数据处理的形式上看，它们均采用并行处理的结构，当输入信号进入模糊控制系统时，所有的模糊规则将依据条件的适用度决定是否被激发，并且由被激发的规则决定系统的输出。对神经网络而言，它本身就是由并行结构的神经元所构成的。

但是，模糊系统和神经网络有着明显的不同之处。神经网络虽然对环境的变化具有较强的自适应学习能力，但从系统建模的角度而言，它采用的是典型的黑箱型的学习模式。因此，当学习完成之后，神经网络所获得的输入和输出关系，无法用容易被人接受的方式表示出来。相反，模糊系统是建立在被人容易接受的"F THEN"表示方法之上。但如何自动生成和调整隶属函数的模糊规则，则是一个很棘手的问题。

基于以上分析可知，上述两类系统的相似点构成了融合的基础，而它们的不同点又为融合方式研究提供了可能。

神经网络和模糊逻辑有以下几种相结合的方式：一是神经模糊系统在模糊模型中用神经网络作为工具；二是模糊神经网络把常规的神经网络模型模糊化；三是模糊—神经混合系统把模糊技术和神经网络结合起来形成混合系统。

人们提出用神经模糊控制器控制 Cuk 变换器，如图 12-6 所示。由于模糊变量的隶属函数通常是基于专家知识得到的，这要依赖于过去的经验，并不能给出优化的性能。林建军利用神经网络设计隶属函数，把神经网络作为隶属函数生成器组合在模糊控制系统中。控制器的输入为电压误差和电压误差变化率，输出为变换器

PWM 的占空比。神经网络由 BP 学习算法调节，作用函数为 $S(x) = \left(\dfrac{1}{1+\delta^x}\right)$。神经模糊控制器经过离线训练后，用来调节 Cuk 变换器。通过仿真证明，当负载变化时，神经模糊控制器比 PI 控制器的动态响应更好。

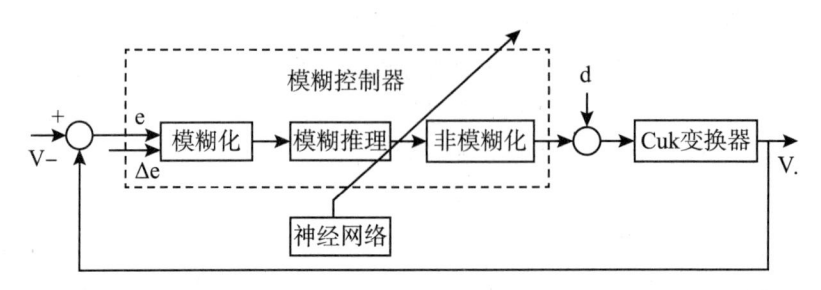

图 12 - 6　Cuk 变换器的神经模糊控制系统

神经网络和模糊系统都采用相联存储器来估计样本的函数与行为，它们都是自由模型估计器。在控制理论中，传统上都需要一个描述输出与输入关系的数学描述，然而神经网络与模糊系统都不需要一个明确的公式表示，它们都通过样本例子来训练，两者所构成的控制系统都能很出色地模拟人脑思维来完成信息处理。但是模糊系统比神经网络系统更易建立，因为仅需要分别地往它的 FAM 系统内填入若干准则，而神经网络方法需要确定一个非线性动力学系统，需要足够多的训练样本以及通过反复学习对这些训练样本进行编码。

然而，对于模糊控制系统，设计上是很简单的，特别是在模糊变量及模糊集被定义之后，神经网络的计算操作包括了两个矢量的相乘、相加，而模糊系统的运算仅包括两个矢量的比较和相加。但模糊控制要有较好的效果，必须具备完善的控制规则，然而对某些复杂的工业过程，有时难以总结出较完整的经验，而且，这些由经验得到的规则过多依赖于人的主观因素，因此很难得到最优的控制效果。此外，神经网络系统采用数字样本，而模糊逻辑系统需要用模糊集样本。在实际应用中，应根据被控对象的性质及数字结构数据的可获量，来确定是选用神经网络控制还是选用模糊逻辑控制。一般地，工程师们多数应用模糊技术解决控制问题，而神经网络似乎更适合于病态模式的辨识问题。①

二、模糊逻辑下的神经网络控制

模糊逻辑和神经网络的发展使近十年以来智能控制得到十分重要的进展，由

---

① 林建辉. 神经网络与模糊逻辑控制系统比较 [J]. 机械科学与技术，1996 (2).

于模糊逻辑和神经网络是两个截然不同的领域，它们的基础理论相差较远。但是，它们都是智能的仿真方法。是否可以把它们结合起来加以应用呢？从客观实践和理论的融合上讲是完全可以结合的。把模糊逻辑和神经网络相结合就产生了一种新的技术领域：这就是模糊神经网络。模糊神经网络是正在不断探讨和研究的一个新领域。在目前，模糊神经网络有以下三种形式：一是逻辑模糊神经网络；二是算术模糊神经网络；三是混合模糊神经网络。

模糊神经网络就是具有模糊权系数或者输入信号是模糊量的神经网络。上面三种形式的模糊神经网络中所执行的运算方法不同。

模糊神经网络无论作为逼近器，还是模式存储器，都是需要学习和优化权系数的。学习算法是模糊神经网络优化权系数的关键。对于逻辑模糊神经网络，可采用基于误差的学习算法，即监视学习算法。对于算术模糊神经网络，则有模糊 BP 算法和遗传算法等。对于混合模糊神经网络，目前尚未有合理的算法；不过，混合模糊神经网络一般是用于计算而不是用于学习的。

模糊神经网络可用于模糊回归、模糊控制器、模糊专家系统、模糊谱系分析、模糊矩阵方程、通用逼近器。在控制领域中，所关心的是由模糊神经网络构成的模糊控制器。

模糊神经网络是一种新型的神经网络，它是在网络中引入模糊算法或模糊权系数的神经网络。模糊神经网络的特点在于把模糊逻辑方法和神经网络方法结合在一起。

对于模糊神经网络而言，最重要的有以下三点：模糊神经元模型的开发；模糊权系数模型的开发；模糊神经网络学习算法的开发。

1974 年，李·塞缪尔和李·爱德华（S. C. Lee 和 E. T. Lee）在《人工头脑学》（*Cybernetics*）杂志上发表了"Fuzzy sets and neural networks"一文，第一次将模糊集和神经网络联系在一起。1975 年，他们又在 *Math. Biosci* 杂志上发表了"Fuzzy Neural Networks"（模糊神经网络）一文，明确地对模糊神经网络进行了研究，并用 0 和 1 之间的中间值推广到 McCulloch – Pitts 神经网络模型。但随后，神经网络的研究并没有出现高潮，很少有新的成果出现。到了 1985 年，凯勒（J. M. Keller）和福特（D. Huut）提出把 f 的模糊隶属函数和感知器算法相结合。1989 年山川（T. Yamakawa）提出了初始的模糊神经元，模糊神经元具有模糊权系数，但输入信号是实数。1992 年，山川又提出了新的模糊神经元，而每个输入端不再是单一权系数，而是模糊权系数和实权系数串联的集合。同年，中村（K. Nakamura）和德永（M. Tokunaga）分别也提出了和山川的新模糊神经元类同的模糊神经元。1992 年，诺克（D. Nauck）和克鲁斯（R. Kruse）提出用单一模糊权系数的模糊神经元进行模糊控制及过程学习。同年，雷克纳（I. Requena）

和德尔加多（M. Delgado）提出了具有实数权系数，模糊阈值和模糊输入的模糊神经元。1990~1992年，古普塔（M. M. Gupta）提出了多种模糊神经元模型，这些模型中有类似上面的模糊神经元模型，还有含模糊权系数并可以输入模糊量的模糊神经元。1992年开始，白克利（J. J. Backley）发表了多篇关于混合模糊神经网络的文章，它们也反映了人们近年来的兴趣点。

模糊神经网络有不同的结构形式，主要包括逻辑模糊神经网络、算术模糊神经网络、混合模糊神经网络、其他模糊神经网络。

1. 逻辑模糊神经网络

逻辑模糊神经网络是由逻辑模糊神经元组成的。逻辑模糊神经元是具有模糊权系数，并且可对输入的模糊信号执行逻辑操作的神经元。模糊神经元所执行的模糊运算有逻辑运算、算术运算和其他运算。无论如何，模糊神经元的基础是传统神经元，它们可从传统神经元推导出。

可执行模糊运算的模糊神经网络是从一般神经网络发展而得到的。对于一般神经网络，基本单元是传统神经元。传统神经元的模型是由下式描述的：

$$Y_i = f[\sum_{i=1}^{n} W_{ij}X_j - \theta_i] \tag{12.1}$$

当阈值 $\theta_i = 0$ 时，有：

$$Y_i = f[\sum_{i=1}^{n} W_{ij}X_j] \tag{12.2}$$

其中，X_j 是神经元的输入；W_{ij} 是权系数；$f[\cdot]$ 是非线性激发函数；Y_i 是神经元的输出。

如果把式（12.2）中的有关运算改为模糊运算，从而可以得到基于模糊运算的模糊神经元，这种神经元的模型可以用式（12.3）表示：

$$Y_i = f\left[\bigoplus_{j=1}^{n} W_{ij} \odot X_j\right] \tag{12.3}$$

其中，⊕表示模糊加运算；⊙表示模糊乘运算。同理，式（12.3）中的运算也可以用模糊逻辑运算取代。从而有"或"神经元：

$$Y_i = \mathop{OR}\limits_{i=1}^{n}(W_{ij} \text{ AND } X_j) \tag{12.4}$$

或者表示为：

$$Y_i = \bigvee_{j=1}^{n}(W_{ij} \wedge X_j) \tag{12.5}$$

同理也就有"与"神经元的模型如下：

$$Y_i = \mathop{AND}\limits_{j=1}^{n}(W_{ij} \text{ OR } X_j) \tag{12.6}$$

或者表示为：

$$Y_i = \bigwedge_{j=1}^{n} (W_{ij} \vee X_j) \tag{12.7}$$

2. 算术模糊神经网络

算术模糊神经网络是可以对输入模糊信号执行模糊算术运算并含有模糊权系数的神经网络。通常，算术模糊神经网络也称为常规模糊神经网络，或称为标准模糊神经网络。

常规模糊神经网络一般简称为 RFNN（regular fuzzy neural net）或称为 FNN（fuzzy neural net）。在一般情况下，都把常规模糊神经网络简称为 FNN。

常规模糊神经网络有三种基本类型，并分别用 FNN1、FNN2、FNN3 表示。这三种类型的意义如下：

（1）FNN1 是含有模糊权系数，而输入信号为实数的网络。

（2）FNN2 是含有实数权系数，而输入信号为模糊数的网络。

（3）FNN3 是含有模糊权系数，而输入信号为模糊数的网络。

3. 混合模糊神经网络

混合模糊神经网络（Hybrid Fuzzy Neural Net，HFNN）。在网络的拓扑结构上，混合模糊神经网络和常规模糊神经网络是一样的。它们之间的不同仅在于以下两点功能：一是输入到神经元的数据聚合方法不同；二是神经元的激发函数，即传递函数不同。

在混合模糊神经网络中，任何操作都可以用于聚合数据，任何函数都可以用作传递函数去产生网络的输出。对于专门的应用用途，可选择与之相关而有效的聚合运算和传递函数。而在常规模糊神经网络，即标准模糊神经网络中，数据的聚合方法采用模糊加或乘运算，传递函数采用 S 函数。

三、神经模糊控制[①]

（一）神经模糊控制原理

用神经网络去实现模糊控制则称为神经模糊控制（Neuro – Fuzzy Control）。神经模糊控制是神经网络应用的一个重要方向。这种控制最吸引人的地方是它能够对神经网络进行学习，从而可对模糊控制系统实现优化。

神经模糊控制有两种不同的实现方法。一种是用常规神经元和模糊神经元组成网络实现模糊控制；另一种是用模糊神经元组成网络实现控制。

---

① 主要参考：第四章神经模糊控制 [DB/OL]. http://www.jgchina.com/ednns/ednnsbk/7.htm。

模糊神经网络 FNN3 是典型的网络，巴克利等（Buckley et al.）证明了 FNN3 是一种单调映射，故而 FNN3 不是通用逼近器，但混合模糊神经网络 HFNN 则是通用逼近器。

模糊控制的控制曲面具有单调的特征，所以，模糊神经网络可以用于模糊控制。模糊控制中较多采用 Mamdani 推理以及 Takagi-Sugeno 推理。对于 Mamdani 推理，控制规则形式为：

Ri：if x is Ai and y is Bi then Z is Ci 每条规则的击发强度为：

$$\alpha_i = \mu_{Ai}(X_0) \wedge \mu_{Bi}(y_0) \tag{12.8}$$

其中，X_0、Y_0 为输入。

则从控制规则中得到的控制为：

$$\mu c(z) = V_i [\alpha_i \mu_{ci}(z)] \tag{12.9}$$

对于 Takagi-Sugeno 推理，控制规则的形式为：

Ri：if x is Ai and y is Bi then Z = $f_i(x, y)$ 每条规则的击发强度为：

$$\alpha_i = \mu_{Ai}(X_0) \wedge \mu_{Bi}(y_0)$$

则从所有控制规则推得的结果为：

$$Z_0 = \frac{\sum_i \alpha_i f_i(x_0, y_0)}{\sum_i \alpha_i} \tag{12.10}$$

很明显对于 Mamdani 推理，采用模糊神经元就可以建立模糊控制器；对于 Takagi-Sugeno 推理，则需要常规神经元和模糊神经元组成的网络来完成。故而，不同的推理方式对应的模糊神经网络有所不同。

（二）神经模糊控制器

神经模糊控制器是用神经网络构成的模糊控制器；神经模糊控制器是神经模糊控制的核心。神经模糊控制器最关键的是结构和学习问题。神经模糊控制器的结构应该是一种这样的拓扑结构，它可以处理模糊信息，并能完成模糊推理。神经模糊控制器的学习则是一种能完成模糊推理的神经网络的学习。

逻辑神经元组成的神经模糊控制器。逻辑神经元是模糊神经元的一种类型，用逻辑神经元可以构成执行 Mamdani 推理的模糊控制器。在这种模糊控制器中，每条控制规则可以用一个模糊神经网络实现。

多种神经元组成的神经模糊控制器。神经模糊控制器可以由多种神经元组成，这些神经元包括常规神经元，或神经元和与神经元等模糊神经元等。神经模糊控制器根据不同的推理规则，有不同的结构；所需的神经元不同，对于相同的推理规则其结构也不同。

(三) 神经模糊控制系统原理

神经模糊控制系统是用神经网络作为控制器实现模糊推理控制的系统。

模糊控制系统有一个很明显的缺点：这就是它缺乏有效的学习机制。神经模糊控制系统的优异之处在于可以用神经网络的学习机制补偿模糊控制系统原有的缺点；神经模糊控制系统是以基于网络的适应模糊推理系统（adaptive network-based fuzzy inference system，ANFIS）组成的。ANFIS 也称适应神经模糊推理系统（adaptive neuro - fuzzy inference system）。在前面有关章节中所介绍的神经模糊控制器也就是典型的 ANFIS。

典型的反馈控制系统框如图 12 - 7 所示，它由控制器和被控对象组成。被控对象一般由一组差分方程描述。这些方程说明了被控对象状态 x(t) 的特性。而对于控制器而言，通常是用 g 表示其静态函数，这也就是被控对象 x(t) 状态对控制作用 u(t) 的影射。

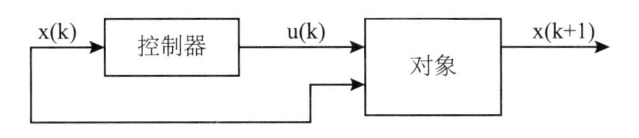

图 12 - 7 反馈控制系统框

对于图 12 - 7，可以有以下方程：
$$x(k+1) = f(x(k), u(k))$$
$$u(k) = g(x(k))$$

在控制工程中，其中心的问题是：为了达到预期的控制目的，就要找出作为对象输出状态 x 的函数的控制作用 u。

用神经网络构成模糊控制器，就是用神经网络实现模糊映射，并且对一个被控对象进行控制。

(四) 神经模糊控制系统结构

神经模糊控制系统的结构是和所采用的控制方式有关的。神经模糊控制有多种不同的控制方式，这些方式包括模仿经验控制、逆控制、专门学习控制、反馈线性化及滑模控制、其他方式控制。

1. 模仿经验控制

模仿经验控制在本质上是把人们的经验加以总结，然后用神经模糊控制器模仿人的有关经验，从而实现对被控对象的控制。模仿专家的经验进行控制是模糊控制器的本来的目的。对一些复杂的系统，例如，化学反应过程、地下铁道、交通系统等，人类的专家可以很好地实现控制，神经模糊控制器可以模仿这些专家，实现对复杂系统的有效控制。

一般而言，专家给出的经验是以模糊条件语句的方式给出的，而条件语句中的模糊量隶属函数也较粗糙；所以在应用时还需要进行较多的试验和误差处理，以重新定义隶属函数。

采用神经模糊控制器来进行模仿经验控制，则可以采用神经网络的学习机制，并利用其对数字信息，如输入输出数据的学习处理，从而可以对隶属函数进行重新定义。最终，取得较合理的结果。

这种方法不但可以用于控制系统，如果目标系统可以用人类经验进行模仿，那么，所得到的模糊推理系统就是模糊专家系统。故而，这种方法也可以用于系统诊断和分析。

2. 逆控制

逆控制是神经模糊控制的一种控制方式，这种控制方式来自神经网络控制方法。神经模糊逆控制的作用如图 12-8 所示。为了简便起见，假设被控设备只有一个输出状态 $x(k)$ 和一个输入 $u(k)$。控制分成两个阶段：即学习阶段和应用阶段。

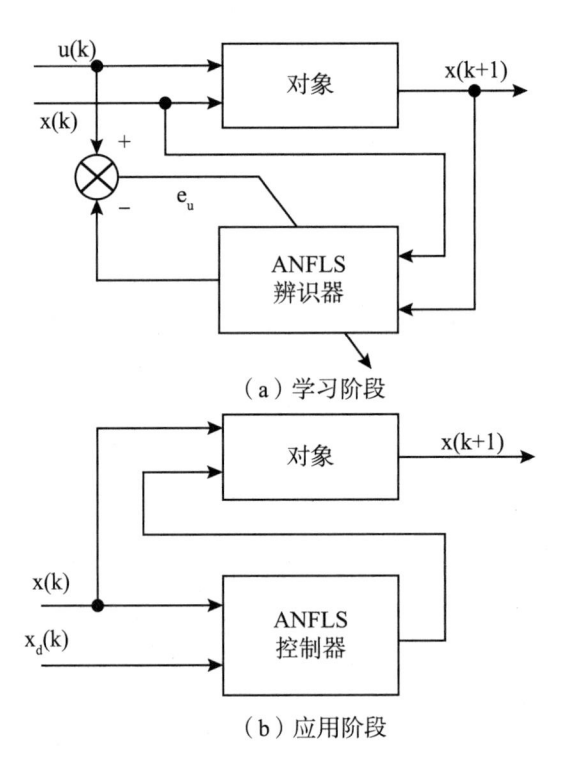

图 12-8 神经模糊逆控制

在学习阶段，采用随机输入集，可以得到被控对象所产生的相应输出。学习阶段如图12-8（a）所示。在图中，ANFIS用于学习被控对象的逆模型。在学习时，采用随机输入信号u(k)以及输出信号x(k)、x(k+1)这些信息。

在应用阶段，系统的结构如图12-8（b）所示。被控对象的逆模型用作控制器直接对被控对象进行控制。如果对象的逆模型是精确的，也即x(k)、x(k+1)到u(k)的映射是精确的，则用u(k)去对对象进行控制必定能产生结果x(k+1)。这个结果会逼近给定xd(k)。这个系统在控制的角度讲是一个纯单周期延时系统。

这种控制方法看起来只需一个学习任务，也就是寻找对象的逆模型。这就要求有一个先决的条件，即对象的逆模型存在。但是，并非所有的对象都存在逆模型。进一步讲，网络误差［cu(k)］2的最小化并不能确保整个系统误差‖xd(k) - x(k)‖2的最小化。

要克服这个问题，可采用ANFIS构成适应逆控制系统。

3. 专门学习控制

逆控制所存在的主要问题是以神经网络的误差最小化取代整个系统的误差最小化。在神经模糊控制中，直接使系统误差最小化的一种方法是所谓"专门学习"方法。这种方法如图12-9所示。

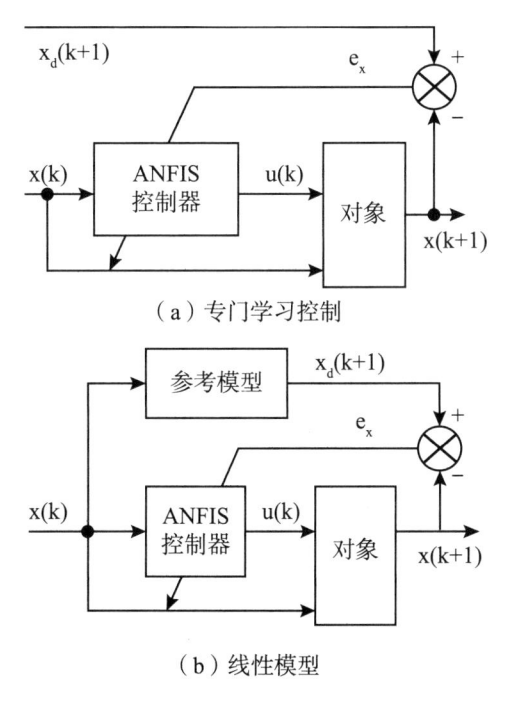

（a）专门学习控制

（b）线性模型

图12-9　神经模糊逆控制

为了使反向传播误差信号通过图 12-9 中的对象框，故而需要求取可以代表对象性能的模型。事实上，为了采用 BP 学习算法，需要知道对象的雅可比矩阵（Jacobian matrix），在该矩阵中，其 i 行 j 列的元素等于对象的第 i 次输出对其第 i 次输入的导数。

如果对象的雅可比矩阵不容易求取，则可以在两个连续的时刻对象在线进行输入和输出变化处理，以估计雅可比矩阵。

专门学习控制的结构如图 12-9（a）所示。给定信号为 xd(k+1)，在 ANFIS 控制器中输入系统的输出 x(k)，然后把 ANFIS 输出 u(k) 以及系统输出 x(k) 作为对象的输入。把对象输出 x(k+1) 和给定信号 xd(k+1) 进行比较，产生的误差 ex 用于对 ANFIS 控制器校正。校正过程采用 BP 算法。很明显，这是以整个系统的误差最小化为目标进行学习的。

通常人们不习惯在每个时刻 k 去表明所需的对象输出 x(k)，在参考模型适应控制中，所需的整个系统的性能可以用一个通常是线性的模型来表示，这个模型可以成功地满足控制目的。这种方法如图 12-9（b）所示。在图中，所需的输出 xd(k+1) 通过所需模型产生。

4. 反馈线性化及滑模控制

在连续时间域中，动态系统的运动方程可以用典型的形式表达如下：

$$x(n)(t) = f(x(t), x(t), x(2)(t), \cdots, x(n-1)(t)) + bu(t) \quad (12.11)$$

其中，f 是未知连续函数，b 是控制增益。

系统控制的目的是使状态向量

$$X = [x, x, x(2), \cdots, x(n-1)]T \quad (12.12)$$

即随所需的轨迹

$$Xd = [xd, xd, xd(2), \cdots, xd(n-1)]T \quad (12.13)$$

如果定义误差向量为：

$$e = X - Xd \quad (12.14)$$

则控制目的是设计一个控制 u(t)，使得在 t—∞ 时，e—0。

如果 f 是已知的，则式（12.11）可以简化为线性系统，故它是一个典型线性化系统。

在 f 已知时，采用下面控制 u(t)：

$$u(t) = -f(X(t)) + Xd(n) + kTe \quad (12.15)$$

将把原有的非线性系统转换成线性系统：

$$e(n)(t) + k1e(n-1) + \cdots + k(n-1)e + kn = 0 \quad (12.16)$$

这里，K = [kn, k(n-1), …, k1]T 是恰当选择的向量，它应保证满足式（12.16）闭环线性系统的特性。

但在式（12.11）中，f 是未知函数，从直觉上应选择控制 u(t) 为：
$$u(t) = -F(X, p) + xd(n) + kTe + V \quad (12.17)$$
其中，F 是足以逼近 f 的参数化函数，V 是附加输入。
当采用控制 u(t) 时，则得到的闭环系统按如下求出：
(1) 在式（12.15）中，kTe 满足式（12.16），即有：
$$u(t) = -f(X(t)) + xd(n) \quad (12.18)$$
(2) 从式（12.17）、式（12.18）则有：
$$-f(x(t)) + xd(n) = -F(X,p) + xd(n) + kTe + V$$
从而有：
$$kTe = F(X, p) - f(X(t)) - V$$
即有：
$$e(n) + k1e(n-1) + \cdots + k(n-1)e + ku = (F-f) - V \quad (12.19)$$
式（12.19）表述了用式（12.17）所示的控制时得到的闭环系统。

神经模糊控制系统可以用多种神经网络来实现。这些神经网络可以是正向前馈网络，也可以是反馈网络。既可以用模糊神经网络，也可以用径向基函数和单向线性响应函数作为激发函数的神经元。

第三节　元胞自动机与神经网络

一、元胞自动机概论

（一）什么是元胞自动机

元胞自动机（cellular automata，CA）在有的文献中译为细胞自动机、分子自动机、点格自动机或单元自动机等。约翰·冯·诺依曼只是给出了一个初步的基本概念。此后，经过物理学家、数学家、计算机科学家、生物学家以及其他学科的学者们共同工作，元胞自动机成为一个地地道道的"混血儿"。因此，对元胞自动机的含义也存在不同的解释。物理学家将其视为离散的无穷维的动力学系统；数学家将其视为描述连续现象的偏微分方程的对立体，是一个时空离散的数学模型；计算机科学家将其视为新兴的人工智能、人工生命的分支；而生物学家则将其视为生命现象的一种抽象。①

元胞自动机最初是由冯·诺依曼在 20 世纪 40 年代以一种理论计算机形式提出的,用于研究自复制系统的逻辑特性。元胞自动机是一个时空离散、状态离散的并行数学模型,它是由大量简单的、具有局域相互作用的元胞所构成的元胞自动机在每一个离散时间点进行演化,每一格点的值根据一个预定义的局部规则,按照相邻元胞前一时刻的值同步更新的。② CA 的时间、空间、状态都是离散的,空间的相互作用及时间上的因果关系都是局部的网络动力学模型。其特点是通过学习简单的局部转换规则来模拟出复杂的空间结构图。

标准的 CA 是一个四元组 $A = \{d, S, N, f\}$。A 代表一个元胞自动机系统:d 表示 A 的维数,是一个正整数;S 是一个有限状态集;N 是一个 Z 的包含 n 个不同元胞状态的空间矢量,表示邻域内元胞的组合,$N = (S_1, S_2, \cdots, S_n)$;f 表示将 S^n 映射到 S 上的一个局域转换规则。元胞排列成无限维阵列,其位置由 Z^d 来索引,Z^d 为整数 d 元组集合。一个元胞 S 属于 Z^d 的邻元是指在位置 $S + S_i$ ($i = 1, 2, \cdots, n$) 处的元胞。局部规则 f 给出了一个元胞根据其邻元前一时刻的状态来导出新状态的规则。若元胞的状态有 k 种,状态更新由自身及其四周临近的 n 个元胞状态共同决定,那么可能的演化规则有 K^{K^n} 种,这正是模拟复杂现象所必须具备的条件。对于不同系统,可以用不同的格子形状、不同的状态集合、不同的操作规则来构成不同的 CA。③

CA 最基本的组成包括元胞、元胞空间、邻居及转换规则(变换函数)四部分。简单地讲,可以视为由一个元胞空间和定义于该空间的变换函数所组成。在此系统中,元胞之间是相互离散的,共同组成一个离散的元胞空间;每一个元胞在某一时刻只能对应一种由离散有限集合组成的状态;邻域是由一定的规则定义的中心元胞周围一定范围、一定形状的所有元胞的集合,中心元胞在下一时刻的元胞状态由中心元胞状态及邻域元胞的状态所决定;转换规则是元胞状态转换的规则,决定元胞从某一时刻到下一时刻元胞状态是否转换和怎样转换;CA 中的时间是离散的。

(二) CA 模型的一般结构④

一个 CA 模型包含四个要素,可用一个四元组表示为 (L_d, S, N, f),接下来在创新扩散领域分别对其进行定义,建立一个创新扩散 CA 模型的大体框架。

---

① 杨帆,徐世英. 股市投资复杂性的元胞自动机模拟 [J]. 科技导报, 2007 (18).
②④ 张廷,高宝俊,宣慧玉. 基于元胞自动机的创新扩散模型综述 [J]. 系统工程, 2006 (12).
③ 刘松涛,周晓东,杨绍清. 基于元胞自动机的红外图像增强新方法 [J]. 红外与激光工程, 2006 (10).

(1) L_d 表示元胞空间，其中 L 为空间的规模，d 为空间的维数，在创新扩散领域一般为一维或者二维。元胞空间代表整个潜在市场，市场潜量为 L^d。

(2) $S^t(s, p)$ 表示一个元胞，代表现实世界的个体，当其具有购买意向时即成为创新的一个潜在消费者。其中 $s(s_1, s_2, \cdots, s_i)$ 为元胞的状态向量，t 时刻该元胞处于这些状态中的一种。扩散模型最基本的目的是预测创新采纳者数目的增加，因此最常用的状态向量为 s（采纳，未采纳）。随着研究的问题越来越复杂，需要对状态向量进行扩展，如在研究消费者的抱怨时可以采用如下的状态向量 s（未采纳，采纳后满意，采纳后不满意但不抱怨，采纳后不满意且抱怨）。

随着扩散模型的不断完善，其预测功能逐渐被淡化，进而被用来帮助管理者制定合理的市场进入策略，确定目标消费者及预期需求量，以及制定有效的研发、生产和销售策略。此时仅仅通过状态无法反映个体的差异，需要用到元胞的属性向量 $p(p_1, p_2, \cdots, p_j)$，j 为元胞拥有属性的个数。根据研究问题的不同为元胞设置不同的属性，例如，p_1 可以代表个体的创新性，p_2 可以代表消费水平等。

(3) $N(N_1, N_2, \cdots, N_n)$ 为邻居向量，n 为邻居个数，N_1、N_2 等为邻居元胞，其结构与 S 相同。CA 中关于邻域的定义更好地模拟了现实中个体总是在一个局部范围内活动，其观念、行为主要受到接触密切的那部分个体的影响，而与其他个体无关这一真实情况。

(4) f 为局部规则，元胞在 t+1 时刻的状态根据局部规则以及其自身和邻居在 t 时刻的状态来决定，可以表示为 $S^{t+1} = f(S^t, N^t)$。由于 CA 是一种时间、状态均离散的仿真模型，因此局部规则一般为元胞在几种状态之间变化的规则，又称为状态转移规则。局部规则是一个 CA 模型的核心部分，正是由于局部规则的不断叠加运算才产生了结果的复杂多变。局部规则一般可以分为确定规则和概率规则，确定规则是"一旦规则确定，t+1 时刻的状态完全由 t 时刻状态决定"，概率规则是"给出一个以邻居元胞状态为变量的概率表达式，t+1 时刻的状态取决于 t 时刻状态以及一些随机因素"。最著名的 CA 程序"生命的游戏"是一种确定规则，确定规则 CA 多用于物理、生物等个体行为简单的系统仿真。而在社会系统中存在大量的不确定因素，之间没有明显的规律可循，用于创新扩散研究的 CA 模型均使用概率规则。

（三）CA 理论基础[①]

约翰·冯·诺依曼（John von Neumann）最早提出 CA 模型，可用于模拟生

[①] 陈巨海，徐斌，朱麟，殷成龙. 基于元胞自动机的植物生态仿真系统研究 [J]. 计算机仿真，2007（5）.

命系统所具有的自复制功能。其数学结构非常简单，即时间、空间和状态变量都是离散集，且状态有限，根据简单的局部规则同时运行而得到所有元胞在某时刻的状态全体，即 CA 的一个构型。CA 的构型随时间变化而呈现出丰富而复杂的瞬间演化过程，因此 CA 可作为一个无穷维动力系统，它不仅是计算理论的重要模型，吸引了大批计算机领域的科学家研究其计算能力，并广泛应用于数学、物理学、生物学、化学、地理学和经济学等学科中的非线性现象和分形结构研究。在中国，被用于包括计算、构造、生长、复制、竞争与演化等研究领域；同时也为动力学理论中有关混沌、分形等系统整体行为与复杂现象研究提供了一个有效的模型工具。

CA 模型只是一种建模框架，而不是具体的模拟模型，它由离散的元胞、元胞空间、有限的状态、邻域和规则五部分构成。可描述如下：

$$S^{t+1} = (U^d, S^t, N^t, f) \qquad (12.20)$$

式（12.20）中，S^{t+1} 表示 $t+1$ 时刻元胞状态，U^d 表示 d 维的元胞空间，即网格单元，S^t 表示 t 时刻元胞状态，N^t 表 t 时刻邻居的状态组合，f 表示转换规则。

CA 的基本原理就是一个元胞下一时刻的状态是上一时刻其邻域状态的函数。在这里，只研究 $U^d(d=2)$ 的情况，即二维 CA。

对于 CA 理论的研究，从结构上看，CA 是一个五元组，它具有六个基本组成部分：元胞、元胞空间、状态、邻居状态、元胞状态和演化规则。

1. 元胞

元胞又称为基元，是 CA 中的基本单元，是演化模型中的模拟对象，分布在离散的一维、二维或多维欧几里得空间的晶格点上。

2. 元胞空间

元胞所分布的空间网点集合就是元胞空间，它可以是任意维数欧几里得空间的规则化。

（1）类型。由于计算机显示的原因，目前研究集中在一维和二维，对于一维 CA，元胞空间的划分只有一种；而二维 CA，二维元胞空间通常可以按三角形、正方形或六边形三种网格排列。三种元胞空间划分在模拟时各有优缺点，三角网格和六边形网格在计算机的表达和显示不方便，通常都要借助映射转换正方形网格处理。另外需要考虑的问题是，理论上的元胞空间通常在各维上是无限的，但却无法在计算机上实现，因此，我们需要定义不同的边界条件。归纳起来，边界条件主要有三种类型：周期型、反射型和定值型，这三种类型在实际应用中，尤其是二维或更高维数的构模时，可以相互结合。

（2）边界条件。理论上元胞空间通常是在各维上无限延展的，但却无法在计算机上实现,因此需要定义不同的边界条件。归纳起来,主要有三种类型的边界:周期型、反射型和定值型。有时在应用中还采用随机型边界条件,即在边界实时地产生随机值。

第一,周期型边界(pehodic boundary)是指相对边界连接起来的元胞空间。对于一维空间,元胞空间表现为一个首尾相接的"圈";对于二维空间,上下相接,左右相接,形成一个拓扑圆环面(tours),形似车胎。周期空间与无限空间最为接近,因此在理论探讨时,常以此类空间型作为试验。

第二,反射型边界(reflective boundary)指在边界外邻居的元胞状态以边界为轴的镜面反射区。

第三,定值型边界(constant boundary)指所有边界外元胞均取某一固定常量。

3. 状态

取值于一个有限的离散集。严格意义上,CA 的元胞只能有一个状态变量,但在实际应用中,往往将其进行了扩展。

4. 邻居状态

邻居状态是对中心元胞下一时刻的值产生影响的元胞集合。在一维 CA 中,通常以半径 r 来确定邻居,距离一个元胞 r 内的所有元胞均被认为是该元胞的邻居;在二维 CA 中,邻居状态的形式有多种,其中比较著名的有 Von Neumann 型和 Moore 型(见图 12 – 10)。

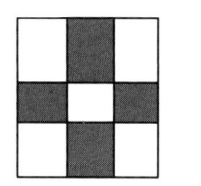

(a)Von Neumann型　　(b)Moore型

图 12 – 10　CA 的邻居形式

5. 元胞状态

元胞状态是对被考察元胞某方面的特征的描述。理想的 CA 只有一个状态变量,并且只能取有限的值,在实际应用中往往将其进行扩展。

6. 演化规则

演化规则是从一个中心元胞的邻居状态到中心元胞下一时刻状态的映射,也称为状态转移函数。这个函数构造了一种简单的、离散的空间/时间的局部物理成分。目前,随着遗传算法、模糊数学、神经网络等数学工具在演化规则中的应用,出现了遗传 CA、模糊 CA 和神经 CA 等。

（四）CA 的特征及应用

1. CA 的基本特征

一般来说，从 CA 的构成及其规则上分析，标准的 CA 应具有以下几个特征：

（1）离散性：CA 是高度离散的。不仅空间离散、时间离散，状态也离散，空间离散即元胞分布在按照一定规则划分的离散的元胞空间上；时间离散即系统的演化是按照等间隔时间分步进行的，时间变量 t 只能取等步长的时刻点；但对于状态来说，它即离散又有限，CA 的状态只能取有限个离散值，在实际应用中，往往需要将有些连续变量进行离散化，如分类、分级，以便于建立 CA 模型。[①] 这一特征极大地简化了计算和处理的过程。

（2）齐性：反映在元胞空间内的每个元胞的变化都服从相同的规律，即 CA 规则或转换函数相同，所有元胞均受同样的规则支配。也就是说，元胞的分布方式相同，大小、形状相同，地位平等，空间分布规则整齐。

（3）同步计算（并行性）：各个元胞在每个时刻的状态变化是独立的行为，相互没有任何影响。把 CA 的构形变化看成是对数据或信息的计算或处理，这种计算或数据处理是同步进行的，特别适合于并行计算。

（4）时空局部性：每一个元胞的下一时刻 $t+1$ 的状态，取决于其周围半径为 r 的邻域，或者其他形式邻居规则定义下的邻域中的元胞的当前时刻 t 的状态，即所谓时间、空间的局部性，而不是全体元胞。从信息传输的角度来看，CA 中信息的传递速度是有限的。

（5）维数高：在动力系统中一般将变量的个数看成维数，在元胞空间中，每个元胞被看成是系统的一个变量，由于任何完备的 CA 的元胞空间都是定义在一维、二维或多维空间上的无限集，因此，CA 是一类无穷维动力系统。

在上述特征中，齐性、并行性、时空局部性是 CA 的核心特征，任何对 CA 的扩展应当尽量保持这些核心特征，尤其是局部性特征。

而在实际应用中，可以根据具体情况，对现有的标准 CA 做适当的扩展，以便使设计出的模型更加符合自然。例如，圣托斯州立大学研究的所谓连续型的 CA，其状态是连续型的；另外，元胞空间中各元胞的演化可以不同步进行，例如，塞尔特（Cyert, Richard M）和狄格鲁（DeGroot, Morris H）设计的 CA 应用模型，其元胞的演化方式是奇偶交替进行的。

[①] 陈国宏，蔡彬清，李美娟. 元胞自动机：一种探索管理系统复杂性的有效工具 [J]. 中国工程科学，2007 (1).

2. CA 的演化行为分类

（1）一维 CA 的演化行为[①]。

CA 是探讨复杂系统中局部—整体互动关系最简单的模式，可视为演化分析的基本计算模型。通常用两种方法来了解 CA 的演化行为，即计算机仿真及数学推演。CA 体现了整体辩证思想：用简单的局域相互作用表现复杂系统的整体行为及其时间演化。它有三个显著的特点，即大规模同步并行、局域相互作用和简单结构。这些特点使其能高效地模拟许多复杂现象。由于在 CA 中选择不同的规则能产生各种不同的演化模式，通过对其演化规则和演化行为的研究来探索复杂系统的演化过程。

沃尔弗拉姆（S. Wolfram）在详细分析研究了一维 CA 的演化行为，并在大量计算机仿真的基础上，将所有 CA 的演化行为归纳为四类：

① Ⅰ 平稳型（homogeneous）。自任何初始状态开始，经过一定时间演化和若干步运算后便停留在一个固定的状态。

② Ⅱ 周期型（periodic）。经过一定时间演化后，在几种状态之间周期循环。

③ Ⅲ 混沌型（chaos）。自任何初始状态开始，经过一定时间演化后，处于一种完全无序随机的状态，几乎找不到任何规律。

④ Ⅳ 复杂型（edge of chaos）。在演化过程中可能产生复杂的结构。这种结构既不是完全的随机混乱，又没有固定的周期和状态。在 CA 的演化行为研究与仿真系统中观察分析 CA 的演化行为，如图 12 - 11 所示。

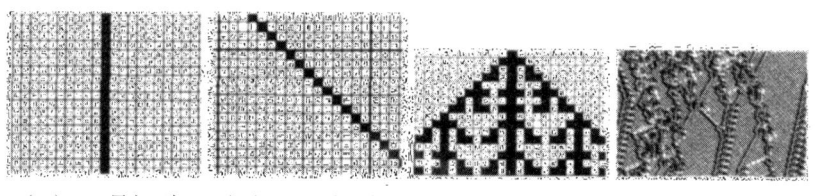

（a）132 号规则　　（b）208 号规则　　（c）203 号规则　　（d）Chaotic gliders
平稳型演化行为　　周期型演化行为　　混沌型演化行为　　复杂型演化行为

图 12 - 11　元胞自动机的演化行为

在一维最简 CA 的情况下（状态数是 2，半径是 1），从图 12 - 11（a）观察 132 号 CA 变成了一条竖线，表明 132 号规则的 CA 被吸引到了一个固定的状态。图 12 - 11（b）中 208 号 CA 是若干条斜线。由于边界是循环的，可以预言，经过若干个时间周期的运行后，CA 将恢复到原来的状态，这样的 CA 是循环的。两个相同状态之间经历的时间步长为这种 CA 的周期。图 12 - 11（c）中 203 号 CA

[①] 王仲君，王能超，冯飞，田武峰. 元胞自动机的演化行为研究［J］. 计算机应用研究，2007（8）.

既没有固定的周期也没有被吸引到一个点,它们处于一种混乱的、无序的状态,称这种状态为混沌状态。通过反复运行最简 CA 程序可见,所有的 256 种 CA 都能被归为固定值、周期循环。

(2) 二维及多维 CA 的演化行为[①]。

通过前面对一维 CA 机理的分析,可见 CA 是通过简单的规则进行演化,产生复杂的行为,并在大量的计算机仿真基础上,将所有 CA 的演化行为归纳为平稳型、周期型、混沌型和复杂型四大类。

对最简单的初等 CA 的分类尚且如此困难,而二维以至三维的规则更多,演化行为更为复杂,对二维或三维 CA 进行系统分类就更是难以进行。目前,国内外还没有相关的较好的研究成果。下面将对二维、三维 CA 的分类从统计和渐进的角度进行探索。

统计渐进分类的原理:在理论上,CA 的演化空间通常在各维上是无限延展的,这有利于在理论上的推理和研究。在实际应用过程中,无法在计算机上实现这一理想条件,因此,需要定义不同的边界条件。归纳起来,边界条件主要有三种类型,即周期型、反射型和定值型。在应用中,这三种边界条件为更加客观、自然地模拟实际现象,还有可能采用随机型,即在边界实时产生随机值。

①周期型(periodic boundary)是指相对边界连接起来的元胞空间。对于一维空间,元胞空间表现为一个首尾相接的圈;对于二维空间,上下相接、左右相接,形成一个拓扑圆环面。周期型空间与无限空间最为接近,因而在理论探讨时,常以此类空间型作为试验。

②反射型(reflective boundary)是指在边界外,邻居的元胞状态是以边界为轴的镜面反射。

③定值型(constant boundary)是指所有边界外,元胞均取某一固定常量,如 0、1 等。

④随机型(random boundary)是指边界元胞取实时产生的随机值。

在进行统计渐进分类时有三个前提:边界条件是周期型;元胞状态是两状态的,即生和死;初始条件是一个中心元胞状态为生,其他元胞状态为死。

在上述前提下,某一规则的 CA 演化到一定步数后,若其生的元胞比例趋于稳定,则为稳定型;若出现周期性的变化,则为周期型;若无明显规律,则为复杂型。可以看到,这种分类方法是根据元胞演化过程中的统计性质来分类的,并且是一种渐进(极限)情况下的统计性质。

[①] 王仲君,王能超,冯飞,田武峰. 元胞自动机的演化行为研究 [J]. 计算机应用研究,2007 (8).

3. CA 模型特征

从目前的研究来看 CA 模型具有以下特征：①

（1）CA 模型采用"自下而上"构模方式，并且没有既定的数学方程，只是提供一个建模原则，具有良好的灵活性和开放性。

（2）CA 是基于微观个体相互作用的时空动态模拟模型，能很好地将时间和空间统一于模型中，能较好地模拟时空的演化过程。

（3）CA 模型中的时间和空间均是离散的，与计算机表示客观世界的方式一致，适合于建立计算机模型。

（4）CA 提供元胞个体的行为空间而不受比例尺的影响，具有不依赖比例尺的概念，可以用来模拟局部演化过程。

CA 自提出以来，吸收了大量的系统科学、非线性科学理论、方法，得到了巨大的发展，其应用也日益广泛，在社会、经济、军事和科学研究的各个领域备受关注，涉及的具体科学有社会学、生物学、生态学、信息科学、计算机科学、数学、物理学、化学、地理学等。目前 CA 模型在地理学中的应用主要有：城市土地利用变化模拟；林火的模拟；交通信号灯对交通流的影响的模拟；利用 CA 对流域的汇流进行模拟。

二、神经网络与元胞自动机的结合

（一）神经网络与元胞自动机相结合的归纳学习及应用

利用神经网络的归纳学习特性，建立基于 CA 与神经网络的城市土地利用演变模型，可以更为客观地确定土地元胞的转换规则，挖掘土地利用演变的内在规律，实现土地利用格局的反演和预测。对此，构建了一个土地利用演变的模型。利用数据挖掘技术能从地理信息系统和遥感数据中发现知识，将其应用于 CA 模型中，可以自动找到土地元胞的转换规则。如此便大大缩短了建模所需时间，并可以改善模拟效果。

城市土地利用演变是一个时空都离散的复杂动力系统，城市 CA 模拟中土地利用状态的演变规律可以利用神经网络的自学习功能来挖掘。在神经网络与 CA 模型中，土地利用类型对应于元胞状态，对当前某状态的元胞来说，其下一时刻的状态取决于自身及相邻元胞当前的状态。网络的第一层是数据输入层，其各个

---

① 成筠，陶刘强，刘文宝．元胞自动机在农村土地利用动态模拟中的应用研究［J］．福建电脑，2007（10）．

神经元分别对应于影响土地利用变化的各个变量；第二层是隐藏层；第三层是输出层，它由多个神经元组成，输出土地利用类型之间转换的概率。对于每一个模拟单元，有多个属性（变量）。这些变量分别对应于神经网络第一层的多个神经元，它们决定了每个单元在某一时间的土地利用转换的概率。输入层接收标准化信号后，将它们输出到隐藏层。隐藏层会对这些信号产生一定的响应值，并输出到输出层。在每次循环运算中，神经网络的输出层计算出对应多种不同土地利用类型的转换概率，以转换概率的最大值来确定其转变的土地利用类型。在每次循环中，土地利用的变化往往只占较小的比例，可以用阈值来控制变化的规模。

因此，将当前某元胞的邻居元胞状态作为神经网络的输入矢量，下一时刻该元胞的状态作为输出矢量进入神经网络，进行网络的自学习过程，通过不断调整网络运行参数，寻找最适宜某类型土地元胞的网络构架。在假定土地利用演变规律短期不变的前提下，利用已调整好参数及构成的回归神经网络来预测下一时刻该土地元胞的状态。经过不同元胞状态的综合，即可实现土地利用格局预测。

基于CA原理，通过神经网络挖掘土地利用演变的规则，并按照该规则进行土地利用结构反演与预测。从神经网络与CA模型的原理和运行结果来看，它具有以下特性：（1）它是一种时空动力学模型，综合了时空因素，实现了土地利用演变规则的挖掘、反演及土地利用结构的空间显示；（2）它是一种网络动力学模型，基于局部的相互作用来研究系统的整体行为，通过微观的土地利用元胞的状态变化，反映出土地利用宏观的变化；（3）它具有时空离散特征，时间和空间的离散化，使概念模型到计算机物理模型的转变非常容易。

通过不同状态土地利用元胞空间结构与数量特征的变化来看，该模拟结果反映出的元胞状态转变规律，即非居住用地元胞向居住用地元胞的转变，可以说，神经网络与CA相结合的土地演变模拟具有一定的意义。

总之，利用CA模拟过程中，定义转换规则是其核心问题，神经网络与CA相结合的模型，能有效地简化CA模型的结构，无须提供转换规则，模型的参数则通过训练数据来自动获取，很适合于模拟复杂的土地利用变化。

（二）基于逻辑回归及分析学习的CA模型的应用[①]

1. 逻辑回归模型

在城市土地利用发展模拟中，具有较高发展适宜性的元胞有较高的发展概率。发展适宜性可以根据一系列因子来度量，包括交通条件、地形、水文及经济

---

① 陶嘉，黎夏，刘小平，何晋强. 分析学习智能元胞自动机及优化的城市模拟 [J]. 地理与地理信息科学，2007（5）.

指标等。回归模型假设一个区位的发展概率是一系列独立变量所构成的函数,如距市中心的距离、距公路的距离、地形高程和坡度等。

(1) 全局概率的计算。基于逻辑回归模型,一个区域的土地发展适宜性可由下式概括:

$$P_g(s_{ij} = \text{urban}) = \exp(z)/(1 + \exp(z)) = 1/1 + \exp(-z) \quad (12.21)$$

其中,P_g 代表全局概率,是根据两个时相的城市土地利用变化及一系列空间变量估算出的城市发展适宜性,其在模拟过程中保持不变;s_{ij} 是元胞的状态;z 是表示地区发展属性的矢量:$z = a + \sum_k b_k x_k$(a 是常量,b_x 是回归模型的参数,x_k 是该区域的属性集)。

(2) 局部概率的演算。某地块的土地利用适宜性除受其本身条件影响外,还受周围土地利用的制约。因此,考虑到邻域对中心元胞的影响,在地理 CA 模型中增加了使土地利用趋于紧凑的动态模块,防止出现空间布局凌乱现象。

邻域函数通过一个 3×3(50m×50m)的核计算土地利用在空间上的相互影响,其公式为:

$$\Omega_{ij}^t = \sum_{3 \times 3} \text{con}(s_{ij} = \text{urban})/3 \times 3 - 1 \quad (12.22)$$

其中,Ω_{ij}^t 是邻域函数,这里表示 3×3 邻域中的土地开发密度;con( ) 是一个条件函数,如果 S_{ij} 为城市用地,con( ) 返回真,否则返回假。

(3) 合成概率。合成概率可看作三部分:全局概率、单元限制作用、邻域函数。单元限制作用是指限制此单元发展的自然属性,如水体、山地和规划中的区域等,它可以用一个发展适宜性的评估值来表示。所以合成概率可表示为:

$$P_c^t = P_g \text{con}(s_{ij}^t = \text{suitable})\Omega_{ij}^t \quad (12.23)$$

其中,con( ) 将土地发展的适宜性转化为一个二值变量。同样,合成概率 P_c 用时间 t 表示,即预示着它随着迭代次数的增加而改变。

上述方法是基于逻辑回归计算限制城市发展的全局概率,通过不断迭代连续更新城市发展的局部概率。这种全局与局部概率的结合可使模拟结果更真实。

2. 分析学习模型

在 Wu 的逻辑回归模型中,引入全局概率使模拟结果与现实情况更吻合。但逻辑回归是一种线性模型,其变量权重的确定应符合线性特征。因此,利用逻辑回归计算变量权重时,其结果往往不能准确地体现出城市发展制约要素的重要程度;计算机为了满足线性特征而忽略对地理规律的考虑,计算出的权重系数不能反映限制城市发展的实际主客观因素。事实上,模拟出的单一城市发展模式已经不能满足实际需要。在实际应用中,用户通常需要根据适合该区域发展的特殊情况调整一种或几种变量的影响程度,模拟出最佳的城市发展模式。但是逻辑回归只能得到一组空间变量权重系数,很难改变某一空间变量的影响程度。所以有必要提出一种算法,它可以利用人文因素及实际规划目的调整逻辑回归计算出的变量权重,以符合该区域的特定发展模式;并且规划者可据此模拟出多种情况下的城市扩张结构,为城市规划提供更直接、更全面的参考。此处基于分析学习的智能方法实现对变量权重系数的智能调整及自主选择。

在分析学习中,学习器的输入包含假设空间 H、训练样例 D 及领域理论 B。领域理论由可用于解释训练样例的背景知识组成。学习器希望输出的为 H 中的假设 h,它既与训练样例一致,也与领域理论一致。完整的表示如下:

已知:X,H,B,D:D = $\{<x1, f(x1)>, \cdots, <xn, f(xn)>\}$。

求解:H。

表示为:B "explain" $<x, f(x)>$ if $x + B \vdash f(x)$,B "satisfy" h if $B \vdash h$。

H 中每个假设为一个一阶 if 2 then 规则集,或称 Horn 子句。为明确地表达此分析学习问题,还需提供领域理论,充分解释为什么观察到的样例能够满足目标概念。领域理论也由一组 Horn 子句描述,它使系统原则上可将任何学习到的假设加入至后续的领域理论中。

总之,通过逻辑回归求出的变量系数只有最优的一组,利用该组系数只能模拟出一种城市土地利用的变化情况,模拟较为单一,不能全面体现实际应用者的规划思路;且由于线性的转换规则在体现多因素共同作用的城市土地利用上存在一定的局限性,所以模拟效果有时不能较好地反映现实情况。在其应用中利用分析学习方法,通过演绎推理并加入对区域发展因素的人文认知及实际规划思想,对逻辑回归转换规则中的变量系数进行优化,使模拟结果更贴近区域城市发展的实际情况。模型同时允许用户依据实际规划思路选择空间变量的影响程度,从而模拟不同模式下的城市发展情景。

(三) 基于 CA 的归纳学习在经济学中的应用[①]

1. 在寡头垄断行为中的应用

20 世纪 70 年代,在古诺、伯特兰德、艾奇沃斯(Cournot、Bertrand、Edgeworth)关于寡头垄断经济模型研究的基础上,西尔特和德格鲁特(Cyert and Degroot)提出了适合于寡头垄断行为研究的新的经济模型。1970 年,赫尔利(Hurley)根据 CA 的作用函数的动力学行为,以寡头垄断研究为基础,提出该模型的四种类型——稳态、周期波动、对初始条件敏感依赖的混沌吸引子以及其他。

他们的 CA 设计在一维上,每个元胞为一个公司。规定在偶数时间步,偶数

[①] 余亮,陈荣,何宜柱. 元胞自动机与经济学应用 [J]. 系统工程,2003 (1).

位的公司采取行动，而奇数位的公司保持价格不变；在奇数时间步奇数位的公司采取行动，而偶数位的公司保持价格不变。显然，这样的模拟是比较粗糙的，但是即使如此，该模型也对当时的垄断竞争行为研究提供了一定的借鉴，对于 CA 本身的应用发展起到了重要的作用。

2. 在股市模拟中的应用

在股票市场中，投资者之间有相对的独立性，他们按照自己掌握的信息进行投资分析，并做出投资决策；同时各个投资者之间又有着很强的相互依赖行为，即通俗所说的"羊群心理"。这种系统的局部行为相对简单，对于股票投资者来说，只有买入、持有、卖出三种市场行为；相互之间的作用机制与演化规律也比较简单，但经过一定时间的演化以后，整个市场会产生截然不同的整体行为，且具体的演化结果无法预测。从这个意义上说，也和某些 CA 模型所显示的特征一致。适合于采用 CA 来进行模拟。

由于每个股民的偏好、分析能力以及宏观政策等因素都会对股市产生影响，所以应尚军等在演化规则上加入了关联因素的影响，并且模拟了某些条件下股市的情况。

3. 在市场营销中的应用

CA 还可以被用来模拟市场营销。考虑到市场中的消费者往往受到其他消费者的影响，当消费者是否购买一种商品受已经购买该商品的周围邻居影响的时候，就存在"连带外部效应"。该效应可以是正的，也可以是负的。从"从众"的角度出发，需求随周围消费的增加而增加时，其效应是正的；从"逆反"的角度出发，需求随周围消费者的增加而减少时，其效应是负的。

假定市场被划分成正方形网格，每个格点代表一群消费者，表示为 CA 的一个元胞。状态为 0 表示未使用过该产品的潜在消费者；状态为 2 表示正在使用该产品，并且在一定时间内对周围用户产生正的影响；状态为 1 表示该用户已经使用该产品一段时间，对其他用户的影响力已经消失，且即将成为新的潜在消费者。演化规则为：当元胞状态为 0 且周围有状态为 2 者时，状态转为 2，且周围状态为 2 者越多，转化概率越大；当状态为 2，且进入 2 状态时间达到一个门限以后，以某概率转为 1；当状态为 1 且进入状态 1 达到一个门限以后，以某概率转为 0。通过计算机模拟，可以看到产品市场从中央位置一层层扩散的过程，最后达到一个混沌状态，即维持产品市场生存的统计平衡状态。

当存在两种产品竞争时，模型的构成将变得比较复杂。相对简单一点的情况是，两种产品互相竞争，但是不考虑用户对于不同产品的偏好。此时的模拟结果类似于多数表决方式的"生命游戏"。在不考虑一种产品单独占优的情况时，市场的分布趋向于一种有趣的现象：产品消费的地区性。需要指出的一点是：由于模型中没有设计宏观干预的成分，这种地区性不是由地方政府干预形成的。

当用户对某种产品产生使用偏好以后，问题会变得比较复杂。以计算机的操作系统这种产品做例子来说，一个用户由于其使用经验的缘故，当然不希望频繁地转换使用不同的产品。但是，为了和周围的人交互，他又不能特立独行地使用一种和别人不同的系统。显然，在这个时候他需要面对两种力量的权衡。注意，当我们讨论计算机操作系统这个特殊的例子时，CA 的邻居关系应该是一种虚拟的邻居关系或者说是一种拓扑的邻居关系，和地理坐标无关。

除了计算机操作系统以外，相当多的其他产品也存在这种偏好问题。如饮料业的可口可乐和百事可乐之间的关系。而且在可乐关系中，口味偏好的形成除了使用历史之外，还可以考虑其他营销手段，如宣传对于偏好造成的影响。

第四节 基于遗传算法的人工生命进化模型

一、遗传算法与人工生命进化模型研究

遗传算法的起源，与作为神经网络原型的感知机处于同一时期。近年来，分子生物学发展迅猛，进展很大，带动了遗传信息科学的发展。在这种背景下，遗传算法得到了更为深入的研究与扩展。目前，对于具有多雌性的复杂系统，利用遗传算法可以给出产生准最优解的实用的最优化方法，它主要应用在工程领域。

遗传算法采用符号序列来描述信息集合，然后通过一些遗传操作，如交叉（即符号序列的混合）、突然变异（生成符号序列的新曲规则）、选择（选取最优符号序列）、淘汰（去除剩余符号序列）等，得到一些优化解。而且，还可以把上述遗传操作反复执行，以得到最优解。人工生命研究的重要内容之一就是进化现象，而遗传算法则是研究进化现象的重要方法之一。若把它与能够分析生命的个体或集团行为的博弈理论结合起来，则可进一步提高人工生命对生态系统的适应性。因此，遗传算法是人工生命研究的重要理论基础之一。

遗传算法可以用来研究生物体外部系统（也就是实体集团系统）中生命行为规律，而这种规律往往表现出自律分布的并行特性。很自然地，人工生命的进化模型与遗传算法有着许多共同研究的问题。例如，个体表现问题。即使是表现相同行为时，某个体如何表现，要决定于该个体所属搜索空间的结构和大小。与个体表现相关的问题还有传感器或效果器的进化能力。

二、人工生命外部系统遗传进化模型

为研究生物体外部系统中生命的行为规律，如自我复制、寄生、免疫、竞争、进化和协作等。将环境和种群等因素包含在一个动态仿真框架中动态考察，设计人工生命外部系统虚拟生物的遗传进化模型。

（一）人工生命的虚拟世界

虚拟世界可以文件设定，也可以完全随机产生。在虚拟世界中，两种生物的个体为获取食物相互竞争，时而相互攻击，时而交配产生后代，种群随着时间演变，虚拟世界的环境如障碍物的设置、食物的分布也随着时间在变化，通过世代的模拟，目的在于考察生物群的基因型，获得进化的性状和方向。

个体的遗传操作包括选择、交配和变异，与常规的遗传算法稍有差异，必须选择在行动范围内的局部对象个体交配，个体的适应度不能直接由个体的表现型或基因型计算。世代交替时，某个体在生物群中是否具有生存权由它与其他个体的关系来决定。如果不对个体总数做限定处理，在严峻的生存条件下即淘汰压力很强的情况下，存在全体生物群灭绝的可能。

（二）个体的基因型

个体的基因型由下列元素组成：生物种号 SP_i、寿命 SL_i、视野 VF_i、移动模式 TM_i、移动特性 CM_i、移动消耗 LM_i、行动特性 CA_i、善变率 CR_i、攻击速度 SA_i、防御能力 DA_i、攻击消耗 LA_i、食物获取效率 EF_i。

个体的基因型 G_i 可表示为：

$$G_i = G_i(SP_i, SL_i, VF_i, TM_i, CM_i, LM_i, CA_i, CR_i, SA_i, DA_i, LA_i, EF_i)$$

（三）个体的移动与行动

（1）移动。各个个体根据视野内的分布及其移动特性来决定如何移动。移动特性表明了对个体和食物的偏好，用正负号表示。

（2）行动。攻击：在行动范围内，攻击与被攻击双方的能量都有减少，但减少量有差异。获取食物：个体在行动范围内获得食物，能量会有所增加。交配：个体在行动范围内与个体 j 发生交配，各自的能量减少之后产生 1 个子个体。

（四）世代演变的模拟过程

建立和设定虚拟世界，障碍物位置、植物食物随机地设定，每隔一定时间随机产生一定数量的植物、食物。随机地产生初期种群个体的基因型。对于两种群的个体分别编号，个体的总数随世代演变而变化。按个体编号顺序选择个体的状态变化。状态变化可以任意决定"移动"或"行动"。各个体的年龄属性加1，将超越寿命的个体从生物群中消除，变为动物食物。食物属性加1，消除超过限制时间的食物。世代数加1，若超过指定演变代数，或者个体全部灭绝的情况下终止计算。

三、具备免疫特征与功能的人工生命外部系统

人工生命外部系统是将遗传算法与计算机科学相结合，设计出具有"生命"的人工系统。

（一）基于免疫原理的遗传算法建模方法

遗传算法、进化算法是根据生物遗传、进化机理演变而成的。因此遗传算法、遗传编程和进化计算是人工生物外部系统开发的有效工具，非常适合描述人工生命外部系统。而如果在遗传算法中引进免疫系统的特征和功能，则可加快搜索速度，提高遗传算法的总体性能。

免疫系统的遗传算法建模方法：

（1）初始种群的产生。系统对输入的抗原进行识别。如果输入的抗原是记忆抗原，则从记忆细胞中取出相应的抗体组成初始种群。如果输入的抗原是新抗原，则随机产生初始种群。

（2）记忆细胞的形成。计算个体（抗体）的适应度后，执行记忆细胞的形成。如果抗原是新抗原，用当前种群中适应度高的个体替换记忆细胞中的适应度低的个体。如果抗原是记忆抗原，将当前种群中适应度高的个体加入到记忆细胞中去。

（3）选择概率的定义。对种群中个体的选择概率按照抗体的促进和抑制规律确定。选择概率的定义是采用适应度比例选择机制和个体浓度选择机制的加权和。即选择概率：

$$P = \alpha \times Pf + (1 - \alpha) \times Pd$$

其中：$\alpha > 0$，Pf 是适应度概率，Pd 是浓度概率，且 Pf, $Pd < 1$。

（4）新一代的种群产生的选择、交叉和变异操作与一般遗传算法相同。

（二）具备免疫特征与功能的人工生命外部系统

使人工生命外部系统遗传进化模型更接近自然生命的多样性及其赖以生存的复杂环境和自然法则。需要解决复杂系统问题和处理复杂的行为。借鉴生物的适

应和学习机制，可建构具备自学习、自适应能力的人工智能系统。将遗传学习与生命周期学习结合起来研究人工生命系统。从生物进化的角度研究生物适应性与学习关系，设计出自适应系统。

在遗传学习分类系统中引入免疫原理，称为基于免疫原理分类系统模型。免疫系统的抗体具有多样性，以抵御无以计数的未知抗原的入侵。在这些抗体中，仅有一种可以通过抗体—抗原间的特异性匹配来成功地消除抗原。这一过程被数学描述为多元函数的优化求解过程，抗原为待解的多元函数，抗体为最佳解向量。需要同时随机产生抗原种群和作为分类系统解的抗体种群。基于免疫原理分类系统模型算法如下：

（1）从抗原种群中随机选择一个抗原个体。
（2）从大小为 N 抗体种群中随机选择 n 个样本抗体。
（3）样本抗体的得分定义为 n 个样本抗体与挑选出来的抗原个体之间的一致程度，计算方法为：

Score = 抗原 ◎ 抗体

其中：◎ 是异或运算。

（4）选择得分最大的抗体，得分相同的场合再从中随机选择，对该抗体的适应度增加得分值。

上述过程重复一定次数，可产生适应度高且多样性的抗体，完成对抗体种群的评价，即分类系统的评价。

四、基于遗传算法的人工生命演示系统

利用遗传算法中的过程：产生群体、评价、选择（复制）、交叉、变异过程，并且根据适应度函数 F(t) 实现自进化程序。在虚拟世界中，虚拟世界的环境等也在变化。通过世代的模拟，考察生物群的基因获得进化的改善和方向。个体的遗传操作包括选择、交配和变异，与常规的遗传算法稍有差异，必须选择在行动范围内的局部对象个体交配。个体的适应度不能直接由个体的表现型或基因型计算。世代交替时某个体在生物群中是否具有生存权由它与其他个体的关系来决定，如果不对个体总数做限定处理，在严峻的自下而上条件下即淘汰压力很强的情况下，那么就存在全体生物群灭绝的可能。

基于遗传算法的人工生命演示系统主程序包括九个模块，状态初始化模块、改变状态模块、个体年龄增加模块、食物新鲜度增加模块、死去个体及消除食物清除模块、产生新食物模块、求生物1和生物2的个体数模块、个体变化的图形更新模块、显示最佳遗传基因模块。

第十三章

现代归纳逻辑与信息检索技术

第一节 信息搜索技术概述

一、什么是信息搜索技术

万维网（World Wide Web，简记为 WWW 或 Web）的出现将世界带入了信息时代。网络将大量的信息共享，人们可以利用互联网快速方便地接触到各种信息，但是从另一方面来说，网络信息资源具有数量巨大、变化频繁、分布广泛等特点，给我们获取网络信息资源也增加了难度。通过普通浏览的方式很难找到真正需要的信息。那么作为现代信息获取技术的主要应用——搜索引擎成为必不可少的工具。利用搜索引擎可以快速找到需要的信息。通过搜索引擎找到所需要的信息，称为信息检索。

信息检索（information retrieval，IR）是一门致力于如何对大容量信息进行有效的存储与获取的科学或工程。广义的 IR 通常是指在一定的技术设备环境条件下，对以某种方式组织的信息资源按其表达方式，依据特定用户的需求，制定构造策略，构造检索表达方式以实现检索目标过程的总称。而信息检索系统（information retrieval system，IRS）则是借助计算机技术手段来存储信息以满足日后信息查询需要的一种检索工具。这里的信息可以是文本的、视频或音频的，但目前的大多数的信息检索系统大多仍只能以存储与检索文本的信息和文献为主。虽然 IR 技术日新月异，但 IR 的本质自始至终都没有变，变动的只是信息媒体形式、信息检索系统 IRS 的吞吐能力以及 IRS 存储与匹配的方法而已。

伴随互联网的普及和网上信息的爆炸式增长，搜索引擎作为一种网络搜索技术越来越引起人们的重视。搜索引擎主要指利用网络自动搜索技术软件或人工方式，对互联网（主要是 Internet、Web 等）网络资源进行收集、整理与组织，并提供检索服务的一类信息服务系统。用户可以通过在检索栏中输入检索词，快速检索出需要的几乎任何类型、任何主题的资源。通常情况下，用户输入关键词查询后，全文检索到的结果是与输入关键词相关的一个个网页的地址和一小段该网页内容的摘要。这些网页中应包含所输入的关键词或者相关的词汇。大多数搜索引擎支持最常见的关键词查询，并且检索功能强大。用户只要充分利用好搜索引擎，繁杂的网络信息资源就会变得有序。

目前在国内外影响比较大的主要的搜索引擎站点有：

（1）谷歌（Google）（http：//www.google.com/），世界范围内规模最大的搜索引擎。

（2）百度（http：//www.baidu.com/），最大的中文的搜索引擎。

二、信息搜索引擎的分类

文档的索引与检索模型是搜索引擎的核心，检索模型的优劣直接影响到搜索引擎的搜索效果。按文本信息检索模型搜索引擎可以分为：全文检索搜索引擎和目录分类式检索搜索引擎。从宏观上看，目前国内外各搜索引擎根据采用的主要技术不同可以分为：目录式搜索引擎、基于网络爬虫的搜索引擎、元搜索引擎和分布式搜索引擎。

经过多年的发展之后，现在的搜索引擎功能越来越强大，提供的服务也越来越全面。由于目录型和检索型的搜索引擎有各自的优点和缺点，于是很多搜索站点都同时提供这两种类型的服务。例如，雅虎（Yahoo）是目录型搜索引擎的代表，同时它也提供基于关键词的检索服务。现在绝大多数搜索引擎都提供多样化和个性化的服务，以 Yahoo 为例，用户可以从它的首页上查看新闻、金融证券信息、天气预报，可以进行网上购物、拍卖，或者使用免费的 e-mail 等服务。

三、信息搜索引擎的工作原理

搜索引擎一般由搜索器、索引器、检索器和用户接口四个部分组成：搜索器的功能是在互联网中漫游、发现和搜集信息；索引器的功能是理解搜索器所搜索到的信息，从中抽取出索引项，用于表示文档以及生成文档库的索引表；检索器的功能是根据用户的查询在索引库中快速检索文档，进行相关度评价，对将要输出的结果排序，并能按用户的查询需求合理反馈信息；用户接口的作用是接纳用户查询、显示查询结果、提供个性化查询项。

从图 13-1 中，可以简单了解搜索引擎的工作流程。用户先确定想查询的资料，提交检索词。"检索词"通常就是我们想查找资料中的"关键词"。但这里的"关键词"不是学术意义上的全文核心概念或中心概念，而只是描述搜索内容的关键性词语。因此，网络搜索中的"关键词"是一个非常宽泛的概念，属于非受控自由词，凡是具有实际意义的表达及其书写形式，如字、词、词组、短语和字母、数字、符号、公式等，都可以用作搜索的"关键词"。所谓的网络搜索，实际上是在搜索引擎的索引数据库中进行匹配检索。搜索引擎并不对其数据库进行可控语言标引，而只是机械地输出与关键词形式匹配的网页，随着数据库规模的不断增长，符合形式匹配条件的结果输出将会越来越多，尽管一些搜索引擎采用了智能分词技术，具有一定程度的概念检索功能，但仍然不可避免地会出现大量的无用信息。在形式匹配的技术条件下，关键词优化是最大限度地消除无用信息的主要方法。关键词在网络搜索中起着"关键"的作用，关键词选择准确与否直接关系到搜索的成败，而成功搜索的标志是在结果列表的首页就能够满足查询需求。准确选择关键词需要从表述方式、行文习惯、书写规则等方面揣度查询内容，力求关键词与内容描述词的一致。由于搜索引擎的形式匹配原理，使用同一概念的不同词语搜索的结果截然不同。例如，用"北京"搜索不会出现"首都"字样、"北京图书馆"找不到"国图"的有关内容、"WTO"与"世界贸易组织"的搜索结果大相径庭等。因此，必须注意对习惯用语、专业术语、全称、简称、同义词、近义词，以及拼音文字的前缀、后缀的了解和运用，尽可能地提高关键词的形式匹配概率，最大限度地减少误检和漏检。

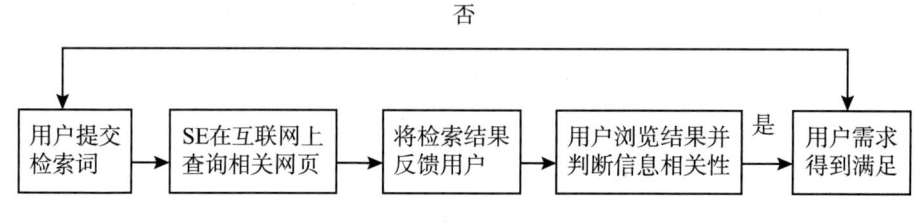

图 13-1　搜索引擎的服务模式

用户输入关键词之后，搜索软件将要对提交的关键词在互联网上查询相关网页。在具体搜集过程中，如何抓取一篇篇的网页，最常见的一种是所谓"爬取"：

将接触网页上节点的集合看成是一个有向图，搜集过程从给定起始统一资源定位系统（URL）集合 S（或者说"种子"）开始，沿着网页中的链接，按照先深、先宽或者某种别的策略遍历，不停地从 S 中移除 URL，下载相应的网页，解析出网页中的超级链接 URL，看是否已经被访问过，将未访问过的那些 URL 加入集合 S。整个过程可以形象地想象为一个蜘蛛（spider）在蜘蛛网（Web）上爬行（crawl），真正的系统其实是多个"蜘蛛"同时在爬。虽然得到海量的原始网页集合，但距离面向网络用户的检索服务之间还有一定的距离。以尼克劳斯·威茨（Nicklaus Wirth）的"程序＝算法＋数据结构"的观点看，一个合适的数据结构是查询子系统工作的核心和关键。现行最有效的数据结构是"倒排文件"（inverted file），倒排文件用文档中所含关键词作为索引，文档作为索引目标的一种结构（类似于普通书籍中，索引是关键词，书的页面是索引目标）。形成倒排文件过程需要注意"预处理"，主要包括：关键词的提取、重复或转载网页的消除、链接分析、网页重要程度的计算等。

随便取一篇网页的源文件，我们看到其中的情况纷乱繁杂。除了能从浏览器中正常看到的文字内容外，还有大量的超文本标记语言（HTML）标记。最初预处理阶段的一个基本任务，就是要提取出网页源文件的内容部分所含的关键词。对于中文来说，就是要根据一个词典，用一个所谓"切词软件"，从网页文件中切出词典所含的词语来。在那之后，一篇网页主要就由一组词来近似代表了，$p = \{t_1, t_2, \cdots, t_n\}$，一般来讲，我们可能得到很多词，同一个词可能在一篇网页中多次出现。从效果和效率考虑，不应该让所有的词都出现在网页的表示中，要去掉诸如"的""在"等没有内容指示意义的词，成为"分隔词"。这样，对一篇网页来说，有效的词语数量大约在 200 个。

我们看到 Web 上的信息存在大量的重复现象，对于搜索引擎来说，这不仅在搜集网页时要消耗机器时间和网络宽带资源，也会引来用户的抱怨。因此，消除内容重复或主题内容重复的网页是预处理阶段的一个重要任务。网页净化和消重是大规模搜索引擎系统预处理环节的重要组成部分。所谓网页净化就是识别和消除网页内的噪声内容（如广告、版权信息等），并提取网页的主题以及和主题相关的内容；消重是指去除所搜索网页集合中主题内容重复的网页。建索引一般是在消重后的网页集上进行的，这样就可以保证用户在查询时不会出现大量内容重复的网页。

大量的标记虽然给网页的预处理造成了一些麻烦，但也带来了一些新的机遇。从信息检索的角度讲，如果系统面对的仅仅是文字内容，我们能依据的就是"共有词汇假设"，即内容所包含的关键词集合，最多加上词频（term frequency，TF）和词在文档集合中出现的文档频率（document frequency，DF）之类的统计量。而 TF 和 DF 这样的频率信息能在一定程度上指示词语在一篇文档中的相对重要性或者和某些内容的相关性，这是有意义的。有了 HTML 标记后，情况还可能进一步改善，如在同一篇文档中，<H1> 和 </H1> 之间的信息很可能就比在 <H4> 和 </H4> 之间的信息更重要。

搜索引擎返回给用户的是一个和用户查询相关的结果列表。列表中条目的顺序是很重要的问题。由于要面对各种各样的用户，加上查询的自然语言风格，对同样的关键词返回相同的列表肯定是不能使所有提交关键词的用户都满意的（或者都达到最高的满意度）。因此搜索引擎实际上追求的是一种统计意义上的满意。如何对查询结果进行排序有很多因素需要考虑。如何评价一篇网页比另一篇网页重要？人们参照科技文献重要性的评估方式，核心想法是"被引用多的就是重要的"。"引用"这个概念恰好可以通过 HTML 超级链接在网页之间体现得非常好，作为 Google 创立核心技术的网页排名（Page Rank）就是这种思路的成功体现。除此之外，人们还注意到网页和文献的不同特点，即一些网页主要是大量对外的链接，其本身基本没有一个明确的主题内容，而另外有些网页则被大量的其他网页链接。从某种意义上讲，这形成了一种对偶的关系，这种关系使得人们可以在网页上建立另外一种重要性指标。这些指标有的可以在预处理阶段计算，有的则要在查询阶段计算，但都是作为在查询服务阶段最终形成结果排序的部分参数。

搜索引擎将检索结果以列表的形式反馈给用户，用户可根据自己需要浏览的结果判断信息相关性，如果是用户所需要的结果，那么点开链接直接浏览即可。如果不是用户所需要的，用户可以重新输入新的检索内容（关键词），搜索引擎重新进行搜索，用户再次选择判断，直至得到满足的信息为止。

第二节　信息检索模型的逻辑

一、信息检索的逻辑方法分析

信息检索（information retrieval）是指信息按一定的方式组织起来，并根据信息用户的需要找出有关的信息的过程和技术。狭义的信息检索就是信息检索过程的后半部分，即从信息集合中找出所需要的信息的过程，也就是我们常说的信息查寻（information search 或 information seek）。信息检索可分为手工检索、机械检索、计算机检索三类。其中发展最快的是计算机检索。

所谓计算机检索指人们在计算机或计算机检索网络的终端机上，使用特定的检索指令、检索词和检索策略，从计算机检索系统的数据库中检索出需要的信息，继而再由终端设备显示或打印的过程。计算机检索具有检索方便快捷、检索功能强大、获得信息类型多、检索范围广泛等特点。而现在发展比较迅速的计算机检索是"网络信息检索"，即网络信息搜索，是指互联网用户在网络终端，通过特定的网络搜索工具或是通过浏览的方式，查找并获取信息的行为。

模型（model）是用以分析问题的概念、数学关系、逻辑关系和算法序列的表示体系，也是所研究的系统、过程、事物或概念的一种表达形式，也可指根据实验、图样放大或缩小而制作的样品，一般用于展览或实验或铸造机器零件等用的模子。

模型可以取各种不同的形式，不存在统一的分类原则。按照模型的表现形式可以分为物理模型、数学模型、结构模型、仿真模型和逻辑模型等。

一般情况下，在现行计算机管理信息系统"物理模型"的基础上，可抽象出现行系统的"逻辑模型"，对现行系统的"逻辑模型"进行分析和优化，并进一步调查用户需求，可建立目标系统的"逻辑模型"。建立现行系统逻辑模型的任务是通过对现行系统"物理模型"的分析，删除非本质的东西，找出本质性的因素，即消除高层数据流图中的具体细节，抽象系统流程图，从而获得反映现行系统本质的满足现行系统各种性能要求的逻辑模型，即用数据流图来描述现行系统业务流程。

逻辑模型，是指数据的逻辑结构。在数据库中，逻辑模型有 E－R 图，可以清晰表示个个关系。E－R 图也即实体—联系图（entity relationship diagram），提供了表示实体型、属性和联系的方法，用来描述现实世界的概念模型。例如，图 13－2 是学校与教师联系的 E－R 图，而图 13－3 是学生与课程联系的 E－R 图。

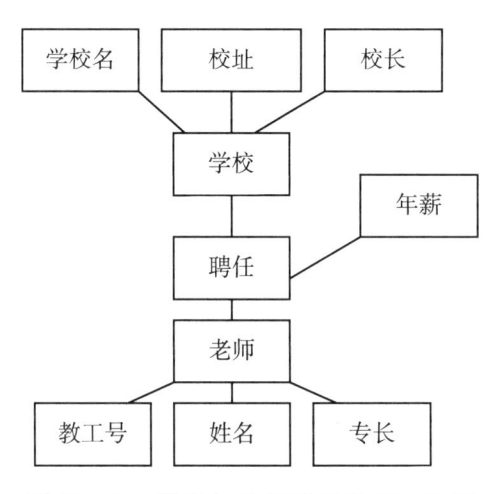

图 13－2　学校与教师联系的 E－R 图

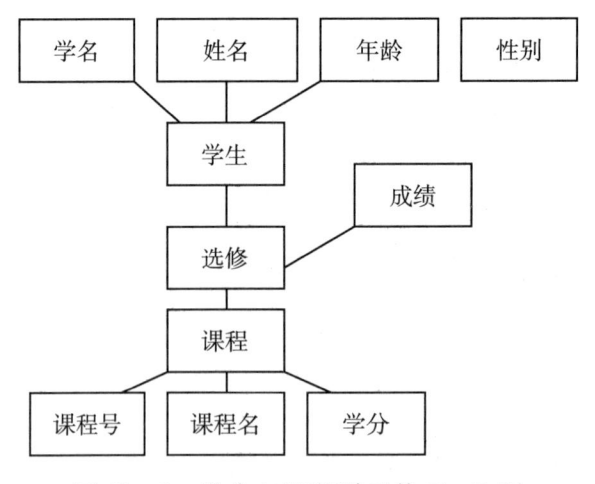

图 13-3　学生与课程联系的 E-R 图

事实上，从图 13-2 和图 13-3 就可以看出，E-R 图建构所用基本方法是归纳推理的方法。

在管理信息系统中，逻辑模型是着重用逻辑的过程或主要的业务来描述对象系统，描述系统要"做什么"，或者说具有哪些功能。

管理信息系统的开发策略是：通过对系统进行分析得到系统的逻辑模型，进而从逻辑模型求得最优的物理模型。逻辑模型和物理模型的这种螺旋式循环优化的设计模式体现了自上而下、自下而上结合的设计思想。

在数据仓库中，总的来说数据仓库的结构采用了三级数据模型的方式，即概念模型、逻辑模型、物理模型。其中，逻辑模型：用来构建数据仓库的数据库逻辑模型。根据分析系统的实际需求决策构建数据库逻辑关系模型，定义数据库物体结构及其关系。它关联着数据仓库的逻辑模型和物理模型两方面。

逻辑建模是数据仓库实施中的重要一环，因为它能直接反映出业务部门的需求，同时对系统的物理实施有着重要的指导作用，它的作用在于可以通过实体和关系勾勒出企业的数据蓝图。

逻辑建模的内容主要有：

（1）分析主题域。

在概念模型设计中，已经确定了几个基本的主题域，但是，数据仓库的设计方法是一个逐步求精的过程，在进行设计时，一般是一次一个主题或一次若干个主题地逐步完成。因此，必须对概念模型设计步骤中确定的几个基本主题域进行分析，统一选择首先要实施的主题域。选择第一个主题域所要考虑的是：它要足够大，以便使该主题域能建设成为一个可应用的系统；它还要足够小，以便于开发和较快地实施。

（2）粒度层次划分。

数据仓库逻辑设计中要解决的一个重要问题是决定数据仓库的粒度划分层次。粒度层次划分适当与否，直接影响到数据仓库中的数据量和所适合的查询类型。由于主题数据库响应企业级业务联机事务处理过程（OLTP）需求，所以必须保存最细类度数据，同时根据业务部门的查询需求考虑确定多重粒度来提高复杂查询速度。

（3）确定数据分割策略。

在这一步里，要选择适当的数据分割的标准，一般要考虑以下几方面因素：数据量（而非记录行数）、数据分析处理的实际情况、简单易行以及粒度划分策略等。其中，数据量的大小是决定是否进行数据分割和如何分割的主要因素；数据分析处理的要求是选择数据分割标准的一个主要依据，因为数据分割是跟数据分析处理的对象紧密联系的。

（4）关系模式定义。

数据仓库的每个主题都是由多个表来实现的，这些表之间依靠主题的公共码键联系在一起，形成一个完整的主题。在概念模型设计时，我们就确定了数据仓库的基本主题，并对每个主题的公共码键、基本内容等做了描述。在这一步里，我们将要对选定的当前实施的主题进行模式划分，形成多个表，并确定各个表的关系模式。

二、信息检索模型的逻辑分析

信息检索模型（IR model）可形式化地表示为一个四元组：

$$< D, Q, F, R(q, d) >$$

其中，D 是一个文档集合，Q 是一个查询集合，F 是一个对文档和查询建模的框架，R(q, d) 是一个排序函数，它给查询 q 和文档 d 之间的相关度赋予一个排序值，即相关度评价。

常见的信息检索模型有：布尔模型（Boolean model）、向量空间模型（vector space model）、概率模型（probabilistic model）、推理网络模型（inference network model）等。当然，根据不同的标准，信息检索模型可以分为不同的类型。例如，依据数理逻辑方法的不同可以把信息检索模型分为：

基于集合论的 IR 模型（set theoretic models）——布尔模型、基于模糊集的模型、扩展布尔模型等；

基于代数论的 IR 模型（algebraic models）——向量空间模型、广义向量空间模型、潜性语义索引模型、神经网络模型等；

基于概率统计的 IR 模型（probabilistic models）——经典概率论模型、回归模型、二元独立概率模型、语言模型建模 IR 模型、推理网络模型、置信（信念）模型等。

信息检索模型决定于：从什么样的视角去看待查询式和文档，基于什么样的理论去看待查询式和文档的关系，如何计算查询式和文档之间的相似度等。

（一）布尔检索模型

布尔模型是最为简单容易理解的模型，它在文档与关键字建立了一个布尔关系，即如果 d_j 包括关键字 k_i，那么关系 $F(i, j) = 1$，否则 $F(i, j) = 0$。而用若干关键字的布尔表达式来表达和解释查询 q，即 $q = k_a \vee k_b \wedge k_c$ 之类的。当然一个查询可以表达为多个布尔表达式，其实每个文档与所有关键字之间的关系也是一个布尔向量 {0, 1, 1, 0, 0, …} 之类的，表示文档中有没有出现某个关键字，而 q 也可以拆成一个或多个这样的向量，如前例中如果只有那个关键字 abc，那么 q 可拆为 {1, 0, 0}，{0, 1, 1}，{1, 1, 1}，{1, 0, 1} 和 {1, 1, 0}，那么文档 d 的向量如果与这中间一个相等，那么即可认为它们之间存在相似关系，而这种相互关系也是布尔值，即 sim(q, d) 只能为 0 或 1，这也就是布尔模型的局限性所在，描述所有关系都是布尔值，而现实中文档与关键字或者关键字与查询语句之间的关系都不可能只是有关系或者没关系，换句话说布尔模型中无法描述关系的密切程度。

到目前为止，布尔模型是最常用的检索模型，因为，由于查询简单，因此容易理解；通过使用复杂的布尔表达式，可以很方便地控制查询结果；相当有效的实现方法；相当于识别包含了一个某个特定词项（term）的文档；经过某种训练的用户可以容易地写出布尔查询式；布尔模型可以通过扩展来包含排序的功能，即"扩展的布尔模型"。

布尔模型被认为是功能最弱的方式，其主要问题在于：（1）不支持部分匹配，而完全匹配会导致太多或者太少的结果文档被返回；（2）非常刚性："与"意味着全部；（3）"或"意味着任何一个，如果"我想要 n 个词中 m 个词同时出现的文档"，怎么表示？不可能企望用户自己规定 m 值系统可以从 m = n 开始，然后逐渐减少 m，这很麻烦；（4）很难表示用户复杂的需求；（5）很难控制被检索的文档数量；（6）原则上讲，所有被匹配的文档都将被返回；（7）很难对输出进行排序；（8）不考虑索引词的权重，所有文档都以相同的方式和查询相匹配；（9）很难进行自动的相关反馈；（10）如果一篇文档被用户确认为相关或者不相关，怎样相应地修改查询等。

（二）向量空间检索模型

向量空间模型（也称"词组向量模型"）是一个应用于信息过滤、信息撷取、索引以及评估相关性的代数模型。由索尔顿等（Salton et al.）于20世纪60年代提出，并成功地应用于著名的 SMART 文本检索系统。文件（语料）被视为索引词（关键词）形成的多次元向量空间，索引词的集合通常为文件中至少出现过一次的词组。

在向量模型中，查询 q 与每个文档 d 都被建立一个针对关键字集合 K 的向量，其维度就是关键字的多少，也就是 K 集合的大小 t，即：

$$\sim q = \{W_{1,q}, W_{2,q}, \cdots, W_{t,q}\}$$

$$\sim d_j = \{W_{1,j}, W_{2,j}, \cdots, W_{t,j}\}$$

将查询 q 与文档 d_j 之间的相关度定义为它们各自向量之间的夹角的余弦值，这个 t 维空间中的向量夹角余弦值可以通过向量之间的点积除以向量的模乘积来计算出。然后我们讨论向量中 w 的计算，也就是建立关键字与文档和查询之间关系的关键所在，首先定义 $freq_{i,j}$ 为关键字 k_i 在文档 d_j 中出现的频率，则定义平滑频率：

$$f_{i,j} = freq_{i,j}/\max_i freq_{i,j}$$

该量表示了关键字对文档的重要性。

其次我们再定义一个可以定义关键字本身能够标识文档语义程度的变量：$idf_i = \log(N/n_i)$，其中 n_i 表示关键字 k_i 出现的文档数目，N 表示总文档数目，则 $w_{i,j} = f_{i,j} \times idf_i$

$$W_{i,q} = (0.5 + 0.5\, freq_{i,j}/\max_i freq_{i,j}) \times \log(N/n_i)$$

向量模型相对于布尔模型的进步是很大的，关系中可以比较明晰地反映出更多的真实关系。

向量模型的优点在于：术语权重的算法提高了检索的性能，部分匹配的策略使检索的结果文档集更接近用户的检索需求，可以根据结果文档对于查询串的相关度通过余弦排序（cosine ranking）等公式对结果文档进行排序等。

（三）概率检索模型

概率模型是基于以下理论：给定一个用户的查询串 q 和集合中的文档 d_j 概率模型来估计用户查询串与文档 d_j 相关的概率。

概率模型假设这种概率只决定于查询串和文档。更进一步说，该模型假定存在一个所有文档的集合，即相对于查询串 q 的结果文档子集，这种理想的集合用

R 表示，集合中的文档是被预料与查询串相关的。这种假设存在着缺点，因为其没有明确定义计算相关度的概率，下面将给出这种概率的定义。

在概率模型中索引术语的权重都是二元的：$W_{i,j} \in \{0, 1\}$，$W_{i,q} \in \{0, 1\}$。

查询式 q 是索引词项集合的子集，设 R 是相关文档集合（初始的猜测集合），$\overline{R}$ 是 R 的补集（非相关文档的集合），$P(R|d_j)$ 表示文档 dj 和查询式 q 相关的概率；$P(\overline{R}|d_j)$ 表示文档 d_j 和查询式 q 不相关的概率。

文档 d_j 对于查询串 q 的相关度值定义为：$Sim(d_j, q) = P(R|d_j)/P(\overline{R}|d_j)$。

根据贝叶斯定理，$Sim(d_j, q) = (P(d_j|R)P(R))/(P(dj|\overline{R})P(\overline{R}))$。

$P(d_j|R)$ 代表从相关文档集合 R 中随机选取文档 dj 的概率，$P(R)$ 表示从整个集合中随机选取一篇文档作为相关文档的概率，依此定义 $P(d_j|\overline{R})$ 和 $P(\overline{R})$。

概率模型是一种自学习的模型，依赖一个假设的初始值不断地自我改进。首先我们要假设 R 是与 q 相关的文档集合，由此我们可以如是定义文档 d_j 与查询 q 的相关性：

$$Sim(d_j, q) = P(R|\sim d_j)/P(\sim R|\sim d_j)$$
$$= P(\sim d_j|R)/P(\sim d_j|\sim R)$$

对我们的初始估计 R 集合相关的概率赋予初始值：

$$P(K_i|R) = 0.5$$
$$P(K_i|\sim R) = n_i/N$$

其次是每次检索之后的自学习过程，我们在每次检索之后根据结果去调节上述两个初始估计值。在检索结果中我们通过阈值的方法取得最前面一个集合 V，当然这是结果集的一个子集，用 V_i 表示 V 中包含关键字 i 的文档子集，则这两个概率的调整策略可以定义成：

$$P(K_i|R) = (V_i + n_i/N)/V + 1$$
$$P(K_i|\sim R) = (n_i - V_i + n_i/N)/N - V + 1$$

这样就形成了一个检索和学习的迭代过程，也就是概率检索模型。

概率检索模型的优点是：文档可以按照相关概率递减的顺序来计算秩（rank）。

概率检索模型的缺点是：开始时需要猜想把文档分为相关和不相关的两个集合，一般来说很难；实际上这种模型没有考虑索引术语在文档中的频率（因为所有的权重都是二元的），而索引术语都是相互独立的。

概率检索模型是否要比向量模型好还存在着争论，但现在向量模型使用的比较广泛。

（四）统计检索模型

基于关键词（一个文本由一个关键词列表组成），根据关键词的出现频率计算相似度。例如，文档的统计特性。用户规定一个词项（term）集合，可以给每个词项附加权重：

未加权的词项：Q = database；text；information。

加权的词项：Q = database 0.5；text 0.8；information 0.2。

查询式中没有布尔条件，根据相似度对输出结果进行排序，支持自动的相关反馈，有用的词项被添加到原始的查询式中，例如，Q? database；text；information；document。

统计模型中的问题：怎样确定文档中哪些词是重要的词？怎样确定一个词在某个文档中或在整个文档集中的重要程度？怎样确定一个文档和一个查询式之间的相似度？在 WWW 中，什么是文档集（collection），链接、文档结构以及其他形式特征（如字体、颜色等）对统计模型有何影响？

统计检索模型中一个重要的分支是统计语言模型。统计语言模型在语音识别中产生：

argmax $p(s \mid a)$，s 是文字串，a 是声学参数串。

argmax $p(s \mid a)$ = argmax $p(a \mid s)p(s)/p(a)$

忽略 $p(a)$，$p(a \mid s)$ 是声学模型，$p(s)$ 是语言模型，

$p(s) = p(w_1, w_2, w_3, \cdots, w_n) = \prod i = 1, \cdots, n, p(w_i \mid h_i)$，n 表示句子长度，$h_i = w_1, w_2, \cdots, w_i - 1$，代表上下文。

从文档中建立语言模型：

原始文本：< s0 > < s >He can buy you the can of soda < /s >。

一元模型（Unigram）：(8 words in vocabulary)：

$p_1(He) = p_1(buy) = p_1(you) = p_1(the) = p_1(of) = p_1(soda) = 0.125, p_1(can) = 0.25$；

二元模型（Bigram）：$p_2(He \mid <s>) = 1$，$p_2(can \mid He) = 1$，$p_2(buy \mid can) = 0.5$，$p_2(of \mid can) = 0.5$，$p_2(you \mid buy) = 1$；

三元模型（Trigram）：$p_3(He \mid <s0>, <s>) = 1$，$p_3(can \mid <s>, He) = 1$，$p_3(buy \mid He, can) = 1$，$p_3(of \mid the, can) = 1$，$\cdots$，$p_3(</s> \mid of, soda) = 1$。

语言模型和搜索引擎的相似性：利用搜索引擎查找一个词串的过程很像在建立语言模型时统计 N - gram 出现频度的过程；相同的数据稀疏问题——如果在 Google 中输入的查询式太长，则很难找到满意的结果，因为：如果查询式包括 8 个词，索引表中有 10 万个词，则 100000^8 = 10^40，目前互联网的字节数在 T 级，也就是 10^12，因此输入太长的查询式无法找到结果，因为数据稀疏在建立语言模型时同样存在严重的数据稀疏问题。

统计语言模型和传统的概率信息检索模型相比较：一是基本思想完全不同。

传统的概率信息检索模型：文档 d 与检索 q 的相关度排序函数定义为事件 R（文档是否满足检索要求）的概率，即 f(q, d) = P(R│d)；相关度排序函数定义虽然比较直观，但相关性是一个抽象的概念，该定义本身没有也无法具体给出 R 的定义，所以该模型在理论上存在很大的模糊性。

统计语言检索模型：相关度排序函数则定义为由文档的语言模型生成检索的概率，即 f(q, d) = p(q│d)。建立在统计语言模型理论基础上，定义明确，便于操作。

二是具体实施方法不同。

传统的概率信息检索模型：由于没有也无法对相关性做出明确定义，因此一般需要在检索中，先给定带有相关性标记的文档作为建立模型的基础。在实际中，要针对每个检索给定学习数据，几乎不可能。该问题是传统信息检索模型存在的一个主要问题。

统计语言检索模型：可以基于每个文档直接计算出相关度排序函数，从而有效地避免这个问题；还可以用该模型为传统概率模型形成初始检索。

第三节　网络信息搜索技术的逻辑

一、搜索引擎的逻辑模型

信息搜索技术关键点是搜索引擎，而搜索引擎是一个网络应用软件系统，如图 13-4 所示，对它有如下基本要求：

（1）能够接受用户提交的查询词语或者短语，记作 q；

（2）在一个可以接受的时间内返回一个和该用户查询匹配的网页信息列表，记作 L。

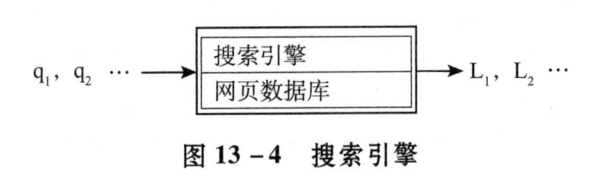

$$q_1, q_2, \cdots \longrightarrow \boxed{\begin{array}{c}\text{搜索引擎}\\\text{网页数据库}\end{array}} \longrightarrow L_1, L_2, \cdots$$

图 13-4　搜索引擎

"可以接受的时间"，也就是响应时间。这是衡量搜索引擎可用性的一个基本指标，要求不仅能满足单个用户查询，而且还能在系统设计负载的情况下满足所有的用户。"匹配"指的是网页中以某种形式包含有 q 的内容，其中最简单、最基本的就是 q 在其中直接出现。"列表"通常蕴涵着一种"秩"（rank），通常返回的列表 L 是相当长的，我们需要对网页根据某种重要性原则进行排序。现代大规模高质量的搜索引擎一般采用图 13-5 所示的三段式的工作流：即网页搜集、预处理、信息查询服务。

网页搜集 ⇔ 预处理 ⇔ 信息查询服务

图 13-5　搜索引擎三段式工作流程

基于图 13-5 的三段式推理，循环反复，形成不同的推理模式，搜索引擎中主要表现为以下四阶段模式：

1. 网页搜集

网页搜集是设计形成搜索引擎的第一步。

搜索引擎软件系统工作在某个数据集合之上，系统预先抓取一批事先搜集好的网页集合。对于这些网页的维护，一般有两种基本的考虑：定期搜索，也称"批量搜索"，定期搜索替换上一次的内容。系统实现比较简单，但是"时效性"（freshness）不高，另外重复搜索会带来额外带宽的消耗。

2. 增量搜索

开始先搜集一批网页，以后只是：（1）搜集新出现的网页；（2）搜集那些在上次搜集后有过改变的网页；（3）发现自从上次搜集后已经不再存在了的网页，并从库中删除。这种方式的实效性比较高，但是系统实现比较复杂。

3. 预处理

搜索引擎现行最有效的数据结构是"倒排文件"（inverted file）；倒排文件是用文档中所含关键词作为索引，文档作为索引目标的一种结构（类似于普通书籍中，索引是关键词，书的页面是索引目标）从网页集合形成这样的倒排文件，需要进行"预处理"，主要包括以下四个方面：

（1）关键词的提取。提取出网页源文件的内容部分所含的关键词。

（2）重复或转载网页的消除。消除内容重复或主题内容重复的网页是预处理阶段的一个重要任务。

（3）链接分析。HTML 文档中所含的指向其他文档的链接信息不仅给出了网页之间的关系，而且还对判断网页的内容有很重要的作用。

（4）网页重要程度的计算。搜索引擎返回给用户的，是一个和用户查询相关的结果列表。用户当然希望排在列表前面的是比较重要的，或者是用户比较关注的。

4. 查询服务

如上所述，从一个原始网页集合 S 开始，预处理过程得到的是对 S 的一个子集的元素的某种内部表示，这种表示构成了查询服务的直接基础。

但是用户看到的查询结果不是集合而是一个有序的列表。如何从集合生成一个列表，是服务子系统的主要工作。服务子系统的要求和其工作原理，主要有三个方面：

（1）查询方式和匹配。查询方式指的是系统允许用户提交查询的形式。一般认为，对于普通网络用户来说，最自然的方式就是"要什么就输入什么"。

（2）结果排序。搜索结果通常用有序列表的形式返回给用户。

（3）文档摘要。搜索引擎给出的结果是一个有序的条目列表。搜索引擎生成摘要基本上可以归纳为两种方式：一是静态方式，即独立于查询，按照某种规则，事先在预处理阶段从网页内容提取出一些文字，形成摘要，返回给用户；二是动态方式，即在响应查询的时候，根据查询词在文档中的位置，提取出周围的文字来，在显示时将查询词标亮。这是目前大多数搜索引擎采用的方式。

二、知识库的逻辑模型

知识库（knowledge base）是知识工程中结构化、易操作、易利用，全面有组织的知识集群，是针对某一（或某些）领域问题求解的需要，采用某种（或若干）知识表示方式在计算机存储器中存储、组织、管理和使用的互相联系的知识片集合。这些知识片包括与领域相关的理论知识、事实数据，由专家经验得到的启发式知识，如某领域内有关的定义、定理和运算法则以及常识性知识等。

知识是人类智慧的结晶。知识库使基于知识的系统（或专家系统）具有智能性。并不是所有具有智能的程序都拥有知识库，只有基于知识的系统才拥有知识库。现在许多应用程序都利用知识，其中有的还达到了很高的水平，但是，这些应用程序可能并不是基于知识的系统，它们也不拥有知识库。一般的应用程序与基于知识的系统之间的区别在于：一般的应用程序是把问题求解的知识隐含地编码在程序中，而基于知识的系统则将应用领域的问题求解知识显式地表达，并单独地组成一个相对独立的程序实体。

知识库的特点：（1）知识库中的知识根据它们的应用领域特征、背景特征（获取时的背景信息）、使用特征、属性特征等而被构成便于利用的、有结构的组织形式。知识片一般是模块化的。（2）知识库的知识是有层次的。最低层是"事实知识"，中间层是用来控制"事实"的知识（通常用规则、过程等表示）；最高层次是"策略"，它以中间层知识为控制对象。策略也常常被认为是规则的规则。因此，知识库的基本结构是层次结构，是由其知识本身的特性所确定的。在知识库中，知识片间通常都存在相互依赖关系。规则是最典型、最常用的一种知识片。(3) 知识库中可有一种不只属于某一层次（或者说在任一层次都存在）的特殊形式的知识——可信度（或称信任度、置信测度等）。对某一问题，有关事实、规则和策略都可标以可信度。这样，就形成了增广知识库。在数据库中不存在不确定性度量。因为在数据库的处理中一切都属于"确定型"的。(4) 知识库中还可存在一个通常被称作典型方法库的特殊部分。如果对于某些问题的解决途径是肯定和必然的，就可以把其作为一部分相当肯定的问题解决途径直接存储在典型方法库中。这种宏观的存储将构成知识库的另一部分。在使用这部分时，机器推理将只限于选用典型方法库中的某一层体部分。

在研究知识库系统时，其中很重要的问题是知识库的逻辑基础。传统的演绎知识库系统是以一阶谓词逻辑为基础的。但谓词逻辑表达的知识主要是静态的、浅层的知识，它不易表达交互过程和建设性知识，因此以一阶谓词逻辑作为知识库系统的逻辑基础是不充分的。很多研究是基于描述逻辑的知识库，其逻辑基础"描述逻辑"也只是一阶谓词逻辑的一个可判定子集，所以以它作为知识库系统的逻辑基础仍然是不充分的。2003 年，乔治·札帕日泽（Giorgi Japaridze）提出了"可计算性逻辑"（computability logic，CL）。正如经典逻辑是关于真理的形式理论一样，可计算性逻辑是关于可计算性的形式理论，是一种交互的资源逻辑。从语义上说 CL 采取"博弈"语义，一个计算问题被理解为是计算机和用户之间的一种交互的"博弈"问题。问题的可计算性意味着存在一个机器总能赢得这个博弈，逻辑运算表示在计算性问题上的操作，一个逻辑公式的有效性表示它是"总是可计算的"问题。

第十四章

模糊逻辑、数据挖掘与知识发现

第一节 模糊逻辑概论

一、什么是模糊逻辑[①]

"模糊逻辑"是 1965 年美国工程师札德在其改进计算机程序的"模糊集合理论"中提出的一个概念。我们常常把事物划分为有无、难易、长短、高下、音声、前后、阴阳等。传统计算机通常只能按照"是与否""对与错""0 与 1"这样的二元逻辑进行识别,而对冷、热、大、小这样的模糊概念无能为力。

100 多年前,罗素曾经指出过二元逻辑的局限性,札德进一步发明了模糊逻辑。有了模糊逻辑,计算机就可以跨越两极的边界,在"灰色"中间地带发挥作用;还可以在信息有限的条件下,提供精确的答案。札德称之为"软计算"。他认为:"软计算的角色相对于大脑,和硬计算不同,它可以处理信息的不精确性、不确定性和部分正确性。"

---

① 张惠民. 模糊逻辑漫谈 [J]. 逻辑与语言学习,1982(5):37-38.

人脑综合处理直觉、近似、含糊和暧昧信息的能力远远超过电脑，因此模糊逻辑又被认为是沟通人与机对话的一条重要途径。尽管在初创时期受到冷遇，今天，模糊逻辑在机器人、汽车、金融监控、家用电器等有关的自动控制领域广泛使用。

不过，大部分人的研究基本集中在它的技术层面，本书感兴趣的只是模糊逻辑作为人类思维的一种现象。

"模糊"通常更能反映我们大脑对事物的识别。例如，我们常说："鸡蛋是圆的。"实际上，高尔夫球比鸡蛋更圆，但没有无重力条件下的水珠圆。心理学发现：人脑倾向于把近似于圆的事物想象成精确的圆，在无序的图形中辨别出有序的图案来。

在模糊语言里，"遥远"是多远？"便宜"是什么价？"太热"是摄氏多少度？当我们在获取精确结论的时候，相当一部分是通过模糊的信息得到的。

模糊是相对于精确而言的。对于多因素的复杂状况，模糊往往显示出更大的精确。这就是老子所说的："质真若渝，大白若辱。"从模糊的角度看，过分的精确往往导致过度的烦琐。在某些工程里，100分的"精确律"往往被10分的"模糊律"代替。在美国，除了白人、黑人和"少数民族"的划分以外，不得不承认有混血。他们可以精确到1/2、1/4、1/8、1/24等的什么血统，在两极、多极之间存在着一个灰色地带。与其对他们精确地划分归极，还不如模糊处理。模糊逻辑存在的基本依据就是世界上的事物绝大部分都不是非此即彼，而是处在彼与此之间，你中有我、我中有你。因此，模糊逻辑又称为"灰色的智慧"，不是按图索骥可以企及的。

过分精确还可能导致过于刻板、缺乏灵活性。比如到机场去接一位不认识的朋友，需要知道的是对方的几个主要特征，而不需要对他的高低胖瘦精确到几尺几寸；有的人做演讲，按提纲讲要点，临场发挥，就可以做到疏而不漏；青年男女找对象，脑子里的条条框框太僵化，还不如有个"模糊集"知道变通。任何一项庞杂的工程，如大型的市场调查，过于精确就意味着投入大量的时间和精力，有的可能导致以牺牲效益为代价。如果给出一定的"模糊度"，就可以在精确与效率之间做出平衡。

模糊思维挑战二元思维，并不是要取而代之，而是让人们知道如何权变。军事战略家克劳茨维茨在他的经典《战争的迷雾》一章中写道：对意外应变的法则要求战斗指挥员对变化的环境需要有流动性的思考，而不能固守民间流行的那种僵硬的所谓"军事头脑"。克劳茨维茨懂得这个道理。二元思考可能导致全军覆没，模糊思考可能赢得战争的胜利。风险竞技也是同样的道理，如竞选、买卖期货、海外投资等，不可能在凡事都确定的条件下做出抉择，模糊逻辑更有利于在尘埃没有落定的时候抓住机遇。

西方人善于精确而细致的分析，偏好于亚里士多德传统的二元逻辑；而中国人有善于模糊思维的传统，偏好于辩证逻辑。老子就说："有无相生，难易相成，长短相较，高下相倾，音声相和，前后相随。"可见，在他看来凡事都是混杂的，而且是相对的。"尺有所短，寸有所长"，相对地看问题，是中国古人的思维特长。当然，中国人并不陌生所谓的二元思维，自《易经》《老子》成书以来，二分法成为中国哲学思维的基本方法。和西方人不同，中国人的思维并没有走非此即彼，固执一端的路子，而深深懂得"反者道之动"的道理。佛教大规模传入中国以后，中国人的思维更是开足了马力朝着分析思维的反方向运行。但是知是一回事，行起来可能又是另外一回事。中国社会经常被划分为"进步"和"保守"两大势力，而且斗得"你死我活"。改良、改革的第三条路多受夭折，可见模糊思维并没有真正浸透到这个领域。

模糊思维要求兼收并蓄，在泥沙混杂的情况下因势利导。古人有"水至清则无鱼，人至察则无徒"的说法，这也可以作为管理者的一条法则。在某些情况下，"大事清楚，小事糊涂"比"事必躬亲"好。就国家而言，弹性结构比刚性结构要好。计划经济曾经精确计划到农民的生猪数量、工人的产品规格，结果整体效益低下。

模糊逻辑并不是"混乱的逻辑"，而是"梳理混乱的逻辑"；模糊思维也不是要放弃精确，而是"当事物变得复杂的时候，精确的陈述就会失去其精确的内涵"。这就是札德的"不兼容原理"。模糊中的精确总会给人以"大成若缺"的感觉。模糊逻辑和古老的东方文化在此相遇。老子认为："万物负阴而抱阳。"佛教把万事万物都联系到了一起。这就是为什么中国人对黑格尔的辩证法无师自通，日本人对模糊逻辑一学就会。无怪乎札德经常到东方国家，如多次到中国、日本和新加坡等地讲学，札德自己也说"因为他们（东方人）更能懂得模糊逻辑"。

模糊逻辑研究的主要内容：一是模糊逻辑推理；二是可能性理论。

（一）模糊逻辑推理

模糊逻辑推理是基于模糊性知识（模糊规则）的一种近似推理，一般采用札德提出的语言变量、语言值、模糊集和模糊关系合成的方法进行推理。

1. 语言变量

语言变量一般用来描述那些不精确的事件或现象，就是我们通常所说的属性名，例如，"年纪"就是一个语言变量，其取值可为"老""中""青"等。这些值可看成是论域 $U = [0, 150]$ 上模糊子集的标名，而数字变量 $u \in [0, 150]$

称为基变量。

2. 证据模糊性及模糊规则的表示

命题的模糊性可用模糊子集来描述，例如，设有命题"张三比较小"，则可以表示为：

$$\text{Zhangsan is } \tilde{A}$$

其中：$\tilde{A}$ = "比较小" = $1/1 + 1/2 + 0.5/3 + 0.2/4 + 0.1/5 + 0/6$ = (1，1，0.5，0.2，0.1，0) 是一个模糊子集，代表"比较小"这个模糊概念。

一条模糊规则实际上是刻画了其前件中的模糊集与结论中的模糊集之间的一种对应关系。札德认为，这种对应关系是两个集合间的一种模糊关系，因而它也可以表示为模糊集合。特别地，对于有限集，则这个模糊集合就可以表示为一个模糊矩阵。例如有规则：

$$R：\text{IF Zhangsan is } \tilde{A} \text{ THEN Lisi is } \tilde{B}$$

其中，$\tilde{A}$、$\tilde{B}$ 都是模糊子集，表示模糊概念。这个规则就表示了 $\tilde{A}$、$\tilde{B}$ 之间的一种模糊关系，$\tilde{R}$ 表示这模糊关系，则 $\tilde{R}$ 也可以表示为一个模糊子集。于是，

$$\tilde{R} = \mu_{\tilde{R}}(u_1, v_1)/(u_1, v_1) + \mu_{\tilde{R}}(u_1, v_2)/(u_1, v_2)$$
$$+ \cdots + \mu_{\tilde{R}}(u_i, v_j)/(u_i, v_j) + \cdots +$$
$$= \int_{U \times V} \mu_{\tilde{R}}(u, v)/(u, v)$$

其中，U、V 分别为模糊集合 $\tilde{A}$、$\tilde{B}$ 所属的论域，$\mu_{\tilde{R}}(u_i, v_j)$（i, j，…，1, 2, …）是元素 $\mu_{\tilde{R}}(u_i, v_j)$ 对于 $\tilde{R}$ 的隶属度。

为求得隶属度 $\mu_{\tilde{R}}(u_i, v_j)$，札德给出了一种方法：

$$\mu_{\tilde{R}}(u_i, u_j) = (\mu_{\tilde{A}}(u_i) \wedge \mu_{\tilde{B}}(v_j)) \vee (1 - \mu_{\tilde{A}}(u_i)) \quad (i, j = 1, 2, \cdots)$$

注意，在这里，∧、∨ 分别代表取最小值和取最大值，即 min、max。如果 $\tilde{A}$、$\tilde{B}$ 都是有限集，$\tilde{R}$ 则就是一个矩阵。

这样，一条模糊规则 R 就可以用隶属度 $\mu_{\tilde{R}}(u_i, v_j)$ 刻画的模糊集合来描述。

3. 模糊推理

模糊推理有很多种，在这里我们仅介绍一种简单而常用的方法，如需要更深一步的研究，可参考其他有关书籍。

模糊推理可以通过模糊关系的合成来进行。假设有规则

$$R：\text{IF x is } \tilde{A} \text{ THEN y is } \tilde{B}$$

其推理模式为：

$$\tilde{B} = \tilde{A} \cdot \tilde{R} = \begin{bmatrix} a_{11} & a_{12} & \cdots & a_{1k} \\ a_{21} & a_{22} & \cdots & a_{2k} \\ \cdots & \cdots & \cdots & \cdots \\ a_{n1} & a_{n2} & \cdots & a_{nk} \end{bmatrix} \cdot \begin{bmatrix} r_{11} & r_{12} & \cdots & r_{1m} \\ r_{21} & r_{22} & \cdots & r_{2m} \\ \cdots & \cdots & \cdots & \cdots \\ r_{x1} & r_{x2} & \cdots & r_{km} \end{bmatrix} = (b_{ij})_{n \times m}$$

其中，$b_{ij} = \bigvee_{l=1}^{n} a_{ij} \wedge r_{ij}$ ($i = 1, 2, \cdots, n$; $j = 1, 2, \cdots, m$)

一般情况下，$n = 1$。

这样，$\tilde{R}$ 就是规则 R 按上述方法导出模糊集合，而 $\tilde{B}$ 就是所推的结论。当然，它仍是一个模糊集合。如果需要，可再将它翻译为自然语言的形式。

（二）可能性理论

札德 1965 年提出了模糊集合论，在此基础上 1978 年又建立了可能性理论，并将不确定性理解为可能性。

假设 U 为一论域，x 是取值于 U 上模糊变量，$\tilde{A}$ 是 U 上的一个模糊子集。那么对于模糊命题 "x is $\tilde{A}$" 就可以导出一个等于 $\tilde{A}$ 的可能性分布 Γ_x。这样，"x is $\tilde{A}$" 可变成一个可能性赋值：

$$\Gamma_x = \tilde{A}$$

它用来定义在 U 中取任何可能值的可能性。例如，令 U 表示人，对于 "x 比较小" 这一模糊命题可表示为 "x is $\tilde{A}$"。其中 $x \in U$，$\tilde{A}$ = "比较小" = $1/1 + 1/2 + 0.5/3 + 0.2/4 + 0.1/5 + 0/6 = (1, 1, 0.5, 0.2, 0.1, 0)$，那么这一命题就以导出如下的可能性分布：

$$POSS\{x = 1\} = 1$$
$$POSS\{x = 2\} = 1$$
$$POSS\{x = 3\} = 0.5$$
$$POSS\{x = 4\} = 0.2$$
$$POSS\{x = 5\} = 0.1$$
$$POSS\{x = 6\} = 0$$

另外，还规定 $POSS(x = a \wedge x = b) = \min\{POSS(x = a), POSS(x = b)\}$
$POSS(x = a \vee x = b) = \max\{POSS(x = a), POSS(x = b)\}$
$POSS(x \neq a) = 1 - POSS(x = a)$

综上所述，x 的可能性分布本质上就是一个模糊子集。因此，可能性分布与模糊集合的表现形式是一致的，所以我们可以用模糊集合的一些运算规则对可能性分布进行操作。总之，如果以可能性来度量不确定性，则我们就可运用可能性理论来讨论不确定性推理。

根据目前的研究现状与应用情况，模糊逻辑方法（简称模糊方法），经常应用的有聚类分析、模式识别、相似优先比和综合评判等方法。

1. 模糊聚类分析

对于一个普通的集合 A，空间中任一元素 x，要么 $x \in A$，要么 $x \notin A$，二者必居其一。这一特征可用一个函数表示为：

$$A(x) = \begin{cases} 1 & x \in A \\ 0 & x \notin A \end{cases}$$

$A(x)$ 即为集合 A 的特征函数。将特征函数推广到模糊集，在普通集合中只取 0、1 两值推广到模糊集中为 [0, 1] 区间。

定义 14.1：设 X 为全域，若 A 为 X 上取值 [0, 1] 的一个函数，则称 A 为模糊集。

如给 5 个同学的性格稳重程度打分，按百分制给分，再除以 100，这样给定了一个从域 $X = \{x_1, x_2, x_3, x_4, x_5\}$ 到 [0, 1] 闭区间的映射。

x_1: 85 分，即 $A(x_1) = 0.85$

x_2: 75 分，即 $A(x_2) = 0.75$

x_3: 98 分，即 $A(x_3) = 0.98$

x_4: 30 分，即 $A(x_4) = 0.30$

x_5: 60 分，即 $A(x_5) = 0.60$

这样确定出一个模糊子集 A = (0.85, 0.75, 0.98, 0.30, 0.60)。

定义 14.2：若 A 为 X 上的任一模糊集，对任意 $0 \leq \lambda \leq 1$，记 $A\lambda = \{x \mid x \in X, A(x) \geq \lambda\}$，称 $A\lambda$ 为 A 的 λ 截集。

$A\lambda$ 是普通集合而不是模糊集。由于模糊集的边界是模糊的，如果要把模糊概念转化为数学语言，需要选取不同的置信水平 $\lambda(0 \leq \lambda \leq 1)$ 来确定其隶属关系。λ 截集就是将模糊集转化为普通集的方法。模糊集 A 是一个具有游移边界的集合，随 λ 值的变小而增大，即当 $\lambda_1 < \lambda_2$ 时，有 $A\lambda_1 \cap A\lambda_2$。

定义 14.3：模糊集运算定义。若 A、B 为 X 上两个模糊集，它们的和集、交集和 A 的余集都是模糊集，其隶属函数分别定义为：

$$(A \vee B)(x) = \max(A(x), B(x))$$
$$(A \wedge B)(x) = \min(A(x), B(x))$$
$$A^c(x) = 1 - A(x)$$

关于模糊集的和、交等运算，可以推广到任意多个模糊集合中去。

定义 14.4：若一个矩阵元素取值为 [0, 1] 区间内，则称该矩阵为模糊矩阵。同普通矩阵一样，有模糊单位阵，记为 I；模糊零矩阵，记为 0；元素皆为 1 的矩阵用 J 表示。

定义 14.5：若 A 和 B 是 $n \times m$ 和 $m \times l$ 的模糊矩阵，则它们的乘积 C = AB 为 $n \times l$ 阵，其元素为：

$$C_{ij} = \bigvee_{k=1}^{m} (a_{ik} \wedge b_{kj}) (i = 1, 2, \cdots, n; j = 1, 2, \cdots, l) \qquad (14.1)$$

符号"$\vee$"和"$\wedge$"含义的定义为：$a \vee b = \max(a, b)$，$a \wedge b = \min(a, b)$。

模糊矩阵乘法性质包括：1) (AB)C = A(BC)；2) AI = IA = A；3) A0 = 0A =

0；4） AJ = JA；5）若 A、B 为模糊矩阵且 $a_{ij} \leq b_{ij}$（一切 i, j），则 $A \leq B$，又若 $A \leq B$，则 $AC \leq BC$，$CA \leq CB$。

2. 模糊分类关系

模糊聚类分析是在模糊分类关系基础上进行聚类。由集合的概念，可给出以下定义：

定义 14.6：n 个样品的全体所组成的集合 X 作为全域，令 $X \times Y = \{(X, Y) | x \in X, y \in Y\}$，则称 $X \times Y$ 为 X 的全域乘积空间。

定义 14.7：设 R 为 $X \times Y$ 上的一个集合，并且满足：

（1）反身性：$(x_i, y_i) \in R$，即集合中每个元素和它自己同属一类；

（2）对称性：若 $(x, y) \in R$，则 $(y, x) \in R$，即集合中 (x, y) 元素同属于类 R 时，则 (y, x) 也同属于 R；

（3）传递性：$(x, y) \in R$，$(y, z) \in R$，则有 $(x, z) \in R$。

上述三条性质称为等价关系，满足这三条性质的集合 R 为一分类关系。

聚类分析的基本思想是用相似性尺度来衡量事物之间的亲疏程度，并以此来实现分类，模糊聚类分析的实质就是根据研究对象本身的属性来构造模糊矩阵，在此基础上根据一定的隶属度来确定其分类关系。

3. 模糊聚类

利用模糊集理论进行聚类分析的具体步骤如下：

（1）若定义相似系数矩阵用的是定量观察资料，在定义相似系数矩阵之前，可先对原始数据进行变换处理，变换的方法同系统聚类分析。

（2）计算模糊相似矩阵。设 U 是需要被分类对象的全体，建立 U 上的相似系数 R，R(i, j) 表示 i 与 j 之间的相似程度，当 U 为有限集时，R 是一个矩阵，称为相似系数矩阵。定义相似系数矩阵的工作，原则上可以按系统聚类分析中的相似系数确定方法，但也可以用主观评定或集体打分的办法。对数据集：

$$X = \begin{bmatrix} x_{11} & x_{12} & x_{1m} \\ x_{21} & x_{22} & x_{2m} \\ x_{n1} & x_{n2} & x_{nm} \end{bmatrix} n \times m$$

提供了以下 8 种建立相似矩阵的方法：①相关系数法；②最大最小法；③算术平均最小法；④几何平均最小法；⑤绝对指数法；⑥绝对值减数法；⑦夹角余弦法；⑧欧氏距离。

（3）聚类分析。用上述方法建立起来的相似关系 R，一般只满足反射性和对称性，不满足传递性，因而还不是模糊等价关系。为此，需要将 R 改造成 R^* 后得到聚类图，在适当的阈值上进行截取，便可得到所需要的分类。将 R 改造成 R^*，可用求传递闭包的方法。R 自乘的思想是按最短距离法原则，寻求两个向

量 x_i 与 x_j 的亲密程度。

假设 $R^2 = (r_{ij})$，即 $r_{ij} = \bigvee_{k=1}^{n}(r_{ik} \wedge r_{kj})$，说明 x_i 与 x_j 是通过第三者 k 作为媒介而发生关系，$r_{ik} \wedge r_{kj}$ 表示 x_i 与 x_j 的关系密切程度是以 $\min(r_{ik}, r_{kj})$ 为准则，因 k 是任意的，故从一切 $r_{ik} \wedge r_{kj}$ 中寻求一个使 x_i 和 x_j 关系最密切的通道。R^m 随 m 的增加，允许连接 x_i 与 x_j 的链的边就越多。由于从 x_i 到 x_j 的一切链中，一定存在一个使最大边长达到极小的链，这个边长就是相当于 r_{ij}^{∞}。

在实际处理过程中，R 的收敛速度是比较快的。为进一步加快收敛速度，通常采取以下处理方法：

$$R \to R^2 \to R^4 \to R^8 \to \cdots \to R^{2k}$$

即先将 R 自乘改造为 R^2，再自乘得 R^4，如此继续下去，直到某一步出现 $R^{2k} = R^k = R^*$。此时 R^* 满足了传递性，于是模糊相似矩阵（R）就被改造成了一个模糊等价关系矩阵（R^*）。

（4）模糊聚类。对满足传递性的模糊分类关系的 R^* 进行聚类处理，给定不同置信水平的 λ，求 R_λ^* 阵，找出 R^* 的 λ 显示，得到普通的分类关系。当 λ = 1 时，每个样品自成一类，随 λ 值的降低，由细到粗逐渐归并，最后得到动态聚类谱系图。

4. 模糊模式识别

"模式"一词来源于英文 pattern，原意是典范、式样、样品，在不同场合有其不同的含义。在此我们讲的模式是指具有一定结构的信息集合。

模式识别就是识别给定的事物以及与它相同或类似的事物，也可以理解为模式的分类，即把样品分成若干类，判断给定事物属于哪一类，这与我们前面介绍的判别分析很相似。

模式识别的方法大致可以分为两种，即根据最大隶属原则进行识别的直接法和根据择近原则进行归类的间接法，分别简介如下：

（1）若已知 n 个类型在被识别的全体对象 U 上的隶属函数，则可按隶属原则进行归类。此处介绍的是针对正态型模糊集的情形。对于正态型模糊变量 x，其隶属度为：

$$A(x) = e^{\left[-\left(\frac{x-a}{b}\right)^2\right]}$$

其中，a 为均值，$b^2 = 2\sigma^2$，σ^2 为相应的方差。按泰勒级数展开，取近似值得：

$$A(x) = \begin{cases} 1 - \left(\dfrac{x-a}{b}\right)^2 & x - a < b \\ 0 & x - a > b \end{cases}$$

若有 n 种类型 m 个指标的情形，则第 i 种类型在第 j 种指标上的隶属函数是：

$$A_{ij}(x) = \begin{cases} 0 & x \leq a_{ij}^{(1)} - b_{ij} \\ 1 - \left(\dfrac{x - a_{ij}^{(1)}}{b_{ij}}\right)^2 & a_{ij}^{(1)} - b_{ij} < x < a_{ij}^{(1)} \\ 1 & a_{ij}^{(1)} \leq x \leq a_{ij}^{(2)} \\ 1 - \left(\dfrac{x - a_{ij}^{(2)}}{b_{ij}}\right)^2 & a_{ij}^{(2)} < x < a_{ij}^{(2)} + b_{ij} \\ 0 & a_{ij}^{(2)} + b_{ij} < x \end{cases}$$

其中，$a_{ij}^{(1)}$ 和 $a_{ij}^{(2)}$ 分别是第 i 类元素第 j 种指标的最小值和最大值，$b_{ij}^2 = 2\sigma_{ij}^2$，而 σ_{ij}^2 是第 i 类元素第 j 种指标的方差。

（2）若有 n 种类型（$A_1, A_2, \cdots, A_n$），每类都有 m 个指标，且均为正态型模糊变量，相应的参数分别为 $a_{ij}^{(1)}$、$a_{ij}^{(2)}$、b_{ij}（$i = 1, 2, \cdots, n; j = 1, 2, \cdots, m$）。其中，$a_{ij}^{(1)} = \min(x_{ij})$、$a_{ij}^{(2)} \max(x_{ij})$、$b_{ij}^2 = 2\sigma_{ij}^2$，而 σ_{ij}^2 是 x_{ij} 的方差。待判别对象 B 的 m 个指标分别具有参数 a_j、b_j（$j = 1, 2, \cdots, m$），且为正态型模糊变量，则 B 与各个类型的贴近度为：

$$(A_{ij}, B) = \begin{cases} 0 & a_j \leq a_{ij}^{(1)} - (b_j - b_{ij}) \\ 1 - \dfrac{1}{2}\left(\dfrac{a_j - a_{ij}^{(1)}}{b_j + b_{ij}}\right)^2 & a_{ij}^{(1)} - (b_j - b_{ij}) < a_j < a_{ij}^{(1)} \\ 1 & a_{ij}^{(1)} \leq a_j \leq a_{ij}^{(2)} \\ 1 - \dfrac{1}{2}\left(\dfrac{a_j - a_{ij}^{(2)}}{b_j + b_{ij}}\right)^2 & a_{ij}^{(2)} < a_j < a_{ij}^2 + (b_j + b_{ij}) \\ 0 & a_{ij}^{(2)} + (b_j + b_{ij}) \leq a_j \end{cases}$$

记 $S_i = \min\limits_{1 \leq j \leq m}(A_{ij}, B)$，又有 $S_{i0} = \max\limits_{1 \leq j \leq n}(S_i)$，按贴近原则可认为 B 与 A_{i0} 最贴近。

5. 模糊相似优先比方法

相似优先比是模糊性度量的一种形式，它是以成对的样本与一个固定的样本做比较，确定哪一个与固定样本更相似，从而选择与固定样本相似程度较大者。

假定样本 x_i 和 x_j 与固定样本 x_k 进行比较，其相似优先比 R_{ij} 必须满足以下要求：

（1）若 R_{ij} 在 [0.5, 1.0] 之间，则表示 x_i 比 x_j 优先。

（2）若 R_{ij} 在 [0.0, 0.5] 之间，则表示 x_j 比 x_i 优先。

(3) 在极值情形下有三种可能：如果 $R_{ij}=1$，则表示 x_i 比 x_j 显然优先；如果 $R_{ij}=0$，则表示 x_j 比 x_i 显然优先；如果 $R_{ij}=0.5$，则 x_i 和 x_j 不分伯仲，优先无法确定。

在模糊优先比分析中，一般采用海明（Harming）距离作为相似优先比中 R_{ij} 的测度。如对样本 x_i 和样本 x_j 与固定样本 x_k 之间进行比较，海明距离可定义为：

$$r_{ij} = \frac{d_{ki}}{d_{ki} + d_{kj}}$$

$$R_{ji} = 1 - R_{ij}$$

式中：$d_{ki} = |x_k - x_i|$，$d_{kj} = |x_k - x_j|$，接下来，对给定的一样本集合 $X = \{x_1, x_2, \cdots, x_n\}$ 和固定样本 x_k，令任意 x_i、$x_j \in X$ 和 x_k 做比较，即计算两两样本间的相似优先比，从而得到模糊相关矩阵：

$$R = (r_{ij}) \begin{cases} r_{ij} \in [0, 1] \\ i, j = 1, 2, \Lambda, n \end{cases}$$

建立模糊相似矩阵之后，由 λ 水平集选出相似样本，即在相似矩阵中，从大到小地选定 λ 值，以在 λ 值下降过程中首先到达的除主对角线元素外全行都为 1 的那一行的样本最相似，然后删除矩阵相应的行和列，并降低 λ 水平值，继续寻找。依此类推，直至截距处理完毕。

一般情形下，若每个样本有 m 个因素，则对每一因素都有一个模糊相似矩阵，所以，每一样本的每一因素都将产生一个反映相似程度的序号值，最后将每一样本各个因素的序号值相加，其结果便是该样本与固定样本相似程度的综合反映。

样本的序号值越小，该样本与固定样本就越相似，但严格地说，各个因素对样本的影响程度是不一样的，因此有必要给各个因素赋予一定的权重，这样得到的结果将更符合实际情况。所以，当用户在对有关因素影响的轻重程度有比较大的把握，或在分析中需突出某个因素时，可对各个因素进行加权处理以达到更好的分析效果。

6. 模糊综合评判

综合评判就是对受到多个因素制约的事物或对象做出一个总的评价，这是在日常生活和科研工作中经常遇到的问题，如产品质量评定、科技成果鉴定、某种作物种植适应性的评价等，都属于综合评判问题。由于从多方面对事物进行评价难免带有模糊性和主观性，采用模糊数学的方法进行综合评判将使结果尽量客观，从而取得更好的实际效果。

模糊综合评判的数学模型可分为一级模型和多级模型，在此仅介绍一级模型。采用一级模型进行综合评判，一般可归纳为以下几个步骤：

（1）建立评判对象因素集 $U = \{u_1, u_2, \cdots, u_n\}$。因素就是对象的各种属性或性能，在不同场合，也称为参数指标或质量指标，它们能综合地反映出对象的质量，因而可由这些因素来评价对象。

（2）建立评判集 $V = \{v_1, v_2, \cdots, v_n\}$。如工业产品的评价，评判集是等级的集合；农作物种植区域适应性的评价，评判集是适应程度的集合。

（3）建立单因素评判，即建立一个从 U 到 F(V) 的模糊映射：

$$f: U \to F(V), \quad \forall u_i \in U$$

$$u_i \mid \to f(u_i) = \frac{r_{i1}}{v_1} + \frac{r_{i2}}{v_1} + \Lambda + \frac{r_{im}}{v_m}$$

$$0 \leq r_{ij} \leq 1, \quad 1 \leq i \leq n, \quad 1 \leq j \leq m$$

由 f 可以诱导出模糊关系，得到模糊矩阵：

$$R = \begin{bmatrix} r_{11} & r_{12} & \Lambda & r_{1m} \\ r_{21} & r_{22} & \Lambda & r_{2m} \\ \Lambda & \Lambda & \Lambda & \Lambda \\ r_{n1} & r_{n2} & \Lambda & r_{nm} \end{bmatrix}$$

称 R 为单因素评判矩阵，于是（U，V，R）构成了一个综合评判模型。

（4）综合评判。由于对 U 中各个因素有不同的侧重，需要对每个因素赋予不同的权重，它可表示为 U 上的一个模糊子集 $A = (a_1, a_2, \cdots, a_n)$，且规定 $\sum_{i=1}^{n} \alpha_i = 1$。

在 R 与 A 求出之后，则综合评判模型为 $B = A \cdot R$。记 $B = (b_1, b_2, \cdots, b_m)$，它是 V 上的一个模糊子集，其中：

$$b_j = \bigvee_{i=1}^{n} (a_i \wedge r_{ij}) \quad (j = 1, 2, \cdots, m)$$

如果评判结果 $\sum_{j=1}^{m} b_j \neq 1$，就对其结果进行归一化处理。

从上述模糊综合评判的 4 个步骤可以看出，建立单因素评判矩阵 R 和确定权重分配 A 是两项关键性的工作，但同时又没有统一的格式可以遵循，一般可采用统计实验或专家评分的方法求出。

二、模糊推理方法与模糊逻辑规则的构成

为了表示模糊条件命题，有两种方法表示 "if x is A then y is B" 中的 A 与 B 之间的模糊关系。

一种是模糊蕴涵规则 R_m 表示的模糊条件命题的极大、极小规则。令 A 和 B 分别为 U 和 V 中的具有如下形式的模糊集：

$$A = \int_U \mu_A(u)/u, \quad B = \int_V \mu_B(v)/v \qquad (14.2)$$

$$R_m = (A \times B) \cup (-A \times V)$$

$$= \int_{U \times V} (\mu_A(u) \wedge \mu_B(v)) \vee (1 - \mu_A(u))/(u, v) \qquad (14.3)$$

另一种为用模糊蕴涵规则表示的模糊条件命题的算术规则：

$$R_a = (-A \times V) \oplus (U \times B)$$

$$= \int_{U \times V} 1 \wedge (1 - \mu_A(u) + \mu_B(v))/(u, v) \qquad (14.4)$$

结论可分别用 B'_m 和 B'_a 表示：

$$B'_m = A' \circ R_m = A' \circ [(A \times B) \cup (-A \times V)] \qquad (14.5)$$

$$B'_n = A' \circ B_n = A' \circ [(-A \times V) \oplus (U \times B)] \qquad (14.6)$$

模糊集 B'_m 在 V 中的隶属函数为：

$$\mu_{B'_m}(v) = \check{U}\{\mu_{A'}(u) \wedge \mu_b(v) \vee (1 - \mu_A(u))\} \qquad (14.7)$$

模糊集 B'_a 在 V 中的隶属函数为：

$$\mu_{B'_a}(v) = \check{U}\{\mu_{A'}(u) \wedge (1 - \mu_A(u) + \mu_B(v))\} \qquad (14.8)$$

模糊规则可以表示成一个积空间 $U \times V$ 上的模糊蕴涵 $A_1 \times A_2 \times A_2 \times \cdots \times A_n \to B$。模糊规则的形式为：

如果 x 是 $A_1 \wedge \cdots \wedge x_n$ 是 A_n，那么 y 是 B。

其中，A 和 B 均为模糊集合。

$X = (x_1, x_2, \cdots, x_n) \in U$，$y \in V$ 分别为输入和输出语言变量。

一个模糊变量可划分为多个区域，每个区域表示一分类参数，如 X、Y 两个模糊变量分别有 C_1 和 C_2 区域，每个区域用 X_1，X_2，$\cdots$，X_{C1} 和 Y_1，Y_2，$\cdots$，Y_{C2} 来表示，而 μ_{X1}，$\cdots$，μ_{XC1} 和 μ_{Y1}，$\cdots$，μ_{YC2} 分别为 X_1，X_2，$\cdots$，X_{C1} 和 Y_1，Y_2，$\cdots$，Y_{C2} 的隶属函数，模糊推理可利用隶属函数的计算来表示一个模糊函数关系，此关系就是其结论。

模糊规则也可以根据各种条件下规则的可能性，排列成表格形式，例如，模糊变量 X 分为 x_1，x_2，x_3，x_4，x_5，x_6，x_7，x_8，模糊变量 Y 分为 y_1，y_2，y_3，y_4，y_5，y_6，y_7，y_8 8 个模糊参数，那么结论也是一个模糊变量 F，有 f_1，f_2，$\cdots$，f_8 8 个模糊参数，可用一张 8×8 的表格来描述这些规则，它共有 8^3 个可能的规则，对一个具体问题提取出几条或几十条规则即可。

第二节 数据挖掘概论

一、什么是数据挖掘

对于"数据挖掘"(data mining),有多种文字不同但含义接近的定义,就是从大量数据中获取有效的、新颖的、潜在有用的、最终可理解的模式的非平凡过程,简单地说,数据挖掘就是从大量数据中提取或挖掘知识,或者说从海量数据中找出有用的知识。在学术界,有时也将"数据挖掘(DM)"称为"数据库中的知识发现(knowledge discovery in database,KDD)"。与数据挖掘紧密相关的概念是机器学习。"机器学习"(machine learning)是人工智能的核心研究领域之一,目前被广泛采用的机器学习的定义是"利用经验来改善计算机系统自身的性能"。数据挖掘可以视为机器学习和数据库的交叉,主要利用机器学习界提供的技术来分析海量数据,利用数据库界提供的技术来管理海量数据。

并非所有的信息发现任务都被视为数据挖掘。例如,使用数据库管理系统查找个别的记录,或通过互联网的搜索引擎查找特定的 Web 页面,则是信息检索(information retrieval)领域的任务。虽然这些任务是重要的,可能涉及使用复杂的算法和数据结构,但是它们主要依赖传统的计算机科学技术和数据的明显特征来创建索引结构,从而有效地组织和检索信息。尽管如此,数据挖掘技术也已用来增强信息检索系统的能力。

数据挖掘可以用图 14-1 表示。

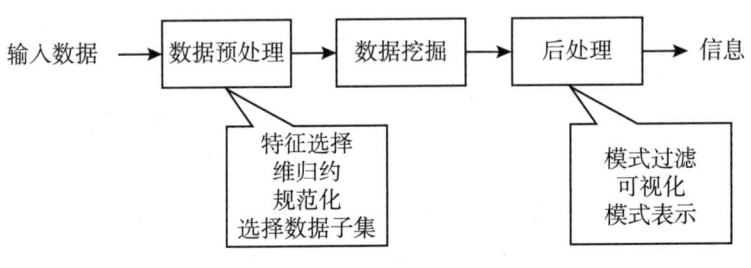

图 14-1 数据挖掘概念

这个概念图可以这样解释:输入数据可以以各种形式存储(平展文件、电子数据表或关系表),并且可以驻留在集中的数据存储库中,或分布在多个站点上。

数据预处理（preprocessing）的目的是将未加工的输入数据转换成适合分析的形式。数据预处理涉及的步骤包括融合来自多个数据源的数据，清洗数据以消除噪声和重复的观测值，选择与当前数据挖掘任务相关的记录和特征。由于收集和存储数据的方式可能有许多种，数据预处理可能是整个知识发现过程中最费力、最耗时的步骤。后处理的一个例子是可视化，它使数据分析者可以从各种不同的视角探查数据和数据挖掘结果。在后处理阶段，还能使用统计度量或假设检验，删除虚假的数据挖掘结果。

组成数据挖掘的三大支柱包括统计学、机器学习和数据库领域内的研究成果，其他还包含了可视化、信息科学等内容。不同的教材从不同的方面结合其基础学科知识讲述数据挖掘技术，不同专业和技术背景的学生或数据挖掘研究人员和应用人员可以根据自身的专业方向选择不同的数据挖掘切入点。这一点可以用图 14－2 表示。

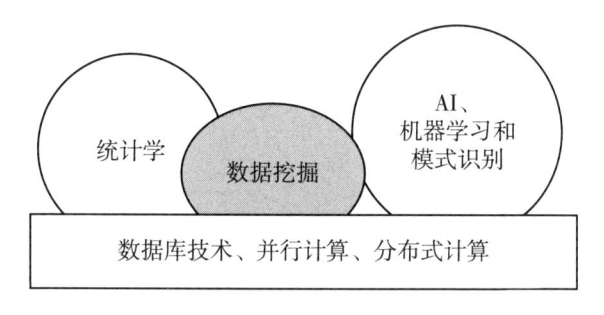

图 14－2　数据挖掘与相关学科的关系

很多学科都面临着一个普遍问题，即如何存储、访问异常庞大的数据集，并用模型来描述和理解它们。这些问题使人们对数据挖掘技术的兴趣不断增强。长期以来，很多相互独立的不同学科分别致力于数据挖掘的各个方面。数据挖掘原理就是把信息科学、计算科学和统计学、逻辑学在数据挖掘方面的应用融合在一起，从多学科的角度来解析数据挖掘以及其与统计、认知的关系，其中如建模、测量、评分函数、模型等术语都是从实际统计者的角度出发来论述的。

总体而言，数据挖掘就如图 14－3 所示的系统。

数据挖掘作为正积极发展的一个新兴学科，其学科体系还有争论。大致来看应该包括以下内容：

（1）数据挖掘的基本概念与历史溯源。

（2）数据基本研究：数据类型、数据质量、数据预处理、相似性和相异性的度量等。

（3）数据探索：鸢尾花数据集、汇总统计、可视化、联机分析处理（OLAP）

和多维数据分析等。

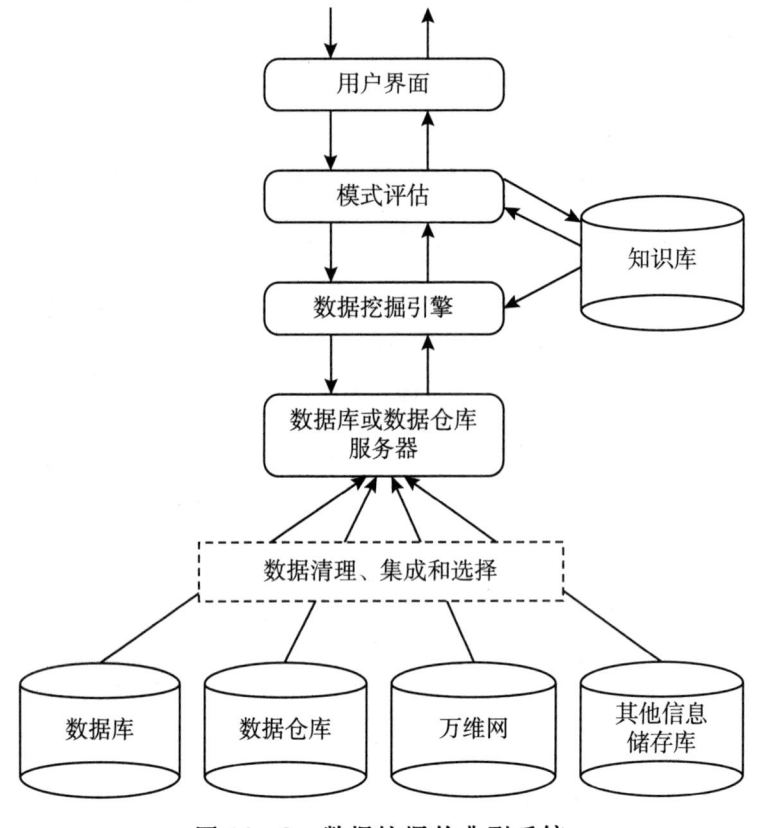

图 14-3 数据挖掘的典型系统

（4）数据分类的基本概念、决策树与模型评估：分类逻辑知识、解决分类问题的一般方法、决策树归纳（决策树的工作原理、如何建立决策树、表示属性测试条件的方法、选择最佳划分的度量、决策树归纳算法、决策树归纳的特点等）、模型的过分拟合（噪声导致的过分拟合、缺乏代表性样本导致的过分拟合、过分拟合与多重比较过程、泛化误差估计、处理决策树归纳中的过分拟合等）、评估分类器的性能、比较分类器的方法（估计准确度的置信区间、比较两个模型的性能、比较两种分类法的性能等）。

（5）数据分类的逻辑技术：基于规则的分类器、最近邻分类器、贝叶斯分类器（贝叶斯定理、贝叶斯定理在分类中的应用、朴素贝叶斯分类器、贝叶斯误差率、贝叶斯信念网络等）、人工神经网络（ANN）、支持向量机、组合方法、不平衡类问题处理、多类问题处理等。

（6）关联分析的概念和算法：频繁项集的产生、规则产生、频繁项集的紧凑表示、关联模式的评估、倾斜支持度分布的影响、处理分类属性、处理连续属性、处理概念分层、序列模式、子图模式、非频繁模式等。

（7）聚类分析的概念和算法：K 均值、凝聚层次聚类、DBSCAN、簇评估、数据特性、簇特性、基于原型的聚类（模糊聚类、使用混合模型的聚类、自组织映射）、基于密度的聚类、基于图的聚类、可伸缩的聚类算法等。

（8）异常检测：统计方法、基于邻近度的离群点检测、基于密度的离群点检测、基于聚类的技术等。

近十几年来，人们利用信息技术生产和搜集数据的能力大幅度提高，千万个数据库被用于商业管理、政府办公、科学研究和工程开发，等等，这一势头仍将持续发展下去。于是，一个新的挑战被提了出来：在这个信息爆炸的时代，信息过量几乎成为人人需要面对的问题。如何才能不被信息的汪洋大海所淹没，从中及时发现有用的知识，提高信息利用率呢？要想使数据真正成为一个公司的资源，只有充分利用它为公司自身的业务决策和战略发展服务才行，否则大量的数据可能成为包袱，甚至成为垃圾。因此，面对人们被数据淹没，人们却饥饿于知识的挑战，数据挖掘和知识发现（DMKD）技术应运而生，并得以蓬勃发展，越来越显示出其强大的生命力。①

二、数据挖掘的应用

数据挖掘所要处理的问题，就是在庞大的数据库中找出有价值的隐藏事件，并且加以分析，获取有意义的信息，归纳出有用的结构，作为企业进行决策的依据。其应用非常广泛，只要该产业有分析价值与需求的数据库，皆可利用 Mining 工具进行有目的的发掘分析。常见的应用案例多发生在零售业、制造业、财务金融保险、通信及医疗服务等。

（1）市场营销。预测顾客的购买行为，划分顾客群体。同时在生产销售和零售业，预测销售额；决定库存量，批发点分布的规划调度。商场从顾客购买商品中发现一定的关系，提供打折购物券等，提高销售额。

（2）保险业。分析决定医疗保险的主要因素；预测顾客保险的模式。保险公司通过数据挖掘建立预测模型，辨别出可能的欺诈行为，避免道德风险，减少成本，提高利润。

（3）制造业。预测机器故障；发掘影响生产能力的关键因素。在制造业中，半导体的生产和测试中都会产生大量的数据，必须对这些数据进行分析，找出其

---

① 数据挖掘研究现状［DB/OL］. http：//hi.baidu.com/iojessie/blog/item/6ec31522d065dfa64723e86c.html.

中存在的问题，提高质量。

（4）电子商务。电子商务的作用越来越大，可以用数据挖掘对网站进行分析，识别用户的行为模式，保留客户，提供个性化服务，优化网站设计。

（5）其他方面应用。银行业：侦测信用卡的欺诈行为、客户信誉分析；经纪业和安全交易：预测债券价格的变化、预测股票价格升降、决定交易的最佳时刻；政府和防卫：估计军事装备转移的成本、预测资源的消耗、评价军事战略；医药：验证药物的治疗机理、划分出哪一类型医生会再次购买某类型药品；交通：航空公司可以根据历史资料寻找乘客的旅行模式，改进航线的设置；电信：评估客户群、欺诈分析、综合效益分析、网络性能评估等；公司经营管理：评估客户信誉、评估部门业绩、评价员工业绩等。

一些公司运用数据挖掘的成功案例，显示了数据挖掘的强大生命力。

国外，美国 Auto Trader.com 是世界上最大的汽车销售站点，每天都会有大量的用户对网站上的信息点击，寻求信息，其运用了 SAS 软件进行数据挖掘，每天对数据进行分析，找出用户的访问模式，对产品的喜欢程度进行判断，并设特定服务区，取得了成功；Reuteres 是世界著名的金融信息服务公司，其利用的数据大都是外部的数据，这样数据的质量就是公司生存的关键所在，必须从数据中检测出错误的成分。Reuteres 用 SPSS 的数据挖掘工具 SPSS/Clementine，建立数据挖掘模型，极大地提高了错误的检测，保证了信息的正确和权威性；Bass Export 是世界最大的啤酒进出口商之一，在海外 80 多个市场从事交易，每个星期传送 23 000 份订单，这就需要了解每个客户的习惯，如品牌的喜好等，Bass Export 用 IBM 的 Intelligent - Miner 很好地解决了上述问题；美国得克萨斯州利用 DM 发现不付或少付税款的公司和个人，由此增加了 1.58 亿元的税收。他们还把飞机注册管理部门的数据也纳入了监控范围，从而发现拥有私人飞机的人是否为他们的飞机上了税；澳大利亚国家社会服务局采用 DM 识别福利欺诈行为和身份欺诈行为，2001 年挽回了 300 万澳元的损失。

国内，上海宝钢应用 SAS 公司的产品在 DM 的应用中取得了许多成果，仅取一部分介绍于此。宝钢年产量超过 1 000 万吨，营业额达数百亿，在长期的运营中积累了包括原料、生产、质量、销售、运输、订单、供应商、客户在内数百 GB 数据。在 IBM SP2 上用 SAS 建立了一个企业级的 DW。第一个主题域是质量管理，共分 24 个数据集市，贯穿钢铁生产的各个不同处理过程，从炼钢、初轧、热轧到冷轧等所有的生产线，能从时间维、生产维、工序等进行分析。需求：技术部希望对宝钢某钢种能找到一组生产条件，通过调整化学成分或轧制参数，提高断裂延伸率，降低抗拉强度；数据预处理：从数据集市中，根据需求找出 15 000 条左右记录（质量记录）；DM 方法：聚类。结果：该钢种与性能最相关的是某一温度和某两种元素；发现新知识，增加某一元素的含量会提高断裂延伸率，同时降低抗拉强度；效益：技术部工程师建议：结合工程现状，保持该温度不变；将某元素（成本高）含量由目前标准降低50%——降低成本；将某元素含量由内控无需求改为内控有需求。①

　　数据挖掘的应用领域随着IT技术的发展和市场交易量的扩大也越来越广泛。目前，数据挖掘的研究领域已遍及的行业包括金融业、电信业、网络相关行业、零售商、制造业、医疗保健及制药业等。例如，在财务金融方面，预测市场动向，防范犯罪诈欺和顾客吸引等；在电信行业针对用户资费进行资费改革，以提高经营效益等；在企业直销行销方面用于识别客户和客户行为分析；在体育方面识别运动员的特长和缺点；在天文上进行星体分类等。尽管数据挖掘的应用领域相当广泛，就我国当前的应用来看，尚处于萌芽阶段，企业大规模地运用数据挖掘技术尚不普遍，个别企业或部门仅零星地运用数据挖掘技术。数据挖掘的工具已大量出现，一类是基于统计分析的软件，如SAS、SPSS等；另一类是应用与新技术如模糊逻辑、人工神经网络、决策树理论的工具如CBR Express、Esteen、Kate‒CBR、Fuzzy‒TECH for business、Aria、Neural network Browser等软件，但这些软件并不是包罗万象地应用于任何数据挖掘技术的软件，而是有所侧重。实际上，数据挖掘工具与实际应用的问题紧密联系，实践中要根据实际运用去开发适用于实际需要的数据挖掘工具。我国数据挖掘的软件运用和开发也未全面展开，尤其是模糊逻辑、人工神经网络、决策树中对数据挖掘工具的开发不足。因此，开拓数据挖掘工具的应用和实践是未来数据挖掘工作中亟待解决的问题。②

三、数据挖掘的常用技术与方法

（一）人工神经网络

　　神经网络近来越来越受到人们的关注，因为它为解决大复杂度问题提供了一种相对来说比较有效的简单方法。神经网络可以很容易地解决具有上百个参数的问题（当然实际生物体中存在的神经网络要比我们这里所说的程序模拟的神经网络要复杂得多）。神经网络常用于两类问题：分类和回归。

　　在结构上，可以把一个神经网络划分为输入层、输出层和隐含层（见图14‒4）。输入层的每个节点对应一个个的预测变量。输出层的节点对应目标变

---

① 刘晓庆. 浅析数据挖掘的研究现状及其应用 [J]. 电脑知识与技术（学术交流），2006（26）.
② 张维群. 数据挖掘研究和应用的现状与前景 [J]. 统计与信息论坛，2004（1）.

量，可有多个。在输入层和输出层之间是隐含层（对神经网络使用者来说不可见），隐含层的层数和每层节点的个数决定了神经网络的复杂度。

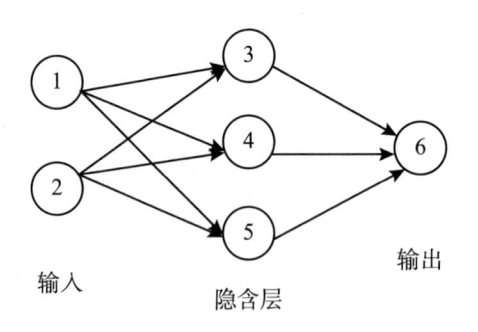

图 14 - 4　一个神经元网络

除了输入层的节点，神经网络的每个节点都与很多它前面的节点（称为此节点的输入节点）连接在一起，每个连接对应一个权重 W_{xy}，此节点的值就是通过它所有输入节点的值与对应连接权重乘积的和作为一个函数的输入而得到，我们把这个函数称为活动函数或挤压函数。如图 14 - 5 中节点 4 输出到节点 6 的值可通过如下计算得到：

$$W_{14} \times 节点 1 的值 + W_{24} \times 节点 2 的值。$$

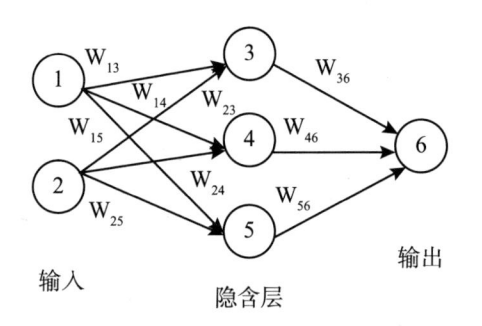

图 14 - 5　权重 W_{xy} 神经元网络

神经网络的每个节点都可表示成预测变量（节点 1、节点 2）的值或值的组合（节点 3 ~ 节点 6）。注意节点 6 的值已经不再是节点 1、节点 2 的线性组合，因为数据在隐含层中传递时使用了活动函数。实际上如果没有活动函数的话，神经元网络就等价于一个线性回归函数，如果此活动函数是某种特定的非线性函数，那神经网络又等价于逻辑回归。

调整节点间连接的权重就是在建立（也称训练）神经网络时要做的工作。最早的也是最基本的权重调整方法是错误回馈法，现在较新的有变化坡度法、类牛顿法、Levenberg - Marquardt 法、遗传算法等。无论采用哪种训练方法，都需要有一些参数来控制训练的过程，如防止训练过度和控制训练的速度。

决定神经网络拓扑结构（或体系结构）的是隐含层及其所含节点的个数，以及节点之间的连接方式。要从头开始设计一个神经网络，必须要决定隐含层和节点的数目，活动函数的形式，以及对权重做哪些限制等，当然如果采用成熟软件工具的话，它会帮你决定这些事情。

在诸多类型的神经网络中，最常用的是前向传播式神经网络，也就是我们前面图 14-4 和图 14-5 中所描绘的那种。下面我们详细讨论一下，为讨论方便假定只含有一层隐含节点。

可以认为错误回馈式训练法是变化坡度法的简化，其过程如下：

前向传播：数据从输入到输出的过程是一个从前向后的传播过程，后一节点的值通过它前面相连的节点传过来，然后把值按照各个连接权重的大小加权输入活动函数再得到新的值，进一步传播到下一个节点。

回馈：当节点的输出值与我们预期的值不同，也就是发生错误时，神经网络就要"学习"（从错误中学习）。我们可以把节点间连接的权重看成后一节点对前一节点的"信任"程度（它自己向下一节点的输出更容易受它前面那个节点输入的影响）。学习的方法是采用惩罚的方法，过程如下：如果一节点输出发生错误，那么它看它的错误是受哪个（些）输入节点的影响而造成的，是不是它最信任的节点（权重最高的节点）陷害了它（使它出错），如果是则要降低对它的信任值（降低权重），惩罚它们，同时升高那些做出正确建议节点的信任值。对那些受到惩罚的节点来说，它也需要用同样的方法来进一步惩罚它前面的节点。就这样把惩罚一步步向前传播直到输入节点为止。

对训练集中的每一条记录都要重复这个步骤，用前向传播得到输出值，如果发生错误，则用回馈法进行学习。当把训练集中的每一条记录都运行过一遍之后，我们称之为完成一个训练周期。要完成神经网络的训练可能需要很多个训练周期，经常是几百个。训练完成之后得到的神经网络就是通过训练集发现的模型，描述了训练集中响应变量受预测变量影响的变化规律。

由于神经网络隐含层中的可变参数太多，如果训练时间足够长的话，神经网络很可能把训练集的所有细节信息都"记"下来，而不是建立一个忽略细节只具有规律性的模型，我们称这种情况为训练过度。显然这种"模型"对训练集会有很高的准确率，而一旦离开训练集应用到其他数据，很可能准确度急剧下降。为了防止这种训练过度的情况，我们必须知道在什么时候要停止训练。在有些软件实现中会在训练的同时用一个测试集来计算神经网络在此测试集上的正确率，一旦这个正确率不再升高甚至开始下降时，那么就认为现在神经网络已经达到最好的状态了可以停止训练。

神经元网络和统计方法在本质上有很多差别。神经网络的参数可以比统计方法多很多。如图 14-5 中就有 13 个参数（9 个权重和 4 个限制条件）。由于参数如此之多，参数通过各种各样的组合方式来影响输出结果，以至于很难对一个神经网络表示的模型做出直观的解释。实际上神经网络也正是当作"黑盒"来用的，不用去管"盒子"里面是什么，只管用就行了。在大部分情况下，这种限制条件是可以接受的。如银行可能需要一个笔迹识别软件，但没必要知道为什么这些线条组合在一起就是一个人的签名，而另外一个相似的则不是。在很多复杂度很高的问题如化学试验、机器人、金融市场的模拟和语言图像的识别等领域神经网络都取得了很好的效果。

神经网络的另一个优点是很容易在并行计算机上实现，可以把它的节点分配到不同的 CPU 上并行计算。

在使用神经网络时有几点需要注意：第一，神经网络很难解释，目前还没有能对神经网络做出显而易见解释的方法学。

第二，神经网络会学习过度，在训练神经网络时一定要恰当地使用一些能严格衡量神经网络的方法，如前面提到的测试集方法和交叉验证法等。这主要是由于神经网络太灵活、可变参数太多，如果给足够的时间，它几乎可以"记住"任何事情。

第三，除非问题非常简单，训练一个神经网络可能需要相当可观的时间才能完成。当然，一旦神经网络建立好了，在用它做预测时运行时还是很快的。

第四，建立神经网络需要做的数据准备工作量很大。一个很有误导性的神话就是不管用什么数据神经网络都能很好地工作并做出准确的预测。这是不确切的，要想得到准确度高的模型必须认真地进行数据清洗、整理、转换、选择等工作，对任何数据挖掘技术都是这样，神经网络尤为注重这一点。如神经网络要求所有的输入变量都必须是 0~1（或 -1~+1）之间的实数，因此像"地区"之类文本数据必须先做必要的处理之后才能用作神经网络的输入。

（二）决策树

决策树提供了一种展示类似在什么条件下会得到什么值这类规则的方法。例如，在贷款申请中，要对申请的风险大小做出判断，图 14-6 是为了解决这个问题而建立的一棵决策树，从中我们可以看到决策树的基本组成部分：决策节点、分支和叶子。

决策树中最上面的节点称为根节点，是整个决策树的开始。本例中根节点是"收入 > ￥40 000"，对此问题的不同回答产生了"是"和"否"两个分支。

决策树的每个节点子节点的个数与决策树在用的算法有关。如 CART 算法得到的决策树每个节点有两个分支,这种树称为二叉树。允许节点含有多于两个子节点的树称为多叉树。

```
              收入>￥40 000
           否  ↙        ↘ 是
      工作时间>5年         高负债
     是 ↙    ↘ 否      是 ↙    ↘ 否
    低风险   高风险    高风险   低风险
```

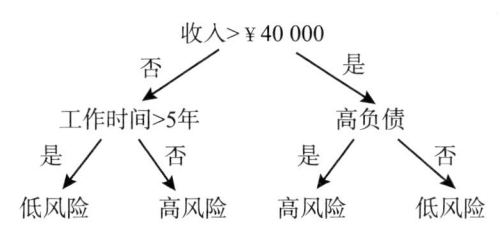

图 14 - 6　一个决策树样例

每个分支要么是一个新的决策节点,要么是树的结尾,称为叶子。在沿着决策树从上到下遍历的过程中,在每个节点都会遇到一个问题,对每个节点上问题的不同回答导致不同的分支,最后会到达一个叶子节点。这个过程就是利用决策树进行分类的过程,利用几个变量(每个变量对应一个问题)来判断所属的类别(最后每个叶子会对应一个类别)。

假如负责借贷的银行官员利用上面这棵决策树来决定支持哪些贷款和拒绝哪些贷款,那么他就可以用贷款申请表来运行这棵决策树,用决策树来判断风险的大小。"年收入 > ￥40 000"和"高负债"的用户被认为是"高风险",同时"收入 < ￥40 000"但"工作时间 > 5 年"的申请,则被认为"低风险"而建议贷款给用户。

数据挖掘中决策树是一种经常要用到的技术,可以用于分析数据,同样也可以用来作预测(就像上面的银行官员用他来预测贷款风险)。常用的算法有CHAID、CART、Quest 和 C5.0。

建立决策树的过程,即树的生长过程是不断地把数据进行切分的过程,每次切分对应一个问题,也对应着一个节点。对每个切分都要求分成的组之间的"差异"最大。

各种决策树算法之间的主要区别就是对这个"差异"衡量方式的区别。对具体衡量方式算法的讨论超出了本文的范围,在此我们只需要把切分看成是把一组数据分成几份,份与份之间尽量不同,而同一份内的数据尽量相同。这个切分的过程也可称为数据的"纯化"。看借贷的例子,包含两个类别——低风险和高风险。如果经过一次切分后得到的分组,每个分组中的数据都属于同一个类别,显然达到这样效果的切分方法就是我们所追求的。

到现在为止我们所讨论的例子都是非常简单的,树也容易理解,当然实际中应用的决策树可能非常复杂。假定我们利用历史数据建立了一个包含几百个属性、输出的类有十几种的决策树,这样的一棵树对人来说可能太复杂了,但每一条从根结点到叶子节点的路径所描述的含义仍然是可以理解的。决策树的这种易理解性对数据挖掘的使用者来说是一个显著的优点。

然而决策树的这种明确性可能带来误导。例如，决策树每个节点对应分割的定义都是非常明确毫不含糊的，但在实际生活中这种明确可能带来麻烦（凭什么说年收入￥40 001的人具有较小的信用风险而￥40 000的人就没有）。

建立一棵决策树可能只要对数据库进行几遍扫描之后就能完成，这也意味着需要的计算资源较少，而且可以很容易地处理包含很多预测变量的情况，因此决策树模型可以建立得很快，并适合应用到大量的数据上。

对最终要拿给人看的决策树来说，在建立过程中让其生长得太"枝繁叶茂"是没有必要的，这样既降低了树的可理解性和可用性，同时也使决策树本身对历史数据的依赖性增大，也就是说这棵决策树对历史数据可能非常准确，一旦应用到新的数据时准确性却急剧下降，我们称这种情况为训练过度。为了使得到的决策树所蕴涵的规则具有普遍意义，必须防止训练过度，同时也减少训练的时间。因此我们需要有一种方法能在适当的时候停止树的生长。常用的方法是设定决策树的最大高度（层数）来限制树的生长。还有一种方法是设定每个节点必须包含的最少记录数，当节点中记录的个数小于这个数值时就停止分割。

与设置停止增长条件相对应的是在树建立好之后对其进行修剪。先允许树尽量生长，然后再把树修剪到较小的尺寸，当然在修剪的同时要求尽量保持决策树的准确度不要下降太多。

对决策树常见的批评是说其在为一个节点选择怎样进行分割时使用"贪心"算法。此种算法在决定当前这个分割时根本不考虑此次选择会对将来的分割造成什么样的影响。换句话说，所有的分割都是顺序完成的，一个节点完成分割之后不可能以后再有机会回过头来再考察此次分割的合理性，每次分割都是依赖于它前面的分割方法，也就是说决策树中所有的分割都受根结点的第一次分割的影响，只要第一次分割有一点点不同，那么由此得到的整个决策树就会完全不同。那么是否在选择一个节点的分割的同时向后考虑两层甚至更多的方法，会具有更好的结果呢？目前我们知道的还不是很清楚，但至少这种方法使建立决策树的计算量成倍的增长，因此现在还没有哪个产品使用这种方法。

而且，通常的分割算法在决定怎么在一个节点进行分割时，都只考察一个预测变量，即节点用于分割的问题只与一个变量有关。这样生成的决策树在有些本应很明确的情况下可能变得复杂而且意义含混，为此目前新提出的一些算法开始在一个节点同时用多个变量来决定分割的方法。如以前的决策树中可能只能出现类似"收入 < ￥35 000"的判断，现在则可以用"收入 <（0.35 × 抵押）"或"收入 > ￥35 000 或抵押 < ￥150 000"这样的问题。

决策树很擅长处理非数值型数据，这与神经网络只能处理数值型数据比起来，就免去了很多数据预处理工作。

甚至有些决策树算法专为处理非数值型数据而设计，因此当采用此种方法建立决策树，同时又要处理数值型数据时，反而要做把数值型数据映射到非数值型数据的预处理。

（三）遗传算法

遗传算法是基于进化理论，并采用遗传结合、遗传变异以及自然选择等设计方法的优化技术。

遗传算法是一种基于生物自然选择与遗传机理的随机搜索算法，是一种仿生全局优化方法。遗传算法具有的隐含并行性、易于和其他模型结合等性质使它在数据挖掘中被加以应用。人们已成功地开发了很多个基于遗传算法的数据挖掘工具，利用该工具对真实数据库进行了数据挖掘实验，结果表明遗传算法是进行数据挖掘的有效方法之一。遗传算法的应用还体现在与神经网络、粗集等技术的结合上。如利用遗传算法优化神经网络结构，在不增加错误率的前提下，删除多余的连接和隐层单元；用遗传算法和BP算法结合训练神经网络，然后从网络提取规则等。但遗传算法的算法较复杂，收敛于局部极小的较早收敛问题尚未解决。

（四）粗集分析

粗集理论是一种研究不精确、不确定知识的数学工具。粗集方法有几个优点：不需要给出额外信息；简化输入信息的表达空间；算法简单，易于操作。粗集处理的对象是类似二维关系表的信息表。目前成熟的关系数据库管理系统和新发展起来的数据仓库管理系统，为粗集的数据挖掘奠定了坚实的基础。但粗集的数学基础是集合论，难以直接处理连续的属性。而现实信息表中连续属性是普遍存在的。因此连续属性的离散化是制约粗集理论实用化的难点。现在国际上已经研制出来了一些基于粗集的工具应用软件，如加拿大瑞基纳大学（Regina）开发的KDDR，美国堪萨斯大学（Kansas）开发的LERS等。

（五）覆盖正例、排斥反例

覆盖正例、排斥反例是利用覆盖所有正例、排斥所有反例的思想来寻找规则。首先在正例集合中任选一个种子，其次到反例集合中逐个比较。与字段取值构成的选择子相容则舍去，相反则保留。按此思想循环所有正例种子，将得到正例的规则（选择种子的合取式）。比较典型的算法有米哈尔斯基（Michalski）的 aq11 方法、洪家荣改进的 aq15 方法以及他的 ae5 方法。

（六）统计分析

在数据库字段项之间存在两种关系：函数关系（能用函数公式表示的确定性关系）和相关关系（不能用函数公式表示，但仍是相关确定性关系），对它们的分析可采用统计学方法，即利用统计学原理对数据库中的信息进行分析。可进行常用统计（求大量数据中的最大值、最小值、总和、平均值等）、回归分析（用回归方程来表示变量间的数量关系）、相关分析（用相关系数来度量变量间的相关程度）、差异分析（从样本统计量的值得出差异来确定总体参数之间是否存在差异）等。

（七）模糊集

即利用模糊集合理论对实际问题进行模糊评判、模糊决策、模糊模式识别和模糊聚类分析。系统的复杂性越高，模糊性越强，一般模糊集合理论是用隶属度来刻画模糊事物的亦此亦彼性的。人们在传统模糊理论和概率统计的基础上，提出了定性定量不确定性转换模型——云模型，并形成了云理论。

第三节 知识发现概论

一、知识发现的内涵

（一）知识发现的定义

"知识发现"一词是在 1989 年 8 月于美国底特律召开的第十一届国际联合人工智能学术会议上正式提出来的。知识发现（knowledge discovery in database，KDD）是指识别出存在于数据库中有效的、新颖的、具有潜在效用的并最终可被人理解的模式的特定过程。它是一种高级的处理过程：第一，它是从数据库中识别，数据库中的资料是对事实的一种整理、一种数据化；第二，这种识别不是进行简单的搜索、组合，而是一种新颖的、有创新的知识发现模式；第三，所识别的模式必须是有效的，且具有一定的应用性；第四，所识别的模式是能被人们至少是该领域的专业人士所理解并加以运用的。

(二) 知识发现的背景及进展

数据库技术的发展，机器学习研究的进展以及应用的推动为知识发现的产生提供了可能。1997年，我国国家自然科学基金首次支持对知识发现领域的项目研究。2007年11月在浙江省杭州市举行了2007年中国数据挖掘与知识发现（DMKD）学术会议（DMKD200）。DMKD学术会议已引起著名国际索引机构的关注，历届DMKD学术会议论文集被SCIE全文收录。2008年10月在山东省济南市举行了2008国际自然计算会议暨第5届国际模糊系统与知识发现会议。到2008年，由美国人工智能协会主办的KDD国际研讨会召开了7次。规模由原来的专题讨论发展到国际学术大会，研究重点逐渐从发现方法转向系统应用，注重多种发现策略和技术的集成以及多种学科之间的相互渗透。其他内容的专题会议也把KDD列为议题之一，成为当前计算机科学界的一大热点。数据库、人工智能、信息处理、知识工程等领域的国际学术刊物也开辟了KDD专题或专刊。①

二、知识发现的基本过程

知识发现过程是多个步骤相互连接起来，反复进行人机交互的过程。具体说明如下：（1）学习某个应用领域。包括应用中的预先知识和目标。（2）建立一个目标数据。选择一个数据集或在多数据集的子集上聚焦。（3）数据清理和预处理。去除噪声或无关数据，去除空白数据域，考虑时间顺序和数据的变化等。（4）数据转换。找到数据的特征进行编码，减少有效变量的数目。如年龄，10年为1级，一般为10级。（5）选定数据开采算法。决定数据开采的目的，用KDD过程中的准则选择某一个特定数据开采算法（如汇总、聚类、分类、回归等）用于搜索数据中的模式，它可以是近似的。（6）数据开采。通过数据开采方法产生一个特定的感兴趣的模式或一个特定的数据集。（7）解释。解释某个发现的模式，去掉多余的不切题意的模式，转换某个有用模式为知识。（8）评价知识。将这些知识放到实际系统中，查看这些知识的作用，或证明这些知识。用预先可信的知识检查和解决知识中可能的矛盾。以上处理步骤往往需要经过多次反复，不断提高学习效果。②

---

① 杨江平. 知识发现及其在图书馆的应用研究 [J]. 图书馆学研究，2008（7）.
② 张林龙. 数据库中的知识发现 [J]. 情报杂志，2004（9）.

三、知识发现系统的方法

知识发现虽然是统计学、人工智能、机器学习等领域的学科交叉,但它依然有自身独特的方法和技术。

(一)概念描述

对某类对象的内涵进行描述,并概括这类对象的有关特征。概念描述分为特征性描述和区别性描述,前者描述某类对象的共同特征,后者描述不同类对象之间的区别。[①]

(二)总结指示

总结指示:计算出被考察对象的平均/最大/最小值、总和、百分比等,知识发现通常基于数据立方采掘总结知识,用相应的可视化工具可聚焦于该局部上查、下访、切块、切片旋转观察,从不同角度和不同概念层次上观察总结知识。[②]

(三)关联分析

关联分析是描述在一个事务中物品之间同时出现的规律的知识模式,更确切地说,关联规则通过量化的数字描述物品甲的出现对物品乙的出现有多大的影响。[③]

(四)时间序列分析

时间序列分析与关联分析相似,侧重于数据在时间先后上的因果关系。

(五)粗糙集理论

粗糙集(rough set)理论是波兰数学家派拉克(Z. Pawlak)在1982年提出的对不完整数据进行分析、推理、学习、发现的新方法。其重要特点之一是不需要预先给定某些特征或属性的数量描述,如统计学中的概率分布、模糊集理论的隶属度或隶属函数,而是直接从给定问题的描述集合出发,通过不可分辨关系和

[①] 樊红侠. 知识发现及其在数字图书馆的应用 [J]. 现代情报, 2008 (8).
[②] 杨江平. 知识发现及其在图书馆的应用研究 [J]. 图书馆学研究, 2008 (7).
[③] 张晗,任志国,张健,崔雷. 基于主题词关联规则的医学文本数据库数据挖掘的尝试 [J]. 医学信息学杂志, 2008 (1).

不可分辨类确定给定问题的近似域,从而找出该问题中的内在规律。①

(六) 神经网络型方法

它是在生物神经研究的基础上,根据生物神经元和神经网络的特点通过简化、归纳、提炼总结出来的一类并行处理网络。神经网络利用其非线性映射的思想和并行处理的方法,用神经网络自身结构可以表达输入与输出的关联知识。它通过不断学习、调整网络结构,最后以特定的网络结构来表达输入空间与输出空间的映射关系,是一种通过训练来学习的非线性预测模型,可以完成分类、聚类、特征挖掘等多种数据挖掘任务。②

(七) 决策树方法

决策树方法就是以信息论中的互信息(信息增益)原理为基础寻找数据库中具有最大信息量的字段,建立决策树的一个节点的方法。再根据不同取值建立树的分支;在每个分支子集中重复建立下层节点和分支,这样便生成一棵决策树。然后对决策树进行剪枝处理,最终把决策树转换为规则,再利用规则对新事物进行分析。典型的决策树方法有分类回归树、ID3、G4.5 等,决策树方法主要用于分类挖掘。③

除此之外还有分类与聚类分析、趋势分析、自动预测趋势与行为、偏差检测、基于可视化方法、遗传算法、统计分析方法等知识发现的方法。

四、知识发现的应用

(一) 在故障诊断专家系统中的应用

知识发现技术主要应用于故障诊断领域,作为构建故障诊断专家系统核心技术的一项重要的知识获取技术。知识发现技术在故障诊断专家系统中的应用可以从三个方面着手:特征提取、状态识别和诊断决策。首先借助知识发现技术,从海量高维数据中提取针对故障的有效特征信息;其次将通过特征提取获得的待检模式与数据库中已有的故障档案按一定的准则和诊断策略进行对比分析,以识别设备当前所处的状态,是否存在故障;最后根据对比结果,做出相应的决策和处理措施。④

---

① Pawlak Z, Grzymala Busse J, Slowinski R, et al. Rough Sets [J]. Communications of the ACM, 1995, 38 (11): 89 - 95.
②③ 樊红侠. 知识发现及其在数字图书馆的应用 [J]. 现代情报, 2008 (8).
④ 王庆东. 知识发现技术及其在故障诊断专家系统中的应用 [EB/OL]. 科技综述, www.cqvip.com.

(二) 在数字油藏中的应用

知识发现是数字油藏的重要内容，也是建设数字油藏的主要目的之一。在数字油藏中进行知识发现的一种新思路，即以决策树技术分析油气田开发中采收率的影响，通过连续属性值的离散化处理和决策树的构建、剪枝以及知识评估和解释，从而达到准确、快速地挖掘出油藏数据库、油藏数据仓库和其他油藏数据体中大量有意义的规则、模式等知识。①

(三) 在数字图书馆的应用

知识发现因其具有从大量信息中发现知识的能力而应运而生，它是可以帮助数字图书馆发现巨量馆藏资源中隐藏的知识、提高资源利用率、信息服务质量和用户满意度的助手。那么，把知识发现技术应用于数字图书馆的知识开发，就成为数字图书馆发展过程的一个研究方向，而且，自知识发现技术在其他领域的应用取得成功之后，图书情报界人士对知识发现的关注也渐渐加深，纷纷致力于数字图书馆知识发现的研究，到目前为止，已出现了不少这方面的研究。

1. 我国数字图书馆知识发现的研究现状

我国图书情报界对数字图书馆知识发现的研究主要集中在 2001 年至今这一时间段中，并受到多种图书情报界会议的关注，研究成果主要以论文的形式呈现。

1995 年方豪彪在其论文《试论 KDD 技术的发展对图书馆数据库系统的影响》中提出 KDD 技术有助于满足用户对图书馆数据库的应用，体现了图书馆对 KDD 技术关注的开始。

随后，较有影响的研究有 2001 年 6 月韩惠琴、刘柏嵩在情报学报上发表的《数字图书馆中的知识发现》，针对数字图书馆特点，提出将知识发现技术应用于数字图书馆的信息发现和信息提供的方案，介绍了采用 Web 数据开采、多语种信息发现、跨学科协同检索和智能搜索引擎等方法，对实现服务个性化、信息智能推送、语义交互和知识共享进行了探讨。从此打开了我国学术界对数字图书馆知识发现研究热切关注之门。

2001 年至今，很多图书情报界的学者参与到数字图书馆知识发现的相关研究中来。大部分文献阐述并认识到数据挖掘在数字图书馆中的应用可以达到优化资源配置、提高资源利用率、提高服务质量等方面的作用。但研究范围仅侧重于数字图书馆个性服务方面对用户信息的数据挖掘研究方面，对于知识发现方法的运用偏重于关联规则在数字图书馆中的应用。主要表现在以下几个方面：

---

① 张允，姚军. 数字油藏中知识发现方法研究 [J]. 微计算机信息，2007 (12).

第一，有的研究认识到了数据挖掘和知识发现的价值所在，简要阐述了利用数据挖掘和知识发现方法可以促进数字图书馆建设中优化资源配置、提高资源利用率、提高服务质量的作用。其中，刘晓东在《数据挖掘在图书馆工作中的应用》一文中探讨了利用数据挖掘技术在获取文献利用状况和获取用户需求方面、优化图书馆馆藏、提高资源配置利用率、提高服务质量三大方面的具体应用；王艳（2003）在描述数据挖掘技术与方法的基础上，阐述了数据挖掘在数字图书馆信息最优化建设、信息自动化处理、信息服务质量的提升和业务拓展等方面具有广阔的应用空间，在数字图书馆向自动化、网络化、智能化方向发展方面将一展神通。

第二，有的研究侧重于对数字图书馆或图书馆中的用户信息进行数据挖掘研究，以期发现用户信息和用户行为中存在的潜在规则或规律，目的是指导数字图书馆的信息服务方向。其中，司徒浩臻（2005）用数据挖掘中的关联分析技术对高校图书馆借阅记录进行分析，给出了挖掘算法，提出了推荐服务模型，利用挖掘出来的规则提供推荐服务。

第三，有的研究侧重于知识发现在促进数字图书馆个性化服务方面的应用。其中，袁淦泉（2004）简单介绍了数据挖掘的相关理论，针对数字图书馆个性化服务简单分析了数据挖掘的过程。夏南强在介绍数字图书馆个性化服务的含义以及数据挖掘技术、任务与方法的基础上，探讨了数据挖掘在数字图书馆个性化服务中的几种应用，并给出了利用数据挖掘技术构建数字图书馆个性化服务系统的过程。王英培（2005）介绍了 Web 日志挖掘的基本概念和过程，指出通过对读者在数字图书馆服务中留下的日志信息进行挖掘，可以实现个性化服务，更好地满足不同类别读者的需求。

第四，有的研究侧重于知识发现方法中的关联规则、分类、聚类方法在数字图书馆知识发现中的运用。其中，张永梅等（2005）深入讨论了数字图书馆系统中可视化数据挖掘的实现。提出了通过高阶关联分析找到因素间内在的关系，采用属性相关分析挖掘数字图书馆的各种数据，并利用丰富多样的图表显示其结果，从而可以帮助图书馆的管理人员进行辅助决策，具有较强的实用性。蔡会霞等（2005）介绍了关联规则的数据挖掘以及 Apfiofi 算法，对 Apfiofi 算法优缺点和性能进行分析，并将 Apfiofi 算法应用于高校图书馆管理系统，寻找各个学科领域中的一些相互关联的知识、辅助教师的教学工作，优化图书馆的馆藏布局。邵刚（2003）指出采用模糊聚类分析的方法处理 Web 信息具有很强的针对性，介绍了模糊聚类的一般方法以及在数字图书馆中的应用。

2. 我国数字图书馆知识发现存在的问题

然而，由于数字图书馆资源比较复杂，以上所述的大部分研究仍处于初步阶段，研究不够深入，只片面地研究数据挖掘这一知识发现过程中的重要步骤的应用，缺乏对数字图书馆从信息发现到信息提供这一全过程进行系统化、全方位的知识发现研究，并且，知识发现在数字图书馆应用中的成功实例很少或几乎没有。

虽然，2004年，林丽以硕士论文《数字图书馆数据挖掘研究》的形式对数字图书馆知识发现中的数据挖掘进行了研究，对数字图书馆的结构、内容、用户记录等的挖掘进行了探讨，但研究中未涉及数字图书馆隐性知识的挖掘，更未从知识发现系统思想的角度对知识发现过程进行全面研究，而且，知识发现的层次也只停留在数据库的阶段，未上升到知识库的阶段。[1]

（四）在零售业的应用

随着商品经济的发展，零售业逐渐走向了成熟和理智，经营观念也发生了根本的改变。一旦一个人或一个团体成为企业的客户，就要竭力使这种客户关系趋于完善。在这种情况下，对顾客信息的跟踪、分析顾客的特征、对未来的经营趋势进行预测，就显得尤为重要。从大量的数据中挖掘出有用的知识、对隐藏的总体特征进行描述、对发展趋势进行预测，这正是KDD所要解决的任务。

在我国的零售业CRM中建立KDD系统，其处理过程可以分为以下4个步骤。

1. 收集数据

需要收集的数据包括顾客信息、商品信息以及顾客的消费情况。商品信息的收集比较容易实现。所需要的域的数量与知识发现任务的要求紧密相关，所要发现的模式越复杂、种类越多，则域的数量就要越多。最后还要对这些顾客的消费情况进行跟踪记录。

2. 数据的预处理

这一步骤可能包括对数据的完整性约束、一致性约束的检查、检查是否有错误数据并对其进行处理、对数据的表述方式进行转换等，最后得到目标数据集。

3. 知识发现

企业定时或随时对上述的目标数据集进行知识发现操作，挖掘用户感兴趣的模式，即知识。

4. 产生输出

输出结果的方式可以有很多种，这要根据用户的需要而定。它可以只是一个统计报表，也可以是对未来趋势的文字描述、图线图表。[2]

---

[1] 靳晓恩. 我国数字图书馆知识发现研究的现状与展望 [EB/OL]. 数字图书馆论坛，www.cqvip.com.
[2] 杨玉. 基于知识发现的零售业CRM应用设计研究 [J]. 哈尔滨商业大学学报（自然科学版），2007（5）.

（五）Web 知识发现

1. Web 知识发现的概念

Web 知识发现是一项综合技术，涉及 Web 结构、数据挖掘、计算语言学、信息科学等各个知识领域。Web 信息的复杂性决定了 Web 知识发现的多样性。按照处理对象的不同，一般可以将 Web 知识发现分为三大类：Web 内容发现；链接结构发现；用户行为信息发现，包括用户查寻或浏览信息。其中 Web 知识发现中有关链接结构的研究非常类似于文献计量学中的引文分析，但是它不必通过建立彼此之间很强的联系来完成。

2. Web 知识发现的应用

（1）图论在 Web 知识发现中的应用：将图论的方法应用于 Web 的基本思想是把 Web 看作一个图，将网页看作结点，链接看作弧，则 Web 就成为一个由几亿个节点和几十亿个弧组成的图形。忽略网页上的文本和其他信息，重点研究网页之间的链接，然后将图论方法中解析出的算法应用于 Web 知识发现。

（2）小世界网络在 Web 知识发现中的应用：所谓小世界网络，它的节点是像规范图表中一样高度聚合的，而它的任何两个节点之间的路径则像随机图形中一样很短。小世界网络在生物学、工程技术和社会网络中有许多应用。但是在图书馆和情报科学中关于"小世界网络"的研究仍然很少，应该探讨在信息网络中，如 Web、引文数据库、语义网、类属辞典等，相应存在的"六度分离"概念。

如果在信息网络中，将节点定义为文献、术语、作者、被引作者、期刊、科学领域、研究机构或者国家等，服从小世界距离缩短现象的链接则对应于参考文献、相关术语、共同出现的关键词、合著者、描述词、同被引作者或者期刊等。利用小世界网络的规律和结论，就可能比较迅速地发现未知的且非常有用的 Web 知识和信息。[①]

第四节　基于模糊逻辑的数据挖掘之应用

一、基于模糊逻辑的数据挖掘方法

在模糊目标 G 和模糊约束 C 下的决策是它们的集之交，用 D 表示决策集，

[①] 庞景安. Web 知识发现的理论研究及其应用 [J]. 情报杂志，2008（1）.

则有：
$$D = G \cap C$$
对应于论域 U，其隶属函数的关系式为：
$$\mu_D(u) = \mu_G(u) \wedge \mu_C(u) \tag{14.9}$$
若其决策是使隶属函数 μ_D 为最大，则决策 D^* 为：
$$D^* = \{u^* \in U / \mu_D(u^*) = \max \mu_D(u)\} \tag{14.10}$$
如果多种规则所得到的多个目标函数在不同的决策范围内，属于每个决策范围的隶属度也不同，可采用加权平均或加权评价的方法来取得决策，考虑每一条规则的可信度，再获得其解。

若输入模糊变量 A 是一个 n 维矢量通过 m 条规则，映射到 P 维的模糊矢量 B 上，每条规则都得到一种结论，为 $B_1', B_2', \cdots, B_m'$，则总的决策矢量为：
$$B = \sum_{k=1}^{m} w_k B_k \tag{14.11}$$
通过非模糊化计算，可以得到最后的精确值，用最大隶属度的方法求得：
$$\mu_B(y_{max}) = \max_{1 < j < k} |\mu_B(y_j)| \tag{14.12}$$
y_{max} 是挖掘到的最佳信息。

二、数据信息的模糊化

设某银行同时为 3 家单位贷款共 11 次，每次贷款的安全系数记录在案，假设银行的记录格式如表 14-1 所示。

表 14-1　单位 1、单位 2、单位 3 贷款数目和贷款的安全系数

贷款次数	单位 1	单位 2	单位 3	安全系数

对单位 1、单位 2、单位 3 和安全系数进行模糊化（梯形分布）如图 14-7、图 14-8、图 14-9、图 14-10 所示，借助隶属表达式低（low）、中（medium）、高（high）来表示。

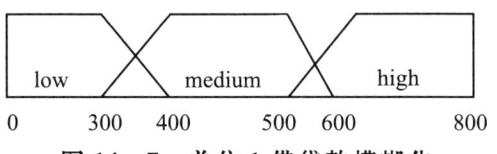

图 14-7　单位 1 借贷款模糊化

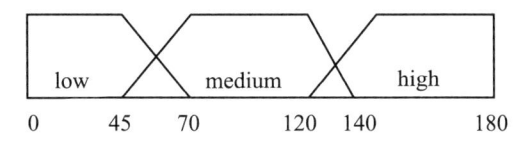

图 14-8　单位 2 借贷款模糊化

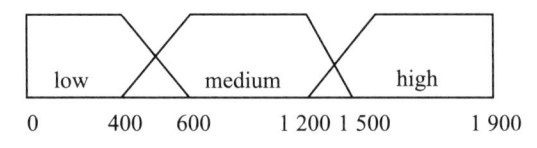

图 14-9　单位 3 借贷款模糊化

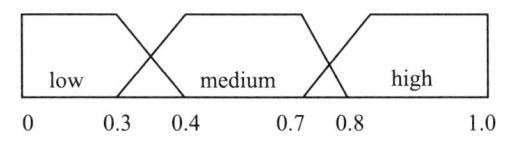

图 14-10　安全系数模糊化

三、数据挖掘过程

对单位 1、单位 2、单位 3 和安全系数进行符号定义，按照表 14-1 的假设格式如表 14-2 所示。

表 14-2　单位 1、单位 2、单位 3 和安全系数和的符号化定义

单位 1	单位 2	单位 3	安全系数

对表 14-2 的每一行总结出一条模糊规则，得到安全系数 S，高（$\mu_{S..high}$）、中（$\mu_{S..medium}$）、低（$\mu_{S..low}$）隶属函数如下：

$$\mu_{S..high} = (\mu_{1.low})(\mu_{2.low})(\mu_{3.low})$$

$$+ (\mu_{1.low})(\mu_{2.low})(\mu_{3.medium})$$
$$+ (\mu_{1.low})(\mu_{2.low})(\mu_{3.high})$$
$$+ (\mu_{1.low})(\mu_{2.low})(\mu_{3.medium})$$
$$\mu_{S..medium} = (\mu_{1.medium})(\mu_{2.medium})(\mu_{3.medium})$$
$$+ (\mu_{1.medium})(\mu_{2.medium})(\mu_{3.low})$$
$$+ (\mu_{1.medium})(\mu_{2.medium})(\mu_{3.high})$$
$$\mu_{S..low} = (\mu_{1.high})(\mu_{2.high})(\mu_{3.high})$$
$$+ (\mu_{1.high})(\mu_{2.high})(\mu_{3.medium})$$
$$+ (\mu_{1.high})(\mu_{2.high})(\mu_{3.low})$$
$$+ (\mu_{1.high})(\mu_{2.high})(\mu_{3.high})$$

用规则最小化方法,去掉冗余量来压缩规则,得到:

$$\mu_{S..high} = (\mu_{1.low})(\mu_{2.low})(\mu_{3.low} + \mu_{3.medium} + \mu_{3.high})$$
$$\mu_{S..medium} = (\mu_{1.medium})(\mu_{2.medium})(\mu_{3.high} + \mu_{1medium} + \mu_{1high})$$
$$\mu_{S..low} = (\mu_{1.high})(\mu_{2.high})(\mu_{3.high} + \mu_{1medium} + \mu_{1high})$$

因为:
$$(\mu_{3.low} + \mu_{3.medium} + \mu_{3.high}) = 1$$

所以:
$$\mu_{S..high} = (\mu_{1.low})(\mu_{2.low})$$
$$\mu_{S..medium} = (\mu_{1.medium})(\mu_{2.medium})$$
$$\mu_{S..low} = (\mu_{1.high})(\mu_{2.high})$$

数据挖掘结果:

if 单位 1 和单位 2 贷款数目相对低 (low) then 安全系数相对就高 (high);

if 单位 1 和单位 2 贷款数目中等 (medium) then 安全系数相对也是中等 (medium);

if 单位 1 和单位 2 贷款数目相对比较高 (high) then 安全系数相对低 (low);

根据以上结果可知,贷款的安全系数随着单位 1 和单位 2 借款数目的减小而增大;随着单位 1 和单位 2 借款数目的增大而减小。由此可以看出,应减少或停止对单位 1 和单位 2 的贷款;增加对单位 3 的贷款数目。

由以上分析可以看出,基于模糊逻辑规则的方法能从大量的数据集合中有效地挖掘出有价值但不明显的信息。并在银行借贷中根据数据库中的数据对借贷方进行评估,挖掘出影响贷款安全的有关单位信息的事例中得到证实。[①]

---

① 杨天奇. 一种基于模糊逻辑规则的数据挖掘方法 [J]. 计算机工程, 2003 (5): 96-97, 115.

四、关联规则信息挖掘[①]

某商场想了解一段时间里，同时购买几种特定商品的顾客性别和年龄的大致情况。

根据：

SELECT 账号，姓名，年龄，性别

FROM 顾客

WHERE purchase – date 〉= 20010520 and

purchase – date 〈 = 20020520 and

purchase – item = 啤酒

进行 SQL 查询，得到相关的记录 S1。

再根据：

SELECT 账号，姓名，年龄，性别

FROM 顾客

WHERE purchase – date 〉= 20010520 and

purchase – date 〈 = 20020520 and

purchase – item = 薯片

进行 SQL 查询，得到相关的记录 S2。

相同"账号"的 S1 和 S2 的交集为购买两种商品的顾客，如表 14 – 3 所示。

表 14 – 3　　　　　　　　S1∩S2 记录项

账号	姓名	年龄	性别
123	罗小凡	22	男
456	王颖莹	24	女
789	舒萧华	27	男
101	刘明雄	36	男

对年龄模糊化，得到表 14 – 4。

表 14 – 4 中的每一行的权是记录项数分之一，这里是 1/4，得到两种商品销售关联隶属函数如下：

[①] 杨宁．一种基于模糊逻辑的数据关联规则挖掘方法 [J]．南昌大学学报（理科版），2003（6）：195 – 197．

表 14-4　　　　　　　　年龄模糊化

账号	姓名	年龄	性别
123	罗小凡	青年	男
456	王颖莹	青年	女
789	舒萧华	青年	男
101	刘明雄	中年	男

association. high = 1/4(年龄·青年)(性别·男) + 1/4(年龄·青年)(性别·女) + 1/4(年龄·青年)(性别·男) + 1/4(年龄·中年)(性别·男)

= 2/4(年龄·青年)(性别·男) + 1/4(年龄·青年)(性别·女) + 1/4(年龄·中年)(性别·男)

= 3/4(年龄·青年)(性别·男 + 性别·女) + 1/4(年龄·中年)(性别·男)

= 3/4(年龄·青年) + 1/4(年龄·中年)(性别·男)

其中,

(性别, 男 + 性别, 女) = 1

挖掘出的模糊规则是:

同时购买"啤酒"和"薯片"两种商品的 75% 是年轻人；25% 是中年男性。

可见,从 SQL 数据库的记录中挖掘出某种关联规律性的东西,在实际系统中有着特殊的意义。从以上分析可以看出,基于模糊逻辑的规则获取方法能充分利用语言信息和数据信息的有效工具,在实际应用的许多方面是非常简捷而有效的方法。

第五节　数据挖掘与知识发现

一、数据挖掘与知识发现的联系

(一) 数据挖掘是知识发现过程的一个步骤

数据挖掘 (data mining) 和知识发现 (knowledge discovery in databases) 是为解决数据库数据量的爆炸性增长与开发利用困难的矛盾应运而生的信息技术。

目前 KDD 在有些场合是"知识发现"的缩写，有些场合则是"知识发现与数据挖掘"的缩写。实际从逻辑关系上讲，知识发现和数据挖掘是包含关系。知识发现是从数据中发现有用知识的整个过程，数据挖掘则只是知识发现过程中的一个特定步骤，它是指在现实可接受的计算效率限制下，应用数据分析与发现算法，从数据中抽取有意义的规则或模式。

数据挖掘是整个知识发现过程中最本质、最重要的步骤，因此人们也往往将知识发现与数据挖掘作同义词使用而不加以区分。

数据挖掘使用统计分析等数学方法，并结合机器学、神经网络等人工智能方式，从大量数据中，找寻数据与数据之间的关系。这种关系，一般显示数据组之间相似或相反的行为和变化。通过数据挖掘技术，可以发现问题、找出规律，可以发现隐含在数据背后的相关数据之间的联系，并对不同因素变化后的影响而引起其他因素也发生变化的趋势做出预测。

数据挖掘可以在数据仓库的数据中挖掘出决策者预料不到的隐含的信息，这些隐含的信息可以启发决策者发出适当的指令，使组织在竞争中获得先机。有一个数据挖掘技术应用的经典案例：美国一家超级市场的技术人员利用 KDD 从售货的数据记录分析中发现，购买婴儿纸尿布的顾客经常会同时购买啤酒。而在平时，这两种商品在超级市场中的摆放是相隔很远的。当利用 KDD 得到买纸尿布的人可能买啤酒的知识后，该超市立即调整了这两种商品的摆放位置，于是该家超市的各家连锁店很快吸引了很多在下班回家路上帮太太买纸尿布的丈夫，啤酒和纸尿布的销售额都有了提高。

数据挖掘、知识发现技术的发展演变可以用一个表来描述，如表 14 – 5 所示。

表 14 – 5　　　　　　数据挖掘技术的发展演变[①]

发展阶段	支持技术	产品生产厂家	产品特点	解决问题举例
数据搜集（20 世纪 60 年代）	计算机、磁带和磁盘	IBM、CDC	提供历史性的、静态的数据资源	"过去 5 年公司的总收入是多少？"
数据访问（20 世纪 80 年代）	关系数据库（PDBMS），结构化查询语言（SQL）、CDBC Oracle、Sybase、Informix、IBM、Microsoft	Oracle、Sybase、Informix、IBM、Microsoft	在记录级提供历史的、动态数据信息	"北京营销分部去年 6 月份的销售额是多少？"

---

① 李继. 数字资源深入挖掘的技术支撑 [EB/OL]. www.cqvip.com.

续表

发展阶段	支持技术	产品生产厂家	产品特点	解决问题举例
数据仓库；决策支持（20世纪90年代）	联机分析处理（OLAP）、多维数据库、数据仓库	Pilot、Comshare、Arobor、Cognos、Microstrategy	在各种层次上提供回溯的、动态的数据信息	"北京营销分部去年6月份的销售额是多少？上海营销分部由此可得出什么结论？"
数据挖掘（正在流行）	高级算法、多处理器计算机、海量数据库	Pilot、Lockheed、IBM、SGI、其他初创公司	提供预测性的信息	"下个月上海营销分部的销售情况将怎么样，为什么？"

（二）数据挖掘也称知识发现

数据挖掘又称知识发现，是从大量的、不完全的、有噪声的、模糊的实际数据中，提取隐含在其中的、人们事先不知道的、但又很有用的知识和信息的过程。它的一般步骤如下：提出问题—数据准备—数据整理—建立模型—评价和解释。数据挖掘是数据库研究、开发和应用最活跃的一个分支，是多学科的交叉领域，涉及数据库技术、人工智能、机器学习、神经网络、数学、统计学、模式识别、知识库系统、知识获取、信息提取、高性能计算、并行计算、数据可视化等多方面的知识。[①]

（三）知识发现过程中两者关系的体现

知识发现的目的是从数据中发现知识。而数据挖掘则是知识发现中的一个特定步骤，其都是从数据中发现知识。但是，知识发现是更广义的一个概念，而数据挖掘则是更具体、更深入的概念。其关系体现在知识发现的过程中，如图14-11所示。

---

① 胡启韬，袁志平，周忠海. 基于粗糙集和遗传算法的数据挖掘方法［J］. 江西蓝天学院学报，2008（增）.

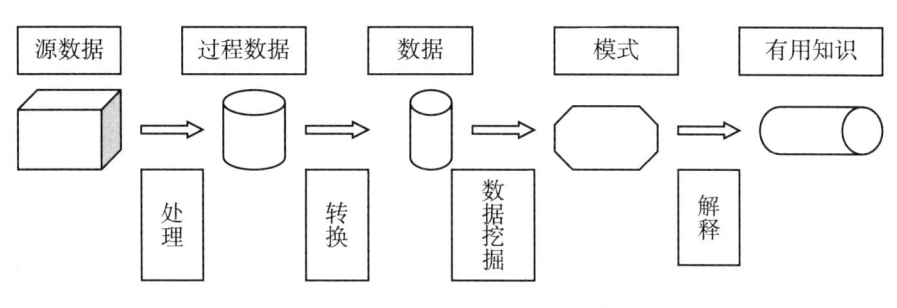

```
源数据 → 过程数据 → 数据 → 模式 → 有用知识
          处理    转换   数据挖掘  解释
```

图 14-11　知识发现过程[1]

二、数据挖掘、知识发现与机会/征兆发现

(一) 数据挖掘与机会/征兆发现

数据挖掘的中心任务是对海量的数据进行处理。数据挖掘在处理数据时，在目标明确（挖掘确定范畴内的知识）的前提下，选用合适的数据挖掘算法，对数据的固定特征进行分析。以 CA.5 算法为例，其对数据的固定的属性集合进行考虑，而对该固定属性集合以外的数据的属性不考虑。

设 $Y = f(X) = f(x, \cdots, x_n)$ 规定了一个动态确定性系统，即对任何一个对系统 f 的输入 $x = x(x_1, \cdots, x_n)$，x 是 f 的一个特征，f 可以产生唯一的一个响应。在这样一个系统中进行数据挖掘的目标是通过该系统中海量的数据分析获得系统 f 的一个客观描述。除非全面占有数据，否则数据挖掘只能对 f 进行基于部分特征的近似描述。对 f，机会/征兆发现与数据挖掘不同，机会/征兆发现的目标不是获得系统 f 的描述，而是为了获得系统 f 已经获得的输入以及系统 f 的某个局部状态，这些输入/局部状态可能对系统 f 的未来状态产生重要影响，或者 f 中其他未被意识到的局部状态因为这些输入/局部状态已经显著地改变。[2] 机会/征兆发现在对 f 中状态或事件的分析过程中，系统的大量特征信息可以是未知的。

机会/征兆发现很容易和预测混淆。以 f 为例，预测的目标是为了对动态系统 f 进行确定的认识，并根据认识对 f 中的未来状态或者未来某个局部状态进行断言。而机会/征兆强调在对 f 未知或不完全清楚的情况下，对 f 中的某个事件的意义进行断言。[3]

---

[1]　李阳，蒋国瑞. 两种重要的知识管理技术：数据挖掘和知识发现 [J]. 情报杂志，2007 (3).
[2][3]　张振亚，程红梅，王煦法. 从数据挖掘到机会/征兆发现 [J]. 计算机科学，2007 (10).

（二）知识发现与机会/征兆发现

法耶兹（Fayyad）将知识发现（KDD）定义为"从数据集中识别出有效的、新颖的、潜在有用的，以及最终可理解的模式的非平凡过程"[①]。机会/征兆发现将数据分析/计算机辅助分析的结果作为一种外部线索，机会/征兆发现是以外部线索为起点的认知活动：认知活动可能围绕被分析的数据，但更多的可能是被分析的数据仅仅是一个起点。这是机会/征兆发现与 KDD 最大的差异。如果将以知识发现中数据分析结果为外部线索的机会/征兆发现过程作为知识发现对数据分析结果的评估过程的实现，由于机会/征兆发现过程中认知心理活动的参与，知识发现的评估过程可以更加拟人化进行。此时，机会/征兆发现是 KDD 的必要的、有益的补充。

三、数据挖掘和知识发现的应用

数据挖掘和知识发现技术在病人流量分析中的应用。

（一）采用 DM 和 KDD 主要解决的问题

（1）从操作数据库中发现各类病人就医时间的内在规律，从而可以合理安排医务人员的工作时间，充分利用医院的各种医疗设备，优化医院管理，提高医院的经济效益。也可推出相应的特色服务，从而体现以病人为中心的管理理念。

（2）构造一个支持用户交互的应用模式。用户可以和数据挖掘系统交互，指定数据挖掘查询或任务，用户可以对得到的模式进行评价，还可以通过输入某些数据而做出某种预测，例如，输入病人的年龄、性别、职业等关键因素，系统可以对这些人的就医科室或就医时间等做出预测。

（二）DM 和 KDD 在病人流量分析中的实施

知识发现的过程一般有数据预处理、数据挖掘、模式评估及知识表示几个步骤。现实世界的数据一般是含有噪声的、不完整的和不一致的。数据预处理可以试图填充空缺值，识别孤立点、消除噪声，并纠正数据中的不一致性，可以通过聚集、删除冗余特性或聚类等方法来压缩数据。这样可以大大提高数据挖掘模式的质量，提高挖掘的效率。因此数据预处理是比较关键的一步。

---

① 张振亚，程红梅，王煦法. 从数据挖掘到机会/征兆发现 [J]. 计算机科学，2007（10）.

（1）综合分析病人流量分析的需求和数据挖掘及知识发现的特点。

（2）本应用模式采用数据仓库来组织数据挖掘所需要的数据，按照恩门（W. H. Inmon）的说法，"数据仓库是一个面向主题的、集成的、时变的、非易失的数据集合，支持管理部门的决策过程"。同时数据仓库支持联机分析处理（OLAP），可以满足多维数据模型分析的需求。数据仓库的核心是面向主题的，我们可以通过选择不同的主题来组织数据。数据仓库的建立也是此模式中关键的一步。

（三）数据仓库的建立

选定病人流量为仓库主题，并将此仓库模型设计为星型模型。由于所选的主题是病人流量，根据分析的需求，设计成 1 个事实表和 3 个维表。事实表（facts）包含 3 个度量值，即就医病人数量（amount）、病人候诊时间（waiting time）、病人实际就诊时间（diagnose time）。3 个维分别是病人维（sick）、时间维（time）、科室维（section office）。每个维都有 1 个维表与之相联系，维表用来进一步描述维。

（四）OLAP 分析

联机分析处理（OLAP）是多维数据分析工具的集合，是数据仓库功能的自然扩展，与数据仓库结合越来越紧密。OLAP 允许用户在不同的抽象层次上提供数据，主要的操作包括上卷、下钻、切片、切块与转轴。这些操作允许用户在不同的汇总级别上观察数据。例如，可以对按月汇总的病人数据上卷，观察按季度汇总的数据；可以对按科室汇总的病人数据下钻，观察按医生汇总的数据。时间维对于病人流量的分析非常有意义，通过它可以进行时间序列的分析，获得属性随时间的变化规律和趋势。

OLAP 的主要优势是支持数据仓库的多维数据分析，要对数据进行更深入的分析，还需要更多的数据挖掘工具。

（五）数据挖掘

对数据集合进行分析时，要根据不同的目的采用不同的分析方法，单一的分析方法往往难以满足要求，通常要进行的分析有关联规则挖掘和分组聚类分析两种。①

---

① 石义芳，孔令人，于芳，陈培正. 数据挖掘和知识发现技术在病人流量分析中的应用［J］. 现代预防医学，2006（2）.

四、数据挖掘和知识发现当今面临的问题

在知识发现与数据挖掘（KD&DM）的主流发展沿革中，经历了 KD&DM 概念内涵与外延重要扩展的 4 个阶段：结构化数据挖掘 DM—复杂类型数据挖掘 CDM（Web 与多媒体数据构成的大型异质异构数据库）—面向系统挖掘（动态、在线、分布式、并行、网络等系统）—基于知识库的知识发现（KDK）；还有 KD&DM 知识类型、技术方法及应用的扩展。目前国际上 KDD 的研究主要是以知识发现的任务描述、知识评价与知识表示为主线，以有效的知识发现算法为中心，这是在相当长的一段时间内保持的主流基调。当前 KD&DM 研究的趋向主要有：原有理论方法的深化与拓展；复杂类型（系统）数据挖掘成为热点；新技术方法的引入（其他学科领域的渗透）；理论融合交叉性研究；强化基础理论研究等。

就 KD&DM 面临的机遇与挑战、历史沿革以及主流发展趋向，系统地总结与提出 KDD 领域中当今面临的五类重大问题，即 KDD 进展中的两大核心问题、KDD 领域中的两大猜想问题、KDD 主流发展中富有挑战性的问题、KDD 应用研究中的相关领域重大问题以及 KDD 技术标准的制定问题，并对这五类问题的意义或部分解决方案进行了深入探讨。

（一）知识发现进展中的两大核心问题

2003 年 8 月 27 日在华盛顿召开了第九届 KD&DM 国际会议，参与讨论的专家一致认为：KD&DM 正面临着巨大的机遇和挑战，并且"最大的绊脚石是基础理论的缺乏"，即提出第一个核心问题。笔者的工作在于将业界已意识到的"缺少撒手锏式应用"这个重要问题与前者联系起来，提到和归结到"两大核心问题"的高度。

1. 第一大核心问题——基础理论的匮乏

有些学者在相关于 KDD 的基础理论的研究中得出一些成果，主要包括从数据库的角度进行研究，它强调 KDD 的效率；从机器学习的角度进行研究，它强调 KDD 的有效性；从统计分析的角度进行研究，它强调 KDD 的正确性；从微观经济学的角度进行研究，它强调的是 KDD 的最大效用等。但遗憾的是这些研究或者没有深入探讨其理论基础，或没有给出具体的实现方法，因此无法从根本上明显提高现有知识发现的性能，也无法解决 KDD 发展过程中一些极富挑战性的问题。事实上，上述成果只是提供了 KDD 的方法论基础，而要真正构建其理论体系，必须抓住 KDD 的本质，形成与其本质相适应的理论基础。

KDD 的本质何在？至少有两个可信的路径：一个是将 KDD 过程或系统视为认知过程或系统（不是转化为）；另一个是将 KDD 过程或系统视为非线性动力系统中非平衡态转化的过程或系统。基本构想为以下三点：（1）构建基于内在认知机理的海量数据挖掘理论体系 I（DMTICM）；（2）构建基于非平衡态转化的海量数据挖掘理论体系 II（DMTBTM）；（3）两类理论体系间关系的研究。

2. 第二大核心问题——"缺少撒手锏式应用"

在 KD&DM 的应用中，业界均有其缺少撒手锏式应用的指责。目前国内外 KD&DM 技术仅在商业的软决策上得到成功的应用，而真正应用于工业生产过程，并产生显著经济效益的 DM 成果尚属罕见。此外，尚未见到在解决相关学科领域重大问题方面的报道。第二大核心问题"撒手锏式应用"的成功，在很大程度上取决于第一大核心问题基础理论的构建。要实现目标就必须对 KD&DM 系统自身的认知机理上有所突破，建立科学的理论体系，改变传统的挖掘方法流程，进一步设计高效算法。

（二）两大猜想

为了解决数据挖掘中海量数据这一难题，我们提出了旨在化海量为有限量的数据挖掘领域的"逆问题猜想"和"磁铁效应猜想"。

1. 逆问题猜想

"逆问题猜想"：若给定挖掘任务以及精度 6，则存在"最小"数据子集 KD，（D 为真实海量数据库），其势记作（/'2 < lD1），使得在数据子集 K 中实施挖掘任务至少具有精度 6，且力是可定量估计的；我们称 K 为数据库 D 的"核集"。

简单来说，数据挖掘逆问题猜想的基本思想是化海量为有限量，这个有限的数据库的大小远小于原始数据库，且挖掘这个有限的数据库在精度 6 的前提下，与挖掘原始真实数据库等效。数据挖掘逆问题猜想的本质是最终得以确认挖掘数据集的绝对规模是确定的，且其基数存在上确界。一般地，K 的"势"可计算，或者其计算代价是可估计的。

2. "磁铁效应猜想"：若给定挖掘任务、真实海量

若给定数据库 D 以及精度 6，则 D 的"核集"K，可以通过对若干初始数据样本（称为"核吸引子"）做有限步扩展直到其势达到来构造。简单来说，数据挖掘"磁铁效应"猜想的基本思想是首先找出若干初始的"核吸引子"，其次以每个核吸引子为中心，吸纳"近测度"者，逐步进行扩展，将更多符合条件的数据不断纳入数据库的"核集"中，直至其势达到。应当指出：数据挖掘"磁铁效应"猜想与中心聚类思想有些类似，其区别在于：数据挖掘"磁铁效应"猜想的目的是在海量真实数据库中找到可近似代替原始数据集,又远小于原始数据集的"核集",并且是在"逆问题猜想"的规范下构造的;而中心聚类则是要对全体数据进行分割并且无前提规范。

  显然,这两个猜想构成相互关联的统一的有机体,本质上是围绕着要解决海量数据这一难题。①

---

① 杨炳儒. 知识发现领域中当今面临的五类重大问题 [EB/OL]. www.cqvip.com.

第十五章

决策逻辑及其应用

第一节 决策与决策逻辑

一、决策

决策（decision making）是社会学、经济学、管理学以及哲学、心理学、数学和逻辑学等诸多学科自20世纪以来竞相讨论的热点研究领域。决策是多学科交叉的学科，其研究领域涉及人类生活的每一个角落，事关人类社会的发展。但在决策实践中，决策研究者对决策还没有一个权威的定义。黑斯蒂（Hastie R.）认为：决策是人类（动物或机器）根据自己的愿望（效用、个人价值、目标、结果等）和信念（预期、知识、手段等）选择行动的过程[1]。

决策是人类社会确定方针、策略、大计的活动，它涉及人的生活的各个领域，人和集体的各种行动都受决策的支配，它是有意识地指导人们的行动走向未来预定的目标。决策是一个动态的认识过程。从认识论的角度来说，决策过程就

---

[1] Hastie. R. Problems for Judgement and Decision Making [J]. Annual Review of Psychology, 2001 (52): 653-683.

是一个主观反映客观的动态认识过程,是从实践中获得规律性认识并形成概念,再从抽象到具体形成决策以付诸实践的过程。实践既是决策的起点又是终点,决策是认识论中两个飞跃的中间环节之一。这个过程贯穿着人的逻辑判断,特别是创造性的思维活动。问题源存在于实践中,而要从问题中揭示其固有的本质,保证概念开发的正确并做出科学的决断,必须靠理性思维的抽象力和严密的逻辑思维。决策在实施中发现了偏离目标的震荡,发现了同客观规律的反差,经过反馈进行再认识,修正主观认识,调整决策以同实际达到具体的、动态的统一,这就是一个从实践到认识,再从认识到实践的能动的创造性的决策过程。决策一般是由决策主体、决策目标、备选方案、问题环境和决策效果五个要素组成。

美国学者 R. D. 卢斯和 H. 莱发最早提出了具体的决策分类。目前决策领域中一般将决策分为如下几种:

(一) 理性决策和非理性决策

在实践中人们的决策有时是理性的,有时是非理性的;有些决策中理性的成分多一些,有些决策中非理性的成分多一些。潘天群提出要"坚持理性主义决策观"[①],即认为理性决策优于非理性决策。其理由有三:第一,没有足够证据证明直觉等非理性的东西在决策中总比理性更成功,人们在决策中更多地用理性决策,尤其是在事关重大的决策中,人们更是用理性来决策;第二,没有足够的证据证明理性决策存在不可逾越的界限,在这个界限之外的决策必须由非理性因素进行决策;第三,理性决策是可改进的,在复杂现象面前,可以通过收集更多的关于现象的信息,通过更精确的逻辑分析,并借助于工具,从而使我们的决策及时准确、犯错误更少;而非理性决策是无法改进的。

(二) 典型决策与非典型决策

按照决策处理的事件类别可以将决策分为典型决策与非典型决策。典型决策是决策者在处理重复出现的事件时,按照已有决策或对其稍加修改而做出的决断。在社会生活处于稳定状态下,大部分决策属于典型决策。非典型决策是决策者在处理突发性事件(如雪崩、灾害、疫病等)时,根据事态发展,随时做出的对策。这就要求决策者有敏捷、周到的思考,及时提出应急措施。

(三) 程序化决策和非程序化决策

按决策制定的程序划分,有程序化决策和非程序化决策。程序化决策指程序

---

① 潘天群. 理性主义决策观 [J]. 天津商业大学学报,2007 (3).

简单易行，并有明确步骤的决策，又称结构化决策或规范化决策。非程序化决策是内容复杂而无确定办法的决策，或者没有明确固定的程序，这就要求决策者有更强的机动能力和应变知识。

（四）原有决策和追踪决策

按照决策的先后顺序，可分为原有决策和追踪决策。决策者在处理某一事件的过程中，最先做出的决策，称为原有决策。由于情况是不断变化的，在原有决策做出后，根据新情况和新问题对决策做补充或修正，这种决策称为追踪决策。做出追踪决策的原因，可能是主观估计不足，或客观形势变化，如不及时做出补救或修改，就会造成失误或损失。但追踪决策过多，会使决策失去稳定性。追踪决策须在分析的前提下，从比原有决策更为优越的对策中做出抉择，使追踪决策能产生更有益的社会效果。

（五）单方决策和对抗决策

按照决策有无竞争对手所做的划分。单方决策指决策者在没有竞争对手的情况下所做的决策。对抗决策指决策者和竞争者同时所做的决策。在对抗决策下，竞争对手得胜就是决策者失败。

（六）确定型、风险型、不确定型决策

从构成决策模式的事件、行动、概率、后果四个因素来看决策还可分为确定型、风险型、不确定型三种模式。

1. 确定型决策

事件的发生是确定的，其概率为1。各种行动对于事件的后果都是可测的。如果决策以收益为目的，那么取最大值的方案为最优方案；如果决策以减少损失为目的，那么取最小值的方案为最优方案。[①]

2. 风险型决策

有多种可供选择的行动，以应付各种可能发生的事件，但具有一定风险的决策。各种事件发生的可能性各异，其概率都在 0～1 之间。由于各种行动产生的

---

① 最大最小值是效用函数的一个导数求解方法，最早应用于博弈论中的效用计算，其主要思想是：在某一博弈中如果一个局中人根据最小最大值理论的标准来选择他可以采取的战略，那么就是说对他的每一种策略，他首先考虑采取该策略后能收到的最低支付，然后他在所有最低支付中选择能得到最大支付值的那个战略。最小最大值理论表明二人零和有限纯战略（或连续纯战略和连续纯凸支付函数）的博弈是确定的（即有解）。

后果不完全可测，故有某种程度的风险存在。在风险型决策中，一般均按收益取最大值，损失取最小值的原则进行决策。

3. 不确定型决策

事件发生和产生后果都是不确定的决策。如社会骚乱、政局动荡、意外事故等。其发生概率和后果都无法预测，只能根据主观估计采取对策。假设各事件发生概率相等，从乐观方面出发，决策者往往取最大收益中的最大值；从悲观方面考虑，决策者往往取最小收益中的最大值；或以最大可能收益与估计收益之差为遗憾值，而在最大遗憾中取最小值。这些方法在实践中尚有争论。

此外，决策分类还有一般决策与专业决策、宏观决策与微观决策、战略决策与战术决策、全局决策与局部决策、长期决策与短期决策等。

二、决策逻辑

逻辑学主要是研究合理思维方式的科学，而决策逻辑（decision making logic）则主要研究的是理性主体在决策中如何采取合理的思维方式。更确切地说，决策逻辑主要研究的是决策者如何在策略空间中进行策略选择以使自己的利益最大化。显然这就涉及经济学领域中的概念。经济学家保罗·萨缪尔森和威廉·诺德豪斯认为："经济学研究的是社会如何利用稀缺性资源以生产有价值的商品，并将它们分配给不同的个人。"即对稀缺性的资源进行决策，以满足人的需求。分配行为是决策行为的一种，决策逻辑学就是研究人们应该如何进行合理选择，它是应然性的科学。实然性是指在社会现实中人们是如何进行策略选择的，不是决策逻辑研究的范畴。决策逻辑的研究将大大丰富社会科学的内容。

美国著名逻辑学家杰弗里（Ridcard Jeffrey）是最先对决策逻辑进行系统研究并取得突出成绩的学者之一，他的专著《决策逻辑》（*The Logic of Decision*）在1965年出版，于1983和1990年两次进行了修订。他介绍了决策逻辑的发展过程，并且在主观贝叶斯主义框架下，用逻辑和数学的方法构建了自己独特的决策理论，并对许多问题进行了哲学上的思考。杰弗里在前人研究的基础之上利用波克（E. Bolker）的相等理论成功构建了现代意义下的贝叶斯决策理论。在这个理论当中，杰弗里通过建立一个数学和逻辑的体系来解释期望和概率。具体地说，对于命题的相同的偏好等级，可以由不同的概率和期望值来加以描述，只要这些概率和期望值满足波克的相等理论就行。可以说，杰弗里的研究方法非常独到，他的研究给决策逻辑的发展打下了坚实的基础。下面简单论述杰弗里的决策逻辑。

我们用概率（probability）来描述状态出现的可能性的大小，用期望（desirability）来描述后果在决策者心目中的价值。期望常由金钱、物品或其他事物来体现，也能用数值对它进行度量。决策者执行哪一种行为，需要对每种行为在所有状态下的后果做全面的考虑，我们可以通过计算每个行为的估计期望（estimated desirability）值，然后进行比较和抉择。一个行为的估计期望是该行为所有后果的期望的加权和。其中，权数为每一后果所处状态的概率。这样可以根据贝叶斯原则，选择执行具有最大估计期望的行为。

杰弗里把波克的相等法则运用于偏好理论，构建了现代意义下的贝叶斯决策逻辑[①]。

（一）波克的相等法则

假设：prob、des 和 PROB、DES 是两对不同的赋值，它们之间的联系为：

$$PROB(X) = probX(cdesX + d) \quad (15.1)$$

$$DES(X) = (adesX + b)/(cdesX + d) \quad (15.2)$$

这里，a、b、c、d 是任意常数。这两对赋值能否反映同一个偏好等级呢？为了解决这个问题，先给出存在条件。

存在条件：有一对满足概率公理和期望公理的值 prob 和 des，反映了命题的偏好等级。则 des(a) 是大于、等于或小于 des(b)，依赖于 a 的等级大于、等于或小于 b 的等级。

如果当旧的一对赋值 prob、des 满足存在条件时，我们能说明在一定的条件下，新的一对赋值 PROB、DES 也满足存在条件，我们就能确定它们能反映同一组命题的偏好等级。

相等法则：假设 prob、des 满足存在条件，式（15.1）和式（15.2）对于偏好等级中的所有 X 都成立，式（15.3）也被满足，那么 PROB、DES 也满足存在条件。

(a) ad – bc 是正数；

(b) 对于偏好等级中的每一个 X，cdesX + d 也是正数；

(c) cdesT + d = 1   (15.3)

相等法则表明，在讨论命题的偏好等级时，所用的概率和期望值并不是唯一确定的。那么，期望的范围是什么？两个期望标准之间的关系如何直观地表示？杰弗里用波克法则来讨论期望的范围和两个期望标准间的关系问题。

（二）期望的范围

由变换等式（15.2），即使有 DES(a) = des(a)，DES(b) = des(b)，也不能保证所有的命题在两个标准下的期望一致。要完全一致，还需要对于任意 c，都

---

① 胡毅敏. 杰弗里的决策逻辑初探 [J]. 逻辑学专辑，2003 (00).

有 DES(c) = des(c)。

考虑 DES 和 des 对于两个不同等级命题的期望相一致的情况。设：
$$\text{DEST} = \text{desT} = 0, \quad \text{DESG} = \text{desG} = 1。 \tag{15.4}$$

这样，就为期望找到了单位 0 和单位 1。

在（15.1）中，设 X = T，有 $1 = 1(c \cdot 0 + d)$，即 $d = 1$。

在（15.2）中，设 X = T，有 $0 = (a \cdot 0 + b)/(c \cdot 0 + d)$，即 $b = 0$。

在（15.2）中，设 X = G，有 $1 = (a \cdot 1 + 0)/(c \cdot 1 + 1)$，即 $a = c + 1$。

这样，在式（15.4）成立时，式（15.3）(b)，式（15.2）和式（15.1）分别有如下形式：

$$c\text{desX} > -1 \tag{15.5}$$

$$\text{DESX} = ((c+1)\text{desX})/(c\text{desX} + 1) \tag{15.6}$$

$$\text{PROBX} = (\text{probX})(c\text{desX} + 1) \tag{15.7}$$

在式（15.7）中，设 X = G，有：

$$\text{PROB}(G)/\text{prob}(G) = c + 1 = a \tag{15.8}$$

以上讨论的特殊等式，为探讨期望的范围做了准备。

假设 desX 的范围有如下 4 种情况：(s, i 是常数)

(1) $-\infty < \text{desX} < +\infty$；des 既无上界，也无下界；

(2) $i < \text{desX} < +\infty$，des 无上界，有下界；

(3) $-\infty < \text{desX} < s$，des 有上界，无下界；

(4) $i < \text{desX} < s$，des 既有上界，又有下界。

当 des 既无上界也无下界时，条件式（15.5）中，$c = 0$，这时式（15.6）和式（15.7）为以下形式：

$$\text{DES}(X) = \text{des}(X)$$

$$\text{PROB}(X) = \text{prob}(X)$$

这时，对于任意命题 X，新旧期望值与新旧概率值都各自相等。DES = des，PROB = prob，两个标准退化为一个标准。

当 des 有上界，无下界时，des 可取任意小的负值，则没有足够小的正数 c，保证式（15.2）的左边总大于右边；当 des 无上界，有下界时，des 可取任意大的正值，没有足够接近于 0 的负值 c，保证式（15-2）左边总是大于右边。因此，这两种情况不满足条件，可以把它们排除。

这样，仅需要考虑 des 既有上界，又有下界的情况。这时，式（15-5）中的 c 不为零。可以通过考察 c 的取值范围，来得出期望的范围。

先给出最小上界和最大下界的概念。

假设在偏好等级中不存在这样的命题，它的偏好等级与每一个命题的等级相同。如果有数 s，使得 s > desX，没有更小的数具有这个性质，称 s 为 des 的最小上界。类似地，有数 i，使得 i < desX，没有更大的数具有这一性质，称 i 为最大下界。

如果 X 是好命题，desX 为正，式（15-5）能写成 c > -1/desX。

因为无论命题 X 的偏好等级有多高，不等式都成立，故 $c \geq -1/s$。

类似地，如果 X 是一个坏命题，desX 为负，式（15-5）能写成：c < -1/desX。

因为无论命题 X 的偏好等级有多低，不等式都成立，故 $c \leq -1/i$。

联立上述两不等式，有：
$$-1/s \leq c \leq -1/i \qquad (15.9)$$

特殊地，因为 desG = 1，s 必大于 1，故有：
$$c \geq -1 \qquad (15.10)$$

杰弗里的决策逻辑是以贝叶斯概率思想为基础构建的。对后面的决策逻辑研究影响很大。目前决策逻辑研究的主要问题是，主要采用数学方法来计算偏好和概率以决定最优决策，而较少考虑决策中主体的信息和相互交流对决策的影响。本书则在考虑数学方法的基础上，侧重分析了主体理性、公平和效率因素对决策的影响。

群体科学决策的决策逻辑研究可以分为以下三个基本方向：

（1）以概率为核心的博弈逻辑研究，其中贝叶斯定理是讨论的重点，意图解决的是群体科学决策的效用、期望、偏好等的计算等问题；

（2）以模态逻辑技术为基础的认知逻辑研究，意图解决群体科学决策中的理性、认知等相关问题；

（3）人工智能中的决策逻辑研究，意图解决决策的程序、决策方法等诸因素的协调等问题。

这三个方向各有其侧重点。其中贝叶斯决策理论是一种决策逻辑中一个重要的基础理论。博弈论逻辑是决策的逻辑研究中研究较早且成果丰硕的一个方向，也是目前决策逻辑研究的主要方向。人工智能中的决策逻辑研究目前偏重于应用，以群体决策支持系统（GDSS）为基础的讨论比较热烈，人工智能中的决策与逻辑相结合的研究将可能成为今后研究的热点方向。

贝叶斯决策理论的目标在于给出一个数学模型，以便能够合适地表达愿望和信念，并加以组合来评价决策待选方案，从而在待选方案集合中合理地选择一个作为最终决策。该理论就是要寻求某种合理的方法，定量表达决策待选方案的价值（愿望）和有关世界状态的不确定信念，而分别得到效用函数 U 和信念度函数 P；然后利用期望效用公式计算可选行为的期望价值，并根据最大期望效用原则选择价值最大的可选行为。这一理论在逻辑上与归纳逻辑具有密切的联系,其核心是贝叶斯条件概率理论。

认知逻辑在决策中的运用研究是一个新的研究方向。这是一个将20世纪60年代以来迅猛发展的模态逻辑技术运用到决策领域的研究方向。其主要思路是:以克里普克可能世界语义模型为基础,用认知逻辑技术来分析和刻画群体科学决策中各因素的性质及基本特征,用公共知识和群体知识来分析群体决策特征,以解决逻辑全知问题的技术路线来分析有限主体的逻辑性质等,这一方向是一个新的决策逻辑研究方向。其优点是对决策主体的知识表达、信息交流以及决策规则等有很强的表达能力,可以较好地描述决策诸要素如信息库、规则集、理论库和计算库自身的性质以及相互之间的推理关系。

考虑到群体决策理论中的信息、理论和规则等因素在实际实践中都具有动态变化和时间上的限制,决策的逻辑分析还应该考虑动态的因素和时态的因素。

第二节 群体科学决策概论

一、什么是群体科学决策

群体科学决策就是一个群体决策主体在已知信息和相关科学理论依据的基础上运用有效的方法和手段在合理的规范程序下做出决策的过程。群体科学决策是群体决策和科学决策的有机融合,既要求群体属性,又要求科学属性。"群体"强调的是决策者的数量方面的属性要求,而"科学"强调了决策自身的质量方面的属性要求。群体科学决策的构成相应地分为两个部分:作为决策主体的群体和赖以做出科学决策的相关理论、方法、手段和规则。决策群体指作为决策主体的群体组织成员,作为群体决策,需要考虑的既有成员的个体决策能力,还要考虑个体与群体中的其他成员的相互关系以及群体组织的协调规则,等等;决策相关理论包括解决问题所需要的相关领域背景知识、信息情况、问题环境等一系列的客观情况。

影响群体决策科学性的因素主要有以下几个方面[1]。

---

[1] 庄锦英. 决策心理学 [M]. 上海:上海教育出版社, 2006:309-315.

（一）群体成员的科学决策能力

群体成员的科学决策能力是指决策者做出科学判断，进行正确决策的能力。

（二）群体规模

一般地，在人数少于 5 人的群体中，成员参与水平较高，易得一致性意见；在人数多于 7 人的群体中，成员参与机会减少，受少数人支配的可能性增加；随着群体增大，可用资源增加，但沟通和协调成本随之加大。

（三）群体成员间的信息沟通

群体科学决策中的群体成员信息沟通是指一个成员向另一个成员传递信息的过程，对群体成员而言是一个学习过程。一般情况下，它可以使群体成员获得更多的决策信息，增加群体成员的正确判断力，提高群体决策的可靠性。

（四）群体结构与类型

是指群体成员在知识、能力、性格等方面的组合。群体成员的有机组合与匹配，是群体科学决策的重要方面。如合理的知识结构、权重配置、性格气质以及决策风格的互补、合理的年龄、性别结构，等等。

（五）群体择案规则

群体择案规则影响群体决策的最优化。有关研究表明，不同组织形式的主体决策过程所对应的最优决策规则是不同的。首先，决策群体成员能力结构影响对最优决策规则的选择，当决策成员具有不同的决策能力时，最优决策规则也应是不同的。

群体决策程序一般包括以下四个基本步骤：

第一，提出问题，确定目标。一切决策都是以问题开始。

第二，拟订可行方案。可行方案是指具备实施条件，能保证决策目标实现的方案。

第三，对方案进行评价和优选。对每一方案的可行性要进行充分的论证，并在论证的基础上做出综合评价。

第四，方案的实施与反馈。决策的正确与否要以实施的结果来判定。

群体科学决策的运行方式，因决策群体、面临的任务、问题环境、时间的不同而采取不同的方法。群体科学决策中通常采用的运行方式主要有：头脑风暴方式、名义群体技术、电子会议、德尔菲方式、魔鬼代言人、辩证的质询、质量小组和质量团队以及自我管理团队等方式。

1. 头脑风暴方式（brainstorming）[①]

人们试图通过头脑风暴的方式来克服在交互作用团队中人们观点趋向一致的压力，因为交互作用群体束缚了创造性可选方案的产生。头脑风暴通过主意生成过程来实现，该过程鼓励人们提出各种可选方案，而保留对这些方案的批评。

2. 名义群体技术

名义群体技术（nominal group technique）是一种结构性的方式，它强调产生选择方案并做出选择。名义群体限制在决策过程中的讨论和互相交流，因而该方法称为名义群体法。和传统的委员会会议一样，群体成员都亲自到场，但是要求他们独立地操作。

3. 电子会议

最新的群体科学决策方式是将名义群体技术和尖端的计算机技术结合起来。这种方法被称为电子会议（electron meeting）。一旦技术到位，概念其实很简单。围坐在马蹄铁形桌子周围的可达到 50 位与会者，他们面前除了电脑终端外，什么都没有。问题被陈述给与会者，他们则通过电脑输入自己的回答。个人评论以及集体投票，都显示在屋子内的一个大屏幕上。

4. 德尔菲方式

德尔菲法（delphi technique）是由兰德公司最早提出的。这种方式在群体决策过程中适用于收集专家们的判断意见。地理位置相距遥远的专家们通过填写问卷来做出反应。协调者对问卷的结果进行总结，再反馈给那些专家们。然后，专家们对产生的各种选择方案进行评价。协调者则把结果制成表格。

5. 魔鬼代言人

在魔鬼代言人（devil'sadvocacy）这种决策方法中，魔鬼代言人的任务是发现决策建议中存在的潜在问题。通过事先识别潜在的缺陷，可以避免组织在决策中犯重大的错误。我们拥有一个能够挑战 CEO 和高层管理团队的魔鬼代言人，有助于保持上层群体的活力和绩效。

6. 辩证的质询（论辩）

辩证的质询（dialectical inquiry）本质上是两个对立的决策建议间的辩论。虽然质询好像发动了一场冲突，但其实它是一种建设性的方法，因为它同时暴露出两种观点的益处和局限，在使用这种方法的时候，要警惕非赢即输的态度，而是要得出令各方都满意的、最有效的解决办法。

---

① 宋锦洲. 决策管理：概念、模式与实例 [M]. 上海：东华大学出版社，2007：207-213.

7. 质量小组和质量团队

质量小组（quality group）是自愿地聚集在一起，为解决质量和生产问题提供方案的小群体。质量小组也是把参与性决策延伸到团队中去的一种方法。管理者通常都会听取来自质量小组的建议，并落实他们的建议。

8. 自我管理团队

自我管理团队（managing team by themselves）是另外一种群体决策方式，自我管理团队的决策活动范围，比质量小组和质量团队的活动范围更加广泛。质量小组和质量团队通常都强调质量和生产问题，自我管理团队则要做出许多曾经属于管理者的决策，例如，工作安排、职务分配和人员配置。质量小组扮演的是一个建议者的角色，自我管理团队则有权参与组织的决策过程。

二、决策支持系统

自从20世纪70年代决策支持系统（DSS）概念提出以来，决策系统已经有了长足的进步。随着计算机、通信技术等高新技术的飞速发展，许多计算机人工智能化的工具逐渐与决策系统相结合，这些工具为决策系统提供了有力的支持，充分优化了组织中的决策过程，这些新一代的决策支持系统主要包括以下几种。

（一）群体决策支持系统（GDSS）

群体决策支持系统（group decision support system，GDSS）是在决策支持系统（DSS）基础上发展起来的，是一种基于计算机和通信的人机交互系统，它将计算机软、硬件设备和群体成员融为一体，通过对为了一个共同工作目标的群体提供决策支持，来求解半结构化和非结构化的决策问题。

（二）人工智能决策支持系统（IDSS）

DSS与专家系统相结合，逐渐演变成一种新的系统——智能决策支持系统（intelligent decision support system，IDSS）。它是在决策支持系统（DSS）的基础上，集成人工智能中专家系统（ES）而形成的。IDSS充分发挥了专家系统以知识推理形式解决定性分析问题的特点，又发挥了初阶决策支持系统模型计算为核心解决定量分析问题的特点，充分做到定性分析和定量分析的有机结合，使解决问题的能力和范围得到了一个很大的发展。

（三）分布式决策支持系统（DDSS）

分布式决策支持系统（distributed decision support system，DDSS）是由多个

物理上分离的信息处理点构成的计算机网络，网络的每个节点至少含有一个决策支持系统或具有若干辅助决策的功能。该系统应用于许多大规模管理决策活动不能集中方式进行、决策活动涉及许多承担不同责任的决策人、决策过程必需的信息资源或某些重要的决策因素分散在较大的活动范围内等情况。随着通信技术的发展，分布式数据处理技术的进步，以及计算机局域网、远程网、公用联机数据库、分布式多媒体以及 ES/DSS 集成等技术的发展，DDSS 将显得日益重要。

（四）战略决策支持系统（SDSS）

战略决策支持系统（strategic decision support system，SDSS）是用 DSS 支持战略管理，通过一组专家对整体战略发展建立实用的战略决策支持系统。其主要包括数据库系统、知识库系统、案例分析系统、输入输出系统以及控制与通信系统几个部分。在当今社会对决策层次的要求更高，决策环境更加复杂的情形下，实用的战略决策支持系统有着深远的意义。

（五）综合决策支持系统（CDSS）

综合（comprehensive）决策是 20 世纪 90 年代兴起的数据库、联机分析处理和数据挖掘三项新技术相结合的产物，为决策系统开辟了一条从数据中获取辅助决策信息的新路，称为新决策支持系统。它与传统决策支持系统不是覆盖关系，而是互补关系。新决策支持系统与传统决策支持系统的结合，称为综合决策支持系统（comprehensive decision support system，CDSS），它将是今后的发展方向。

三、群体科学决策的模型

群体科学决策活动中的决策是多种多样的，面对不同的决策内容，决策方法各有不同，所以决策模型的种类也是多种多样的。其主要包括以下模型。

（一）决策树模型

决策树（decision tree）模型是决策理论中常见的基础模型，其优点是可以使决策过程显得直观清晰，特别适用于多级决策（包含若干个决策点）。决策树模型是先由决策点出发，引出相对应的几个机会点，在每个节点下边再分别引出下一层机会点，标注其概率与相应的收益。在做出决策的分析过程中，通过计算期望值得到相应的期望收益，然后通过比较几个期望值的大小，选取具有最大期望收益的决策，即所选最终决策。

(二) 模糊群体决策模型

模糊群体决策模型采用模糊数学方式表示极大集或极小集，通过模糊排序可以分析出最优方案。其实质是对方案排序的模糊化，更好地反映了决策过程本身的模糊性，提高了决策的准确性，避免了经典决策方法中用"硬"的答案回答"软"的问题。模糊群体决策模型首先是利用模糊树建立模糊权值和模糊指标值，其次利用 L-R 型梯形模糊数来表示模糊权值和模糊指标值，最后对方案的评价转化为对模糊效用函数的求解。[1]

(三) 马尔可夫决策模型

马尔可夫（Markov）模型在 20 世纪 90 年代的时候逐渐被应用到决策分析中，它主要用于事件在一定时间内的发展，涉及事件可能产生的影响，通过确定状态变量、决策变量、状态转移概率以确定最优的次序，做出最优的决策。马尔可夫决策模型较清晰地考虑了时间与不确定事件对最优决策的影响，是进行预测性分析与决策分析的方法。

(四) 进化博弈决策模型[2]

进化博弈模型可以分为单代理人和多代理人决策模型。单代理人决策模型中是将自己作为单代理人，而将其他所有代理人都看作环境的一部分，这样可以将多人进化博弈看作一个单代理人多状态的马尔可夫决策过程，代理人则获得进化博弈中的最优策略。单代理人决策模型是将其他代理人作为环境的一部分，忽略了代理人与环境的区别，而环境是被动的，代理人是主动的、有学习能力的。

(五) 组合决策模型

对某些决策而言，可以视为确定项目组合的过程。这个组合基于实际应用中，可以帮助决策者执行计划，实现其预定目标。简单地说，在决策中决策者面临的不确定性因素非常多，组合项目选择将依赖大量不精确信息。为此，要用模糊集理论来刻画这些不精确信息。组合决策模型，即结合决策目标的需求，从整

---

[1] 李荣钧. 模糊多准则决策理论与应用 [M]. 北京: 科学出版社, 2002: 94; 董剑利. 软件质量的模糊综合评判研究与应用 [J]. 计算机与应用, 2006, 42 (12): 2196-2199.

[2] 关于进化博弈理论，可参见张良桥，冯从文. 理性与有限理性: 论经典博弈理论与进化博弈理论之关系 [J]. 世界经济, 2001 (8); 张良桥. 进化稳定均衡与纳什均衡——兼谈进化博弈理论的发展 [J]. 经济科学, 2001 (3).

体的角度权衡候选决策的各种因素，让决策者做出的决策应用到合适的决策组合上，使决策所获利益最大化。

（六）多目标决策模型

多目标决策比较集中的研究和应用是从20世纪70年代才开始的。近年来，多目标决策的领域逐步扩大，出现了如多目标模糊决策、多目标动态规划、递阶分层的多目标决策、多目标群体决策、大系统的分解协调多目标决策等。多目标决策本质上包含着直觉决策和理性决策两个阶段。[①] 其多目标决策模型可以表示为：

$$\begin{cases} \max f(x) = (f_1(x), f_2(x) L\, f_i(x)) \\ \min g(x) = (g_1(x), g_2(x) L\, g_j(x)) \\ s.t. \quad h_i(x) \leq 0 \quad i = 1, 2, L, k \end{cases}$$

式子中$f_i(x)(i=1, 2, L, n)$和$g_j(x)(j=1, 2, L, m)$均为X上的连续函数，$f_i(x)$和$g_j(x)$为目标函数，X为决策向量集。

模型中的目标结构往往是决策者根据自己的理念、经验和主观洞察力确定的，可以计算在确定的目标结构下的最优解，是一种具有优化功能的多目标决策模型。

（七）动态决策模型

动态决策就是在每一阶段开始时刻才根据当时的信息和所处的状态做出本阶段决策，其特点是将来的信息不可预知。在每一个动态决策阶段，决策者总是利用历史信息来推测系统下一步骤，并且根据当前所处的状态来确定下一步的决策。

四、群体科学决策的条件决策与规范决策方法

根据群体决策行动方案与结果的关系，群体科学决策分为确定性条件决策、不确定性条件决策和标准化决策、描述性决策等。

（一）确定性条件决策

它是指若干种备选行动中的每个行动下其结果都是确定的，即每一行动都有唯一可能的结果。在确定条件下理性人决策的原则是"效用最大化原则"，即首先比较各种策略或行动下的效用，其次选择其中一个效用最大的策略或行动。若决策者的决策为$S_1, S_2, \cdots, S_n$，效用最大化原则为$MAX(U(S_i))$，$i = 1, 2, \cdots, n$。

[①] 胡毓达. 从决策分析到决策科学 [J]. 科学，1998 (3).

在实际决策中当不知道每个策略给我们带来的具体效用，但可以比较这些策略的后果时，那么对把这些策略进行排序的方法叫策略排序法。它体现了序数效用论的观点，就是无法给出某一个物品（事件）的具体效用值，但可以比较不同物品（事件）给人带来效用的大小。

（二）不确定性条件决策

若各种备选行动中的每个行动下其结果是不确定的，事件发生是"可能的"或"或然的"，此时的决策是不确定条件下的决策。在不确定条件下进行决策的原则是期望效用最大化。即一个方案 s 有 n 个可能结果，C_1, C_2, …, C_n，每个结果对应一个可能性，P_1, P_2, …, P_n，那么该方案 s 的期望效用为：$EU = \sum C_i \cdot P_i$。期望效用最大化原则就是当我们计算出 m 个策略或者方案 S_1, S_2, …, S_m 下的期望效用。接下来要做的就是比较哪个策略下的期望效用大，我们选择一个使期望效用最大的策略即可。

不确定条件下的决策模型分为两类，即规范模型（normative model）和描述模型（descriptive model）。规范模型具体说明决策者应该做什么，它常常给出一个标准用来比较实际决策与规范决策之间的匹配程度。描述模型则描述实际上决策者是怎样进行决策的。

规范模型在解释比较简单的、自动的加工过程方面较为成功，它的基本观点和数学方法目前仍被心理学研究者用来解释人的各种决策行为。主要有贝叶斯统计决策模型和主观期望效用模型。贝叶斯统计决策模型主要研究的是不确定性情况下决策规则的选择问题，即怎样根据现有证据决定"怎样决策"的问题。其理论基础是贝叶斯公理。贝叶斯公理的表达形式为：

新差额 = 旧差额 × 或然率，即：

$$\frac{P_r(H_1/O)}{P_r(H_2/O)} = \frac{P_r(H_1)}{P_r(H_2)} \times \frac{(D/H_1)}{(D/H_2)}$$

应用贝叶斯公式进行决策研究的一个主要结果是：决策者在修订他们的概率估计时比较保守。就是说决策者对先验概率的修正不大，这样与抉择实际发生的概率相比，决策者的主观概率很少走向极端。主观期望效用模型是指决策者知道一组可能的抉择，必须从中进行挑选，同时决策者能够比较任何两种选择，并知道他愿意挑选哪一种抉择，并且决策者必须知道每一种抉择将会产生什么结果，以及每一种抉择产生一种结果的概率。在这样的条件下，人们进行决策时通常会选用那种主观期望效用最大的抉择。用公式表示主观效用为：

$$Seu = Spr(w) \times u(w) + Spr(L) \times u(L)。$$

其中 Seu 代表主观期望效用，Spr(w) 代表赢的主观概率。u(w) 代表赢的效用。Spr(L) 代表输的主观概率，u(L) 代表输的效用。

在科学决策中，采用不同的决策方式、依据，不同的理论是决策逻辑在科学决策中的具体体现和实现途径。主要理论有标准化决策理论、描述性决策理论等。一般地关于决策的制定，实际上是我们选择行动的决策逻辑。包括有影响决策制定者的决策和影响周围人的决策，有涵盖情感、直觉、道德等的逻辑思维与决策。

1. 标准化决策

标准化决策是指决策群体拥有各种方案的全部信息，决策方案可根据各种标准排序，决策群体可根据最大可能效果进行选择的决策。

标准化决策是对那些符合决策者信念与价值的行为过程的规定。有三方面的含义：（1）决策者的信念，代表决策者对行动结果的信心。一般用概率表示；（2）决策者的价值，即决策者对行动结果的价值评估，一般用效用表示；（3）对决策者行动过程的规定。

标准化决策不关心具体一个人如何做出决策，而是从预设的公理出发规定决策者的行为应该符合这些公理。它主要借助数理运算建立一套决策行为的公理。认为个体决策遵循这套公理，并追求效用最大化。

标准化决策理论（normative decision theory）是对一系列理性期望效用理论的统称。最大期望效应理论和主观期望效用理论是其代表，因为两个理论的前提条件是建立在一系列理想化的假设上的。但现实中理想化的假设是很难成立的，人的理性有限，包括认知、计算能力都有限，人们做决策时就不能全部按照标准化的决策理论进行决策。那么标准化决策就可能是一种形式上的决策理论。

2. 描述性决策

描述性决策是指决策群体并不拥有与决策问题、决策方案有关的完全信息，仅仅根据 n 个有限的备选方案，根据满意的标准选择决策方案的决策。

描述性决策理论。它是在决策的描述性模式指导下形成的，其理论基石是有限理性理论。西蒙认为，在不确定环境中，人们由于认知能力等的限制，不可能准确认知和预测未来，也就无法按照结果理性的方式采取行动，只能依靠某一理性的程序来减少不确定性。描述性决策理论研究将涉及以下几个方面的内容：

（1）边际效用递减规律。1738 年瑞士数学家丹尼尔·伯努利（Daniel Bernoule）提出"效用"（utility）概念和"边际效用递减律"（law of diminishing marginal utility）。效用是指某物的价值不以该物的价值为基础价格只取决于事物本身，对任何人都一样。因此，效用取决于估价该物的人的特殊情况，它不是客观货币价值，而是对客观价值的主观感受，是一种心理度量。

边际效用是指消费者在一定时间内增加单位商品消费所得到的效用增量。边际效用递减律是指在一定条件下，随着消费者对某种商品消费量的增加，他从该商品连续增加的每一消费单位中所得到的效用增量是递减的。

最大期望效用理论（expected utility theory）是冯·诺伊曼和摩根斯顿于1944年在《博弈论与经济行为》中提出的，是现代决策理论的标志性决策。它有三个显著特点：为决策者提供一套明确的基本假设或者说是公理系统；用严密的数学方式来讨论个体对效用的偏好问题；个体决策追求的效用最大化，结果发生的概率是客观存在的。其期望效用函数的形式为 $Eu = \sum Pi\, u(xi)$，其中 $u(xi)$ 为事件 xi 的效用函数，Pi 为事件 xi 发生的客观概率。

（2）风险决策。它主要属于不确定型条件决策。一个确定型决策需满足以下条件：第一，决策者希望达到的目的明确；第二，决策者面对的客观环境条件完全确定，任何一个条件都只有两种可能，要么存在，要么不存在；第三，存在可供决策者选择的两个或两个以上的备选方案；第四，每一备选方案的效用值都能够被准确计算出来。

当决策者面对的客观环境条件不能被完全确定，这种条件下的决策即为风险决策。它包括确定型和不确定型条件风险决策。确定型条件决策是指凡已知各种可能结果的概率或者决策者有能力准确预知各类环境条件下结果出现概率的风险决策。不确定型条件风险决策是指对各种可能结果及其出现概率都未知的风险决策。表现为决策者不仅对各种方案成功的概率缺乏准确的知识，而且对存在哪些备选方案以及可能出现的结果没有准确把握。

（3）情绪与决策。情绪是影响决策行为的主要因素。科学决策就要认真研究情绪，以利于正确决策。在简明牛津英语词典中，情绪被界定为"一种不同于认知或意志的精神上的情感或感情。"表现在身体变化（面部表情、身体动作和生理变化）、体验（生气、高兴、悲伤等各有不同的体验）、认知（评价、解释）。早期决策理论始于博弈，博弈过程本身包含八类的情感（如冒险、刺激、恐惧等），因此可以看出人类的情绪、情感因素与决策有关。

丹尼尔·伯努利指出人的判断和决策不依赖于获益本身，而依赖获益后的心理满足或愉悦程度，边沁（Bentham）更加发展了效用概念，认为效用是愉悦与痛苦之差。

（4）前景理论。前景理论是将决策现状作为参照点，引入价值函数。但决策现状并不是对结果做出预测的唯一参照点。卢姆斯（Loomes. G）等认为预期情绪可以作为参照点改变效用函数，由此提出后悔理论和失望理论。①

后悔理论是指如果决策者意识到自己选择的结果可能不如另外一种选择的结果时，就会产生后悔情绪，反之就会产生愉悦情绪。这些预期情绪将改变效用函

---

① 庄锦英. 情绪与决策的关系［J］. 心理科学进展，2003（4）.

数,决策者在决策中会力争将后悔降至最低。

失望理论是指决策者意识到自己选择同时有几个结果,而自己所选择的结果较差时体验到的情绪。主观预期愉悦理论是弥补后悔理论和失望理论缺乏直接验证而提出的。

1999年梅勒斯(Mellers)等在情感判定和主观期望效用理论的基础上提出一个情绪选择模型。[①] 主观期望愉悦理论(subjective expected pleasure theory)比主观期望效用理论能更好地预测个体间的差异。无论是后悔理论、失望理论还是主观预期愉悦理论都是在期望效用理论的基础上发展起来的,它们采用了基于结果和认知的理论视角。在情绪、认知与决策三者之间,情绪的作用是通过认知评估这一中介来实现的(见图15-1)。在决策过程中决策不仅存在受认知评估影响的预期情绪,还存在不受认知评估影响的即时情绪。勒温斯坦(Lecwenstein. G. F)等提出[②]即时情绪模型,认为这些情绪直接影响决策行为,影响认知评估(见图15-2)。

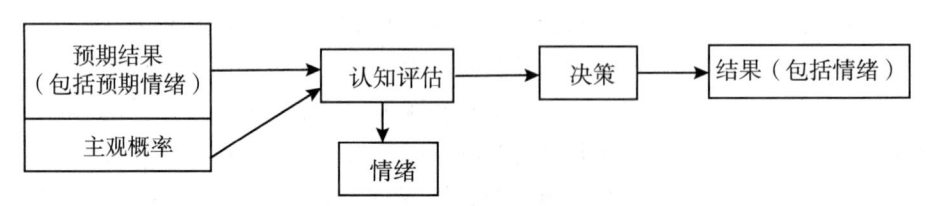

图15-1 预期效用类情绪模型

资料来源:彭聃龄等. 认知心理学 [M]. 杭州:浙江教育出版社,2004:213.

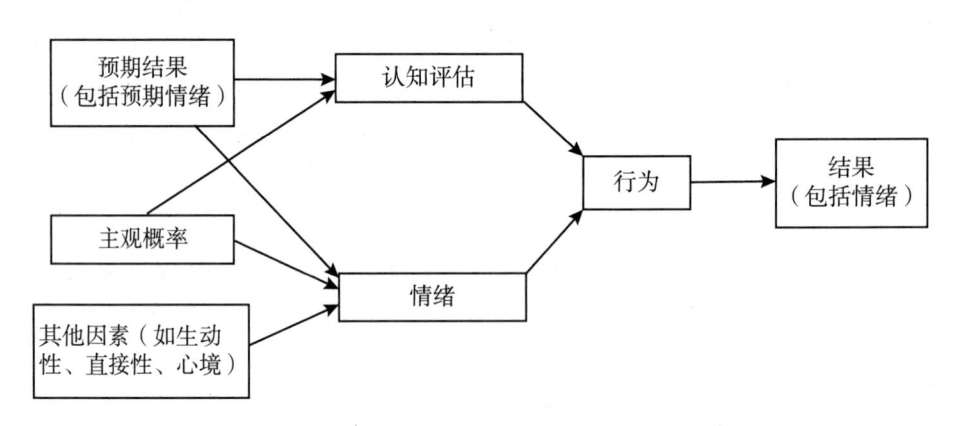

图15-2 勒温斯坦即时情绪模型

资料来源:彭聃龄等. 认知心理学 [M]. 杭州:浙江教育出版社,2004:213.

---

① 庄锦英. 情绪与决策的关系 [J]. 心理科学进展,2003(4).
② Loewenstein, G. F., Weber, E. U., Hsee, C. K. & Welch, E. S. Risk as Feelings [J]. Psychological Bulletin, 2001, 127 (2): 267-286.

第三节　决策逻辑在群体性决策中的应用

一、决策逻辑与博弈问题

在现代社会生活中，决策者所面临的许多决策问题往往十分复杂，一方面，仅靠单个决策者很难、甚至不能做出合理的决策，有必要集中一群人的智慧来制定决策；另一方面，人们总是生活在社会组织之中，每一个组织部门制定的每一项决策必然影响到一群人。因此，每一项决策都应当尽量满足受它影响的一群人的愿望和要求才能进行群体科学决策。

从有限或无限个方案中根据一群决策者的愿望和要求进行决策时，群体中每个成员的意见都必须得到尊重，且在群中没有一个人具有独断的权利。这样参与最后决策的群体中的每个人一般都呈现出其独特的偏好结构，对决策问题有不同的理解，并具有相互不同的愿望。因此，群体决策需要解决的问题是如何集结一群人中每个人的偏好以形成群的偏好，并根据群体的偏好对一组方案进行排队，从中科学地选择出群体所最偏好的方案。

博弈论译自英文"game theory"，又叫"对策论"，是研究决策主体的行为发生直接相互作用时的决策以及这种决策主体的均衡问题。所谓博弈指的是一些博弈参与人，面对一定的环境条件，在一定的规则下，同时或先后、一次或多次，从各自允许选择的策略或行为中加以选择并加以实施，从中各自取得相应的均衡结果的过程。博弈论的基本假定有三个。

第一，理性人假定：一个博弈中的所有参与人是理性的（并且，每个人是理性的是所有参与人之间的公共知识）。

所谓理性人是指决策主体具有推理能力。但在博弈论中，具有推理能力的人是能够使他的支付最大化的人，因此，理性人也即极大化他的利益的人。

在博弈论中不仅假定了每个博弈参与人是理性的，并且假定"每个参与人是理性的"是所有参与人之间的公共知识，没有这个公共知识的假定，博弈参与人无从决策，博弈论的许多结论也无法得到。

第二，多主体假定：一个博弈有两个或两个以上的决策主体。

多主体是必需的假定，如果只存在一个决策主体，该主体所面临的问题将不是"对策问题"，而是面对自然的决策。

第三，得益依存性假定：参与人的目标不仅取决于自己的策略选择，而且取决于其他人的策略选择。

多个决策者之间的得益必须存在策略上的关联，如果不存在关联，尽管存在多个决策主体，每个主体进行策略选择时，将不会考虑他人的策略选择，此时的决策将是个体面对自然的决策，而非对策。

博弈论的教科书中一般都假定了第一个和第三个假定，而忽略了第二个假定。这三个假定对于博弈论研究都是必不可少的。

从中我们可以看出有必要对一些博弈论的基本概念加以描述。博弈论的基本概念包括参与者、行动、信息、策略与支付（效用）、收益、均衡、结果。

（1）参与者（player）。在博弈中，参与者指的是独立决策、独立承担博弈结果的个人或组织，其目的是通过选择策略（或行动）以最大化自己的收益水平。任何参与者必须有可供选择的策略（或行动）和一个定义的偏好函数。那些不做决策的被动主体只被当作环境参数来处理。根据参与者数目的多少，博弈分为单方博弈、双方博弈和多方博弈。除了一般意义上的参与者之外，博弈论有时还将"自然"作为"虚拟参与者"来对待。这里的"自然"是指决定外生的随机变量的概率分布的机制。

（2）行动（action）。行动是参与者在博弈中的某个时点的决策变量。一般用 a_i 表示可供参与者 i 选择的所有行动的集合（action set）。参与者的行动可能是离散的，也可能是连续的。行动顺序对于博弈结果是非常重要的。有关静态博弈和动态博弈的区别就是基于行动顺序做出的。同时行动的为静态博弈，行动有先后顺序的为动态博弈。特别是在不完全信息动态博弈中，后行动者可以通过观察先行动者的行动获取更多的信息。

（3）信息（information）。信息即博弈中的信息，是指参与者有关博弈的知识，特别是有关"自然"的选择、其他参与者的特征和策略的知识。博弈论中的信息结构主要有完全信息、不完全信息、完美信息和不完美信息。完全信息和不完全信息是两个相对的概念，完全信息是指自然不首先行动或自然的初始行动被所有参与者准确观察到的情况；不完全信息正好与之相反。完美信息与不完美信息是两个相对的概念，前者是指一个参与者对自然和其他参与者的策略选择有准确了解的情况，不完美信息与之相反。

（4）策略（strategies）。策略也叫战略，是参与人在给定信息集的情况下的行动规则。它规定参与人在什么时候选择什么行动。因为信息集包含了一个参与人有关其他参与人之前行动的知识，战略告诉该参与人如何对其他参与人的行动做出反应，因而战略又叫参与人的"相机行动方案"。

（5）收益（pay off）。收益即效用水平。在博弈论中，收益具有两方面的含义：一是指参与者在特定的策略组合下得到的确定效用水平；二是指参与者得到的期望效用水平。博弈的一个基本特征就是，参与者的收益不仅取决于自己的策略选择，而且取决于所有其他参与者的策略选择。

（6）均衡（equilibrium）。博弈中的均衡是所有参与者的最优策略的组合，博弈论中的均衡概念和一般的均衡理论中讨论的均衡概念是不同的。例如，在一般均衡理论中，均衡有可能是指由个人最优化行为导致的一组价格；而在博弈论里，这样一组价格只是均衡的结果而不是均衡本身。均衡是指所有个人的交易规则（策略）的组合，均衡价格只是这种策略组合产生的结果。任何一个参与者的最优策略通常依赖于其他参与者的策略选择，即对其他参与者策略的最优反应。

（7）结果（outcome）。在博弈论中，结果是博弈分析者所感兴趣的所有东西。均衡策略组合、均衡行动组合与均衡收益组合都可以称作结果。

博弈逻辑是研究"理性的"行动者或参与者在互动的过程中如何选择策略或如何做出行动的逻辑。博弈逻辑有两个基本假定：第一，博弈参与者是理性的，即参与者努力使自己的利益最大化；第二，博弈参与者的利益不仅取决于自己的行动，同时取决于他人的行动。

可见，构成一个博弈需包含以下几个要素：

首先，博弈的参与者。博弈中的每个独立参与者可称为一个"博弈方"。博弈方可以是个人，也可以是决策团体。有时自然也可以成为博弈方。例如，在风险型博弈和不确定型博弈的一人博弈中，自然就是一个博弈方。

其次，博弈方各自可选择的全部策略或行为的集合。一个策略是一套完整的行动方案，它事先确定一个博弈方在对局过程中出现的一切可能情况下采取什么方法或做法。在不同的博弈中可供博弈方选择的策略或行为的数量很不相同，即使在同一博弈中不同博弈方可选策略或行为也常不同，有时只有有限的几种，而有时又有可能有许多种，甚至无限多种。

最后，博弈方的得益。对应于各博弈方的每一组可能的决策选择，博弈都有一个结果表示各博弈方在该策略下的所得和所失。博弈中的这些可能结果的量化数值，称为各博弈方在相应情况下的"得益"。规定一个博弈必须对得益做出规定，得益可以是正值，也可以是负值，它们是分析博弈模型的标准和基础。

通过上述方法定义了各种博弈行为，由此也就确定了博弈逻辑的研究对象。现做如下阐述：

在博弈逻辑中，依据博弈方数量的不同，可以对其进行不同的划分。学术界目前有两种不同的观点。大多数学者的观点是将其划分为二人博弈逻辑和多人博弈逻辑；还有一些学者，将一人博弈逻辑也纳入进来。按照他们的观点，博弈逻辑可划分为一人博弈逻辑、二人博弈逻辑和多人博弈逻辑。由此，笔者认为博弈

逻辑包含以下几方面的内容:

第一,一人博弈逻辑。一人博弈逻辑即以个人和自然分别为博弈方的逻辑,包括风险型个人博弈逻辑和不确定型个人博弈逻辑。风险型个人博弈逻辑中,决策者本人要同自然做斗争,他不能确切地知道会出现哪一种可能的自然状态,但是能够有意义地给自然状态分配概率,即能够确定或推算每一可能状态的频率。例如,抽奖就是一个典型例子,根据奖券总数和得奖数,可以推算出一张奖券得奖的概率。而在不确定型个人博弈逻辑中,可能结果的概率估计没有足够的统计数据或频率可以依据,因此很难给自然状态分配概率。如一个病人患了疑难病症,医生要在几种治疗方案中选择一种,而这种治疗方法能治好他疾病的概率是很难计算的。一人博弈逻辑是博弈逻辑的基础。

第二,二人博弈逻辑。二人博弈逻辑就是两个各自独立决策,但策略和利益具有相互依存关系的博弈方如何合理选择策略的逻辑。根据博弈中的得益情况,二人博弈逻辑又可分为二人零和博弈逻辑和二人变和博弈逻辑。二人零和博弈逻辑研究的是博弈双方得益之和等于零的情况,在这种博弈中,博弈方的利益是完全相反的,没有任何调和的余地。而在二人变和博弈逻辑中,博弈方的利益不是完全相反的,而是部分一致、部分矛盾的,这两个博弈方在不同策略组合下各博弈方的利益之和往往是不同的。

第三,多人博弈逻辑。多人博弈逻辑也是博弈方在意识到其他博弈方的存在,意识到其他博弈方对自己决策的反应和反作用存在的情况下,为寻求自身最大利益而采取行动的逻辑。多人博弈逻辑有三个或三个以上的博弈方。根据博弈的规则,多人博弈逻辑可分为合作博弈逻辑和非合作博弈逻辑两类。

此外,学术界中对博弈逻辑还有其他的分类,如根据信息结构分为完全信息博弈逻辑和不完全信息博弈逻辑;根据博弈过程可分为静态博弈和动态博弈。这些分类都是很有意义的,可以从不同方面、不同角度切入,从而对博弈逻辑进行更深入的探讨和研究。

博弈逻辑在理论研究上将进一步深化和系统化,其应用领域将进一步拓宽。

(1) 博弈逻辑不仅要研究"完全理性"的博弈行为,也要研究"有限理性"条件下的博弈行为,即在博弈方的判断选择能力有缺陷情况下的博弈行为,这也是今后发展的方向之一。目前,博弈逻辑在理论方面还存在一些不足。比如说博弈逻辑中理性人的假设前提,即假定博弈方都是理性的。

然而,博弈行为通常包含复杂的相互依存关系,博弈分析往往是很复杂的,人们很少能够一贯地按理性原则行动。尽管看上去按特定目标选择最佳行动似乎理所当然,但人们在生活中有时由于情感、心理等因素的影响而不去追求"合理的"目标,或者目标合适时却没有能力选择最佳的策略。

因此，如果我们只是在"完全理性"假设下进行博弈分析，显然是不够的，这会影响博弈逻辑的适用范围和价值。许多学者已对此提出质疑。对这类问题的考虑和分析引出了博弈逻辑理论研究的许多有价值的课题，拓宽了博弈逻辑的研究领域，使得博弈逻辑在今后有巨大的发展潜力。

（2）深化不完全信息博弈逻辑研究。经典的博弈逻辑是建立在完全信息的基础之上的，但是在现实中，决策者往往很难做到对自己及竞争对手信息的完全掌握。信息的不充分和不对称通常使人们判断和决策的难度增加，对决策和博弈的结果产生很大的影响，不分析这种情况下的博弈行为，博弈逻辑就会产生很大的局限性。但是，迄今人们对不完全信息环境下的博弈逻辑研究还不够深入。因此，将博弈逻辑与信息经济学相结合，深化研究不完全信息环境下博弈逻辑也是今后研究的重点之一。国外同行已经做了一些有益的探索。

（3）注重信息失真情况下的博弈逻辑研究。在现实博弈活动中，博弈双方有时会对对手进行信息欺骗，博弈方所获取的信息往往是真真假假。而经典博弈逻辑理论是建立在无虚假信息这个假设的基础之上的。因此展开信息失真环境下的博弈逻辑研究也是今后的发展方向之一。

（4）随着博弈逻辑理论的不断完善，博弈逻辑将广泛地应用于政治、法律、管理、贸易、金融等各个领域。博弈逻辑研究将在这些应用领域提出新的课题，推动博弈逻辑理论的新发展。博弈逻辑的理论与其应用成果之间将形成相互促进的良性循环。这是今后博弈逻辑进一步发展的巨大动力。这将吸引大量的学者加入这支研究队伍中，为博弈逻辑的研究注入新的活力。

博弈论的影响从决策的观点来看，它把一些不确定性的问题做了更深一步的剖析，不确定的决策模型通常有两类：概率模型（存在客观的可以确定的概率）和状态变量模型（不存在客观的概率）。这类模型能描述收益依赖于各种不可预测的事件，如赛马、体育竞技等，这时的决策是由主观的概率来判断的。人们对效用、风险、不确定性的认识正处于从无法预测向精确预测的转变中。不确定性是有规律的，效用是能度量的，必须面对风险，单风险是可以分散的。如保险事业的发展，证券市场的兴起正是这一转变的例子。

现在看一个博弈论例子，囚徒困境博弈。每个人有两个策略合作与不合作。两人都合作，那么都不被判刑。都不合作，那么都被判五年。仅有一方合作，合作方被判八年。这里两人都合作被都不合作策略所控制。引入控制的概念，将一些被其他策略所控制的策略删去，就可以将博弈问题变简单。决策问题的类型很多，在这一部分通过例子来说明一些概念，然后给出一些定义，并证明一些基本的事实，为理解以下各章的讨论提供一下具体的背景。

例 15.1：考虑两个状态、三种措施的决策问题，状态空间 $\Omega = \{\omega_1, \omega_2\}$，

措施分别用 A，B，C 表示，相应的效用函数的值如表 15-1 中所示数字。

表 15-1 　　　　　　　　　效用函数分析

措施	状态 ω_1	状态 ω_2
A	8	1
B	5	3
C	4	7

很明显，在状态是 ω_1 时，最好的措施是 A，在状态是 ω_2 时，最好的措施是 C，不管哪一种状态出现，B 的效用总是居中，不好也不坏，当然为了稳妥起见，B 就是可采用的一个策略。此问题的解要用到下面的定理：

定理 15.1：在一个决策问题中，Ω 是状态空间，$\pi(\Omega)$ 是 Ω 上的全体概率分布，$\pi(\omega)$ 表示 ω 出现的概率（$\pi \in \pi(\Omega)$），又给定了效用函数 $u(x, \omega)$，它表示当 $\omega \in \Omega$ 出现时，采用 x 的效用，$x \in z$，z 是全体措施形成的空间，于是就得出结论：对 $x \in z$，使 x 成为最优策略的 π 组成 $\pi(\Omega)$ 中的凸集。

如果例 15.1 中状态 ω_1 与 ω_2 出现的概率是不同的，分别用 π_1 与 π_2 表示，自然有 $\pi_2 = 1 - \pi_1$，因此记 $\pi = \pi_1$ 后，π 的值就表示了状态的不确定性。π 已经知道时，应该选用什么才合适呢？分别计算，得到：

$$u_A(\pi) = 8\pi + (1-\pi) = 1 + 7\pi$$
$$u_B(\pi) = 5\pi + (1-\pi)3 = 3 + 2\pi$$
$$u_C(\pi) = 4\pi + (1-\pi)7 = 7 - 3\pi$$

从上面几个式子可见，如果 π 已知，那么立即可以给出答案。当 π 未知时，定理 15.1 所得到的答案就是一个凸集。将例 15.1 中的实际计算与定理 15.1 的结论做一比较。实际计算一下，A 最优的 π 应满足：

$$1 + 7\pi \geq 3 + 2\pi, \quad 1 + 7\pi \geq 7 - 3\pi$$

得到 $\pi \geq 3/5$，类似的可以算出 B 对应的是 $\varnothing$ 集，C 对应的是 $\pi \leq 3/5$。这个结论对我们就有启发性，它表明了 B 是不可取的措施，无论在哪一种状态，B 都是不可取的。这就同前面囚徒困境中的控制概念联系了起来。

局内人在单方决策问题时和博弈环境中面临的不确定的一个重大区别就在于：博弈环境中存在着"策略性不确定"。或者可以说，围绕局内人可靠行为存在着不确定。而在评价策略性的时候，局内人还应该评估"机构性不确定"，即围绕博弈参数的不确定性，如收益结构。

首先，假设群体中的每个人对各方案的偏好程度形成了群体效用函数，这种群体效用函数并不是一种简单的多数规则，它包含了更多个人的效用信息和人与人之间的效用的比较。一般表示为：

$$U(x) = U_D(U_1(x), L, U_n(x))$$

其中 $U_i(x)$，$i=1$，L，n 代表第 i 个人对方案 x 的效用；$U(x)$ 为群效用函数。对一个群体决策问题，如果其群体效用函数已知，则该问题成为：

$$\max U_D(U_1(x), L, U_n(x))$$
$$s.t. \ x \in X$$

如果群体中每个成员都认为某两个方案是无差异的，则群体也认为这两个方案是无差异的；群体效用函数能表示为：

$$U(x) = \sum_{i=1}^{n} \lambda_i U_i(x)$$

上式中的 $U_i(x)$，$i=1$，n 是群中第 i 个成员的效用函数；λ_i，$i=1$，n 是相应的权重。

其次，假设在群体中，各个决策者必须考虑其他决策者的各种可能行动方案，并努力选取对自己最为合理的方案。对于每个局中人 i，当其他人的策略固定时，选择收益最大的策略 s_i^*，使 i 走遍 1，2，L，n 时，得到 $s_i^* = (s_1^*, L, s_i^*, L, s_N^*)$ 为所有局中人满意的策略。因此纳什均衡是参加博弈的局中人都能满意的较为合理的结局，是一组满足所有参与人的效用最大化的策略组合。事实上，纳什均衡考虑的是每个人的效用是否改善的可能，即处在纳什均衡时，每个局中人都无法再改善自身的收益。纳什均衡定义中的策略称为纯策略，在实际应用中通常需要考虑混合策略。

定义 15.1：在 N 个参与人进行博弈 $G = \{S_1, S_2, L, S_N; u_1, u_2, L, u_N\}$ 中，假定参与人 i 有 K 个纯策略：$S_i = \{s_{i1}, s_{i2}, L, s_{ik}\}$，$i=1, 2, L, N$ 那么概率分布 $\pi_i = (\pi_{i1}, \pi_{i2}, L, \pi_{iK})$ 称为 i 的一个混合策略。即：

$$\begin{bmatrix} s_{i1} & s_{i2} & L & s_{ik} \\ \pi_{i1} & \pi_{i2} & L & \pi_{ik} \end{bmatrix}$$

是一个混合策略。其中 $\pi_{ik} = \pi(s_{ik})$ 是 i 选择 s_{ik} 的概率，且对于所有的 $k=1, 2, L, K$，$0 \le \pi_{ik} \le 1$，$\sum_{k=1}^{K} \pi_{ik} = 1$ 成立。

博弈的策略式表述如下：博弈的参与者集合：$i \in \Gamma$，$\Gamma = (1, 2, \cdots, n)$；

每个参与者的策略空间：S_i，$i=1, 2, \cdots, n$；

支付函数为：$u_i(s_1, L, s_i, L, s_n)$，$i=1, 2, \cdots, n$；

一般用 $G = \{S_1, L, S_n; u_1, L, u_n\}$ 表示策略式博弈。

特别地，为了区别某个特定的参与者，一般用 $S_{-i} = (s_1, L, s_{i-1}, s_{i+1}, s_n)$ 表示除 i 之外的所有参与者的策略组成的向量。说 s_i^* 是给定 s_{-i} 的情况下第 i

个参与者的最优策略意味着：$u_i(s_i^*, s_{-i}) \geq u_i(s_j^*, s_{-i})$，$\forall s_i^* \neq s_j^*$

策略组合 $s^* = (s_1^*, L, s_i^*, L, s_n^*)$ 是一个纯策略纳什均衡，即对有 n 个参与者的策略式表述博弈 $G = (S_1, L, S_n, u_1, L, u_n)$，对于每一个 i，$s_i^*$ 是给定其他参与者选择 $s_{-i}^* = (s_1, L, s_{i-1}, s_{i+1}, L, s_n)$ 的情况下第 i 个人的最优策略，即：

$$u_i(s_i^*, s_{-i}^*) \geq u_i(s_i^*, s_{-i}^*), \forall s_i \neq s_j, \forall i$$

或者另外一种表达式子，s_i^* 是下列最大化问题的解：

$$s_i^* \in \arg\max_{s_i \in S_i}(s_i^*, \cdots, s_{i-1}^*, s_{i+1}^*, \cdots, s_n^*), i = 1, 2, \cdots, n$$

在博弈的情况下，求解最优方案。第一步，成员 i 对小组中各成员的效用 $U_j^0, j = 1, L, n$ 设定权 $P_{ij}, j = 1, \cdots, n$，并用得到的线性组合的效用函数去代替他自己原来的效用函数 U_i^0，从而得到：

$$U_i^1(x) = \sum_{j=1}^n P_{ij} U_j^0, i = 1, L, n$$

因为在第一步，一般不能产生满意的调和结果，因此需要重复使用这个步骤。第二步，每个成员 i 将使用第一步得到的代替的效用函数作为他的效用函数。但一般仍采用原来设定的权重，如有必要，当然也可以对权重做适当的修改。于是在第二步产生了成员 i 的新的效用函数，即：

$$U_i^2(x) = \sum_{j=1}^n P_{ij} U_j^1, i = 1, L, n$$

将该过程继续进行下去，则成员在 i 在第 r 步的效用函数为：

$$U_i^r(x) = \sum_{j=1}^n P_{ij} U_j^{r-1}, i = 1, L, n$$

上式可用矩阵表示为：

$$U^r = PU^{r-1} = P^r U^0$$

式中，U^r 为 n 维向量：

$$U^r = [U_1^r, L, U_n^r]^T$$

P 是元素为 P_{ij} 的 n×n 矩阵。

这样从一集方案中选择一个方案，在这种情况下，步骤一直进行下去，直到帕累托最优集压缩到一个点，也就是说，如果对于 X 中的每个方案 x 计算其效用向量 $u^r(x)$（表示所有成员对方案 x 的第 r 步的效用），当且仅当 X 中存在唯一的方案 x，其效用 $u^r(x)$ 不劣于 X 中的其他任何方案。

群体决策也是一个博弈（game）。任何理性人的互动（interaction）均可以看作博弈。在一般的博弈中，参与人不同策略组合下有不同的博弈结果。

假设一个提案需要至少 k 个人（k≤n）同意才可获得通过，此时绝对民主的决策函数为：
$$F(n, k) = \sum Pi(n, k) \quad i = 1, \cdots, C_n^k$$

其中 $Pi(n, k)$ 为一个 k 个人表示"同意"的一个可能组合的"逻辑乘"（它相当于一个最小获胜联盟）。$\sum$ 意即对 I 求和，I 的项数共有 C_n^k。

在决定民主的决策结构中，有以下几个特殊的规则：

（1）全体同意才能通过规则。

如果 n = k，就只有一项，它变成"全体一致性规则"：
$$F(n, k) = A_1 \cdot A_2 \cdot \cdots \cdot A_n$$

（2）一人同意即可通过的规则。

如果 n = 1，那么 $C_n^1 = n$，则：
$$F(n, 1) = A_1 + A_2 + \cdots + A_n$$

（3）"多数原则"的规则。

如果 n 为奇数，则 n 人的"最少多数"为：
$$k = (n + 1)/2$$

此时，"多数原则"为：
$$F(n, (n + 1)/2) = \sum Pi(n, (n + 1)/2)$$
$$I = 1, \cdots, (n + 1)/2$$

如果 n 为偶数，则 n 的最小多数为：$k = 1 + n/2$

"大多数原则"为：
$$F(n, 1 + n/2) = \sum Pi(n, 1 + n/2), I = 1, \cdots, 1 + n/2$$

阿罗不可能定理也说明了，社会的选择方法不可能既是有效率的，同时又是民主的。因为循环投票本身就是无效率的。而要有效率的方式必须是独裁的。这就再次揭示了民主和效率的矛盾。当然有可能的是，有效率的独裁方式能够揭示民意——当独裁者想法和所有的臣民想法相同，但是实际中怎么知道臣民的偏好呢？如果独裁者是上帝，他当然知道每个人的偏好，否则揭示臣民偏好的方法必须通过某种方式，即民主的程序来进行。

二、决策逻辑与公平与效率问题

公平和效率是作为评价一个决策是否具有科学性而引入群体科学决策理论中来的。公平的基本含义是公道、平衡。然而，作为经济学、社会学和管理学等多个学科讨论的重要概念，其本身的含义并非是确定的。

通常情况下，群体的决策比个体的决策更科学，这体现为群体具有信息交流和分工协作等个体决策不可比拟的优势。公平在群体决策中，既包括群体成员本身的地位公平，也包括群体成员提出的备选策略需要获得公平的地位，以尽最大可能保证群体成员的参与积极性和最终决策的科学性。

通常认为，对公平的讨论是和效率密切联系在一起的。效率这一概念从广义上讲应是指经济活动以及其他各种社会活动中投入和产出的比率。而在有关公平和效率问题的讨论中，所谓效率主要是着眼于经济领域，是从经济发展即生产力发展的角度来理解的。这显然是不全面的，效率问题涉及人类社会方方面面，尤其是群体科学决策等方面。

关于公平与效率的关系，吕艳红和陈建辉总结了以下主要观点[①]：

（1）公平是人和人之间相互关系的一种和谐状态，表达了人类追求自由的美好理想和愿望。公平体现了永恒的追求自由和超越现实的本性，是为人的全面自由发展这一目标服务的。人类追求自由的理想只能通过人和人之间的关系才能表现出来，尽管人与人之间的关系是随着社会的发展变化而不断改变的，公平具体内容和表现方式也不尽相同，但它是一种客观存在，归根到底反映的是人与人之间的利益关系。效率是主体人在改造客体（自然、人和社会）过程中所具有的能力和水平。这种观点是从宏观视角来探讨公平与效率及其相互关系问题的，是从对自由和公平理念的追求过程中把握效率的，效率的不断提高是为公平服务的，公平是社会发展的最终目的。

这种观点主要采取了批判性和超越性相统一的方法论。一方面，公平和效率是人类追求的双重价值目标，在现实的历史条件下才能不断推进公平的进程和促进效率的提高；另一方面，从更高层次上讲，公平与效率又只是人的全面发展这一真正目的的手段。只有人的全面发展，效率的价值才能得到实现，公平也才能有充分的保证，人的全面发展和公平效率是内在统一的，其统一的基础和归宿是人。

（2）公平是历史性和动态性的统一。在不同的社会发展阶段和社会制度下，人们关于社会公平的观念是具体的，而不是抽象的；是动态变化的，而不是永恒不变的。公平本身是有前提的，随着社会本身的不断发展，公平本身也在不断发展。而人类自身的奋斗目标就是追求社会的公平从低级到高级的不断发展。公平的不断实现是以效率的提高为前提的。

（3）公平是指社会价值分配的合理性，对人与人、人与自然关系的价值判断和评价。个体人的基本权利、经济状况和政治地位本身没有是否公平的问题，只有对其按照一定的标准进行价值判断时才产生公平问题。效率是社会有效价值，

---

① 吕艳红，陈建辉. 公平与效率问题研究述评［J］. 岭南学刊，2007（3）.

人们将社会资源合理配置，作为投入和产出、消耗和创造的比率的效率实质上就是一种比较效用价值。这种观点的实质是从价值论意义来判断公平和效率的，公平和效率都是人的价值判断，因此具有相对性。持这种观点的人是坚持历史尺度和价值尺度的统一。

（4）从实践论意义上来论证公平效率。公平是人们在实践过程中确立的一种社会规则统一体。公平应包括起点公平、过程公平（程序公平）、结果公平（分配公平）在内的规则统一体。其中起点公平是前提、过程公平是关键、结果公平是目标。效率是一个关系范畴，反映人与物之间的作用和反作用的关系，这种关系的实质是实践关系。从主体的角度划分可以分为个体公平和社会公平两种，效率有个体效率和社会效率之分，无论哪种效率都是为公平这一目标服务的。实际上持这种观点的人是采取了合目的性和合规律性相统一的方法论。

西蒙认为①，科学的理论是中立和客观的，不偏向于任何价值观。如果管理理论关注的是效率，那么，有效率的行为就是理性的行为。实际上，我们只有有效率才有理性，行动只有符合特制的设计才能有最高的效率，而达到这一点的最佳途径就是服从设计这一体制的那些人的指令，理性就是服从。

群体决策的科学性要求对公平和效率进行说明。由前面的分析，公平和效率并非是完全相对的概念，群体科学决策研究的目的是希望能够找到有机融合公平与效率，使决策达到公平和效率优化平衡的逻辑结构。为此，先讨论权威的作用。

一个群体组织中，尽管可能每个人都是自由的，但是每个人对于群体组织的重要性以及在群体活动特别是决策活动中所受到的重视程度不可能是完全相同的。这就是说，群体成员在群体组织中的权重不同，其中，权威的权重较之其他群体成员应该更大。这一观点可以追溯到亚里士多德。

西蒙分析了一个组织中权威在管理决策活动中的作用。他认为，权威的作用主要体现在三个方面：

首先，权威是一种保障手段："权威的功能在于促使个人遵守规范，遵守哪些由群体和群体中的权威所作的规定。"② 在这里权威不仅仅是指人，还包括由具有权威的人所制定的规则制度等规范性的手段。当然，手段最终可以归结到权威的人。

---

① ［美］赫伯特·西蒙. 管理行为 [M]. 杨砾，韩春立，徐立，译. 北京：北京经济学院出版社，1988：166-177.

② ［美］赫伯特·西蒙. 管理行为 [M]. 杨砾，韩春立，徐立，译. 北京：北京经济学院出版社，1988：133.

其次，权威是提供决策科学性的有效保障："权威的一个极其重要的功能，是确保具有理性和效能的高质量的决策。"① 这一功能的实施在于权威具有决策相关领域的专业化知识，而这些知识可以有效地提高管理的效率，增加效用。权威在决策中的地位需要得到保证，即"保证在组织决策中应用专门知识的一个基本方法，就是把专家安置在正式职权层级系统中的某个战略位置上，也就是说，给他安排的位置，将使他的决策被其他组织成员所接受，并当作其他组织成员的决策前提"②。

由此产生的一个重要问题是，赋予权威这样的战略地位是否会危及公平原则？并且，由于决策所面对的领域往往是多方面的，所涉及的专业知识也是复杂多样的，而专家或权威往往只是某一方面的权威，那么，协调和合作以及信息交流就显得更为重要。西蒙认为，要解决这样的问题就必须"突破正式权威结构的框框。'想法的权威'，必须同'保障手段的权威'相协调，在组织中赢得同样重要的地位"③。

最后，权威在群体决策中起着协调作用。协调"是为了让群体的所有成员采纳同样的决策；或者更准确地讲，是为了让他们采纳彼此一致的复合决策，以达到预定目标"④。显然，协调带有调和、协商的含义。由于权威在专门知识上的地位，他在协调中比较有利于用论证的方式说服其他成员接受这一决策较之其他备选更优或者更适宜。

西蒙对权威在群体中的作用分析是从效率优化的角度提出的。其中的问题是，权威是否与公平相对立？如何在承认权威的作用前提下保障公平？

在决策中，公平和效率问题往往与理性、偏好等问题是密切联系的。孔多塞投票悖论和阿罗不可能定理说明，如果尊重每一个群体成员的偏好的话，群体成员的偏好不同导致依赖于理性做出决策不可能。

阿罗不可能定理和其早期的源自孔多塞投票悖论对群体成员在决策中的公平性提出了挑战。

阿罗不可能定理在经济学、管理学中都有广泛的讨论，而阿罗提出和证明这一定理是运用逻辑分析和演算的结果。

阿罗不可能定理建立在4条假设前提之上：

（1）广泛性原则，个体的理性不受限制，每个群体成员可以自由地按自己的

---

①② ［美］赫伯特·西蒙. 管理行为 [M]. 杨砾，韩春立，徐立，译. 北京：北京经济学院出版社，1988：134.

③ ［美］赫伯特·西蒙. 管理行为 [M]. 杨砾，韩春立，徐立，译. 北京：北京经济学院出版社，1988：135.

④ ［美］赫伯特·西蒙. 管理行为 [M]. 杨砾，韩春立，徐立，译. 北京：北京经济学院出版社，1988：136.

偏好进行选择；

（2）独立性原则，不相干的选择是互相独立的；

（3）一致性原则，即社会价值与个体价值之间有正向关联；换言之，个体成员的决策偏好在某个决策上一致的话，则群体接受这一决策；

（4）非独裁原则，不存在把个体偏好强加给群体的可能。

阿罗证明[1]，满足这4条假设前提要求的民主决策规则是不存在的。这表明满足所有这4个条件的民主选择要么是强加的，要么就是独裁的结果。阿罗不可能定理指出，多数规则（majority rule）的一个根本缺陷就是在实际决策中往往导致循环投票。

那么，能不能设计出一个消除循环投票，做出合理决策的投票方案呢？阿罗的结论是：根本不存在一种能保证效率、尊重个人偏好，并且不依赖程序的多数规则的投票方案。简单地说，阿罗的不可能定理意味着，在通常情况下，当社会所有成员的偏好为已知时，不可能通过一定的方法从个人偏好次序得出社会偏好次序，不可能通过一定的程序准确地表达社会全体成员的个人偏好或者达到合意的公共决策。

阿罗的不可能定理一经问世便对当时的政治哲学和福利经济学产生了巨大的冲击。李特尔、萨缪尔森试图以与福利经济学不相干的论点来驳倒阿罗的不可能定理，但又遭到肯普、黄有光和帕克斯的反驳，他们甚至建立了在给定个人次序情况下的不可能性结果[2]。

阿罗不可能定理经受住了技术上的批评，其基本理论没有受到重大挑战。于是阿罗不可能定理似乎成为规范经济学发展的一个不可逾越的障碍。怎样综合社会个体的偏好，怎样在理论上找到一个令人满意的评价不同社会形态的方法，成为一个世界性难题。

阿马蒂亚·森（Amartya Kumar Sen）对阿罗不可能定理和投票悖论提出了自己的看法，提出了一个解决孔多塞投票悖论的解决方法[3]；当所有人都同意其中一项选择方案并非最佳的情况下，阿罗的"投票悖论"就可以迎刃而解。

一个更完整、更简单也更具一般意义的不可能性定理，是艾利亚斯在2004年发表的[4]。这一定理声称：如果有多于两个可供选择的社会状态，那么，任何社会集结算子，只要满足"偏好逆转"假设和"弱帕累托"假设，就必定是独裁的。特别地，阿罗的社会福利函数和森的社会选择函数，都是社会集结算子的特例，并且偏好逆转假设在阿罗和缪勒各自定义的社会选择框架内分别等价于阿

---

[1] Kelly J. S. Arrow Impossibility Theorems [M]. New York: Springer-Verlag, 1979.
[2][3] 参见尹蔷. 从阿罗不可能性定理谈起 [J]. 大连教育学院学报, 2006 (3).
[4] 参见艾利亚斯的不可能性定理 [EB/OL]. MBA智库百科.

罗的"独立性假设"和缪勒的"单调性假设",从而阿罗的不可能性定理、森的最小自由与帕累托效率兼容的不可能性定理、缪勒和塞特斯维特的一般不可能性定理,均可视为艾利亚斯一般不可能性定理的特例。艾利亚斯的不可能性定理有怎样的经济学和社会学结论是人们正在研究的问题。

三、公平与效率的逻辑结构:一个阿罗不可能性的解决思路

我们尝试用数学计算和逻辑分析方法给出一个阿罗不可能定理的解决思路:

关于公平和效率问题的分析结论实际上说明:一方面,公平需要制度和规则保证,否则会导致权威主导一切的独裁因而会损害效率;另一方面,公平不可能建立在完全自由的偏好和理性之上,否则也会导致结果的独裁或者是无结果效率。即公平不可能是绝对的,否则必然损害效率。

一个解决的方案是,赋予群体成员决策中地位的某一权重,这一权重可以是动态的,依赖于问题的不同而不同。这样的结果使得,既考虑权威的作用以限制个体偏好的绝对平等,又限制权威的作用以避免导致独裁,从而使公平和效率达到一个优化平衡。

梁樑等提供了一个群体决策中专家(权威)权重确定方法的数学计算模型[1]。其核心思想是:专家客观权重的确定,主要应该考虑专家的个体可信度权重和专家的群体可信度权重两个方面。通过提取各专家判断矩阵的全部信息,得出各专家判断的个体一致程度,从而确定其个体可信度权值;通过比较各专家判断矩阵之间的相似程度,得到各专家判断的群组一致程度,确定其群体可信度权值;最终确定信息合成时的专家客观权重。

根据这一方法,我们知道,群体决策中的成员的决策权重可由计算得出。经过计算,可以最终得到一个群体偏好的排序,使得群体决策中公平和效率得到一个合理优化的平衡,则决策的科学性可以得到说明。

由上述思路,阿罗不可能定理的 4 条假设——广泛性原则、独立性原则、一致性原则、非独裁原则,可以在只对广泛性原则略做修改而独立性原则、一致性原则和非独裁原则保持不变的情况下得到满足,从而使阿罗不可能定理得到消解。

其中,广泛性原则修改为:个体成员的理性是有限理性;个体成员有按照自己的偏好进行选择的自由,但这一自由受到个体权重的限制,因而不保证在最终

---

[1] 梁樑等. 一种群决策中专家客观权重的确定方法[J]. 系统工程与电子技术, 2005 (4);梁樑等. 一种群决策中确定专家判断可信度的改进方法[J]. 系统工程与电子技术, 2004 (6).

的群体决策中满足其偏好，即自由是有限度的。

这一修正对非独裁性原则没有根本上的影响，即虽然对群体成员有不同的权重设计，但是这一权重设计可以通过群体制定规则使得某个人不可能占据绝对权重。而且这是实践上唯一可行的方法，根据前面的分析，群体成员平均权重是无效率的因而是不科学的。

由这一思想，可以构建一个逻辑，使得在这个逻辑中，能够避免孔多塞投票悖论和阿罗不可能定理所描述的状态。

这里只给出构建这一逻辑的基本思路。首先给出一个模型：

定义 15.2：给定一个主体集和一个命题集，描述群体科学决策公平与效率的逻辑模型 M 是一个多元组 M = < W，P，R，V >。其中，W 是一个可能世界集，P 是一个偏好排序，R 是一个 W 上的二元关系，V 是一个赋值函数。

由这一模型，我们可以考虑根据偏好计算的结果来确定群体决策。这里已经假设了对群体成员权重的初始设定是合理的，因此在这里的偏好排序就已经表达了这样的思路：由排序来确定群体决策，根据排序在前面的偏好所得到的群体决策是在此系统内公平和效率相对优化平衡的决策，因而是更具科学性的决策。排在最前面的偏好得出的决策是此系统的最佳决策。因此有：

一个命题 p 是一个群体的最佳决策 Dp，当且仅当 p 是由这一群体的排序在最前的偏好所导致的决策。

这一分析的优点是，将偏好、公平、效率和群体科学决策统一在一个模型以内思考，其根据是由权重分配可计算群体偏好的数学理论。其缺陷是，建立这样的具体逻辑比较困难。因此，这里只给出一个思路，具体的逻辑理论分析及其构建是下一步深化的工作。

第四节 管理创新中的决策逻辑

一、什么是管理创新

经济学家约瑟夫·熊彼特于 1912 年首次提出了"创新"的概念。关于管理创新的定义有很多种版本，通常所谓的"管理创新"（management innovation）主要是指组织形成一创造性思想并将其转换为有用的产品、服务或作业方法的过程。即富有创造力的组织能够不断地将创造性思想转变为某种有用的结果。当管理者说到要将组织变革成更富有创造性的时候,他们通常指的就是要激发创新。对于企业管理而言,管理创新是指企业把新的管理要素(如新的管理方法、新的管理手段、新的管理模式等)或要素组合引入企业管理系统以更有效地实现组织目标的创新活动。

事实上,在熊彼特的原始定义里,创新主要是指:开发一种新产品;采用一种新的生产方法或新工艺;开辟一个新市场;取得或控制原材料(半制成品)的一种新的供给来源;形成新的产业组织或企业重组。但现在人们所说的管理创新,更是指企业家向经济中引入的能给社会或消费者带来价值追加的新事物,这种事物以前未曾从商业的意义上引入经济之中;创新是一种商业行为,绝不是单纯的技术行为;创新不一定非是一件具体的物品;大学、医院、商业票据、一种新的战略、新的企业组织形式等都是创新;发明不是创新,如果有的话,也只是创新的一个部分;研究开发只是创新过程的一个环节或部分;创新和高科技也不一定有必然的联系,有不少创新,实际上根本没有技术上的变化;社会和制度创新产生的影响有时远远大于技术创新的影响,如保险;大多数创新都是战略问题;企业家精神或者管理者的文化。

管理创新可以分为根本性创新、结构性创新、空缺创造式创新、跳跃式创新和渐进性创新等类型。从逻辑学角度看,不同类型的创新具有不同的方法论和战略导向。

根本性创新就是创造性的破坏(radical/revolutionary innovation)即所谓创造性破坏是指企业首次向市场引入的、能对经济产生重大影响的创新产品或技术——根本性产品创新和根本性工艺创新;根本性创新常常能摧毁一个旧产业,或者创造一个新产业,从而彻底改变竞争的性质和基础,决定了以后的竞争格局和技术创新格局;根本性创新是引起产业结构变化的决定性力量和主导力量;虽然大多数根本性创新仍应用于原来的市场和客户,但它会造成原有技术和生产能力过时,像真空管、磁带录像机,甚至胶片等,都被革命性的创新所推翻;它要求全新的技能、工艺,以及贯穿整个企业的新的系统组织方式。

结构性创新(structural innovation)注重打破了过去产业对新技术的结构性控制和支配,勾画了今后产业竞争与创新的基本框架;注重持久的概念设计,这种创造性综合所产生的设计概念将在未来很长时间内占主导地位,如 SONY 公司的 VHS 录像机和 IBM 个人计算机;注重科学技术的正当作用,虽然基于科学突破的创新是支撑主导设计的基础,但主导设计本身并不是科学所激发的,它是技术与市场需要巧妙结合的产物。结构性创新往往能够创造新产业或重塑旧产业;它冲破了现有产业的约束,不仅影响了技术的发展,而且塑造了产品、市场、企业和用户之间新的联结方式;结构性创新是以前各种技术创新的天才综合,能为创新者创造显赫的市场地位。

对于空缺创造式创新（niche innovation）而言，使用现有技术打开新的市场机会是"空缺创造式创新"的核心；空缺创造式创新对稳定、细腻的技术进行细化、改进或改变，使之支撑新市场向纵深发展；空缺创造式创新使技术和设计的生命周期得以延长；空缺创造式创新的竞争意义是：企业单靠这类创新不足以建立长久的竞争优势；如果创新易于模仿，它的竞争作用就会大大降低；要取得长期成功，创新者就必须持续引入一系列的产品、工艺创新，形成独特的产品特色和核心竞争力；在这类市场上，创新时机和反应速度往往就是一切。空缺创造式创新对生产和技术系统作用的结果是保护和强化了现有设计。

跳跃式创新（jumping innovation）是指现有产品或工艺中关键技术出现重大变化，从而推动产品创新跳跃式前进。跳跃式创新的特征是：主导设计比较稳定，由一两个主要变量决定了产品关键性能和功能。一旦主要变量发生重大技术进步或变化，产品主要功能或性能就会出现跳跃式的变化。例如，芯片技术创新推动个人计算机跳跃式创新。跳跃式创新的方向十分明确，竞争成败的关键是在重要变量上的较量，关键技术领先者往往就是产业领袖。技术领先所转化成的竞争优势和竞争地位是至高无上的，给领先者带来的利润十分可观。如英特尔公司在芯片开发技术上处于领先地位、微软公司在操作系统上处于领先地位。这些企业一般是最具竞争力的企业。它们的问题是，可能沿着某个方向的创新会有尽头，企业如何驾驭重大方向转变。跳跃式创新对原来的技能、设备投资等既具有破坏性，也具有继承性。

建立新结构和创造空缺都是看得见的，渐进式创新（incremental innovation）几乎是看不见的，但它对产品的成本和性能具有巨大的累积性效果；由于渐进性创新会对产品特性产生显著效果，它不仅加固和强化了生产能力，同时也加固和强化了企业、顾客和市场三者之间的相互联结；渐进式创新要求对技术、设计、管理等进行持续改进，其累积效果对竞争的影响与初始创新一样引人注目。

实现各种管理创新模式的关键就是创新过程组织与管理。对于企业管理而言，管理创新过程是指从创新构思产生到创新实现，直至创新投放市场后改进创新的一系列活动及其逻辑关系。事实上，要正确实现管理创新新模式，关键之关键就在于让管理者学会如何做符合逻辑的决策，如何在战略选择上不犯错误或少犯错误。因此，管理创新的过程组织与管理是让管理者学会怎么样做更恰当的决策，什么样的战略才是将来最好的选择。

苏越在1990年就在北京师范大学出版社出版了《管理决策的逻辑方略》一书，本书内容包括经济管理中的逻辑应用、行政管理中的逻辑应用、科学决策中的逻辑方略三部分。该书内容是十分丰富而有趣味的，值得推广与学习。同时，就管理中的决策问题的逻辑分析与逻辑处理的文章也不少，尤其在一些具体工作领域中管理决策提出了很多模式或模型，但由于能力与篇幅有限，在这里只选择介绍几个管理问题的决策逻辑分析。

二、管理决策的基本逻辑①

（一）做决策的基准

主管人员在管理工作上，最重要的任务之一就是临事能做正确判断，然后做出正确决策。有人靠直觉或灵感来做决策；有人依凭自己过去的体验所培养出来的判断能力，来做决策；有人则经过分析问题、设定条件、研拟方案、评估方案等程序，认为胜算很高之后，才做出决策。

做决策，究竟有什么基准呢？

首先是公司的规模。当公司规模小的时候，是要凭着自己脑里"这件事应该这样做才对"的一种闪电般的灵感做出决策。但是，公司规模成长之后，在做判断与决策之前，就应该听取大家的意见，广集众人的智慧，根据理性的计划程序来做决策。

其次是事情的重要性与紧急性。重要且紧急：直觉决定；重要但不紧急：理性决定；不重要但紧急：授权办理；不重要且不紧急：授权办理。

最后考虑做决策的正当性。什么才是正当的？不要以对自己有利或者不利的观点来做决策，而应该思考什么是最妥当、最正确，然后以正当的做法为基准去做决策。

（二）"生成发展"的原则

所谓"生成发展"，就是"日日新"之意。一切万物均不断地在动，不断地在变，这是自然的法则，也是宇宙的真相。换句话说：万物一切都是在这个"生成发展"的现象之中。任何企业的经营，在基本上都应该顺应这种现象。

（1）我负有这样的使命，所以必须这么做。我们要做决策时，总是会考虑"得失"，有些事情，如果只一味去考虑得失，就很难做抉择了。所以，除了"得失"的因素之外，应该要有高层次的冀望与浩然的气概。这种气概，也就是

---

① 改编自：做决策的基本逻辑［EB/OL］. http：//www.china-mgt.com.tw/LecturerFiles/M.doc.

"祛除私心"的心态。有这种"祛除私心"的态度与行动，才能够产生更适切、更妥当的决策。在面临非常的困难局面时，应该按照自己的信念采取适当的行动。

（2）不要以自己为中心来思考问题。对于困难的问题，心里总是犹豫不定，日夜思虑，到深夜还在操心也难得到适当的答案。为什么会这样迷惑呢？为什么不能干净利落地做决策呢？以自己为中心来思考的时候容易犯迷糊；也就是说以自己为中心思考时，总是迷云重重，很难做决定。换句话说：若以自己的得失如何、自己的立场如何，连自己的风评、声誉等都置于中心予以考虑时，就很难下决定。不管怎么做决定，总是难符合自己的如意算盘，总会有负面的作用，所以踌躇不敢做决策而迷迷糊糊了。这个时候，应将自我暂时从思考的范围内去除，而单纯地权衡整体的利弊得失。

（3）听听第三者的意见。为避免陷入自我为中心的迷惑，应以率真的心情去考虑事情，去做决策。因此，听听第三者的意见是必要的。比方说我是这样想，不知你以为如何？这样去问一下，征求对方的意见。如果所表示的意见符合己意，则下决断。假如对方的意见自己不能同意，就另外再去请教别人的意见。不妨多听别人的意见，然后自己再加熟思后做决策。别人的意见，有赞成的，也有反对的。反对的意见里会指出自己所没有注意到的地方，以集思广益的观点来说，反对的意见也是极其重要的。

（4）决策不是事情的终了，而是事情的开端。做出正确的决策，并不表示事情的终了，而是事情的开始。所以决策之后，重要的是要有决心去实现所决策的事。决策会再产生决策，刚下一个决策，次一个决策又紧迫而来；所以不要以为下了决策，就已大功告成。

（5）身负做决策之责者，首先对自己所应负的责任，要有强烈的自觉。做决策，要紧的是负有做决策之责的人，在该做决策时，就得做决策。当然，做错误的决策，是不行的。但是，害怕可能会有错而踌躇、举棋不定，那么事情不会有进展，什么事都不会产生。所以，为了避免做出错误的决策，就要多方听取意见，反复地自问自答。同时掌握好前进的目标和原则，而后鼓起勇气做决策。当然，决策多半带有责任，但假如心想逃避这项责任，就很难做正确的判断了。不仅如此，往往因为逃避责任而不敢做任何的决策，致使事情停滞，引起混乱。做决策者，假如有坚定的自觉和警惕，在遇事须做决策时，就能比较容易做适当而正确的决策了。

（三）团队的决策与问题解决

团队决策的优点：没有决策者与执行者之分，没有赢家与输家之别，没有说服者与被说服者之差，没有重要者与不重要者之异。

团队决策之程序：

（1）收集点子。可以采取大脑风暴法（brainstorming）、想到就写法（brainwriting）、分类图法（affinity diagram）、达飞法（the delphi method）等。

（2）排定优先次序。把所收集的点子排定优先次序：可以用多层次投票法（multivoting），继续进行多次投票，直到点子的清单上只剩下3~5个选择为止。也可以用名目团体法（nominal group technique）。

（3）分析点子。可以利用流程图来进行。

（4）收集数据。可以用柏拉图（Pareto Chart）、特性要因图（鱼骨图）等。

（5）发展可能的解决方案。可以利用矩阵法、成本效益分析等。

（6）做决定。大致可以采用以下步骤：一是多数决定（投票表决）：即根据表决结果中多数或成员相当比例的意见来做决定。二是少数决定：团队中一两位成员或专案小组为主体做决定。三是独裁决定：有执行权力的人直接下达命令。四是广征民意的独裁：有权力的个人在做决定前，先广征大家的意见。五是不做决定的决定：即使在深入讨论后，仍然没有结论，这通常是因为议题太烫手，或是因为缺乏决议的流程。六是共识决策：整个团队都同意一个最佳解决方案，同时对这个方案许下承诺。七是无异议通过：每个成员都完全同意团队所做的决策。

（四）决策逻辑方法的五个要素

（1）确实了解问题的性质。问题可以分成四类：

第一类是真正例常的问题。问题的个别发生，只是一种症候。如生产上的存量决策，严格说来不能称为"决策"，仅能说是一种"处置"。

第二类问题虽然是在某一特殊情况下偶然发生，但在实质上仍然是一种例常的问题。

第三类是真正偶发的特殊问题。

第四类首次出现的"例常问题"。

上述，除第三类之外，其余三类均需要一种"例常性的解决"。换言之，需要制定一种原则来应付，一旦有了正确的原则，则一切类似问题之解决就将易如反掌。当问题再度发生时，即可根据原则去处理。只有第三类"真正偶发的特殊问题"，才必须个别对付，没有原则。

有效的决策者常需花费不少时间来确定问题的属性。如果属性的类别错了，其决策必为错误的决策。

（2）确实找出解决问题所需的规范。换言之，应找出问题的"边界条件"。

决策的目标是什么？最低限度应该达成什么目的？应该满足什么条件？这就是所谓"边界条件"。一项有效的决策，必须符合边界条件，边界条件说明得越清楚、越精细，则据以做成的决策越能有效。

（3）应仔细思考确能满足问题规范的正确途径。然后再考虑必要的妥协、适应及让步事项，以期该决策能被接受。亦即研究"正当"的决策是什么，而不在研究"能为人接受"的决策是什么。人总有采取折中办法的倾向。如果我们不知道符合规范及边界条件的"正当"决策是什么，我们便将无法辨别正当的折中和错误的折中之间的区分，而铸成错误。

关于决策是否易为他人接受的问题，如果总是要考虑如何才能为他人所接受，又要考虑怕他人会反对，那就完全是浪费时间，不会有任何结果。

（4）决策方案，应同时兼顾其确能执行的方法。亦即化决策为行动。考虑边界条件，是决策过程中最困难的一步；而化决策为行动，则是最费时的一步。从决策开始，我们就应该将行动的承诺纳入决策中，否则便是纸上谈兵。

事实上，一项决策如果没有列举一条一条的行动步骤，并指定执行人员的工作和责任，就不能算是一项决策，那至多只是一种意愿而已。一项决策所应采取的行动，也必须配合执行人员的工作负荷。

（5）注意在执行的过程中，搜集反馈资料，以印证决策的适用性及有效性。亦即应在决策中建立一项资讯反馈制度，以便定期对决策所预期的成果做实际的印证。决策是"人"做的，而"人"总免不了错误，至多只能在短时间内没有错误。即使是最好的决策，也有错误的可能，也会因为时过境迁，归于无用。再从另一个角度来看，决策都是以几项"假设"为根据。这些假设有没有改变？是否已不合时宜？只有定期检查才能知道是否应该修正。

三、管理战略就是一种决策逻辑[①]

关于"战略"的定义何止上百，有定位说、计划说、学习说，但是这些定义都有点"瞎子摸象"的感觉。战略究竟是什么，战略管理又是什么？大家莫衷一是，理论界和实践界无法达成一致的意见。

其实，战略是一种决策逻辑。它首先是逻辑，也就是在已知条件下找到合理结论的规律性。对企业而言，战略就是德鲁克的环境假设、使命假设和能力假设的统一。只有企业对环境和能力做出正确的假设，企业战略的正确性才符合逻

[①] 改编自：文化力·亨利·明茨伯格：战略是一种决策逻辑 [EB/OL]. http://www.sinoec.net/bbs/sutra16709.html.

辑。很多人批判 TCL 科技集团股份有限公司（以下简称 TCL）的国际化是一种错误，其实，如果我们从当年中国彩电行业深受美国反倾销制裁和中国彩电企业的垄断竞争格局下的价格战和库存积压等国内外环境来看，TCL 的国际化战略是符合当时的环境假设的。

战略是决策，而且是企业资源配置方向、比例结构和先后顺序的重大决策。而决策的方式无论是直觉还是深思熟虑，无论是个人决策还是集体决策都会影响战略决策的正确性。理论界很多人批判机会主义，其本质就是否定直觉决策在战略管理的正当性和有效性。也否定了企业家的战略直觉。总是在第一时间抓住机会一举击中目标。我们把战略视为高高在上的东西，其实"无论白猫还是黑猫，抓住老鼠就是好猫"，中国大多数企业家在创业初期往往就是靠直觉来做决策的，但是这些决策往往是有效的甚至是高效的。

战略是对未来的设计，而这种设计必须体现在核心业务、战略业务和未来新业务之间的逻辑递进关系上。其中一个前提就是这些业务的先后顺序和投资比例结构要实现现金流的稳健性。很多企业在做大后，往往涉及多元化，多元化不是不好，而如果没有注意三种业务的逻辑递进关系和现金流的稳健性就会带来致命的危机。

战略管理是一系列战略活动的管理，不是龟兔赛跑，不是马拉松，而是战略接力赛。战略管理不一定要每次战略活动都可以获得第一名或者都跑在最前面，而是要实现企业发展的可持续性，要保证企业基业长青。TCL 在任何行业都不是第一名，在彩电行业不如四川长虹，在手机行业不如诺基亚，在空调行业不如格力电器。但是它每次都可以在正确的时间选择正确的道路。最重要的 TCL 像是在跑接力赛，每种业务都保持前几名的水平，从而保证其作为中国民族工业的旗帜地位。

战略讲究时机，当战略时机不对，配套设施，特别是自身能力跟不上。企业即使对环境变化做出了正确判断，也可能由先驱变成先烈。TCL 在吴士宏领导下的家春秋计划是目前 3c 概念的雏形，之所以家春秋计划失败，是因为当年的环境不配套，没有足够的技术支持，没有消费环境的配合。

企业的战略管理是一场接力赛，也许有时候会像兔子一样被乌龟甩远，也许不一定每次都可以跑在最前面，但是只有始终保持战略方向的正确性，坚持不懈，企业才会基业长青。

四、投资管理的决策逻辑[①]

(一) 投资管理的决策逻辑基本流程

由于决策思维所涉及的因素相当庞杂，因此必须先对投资者的投资目的和决策逻辑给予相对合理的假设，以便作为进一步理论分析的基础。常用的投资决策方法就是建立在这些基本假定的基础之上的。显然，简化人们的思维是这些假设的基本特征。这就意味着，这些投资决策方法的合理性只是相对的，它们只能作为投资者决策的基本依据。决策者应该在此基础上再综合考虑这些方法所没有涉及的其他因素，最终才能做出合理的决策。

搜集信息是投资决策第一阶段不可或缺的工作，决策者必须全力搜集相关信息，掌握各种可选投资机会。我们假定投资者有能力掌握所有的可选投资机会，并且已经做到了这一点。由此便可将我们所要分析的投资决策限定于决策人在不同投资项目之间的选择过程。

经济学用偏好这个概念来刻画投资者在不同投资项目之间的选择。偏好是决策者关于一系列投资对象的优先选择顺序表，它可以用一种两维的关系——"弱偏好于"表述出来。

令 X, Y 为两个投资项目的净收益，所谓决策者在可行选择 X 与可行选择 Y 之间"弱偏好于"X，即是指，该决策者认为 X 至少与 Y 一样的好。在"弱偏好于"的基础上可以引申出"严格偏好"和"等价于"两种常见的二维关系。

1. 关于偏好关系的几个理论假定

(1) 完备性。对于任意的可行选择 X 和 Y，要么 X "弱偏好于" Y，要么 Y "弱偏好于" X，要么这两种情况同时成立。

(2) 自返性。对于任意的可行选择 X，X "弱偏好于" X 必定成立。

(3) 传递性。对于任意的可行选择 X、Y 和 Z，如果有 X "弱偏好于" Y，Y "弱偏好于" Z，则必有 X "弱偏好于" Z。

如果决策者的思维逻辑满足上述三种性质，则称该决策者具有"理性"。在经济学中，一个以获得最大化效用为目标的理性决策者通常被称为"经济人"。

(4) 连续性。对于任意的可行选择 X 和 Y，集合 {X：X "弱偏好于" Y} 和集合 {X：Y "弱偏好于" X} 是闭集。连续性排除了诸如"字典序"之类的过于极端的偏好关系。

---

① 改编自：李德荃，李华. 论投资决策的逻辑基础 [J]. 山东经济，2005 (3)。

(5) 独立性。对于任意的可选择投资机会 L、L′ 和 L″，必定有：L "弱偏好于" L′ 与 [aL+(1-a)L″] "弱偏好于" [aL′+(1-a)L″] 等价。其中，a∈(0, 1)。

2. 期望效用函数的存在性

某投资项目的期望效用等于该投资项目各种可能结果的效用的期望值。其中的权重为该投资项目各种可能结果的概率分布。冯·诺依曼已经证明：对于一个满足完备性、自返性、传递性、连续性和独立性的"弱偏好"关系，必定存在一个期望效用函数 U（scardinalutility function），使得：L"弱偏好于"L′与 U(L) ≥ U(L′) 等价。而且可以证明，期望效用函数的任一仿射变换仍为期望效用函数。

期望效用函数的存在性定理具有重要的理论意义，它把决策者的选择问题简化为求期望效用函数的极大值问题，使得决策的过程大大地简化。

3. "均值—方差"不确定性分析框架的引入

期望效用函数具体数学形式的确定仍然相当困难，因此我们还要进一步地简化不确定性决策的思路。

(1) 如果假定随机变量服从正态分布，那么只要确定出该随机变量的均值和方差，也就能够完整地给出它的概率分布。根据中心极限定理，连续投资收益率服从正态分布。由此，判定投资项目的连续收益率并求得它的均值和方差便成为投资决策工作的重点。只要能够求得连续投资收益率的均值和方差，就可以确定其完整的概率分布，进而确定出决策者关于该投资项目的期望效用函数。

(2) 如果假定投资者在确定性环境下的效用函数为：$U(X) = X + aX^2$，其中，a 为小于零的常数。则该投资者的期望效用函数为：

$$\int (X + \alpha X^2) dD(X) = \int X dD(X) + \int \alpha X^2 dD(X)$$
$$= E(X) + \alpha [Var(X) + E^2(x)]$$

其中，$dD(X)$ 为 X 的概率分布。我们看到，如果假定投资者在确定性环境下的效用函数为二次型的形式，则其在不确定环境下的期望效用函数将完全取决于随机变量的均值和方差。

(3) 将投资者的期望效用函数在随机收益 X 的均值 E(X) 处泰勒（Taylor）展开，有：

$$E[U(W+X)] \approx U[W+E(X)] + U'[W+E(X)]E[X-E(X)]$$
$$+ 0.5U''[W+E(X)]E[X-E(X)]^2$$
$$= U[W+E(X)] + 0.5U''[W+E(X)]Var(X)$$

其中，W 为该投资者在投资期初拥有的财富数量。可见，如果忽略期望效用函数的高阶无穷小项，则可粗略地假定投资者的效用水平主要取决于均值和方差。由上式不难看出，就风险厌恶投资者而言，由于 $U''[W+E(X)] < 0$，所以，X 的

均值越大,方差越小,该投资者的效用函数值越大。

因此便有了所谓理性投资决策的基本准则如下:一是在既定方差下,期望收益越高越好;二是在既定期望收益下,方差越低越好。

(二) 净现值风险管理决策方法的逻辑

这里,我们仅在两期离散型模型下来阐述这个问题。我们将"投资"理解为"为了在未来获得更多的消费量而对现时消费的延迟"。若对"现在"放弃的1元钱的消费量,决策者要求"明年"至少应获得1.1元的消费量作为补偿,则可谓该决策者关于消费的"边际时间偏好率"为10%。在这样一个简单的"现在"和"明年"的两期决策问题中,该决策者的最佳投资额应满足下列模型:

$$\max. U = U[C0, (1+r)I]$$
$$s.t. W = C0 + I$$

其中,W 为期初可用资源总量;C0 为现期消费量;I 为现期投资量;r 为投资的边际效率,因此明年的消费量将为 $C1 = (1+r)I$。

显然,该模型最优解应满足的一阶条件为:$(\Delta U/\Delta C0)/(\Delta U/\Delta C1) = (1+r)$。即消费的边际时间偏好率等于投资的边际收益率。如果决策者的投资水平符合上述条件,则其在两期消费中必能获得最大的效用。

根据上述逻辑,对于一个理性的决策者来说,所有没有用于现时消费的资源都应当有一个增值率,这个增值率应当相当于消费的边际时间偏好率。正是在这个意义上,我们说资金的占用是有机会成本的,即资金具有时间价值。这个机会成本率即消费的边际时间偏好率。因此,上述两期"消费—投资"决策模型的一阶均衡条件也可以描述为:投资的边际收益率等于资金的机会成本率(或时间价值率)。所以,当均衡实现了的时候,资金的时间价值率(或机会成本率)应该等于这个时候投资的边际收益率。

一方面,由于不同的决策者具有不同的消费的边际时间偏好率,所以不同的决策者会选择不同的(最优)投资水平,资金的时间价值率在不同的投资者那里便不会相同。问题是,现实生活中的投资大多属于代理的性质,即由法人代理股东投资。法人不可能准确地了解其股东消费的边际时间偏好率。因此企业的投资便无从达到股东心目中的最佳状态。"消费—投资两基金分离定理"的提出在逻辑上解决了这个问题。这需要引入金融市场,并给定其市场利率。然后再将决策者的拟定决策划分为"现期消费""实业投资"和"金融投资"三大块。并假定股东仅在"现期消费"或"金融投资"间进行抉择。则该股东应将其现期消费量调整到"消费的边际时间偏好率等于金融市场利率"这一状态。这个时候,股东作为消费者的效用达到了最大。

另一方面，再假定企业法人只在"实业投资"或"金融投资"间进行抉择。并且假定企业法人能够对各种实业投资机会的边际效率进行排序，从而确定自己的实业投资机会曲线。则企业法人应将其实业投资量调整到"实业投资的边际收益率等于金融市场利率"的状态。在这一状态下，企业的利润达到最大。如果假定金融市场是完全竞争的，则对于每一个风险决策者来说，金融市场的利率为常数。所以，以金融市场利率作为纽带，企业法人的理性投资和股东的理性消费必能使得"企业投资的边际收益率等于股东消费的边际时间偏好率"这一条件获得满足，从而使股东最终能够在"现期消费""实业投资"或"金融投资"间的抉择中获得最大的效用。在上述假设下，当一般均衡实现的时候，由于必有"实业投资的边际收益率等于金融市场的利率，并等于消费的边际时间偏好率"。因此可以将金融市场利率作为资金的时间价值的度量。这样一来，资金使用的机会成本便有了一个客观的、共同的计量标准。这里，之所以强调"共同的计量标准"这层含义，是因为以消费的边际时间偏好率作为资金的时间价值度量意味着不同的投资者会有不同的时间价值标准；而在引入金融市场后，以金融市场利率作为资金的机会成本便成为不同投资者的共同选择。

因此，可以将净现值风险管理决策方法的逻辑分解为以下几个环节：

（1）确定拟投资风险项目每期的净现金流量期望值。

（2）确定用于折现的基准利率（即资金的时间价值率—金融市场利率）。

（3）将拟投资风险项目每期的净现金流量期望值按基准利率折现，并求得每期净现值的和，这个和即为净现值（NPV）。

（4）如果拟投资风险项目的净现值和大于零，说明该项目的收益率高于金融市场利率（即股东消费的边际时间偏好率）；如果拟建项目的净现值和等于零，说明该项目的收益率等于金融市场利率（即股东消费的边际时间偏好率）；如果拟投资风险项目的净现值和小于零，说明该项目的收益率低于金融市场利率（即股东消费的边际时间偏好率）。因此，净现值和不低于零的风险投资项目为可行风险投资项目。而当边际投资的净现值等于零的时候，企业法人的利润和股东的效用同时达到最大。即企业投资的总规模仅当其边际投资的净现值等于零时方能达到最优。

（三）内部收益率风险管理决策方法的逻辑

从前面给出的净现值的计算方法可知，对于某一风险投资方案而言，在项目的寿命年限 N 及每年净现金流量均已固定的条件下，可以把净现值仅看作是贴现率 i 的函数。i 越小，NPV 越大；反之，i 越大，NPV 越小。当贴现率大到一定程度时，必然有一点使净现值等于零。这一利率 $i*$ 即为该风险投资项目的内部收益率（IRR）。

内部收益率法用于单方案分析时，要与基准利率 i_0 进行比较：若 IRR $\geq i_0$，则可认为该风险投资方案是可行的；若 IRR $< i_0$，则该风险投资方案应予拒绝。由于 IRR 相当于 NPV 等于零时的折现率，所以 IRR $\geq i_0$ 与 NPV ≥ 0 等价；IRR $< i_0$ 与 NPV < 0 等价。因此，在判断单一风险行为是否恰当时，IRR 法与 NPV 法等价。

但是，在多个风险决策方案中评价最优风险决策行为时，由于这两个指标有很大的区别（分别为绝对效益指标和相对效率指标），因此这两种方法并不完全等价（设想一个以 IRR 为横轴，以 NPV 为纵轴的直角坐标系，这种情况主要出现在两个风险投资项目的 NPV 曲线在第一象限相交，而基准利率位于交点的左侧的情景）。

（四）投资回收期风险管理决策方法的逻辑

在很长一段历史时期内，回收期被用来作为风险投资评价和选择的主要指标。最常见的回收期，即能够使风险投资项目的累计净现金流量为零的年限。根据投资回收期风险管理决策方法的逻辑，回收期越短的风险投资机会越好。回收期的缺点是显而易见的：首先，忽略了回收期以后的净现金流量。其次，没有全面考虑货币的时间价值。尽管回收期有以上缺点，但却受到很多风险投资决策者的欣赏，其原因可能有以下几个方面：（1）回收期的倒数可以粗略地理解为项目的平均收益率。如回收期为 4 年，那就表示每年可回收投资的 25%。回收期越小，平均收益率就越高。（2）在用回收期指标来评选风险投资机会时，投资回收的速度越快越好。这无疑和很大一部分投资者的态度是一致的：回收期短的项目可以避免将来的不肯定性。反正本金早已收回，回收期以后的收入都是还本以后的利润，投资者就不大担心这种情况下的不确定性了。（3）实业的投资和财务金融的投资不同，后者可以随时投放和收回（如买债券或股票等），流动性较高。而前者的投资会形成具体的实物资产，工程上马以后，决策人员的回旋余地就不多了，即流动性较差。由于经济活动后果的变化无常，迫使决策人员希望能越早解决这种不确定性越好，回收期指标能反映风险决策人员的这种愿望。（4）当风险投资的收益 Y 每年均相等时，给定项目寿命期 N 内的回收期 θ 与内部收益率有一一对应的关系。因此，采用内部收益率法或采用回收期法的效果是一样的。当项目寿命周期很长时，项目的内部收益率就是回收期的倒数。（5）投资回收期风险决策分析方法可以被理解为一种大大简化了的净现值法：在回收期之内的净现金流量按贴现率 $i = 0$ 进行贴现；回收期以后的净现金流量按 $i = \infty$ 进行贴现。

(五) 期权风险管理决策分析方法的逻辑

在 20 世纪 70 年代初，布莱克和斯科尔斯（Black and Scholes）推导出了衍生证券的价格必须满足的微分方程，并运用该方程推导出期权价格的计算公式。所谓风险投资管理决策的期权方法一般即是利用 Black-Scholes 的期权定价公式计算某些风险投资机会的价值，进而做出相应的最优风险决策的方法。

第五节　政治发展中的决策逻辑

一、什么是政治发展

政治发展（political development）是与经济发展相伴而生的概念。在现代化政治学中，政治发展既可以用来指某种过程，又可以用来分析作为政治变迁的结果。作为过程，政治发展是指政治目标的运动或政治运动的方向。作为结果，政治发展是一个复合概念，即政治发展包括若干不同的成分，而其中的不同成分又是相互关联的。作为学科，具有特定时空范畴的概念，具体指的是近现代以来从西方发起并席卷世界各国的，从传统的政治体制、政治模式向现代政治体制、政治模式的发展和演变过程，是与政治现代化、政治稳定、政治民主等密切相连的一个概念。

"政治发展"的概念开始于"政治发展理论"，首先在 20 世纪 50 年代以后西方政治学中提出。第二次世界大战后，许多不发达国家开始了工业化，随之在政治上也出现了富有特点的变化。这些变化促使长期局限于研究西方政治的西方学者思考，发展中国家会不会经历与发达国家相似的政治发展过程。当时经济学和社会学对经济发展和社会发展的研究，也给政治学学者以直接的启示。于是，一些政治学家开始对政治发展进行研究，试图通过研究寻求各国在现代化过程中政治变迁的一般性规律。20 世纪 60~70 年代，是政治发展研究的兴盛时期，其中美国学者的研究最引人注目。他们对个别国家政治发展的情况进行了考察，并由此引申出一些理论，撰写了一些有影响的著作，如勒奈的《传统社会的消失》(1958)、G. A. 阿尔蒙德和 J. S. 科尔曼合著的《发展中地区的政治》(1960)、D. 阿普特的《政治现代化》(1965)、L. W. 派伊的《政治发展面面观》(1966)、S. P. 亨廷顿的《变革社会中的政治秩序》(1968) 等。

政治发展的含义由于研究者的理解不同而各异。总体上看，学者们对政治发展的界定不外乎两个基本模式：一种是强调政治发展的实现形式和具体内容，如派伊的定义，这是一种指标性的定义；另一种则是更强调政治发展的目标方向和发展前景，如科尔曼的定义，这是一种过程化的定义。无论哪一种类型的定义都从一定程度上揭示了政治发展的内涵，使政治发展成为一个标明政治体系综合能力提高的复杂概念。

通常，政治发展的内容至少包括以下几个基本方面：（1）政治发展意味着社会成员政治参与的广度和深度的增加。满足公民参与社会公共事务的欲望，是政治系统基本的价值目标。在传统社会，社会成员只有少部分由于出身、宗教或者最高统治者的恩赐等原因参与政治过程。随着政治发展，参与这一过程的公民不断增多。政治系统越发达，广泛深入地参与政治过程的公民就越多。（2）政治发展意味着政治系统功能的增强。社会的发展需要政治系统的功能不断增强，政府的活动范围和规模也随着政治发展水平的提高而扩大。在现代社会，政府开始管理一些在传统社会中不属于政府职责范围之内的事务，如促进科学技术的发展、组织公共教育、举办社会福利、对经济和社会的发展进行规划，并将政府的决策有效地贯彻到社会的各个层次。（3）政治发展与政治分化的程度是一致的。传统社会的政治分化程度较低，同一功能往往由若干性质不同的机构和角色承担，或者一个机构或角色同时承担若干不同的功能。前者如欧洲中世纪的政教合一制度，后者如中国封建社会的皇帝总揽立法、行政、司法等权力。在政治发展过程中，政治机构与政党以及经济、文化、宗教社会等机构逐渐分化，政治机构内部各部门亦逐步分化，分别承担各自比较确定的任务，彼此间既分工、又合作，互相制约、互相协调，使政治系统得以更有效率地发挥其功能。（4）政治发展包括参与型政治文化的形成。各民族有不同的文化传统，但在政治发展过程中，不同民族会培养起一些共同的特点。如公民具有参与政治的积极性，有服从合法权威、遵守法律的意识，以及尊重和容忍不同意见的精神。

西方学者关于政治发展的定义固难摆脱其价值观念和经验背景的影响，他们往往是从西方的政治模式出发裁剪和衡量第三世界国家的政治发展现象，因而不可避免地被打上"西方中心论"的狭隘印记。我们在借鉴和吸收他们研究成果的同时，还必须看到政治发展的更为丰富的内在规律，那就是政治发展既有共性又有个性。一方面，政治发展异彩纷呈，但它并非杂乱无章，它遵循着一些一般的规律，不同的发展模式之间，相互联系；另一方面，政治发展的一般性规律，通过多样性的模式体现，不同的模式之间相互区别。绝不可以共性掩盖个性。对任何一个民族和国家来说，真正的政治发展，就是要坚持从国情出发的原则，总结自己的实践经验，同时借鉴人类政治文明的有益成果，绝不照搬他国政治模式。

这样才能保证政治建设进程顺利而健康的发展。

20世纪80年代以后，中国的政治学者也逐步展开对政治发展的研究。许多人根据马克思主义观点认为，政治发展主要是由经济发展推动的，它与经济发展的一定阶段相适应。政治发展不单是不发达国家的任务，发达国家在社会发展中，同样面临着政治发展的问题，由于政治发展与经济制度、历史传统、文化背景及其他社会条件的相互影响、制约，不同国家的政治发展方向和形式是多种多样的，不能只是单一的西方模式。

二、政治发展的逻辑原理①

政治发展是不发达政治系统向发达的政治系统变迁的过程，一般指传统社会向现代化社会发展的过程中在政治领域发展的变化。政治发展意味着：（1）社会成员政治参与的广度和深度的增加；（2）政治发展意味着政治系统功能的增强；（3）政治发展包括参与型政治文化的形成，但其核心内容是政治民主化，而政治民主化的核心与基石又在于政治参与的扩大，一般意义上认为政治参与的扩大主要在于制度的建立和完善，但事实是（也是需要指出的地方），在政治参与的扩大过程中，制度并非是最根本性的因素，最根本性的因素其实是人的观念的改变，是参与型的政治文化和参与型的政治行为习惯体系的确立。制度的建立需要现实的根基，公民人格的养成，参与意识与参与素质的具备正是政治参与有效扩大的现实根基。

西方各国政治发展的一般规律是（政治发展的基本模式）：第一步是国家建设（state-building），即从王权专制过渡到现代民族国家的建设过程；第二步是民主化，即通过资产阶级革命和渐进式的改革建立民主政治体系，扩大政治参与，这一步又包括两个部分，经济的民主化和政治民主化；第三步是福利国家化，即国家职能或政府干预扩大，建立了现代意义上的福利国家，福利国家化的本质在于社会平等的实质性推进。

因此，政治发展是一个过程，需要时间。政治发展需要的是过程逻辑、行动逻辑与时间逻辑的参与。这是因为：

首先，政治现代化从属于现代化，而现代化是世界规律和世界趋势，政治现代化（政治发展）作为现代化在政治领域中的内容和展开，本身是现代化的一个子系统，因此，任何一个国家只要经历着现代化，就必须要服从这种规律和趋势。

---

① 一苇渡江. 政治发展是一个过程需要时间 [EB/OL]. http://blog.sina.com.cn/s/blog_4a6578160100059s.html.

其次，从一个社会的内在演化秩序看，这符合过程逻辑。现代化是以经济发展和科学技术革命为推动的变化，经济基础的发展自然带动上层建筑的发展，从西方近代以来的政治发展成果看，正是资本主义和工业主义带动了西方民主制度的确立和发展，因而西方的民主制度又被称为"资产阶级民主制度"。而这两者的内在关联乃在于资本主义逻辑的展开要求整个社会作为对象服从竞争、平等和契约的内在要求，因而，事实上资产阶级的民主政治其实是资本主义逻辑在其政治领域的延伸和展开，在西方学界素有"政治市场"的说法，政治市场一说正是对应了一般意义上的"经济市场"，正是由于资本主义的竞争逻辑、效率逻辑催生了资本主义政治制度中的政党政治，而资本主义所带来的社会的原子化和社会平等的初步实现则为社会各阶层要求平等（至少是形式上的平等）地参与政治生活、享受政治权利奠定了基础。此外，主权思想的兴起，现代民族国家的产生很大程度上也都可以归结到资本主义的逻辑。

最后，从现有的发展中国家的政治发展历程和已经表现出来的趋势看，符合时间逻辑。时间能改变一切。社会主义国家的政治发展的特殊性就说明了这一点。中国的现代化经历了器物引进、制度改良和文化变革到之后的革命等多个阶段，但现代化真正全面的展开仍是要从改革开放算起，因为，现代化是一个循序渐进的时间逻辑，经济先行带动上层建筑的相应变化，这不仅符合社会发展的内在规律，也符合早发现代化国家的现代化之路。

三、政治决策中的逻辑原理

从逻辑理性上看，政治决策（political decision-making）是政治发展开始。政治决策本身就是一个逻辑理性的过程。政治决策指政府或政党等政治管理主体对政治生活的重大问题指定和选择行动方案的过程，是对政治生活的方向、目标、原则、方法和步骤进行抉择的过程。政治决策具有以下特征：它是对公共政治生活所做的抉择，涉及国家和社会的整体利益（公共性），它的行为主体是国家政权组织及与其相关的个人和组织（权威性），它的结果决定政治管理的整个实施过程（指导性），它以国家强制力为后盾要求普遍服从并执行（强制性）。

政治决策基本特征主要表现在：（1）政治决策是一个动态的过程，即有关国家和社会整体利益的重大决定和一般决定的形成和实施的过程。（2）政治决策的主体是国家机关、政党等及与其相联系的个人决策者或决策参与人。（3）政治决策是根据统治阶级的指导思想和政治理论原则制定的，具有鲜明的阶级性。（4）政治决策的目的是为了形成和实现阶级、政党和国家的意志。（5）政治决策所形成的决定以国家的强制力为后盾，带有普遍的、强制的性质。

通常认为政治决策过程应遵循如下原则：（1）系统原则。即把决策对象视为一个系统，以整体目标的最优化为标准，分系统和单项的目标必须置于整个系统中来分析。（2）可行性原则。决策必须从客观实际出发，既要考虑到人力、物力和财力的实际状况，又要符合当时当地的实际需要和客观条件。（3）重点原则。一次决策只能不同程度地满足一部分要求。在多种目标多项任务的情况下，决策者要抓住主要矛盾，突出重点，分清主次，提高决策效能。（4）适时原则。即必须抓住时机，利用机会，当机立断，适时决策，避免议而不决，贻误战机。此外，有的学者还提出了信息准确全面原则、行动原则、相关原则等。

政治决策的整个动态过程可以分为若干步骤，一般程序是：（1）确定目标。即在一定的环境条件下，必须达到和希望达到某种结果。（2）信息的收集和处理。根据目标要求，收集有关情报信息，加以分析处理，形成资料、数据和统计报告。（3）设计方案。在掌握信息的基础上，设计各种实现目标的备选方案。一般来说，备选方案越多，达到目标的最佳机会就越多。（4）评估。采用科学分析和评估技术，对各种备选方案进行综合评价。在评估基础上，权衡、对比各预选方案的利弊得失，并将各种预选方案按优先顺序排列，提出取舍意见。（5）选择方案。决策者在若干个预选方案中择定最佳方案，这是政治决策程序中的关键环节。选择的标准一般是，在同样的约束条件下，看哪一个方案能够以最低的代价、最短的时间、最优的效果实现既定目标。（6）实施与反馈。决策方案一经决定，就应适时付诸实施。决策者一方面要为决策的顺利实施创造条件，另一方面应根据决策实施过程中的反馈信息，对决策做相应的调整和修正，使决策更加符合实际。

在政治决策过程中，要运用一些技术性方法，主要有：（1）逻辑推理法。运用已有的事实推理得出符合逻辑的结论。（2）模拟法。通过试验（试点）得出几种解决问题的模式，供决策参考。（3）数学法（线性规划）。假定问题中的各变数之间存在直接关系，用直线函数表示，以计算最佳的解答，目的在于以最小的资源做最优的分配。（4）概率法。如事件常按照一种既定的形态发生，可以用概率代替未知数，以测定某一事件可能发生的概率，从而做出决定。（5）作业法。在计量的基础上，通过对整个输入和输出系统的分析与控制，就所追求的目标做出最优方案。

政治决策中存在三种理性。这就是美国圣母大学发展伦理学专家德尼·古莱1986年在《发展决策中的三种理性》中所提出的决策三理性：技术理性、政治理性和伦理理性。

所谓"技术理性"就是在目标上追求做成一件事，完成一项具体任务，应用科学知识来解决问题；在方法上，除了目标，把每件事作为手段；在过程上，消除障碍，有效地使用手段。总之，在逻辑上是硬性的。

所谓"政治理性"就是在目标上保证体制存在，保护游戏规则，保持权力地位；在方法上，妥协，谈判，一致，通过。总之，在逻辑上是软性的。

所谓"伦理理性"就是：在目标上始终关注某些价值观的产生、养成、推展，并为之辩护；在方法上，伦理本身就具有判断性——好与坏、公平与不公平、公正与不公正，把所有其他目标与手段视为相对的。总之，在逻辑上既有硬性的一面也有软性的一面。

事实上，政治决策中三种理性都不可能完全离开逻辑的参与。在技术理性中讲求是演绎逻辑的绝对参与，一切以"必然的得出"为依托和归宿，只有必然，没有偶然；在政治理性中更注重归纳逻辑尤其类比逻辑的参与，只有可能的得出，没有必然的得出，既有必然，更有或然；在伦理理性中，辩证逻辑的参与更重要，只有相对的得出，没有绝对的得出。

四、政治动员的逻辑原理

根据孔繁斌相关论述，[①] 我们认为：政治动员是一种行动逻辑。这样的行动逻辑其基本内涵就是时间逻辑与规范逻辑。

政治动员（political mobilize）涉及现代社会集体行动这一难题，呈现出的是个人理性与集体理性、国家对公民行为的管制边界、公共治理的宪政维度等政治学知识之维度的两难问题。作为一个政治学范畴，"政治动员"主要用于描述政治权威对公众行为的某种诱导或操纵。之所以实施这种诱导或操纵，通常是为了达成某一特定的政治目标。政治动员与政治参与都是典型的政治行为，但政治动员的行动路线是自上而下的，而政治参与的行为方式则是自下而上的。

政治动员虽然是现代社会中一种广泛存在的政治现象，但并非没有具体类型上的差异。大致可以分为"竞选动员"与"群众运动"，"常规动员"与"逆境动员"，"政府动员"与"组织动员"。由此可见，政治动员的类型不同，动员的方式、程度以及价值衡量标准也都有所区别。当然，不同类型的政治动员总有某些共同之处，诸如争取足够多数散布的公众群体的支持、改变某些事件的状态。因此，对政治动员的研究应该选择更能描述和解释其功能形成的概念途径，避免将政治动员嵌套在革命运动、社会运动诸问题中而做出空乏的理解。

一般而言，政治动员研究的核心旨趣体现为对动员中集体行动形成机制的解释：议题建构→崇高幻想的建构政治动员（集体行动）→认同聚合→组织行为与

---

① 孔繁斌. 政治动员的行动逻辑——一个概念模型及其应用 [J]. 江苏行政学院学报，2006（5）.

大众行为。在该模型中,第一个变量动员议题被认为是政治动员的灵魂,政治精英建构动员议题的能力决定动员的绩效。动员议题的建构离不开对"质料"和"形式"两个次变量的运用,一个效度高的动员议题是这两个次变量完美的结合。成功的动员议题无疑是一件"公共品",可以降低大众完成认同聚合的成本,提高动员收益。模型中的第二个变量大众认同聚合是对动员议题的回应;权威、说服和交易三个次变量的不同权重和排序,在一般逻辑层面解释了认同聚合的动因。"动员议题—认同聚合"的释义模型可以说是对政治社会活动中政治动员经验的抽象,但不同的政治体制下这一模型解释的重点需要调整。因此,本书对该模型的应用选取了现代政体谱系的两极——自由民主政体和威权政体这两个典型,而这些调整并非是任意的,而是选择了不同政体下都存在的公民权利—义务关系。根据这一研究设计,对政治动员的讨论便转化为对不同政体中动员议题建构和认同聚合的研究。

(1) 政治动员中的议题建构。政治动员的类型多种多样,具体目的也各不相同。但是,每一次政治动员却总是紧密围绕某一特定公共政策而进行的,尽管并不是所有的公共政策过程都要以政治动员的方式完成。假如国家公共政策需要依赖政治动员才能运作展开,那么,始终位于政治动员运作起点的则是政策议题(policy agendas)的建构。在政治动员的议题建构中,议题的"质料"和"形式"影响政治动员的操作方式和实现程度。质料一般涉及共同体某个真实的公共问题,从传统的劳资关系到女权主义、环保运动,从发展中国家的民族冲突到公共福利工程,每一个重大的影响政治秩序和社会秩序的社会问题,都有可能成为政治动员中问题建构的质料。在公共政策的议题建构中,选择质料做出决策十分重要,这就需要行动。除"质料"之外,公共政策的"形式"在动员式政策过程中也具有举足轻重的地位。著名社会学家涂尔干曾断言,"倘若没有象征符号,社会观的存在只能是不稳定的。"[①] 将涂尔干面对现代社会所表达的看法应用到动员议题建构中,也是十分恰当的,即没有必要的"形式",政治动员便难以进行运作。一个成熟的政治共同体,总是有着明确稳定的政体和作为政体延伸的权力文化网络,政治动员议题建构中的"形式"主要依赖共同体的权力文化网络。政治精英在动员议题建构时,往往利用权力文化网络中的资源,将动员议题象征化、仪轨化、符号化,以隐喻方式对动员进行表达。在各种类型的政治动员中,都可以看到政治精英对动员议题"形式"的追求。这些精英犹如表现力十足的艺术家,善于凭借"符号编码""施魅"于公众的注意力、操控公众的想象力,令公众情绪高昂、热血沸腾。这些巧妙建构的"形式",无疑增添了政治动员的感

---

① 爱弥尔·涂尔干. 宗教生活的基本形式 [M]. 渠东,等译. 上海:上海人民出版社,1999:276.

召值,往往成为政治动员中一道亮丽的风景。因此,如果忽视对权力文化网络中诸如象征、仪轨这些政治资源利用的话,也就不可能成功提升政治动员的能力和扩展其效应。没有强大势能的政治动员不仅无法获得公众积极支持,也危及当局的威信。

(2) 确保动员的合法性和运作的有效性。政治精英之所以要象征化竞选议题建构,是理性的竞选制度设计与选民集体行动理性困境这一现实处境的要求。在自由民主政体国家的现实政治生活中,一般公众的理性化与民主化程度其实是有限的,选民具有充分的积极性和慎思明辨的政策议题选择能力仍旧是一个假设。一般而言,竞选动员中的议题具有相对确定的功能,议题选择受到利益性和聚合性双重原则的制约。所谓利益性,是说动员议题总是涉及某些群体的现实利益,要么与资源配置有关、要么与财富分配有关;所谓聚合性,则是议题也要有凝聚作用,易于被公众理解、接受和支持。政治候选人的竞争,实质上转换为动员宣传的较量,其核心"硬件"则是议题的象征化。

(3) 政治动员中的认同聚合。政治动员中的议题选择和议题建构,还只是动员主体自上而下单方意志的体现。只有最后自下而上形成公众的认同聚合,政治动员中符合政治精英预期目标的集体行动才算形成。这里所说的集体行动,主要是指动员中公民群体认同动员议题、服从权威和改变自己意志和意思的行为。尽管很多政治社会学家都试图对集体行动的逻辑给予理性的解释,然而集体行动往往在事实上总是理性认同与大众情绪的混合物,所以"认同聚合"反而是集体行动更常见的形态。

"认同聚合"指许多不同组织的人们集结在一起所发生的共同行为;聚合行为的形成过程一般有五个阶段:聚焦、第一次冲动、社会助长、循环感染、群体激动。按照理性制度主义的解释,动员中认同聚合行为受权威、说服和交易三种机制的影响。权威机制实质上作用于大众的社会态度,每一种正常运行的政体的权威秩序都是最重要的政策执行资源,服从权威是大众的基本社会态度。说服机制侧重说理,但并不等同于对"理性无知"的大众给予启蒙。说服体现出双方的互惠性,这是一般政治交流的特征。交易机制既是潜在的,又仅限于某些自由民主制度。当然,动员中公众拒绝认同聚合,或对权威的动员议题进行抵抗,也是交易失败的结果。交易机制并不一定作用于有形的物质利益,有时是指权威在设定公众额外义务时要给予明确的补偿,往往更多是指公众为了避免受到权威的惩罚,与其拒绝不如按照动员意图形成认同聚合。认同聚合的复杂性决定这三种实现机制常常需要合理排序,共同发生作用,越是大规模的政治动员,认同聚合的不同机制之间的交织越紧密。

五、领导决策的逻辑过程与逻辑原理[①]

汤姆·菲尔普（Philp Tom）在《提高你的决策技能》（*Improve Your Decision - Making Skills*, 1985）[②] 一书中指出：领导者在决策过程中需要谨慎小心、深思熟虑，而要使决策顺利和成功，决策者还必须认真地遵循有关的原则和逻辑步骤。我们可以形象地将之喻为登楼攀高的阶梯，我们只有稳步循序渐进，依次拾级而上，才能顺利到达目的地。否则，便会在决策过程中遇到许多难以想象的难题。下面便是领导者决策所需遵循的六个步骤：

第一步：确定决策的目的。

作为第一步骤：在决策伊始首先要确定目的，这似乎是不言而喻、尽人皆知的。然而在现实当中它的重要性往往被人们所忽略。事实上这也是最根本的。我们在做任何事情之前，都应目标在胸，即我们究竟需要获得什么样的成效，或者换言之，我们的决策一旦付诸实施将会导致什么样的结果。如果毫无目的，贸然行事，那就会事倍功半，疲于应付，甚至一败涂地，使事业蒙受损失。

第二步：分析将影响决策的诸因素。

这一步是收罗、集纳有关信息，这些信息将在你为取得既定目标而对你所碰到的选择机遇进行比较、甄别的过程中发挥作用。如果你对达到目的所需要的信息，缺乏周详的分析和清晰的了解，那么你将难以对关涉到的每一个选择机遇的风险和收益进行真实有效的比较和评估。

现实中往往有这样的情形，有的人疏略了决策第二步骤的重要性，在把自己的决策付诸实践后，马上会遇到诸多难题和无尽的烦恼，并且会因为自己的决策难以贯彻落实，不能如愿以偿而懊恼不迭。

第三步：创造选择机遇。

仅仅依赖于已习惯的现成的决策程序将会使研究实现总目的的方式方法变得难之又难。例如，空缺人员的选聘，新的分公司或分厂的选定，都需要有效地吸纳、使用所有相关的信息，以便发现机遇、做出最后抉择。在实际工作中，要增加选择机遇，开拓新领域、创造新局面，或许适宜采用"驰骋想象、自由讨论"的方法。对这种方法加以适当的、正确的引导，那么，许多有价值的新观点、新思想都能从中产生出来。此外，需提及的是，克服对参与讨论者的任何可能的偏

[①] 改编自：汤姆·菲尔普. 领导者决策的逻辑步骤 [J]. 李哲，译. 领导科学，1994 (3)；朱绍国、杨述厚. 试论现代领导者决策过程的逻辑思维模式 [J]. 行政论坛，1997 (6)。

[②] Tom Philp. Improve Your Decision Making Skills [M]. London；New York：McGraw - Hill, c1985.

见或成见，使其各抒己见、痛陈利弊，也是一种不可忽视的特殊有效的组织领导方法，它将有助于导致更多可资参考的选择机遇的产生。

第四步：比较选择机遇。

现在可以将各种选择机遇（结合上述各种因素）进行比较了。在比较中，将显示出各个选择机遇满足于各种因素及最终目标的程度或各个选择机遇某些方面的重要性。如果一个选择机遇不能满足你认为绝对重要的因素的要求，这个选择机遇就可直接剔除掉。这样做是为了集中时间以便更有效地将适合目的的选择机遇进行比较。在这种比较中要时时顾及前面所提到的影响个人决策的各个因素。要力求避免只看到某选择机遇能够为你所用，而看不到这一选择机遇能够产生什么效果，即是否能够达到你预期的目的。因为这一步骤是做出决断前的最后的审视，因而需要稳妥、认真、慎之又慎、推敲再三。同时，不但要看到眼前，而且要高瞻远瞩，比较将来可能预见的得与失、利与弊、收益与风险等，这将有利于做出最佳选择。至此，最后决策便水到渠成、瓜熟蒂落了，你自己也会因对此颇有把握而感到充满信心了。

第五步：做出决策。

除了由你个人完全独立负责的决策之外，一般情况下，你都要与其他相关人员取得共识然后才能将决策付诸实施。经过深思熟虑做出的决策总是更加容易为他人认可和接受，而那些仅凭想当然草率做出的决策，可能不会受到他人的欢迎。当然，也有这样的情况，由于你向具有最后决断权力的人提出决策建议的方式方法有问题，可能会使某些决策因此不能获得通过。所以，你有必要充分考虑提出建议的最为适宜妥当的方法，无论是正式的还是非正式的，也无论是以书面的还是以口头的方式提出决策建议，其间的规则都是类同的，这些规则必须格遵不二。除非你有意与自己为难，根本不想使自己的决策获得最后通过，才对有关的方法不予重视。

第六步：编制执行计划。

决策在原则上通过后，还须全盘考虑有关人事方面的事项。要尽可能减少那些可用可不用的管理方面的冗员，以使决策在执行过程中不致过多地耗费时间、精力和财物。如果我们欲使一个好的决策行之有效，那么，编制执行计划便是须臾不可或缺，成为非常关键的一个步骤。依据不同的决策，我们可以编制不同的执行计划。有的决策牵涉的面不多，只需编制简明扼要的备忘录或一览表；而有的决策牵涉到方方面面的情况和人员，则要编制综合性的计划和图表。不管编制什么样的计划，其原理也都是相同的，都要求做到周到、详尽。同时，在执行计划中还有必要列出可能出现的种种困难和不利因素以及相应的解决措施。

具体看来，决策的思维过程很复杂，它要综合运用多种逻辑推理和逻辑方法，但是，由于决策的根本职能是选择方案，因此，其主要思维模式就是进行选言推理。一个科学决策的逻辑程序应是三大步：（1）分析问题；（2）制定对策；（3）审核对策。从整个思维过程看，前两个步骤是为最终决策时进行选言推理准备的前提条件。这里所提出的一个决策方案（设想）就作为选言支，组成一个选言判断，作为最终决策时进行选言推理的大前提。第三个步骤则是根据决策目标进行不相容选言推理，对各个方案进行选择。其推理形式为：

$p \vee q$

p

$\therefore q$

即：$(p \vee q) \wedge p \rightarrow q$。这个公式在经典逻辑中就是永真式（重言式）。

由此可见，决策合理、正确就必然在决策时运用不相容选言推理推出正确的结论。为了保证推出结论正确。在决策过程中具体运用选言推理这一逻辑思维形式时，必须遵守选言推理的有关要求和规则。因此，要注意以下几点：

（1）决策方案和整体穷尽性。作为现代领导者在制定决策方案时，对提出的决策方案应当估计到各种解决途径，把所有的可能方案都包揽无遗，这一要求是为了保证决策思维中进行选言推理的前提的真实性，因为不相容选言判断的逻辑特性是选言支互相排斥，必须有而且只能有一个选言支真，只要出现一个支判断真，则整个判断为真。在这里，这个真实的支判断就是指实现决策目标的最佳方案，那么在最终决策时，所选择的方案，就有可能不是最佳方案，至少不能判断它是最优的，或不是你愿意接受的方案。需要指出的是，对这条规则要灵活掌握，不要陷入教条主义的泥潭。在实际工作中，有许多决策不可能做到完美无缺，况且，有些领导者面临的情况十分复杂，而人的认识又要有一个过程，穷尽多种可能性非常困难，而有些决策又需要领导者当机立断，如军事作战方案的制定、突发事件的处理等，并不一定要等待找到全部可能方案以后再选择，这样会贻误时机。要先提出一些假设方案，经初步选择，淘汰一些，再补充或修改一些，然后再进行筛选，如此反复直到选出最满意的假设方案为止。

（2）个案相斥性。在领导者决策的逻辑思维模式中，所谓个案相斥性是指不同的备择方案之间必须互相排斥。这既是一条关于不相容选言推理前提的规则，又是一条关于不相容选言推理形式正确的保证。它要求执行了甲方案，就不能同时执行其他方案，而且每一决策设想都要有自己独立存在的意义，它是别的设想所不能代替或包含的，否则就应该取消或归到其他设想中去，这如同选择旅行路途一样，在旅行时，不能同时走两条路，也不能同时坐两种交通工具。只有满足了这一要求，各方案之间才具有可比性、选择性。否则就易犯下列错误：①部分与整体不当并列。这主要是指一个假设方案的行动或措施完全包含在另一个假设方案之中，例如，企业为了增加利润提出了几个假设方案，其中有一个是缩减管理费，另一个是降低成本。殊不知缩减管理费仅仅是降低成本的一项措施，前者完全包含在后者之中。②提出假设方案的标准不统一，缺乏可比性。例如，为了降低单位成本，提出两个假设方案，一是裁减人员，减少人工费用，二是提高专业化程度，这两个方案的规定，标准不一，因为前者从属于费用措施，后者从属于综合措施，两个方案就如"木与夜孰长"一样没有可比的依据，因而无法选择。③选择方案时，应当运用不相容选言推理的否定肯定式。从领导者决策思维所运用的选言推理形式看，是一个以多方案为选言支的不相容选言推理。这一推理有否定肯定式和肯定否定式两种，在选择方案时，应当运用前一种形式，这就必然要求领导者要在充分考察了所有决策方案后逐一否定不优方案，最终肯定那个最佳的方案，也就是说选择其一决策方案的思维过程是以否定其他方案为前提的。例如，美国著名的企业家史洛安在出任通用公司总裁时，发现他的公司的各部门总管，都像是部落的酋长，完全不听"王命"，对于这种情况，史洛安没像通常那样，把它理解为人事问题，而是采取权力的明争暗斗的方法，最终让"强有力的酋长们"退出他们的事业。他把这种现象理解为制度问题。他的决策不是否定上述的权力的明争暗斗来削弱各"酋长"的影响力或致使他们辞职退位，而是构造分权制来改变现状，从而加强了自己的统治地位。这一决策，使原来一盘散沙的通用汽车公司，一举成为当时举世瞩目的大企业。这实质是运用了否定肯定式的不相容选言推理的思维模式。杜拉克后来在评价这一决策时说："这不是解决当前需要的'对症下药'，而是策略性的大手笔、大文章"。由此可见，一个领导者仅仅是发现了问题，而没有提出解决问题的策略和技巧，他的决策也不能成为"文章"，更谈不上"大文章"了。

既然领导者决策的思维模式是进行选言推理，那么，决策的整个过程应该是选择逻辑的具体应用。选择逻辑是现代逻辑的一个分支，它系统研究人们在选择行动中所得到的命题之间的择优关系。通常把"宁选 P 而不选 Q"，记为"P＞＞Q"或称"P 优于 Q"。选择关系是不自返、不对称和传递的关系，即命题 P 不优于自身；（不自返）命题 P 优于 Q 不可能 Q 优于 P；（不对称）如果 P 优于 Q，Q 优于 T，那么 P 优于 T，这表明选择逻辑对于决策中竞争目标的选择是很有价值的，也是领导者决策不可缺少的逻辑思维方式。

决策学发展趋势是经验决策依赖的定性的模糊思维到现代的运筹学、博弈论、数学逻辑的定量分析。20 世纪 70 年代人们又认识到过分依靠数学决策的危险性，因此，现代科学决策将模糊思维与精确思维结合起来，这样，领导者在决策过程中除了进行选言推理之外，还要更重视模糊思维与模糊逻辑。

首先，领导者决策对象认识边界是模糊的。领导要把握决策的关节点，就只能借助模糊语词表态，而且态度也只会在"可能"的范围内取值。其次，领导决策方案的优序关系是模糊的。最后，领导决策择优方式具有模糊性。因此，领导者要做出科学的决策，还必须掌握模糊逻辑的思维方法。

模糊逻辑是研究思维语言形式及其规律的科学，属于非经典逻辑的领域，也是多值逻辑的继续。经典逻辑是二值逻辑，它是在是非中做选择，即非此即彼。而非经典逻辑则是多值逻辑，在有第三者介入情况下，区间上的连续值把属于关系量化，强调的是亦彼亦此性，它刻画了事物外延状态的连续渐变性，因而领导者在决策中的逻辑思维过程也是模糊逻辑的具体应用。

决策过程中，竞争所包含和涉及的因素很多，这些因素之间的联系多种多样又错综复杂，并且一直处在不断地运动变化之中。所以，领导者对竞争过程和结局的认识，就必定打上模糊的烙印。在竞争中运用模糊逻辑，就是体现决策过程最根本的原则：利取最大、害取最小。这样，领导者就能从追求绝对保险、完美的形而上学思维方法中解脱出来。根据已掌握的信息，对不同的各种可能假设进行比较，权衡利弊，趋利避害，争取以最小的风险或代价获得最佳的成果。既要防止坐失良机，又要避免冒险盲从，竞争的正确决策主要是原则、方向、大节、趋势的决断，而具体的因素则灵活处理。实践证明，领导者运用模糊逻辑的思维方法也是竞争制胜的一种可靠工具。

第十六章

认证逻辑及其应用

第一节 经典认证逻辑概论

一、认证逻辑概念界定

(一) 什么是认证

认证逻辑是关于证据与假设之间认证关系的逻辑[1]。认证逻辑是以贝叶斯概率公式为基本原理的,贝叶斯公式是概率论的重要定理,这就决定了认证逻辑是在概率逻辑的框架内构建起来的。现代归纳逻辑学家运用数理逻辑、概率论和数理统计等作为工具对或然性推理进行公理化、形式化、数量化的研究。

根据《中华法学大辞典·诉讼法卷》的解释,所谓"认证"又称"领事认证"。外交领事机关在经过公证证明的文书上证明公证机关或认证机关(包括本国的和外国的外交、领事机关)的最后一个签名和印章属实。目的是使一国已经

---

[1] 陈晓平. 贝叶斯认证逻辑及其应用 [J]. 自然辩证法研究, 1994 (10): 1.

公证证明的文书能为另一国的有关当局承认，不致影响其域外法律效力[①]。因此，认证就其本义而言是指一种证明行为。目前，我国除了上述外交、领事机关的认证外，还有产品质量认证、企业质量体系认证等。诉讼活动中所指的认证与上述各种认证存在明显区别：它是"认定证据"的简称。"认证"并不是我国诉讼立法中的一个专有名词，而是在民事审判方式改革过程中提出来的。认证是指法官在审判过程中对诉讼双方提供的证据，或者法官自行收集的证据，进行审查判断，确认其证据能力和证据效力的活动[②]。

（二）认证与证明

证明是从命题的题设出发，经过逐步推理，来判断命题的结论是否正确的过程。要证明一个命题是真命题，就是证明凡符合题设的所有情况，都能得出结论。要证明一个命题是假命题，只需举出一个反例说明命题不能成立。

（1）直接证明和认证推理。直接证明包括综合法和分析法。一般地，利用已知条件和某些定义、公理、定理等，经过一系列的推理，最后推导出所要证明的结论成立，这种证明方法叫作综合法。综合法是一种从原因到结果的方法，它的特点是从已知条件出发，通过推导得出结论。一般地，从要证明的结论出发，逐步寻求使它成立的充分条件，直至最后，把要证明的结论归结为判定一个明显成立的条件为止，这种证明的方法叫作分析法。分析法是一种由结果找原因的方法，它是要证明结论成立，逐步寻求推证过程中使每一步成立的充分条件，直到最后，把要证明的结论归结为判定一个明显成立的条件（如已知条件、定理、定义、公理等）为止。认证推理讨论的是证据与结论之间的支持关系及支持程度，在不断发现证据的过程中，分析证据的可采性和证明力，从而以一定的概率确定结论发生。认证也是一个证明过程，在这个过程中，判断一定的假设可能有什么样的证据支持，也要分析一定的证据可能产生什么样的结论，分析法和综合法并用。但是认证的结论一般不是逻辑性的演绎结论，它的结论以人们能够接受的一定的概率存在。

（2）间接证明和否证推理。反证法是这样一种证明方法，一般地，假设原命题不成立，经过正确的推理，最后得出矛盾，因此说明假设错误，从而证明了原命题成立。反证法是一种间接证明的基本方法。它是先假设要证明的命题不成立，即结论的反面成立，在已知条件和"假设"这个新条件下，通过逻辑推理，得出与定义、公理、定理、已知条件、临时假设等相矛盾的结论，从而判定结论

---

① 陈光中. 中华法学大辞典·诉讼法卷 [M]. 北京：中国检察出版社，1995：448.
② 何家弘. 刑事审判认证指南 [M]. 北京：法律出版社，2002：1.

的反面不能成立，即证明了命题的结论一定是正确的。它的优点在于对原结论否定的假定的提出，相当于增加了一个已知条件，主要适用于要证的结论与条件之间的联系不明显，直接由条件推出结论的线索不够清晰，或如果从正面证明，需要分成多种情形进行分类讨论，而从反面进行证明，只要研究一种或很少的几种情形。否证推理的过程是存在一个被检验假设，从这个假设和一系列的辅助性假设出发，演绎得出一个预测，如果这个预测被证明是假的，那么被检验假设被否证。它们都是一种间接的过程，绕过原有需要证明或认证的命题，间接证明是需要证明一个与原命题相反的命题，而否证推理的预测是由被检验假设演绎得出的。

（三）认证与推理

推理是由一个或几个已知的判断（前提），推导出一个未知的结论的思维过程。任何一个推理都包含已知判断、新的判断和一定的推理形式。作为推理的已知判断叫前提，根据前提推出新的判断叫结论。前提与结论的关系是理由与推断，原因与结果的关系。其作用是从已知的知识得到未知的知识，特别是可以得到不可能通过感觉经验掌握的未知知识。推理主要有演绎推理和归纳推理。如果不能考察某类事物的全部对象，而只根据部分对象做出的推理，不一定完全可靠。

推理在法律中的应用侧重于事物的定性。博登海默把法律推理分为分析推理和辩证推理[①]。分析推理是指传统形式逻辑中的演绎推理、归纳推理和类比推理，也就是形式法律推理。需要特别指出的是，这里的"辩证推理"并不是指"在对立统一思维基础上，运用辩证思维方法推导出结论的辩证思维形式"，而是要寻求"一种答案，以对在两种互相矛盾的陈述中应当接受何者的问题做出回答"，因而，这里的"辩证推理"实际上是指"论辩推理"。辩证推理不等同于实质法律推理，但它是包含于实质法律推理之中的。实质法律推理是指，在法律适用过程中，在某些特定场合，根据法律或案件本身的实质内容、分析、评价，以一定的价值理由为依据的先进的适用法律的推理。这种推理实际上既要考虑推理的形式又要顾及推理的内容。在法的定性分析中，形式推理和辩证推理各有其作用。形式推理和法的定性分析有着密切的关系，最典型的见之于三段论推理，三段论推理的第一格被称为"审判格"。三段论推理是由两个包含着一个共同项的性质判断推出一个新的判断的推理。其第一格，中项在大前提中是主项，在小前提中

---

① ［美］博登海默. 法理学：法律哲学与法律方法［M］. 邓正来，译. 北京：中国政法大学出版社，1998：476.

是谓项，由于该格中大前提指出了类的情况，小前提把特定的事物归为该类，因而结论就是对特定事物具有类的属性的判断。由于这一格逻辑性质最为严密，因而被广泛地应用于法院审判中。形式逻辑的推理，除三段论的演绎推理外，还有直接推理、关系推理、模态推理等，对于法律的定性分析都有着十分重要的作用。

认证在法律的应用中侧重于事物的定量。考虑构成预测对象未来状态的一组事件，研究它们在今后若干年中，由于某一事件的发生而对其他事件的发生所带来的正的或负的影响及相应的概率变化。假定这些事件用符号 E_1，E_2，L，E_n 表示，它们相应的原始概率为 P_1，P_2，$\cdots$，P_n，则问题可以表述为：当 $P_1 = 100\%$（即当 E_1 发生时），会使其他事件的概率发生增大或减小的变化①。这种概率的定量分析，对理解一些模糊的和不确定的未来结果很有价值。

一方面，在认证过程中需要不断地运用推理，减少认证中的失误，使大家更容易接受结论；另一方面，推理前提的正确性和确定性也要有一个认证的确认，没有正确前提只有正确形式的推理是不能在实践中广泛应用的。

（四）认证与论证

论证是根据一个或一些已知为真的判断，运用一定的推理形式，确定另一判断真实性的思维过程。任何论证都是由论题、论据和论证方式三个要素构成的。形式逻辑注重的是数量有限的思维形式，而论证所展现的则是丰富多样的思维内容。从传统逻辑到现代逻辑，虽然对逻辑形式的研究不断扩展，但其所能概括的形式毕竟是有限的。人们在实际论证中所运用的丰富多样的命题和推理，远远不是形式逻辑所能涵盖的。要举出完全适合形式逻辑分析的实际论证（不是人为编制的论证）的例子，并不是一件轻而易举的事。许多论证的论题、论据、论证方式，都很难在形式逻辑的框架内得到很好的解释。

论证可以分为对话式论证和非对话式论证。像法律诉讼、学术研讨会、公司董事会议、医疗会诊等这类活动中的论证就是属于对话式论证；而像计划、解决问题这类活动中的论证就是属于非对话式论证。由于对话式论证之中存在观点的分歧，论证参与者在力图为自己的主张做辩护的同时，又在反驳其他论证参与者的关于其主张的论证，因此，对话式论证包含着一个动态的论争过程。基于这个原因，我们有时把对话式论证称为"论辩"。一方面，论辩不仅总是包含着论证，而且至少包含了两个论证，因为在论辩中至少有两个论证参与者，每个参与者都会有一个关于其主张的论证，但论证未必包含论辩，如非对话式论证；另一方面，论证是静态的成果，论辩则是动态的过程。

---

① 倪正茂. 法哲学经纬 [M]. 上海：上海社会科学院出版社，1998：1201.

（1）论证在于追求一种可接受性，认证具有客观性。论证的基本要素是"陈述"，而非"命题"，而论证结论也是在于追求一种"可接受性"。考夫曼认为，法律发现是一种使生活事实与法律规范相互对应的一种调试，一种同化的过程。有学者基于论据理论的语言转向，将关注的问题从"案件事实是什么"切入到"法官应当接受哪一方当事人说的话——事实主张"，即将案件的事实问题转变为当事人事实主张的真假问题，再将真假问题转变为当事人事实主张的可接受问题，也就是我们在什么情况下和在什么样的程度上应当接受某个事实主张的问题[①]。在认证的过程中，人们似乎也在追求一种对于判决结果的可接受性，否则这份判决将很难使当事人和大众信服。不过在产生判决的过程中，所依赖的证据必须是实实在在发生的，具有客观性的，经过当事人举证、质证而由法庭确认的，而不是那种"对话双方都能够接受的理论基础"。

（2）论证和认证的推理形式。论证是以某种立场观点寻找理由以及恰当的推理形式，用以说服读者或观众[②]，它的作用更多的在于解释说服。与形式逻辑相联系的是精确性。形式逻辑研究逻辑形式讲求的是单义性、规范性，而人们对论证的运用则表现着日常语言的模糊性和实际思维的灵活性。对那些含义深刻的论题、错综复杂的论据、灵活多样的论证方式，硬要用形式逻辑进行精确的刻画，实在是勉为其难。而且即使这样的刻画是可能的，也未必有益于对论题、论据的分析及对论证的有效性的评价。论证是用若干已知真实的命题来确定某个命题的真实性，作为论证的论据的命题必须是真实的，否则论题就不能确立。但是论据的真实性往往只是相对的，关键在于人们是否确信它是真实的；论据与论题之间有无充分的、必然的逻辑联系也往往具有相对性，关键在于人们是否确信或者能否使人们确信它们之间有充分的、必然的逻辑联系。认证中的推理要求形式正确，前提真实可靠。证据是由事实转化而来的，我们虽然不能复原案件事实原状或展现将来事物的必然面貌，但是我们可以依据现有已知条件推断出证据合成的概率，即在多大的程度上是必然的，是一种定量的分析。

二、认证逻辑的历史发展

（一）古典认证逻辑

古典认证逻辑的主体内容是假设—演绎法。假设—演绎法的基本思想是：从

[①] 焦宝乾. 法律论证导论［M］. 济南：山东人民出版社，2006：98.
[②] 焦宝乾. 法律论证导论［M］. 济南：山东人民出版社，2006：61.

被检验的假设和一系列辅助性的假设演绎推出一个预测，然后对推出的预测进行检验，在这里假定所有的辅助性假设都是真的。如果这个预测是假的，那么被检验的假设便被否证；如果这个预测是真的，被检验的假设便被认证。因此，古典认证逻辑的假设—演绎法就包含着两个不同的推理，即否证推理和认证推理。一般用 h 表示被检验假设，A_1，…，A_n 表示 n 个辅助性假设，e 表示被检验的预测，→表示"演绎的推出"。

认证推理是由检验性预测为真推出被检验的假设为真，或者很可能是真的。于是，认证推理的推理形式如下[①]：

(1) $A_1 \wedge L \wedge A_n \wedge h \rightarrow e$ 前提
        e   前提
        $(A_1 \wedge L \wedge A_n \wedge h)$ 结论1（肯定后件式，形式无效）

(2) $(A_1 \wedge L \wedge A_n \wedge h)$ 前提（结论1）
        A_1 前提（假定为真）
        L   前提（假定为真）
        A_n 前提（假定为真）
        h   结论（各个合取支为真）

由于辅助性假设 A_1，L，A_n 一般被假定为真，所以，辅助性假设可以省略，这样，认证推理就可以简化为下边的推理形式：

        h→e   前提
        e   前提
        h   结论（肯定后件式，形式无效）

可以看出，认证推理在其推理形式上是不是演绎有效的。正是在这个意义上，人们称认证推理是归纳的。

否证推理与之不同的是，被检验的预测是假的，由此推出被检验的假设是假的。否证推理的推理形式是：

(1) $h \wedge A_1 \wedge L \wedge A_n \rightarrow e$ 前提
        ¬e   前提
        $\neg(h \wedge A_1 \wedge L \wedge A_n)$ 结论1（否定后件式）

(2) $\neg(h \wedge A_1 \wedge L \wedge A_n)$ 前提（结论1）
        $\neg h \vee \neg A_1 \vee L \vee \neg A_n$ 结论2（德摩根律）

(3) $\neg h \vee \neg A_1 \vee L \vee \neg A_n$ 前提（结论2）
        A_1 前提（假定为真）

---

① 陈晓平．贝叶斯认证逻辑及其应用［J］．自然辩证法研究，1994（10）：3．

L	前提（假定为真）
A_n	前提（假定为真）
¬h	结论（析取否定肯定式）

由于辅助性假设 A_1，L，A_n 一般被假定为真，所以，辅助性假设可以省略，这样，否证推理就可以简化为下边的推理形式：

h→e	前提
¬e	前提
¬h	结论（否定后件式）

可以看出，这个否证推理的简化形式为演绎推理，是充分条件假言命题否定后件式，在形式上是有效的。当然，它的结论不一定可靠，因为它的前提未必都是可靠的，特别是我们假定了各个辅助性推理为真的条件不一定能够实现。

古典认证逻辑中的两种推理，在形式上或在内容上都不一定得到可靠的结论。特别是认证推理，这种推理即使作为一种归纳推理也是很不恰当的，因为通过这种推理形式很有可能产生十分荒唐的结论。例如，h 代表所有一号楼的居民都杀了人，e 代表一号楼的小明杀了人，根据以上认证推理形式就会有下边的推理：

如果，所有一号楼的居民都杀了人；

那么，一号楼的小明杀了人；（假命题能够蕴涵一切命题）　　前提

一号楼的小明杀了人；　　　　　　　　　　　　　　　　　　前提

所以，所有的一号楼的居民（很可能）都杀了人。　　　　　　结论

这个推理的两个前提都是真的，但是结论却是不可靠的。认证推理的正确形式问题在古典认证逻辑中一直没有能够得到解决。

（二）现代认证逻辑

古典认证逻辑的或然性促使人们不断地探索其推理的正确形式。爱因斯坦说："西方科学的发展是以两个伟大的成就为基础，那就是：希腊哲学家发明形式逻辑体系（在欧几里得几何学中），以及（在文艺复兴时期）发现通过系统的实验有可能找出因果联系。"[①] 爱因斯坦说明了归纳和演绎在西方科学发展中的重要作用。但是对于归纳的合理性问题的讨论自古有之。莱布尼茨说："究竟是一切真理都依赖经验，也就是依赖归纳与例证，还是有些真理更有别的基本。……感觉对于我们的一切现实认识虽然是必要的，但是不足以向我们提供全部认识，因为感觉永远只能为我们提供一些例子，也就是特殊的或个别的真理。

---

① 爱因斯坦文集：第一卷 [M]. 北京：商务印书馆，1983：574.

然而印证一个一般真理的全部例子,不管数目怎样多,也不足以建立这个真理的普遍必然性,因为不能得出结论说,过去发生过的事情,将来也永远会同样发生。"① 休谟则把归纳推理的局限性尖锐而鲜明地摆在人们面前:"因果之被人发现不是凭借理性,乃是凭借经验。""如果有一些论证使我们信托过去的经验,并以此为我们将来判断的标准,则这类论证一定是或然的。"② 而这种或然性推理不能令人满意。

人们对于真理的追求是现代归纳逻辑产生的动力,概率归纳逻辑发展起来以后,人们开始转向应用这一有利工具对认证推理进行更为深刻的探讨。贝叶斯公式是概率论的一个重要定理,现代认证逻辑的系统就是在概率逻辑的框架下构建起来的。人们开始从对假设到结论的定性讨论发展到定量讨论,即假设在多大的程度上认证或否证结论。

三、贝叶斯认证逻辑系统

(一) 概率及其基本原理

一个事件的概率是 0~1(100%)范围内的一个数,概率表示相对的频率值;即假若试验重复了许多次,该事件可能出现的频次所占的比率。例如,全体相互排斥事件的概率之和必为 1,这是下面一些概率定义的基础,也是以后计算概率值一些法则的基础③。

后验概率——在试验或实验之后得到的概率,又称为经验概率。

先验概率——在试验或实验之前得到的概率,又称为数学概率。

条件概率——在样本空间中,一个事件的发生依赖于另一个事件发生的概率。

全体穷举事件——试验的所有可能结果的总体。

复合事件——由一组互相排斥的事件构成的事件,其出现的概率是各互相排斥事件出现的概率之和。

相关事件——试验的可能结果,其单个出现的概率依赖于其他事件的出现。

等概事件——试验的可能结果,其单个出现的概率都是相等的。

---

① [德] 莱布尼茨. 人类理智新论 [M]. 陈修斋,译. 北京:商务印书馆,1996:3.
② [英] 休谟. 人类理解研究 [M]. 关文运,译. 北京:商务印书馆,1957:20.
③ [日] 郡山彬,和泉泽正隆. 概率统计超入门 [M]. 刘京华,译. 北京:世界图书出版公司,2005:26-40.

独立事件——试验的可能结果，其单个出现的概率不依赖于其他事件的出现。

联合概率——两个或两个以上的事件出现的概率。

边缘概率——相关事件出现的先验概率。

互相排斥事件——在同一个样本空间中，任一事件的出现排除其他事件的出现。

样本空间——全体穷举事件的集合。

试验——获得许多可能结果的企图。

1. 加法法则

两个或两个以上事件出现的概率由下列式子给出：

$$P(E+H) = P(E) + P(H) - P(EH) \qquad (16.1)$$

式（16.1）中 $P(E+H)$ 表示事件 E 或事件 H 或二者同时出现的概率；$P(EH)$ 是事件 E 和事件 H 出现的联合概率。例如，若 $P(E)=0.6$，$P(H)=0.2$，则：

$$P(E+H) = 0.6 + 0.2 - (0.6 \times 0.2) = 0.68$$

若 E 和 H 是互相排斥的事件，$P(E+H)$ 只表示 E 或 H 出现的概率，而没有二者同时出现的概率，则：$P(EH)=0$，故式（1）成为：

$$P(E+H) = P(E) + P(H) \qquad (16.2)$$

则上例可得：$P(E+H) = 0.6 + 0.2 = 0.8$

2. 乘法法则——独立事件

两个以上独立事件出现的联合概率由下式给出：

$$P(EH) = P(E)P(H) \qquad (16.3)$$

式（16.3）中 $P(EH)$ 表示事件 E 和 H 的联合概率。若 $P(E)$ 和 $P(H)$ 值同前，则：

$$P(EH) = 0.6 \times 0.2 = 0.12$$

3. 乘法法则——相关事件

两个相关事件出现的概率由下式给出：

$$P(EH) = P(E)P(HE) \qquad (16.4)$$

或

$$P(EH) = P(F)P(EH) \qquad (16.5)$$

式（16.4）和式（16.5）中 $P(HE)$ 表示已知事件 E 出现的情况下事件 H 的条件概率；$P(EH)$ 表示已知 H 出现的情况下 E 的条件概率。例如，在一起案件中，从现场勘察和被害人陈述中得知，实施犯罪活动的参与者为两个人。公安机关抓获的一组五人犯罪团伙中，包括这两个嫌疑人。考虑从这五人中排除三个未作案人员 E_1、E_2、E_3，则三个所选人员都是未作案人员的联合概率是第一个未作案人员的边缘概率乘以两个条件概率：

$$P(E_1 E_2 E_3) = P(E_1)P(E_2/E_1)P(E_3/E_1 E_2) \qquad (16.6)$$

第一个所选人员 E_1 是未作案人员的边缘概率，为未作案人员数与团伙总人数之比，即：$P(E_1) = 3/5$

在所选第一个人员 E_1 为未作案人员的情况下，第二个所选人员 E_2 为未作案人员的条件概率，是剩余未作案人员数与剩余人员数之比，即：$P(E_2/E_1) = 2/4$

同理，在已选前两个人员 E_1、E_2 为未作案人员的情况下，第三个所选人员 E_3 为未作案人员的条件概率，即：$P(E_3/E_1E_2) = 1/3$

上述 E_1、E_2、E_3 三个人员的概率值代入式（16.6），即可得：

$P(E_1E_2E_3) = (3/5)(2/4)(1/3) = 1/10$

4. 消去法则

消去法则可把乘法法则推广到任意一个相关事件。该法则规定可能以多种方式有条件出现的事件之概率，并且由于它消去不起作用的因素，故称之为消去法则。它为建立贝叶斯定理做了准备。若 E_1、E_2、L、E_n 是样本空间中的一些事件，则在该样本空间中事件 F 出现的概率可表示为下式：

$$P(H) = \sum_{i=1}^{n} P(E_i)P(H/E_i) \qquad (16.7)$$

式（16.7）中 $P(H/E_i)$ 表示事件 E_i 已出现时事件 H 的概率。例如，事件 E_1、E_2 和 E_3 的概率分别是 0.50、0.30 和 0.10；且事件 E_1、E_2 和 E_3 已出现时，事件 H 的概率分别是 0.08、0.05 和 0.02。应用式（16.7），则可得：

$P(H) = (0.50)(0.08) + (0.30)(0.05) + (0.10)(0.02) = 0.057$

（二）贝叶斯定理

所谓贝叶斯定理，是指由 R. 托马斯·贝叶斯（Reverend Thomas Bayes）爵士创立的一种以主观性为特征的数学概率理论，指根据要分析的问题原来的概率以及新的有关证据来计算该问题的概率的统计决策理论，这种方法给出了把先验的信息结合进去以及把新到的信息加进去的方法[①]。

在认证逻辑系统中，$P(h)$ 的值是在 0 和 1 的闭区间中，如果 h 必然是真的，那么，$P(h) = 1$。我们知道，认证逻辑系统是在概率论的框架下构建的，但是概率公理系统只是由给定的概率通过一系列的计算得到其他概率的系统，并不涉及假设被证据认证或者否证这些概念。因此，要想使概率系统以及贝叶斯定理应用于认证逻辑，就必须添加一个由概率系统到认证系统的桥梁，也就是一个认证的相关性标准：

如果 $P(h/e) > P(h)$，那么，e 认证 h；

---

① 简明不列颠百科全书［M］. 北京：中国大百科全书出版社，1986：652.

如果 $P(h/e) < P(h)$，那么，e 否证 h；

如果 $P(h/e) = P(h)$，那么，e 无关于 h。

这就是说，证据 e 认证、否证或无关于假设 h，当且仅当，h 相对于 e 的条件概率 $P(h/e)$ 大于、小于或等于 h 的无条件概率 $P(h)$。这条认证标准有三条比较重要的定理作为贝叶斯定理的准备知识：

定理 16.1：在 $P(e)>0$、$P(h)<0$ 和 $P(\neg h)>0$ 的条件下，e 认证、否证或无关于 h，当且仅当，$P(e/h)$ 大于、小于或等于 $P(e/\neg h)$。

可以看出，e 是否认证 h，完全取决于 h 对 e 的预测度 $P(e/h)$ 是否大于 $\neg h$ 对 e 的预测度 $P(e/\neg h)$。此定理是关于 h 和 $\neg h$ 的预测度的定理。h 和 $\neg h$ 是两个互斥并且穷举的假设。h 和 $\neg h$ 互斥是说在这两个假设中不会同时为真，必定有一个是假的，穷举是说两个假设不能同时为假，必有一个是真的。

定理 16.2：在 $P(e)>0$、$P(h_1)>0$ 和 $P(h_2)>0$ 的条件下，如果 h_1 和 h_2 是互斥且穷举的，那么，e 认证、否证或无关于 h_1，当且仅当，$P(e/h_1)$ 大于、小于或等于 $P(e/h_2)$。

定理 16.3：在 $P(e)>0$、$P(h_1)>0$ 和 $P(h_2)>0$ 的条件下，如果 h_1 和 h_2 是互斥且穷举的，那么，e 认证、否证或无关于 h_1，当且仅当，e 否证、认证或无关于 h_2。

贝叶斯定理是：

在 $P(e)>0$ 和 $P(h_i)>0$ 的条件下，如果 $h_1, h_2, \cdots, h_n$ 是互斥且穷举的，那么，

$$P(h_j/e) = \frac{P(h_j)P(e/h_j)}{\sum_{i=1}^{n} P(h_i)P(e/h_i)} \quad (1 \leq j \leq n)$$

在这里，$h_1, h_2, \cdots, h_n$ 代表 n 个竞争假设。我们选定与假设 h_1 最具竞争力的假设 h_2 做考察，贝叶斯定理即可以简化为：

在 $P(e)>0$、$P(h_1)>0$ 和 $P(h_2)>0$ 的情况下，如果 h_1 和 h_2 是互斥且穷举的，那么，

$$P(h_1/e) = \frac{P(h_1)P(e/h_1)}{P(h_1)P(e/h_1) + P(h_2)P(e/h_2)}$$

在这里，h_1 是被检验假设，h_2 是与之竞争的假设。$P(h_1)$ 称为 h_1 相对于 e 的先验概率，$P(h_1/e)$ 表示假定证据 e 为真时假设 h_1 的概率，称为 h_1 相对于 e 的后验概率。

在贝叶斯定理中，至少要有一个假设与被检测假设相竞争，否则，会造成先验概率和后验概率相同的情况，所进行的检测就没有意义了。我们还知道，在两个竞争假设中，它们的先验概率不可能都是 0 或都是 1，并且不可能相等。如果两个

先验概率均为0，就意味着人们根本就不相信这一假设，它也就不能成为竞争假设；如果均为1，根据互斥的要求，另一假设就为0，与前相同；如果两个概率相同，就是说两个竞争假设对于某一证据的预测度是相同的，根据定理16.1，该证据对这两个假设都是无关的。所以，$P(e/h_1)$和$P(e/h_2)$是在0和1的开区间中的不相同的两个概率。这些分析表明，假设与证据之间的检验过程满足贝叶斯定理的先决条件，因此，我们可以应用贝叶斯定理来探索假设检验问题。

第二节 基于归纳概率的认证逻辑

一、认证逻辑推理的重建

（一）认证推理

假设—演绎法的古典认证推理的简化形式是：

$$h_1 \to e$$
$$e$$
$$（很可能）h_1$$

前面曾讨论过这个推理在逻辑上是无效的，并且在这个推理中，只有一个假设h_1，没有与之相竞争的假设h_2，因此它也不符合贝叶斯定理关于至少有两个竞争假设的要求。我们在贝叶斯定理的框架下讨论正确的认证推理形式，必须要引入竞争假设h_2。h_1一般代表新的理论，h_2一般代表旧的理论，根据贝叶斯定理，证据e认证h_1，当且仅当$P(e/h_1) > P(e/h_2)$。这就是说，证据e对于h_1的支持度大于对h_2的支持度，在没有h_1出现时，证据e不容易被h_2预测到。我们把证据e的这种性质叫作e对于h_2的意外性。即e对于h_2具有意外性，当且仅当，h_1对e的预测度高于h_2对e的预测度，即$P(e/h_1) > P(e/h_2)$。此外，我们把大于0小于1的置信度叫作"部分置信度"。

定理16.4：如果h_1和h_2是互斥且穷举的，并且h_1具有部分先验置信度，以及e对于h_2具有意外性，那么e认证h_1而否证h_2。

因为h_1和h_2是互斥且穷举的，所以h_1和h_2必有一个为真；h_1具有部分先验置信度，所以$P(e/h_1) > 0$，e对于h_2具有意外性，就是$P(e/h_1) > P(e/h_2)$，所以可以推出 e 认证 h_1 而否证 h_2。在定理 16.4 中，$P(h_1)>0$，如果 e 可以由 h_1 演绎的推出，即 "$W(h_1 \to e)$"，那么 $P(e/h_1)=1$。

同样假定在一个认证推理中只有 h_1 和 h_2 两个竞争假设，当然它们是互斥且穷举的，于是我们可以从定理 16.4 加上 "$W(h_1 \to e)$" 的条件得出一个新的推理形式：

$W(h_1 \to e)$

e

h_1 具有部分先验置信度

e 对于 h_2 具有意外性

h_1 和 h_2 是仅有的两个竞争假设

h_1 被认证（h_2 被否证）

把这个推理与古典认证推理相比较，可以看出，这个推理比古典推理多了三个前提条件。此外，结论中的 "h_1 被认证" 也比结论 "h_1" 含义更为准确，"h_1 被认证" 的意思是说在出现了证据 e 之后，h_1 的后验概率高于其先验概率。此推理在从前提到结论的过程中有演绎的保证，并且符合贝叶斯定理的要求，因此，我们把这个推理作为假设—演绎法的认证推理的正确形式。

现在，我们可以用新构建的推理检验一下前面古典认证推理的例子。h 为 "所有一号楼的所有居民都杀了人"，e 为 "一号楼的小明杀了人"。第一，h 的先验置信度为零，因为几乎不可能出现一个楼的居民老老少少都杀了人的情况，这就解决了假命题可以蕴涵一切命题的前提形式为真的情况；第二，推理没有与 h 相竞争的另一个假设出现，也不符合我们新构建的推理的要求。这样我们就在一定程度上避免了荒唐结论的出现。

（二）否证推理

假设—演绎法的古典否证推理的简化形式是：

$h_1 \to \neg e$

e

$\neg h_1$

在认证推理中，$P(e/h_1) > P(e/h_2)$，我们把它定义为 e 对于 h_2 具有意外性。为了讨论否证推理，我们再引进负意外性的概念：e 对于 h_2 具有负意外性，当且仅当，$P(e/h_1) < P(e/h_2)$。于是，关于否证的新的推理形式如下：

$h_1 \to \neg e$

e

h_1 具有部分先验置信度

e 对于 h_2 具有负意外性

h_1 和 h_2 是仅有的两个竞争假设

h_1 被否证,并且其后验概率为 0

在此推理形式中,结论不仅断定 h_1 被否证,而且断定后验概率为零。这是因为,在认证系统中,如果 h_1 演绎的推出 ¬e,那么 h_1 对于 e 的预测度为零,即 $P(e/h_1)=0$。而在贝叶斯定理中:

$$P(h_1/e) = \frac{P(h_1)P(e/h_1)}{P(h_1)P(e/h_1)+P(h_2)P(e/h_2)}$$

如果 $P(e/h_1)=0$,则 $P(h_1/e)=0$。

这个新构建的否证推理比古典否证推理增加了三个前提,使得结论更加丰富,并且可靠性增强。例如,h_1 为"如果是抢劫杀人",¬e 为"那么现场应该有打斗的痕迹"。现场没有打斗的痕迹,按照原来的否证推理形式,我们应该得出"不是抢劫杀人"的结论,但是,如果在抢劫杀人案件发生后,现场被处理过,很有可能使人们因没有打斗痕迹而得出当事人可能是自杀的而非抢劫杀人的结论,但这种判断是十分武断的。侦查人员应全面收集证据,如缺失大量财物、当事人热爱生活等资料使得证据对于竞争假设的支持度大于原假设,才有可能得到事情的真相。

对于被检验假设 h_1 的否证,否定性的检验结果并不能单独起作用,特别是在重大科学预言、重大案件的检验过程,我们不能只因为得到了一个否定性的结论,就把一个科学假设也武断地加以否定,必须要结合一个能够较好地解释此检验结论的假设 h_2 才能起作用。而这正是贝叶斯否证推理所要求的 e 对于假设 h_2 的负意外性,即 $P(e/h_1)<P(e/h_2)$。

二、两种概率效应

假言推理是在日常生活中经常用到的一种推理,"如果 p,那么 q"中的 4 种不同的小前提:p、q、¬p、¬q。逻辑上,如果给出条件 p,那么应得出结论 q;给出条件 ¬q,那么应得出结论 ¬p,它们都是有效的推理形式,分别称为肯定前件式(MP)和否定后件式(MT)。如果给出条件 ¬p,得出结论 ¬q 和如果给出条件 q,得出结论 p,这两种推理形式在逻辑上是无效的,分别称为否定前件式(DA)和肯定后件式(AC)。

事实上,人们的推理常常并不符合形式逻辑规则。在日常生活中,人们常常碰到许多不确定的信息,即具有概率性质的信息,如阴天未必下雨,下雨未必阴天。人们需要在这种不确定信息的基础上做出决定,即要进行概率推理,得出适当的结论，于是概率论和统计学便为处理概率信息提供了形式化的模型。下面我们讨论两种最常见的概率效应。

（一）条件概率效应

不同的情境内容对条件推理有着影响。在国外学者的研究中我们发现许诺（promise）情境和威胁（threat）情境下，相同规则的4种条件推理所得到的认可程度显著高于消息（tip）情境和警告（warning）情境[①]。例如：

在许诺情境中，父亲对儿子说：如果你通过了考试，我会给你买一辆自行车；消息情境中，朋友对朋友：如果你通过了考试，你父亲会给你买一辆自行车；威胁情境中，老板对员工：如果你上班再迟到的话，我将解雇你；警告情境中，同事对同事：如果你上班再迟到的话，老板将解雇你。

在许诺和威胁的情景中，听话者认为讲话者（父亲或老板）更有能力控制结果事件（买自行车或解雇）的发生。也就是说，在许诺情境下，条件概率 $P(q|p)$ ——"在 p 存在的情况下 q 发生的概率"高于消息情境下的概率，因此影响了个体对4种条件推理所做出的反应[②]。

在不同的情景下，人们会在条件推理中表现出各种选择偏向，与前件的发生概率（$a = P(p)$）、后件的发生概率（$b = P(q)$）以及意外参数 e（即使当 p 存在，q 也不会出现的概率）三者之间有着一定的数量关系。我们可以直观地理解，在 MP 推理中，如果没有意外事件的发生，或者意外事件发生的概率几乎是可以忽略不计的，那么，这种推理实际上就是一个演绎的推理，那么得出 MP 结论的概率就会很高。而 MT 推理的概率计算就显得较为复杂，它与前件概率、后件概率以及 e 值都有关系。当没有意外事件即 e 值为 0 时，可以看出 MT 推理的概率等于 1，它也是演绎的形式，此时得出 MT 结论就与前后件的概率无关。一般而言，在 e 值不为 0 时，并且前件概率大于后件概率，那么计算出来的 MT 概率值就会小于 MP，这恰恰可以用来解释为什么 MP 推理比 MT 推理更容易得到认可。例如，如果杀人，就要接受刑事处罚。在没有意外事件发生时，这是我国刑法的规定，是必然要发生效力的。因此如果张三杀了人，张三是要接受刑事处罚的。如果张三是一位死刑执行者，他的杀人行为是在执行公务，那么张三杀了人，但是他应当不用接受刑事处罚这是容易接受的。在张三是死刑执行者的意外情形中，推断如果张三没有接受刑事处罚，那么张三没有杀人的概率就会低很

[①] Evans B. T., Twyman – Musgrove J. Conditonal Reasoning with Inducements and Dvice [J]. Cognition, 1998（69）：B11 – 16.

[②] Evans B. T. Logic and Human Reasoning：An Assessment of the Deduction Paradigm [J]. Psychological Bulletin, 2002, 128（6）：978 – 996.

多。另外 DA 和 AC 推理的概率值也取决于这些参数，它们发生的概率也并非均为 0，可以用来解释和预测这两类无效推理在日常生活中也会得到认可的情况。

从语言的角度来看，"如果，那么"的条件规则似乎反映了事件之间的某种条件关系，使人们可以对即将发生的事件进行预测，而在实际的推理过程中，这些预测仅仅因为 e 的存在而发生一定的偏差，因此 e 是条件概率模型中一个非常重要的参数。

（二）因果概率效应

人们在日常生活中并不总是规范地运用一些数理逻辑规则来进行推理。正如有研究认为，个体在推理过程中所表现出来的各种反应偏向，是由于他们不能有效地运用材料的内在逻辑结构，不能区分不同的小前提和条件规则之间的逻辑关系所致[1]。推理过程也并不完全像心理模型理论所预测的那样，通过建构心理模型来进行判断和抉择，而是一种更为直觉的推理过程。人们在对条件规则进行表征的时候，内容的具体性和情境性，如事件发生的概率、问题空间的大小、因果联系的数量等都是影响个体进行推理的主要因素。特别是个体已有知识经验当中的概率信息会影响人们的推理过程，人们倾向于认可那些在特定前提下发生概率较高的事件，而排斥那些发生概率较低的事件。

在推理中，问题空间决定了大前提是如何表征的，即问题空间的大小决定了如何进行下一步的推理。也就是说，问题空间的大小决定了条件句中蕴涵的因果关系的多少，即某个结果可能有几种原因，某个原因可能有几种结果。例如：

（1）如果犯危害国家安全罪就要坐牢。

（2）如果犯危害国家安全罪就要剥夺政治权利。

坐牢的原因可能有多种，如杀人、放火、抢劫等，而犯了危害国家安全罪不仅要坐牢，还可能被执行死刑。剥夺政治权利，可能是因为危害国家安全，也可能是因犯其他罪附带剥夺政治权利等原因，但是危害国家安全的结果是一定要剥夺政治权利的。日常生活经验直接决定了个体对推理前提中的因果关系的理解，从而影响问题空间的大小，人们在不同的问题空间中进行分析和判断，就会得到不同的推理结论，这是一种更为直觉的推理过程，或者说是条件命题中 p 与 q 之间的因果关系概率影响着个体的推理行为。

当原因事件多次重复的时候，部分原因是最常见甚至唯一常见的因果类型，传统理论所承认的三种类型，即必要原因、充分原因和充分必要原因，只有在原因事件很少重复的特定情况下才会出现。在因果关系中，存在非因、充分因、必

---

[1] 张庆林，王振勇．条件推理中的命题语义加工［J］．心理科学，1994（17）：346．

要因、充要因和部分因五种因果关系①。其中，部分原因是我们在实践中应当高度重视的一种因果关系。如电线短路和房屋着火的关系。电线短路不是房屋着火的必要原因，房屋着火有可能是因为有人放火所致；电线短路也不是房屋着火的充分原因，如果房屋为不可燃材料建造而成，那么即使电线短路了，也不会发生着火；不充分也不必要，当然不是充要原因，但是我们也不能把它归结为非因。这种原因是一种"当有甲未必有乙，且不必有甲亦可有乙，但甲的有或无影响乙的有或无"②的时候，甲为乙的部分原因。

在审判过程中，审判结果和法官对于双方当事人提供证据的认证有着直接的联系。犯罪分子一定是因为实施了犯罪行为才会受到法律的制裁，否则，法律的严肃性就无法得到保障。犯罪行为人的行为与危害社会的结果之间是否存在因果联系，是我们对犯罪行为人和犯罪行为是否归责的基础。也就是说，如果犯罪行为人的行为与其结果之间无相关的因果联系，则该行为人不对上述结果负责，我们也不能对其归责。这是法律公平、正义原则的体现。在古代社会，严刑重罚，很多朝代都会有"连坐"的制度，这就是典型的不顾行为人行为与结果之间是否存在因果联系而对行为人进行处罚的制度。总的来讲，法律因果关系的认定是定罪量刑的必要过程，而法律上的因果关系是指犯罪行为与危害社会的结果之间引起与被引起、造成与被造成的相互联系。这种法律因果关系的认定，应当根据犯罪行为在危害社会结果形成过程中的作用并且结合法律归责的规范来进行，在认定中，一定要注意各种因果关系存在的可能性。

三、概率推理问题研究

（一）证据力的概率分析

证据力是指证据对待证事实的证明程度，即有无力度和力度大小。证明力体现在证据的真实程度和关联程度上：真实程度关心的是证据的客观性，也就是说证据所反映的内容在多大程度上与实际情况相吻合，没有真实性的证据是没有证明力的；关联程度反映的是证据与待证事实之间的逻辑关系，证据能否通过一系列的逻辑行程到达待证事实，关联程度高低是证明力大小的重要指标。

在诉讼过程中，法官做出司法判决所涉及的案件事实不可能达到绝对真实的程度，证据只要具备一定的盖然性，即证据在一定程度上支持结论就可以被

---

① 赵心树. 因果关系的类型和概率分布 [J]. 中国海洋大学学报（社会科学版），2007（1）：39.
② 徐盛桓. 充分条件的语用嬗变——语言运用视角下的逻辑关系 [J]. 外国语，2004（3）：11.

采信。法官认证时常常运用自由裁量权对证据的支持度高低进行判断。法官就某一案件事实进行认定，会通过各种证据调查、审查而形成一定程度的内心确信。当证明某一事实的证据与反对其事实存在的证据共存的时候，法官应采信证据力比较强大的更可信的证据。所谓较强大、可信是相对而言的，由法官通过当事人的举证和质证，证据之间的相互联系等进行裁量。在英美法系中，法官在当事人双方的辩论中处于一种超然的位置。通过举证和质证，在辩论中一方当事人压倒另一方，只要其举证看起来合理，法官便会支持他的诉讼主张。而在大陆法系中，当事人双方的对抗并不激烈，法官在审判过程中承担主要角色，调查各种证据，开展庭审活动，形成心证，做出判决。这样，在法官的自由裁量权较大的情况下，加上当事人陈述一般可靠性不高；视听资料容易被伪造；证人证言往往受到自身各种主客观因素的影响，我们有必要对证据的证明力进行考察。

2008年发布的《最高人民法院关于民事诉讼证据的若干规定》（以下简称《若干规定》）第七十七条规定："（一）国家机关、社会团体依职权制作的公文书证的证明力一般大于其他书证；（二）物证、档案、鉴定结论、勘验笔录或者经过公证、登记的书证，其证明力一般高于其他书证、视听资料和证人证言；（三）原始证据的证明力大于传来证据；（四）直接证据的证明力一般大于间接证据；（五）证人提供的对与其有亲属或者其他密切关系的当事人有利的证言，其证明力一般小于其他证人证言。"这些规定对部分证据材料的证明力做出等级上的区别，法官认证时应该遵循这些具体的规定。

在证据力的分析中，每一项案件事实对于结果的支持率也是一个有趣的问题。在一个简单的案件中，原告为证明其案情（c），只需要证明两项要件（a与b），而说服责任要求两项要件皆为相互独立且概率相同的，因此，$P(c) = P(a)P(b)$，并且 $P(a) = P(b)$，那么，对于原告实际上要承担的说服责任（$P(c) > 0.5$）而言，我们会发现，$P(a) = P(b) > 0.707$。在这种情况下，即使案件还存在疑点，法官也愿意相信原告的陈述相对于被告而言是更加真实的，从而判定原告胜诉。但如果在一个案件中，原告进行了一种陈述，被告则会做出另一种陈述，或许这种陈述的可能性小于原告陈述的可能性，但是被告还有可能追加其他陈述。如果原告陈述为真的概率为0.48，被告真实陈述的概率为0.3，被追加的陈述真实的概率为0.22，那么，在法官的头脑中，认为原告陈述真实性小于被告的概率会大些。

（二）案件事实的概率分析

所谓案件事实是指诉讼主体按照法定程序收集，依照法定规则举证、质证、认证，用查证属实的证据证明的客观实在①。案件事实不同于自然事实，它具有以下两个特征：第一，案件事实是经过调查程序被证据支持的事实。未经证实的事实即使具有客观实在性，也会因为与结论的不相关而被放弃。第二，案件事实只具有相对客观性。案件事实不可重复，程序发展到对于案件事实的确定，我们不能要求案件重演，只能根据案发现场的遗留痕迹来大致推断当时的情景，所认定的事实不一定完全的符合事实真相。事实上，法律职业界几个世纪以前就已知道法律的事实发现是盖然性的，只是普通大众尚未分享到这一知识②。确实是这样，人们企盼在法律审判过程中有着关于案件事实确定无疑的说法，企盼每位审判人员都能像"青天"一样，原封不动地推理到案件的每一个细枝末节，但是这只能是一种企盼。

各个诉讼主体基于自身利益的考虑，会对与待证事件相关的证据进行有利于自身的陈述，这样，我们就无法相信案件事实和事实真相的完全一致。在法律推理过程中，认定案件事实与寻找法律规范之间具有一种相互依存的关系：认定法律事实必须趋向法律规范，法律规范的获得及其具体化亦须趋向于具体的法律事实。"从取得结果的概率上而言，由于受事物发展规律中的必然性与偶然性所决定，绝大多数情况下的事实推定，反映事物发展过程中偶然性所决定的，这种偶然性并不属于支配地位，它只是事物发展过程中的不稳定、暂时的趋势。"③

《若干规定》第七十三条规定："双方当事人对同一事实分别举出相反的证据，但都没有足够的依据否定对方证据的，人民法院应当结合案件情况，判断一方提供证据的证明力是否明显大于另一方提供证据的证明力，并对证明力较大的证据予以确认"。这是我国对高度盖然性证明标准的明确规定。在关于盖然性和确定性的讨论中，有一个著名的公共汽车案。其内容大致如下，在一条街道上，运营着 A 公司和 B 公司两家的公共汽车。据统计，A 公司汽车占 51%，B 公司汽车占 49%。一人在此街道上被车撞到，他以 A 公司汽车比例高于 B 公司而向法院提起诉讼，要求 A 公司赔偿其损失。在民事诉讼中，说服责任是相对宽松的，只要求原告的证据真实度超过 50% 即可支持其主张。但是在此案中，如果原告只有这一项证据，我们很难让自己接受原告应胜诉，因为街道上 51% 的汽车归 A 公司所有并非为原告被 A 公司汽车撞伤概率为 51% 的充分条件。原告应该按照贝叶斯定理的要求，探求新的证据，提高其证后可能性，这样才能增强其主张的可信性。

"这种规则将人类生活经验及统计上的概率，适用于司法上待证事实处于不

---

① 关娜. 案件事实认定中的逻辑 [D]. 北京：中国政法大学，2003：3.
② [美] 波斯纳. 证据法的经济分析 [M]. 徐昕，徐昀，译. 北京：中国法制出版社，2001：92.
③ 毕玉谦. 诉讼证据规则研究 [M]. 北京：中国法制出版社，2000：582.

明的情形,要求法官就某一案件事实的认定依据庭审活动在对证据的调查、审查、判断之后形成相当程度上的内心确信的一种证明规则。"① 其主要理论基础是在事实不明而当事人又无法举证时,法院认定盖然性高的事实发生,远较认定盖然性低的事实发生更能接近真实而避免误判。

第三节 认证逻辑对法学理论创新的启示

一、案件归类作证明标准

在诉讼证明体系中,证明标准解决的是裁判者在什么样的认识程度上能够认定事实存在的问题,对于当事人来说,就是特定的事实主张得以证实的尺度问题。主张能否被证实,与当事人的活动有着直接的联系,但是最终裁判主张能否被确认为法律真实,作为判决的证据支持,还是由法官或陪审员来决定的。所以,证明标准问题规范的认识主体应该是实施裁判者。证明标准对当事人的影响是非常间接的,是通过当事人对裁判者的认识状态的预期猜测而发生的②。在裁判者做出裁判前,证明标准无法明确地告知当事人是否已经解除了证明责任,法官是否形成了有利于己的内心确认,而在裁判做出之后,是否解除证明责任的问题尽管已经有了明确的答案,但是为时已晚。

证明标准指向的是以主观形式存在的认识状态,这种认识状态的存在形式是个人的主观判断,但这种主观判断是以法庭所调查的证据为基础的,其中包含了一定的客观内容。证明标准可以理解为,判断者通过证据认定案件事实所必须达到的某种内心确认程度。达到或者超过这个程度,就完成了证明,反之,就没有完成证明③。

我国民事诉讼应当建立一个由多个证明标准构成的证明标准体系,不同的证明对象适应不同的证明标准。如李浩教授认为:"在通常情况下,民事诉讼应当实行'高度盖然性'的证明标准,即法官基于盖然性认定案件事实时,应当能够从证据中获得事实极有可能如此的心证,法官虽然还不能够完全排除其他可能

---

① 王利明,罗玉珍. 民事证明制度与理论 [M]. 北京:法律出版社,2003:620.
② 魏晓娜,吴宏耀. 诉讼证明原理 [M]. 北京:法律出版社,2002:201.
③ 刘昊阳. 诉讼证明科学 [M]. 北京:中国人民公安大学出版社,2007:424.

性，但已经能够得出待证事实十之八九如此的结论。在例外情况下，民事诉讼可以实行较高程度的盖然性证明标准，是指证明已达到待证事实可能如此的程度，如果法官从证据中获得的心证为待证事实有可能存在，其存在的可能性大于不存在的可能性，该心证就满足了较高程度盖然性的要求，但这种只能够适应于少数例外的情况，如那些举证特别困难的案件，实践中一般是侵权诉讼中关于因果关系的证明、关于过失的证明等"。[①]

二、建立合理的证据规则

构建认证规则具有重大的现实意义：首先，审判公开保证诉讼公正。审判公开包括程序上的公开也包括实体上的公开，即认定证据和判决理由的公开。这样可以大大地提升法庭审判的透明度，使诉讼当事人和公众都清楚地了解到判决结果的产生过程，也可以达到普法的目的。其次，制约法官的自由裁量权。鉴于我国目前的审判制度，法官在认定证据和裁判案件方面享有极大的自由裁量权，审判就是法官对正反双方提供的资料形成心证，产生判决的过程。如果制定相应的证据规则，要求法官尽可能地说明认证的理由，这样人们就会更容易地接受判决的结果。关于证据的认证规则散见于《若干规定》等法律条文中，主要规则有：

第一，合法性。证据的合法性是指证据资料在法律上允许其作为证据的资格，也就是证据能力问题。证据合法性包括证据材料的主体、来源、形式、取得必须符合法定的条件和方式。合法性规则是关于证据合法要件及不合法证据效力等内容的规定。合法性规则在我国法律中有所体现，我国刑事诉讼法对于各种证据的合法要件包括收集的主体、程序、方法和手段及证据形式等都做了明确的规定。认证首先应对证据的合法性进行认定，如果一项证据资料不具有合法性，即应予以排除，而无须对其他问题进行审查。一项证据只有合法，才会去考察它的关联性和客观性，才有可能在诉讼中被采用、被认定为证据。强调证据的合法性会人为缩小可利用的证据范围，但基于司法公正、人权保障等更长远利益的考虑，法律应当对证据的形式以及收集、提取、认定证据的主体、程序与手段做出规定，以规范司法证明活动，特别是规范调查、取证活动，这也是实现"法治"的基本要求。

第二，关联性。我国学者毕玉谦认为所谓关联性是指由某一证据所决定的与待证事实之间具有产生某种内心倾向性的感知状态。作为对有关的证据材料与待证事实之间是否具有关联性的判断，体现了对其进行的价值评估。证据的关联性

---

① 李浩. 民事诉讼证明标准的再思考 [J]. 法商研究，1999（5）：20.

是以证据的客观性为前提。关联性之中包括客观性,法官对于同一证据材料的审查认定实际上常常是对证据的客观性、关联性进行判断和评估的一次性过程。证据的关联性要求,证据必须与待证事实具有一定的联系,它所解决的是证据能否证明待证事实的问题,也即证据价值的有无问题。我国台湾地区学者陈朴生先生认为"惟证据评价之关联性,乃证据经现实调查后之作业,系检索其与现实间之可能的关系,为具体的关联,属于现实的可能,而证据能力之关联性,系调查与假定之要证事实间具有可能的关系之证据,为调查证据前之作业,乃抽象的关系,亦即单纯的可能,可能的可能。故证据之关联性,得分为证据能力关联性与证据价值关联性二种。前者,属于调查范围,亦即调查前之关联性;后者,属于判断范围,亦即调查后之关联性"[1]。贝叶斯定理中,新的证据出现时,要刷新初始概率,确定证据或证据组合对假设的支持度,进而得出证据对结论的认证、否证就是关联性的一个要求,对结论不相关的资料不能成为证据。

第三,真实性。证据的真实性是指证据应是客观存在的东西。证据必须是确实发生的,实实在在存在的,不依人的主观意志为转移,任何想象、猜测和伪造的东西都不能成为证据。证据是不依人们的主观意志为转移的独立存在;证据是不依任何人的主观意志为转移的客观存在,你认识它,它存在;你不认识它,它也存在。事实上,谁也不能把你不认识它,它也存在的东西收集到,更谈不上对其进行质证、认证了。对证据真实性的认证,围绕的中心是审查、判断,办案人员在收集、固定、保全证据时是否尊重了证据的本来面目、本身属性,尤其对言词证据,要审查判断言词陈述者的感受、判断、记忆、表述等环节是否对事实本身造成影响。证据本身真实性是案件事实认定可靠性的基础,是人们获得对证据的真理性认识的客观基础。缺乏真实性人们对证据就永远不可能获得真正的、终极的、真理性的认识。但对诉讼实践来讲,对于案件事实的认识都只能达到相对真理的程度,而绝不可能达至真理的绝对性。

对证据三个性质的认定一般情况下不是一次性完成而应分阶段进行。对证据的合法性一般在对单个证据资料进行质证后可以进行认定,对证据的真实性、关联性问题要视具体情况而定,有的可以在对单个证据资料质证后进行认定,有的要结合其他证据资料进行综合认定。

三、法官应排除主观偏见

认知偏见,是客观存在的主观心理现象,任何人都存在着认知偏见和认知错

---

[1] 陈朴生. 刑事证据法 [M]. 台北:三民书局,1979:276.

觉。我们在谈及偏见一词时，经常会联想到它的消极含义，然而，从心理学的角度来讲，认知偏见和认知错觉是每个人都不能摆脱的心理学规律。许多研究认知论的心理学家都认为，人们在接受新的知识的时候，会受到习惯性思维的束缚，形成在自己理论基础之上关于对新知识是非对错的判断，也就是先入为主的思想，最终形成偏见。一位医生，在他看到病人时就已经产生关于病人所患的大概是什么病的认识。当他通过询问病人所有症状之后，即可增加病人所患的是否为他先前认定的病种的假设概率。如果医生坚持自己的基础认识，那有可能导致非常严重的后果。

在司法过程中，偏见也是很可怕的，尤其是法官和陪审团的认知偏向。这种偏向不仅是在审判之前，法官和陪审团的头脑中已经有了关于案件事实的偏向的认识，而且还在于他们在接收到新的证据，特别是对于结论假设的置信度很高的证据的时候，不肯转变自己头脑中已有的判断。但一般而言，法官或陪审员也会愿意根据新提交的证据而调整其盖然性评估，从这一意义上讲，他们还是拥有一个"开放的头脑"。司法偏见大致可一分为二，正当的司法偏见和不正当的司法偏见。所谓正当的司法偏见，是指法官和陪审员在事实发现过程中不可避免且正当的先前信念，即构成"普遍常识"的先前信念，如在法官和陪审员看来，有关证人可能存在隐藏证据而使他们自己看起来更加诚信之经验常识。"理想的事实发现者并非心智白板，坦率地说，他对于在特定案件中到底是原告还是被告应胜诉，心中预留了一份判断。"①

贝叶斯定理应用于证据认定的主要方面，就是提醒人们，从证据到假设结论是一个不确定的推理过程，而对于该认证过程中概率的评估是得到相对正确结论的一个理性而且有效的办法。当新的证据被提交时，人们应该随之更新自己关于原假设的概率评估，即由先验概率推进到后验概率。对于新的信息的认定，也会基于原有判断的概率评估。理想的状态当然是我们希望事实裁判者都是有着"心智白板"的人，他们从原告和被告双方证据概率比例为1:1时开始判断。但实际情况并不会这样，法官和陪审员都有着自己的判断，不管是往哪一个方向，都标志着事实裁判者存在偏见。法官和陪审员都具有强烈的证前可能性，就是说在审判之前不仅对案件的适当结果具有证前的信念，而且此种信念根深蒂固——即拒绝在证据的基础上刷新其证前信念。但是如果是一位贝叶斯主义者，则他的证前可能性仍将对其证后可能性发生影响，并且因此（至少是在势均力敌的案件中是如此——势均力敌，这是一个重要的限定条件）而影响其决策。②

---

① ［美］波斯纳. 证据法的经济分析［M］. 徐昕，徐昀，译. 北京：中国法制出版社，2001：24.
② ［美］波斯纳. 证据法的经济分析［M］. 徐昕，徐昀，译. 北京：中国法制出版社，2001：104.

在认知偏见中，还存在一种"事后聪明之偏见"① 这种偏见可谓是我们所有人都能够意识到的认知错觉之一，就是事情真相大白之后才能恍然大悟它的合理性。有一句谚语说"天有不测风云"，这个说法是要表明很多事情的发生有着非常低的概率，低到让人不能相信。在司法过程中，人们希望律师能够向法官和陪审团做出合理解释，为什么一件出现概率这么低的事情的的确确发生了。否则，这将对这位律师一方极为不利。

---

① ［美］克里斯汀·乔尔斯. 法律经济学的行为方式［J］. 斯坦福法律评论，1998：1523.

第十七章

进化逻辑及其应用

第一节 进化逻辑的理论与发展

一、进化逻辑概述

(一) 进化逻辑的萌生

进化逻辑萌生于进化认识论以及进化的方法论,而系统科学、复杂性科学的发展则对进化逻辑的产生起到了积极的"催化作用"。

在皮尔士以前,哲学家们只是在讨论进化哲学和进化认识论时涉及进化逻辑的一些基本概念。例如,斯宾塞就十分推崇拉马克"用进废退"的思想,同时也接受达尔文的"自然选择"和"适者生存"概念。斯宾塞还注意到生命的连续性和思维的连续性,预感到了进化逻辑的动态发展性质。尽管如此,斯宾塞对进化逻辑的动态发展性质的认识还是不自觉的。柏格森则不同,他看到了斯宾塞的局限,明确地强调进化的能动性和动态性质,提出所谓的"创造进化论"。在这一理论中,柏格森把生命进化看作一种向上的运动,把非生命的进化看作一种向下的运动,从而进一步深化了斯宾塞的进化逻辑思想萌芽。

斯宾塞和柏格森的进化逻辑思想萌芽，就当时的科学水平看是有价值的，但是这些思想萌芽没有成为逻辑理论，甚至连逻辑方法论都没有形成。真正从逻辑方法角度讨论进化逻辑的哲学家是18世纪和19世纪的逻辑学家们。

18世纪下半叶，哈特莱、勒萨吉和普里斯特利提出了一种"自我纠正"的发现逻辑。这种逻辑类似于数学中的"自我纠正"的近似法。它的基本观点是：

（1）如果理论T是假的，那么使用科学方法最终将使理论被反驳；

（2）这种方法包括一种自动纠正理论T1而找到比T更真的另一个理论T2的算法。

遗憾的是，这样的算法在当时没有搞出来。于是"自我纠正"的发现逻辑的纲领便宣告失败。①

虽然这个纲领并未成功，"自我纠正"原则的提出却使科学进步问题成为科学哲学的中心问题。19世纪中叶，由于孔德（A. Comte）和惠威尔（W. Whewell）的提倡，科学被看作发展着的动态的事业。在趋向于真理这一点上，科学是不断进步的。受他们的影响，法国生理学家伯纳德（Bernaard）提倡实验方法，强调不断实验、不断怀疑和自我批判，反对实证哲学传统。这些思想后来发展成波普尔的证伪主义方法。

皮尔士是19世纪末的重要哲学家。他进一步发展了"自我纠正"的归纳方法。在他看来，自我纠正归纳法是由已被观察的某些属性在一个样本中的分布，推出关于这些属性在较大总体中的相对分布的假说，它的结论是关于某一经验类（如S类）的个别分子将有某一属性（如P）的概然陈述。这种归纳法也叫作量的归纳，它大致相当于假说演绎法。皮尔士认为量的归纳是"自我纠正"的，永远趋向于真理的。也就是说，量的归纳使我们所假定的估计将越来越接近真的数值。

皮尔士还精辟地指出，逻辑学应当应用于生物学，其中归纳逻辑对于实现生物系统的形式化尤为重要，他正确地揭示了进化论的逻辑本质。皮尔士认为，进化论不是演绎理论，而是归纳理论，它并不做出有或无的预言，而是做出统计的预言。他深刻地指出，大致来说，关于进化论的论战，讨论的是一个逻辑问题。达尔文主张的是把统计方法应用于生物学。在气体理论这一相去甚远的科学分支中早就应用了统计方法。根据关于这种物体构造的假说，尽管不能说明任一特定分子如何运动，但是克劳修斯和麦克斯韦却能在达尔文的不朽著作出版之前8年，根据概率论预言，在一个长流程中，具有如此这般比例的分子在一定环境中会有这样那样的速度；在每秒钟里会有如此这般相对数量的碰撞发生等。而根据

---

① 江天骥. 归纳逻辑导论 [M]. 长沙：湖南人民出版社，1987：302-303.

这些命题就能够推演出气体的某些性质，尤其是关于气体与热的关系的性质。同样地，达尔文也不能说出单个场合的变异和自然选择是怎样的，但是可以证明，在一个长流程中，变异和自然选择将要或总要使动物适应环境。

由此可见，早在19世纪，皮尔士已经讨论了把逻辑学应用于生物学的问题，并且找到了生物学与物理学之间的内在联系。在他的字里行间，可以看出他已经提出了进化逻辑的基本思想，强调了进化与归纳证实的相似性，提出了自我纠正的归纳方法。这一切，都为进化逻辑理论的产生奠定了基础。

20世纪中叶，波普尔从科学哲学的角度，提出了科学知识进化的思想。他建构了一个"猜想和反驳"的逻辑体系，强调了科学的可证伪性，把科学的进步看作是一个不断清除错误的过程。马克思主义哲学认为，真理是一个不断发展的过程，既然如此，那就要不断地清除错误。恩格斯早在波普尔之前就说过："今天被认为是合乎真理的认识，都有它的隐蔽着的、以后会显露出来的错误的方面。"① 马克思主义哲学理所当然要阐明认识过程中的否定因素，但它并不把否定因素仅仅归结为可证伪性。

波普尔对进化逻辑的贡献在于，他把逻辑研究重点，从静态的论证逻辑扩展到动态的发展逻辑，提出了进化逻辑的动态发展模式。进而把这种进化逻辑与认知科学和计算机科学中的试错学习联系起来，为建立计算机科学中的进化逻辑奠定了基础。

进化逻辑理论经过萌芽、形成和发展三个时期后，至20世纪80年代以来，研究机器学习的计算机科学家开始对进化逻辑感兴趣。美国密歇根大学一些专家、学者成立了一个计算机逻辑课题组。在霍兰德和勃克斯的领导下，课题组成员对分类符系统做了深入的研究。他们将分类符系统用来模拟自适应的机体、动物以及机器人的行为，创建了一种进化逻辑。这些分类符系统具有各种学习功能，主要的逻辑机制是类似于自然选择和遗传的遗传算法。

由此可见，进化逻辑是在进化认识论发展到一定阶段的必然产物，是在现代科学的基础上发展起来的。它的理论准备来自哲学，而它的科学基础是广义综合进化论。

（二）进化逻辑的定义

学者任晓明、涂宏斌曾在著作《进化认识论与进化逻辑》一书中对进化逻辑的概念做了阐述，他们认为，进化逻辑中的"逻辑"概念并不局限于推理规则或符号的处理，所以这里所说的逻辑是广义的而不是狭义的。进化逻辑至少有三种

---

① 马克思恩格斯全集：第21卷［M］．北京：人民出版社，2003：338．

含义。首先，它指的是自然选择的逻辑或间接评价的逻辑。这种逻辑主要指科学方法论中的逻辑机制。其次，它指的是计算机科学中的逻辑，例如，遗传发现的逻辑。最后，它指的是复杂系统变化的形式和动力学。有的学者又把它叫作进化物理学、进化的系统论或进化的自组织理论。

作为第一种含义的进化逻辑，在波普尔那里得到了充分的阐述。实际上，这种进化逻辑是一种进化的科学方法论。更确切地说，它指的是科学方法论所隐含的逻辑机制。

作为第二种含义的进化逻辑指的是计算机科学中的逻辑理论。它是由计算机科学家勃克斯提出的。这种进化逻辑有以下特点：

第一，它是在进化的科学方法论的基础上发展起来的，是对波普尔等的科学知识进化论的逻辑抽象。它把波普尔的猜想与反驳方法与机器学习的试错法紧密联系在一起，为进化逻辑的计算机化开辟了道路。

第二，进化逻辑建基于生物进化论，因而大量借用了生物进化论中的术语，并赋予了其新的含义，使生物学与逻辑学在理论基础上融为一体，打破了各门科学之间的壁垒，为新的进化综合奠定了基础。

第三，它从广义综合进化论中吸取了思想营养，采用了广义综合进化论的一些基本概念和基本原则，从而把进化逻辑建立在更为一般的理论基础之上。

作为第三种含义的进化逻辑主要是由拉兹洛等创立的。这种进化逻辑深深植根于复杂性科学的土壤中，吸取了超循环论、突变理论、混沌理论、分叉理论的思想素材，为探索进化系统论和进化自组织理论的逻辑机制奠定了基础。

上述进化逻辑的三种含义，实际上是相互联系、相互依存的。每一种进化逻辑都从另一种进化逻辑中吸取思想素材，都把另一种进化逻辑理论作为自己进一步发展和深化的条件。不仅如此，虽然它们各自尚有某些不同的概念，但是它们的一些基本概念是相通的、共用的。例如，突变、革命、范式转换这些概念的含义大体相当，它们都可以在上述三种进化逻辑中交替使用。又例如，"竞争"一词既可以指物种之间的生存竞争，也可以指对立着的理论的竞争，它们的基本含义是一致的。

（三）进化逻辑的基础概念

1. 突变、革命和范式转换

达尔文进化论中说的"变异"主要是指渐进的变化。而广义综合进化论者发现，在一个复杂系统中，变化和发展还具有非连续性和非线性特征，带有"突然性"，即所谓的突变。突变还反映了变化的难以预见性，这就与科学哲学中的"革命"或者"范式转换"大体相当了。用"革命"或"范式转换"来表示科学发展的轨线不仅更忠实地反映了科学发展的脉络，而且把它简化了。新诞生的理论具有简单性的特点，它们消除了所取代的理论中原先存在着的严重混乱和困惑。而这种简化是使用更高层度的抽象换取的。

由此可见，科学理论的发展和进化遵循着一定的模式，有它自己内在的逻辑。这种进化是突变的、难以预见的、自我简化的。科学理论的概念体系不断地上升到更高的抽象性和一般性，这正像进化着的物质—能量系统不断地向非平衡领域推进一样。由此可见，无论在哲学领域还是在自然科学领域，突变、革命、范式转换都在进化过程中起着重要作用。

2. 选择

在达尔文的认识里，选择或自然选择是进化的决定性因素，但不是唯一的决定性因素，在新达尔文主义者那里，选择成了进化的唯一决定因素。

波普尔对于进化逻辑的重要贡献在于，他把知识增长的过程与选择排除的淘汰过程相类比，在他看来，经验方法应该是一种证伪的方法，它的目的不是挽救站不住脚的理论使其生存，而是通过使其参与生存斗争而选择最适者。在《探究的逻辑》以及波普尔的早期文献中，他在证伪方法中引进了自然选择的因素，初步将进化论与逻辑方法论结合起来了。

在《猜想与反驳》中，波普尔把人和动物的试错法纳入他的进化逻辑框架，使带有思辨性的进化逻辑方法论成为建立在计算机科学至上的进化逻辑。在他看来，猜想和反驳的方法与试错法大体相当。科学理论不是观察的汇总，而是我们大胆提出来准备加以试探的猜想，如果猜想与观察不合就排除它。当然，波普尔认为，试错法不能简单地等同于猜想和反驳的方法。爱因斯坦用试错法，变形虫也用试错法，所不同的是，爱因斯坦对错误采取了批判的态度，而变形虫做不到这一点。在这里，采取批判的态度就是有意识地让我们的猜想去经过自然选择，参与适者生存的竞争。实际上，波普尔反驳了关于人和动物学习的被动归纳模式，提出了动态的试错模式。现代认知科学的学习理论也认可这种尝试性的学习过程。

由此可见，波普尔建立的模式是排除错误的选择模式，波普尔的进化逻辑是选择的逻辑或者说是自然选择的逻辑。在这种逻辑中，选择居于支配一切的地位。

皮亚杰（Jean Piaget）并不认为进化的"唯一的制动器是选择"。他认为如果真的由一劳永逸的筛选过程来决定淘汰还是存活，而不是根据基因组的比例变化所引起的重组来决定，那么人类早就灭绝了。皮亚杰认为，不能把选择看作某种分类过程，由此将个体分为两类：一类被处以死刑；另一类获得生存权。他认为，应该把选择看作一个概率过程，它可以改变和重构基因组或基因库的比例。因此，选择的过程根本上是一个动态过程。在选择和环境的相互作用下，基因组的比例随时都会在这些活动中发生变化。

由此可见，皮亚杰站在认知科学的角度，对选择概念做了更深入、更精细的分析，使生物进化论中的选择概念概括为广义的选择概念，为进化逻辑的建立奠定了基础。

3. 自再生和自创生

自再生和自创生都是 20 世纪 60 年代科学家提出的重要概念。冯·诺依曼提出了一个自动机理论，即自再生自动机理论。为了说明这一理论，他形象地比喻说：自动机器在"食物"湖中漂浮着，它的周围漂浮着用之不竭的元件，这些元件就像营养液中的食物粒子。自动机诱捕这些作为食物粒子的元件，以便为自己建模，生产出自己的复制品，这就是自动机自再生的过程。在冯·诺依曼看来，这里所说的自动机既包括自然的自动机（如人类），也包括人造的自动机。所谓自再生也就是自己生产自己，就像人类繁衍后代一样。

自再生模型是一种最简单的生物进化模型，它的净增长为零；而自创生则是净增长大于零的自再生。实际上，细胞、器官、生物体以及生物体组成的群体和社会都是自创生系统。这些系统自己更新自己，自己修复自己，自己复制自己或生产自己。自创生理论所建立的模型是冯·诺依曼在细胞自动机理论的严密数学基础上推演出来的，但自创生毕竟还不是进化。虽然自创生是进化逻辑的基本概念，但这一理论工具不足以描述清楚动态发展着的进化逻辑，这就需要动态系统理论，如突变理论、混沌理论、分叉理论等。这些理论的提出为进化逻辑的深入发展开辟了道路。

（四）进化逻辑发展的分期

进化逻辑的发展大体上经历了三个阶段：

1. 萌芽时期（从 19 世纪中叶～19 世纪末）

在这一时期中，进化逻辑只是一种思想萌芽隐含在哲学或生物学中，并没有形成逻辑理论，例如，在斯宾塞包罗万象的进化哲学中，只是用哲学的语言讨论了进化逻辑的基本概念，把生物进化论的概念加以抽象和概括，为进化逻辑理论的形成奠定了基础。从斯宾塞经过柏格森到皮尔士，进化逻辑的基本思想才逐渐形成。但这些思想大多是哲学思辨，缺乏严密的逻辑理论，更没有提出"进化逻辑"这一基本概念。

2. 形成时期（从 20 世纪初～20 世纪 70 年代）

这一时期的进化逻辑主要表现为逻辑方法论。其主要代表是波普尔和皮亚杰。波普尔从科学逻辑角度提出了"猜想和反驳"的逻辑方法论，较为系统地探讨了进化的逻辑机制。皮亚杰从行为科学的角度，讨论了生物进化的逻辑机制。他们虽然从不同角度提出了自己的进化逻辑理论，但仍未明确提出"进化逻辑"

这一概念，而且他们的进化逻辑还停留在方法论的层次上，概括程度不高。

3. 发展时期（1974年至今）

从20世纪70年代开始，进化逻辑理论进一步发展起来。理论生物学家的丰硕成果，协同论、超循环论、突变论、混沌理论的相继诞生，为进化逻辑理论的大发展提供了坚实的科学技术基础。人们在理论生物学研究成果和语言学研究成果的基础上，提出了若干理论模型，从各个不同角度、不同侧面发展了进化逻辑理论，例如，冯·诺依曼提出了自再生自动机理论，为进一步建立生物进化的逻辑模型奠定了基础。林登梅耶提出了生物发展的逻辑模型，讨论了这种模型的语言，促进了进化逻辑系统的诞生。在前人工作的基础上，勃克斯和霍兰德等从进化生物学的角度出发，提出了一种进化逻辑系统——分类符系统，进而提出了遗传算法。

进化逻辑的产生有它的历史必然性，同样，进化逻辑理论的演进也有其历史必然性。从逻辑顺序上看，冯·诺依曼的自再生自动机模型是进化逻辑理论的开端，林登梅耶的生物发展的模型是进化逻辑理论的雏形，分类符系统则是一种比较典型的进化逻辑理论。从逻辑联系上看，每一种理论都是对前一种理论的深化，都是通过克服前一理论的局限而发展起来的。冯·诺依曼的系统是先验的，而林登梅耶的系统是经验的，是与生物学实际紧密联系的。在冯·诺依曼的自再生模型中，第五种模型是从元科学或科学哲学的研究成果出发而建立的概率模型，是一种简单的、静态的模型，而分类符系统有一个动态发展的逻辑机制，包含了自然选择机制、自由竞争机制和遗传机制。显然，这里体现了逻辑与历史的统一。

二、进化逻辑的关键理论及认知功能

（一）现代进化逻辑的关键技术

进化逻辑的核心是一种学习和发现的算法，我们首先讨论基本分类符系统，其次讨论带有组桶式算法的分类器，最后讨论带有遗传发现算法和组桶式算法的分类器。

1. 基本分类符系统

一个分类符是用于新型电子计算机中的一个形式条件式或虚拟式。基本分类符系统是一个逻辑系统，出现于20世纪80年代，但在哲学史上，早已有了这种逻辑系统的思想萌芽。

分类符程序可以在标准计算机上操作，但是，要实现分类符程序的快速计算，还需要有特定分类器。在这方面，勃克斯和霍兰德等做了大量工作。一个分类符系统有两种基本单元：一是分类符；二是信息。一个分类符是一个假言陈述，其中包含一个前件（条件）和一个后件（结论）。如果信息满足分类符的条件，结论就产生新信息。分类符程序与标准计算机的程序之间有明显的相似性：分类符起到了指令的作用，信息起到了数据的作用。

但两种程序之间也有显著的差异。在标准计算机程序中，指令通过地址与数据相联系，在每个处理机中，都是按一定顺序执行指令的。与之不同，基本分类符程序没有地址，因为每一个分类符都可应用于现有信息清单中的每一个信息，从而在每个大循环中，所有分类符都能同时被执行，或者以任何顺序执行。

由基本分类符系统实施的基本递归是一种重复性集合运算。在每一个大循环中，与旧信息相适应的分类符集将产生新信息，而对于下一个大循环来说，这种新信息也变成了旧信息。不过所有分类符并行地处理所有信息虽然在逻辑上是可能的，但是用现有技术构造这样一个大的逻辑开关是不可行的。因此，勃克斯主张串行地处理分类符，并把一个小循环定义为一个分类符处理所有信息所用的时间。因此，一个大循环包含有像分类符那样多的小循环，还要加上用来输入的信息，把信息传送给输出设备及用新信息集代换旧信息集所需的时间。

不仅组桶式算法是这样，而且在组桶式算法中加入遗传算法时情况也大致相同。在这个扩充的分类符程序中，也要根据分类符的实力来进行选择。弱的或"贫穷的"分类符往往被淘汰，强的或"富有的"分类符则成为新分类符的遗传产品。这些新分类符取代了被淘汰的分类符，因而要用组桶式算法来检验那个修改了的分类符集合。新分类符通常包含新条件或新结论，因此，遗传算法既要创造新概念，也要创造新规则。

2. 组桶式分类符系统

基本分类符系统类似于低效率的指令性经济，在那里，产品是不管要求和质量而定额生产的，在一个基本分类符系统中一个大循环产生的每一个信息全都遗留给下一个大循环，全不管此信息的效用。相反，组桶式分类符系统借助竞争的市场去选择所生成信息的一个子集，并使其用于下一个大循环。这种竞争的市场对信息清单的长短做了限制，通过拍卖来决定哪一个信息应予保留，并按照拍卖所得来进行支付。

组桶式学习算法开始于初始分类符程序，由一个被赋予一定实力的分类符集合组成。在写出这个程序时，程序员将自己认为有助于问题求解的一切分类符包括其中，借助组桶式算法评价所有分类符，从而淘汰那些无用分类符。在这里，初始实力要么是任意指派，要么反映程序员对每一个分类符的重要性所做的猜测。

在组桶式算法中，实力较弱的分类符用处不大，但它们却占用了宝贵的计算资源，又不能把它们消去，这是组桶式算法的一个局限。组桶式算法的另一局限是，它的学习能力受分类符集合的潜在能力的限制，而这种集合由计算机程序员所设计，因此，从根本上说，组桶式算法的学习能力要受人类的经验范围的限制。可喜的是，遗传算法能克服这些局限。它能消去弱的分类符。通过对强分类符做遗传型运算，产生新的分类符，以代替弱的分类符。然后，借助组桶式算法，在与旧分类符的竞争中检验这些新分类符。

3. 遗传算法

遗传算法研究的是遗传发现的逻辑机制，因此，又把它叫作遗传发现的逻辑。遗传算法实质上是用最有价值的分类符的后代取代贫乏和无用的分类符的一种方法，这些后代可以是某个分类符以一定概率变化的结果，也可以是一对分类符以一定概率形成的混合体。总之，这个发现或学习过程是一个示向性的试错过程。

一个分类符往往表达一条规则，它的条件和结论都是表达概念的项，而这些概念又可以表示一种属性。所以，遗传算法能创造新规则和新概念。此外，一个规则往往又是一个应用中的条件陈述，而这种规则与这种陈述的信息内容相同，这样一来，遗传算法也能发现新的陈述。由此可见，每一个分类符都是一个尝试性的假说，而遗传算法可以不断产生新的假说。

（二）广义归纳逻辑与进化逻辑

归纳是人类在茫茫宇宙中生存时所必须采取、也只能采取的认知策略，因此它对人类来说具有实践必然性。人类要从经验的重复中建立起某种确实性和规律性是离不开对归纳的认知的。虽然完全归纳在现实世界中针对复杂问题是不可能的，但建立具有局部合理性的归纳逻辑和归纳方法论却是完全可能的。我国学者陈波接受上述观点，并提出一个全面的归纳逻辑研究纲领，包括发现的逻辑、辩护的逻辑、（客观）接受的逻辑、（主观）接受的逻辑和修改或进化的逻辑。

归纳有广义和狭义之分，通常所说的从个别到一般的推理属于狭义的归纳，而广义的归纳是指一切扩展性推论，其结论超出了前提所断定的范围，因而前提的真无法保证结论的真。由于"完全归纳法"和"数学归纳法"具有结论必然地得出的性质，因此也不属于广义归纳之列。陈波认为，古典归纳逻辑实际上是一种科学发现的逻辑，注重从有限的感觉经验中抽象、概括、发现出普遍使用的自然规律，因而无法用逻辑的方法解释猜测性假说的产生过程，只能交给科学发现的心理学去处理。于是归纳逻辑不再是发现的逻辑而成为辩护的逻辑。事实上，归纳逻辑应该研究一个完整的过程，包括在经验的学习中建立可错的归纳判断以指导以后的行动，并且根据环境的反馈修正已有的归纳判断，获得正确性程度更高的认识。因此，归纳逻辑不仅要回归到古老的发现纲领，而且要大大扩展其研究领域，去研究归纳假说、科学理论的发现、辩护、修正、进化的整个过程，进而揭示出其中可供以后遵循的大致的程序、模式、规律、准则和方法。

当一个归纳假说提出后，面对经验证据，很少得到完全的证实或证伪，而是需要做出某些修改和变更，由此开始一个归纳假说或理论的发展、演变和进化的过程。进化逻辑就是对这一过程的逻辑和方法论机制的研究。进化逻辑主要有两方面的含义：（1）指自然选择的逻辑或间接评价的逻辑，这方面的代表性成果有波普尔的试错法和皮亚杰的发生认识论。它实际上是科学理论进化的方法论，特别是其中所隐含的逻辑机制。（2）计算机科学中的逻辑，主要由勃克斯等提出。进化的逻辑由三个部分组成：选择的逻辑或间接评价的逻辑；通过反复竞争而进行的学习；遗传发现的逻辑。在这里，选择的逻辑是对生物进化的自然选择过程的模拟；学习是指机器学习；遗传发现的逻辑是一个十分复杂的等级层次反馈系统，包括竞争、突变、间接评价、选择、优胜劣汰等因素。①

（三）进化逻辑的认知归省

随着信息科学技术的发展，机器代替人类做一些思考和行动已成现实，逻辑也必须实现认知转向。在这样的背景下，广义归纳逻辑、广义认知逻辑和广义模态逻辑出现了涌流交叉的发展动向，并逐渐形成了一个大致以现代科学技术和人类认知能力为平台，以服务认知、知识创新为归省的广大领域，我们可以统称这个领域为知识逻辑研究或知识逻辑学。广义归纳逻辑与广义认知逻辑的交叉领域包括：进化逻辑、因果逻辑、计算机逻辑、人工智能逻辑、模糊逻辑、非形式逻辑等，而广义归纳逻辑与广义认知逻辑、广义模态逻辑与广义认知逻辑的交叉领域尚无确定的界限。总的来说，这些交叉领域有着强大的认知功能，决定其发展的必然是知识创新的逻辑，属于知识逻辑学的范畴。

从认知归省的角度，进化逻辑很具有代表性，具有以下多方面的认知特性：

进化逻辑用独特的方式描述了知识增长的过程，它引进了优胜劣汰、适者生存的选择机制，提出了既有继承又有发展的遗传算法，为知识创新逻辑的发展开辟了新的方向。

尽管勃克斯把进化的逻辑称为"发现的逻辑"，但它并不是传统意义上的发现逻辑，而是科学进步和科学创新的逻辑。

---

① 陈波．休谟问题和金岳霖的回答——兼论归纳的实践必然性和归纳逻辑的重建［J］．中国社会科学，2001（3）．

进化逻辑是对波普尔等的科学知识进化论的逻辑抽象，它把波普尔的猜想与反驳的方法与机器学习的试错法紧密结合起来，不仅为进化逻辑的计算机化开辟了道路，而且为知识库形成与更新提供了理论基础与方法论保证。

　　进化逻辑的理论渊源就是生物进化论，因而大量借用生物进化论中的术语，并赋予其新的含义，打破了各学科的壁垒，为新的进化论奠定了基础。可以说，逻辑学推动了进化论，进化论帮助了逻辑学，而且以一个实际个案验证了进化逻辑的认知属性。

　　进化逻辑的诞生与形成对于逻辑学自我理论的创新也具有重要的指导意义。逻辑从来就被认为是主要研究命题或语言的，从不需要关注行动。进化逻辑则表明，逻辑具有重要的直接的行动价值。可以说，进化逻辑从一个角度极大地扩大了逻辑学的学科属性，它告诉我们，逻辑不仅是理性的，更是行动的，这样的行动在一定程度上就包含了内容。[①]

第二节　进化逻辑与人工智能的认知交叉

一、人工智能逻辑

（一）概述

　　人工智能科学，从其诞生之日起便与逻辑学密不可分，二者的共同发展促进了用机器模仿人类思维的智能学的进步。人工智能逻辑是用逻辑方法和成果研究智能主体如何处理知识的学问，主要研究主体的常识推理。这种推理具有非单调性和信息不完备性。人工智能逻辑主要有三种：缺省逻辑、非单调模态逻辑和限定逻辑。缺省逻辑的主要思想是在经典逻辑中增加刻画常识推理的缺省推理规则，由此形成的扩张概念刻画了主体的信念集及其变化。非单调模态逻辑是用"知"和"信"那样的认识论算子研究主体的认知状态，用具有反思性质的稳定集概念刻画主体的认知状态。限定逻辑的主要思想是合理限定通常的谓词逻辑所描述的谓词，从而合理限定这样的谓词指称的类的外延以排除反常的对象，因此限定逻辑在形式上提供一般的方法来极小化任意选出的谓词或者由谓词构成的公

---

① 刘邦凡. 当今三大发展中逻辑的交叉及其认知归省［J］. 哲学动态，2008（6）.

式,从而在直观上刻画了主体常识推理的能力。①

实际上,在 20 世纪中后期,就已经开始了现代逻辑与人工智能之间的相互融合和渗透。例如,哲学逻辑所研究的许多课题在理论计算机和人工智能中具有重要的应用价值。人工智能从认知心理学、社会科学以及决策科学中获得了许多资源,但逻辑(包括哲学逻辑)在人工智能中发挥了特别突出的作用。某些原因促使哲学逻辑家去发展关于非数学推理的理论;基于几乎同样的理由,人工智能研究者也在进行类似的探索,这两方面的研究正在相互接近、相互借鉴,甚至逐渐融合在一起。例如,人工智能特别关心下述课题:效率和资源有限的推理、感知、做计划和计划再认、关于他人的知识和信念的推理、各认知主体之间相互的知识、自然语言理解、知识表示、常识的精确处理、对不确定性的处理、容错推理、关于时间和因果性的推理、解释或说明、对归纳概括以及概念的学习等。

当代的人工智能的研究分别沿着三个方向深入:(1)机器思维方向,包括机器证明、机器博弈、机器学习启发程序及化学分析、医疗诊断、地质勘探等专家系统及知识工程的问世。(2)机器感知方向,包括机器视觉、机器听觉等文字、图像识别、自动语言理解的理论、方法和技术以及感知机和人工神经网络的研究。(3)机器行为方向,包括具有自学习、自适应、自组织特性的智能控制系统、控制论动物和智能机器人的研究开发。21 世纪的逻辑学也应该关注这些问题,并对之进行研究。为了做到这一点,逻辑学家们有必要熟悉人工智能的要求及其相关进展,使其研究成果在人工智能中具有可应用性。我们可以看到,随着人工智能研究的深入,非经典逻辑的研究已经取得长足的进步,归纳以及其他不确定性推理也有了新的进展,广义认知逻辑的发展突飞猛进。

(二)人工智能的逻辑极限

哥德尔不完全定理是为了解决 1900 年希尔伯特提出的 20 世纪需要解决的 23 个数学问题之一所得的数学结果。事隔 100 年,曾任美国数学会主席的斯梅尔又向全世界数学家提出了 21 世纪需要解决的 24 个数学问题,其中第 18 个问题是"人类智能的极限和人工智能的极限是什么"?并且指出这个问题与哥德尔的不完全性定理有关。

哥德尔告诉我们:在任何包含初等数论的形式系统中,都必定存在不可判定命题。有了图灵机后,它的一个等价命题是,任何定理证明机器都至少会遗漏一个真的数学命题不能证,这就是数学的算法不可穷尽性。这一性质被许多

---

① 李小五. 人工智能逻辑讲义[M]. 广州:中山大学出版社,2005.

人用来作为"在机器模拟人的智能方面必定存在着某种不能超越的逻辑极限"的论据。

对哥德尔定理与人工智能极限之间的关系，哥德尔本人如何看待？从哥德尔的部分重要手稿和20世纪70年代与王浩的谈话记录中我们得知，哥德尔在严格区分了心、脑、计算机的功能后做出明确断言，"大脑的功能不过像一台自动计算机""心与脑的功能同一却是我们时代的偏见"，但不完全性定理不能作为"人心胜过计算机"的直接证据，要推出如此强硬论断还需要其他假定。

于是，"人心是否胜过计算机"的问题事实上可以转换为几个子问题：（1）是否大脑和心的功能等同？（2）是否大脑的运作等同于计算机的运作？（3）是否心的活动都是可计算的？这三个问题实际上就是心脑同一论问题、大脑的可计算主义和心的可计算主义问题。

值得注意的一点是，哥德尔第二不完全性定理的一种形式是说，任何恰当的定理证明机器，或者定理证明程序，如果它是一致的，那么它不能证明表达它自身一致性的命题是定理。哥德尔说，一方面，人心不能将他的全部数学直觉形式化，如果人心把他的某些数学直觉形式化了，这件事本身便要产生新的直觉知识（如该系统的一致性）；另一方面，不排除存在一台定理证明机器确实等价于数学直觉，但重要的在于，假定有这样的机器 M，由不完全性定理，我们不可能证明 M 确实能做到这点。

看来，当人们应用哥德尔定理试图严格地做出"人心胜过计算机"的论证时，其中包含着一个令人难以察觉的漏洞：问题的核心并不在于是否存在能捕获人类直觉的定理证明机器，而恰恰在于，即使存在这样一台机器，也不能证明它确实做到了这一步。恰如哥德尔所说："不完全性结果并不排除存在事实上等价于数学直觉的定理证明机器。但是定理蕴涵着，在这种情况下，或者我们不能确切知道这台机器的详情，或者不能确切知道它是否会准确无误地工作。"[①]

也许在考察了如上各种关于心、脑、计算机问题的独特见解之后，我们有必要指出，哥德尔曾解释过他所说的"心"的含义："我所说的心是指有无限寿命的个体的心智，这与物种的心智的聚合不同"。[②] 而且，除了必要的哲学假定之外，在哥德尔看来，回答"人心是否胜过计算机"这一问题还依赖于我们能否消除内涵悖论，还要取决于包括大脑生理学在内的整个科学的进展。

---

①② 刘晓力. 哥德尔对心—脑—计算机问题的解 [J]. 自然辩证法研究，1999 (11)：29 – 34.

二、进化逻辑与进化计算的互动发展

(一) 概论

所谓计算,就是从已知符号串开始,一步一步地改变符号串,经过有限步骤,最后得到一个满足预先规定的符号串的变换过程。现已证明:凡是可以从某些初始符号串开始而在有限步骤内计算的函数与一般递归函数是等价的。这就是说,所有可计算的函数都是通过符号串的变换来实现其计算过程的,即计算就是符号串的变换。[①] 与计算具有同等地位和意义的基本概念是算法。从算法的角度讲,一个问题是不是可计算的,与该问题是不是具有一个相应的算法是完全一致的。一般而言,算法就是求解某类问题的通用法则或方法。也就是一系列计算规则或程序,即符号串的变换规则。[②]

进化计算(evolutionary computation,EC)是一类模拟生物进化过程与机制求解问题的自组织、自适应人工智能技术。它起源于 20 世纪 60 年代针对机器学习问题所提出的遗传算法(GA),用于数值优化问题的进化策略(evolutionary strategies,ES)及针对优化模拟系统所提出的进化规划(evolutionary programming,EP)。

从前面可知,进化逻辑是计算机科学和逻辑学共同发展的产物,其广义概念包含了人工智能领域的遗传算法,甚至进化计算。可以说,进化计算是进化逻辑在人工智能中应用的最新、最先进的成果。进化计算是一种基于自然选择和遗传变异等生物进化机制的全局性概率搜索算法,它在形式上也是一种迭代方法。它从选定的初始解出发,通过不断迭代逐步改进当前解,直至最后搜索到最优解或满意解。上文我们已经介绍了遗传算法的基本机理,下面我们就以此为基础论述一下进化逻辑与进化计算的关系。

(二) 进化逻辑与进化计算的关系探析

1. 进化逻辑与进化计算在起源上有交集

进化逻辑与进化计算都是由人工智能的专家们首先提出来的,二者都起源于霍兰德提出的遗传算法。这是人类最早把计算作为一种哲学性观念和方法而不仅是一种数学观念和方法,并自觉运用到有关领域的研究中。

---

① 莫绍揆. 递归论 [M]. 北京:科学出版社,1987.
② 郝湘宁. 计算:一个新的哲学范畴 [J]. 哲学动态,2000 (11).

2. 进化逻辑与进化计算的理论方向相同

进化逻辑与进化计算产生后，均在认知科学的研究中大有发展，它们有一个共同的主题就是：思维就是计算（认知就是计算）。西蒙等一大批学者都明确主张：思维是一种信息加工工程，即计算过程，这种计算就是指对某种符号操作或加工，指在能对其提供语义解释的符号代码的形式表达式上所进行的受规则制约的变换，如问题求解这种思维活动就是通过一定的算法对初始态空间进行操作，直至达到目标态空间。

3. 进化逻辑与进化计算相辅相成

进化逻辑引领进化计算的哲学思想，进化计算是进化逻辑在人工智能领域的具体应用。哲学范畴是反映事物本质属性和普遍联系的基本概念，人类理性思维的逻辑形式，对各具体科学有指导意义。进化逻辑就是这样的哲学范畴。它及时总结和概括了当代科技的最新成果，把最为精华的人类理念上升为一种哲学范畴，不仅是哲学范畴自我发展的需要，更是各门科学文化进一步发展所必须。

4. 进化计算是进化逻辑的深化，推动了进化逻辑的发展

人工智能关注的领域与哲学逻辑关注的领域大量重叠，人工智能的出现为逻辑提供了良好的理论出口。进化逻辑属于应用逻辑，逻辑主要发挥着澄清概念、阐明问题，或是提供新的思路视角从而简化证明过程的作用，但在认知的过程中，逻辑学的运用还有较大的局限性，因此，逻辑不可能也不能要求它为哲学问题提供最终确定的解，进化逻辑也是如此。

（三）进化逻辑与人工智能的基本走向

进化计算尤其是遗传算法的发展隐含着这样的哲学思想，即计算的方式是可以进化的，而且进化就是一个优化的过程。这一理念所体现的最重要的哲学蕴意就是"进化就是计算"。这不但是一种全新的进化观，也是一种全新的计算理论，必将在人类科学研究中产生极其深远而广泛的影响。

进化逻辑作为一种计算哲学是 21 世纪科技哲学的新趋势，人工智能的极大发展也推动了计算主义自然观的逐渐形成。加上计算主义生命观、认知观的形成和普及，进化逻辑的进一步发展将促成计算主义的科学观对传统的科学观的挑战。进化逻辑是一种动态的科学认知模式，因此，计算主义的科学观也不再是一种静态的描述，而是一个动态的过程。可以说这是一场现代科学的革命，科学研究的目的就是为特定的自然现象寻找相应的数学模型，并以此为基础做出新的预测。一次性求解在大多数情况下是不科学的，人们必须借助近似的方法来求取近似解。不存在解析解和公式解意味着不存在预测系统运动过程的捷径，而必须老老实实地模拟运动的全过程。

人工智能应用逻辑方法已成功创建了许多智能专家系统，但这些系统的应用域一般、范围有限、相对简单。事实上，人类智能所面对的现实世界应用域纷繁复杂，要刻画复杂的应用域就需要有相对应的复杂的逻辑系统。自适应非线性网络（ANN）研究是近年来进化逻辑研究的热点与难点。可以说，非线性是一切复杂性的根源，因此也成为进化逻辑研究的前沿问题。由于系统的行为受到部分的影响，而每个部分在一定的环境中进行局部的活动，而这种环境又受到其他部分环境的影响，因此，个体活动的简单叠加无法决定这种相互作用所导致的状态轨迹，而这些系统的自适应性也增加了复杂性。关于复杂性的研究将是进化逻辑和人工智能必须攻克的难题。

进化计算的三种方法虽然具有相同的本质，但却强调了自然进化中的不同方面。遗传算法强调了染色体的操作，进化策略强调了个体级的行为变化，进化规划则强调了种群级的行为变化。表现在技术上可以体现为：遗传算法中选择、交叉和重组是首要的，而进化策略和进化规划中变异算子是主要的搜索算子。之所以出现这些差别是由于人们对进化对象的认识不同，这会导致不同的哲学解释，而基于不同的哲学理念也必然产生差异明显的科学理论。相信随着现代生物学理论的不断完善，未来的进化计算也将得到不断的进化。

第三节 进化逻辑与西方逻辑东渐的教育关联

一、进化逻辑视域下的教育进化

（一）教育的进化

按照广义综合进化论，教育发展可以视为进化。按照前述对进化逻辑含义的第一种理解，教育进化是否反映进化逻辑？答案是肯定的。下面分析进化逻辑在教育进化中的价值及存在。

1. 教育进化的价值

教育既与个体成长直接相关，又关乎社会生活的方方面面，在社会发展进步中有不可替代的重要作用；良好的教育可以集中体现社会各个领域的发展，并为之提供人才保障。教育的这种特殊性使得教育进化可以集中反映社会生活各领域的进化，教育有不可替代的文化发展与传承功能，这使得进化逻辑具有关于多维创新的指导意义。

教育教学的目标在于传授知识和培养能力，从哲学的角度看，这是一个智慧标准。实践时刻都在考验人类的生存智慧，不断向教育提出新的要求，教育教学的内容及形式以及管理均随实践得以丰富，如此"累积发展"使教育成为人类智慧发展的桥梁。在此过程中，随着研究对象的逐步确定，教育科学得以兴起，并不断从内容、形式及操作等方面对教育实践做出总结和指导。教育科学的发展促进了人类智慧的发展，正是在促进人类智慧发展的过程中，教育获得进化，教育在与人类智慧的互动发展中促进人类的智慧进化。①

2. 教育进化的三个阶段

按照文化人类学的研究，教育进化有三个阶段：首先，原始的"言传身教"阶段：人类从自然界获取食物，为了生存需要，甚至是在"食"与"被食"之间，逐渐构筑起家庭教育的雏形。其次，学校教育阶段：生产工具的改进及随之而来的生产力革命使人类社会生活分为农业、工业、商业等不同的生活领域，对统一模式人才的需求刺激了学校教育的生成与完善。最后，学校教育与网络教育共存阶段：现代信息产业的发展引发教育方式的变革，电化教育、网络多媒体教育成为达成教育目的的得力助手，教学形式不限于课堂。教育进化的三个阶段之间并不是断然的自然选择过程，而是一种含有"突变"的动态渐变过程，后一个阶段总是在一定程度上保有之前阶段的教育形式。

3. 教育进化的动力及方向

学生能否拥有并运用足够的知识解决问题，做到"学以致用"，这是检验教育成功与否的一把标尺。落实"用"要靠个体来表现，实现"用"都是人类智慧的体现，应该把发展人的智慧作为教育的宗旨。但迫于知识传授任务的要求，学校教育形成了一个知识教育模式，这个模式重视智慧共性化发展，而忽视智慧的个性化发展，因而使培养学生的个性化能力成为一个难题。创新离不开集体智慧的累积，但多数创新的达成抑或创造性成果的形成最终以个体智能活动的方式实现。不同智慧个性的人往往具有不同的审美意识，他们对智慧的存在及作用有不同的理解，因而有不同的创造动机，创造出不同的智慧成就。换言之，知识教育模式下的教育实际上是一种共性化知识教育，只能造就一部庞大的知识加工处理工具，而非具有独特智慧个性的人才。维护智慧发展的共性化与个性化要求之间的张力，这是教育进化的根本动力。

上述对教育进化动力的探讨说明，智慧教育是教育的真谛，教育进化的整体

---

① 梁晓燕. 陶行知生活教育理论——教育进化、知识进化的根本方法［J］. 内蒙古师范大学学报（教育科学版），2014，27（9）：23-26.

方向是形成以智慧教育为主体的教育。即便是走出校门,多数人希望得到"拨冗启智"式的教育。知识教育将退居于智慧教育之后,并转化为一种获得知识工具的教育方式。值得称道的是,生命科学的发展给实现这个目标以希望,从生命科学的研究现状来看,在不远的将来,人类将研究出遗传基因内部的生物智慧,并揭示大脑的奥秘,到那时,人类对自然界的认识将产生一次革命性的飞跃,而人类的教育也将获得巨大发展。

人类的智慧在不断丰富,从上述对教育进化动力及方向的分析来看,教育进化不是"零增长",也不是简单的"再创生",而是具有突破人类经验限制的认知创新态势。

4. 教育技术的进化

严格的教育技术始于多媒体辅助教学。计算机服务社会生活之初,一是学校教育将计算机看作一种独特的对象,和物理、化学一样,专门开设一门计算机课程;二是要求计算机能辅助学校的传统教学,做教学演示或个别化教学;三是要求进行以计算机为基础的课程改革,这种课程明显有别于以书本、粉笔和黑板等传统教学媒体为基础的课程;四是要求整个教学体系的全面改革,使教学目标、内容、方法和形式甚至连学校结构都发生根本性的变化。

开展信息教育、培养学习者的信息意识和信息能力已成为当前教育改革的趋势。信息教育,广义地说是为了培养社会成员的"信息处理能力"而开展的教育活动;狭义地讲,信息教育就是培养学生"信息处理能力"的教育活动。"信息处理能力"是指学习者在信息化社会活动中有选择地利用信息工具(手段),有效地获取信息、运用信息、创新信息的基本能力。信息教育的内容包括信息技术、信息运用、信息伦理等。在传统教育模式中,教师不仅是教学的组织者,也是学习信息的传播者。而通过开展信息教育,学习者可以利用信息工具(手段)主动地获得相关的学习信息,使学习者在学习过程中不仅掌握知识技能,更重要的是学会学习的方法。

虽然如此,即使是完全信息化的教学也不可能摆脱对传统课堂教学的模拟。有学者坚持认为,从理解和记忆的角度看,板书可以给学生以更充分的思考时间。渐变选择与信息革命共存,当今教育技术的进化也反映了教育之进化逻辑的存在。

(二) 中国近代教育观念的进化[①]

中国近代对教学内容及其设置做了彻底的更改,教育工作者的教育观念也随

---

① 杜成宪. 新文化运动与现代中国教育观念的变革[J]. 河北师范大学学报(教育科学版),1999(4):34-41.

之进化,这使中国教育呈现出进化的特征。

1. 在对教育理念的认识上,从借鉴杜威教育思想进化到陶行知主张的"生活即教育""社会即学校",再进化到素质教育

杜威是美国实用主义教育家,是国学大师胡适的博士生导师,他曾经两次来华宣讲其哲学和教育思想,对民国时期中国的教育产生了巨大影响。杜威提出"教育即生活""学校即社会",极力反对以教师、教材和课堂为中心的教学模式,其主要主张有:以学生为中心代替教师为中心,以活动课程代替分科教学,培养儿童学习的独立性和创造性,重视教育与社会生活的联系等。这些主张并没有把教育领地扩大到学校之外,而是要把社会生活搬进学校,学校的空间并没有扩大。

胡适、晏阳初、陶行知、梁漱溟等都受到杜威教育思想的影响,其中,"人民教育家"陶行知在杜威教育思想的基础上提出一系列著名的观点,如"生活教育是生活所原有,生活所自营,生活所必需的教育""过什么生活便是受什么教育""处处是创造之地,天天是创造之时,人人是创造之人"等。陶行知把社会看作是一个大学堂,凡是生活的场所都看作教育的场所,他的这些主张构成一个相对更切合当时中国实际的教育理念。

近30年来,老一辈教育家对教育理念的把握得到不断丰富,随着对"应试教育"的反思,培养学生多种学习能力成为课程设置、教学及考核等方面必不可少的一个方面,在这方面的探索与实践中逐渐形成发展"素质教育"这一共识。

2. 在教学方式改进方面,由接受"演示法"进化为接受"实践教学"

学习依赖于语言,学生主要靠听来获得知识,因此,言语说教是一种基本的教学方式。教育家夸美纽斯则提出学习包括用眼睛看,甚至用手触摸之类的行为也是达成学习的途径。因此,他主张"打开"学生的各种感觉器官,"教一个活动的最好方法是演示"。由于师资力量方面的原因,夸美纽斯的教学方式自引进就得到广泛推广,影响至今。

但是,夸美纽斯式的教学方式停留于"教"与"演示",仍然是以教师为中心的教学方式。荷兰数学家、数学教育家弗赖登塔尔将夸美纽斯的这一思想进一步发展成为"学一个活动的最好方法是实践",强调从教转向学,从教师的行为转向学生的活动,并从关注感觉的效应转向关注运动的效应。更为重要的是,弗赖登塔尔认为学习是一种活动,就如同学游泳一样,在游泳中学游泳。学习游泳的人也需要观摩教练的示范动作,但他必须下水去练习,老是站在陆地是永远也学不会游泳的。因此,他对"学"提出的观点是"实践","学一个活动的最好方法是实践"。苏联教育家凯洛夫曾如此阐述教与学的关系:教学过程一方面包括教师的活动,另一方面也包括学生的活动,教和学是同一过程的两方面,彼此有不可分割的联系。

随着对这些教学方式的探讨,"实践教学"逐步引起重视。目前,"实践教学"开展情况成为初等教育考核的一项重要指标,在中等教育及高等教育阶段,"实践教学"成为联系就业与实践能力培养的一个关键环节。

3. 在师生关系上,由维护"师道尊严"进化为当今素质教育提倡的新型师生关系

师生关系是教学中最主要的人际关系,它是否民主、平等、和谐,不仅影响着教学双方情绪,影响学生民主意识的孕育,也影响到学生创造力的开发。只有在民主、平等、和谐的氛围中,才有利学生打破常规,产生出具有现实意义的东西。维护"师道尊严"源于我国的传统教育,它从"为人"和"为学"两方面提倡教师至高无上,学生唯师是从,其中不乏可取之处,但是,这种师生关系的弊端在于束缚了学生的自由发展,也束缚了学生成人及对人生权利的把握与使用。在引进西方课程设置模式后,维护"师道尊严"式师生关系的弊端凸显:新课程设置体现的是一种学生自由全面发展的教学理念,在新课程设置框架内,即使教师具有某种"权威",也是在某个学科门类范围内。因此,无论是师生关系的内容还是其实际建构,都需要一个辩证的思考。

在"应试教育"之前,维护"师道尊严"式的师生关系并没有遭到多少批判,在对"应试教育"的讨论中,师生关系实际上被简单化为一种教学关系,一个广为接受的观点是:教学中要"以学生为中心、以教师为主导"。如今,新课程标准倡导的师生关系是民主、平等、合作的伙伴关系,教师是学生学习的组织者、指导者、合作者。

把师生关系定位为伙伴关系,这意味着新课程坚决摒弃传统"师道尊严",还教师与学生予共同探讨、相互交流、教学相长的课堂共建者身份,充分关注生命的自由和个性的张扬。

4. 在教学准备上,也由传统的备"教案"进化为当今新课程标准的接受备"学案"或备"课堂设计"

"教案"顾名思义,则意味着以教为主,教重于学,它关注教师在课堂上的表现,如何讲,讲什么,都应预先设定,但很难充分关注学生,甚至不考虑学生的反应。如果机械地依据"教案"开展教学,学生将按照教师设计的思路学习,这种教学仅仅从知识的角度考虑教学重点和难点,忽视学生其他重要方面能力的培养。

"学案"或"课堂设计",考虑的不是教书,而是教"人",突出了"学"的重要位置,在课堂活动中教师应考虑学生是怎么学的,学什么,然后才怎么教,是教师的教法和学生的学法(如何让学生主动、合作、探究学习及其他的个性学法）的整合；在备课时，考虑的是学生能学什么，应准备什么，在学习活动中可能发生什么，对策如何，并考虑教师对教学过程的自我评价及反思等。总之，"学案"内容包括教师的教学行为和学生的学习行为，重视学生的学习过程和方法，也重视学生的情感态度与价值观的培养。

教学内容设置的革新与教育观念的进化是一致的，二者共同给出了中国近现代教育进化的图景。这种进化的动力源于东西方文化的对接与碰撞，在逻辑教育这个平台上，既存在文化的传承与发展问题，也存在一个如何在西方逻辑东渐中把握逻辑学理论的问题，后者的实质是逻辑的进化问题。因此，在跨文化的意义上，进化逻辑可能在逻辑本体论建构的层面给文化创新以启示。

二、西方逻辑东渐与进化逻辑对文化创新的启示

（一）西方逻辑东渐与文化心理结构

西方逻辑东渐的开始以严复翻译的《穆勒名学》为标志，20世纪初，在赵元任、金岳霖、张申府等国学大师的引领下，西方逻辑思想开始在大学中传播。随着逻辑研究与教学的展开，中外逻辑思想比较成为一个重要领域。逻辑教育中的一个重要问题是：如何认识和处理中国古代逻辑思想与西方形式逻辑的关系？按照对进化的广义理解，接受任何"混合"式逻辑思想都意味着接受逻辑学的进化。因此，在跨文化的背景下，逻辑自我理论有其进化逻辑。

论及人才培养，逻辑自我理论的进化具化为人的逻辑素质培养与提升问题，相关研究涉及教育、逻辑和管理三个领域，杜威是这一领域的开拓者。基于在芝加哥大学开设逻辑学课程的实践，杜威写成《实验逻辑论文集》和《我们怎样思维》两部著作，系统研究如何提升人的思维素质。然而，在杜威的研究中找不到他关于跨文化的思考。应该从两种文化中逻辑的存在反思逻辑素质的培养与提升问题，应该说，西方逻辑东渐给出了进化逻辑促进文化发展的一个特例。

逻辑学在东西方文化中有不同的存在形式和历史积淀。[①]

2000多年前，古希腊学者亚里士多德秉承前人对观察、测量和修辞等方面的研究创建了人类历史上首个形式逻辑系统，三段论理论以无可辩驳的演绎性为逻辑学赢得了"智慧之学"的美名。随后，安德罗尼柯将亚里士多德六篇著作合编为《工具论》，这部著作成为西方人文和自然科学发展可资依持的宝典，无论

---

① 王春丽，何向东. "以人为本"与逻辑思维素质培养 [J]. 西南大学学报（社会科学版），2010（6）.

是对上帝存在的证明,还是"悖论"的提出与破解,都令人们对逻辑学心存敬畏,西方人由此养成了服从形式思维和将生活问题诉诸逻辑理论的习惯,逻辑学成为西方文明之根,亚里士多德本人因此在西方被尊称为"逻辑学之父"。

欧洲文艺复兴之前,西方也没有系统的科学研究,但是,除了对神学专制的不满,是逻辑思维传统的积淀催生了观察和实验科学的兴起,其中密尔归纳逻辑的诞生成为科学研究的一个里程碑,不仅归纳法逐渐成为科学创新的主要方法,论证、推理和科学解释的方法也日益得到人们的重视。近代西方自然科学的飞速发展不仅得益于这些方法,也与逻辑学自我理论的突破密切相关:蒸汽机的发明是溯因推理的结果,没有布尔逻辑代数和哥德尔完全性定理的证明,冯·诺依曼机就不会被发明出来,数字集成电路的设计至今仍然直接依赖逻辑学的命题演算,所有这些都加深了西方人以逻辑学维护现实需要与科学创新不足之间张力的信心。

中华民族的文化心理结构源于孔子关于"仁"的思想,它以血缘宗亲关系为社会根基,以实用理性为取向,是一种"乐感文化"。其功能定位经过长期历史积淀表现为一种对人生境界的追求,其目标是"天人合一"抑或"体用不二"。其中,实用理性与"乐感文化"是中外文化逻辑之维的关键差异所在。中国人注重在世俗生活中获得精神安宁和幸福,而不寄希望于"原罪"的救赎,这种对感性心理与自然生命的重视集中体现为经世致用的"中庸"逻辑,但是,历史意识的发达又使得国人习惯于用长远、系统的观点审视眼下短暂的得失成败,这不同于西方的实用精神,也不同于西方的形式逻辑。

可见,中外逻辑思想在产生、存在及发展方面都有差异,这些差异深蕴在异质文化中,并外化为两种截然不同的民族文化心理结构。充分认识民族文化心理结构面临的挑战是选择逻辑素质教育内容的依据,也是相应实践所必需的理论前提。基于这一认识,就有可能对批判性思维、创新型人才培养等理念的引入及丰富有一个相对清醒的把握。这一认识不仅提醒我们辩证对待西方逻辑研究的理论和实践,避免走向绝对主义,还有助于我们从芜杂的实践中走出来,静心思考西方逻辑思想引入过程中关于逻辑素质培养和提升的成功个案,进而对提升公民逻辑思维素质有一个由成功范例到大众普及的可能性和必要性的全面把握,并在具体实施方法的层面获得启发。

(二)融合中外思维逻辑的必然性与实践要求

从上面的研究来看,中外逻辑思想有研究传统的差异,在引介及研究西方逻辑的过程中,一个理论尝试是,以某种方式融合中外逻辑思想,以此实现中国固有逻辑学思想的进化。我们认为这是中国传统逻辑思想进化的一个必然趋势。中国传统逻辑思想与西方逻辑的共性在于二者都以思维为研究对象,这是融合二者的可能性所在。下面将从创新型人才培养的角度来认识这种融合的必要性。

1. 从中外文化对接过程中国学大师们的成功来看，创新型人才的培养需要中外逻辑思想的融合

我国近代一些国学大师对语言十分敏感，如赵元任能用36种语言与人交流，他们当中有的人竟然能在出国旅途中就可以掌握当地语言与人交流；从逻辑学的角度看，这种对语言的敏感其实是对异质文化所蕴含的逻辑思维的敏感，而从大师们的成就来看，他们没有否定中国传统逻辑的合理性，如辜鸿铭是迄今为止唯一进入诺贝尔文学奖"二选一"最终评选的华人，他不服气胜出者泰戈尔，理由是泰戈尔不懂中国逻辑——《易经》。遗憾的是，这些自觉提升逻辑素质的成功范例没有得到教育界的重视。

2. 中国古代逻辑与西方逻辑在形式化的内容与形式上都有差别，创新思维需要两种思维逻辑的统和为指导

现代形式逻辑的社会功能已经引起国内学界的重视，① 上述国学大师可以被视为结合形式思维与非形式思维的典范，这种结合的必要性和可能性可以从另一类当之无愧的创新型人才那里得到体现，这就是获得各类诺贝尔自然科学奖的华裔科学家，他们是结合中外逻辑思维的典范。诺贝尔奖关注学者对人类的贡献，是对创新的权威肯定，已经有多名华裔科学家获得诺贝尔奖，他们的成功给改善国人思维素质以启示和信心。

3. 现代科技人才的培养需要融合两种逻辑的逻辑素养做支撑

国内学者从事科研的重要一关是过语言关，从事学术研究需要用外语（尤其是英语）与国际同行交流，否则就无法把握前沿，更无法做出前沿的创新，我们认为这一关归根到底是"逻辑思维方式关"。汉语句子精炼但灵活而富有歧义性，英语则冗长，不但有时态的变换，还有从句、分词、独立主格等表达式的应用。西方学者在丰厚的逻辑学文化滋养中形成了"一拖三"式的表达习惯，他们在给出观点的同时尽量给出其条件、生成方式、同等表述、可能的后果等，形成一口气把观点说清楚的习惯。比较而言，中国人则习惯于预设对方的认知条件，除非自认为必要就不做过多说明，时时处处留有让对方反思意会的余地，这种交流习惯形成一种不注重思维规范性的学术表达模式。真正懂翻译的学者之所以能有条不紊地驾驭长句，无不经过这种思维方式的良性转变，不能不说这种转变也是接受形式化逻辑思维方式的结果。

进入21世纪以来，国内学界关于公民逻辑素质提升的研究得到前所未有的重视，专题论文的质与量都呈上升趋势，出版了一系列专著，而且，逻辑界与教

---

① 李曼. 浅谈现代逻辑的社会功能 [J]. 理论界，2007（6）.

育界就如何提升公民逻辑素质的交流不断增多。2010 年岁末,"2010 逻辑素质教育论坛"在成都召开,这次论坛表明关于公民逻辑素质提升的研究有以下特点:(1) 逻辑学工作者密切关注批判性思维和相关教学的展开,对加强逻辑与教育交叉研究之于提升公民逻辑素质的意义有前所未有的认识和觉悟;(2) 逻辑学教学与科研的分工及逻辑学教师队伍建设问题日益得到重视;(3) 着力从逻辑学教材建设和编写科普读物的角度深化思维素质是一个基本努力方向;(4) 从管理与决策的高度重视逻辑素质教育科研。这四个方面表达了逻辑教育工作者对时代呼唤的反应,凸显了基于民族文化心理结构培养和提升公民逻辑素质的重要性,并给融合中外逻辑思想的实践以启示:

第一,基于对民族文化心理结构的分析,加强逻辑与教育的交叉研究,树立符合实际的公民逻辑素质提升理念。公民的文化心理结构是一个整体建构,在这个背景下,公民逻辑素质的形成与提升不会因教育层次和工作变迁而间断,只有丰富与渐进程度的差异。从这个角度看,一方面,对逻辑素质提升的目标定位、评价及操作而言,应体现连续性,谋求涵盖不同层次且相互关联的逻辑素质提升格局,不可就某个阶段的实践做出质的规定;另一方面,应当认识到,我国学校课程设置框架整体上表达了整合中外文化这一诉求,但是,在这个框架建构中对于异质文化中所存在的逻辑思想整合的思考是缺位的。应该着力针对民族文化心理结构所面临的挑战确定逻辑素质培养的内涵。

第二,基于对民族文化心理结构的分析,明确逻辑学教材建设的内容与努力方向,发挥高校逻辑教育提升公民逻辑素质的辐射功能。我国高校应该加大逻辑学教材改革力度,在文化心理结构的背景中审视逻辑学课程的设置,力求教材内容设置切合实际需要且有针对性,满足各类必修课、选修课和通识课的不同需求,以利于形成良好的教学关系,利于实现逻辑素质培养多样性与一致性之间的平衡。教材内容的选择既要体现现代逻辑研究的成果,又要对中国传统文化中的逻辑思想有所关照。应该增加对传统文化经典的逻辑阐释,唤起学生的文化心理结构意识,形成"科研—教材—教学"相互促进的模式,提升学生的逻辑素质,进而为发挥教育的社会辐射功能创造条件。尤其是,有必要借鉴我国香港、澳门特别行政区及新加坡等中西文化碰撞前沿地区在教材建设方面的经验。

第三,基于对民族文化心理结构的分析,深化语言逻辑研究及其成果的推广,提升公民的语言表达水平。是否形式化是中外逻辑思想的差异的关键,在文化心理结构的背景中,这种差异外化为语言表达风格和表达能力两个方面。语言表达能力培养是从逻辑角度提升公民逻辑素质的主战场,克服表达障碍不仅是成功教育的关键之一,也是公民从事进一步科学探究实践的有力保证。语言逻辑研究应该把形式与非形式当作一种技术划分,在此基础上,将为公民准确、充分表达思想作为自己研究领域的一部分。在提升公民逻辑素质的实践中，应该重视民族文化基质中的实用理性和"乐感文化"，着力从理性内容和感性形式结合的角度改善公民读书、思考和表达思想的习惯，为公民形成良好的学习习惯并进而促进创新型人才的培养创造条件。

（三）进化逻辑对文化及社会其他领域创新发展的启示

从进化逻辑对逻辑理论属性的扩充来看，上述融合中外逻辑思想的实践要求都可以视为进化逻辑对文化及社会其他领域创新发展的启示。然而，进化逻辑是一个"由上到下"的认知理论模式，在自然选择及其演进层面，它预设人们拥有一些合理的信念；在计算机逻辑层面则预设了完整的符号表征，而符号的运行纯粹是句法的，这是一种典型的对算法的偏好。这是应用进化逻辑的局限性所在。虽然如此，从本章对进化逻辑的考察来看，在逻辑教育实践这个宏观的平台上，进化逻辑可以给文化及社会其他领域的创新发展以启发。

1. 重视培养学生的信息推演能力

信息是社会生活各个领域问题呈现及解决思路表达的载体，信息具有时效性，凡是信息总要过时。因而，信息不同于知识，信息推演也不同于知识推演。固守知识学习不利于能力的养成，而固守已经获取的信息将总是处于被动认知的境地。

培养信息推演能力的重要性可见于进化逻辑的动态认知的图景，按照勃克斯对进化逻辑三个阶段的划分，在前两个阶段，计算机要获取尽可能多的信息，以重复分类为认知提供多种信息排序，但不停留于刻画信息的多元关联，而是在第三个阶段通过算法得出新信息，遗传算法不仅可以确证信息的存在，还可以为信息的可能变更及新信息的生成做出预测。

2. 表达能力培养学生的逻辑思维素质的着力点

制约表达的是思维，我们无法说清自己不明白的事理。如本章前面所述，表达能力培养是中外逻辑思想融合过程中的一个突出问题，从文化、经济等领域的改革创新及发展问题回望进化逻辑视域下的教育教学改革，可以看出，表达能力培养是通过教育这个"大通道"造就社会各领域改革创新人才进而推进社会发展的第一站。我们应该从中外逻辑思维方式整合的角度思考解决问题的途径，顺应逻辑思维之维的"进化"趋势，探求一种切合实际的表达能力培养方案。

3. 重视文理之间的逻辑联系，不将逻辑推演能力培养停留于做做应用题

中等教育有文科与理科之分，在学术研究中有社会科学与自然科学之分，这种区分固然在某种意义上有利于专业发展，但将对改革创新的认识停留于此是不妥当的。这种格局不利于学科间的交叉研究，也在一定程度上割裂了社会科学和自然科学之间潜在的逻辑关联。① 从进化逻辑的理论模式来看，创新逻辑需要对多学科领域的综合思考，而不是机械分割逻辑学的规范性。

总之，进化逻辑以其对博物学、人类学、人种学及复杂科学的思考实现了对人类智慧本源的回顾。这种带有鲜明理性技术的崭新哲学方式有不可低估的普适性，其研究及应用将对教育、文化及经济社会等领域产生不容忽视的指导意义。而从逻辑素养为科技人文提供支撑的角度看，融合中外逻辑思想并将这一理念应用于逻辑学教学是培养创新型人才的必由之路。而且，在中外文化对接与碰撞的历史条件下，逻辑学自我理论有其进化逻辑，从进化逻辑对逻辑学自我理论创新的指导意义来看，指导建构逻辑思想的灵感来自对逻辑所存在于其中的民族文化心理结构的把握。中外逻辑思想的融合有其必然性和实践要求，根据进化逻辑的动态认知特性及上述实践要求与必然性之间的关联，需要从实践要求反观逻辑思想在新时期的本体论建构，把好逻辑教育这一关，从源头上为文化及社会其他领域的创新发展做出指导。

---

① 吴格明. 略论逻辑的社会文化功能 [C]//第二届海峡两岸逻辑教学学术会议文集. 2006 (10).

附录一

归纳逻辑基础理论介绍

一、古典归纳逻辑概论

(一) 归纳推理概述

归纳逻辑是以归纳推理和归纳方法为基本内容的知识体系。从形态上，可以分为传统归纳逻辑和现代归纳逻辑，前者着重研究如何从个别性经验知识上升到具有普遍必然性的一般知识的思维过程和思维方法，而后者则着重研究感觉经验证据对某个一般性假说的确证程度，并引入概率论和数理统计作为工具，发展出了概率归纳逻辑。

归纳推理，这个名称来源于拉丁文"indactia"一词，这个词的本意为"诱导"。归纳推理是从个别性知识作为前提推出一般性知识的推理。

归纳推理在实践中具有不可替代的作用。例如，科学发展史上人们曾有过美好的愿望：制造不消耗能量的机器——永动机。历史上曾经出现过许多永动机的设计方案。最著名的一个永动机设计方案是13世纪一个叫亨内考的法国人提出来的，后来他的设计被不少人以不同的形式复制出来，但都未成功过。17~18世纪，人们又提出过各种永动机的设计方案，有采用"螺旋汲水器"的、有利用轮子的惯性、水的浮力或毛细作用的。但是，所有这些方案无一例外以失败告终。法国科学院在1775年针对越来越多的投送审查的设计方案做出决议，声明不再审查任何有关永动机的设计方案。

归纳推理的前提是一些关于个别事物或现象的判断,而结论是关于该类事物或现象的普遍性的判断。归纳推理的结论超出了前提所断定的范围,因此,在归纳推理中,前提与结论之间的联系不是必然的,而是或然的,在前提真实的情况下,结论未必真。在上述例子中,前提真实,结论是真的,实践证明永动机不可能制造出来。这就说明归纳推理不是必然性推理,而是或然性推理。

作为归纳推理的前提的个别性知识是如何获得的呢?人们为了得到个别性知识,必须先收集有关对象的事实材料,这就要应用观察、实验和社会调查等方法。通过观察实验和社会调查所得到的材料,往往是零散的、繁杂的,还需要进行整理和加工。这就要用到比较、分类、分析、综合等方法。观察实验和社会调查是获取感性材料的方法,比较、分类、分析与综合是整理感性材料的方法。这些方法提供了比较可靠的个别性知识,在这个基础上,人们可以运用归纳推理得出结论。

(二) 归纳推理与演绎推理

在逻辑史上曾经有过两个对立的派别,一派把归纳推理当作唯一的或占统治地位的科学思维方法,否认演绎推理在认识中的地位和作用,这是所谓的归纳派;另一派把演绎推理当作唯一的或占统治地位的科学思维方法,否认归纳推理在认识中的地位和作用,这就是所谓的演绎派。这两种对立的观点都是片面的。因此,归纳和演绎既是对立的,又是统一的,这两种推理形式既有区别,又有联系。归纳推理与演绎推理的主要区别在于:

(1) 从思维进程来看,演绎推理是从一般性认识推出个别性认识;而归纳推理是从个别性认识推出一般性认识。

(2) 从结论所断定的知识范围看,演绎推理的结论没有超出前提所断定的知识范围;而归纳推理的结论是由个别性知识经概括得到的一般性知识,超出了前提所断定的知识范围。

(3) 前提与结论联系的性质不同。归纳是或然性推理,前提并不蕴涵结论,即使前提都是真实的其结论未必真实,只具有或然性。当然这种推理结论的可靠程度可能很高,但绝不能认为所得结论都是真实可靠的。而演绎推理是必然性推理,它的前提蕴涵结论,结论断定的情况包含在前提之中,而不能超出前提断定的范围,只要前提都真实,并且推理形式有效,其结论就一定是真实可靠的。

归纳推理与演绎推理不仅有以上的区别,而且有以下的联系。

演绎推理为必然推理,归纳推理为或然性推理。正如必然性与或然性之间的关系一样,它们两者相互依存、相互渗透、相互补充、相互促进。归纳是演绎的基础,演绎是归纳的先导。演绎推理的一般性前提要以归纳为基础,渗透着归纳的因素。而归纳推理也渗透着演绎推理，因为进行归纳的指导思想，总是来自人类先前所积累的理性知识，来自这种认识的演绎理论。再说，归纳的结论也只有经过演绎的论证，才能上升为规律性的科学论断。更进一步说，演绎既为归纳提供了理论根据，而且借助演绎又可以补充和丰富原先归纳的不足。另外，以演绎为先导的归纳又可以使这个演绎理论受到检验，使人们能够断定产生这个演绎理论的归纳基础是否正确、是否全面，从而得到修正和补充。而且，在实际思维活动中，也不存在纯粹的演绎和纯粹的归纳，总是演绎中有归纳，归纳中有演绎，它们是相互渗透着的。总之，正如恩格斯所说："归纳和演绎，正如分析和综合一样，是必然相互联系着的。"我们在运用这两种推理时，不仅要注意它们的区别性，而且要注意它们的联系性。正确掌握它们的对立统一的辩证关系。

根据前提所考察的范围，传统的归纳推理可以分为完全归纳推理和不完全归纳推理两大类。前者属必然性推理，一般认为它是演绎推理；后者属非必然性推理。不完全归纳推理又分为简单枚举法和科学归纳法两种。在科学归纳法中，包括有探求因果联系的五种方法。下面我们对这些知识做分别介绍。

（三）不完全归纳推理

不完全归纳推理是根据某类中的部分对象具有（或不具有）某种属性，从而推出该类对象都具有（或不具有）某种属性的推理。

不完全归纳推理的特点是结论断定的范围超出了前提断定的范围。结论的知识往往不只是前提已有知识的简单推广，而且还揭示出存在于无数现象之间的普遍规律性，给我们提供了全新的知识。所以，不完全归纳推理在探求新知识的过程中，具有极为重要的作用。

人们应用不完全归纳推理，虽然可以从为数不多的事例中摸索出普遍的规律性来，然而必须清醒地认识到这还只是个"猜想"。这个猜想正确与否，还必须进一步加以验证。因为不完全归纳推理的结论不具有必然性，它可能真，也可能假。

不完全归纳推理又分为简单枚举法和科学归纳法。简单枚举法是以经验的认识作为主要依据，从某种现象的多次重复出现又未发现反面事例而推出一般性结论的不完全归纳推理。科学归纳法就是根据某类对象中部分对象的情况以及部分对象内部的因果关系，推出该类对象本身的情况的一种推理。这种推理的实质虽然也是从"某些"推出"全部"，但它的可靠性却极高。

科学归纳法与简单枚举法都是根据某类部分事物的情况而得出一般性结论的推理，它们都属于不完全归纳推理，而且逻辑结构形式也差不多。但是，科学归纳法是在探索出现象间的因果联系后才进行抽象概括的，它不同于简单枚举法。

具体说来，这两种推理的区别主要有以下三点：

（1）从两者推理的根据来看。简单枚举法是根据某种情况在某些事物中重复出现，并未发现相反的情况而进行概括的；而科学归纳法不仅是考察到某种情况在某种事物中重复出现，而且还要进一步找到事物与现象间的因果关系，以此作为根据而进行概括。

（2）从前提数量来看。简单枚举归纳推理前提枚举的数量越多，结论的可靠性就越大；科学归纳推理找出事物与现象间的因果联系作为根据而概括出一般性结论，前提数量多少不影响结论的可靠程度。

（3）从两者结论的可靠程度来看。简单枚举法由于推理根据不充分，因而结论的可靠性比较低，科学归纳法的根据比较充分，结论的可靠程度一般来说比较高。

（四）类比推理

类比推理一般是由两个或两类对象在某些属性上相同或相似，推出它们在另一属性上也相同或相似的推理。

类比推理是从个别到个别的推理。类比推理的客观基础是事物之间的同一性和差异性。树有同类，人有同族，正因为事物之间存在着同一性，人们才可能从两个事物的某些属性相同或相似，推出在另一属性上也相同或相似。但是，世界上的万事万物各有差别，没有两片完全相同的树叶，这说明事物之间又存在着差异性。事物之间虽然在某些属性上相同或相似，但并不必然在另一属性上也相同或相似，所以，类比推理的结论是或然的。

类比推理按照不同的划分标准可以分为不同的种类。

从前提的数量看，可分为简单类比和复杂类比。简单类比只有一个前提，以一事物类比另一事物。例如，阿基米德在浴盆中由水的漫溢悟出判定皇冠中黄金成分的办法。复杂类比则有两个或两个以上的前提，以两个或两个以上的事物类比一事物。例如，荀子在《劝学篇》中，以"积土成山""积水成渊""积善成德"类比学习中知识的积累。

从类比对象的类距看，可分为近类类比和远类类比。近类类比的类比对象是同一个类中的比类。例如，画家、音乐家、文学家同属艺术家，以绘画、谱曲之理类比文学创作，就属于近类类比。近类类比，一点就破，易于理解。远类类比的类比对象分别属于两个相去甚远的类，以自然类比社会，以物类比人，都属于远类类比。如晏子以橘生淮北因水土不同而变枳，类比齐人因入楚受楚人影响而为盗。又如奥恩布鲁格以酒桶类比病人的胸腔。远类之所以可以类比，是因为不同类而同理，一理而能同时适用于两个远类对象，就在于它往往是哲理。远类类比往往是比喻性类比，用在论证中即为喻证。

从判断性质看，可分为性质类比和条件类比。性质类比的前提和结论均为断定对象性质的性质判断。条件类比是已知一对象的条件关系与另一对象的部分条件，类比推出另一对象的其他条件。如老师对某同学说："××同学过去基础差，经过努力，学习已经赶上去了。你要想搞好学习也要努力学习，打好基础。"打好基础是搞好学习的必要条件，而努力学习又是打好基础的必要条件，这是利用必要条件进行类比。

从类比对象的时空关系看，可分为横向类比和纵向类比。同一属概念下种概念间的空间类比是横向类比。如以这个人与那个人比；这个单位与那个单位比；这个地区与那个地区比；这个国家与那个国家比等。纵向类比就是所谓历史类比。"观今鉴古""温故知新""古为今用"，皆属纵向类比。我们宣传魏征直谏、包拯秉公、伯乐相马，都是为了说明现在，规范今人。

类比推理有着重要的认识意义。尽管类比推理的结论具有或然性，但却是人们创造性思维活动的重要方法之一。我们知道，演绎推理结论不超出前提的范围，不完全归纳推理的结论虽然超出前提的范围，也只是限于在某一类对象内部进行归纳。而类比推理却不受对象类别的限制，只要两对象在某些方面相同（或相似），就可以类比。因此，类比推理具有启发思路、提供线索、由此及彼、举一反三、触类旁通的特点与功能。

（五）因果五法

简单枚举法可以发展为科学归纳法，关键在于切实的探索出现象间的因果联系。通常所谓的"寻求因果联系的方法"，是根据因果关系的某些特点，把某些明显不是被研究现象的原因的先行情况排除掉，而在其余的先行情况与被研究现象之间确立因果关系。因此，亦称"排除归纳法"。

根据因果关系的特点，排除一些不相干的现象或假设，最后得到比较可靠的结论。培根（Francis Bacon）提出、穆勒（John Stuart Mill）系统总结出"求因果五法"：求同法、求异法、求同求异并用法、共变法和剩余法。这五种方法亦称"穆勒五法"。

（1）求同法亦称"契合法"，是指这样一组操作：考察被研究现象出现的若干场合，找出此现象的先行现象；其中有些现象时而出现时而不出现，由于因果是恒常伴随的，因此这些现象肯定不是被研究现象的原因；在这些场合中保持不变的、总与被研究现象共同出现的那个先行现象，就有可能与被研究现象有因果关系。

（2）求异法亦称"差异法"，是指这样一组操作：考察被研究现象出现和不出现的两种场合，在这两种场合都出现的那些先行现象肯定不是被研究现象的原因，而在被研究现象出现时出现、在被研究现象不出现时不出现的那个先行现象，则（可能）与被研究现象有因果联系。

（3）求同求异并用法亦称"契合差异并用法"，是指这样一组操作：首先在正面场合求同：在被研究现象出现的几个场合中，只有一个共同的先行情况；其次在反面场合求同：在被研究现象不出现的几个场合中，都没有这个先行情况；最后在正反场合之间求异，得出结论：这个先行情况与被研究现象之间有因果联系。

（4）共变法。根据因果关系的特点，原因和结果总是共存和共变的。因此，两个现象之间如果没有共变关系，则可以肯定它们之间没有因果关系；相反，如果两个现象之间有共变关系，则它们之间就可能有因果关系。这就是共变法的思路，即每当某一现象发生一定程度的变化时，另一现象也随之发生一定程度的变化，则这两个现象之间（可能）有因果联系。

（5）剩余法是指这样一组操作：如果已知某一复杂现象是另一复杂现象的原因，同时又知前一现象中某一部分是后一现象中某一部分的原因，那么，前一现象的其余部分与后一现象的其余部分有因果联系。

二、现代归纳逻辑的基本理论

（一）现代归纳逻辑的基本概念

英国哲学家休谟（David Hume）对古典归纳逻辑提出了深刻的质疑，认为归纳推理不能从经验材料中发现、概括出具有必然性的一般规律。此后，逻辑学家们逐渐接受了休谟的诘难，几乎不再研究如何从感觉经验材料中发现普遍命题的程序和方法，而是去研究感觉经验证据对某个一般性假说的确证程度，并引入概率论和数理统计作为工具，发展出了概率归纳逻辑。

古典归纳逻辑是一些不成系统的推理模式，它存在着许多缺陷，如古典归纳逻辑的创立者培根的"三表法"，它只是一种初步的归纳方法，培根在对归纳逻辑的研究中没有把归纳前提和结论之间的盖然性关系作为归纳逻辑研究的对象，而是致力于一些规则和方法的研究，培根坚持认为运用"三表法"可以避免归纳结论的盖然性，从而得到准确无误的可靠结论。古典归纳逻辑的集大成者穆勒的归纳理论也同样存在着种种缺陷，如他主张一切推理都可以归结为归纳推理，把归纳法和归纳推理仅限于研究现象间的因果联系，以及对实验四法的研究也不够深入等。总之，古典归纳逻辑忽视了对归纳前提与结论间的盖然性关系进行研究，过分注重了一些规则和法则的制定。古典归纳逻辑提出的归纳方法是初步的，要运用这些方法得出可靠性的结论是非常难的。古典归纳逻辑的种种缺陷注定了它在解决归纳逻辑的问题上面临着严峻的挑战。

归纳逻辑是以归纳推理为主要研究对象的逻辑理论，它研究归纳推理的形式和种类、归纳推理形式的可靠性、提高归纳结论盖然性程度的一般性原则，还研究概率演算、求初始概率的方式以及归纳悖论等问题。盖然性是归纳推理的最为根本的特征，人们对归纳推理最为关心的问题就是如何得出盖然性较高的结论，运用什么样的途径来提高结论的盖然性。由此，就决定了归纳逻辑必须围绕归纳前提和结论的盖然性的关系来研究归纳推理，研究不同类型的归纳推理的形式的可靠性程度和归纳有力度。为了能更深入、更准确地研究归纳问题，必须从数量上来进行刻画。即借助于概率论来对归纳问题进行分析。概率论就成为解决归纳问题的有力的工具。是否运用概率论来进行研究，是古典归纳逻辑和现代归纳逻辑的一个重要区别。

那么什么是概率呢？概率是研究随机事件的数量规律的数学理论，它考察如何从数量上来刻画给定条件下不同的随机事件发生的可能性程度及其相互之间的关系。简言之，就是对某一事件出现的某种可能性的大小所做出的数量方面的估计。随机事件是相对于一定的条件而言的，所谓一定条件下的随机事件是指在该条件下可能发生也可能不发生的事件。例如，"六点朝上"是"掷一枚骰子"这个条件的随机事件；"射中十环"是"射击靶子"这个条件的随机事件。一定条件下必然发生的事件以及不可能发生的事件也称为该条件下的随机事件，这是一种极端情形。概率论对盖然性关系的数量刻画其结果是取值在（0，1）区间的概率，值越趋近于1概率越大。概率值0表示最低程度的盖然性，即不可能性；概率值1表示最高程度的盖然性，即确定性，它们是概率值的两种极端情况。

几乎与培根的古典归纳逻辑产生的同时，古典概率论也作为一门新兴的数理科学发展起来。进入19世纪中叶以后，逻辑学家逐渐运用概率理论来研究归纳推理，这标志着古典归纳逻辑向现代归纳逻辑的过渡，即归纳逻辑的发展进入了第二阶段。与古典归纳逻辑相比较，现代归纳逻辑有着鲜明的特点：它运用概率统计等定量方法使归纳理论高度形式化和定量化，使有限的经验事实适应于一定范围的普遍原理。自然地，现代归纳逻辑的发展与概率论的发展是密切相关的。现代归纳逻辑借助于概率论等方法对归纳问题做出了较好的解决。那什么是现代归纳逻辑呢？现代归纳逻辑是用数理逻辑和概率论等数学工具对归纳推理（我们称结论断定的范围超出前提断定的范围的推理为盖然推理，其中一部分是常见的、为古典归纳逻辑所讨论的称为归纳推理）进行数量化、形式化和公理化的研究。

如果一个现象可以发生，也可以不发生，究竟是发生还是不发生，完全听凭偶然性起作用，事先无法做出准确的预测，这样的现象就叫作"随机现象"。例如，抛掷一枚硬币时，有可能正面朝上，也有可能反面朝上，究竟出现什么结果，无法准确预言。在概率论中，把一次试验中每一个可能出现的结果，叫作该试验的一个"样本点"，用 d 表示，抛掷硬币有两个样本点，即正面朝上 d_1，反面朝上 d_2。由所有样本点组成的集合叫作该试验的"样本空间"，用 D 表示，于是抛掷硬币的样本空间 $D = \{d_1, d_2\}$。假设一个口袋里有红、黄、蓝三种颜色的小球，那么有三个不同的样本点：摸出红球 d_1，摸出黄球 d_2，摸出蓝球 d_3，样本空间相应地是由这三个元素组成的集合。

我们把要考虑的由一些样本点组成的集合叫作"事件"，用 A、B、C、D 等表示，在上面的第一个例子中，$\{d_1\}$ 表示"抛掷硬币正面朝上"这一事件，而 $\{d_2\}$ 则表示"抛掷硬币反面朝上"这一事件。在第二个例子中，$\{d_1, d_2\}$ 则表示"或者摸出红球或者摸出黄球"这一事件。事件的语言表达形式就是命题，以后我们将不区分事件和命题。

事件（集合）之间可以发生包含、交、并、差、补等关系，我们基本上用命题逻辑的符号分别依次表示为：$A \rightarrow B$，$A \wedge B$，$A \vee B$，$A - B$（A 与 B 的差），$-A$（A 的补）。由单个样本点组成的集合所表示的事件，叫作"基本事件"；由全部样本点组成的集合（即样本空间）所表示的事件，不管怎样都会发生，是"必然事件"；由空集（即不包含任何样本点的集合）表示的事件，不管怎样都不会发生，是"不可能事件"；既非必然事件、又非不可能事件的事件，就是真正意义上的"随机事件"。概率就是对随机事件 A 的发生可能性的量的刻画，通常用 P(A) 表示。

1. 概率的三种解释

（1）古典概率。

如果随机试验 E 的样本空间 D 中只包含有限个基本事件，并且在每次试验中每个基本事件发生的可能性完全相同（无差别原则），则称试验 E 为古典随机试验，由此测得的事件概率称为"古典概率"，亦称"先验概率"。

设 E 的样本空间 D 含有 m 个两两互斥并且等可能的基本事件，事件 A 中共有 n 个这样的基本事件，那么事件 A 的概率为：

$$P(A) = \frac{n}{m}$$

例如，"抛掷硬币正面朝上"这一事件的概率是 1/2，又例如，把从自然数 1，2，…，9 这 9 个数字中任取 1 个数字作为基本事件，求以下两个事件的概率：

A = {取奇数数字}

B = {取 2 的倍数}

由于样本空间包括 9 个基本事件，所以 m = 9。对于事件 A，其基本事件有取 1、取 3、取 5、取 7、取 9，故 m = 5，于是 P(A) = 5/9。对于事件 B，n = 4，于是 P(B) = 4/9。

按照古典概率，要求每一个基本事件互不相容，出现的机会相等（无差别，等可能），这样的事件在现实中是很少有的。在现实中，我们大多要靠观察和经验来测出某个事件发生的概率，而不能仅凭样本空间中预先决定了的结构分布。

（2）统计概率。

统计概率亦称"频率概率"。在随机试验中，一个基本事件 A 究竟是发生还是不发生，当然是不确定的，无法预测。但是，当实验的次数足够大，事件 A 发生的总次数 n 与整个试验的总次数 m 之比在一个常数 $C(0 < C < 1)$ 附近做微小摆动，并稳定于 C。这个 C 实际上是对事件 A 相对于试验总次数的发生频率取极限得到的，简称"相对频率"。如果令 A 发生的概率 (A) = C，则我们就得到概率的频率定义。

例如，当抛掷硬币次数足够多时，正面朝上和反面朝上的机会几乎相等，以下是历史上记录的三次试验的统计结果，如表 A1-1 所示。

表 A1-1   正反面统计分析

试验者	试验次数	正面朝上次数	相对频率
德·摩根	2 048	1 061	0.518
皮尔士	24 000	12 012	0.5005
文恩	30 000	14 994	0.4998

统计概率只适用于能够重复发生的事件。对于某些一次性事件，如"中国队将在 2006 年世界杯赛上获得冠军"，统计概率以及前面所述的古典概率都不适用。

（3）主观概率。

主观概率亦称"确信度"，是一个人对一个事件发生的信任程度，常常用打赌商数来刻画。例如，如果就"中国队将在 2006 年世界杯赛上获得冠军"这个事件或命题打赌，你根据以往的资料愿意就此事件给出的赔率是多少，如果是 1∶515，即赌客出 1 元钱，如果中国队获得冠军，你赔赌客 515 元；如果中国队没有获得冠军，赌金归你。这里，相信度的计算方法是 P (A) = n/m + n，于是，"中国队将在 2006 年世界杯赛上获得冠军"这个事件的概率是 1/(515 + 1) = 1/516 = 1.9‰。确信度依赖于以往的资料和对资料的分析，而这些显然是因人、因时、因地而异的，以这种确信度来定义概率，因此就带有很强的主观性，所以叫作"主观概率"。

2. 概率演算

以上给出的对概率的三种解释，实际上也是计算初始概率的三种方法。现在我们讨论这样的问题，给定事件和命题的初始概率或其他概率之后，另外的概率如何计算出来？这是通过概率演算来实现的。

在此之前，我们先定义条件概率 $P(A/B)$。

假设在某个随机试验中的两个事件 A 和 B，在事件 B 发生的条件下我们考虑事件 A 发生的概率，记为 $P(A/B)$，如果 $P(B)>0$，则 $P(A/B) = P(A \wedge B)/P(B)$。这就是说，在事件 B 已经发生的条件下，事件 A 发生的概率是这两个事件合取（同时发生）的概率与事件 B 发生的概率之比。

例如，设基本事件是"从自然数列 1，2，3，…，11，12 中任取一个数字"，事件 A 是"从该数列中取 3 的倍数"，事件 B 为"从该数列中取偶数"，条件概率 $P(A/B)$ 是多少？为回答这一问题，我们有必要进一步明确一下，事件 B 已经发生，就是说，"取数字 2""取数字 4""取数字 6""取数字 8""取数字 10""取数字 12"这 6 个基本事件已经发生。在事件 B 发生的条件下，事件 A "取 3 的倍数"发生的机会是 2，即"取数字 6"和"取数字 12"，于是，条件概率 $P(A/B) = 2/6 = 1/3$。

我们有下述概率演算的公理或定理：

（1）对于任意事件 A，有 $0 < P(A) < 1$。即是说，任意事件的概率在 [0，1] 区间取值。

（2）如果 A、B 是独立事件，则 $P(A \wedge B) = P(A) \times P(B)$。

这是"特殊合取规则"，它可以推广到有任意 $n(n \geq 2)$ 个支的合取事件。

例如，掷一次骰子得到一个六点的概率是 1/6，得到另一点六点的概率也是 1/6，于是连掷两次骰子得到两个六点的概率就是 $1/6 \times 1/6 = 1/36$。

（3）对于任意两个事件 A、B，$P(A \wedge B) = P(A) \times P(B/A)$，这是"广义合取规则"，它也可以推广到有任意 $n(n \geq 2)$ 个支的合取事件。

例如，在某商厦出售的电视机中，某著名品牌的电视机占 78%，而该著名品牌的电视机的合格率是 97.9%，在该商厦买到一台该著名品牌的电视机的合格品的概率是多少？设"在该商厦买到一台该著名品牌的电视机"为事件 A、"在该商厦买到一个合格品"为 B，于是"在该商厦买到一台该著名品牌的电视机的合格品"就是事件 $A \wedge B$。由于 $P(A) = 78\%$，$P(B/A) = 97.9\%$，于是 $P(A \wedge B) = P(A) \times P(B/A) = 78\% \times 97.9\% = 76.28\%$。

（4）如果 A、B 是独立事件，则 $P(A \vee B) = P(A) + P(B)$。

这被叫作"特殊析取规则"，它可以推广到有任意 N_i 个支的析取事件。

例如，在某国外大学中，中国留学生占 8%，日本留学生占 5%，在该大学碰到一位中国留学生或者日本留学生的概率是多少？由于没有人既是中国留学生又是日本留学生，所以"碰到中国留学生"与"碰到日本留学生"是互斥的事件，根据上述规则，"碰到中国留学生或者日本留学生"的概率 P(A∨B) = 8% + 5% = 13%。

(5) 如果 A、B 是任意两个事件，则 P(A∨B) = P(A) + P(B - P(A∧B))。

这是"普遍析取规则"，它事先并不要求 A、B 是独立事件。此规则可以推广到有任意 n(n≥2) 个支的析取事件。

设连续两次掷同一枚硬币，至少一次正面朝上的概率是多少？显然，掷一次硬币正面朝上的概率是 1/2，另一次的概率显然也是 1/2，若按照特殊析取规则，则 1/2 + 1/2 = 1，即"掷两次骰子至少一次正面朝上"的概率是 1，成了必然事件，显然并非如此，因为两次抛掷都有可能是反面朝上，所以它们并不是相互排斥的事件。故不能用特殊析取规则，而应该用普遍析取规则，于是有 1/2 + 1/2 - 1/2 × 1/2 = 3/4。这是与直观结果相符的。同一枚硬币连掷两次，共有四个等可能的结果：正—正、正—反、反—正、反—反。如果前三种情况中至少有一种情况发生，两次掷硬币中至少一次正面朝上的情况也就发生，因此"掷两次骰子至少一次正面朝上"的概率是 3/4。

注意，当两个事件是独立事件时，P(A∧B) = 0，于是普遍析取规则就变成特殊析取规则，后者只是前者的特例或极限情况。

(6) 如果用 A∨~(A) 表示必然事件，则 P(A∨~A) = 1。

(7) 对于任意事件 A，有 P(A) = 1 - P(~A)，并且 P(~A) = 1 - P(A)。即是说，A 事件的概率等于 1 与 A 的补事件的概率之间的差，而 A 的补事件的概率等于 1 与事件 A 的概率之间的差。

这个规则可以从上面的规则推出来。由于 A 和 -A 是互相排斥的事件，特殊析取规则对它们仍成立，于是有 P(A∨~A) = P(A) + P(~A)，而根据 (6)，有 P(A∨~A) = 1，再根据简单的算术计算，可以得到 P(A) = 1 - P(~A)，P(-A) = 1 - P(A)。

(8) 如果用 A∧~A 表示不可能事件，则 P(A∧~A) = 0。

(9) 如果 A、B 是两个事件，并且 A - B（A 包含 B），则 P(A - B) = P(A) - P(B)。

现在我们用一个例证引入简单贝叶斯定理并说明如何应用它。假设某城市中 90% 的家庭有一台以上的电视机，在这些家庭中，25% 有一台以上的电脑。假设我们还知道，在没有电视机的那 10% 的家庭中，20% 有一台以上的电脑，那么，有一台以上电脑的家庭同时有一台以上电视机的概率是多少？为了回答这一问题，令 P(A) 是一个家庭有一台以上电脑的概率、P(B) 是一个家庭有一台以上电视机的概率，于是 P(A/B) 表示有一台以上电视机的家庭同时有一台以上电脑的概率，P(A/~B) 表示没有一台以上电视机的家庭有一台以上电脑的概率，根据给定信息，有：

P(B) = 90%，P(~B) = 10%，P(A/B) = 25%，P(A/~B) = 20%

我们要计算出 P(B/A) 即"有一台以上电脑的家庭同时有一台以上电视机的概率"，我们就要使用简单的贝叶斯定理，即：

P(B/A) = P(B)×P(A/B)/P(B)×P(A/B) + P(~B)×P(A/~B)

代入相应的数字并进行计算：

P(B/A) = 90% ×2 596/90% ×25% + 10% ×20% = 91.87%

3. 统计推理

先从一个例子谈起：尽管城市居民也并非事事如意，但他们还是比农村居民更少出现心理健康方面的问题。……该项调查征询了 6 700 名成年人，他们分别居住在 6 个社区之中，这些社区有来自大至 300 万人口的城市，也有来自小到不足 2 500 人的城镇。其结果以被征询者的口述为基础，包括失眠、现在和过去出现过精神崩溃等症状。居住在人口超过 5 万人的城市中的居民，其所提及的症状要比人口不足 5 万人的城镇中的居民低几乎 20%。

解析：

我们可以把这段论述的结构整理如下：结论是"城市居民比农村居民更少出现心理健康方面的问题"，论据是"一项调查显示，居住在人口超过 5 万人的城市中的居民，其所提及的症状要比人口不足 5 万人的城镇中的居民低几乎 20%"。这里利用了抽样统计得来的数据去证实该结论。

在统计学中，某一被研究领域的全部对象，叫作总体；从总体中抽选出来加以考察的那一部分对象，叫作样本。统计推理是由样本具有某种属性推出总体也具有某种属性的推理，即从 S 类事物经考察的对象中有 n%（0 < n < 100）具有性质 P，推出在 S 类的所有对象中 n% 具有性质 P。在上例中，对象总体是某个国家的城市和农村的居民，样本是从六个社区中选取出来的 6 700 名居民，要考察的特征是心理健康与居住环境的关联。

统计结论的可靠性主要取决于样本的代表性。只有从能够代表总体的样本出发，才能得到关于总体的可靠结论。一般从抽样的规模、抽样的广度和抽样的随机性三个方面去保证样本的代表性。更具体地说，①要加大样本的数量，以便消除误差；②要采用分层抽样的方法，从总体的各个"层"去选取样本；③不带任何偏见地随机抽样。最后一点可以说是最难做到的，偏见可能无意识地渗透到调查问卷的表格、问题以及说话者的语气、身体姿势等之中，它可能无孔不入、防不胜防。因此，对于任何一个抽样统计结果，都可以从这些角度去质疑它的可靠性。

例如：

为了估计当前人们对管理基本知识掌握的水平，《管理者》杂志在读者中开展了一次管理知识有奖问答活动。答卷评分后发现，60%的参加者对于管理基本知识掌握的水平很高，30%左右的参加者也表现出了一定的水平。

《管理者》杂志因此得出结论，目前社会群众对于管理基本知识的掌握还是不错的。

以下哪项如果为真，则最能削弱以上结论？

A. 管理基本知识的范围很广，仅凭一次答卷就得出结论未免过于草率。
B. 掌握了管理基本知识与管理水平的真正提高还有相当的距离。
C. 并非所有《管理者》的读者都参加了此次答卷活动，其可信度值得商榷。
D. 从发行渠道看，《管理者》的读者主要是高学历者和实际的经营管理者。
E. 并不是所有人都那么认真。有少数人照抄了别人的答卷，还获了奖。

解析选项 B 与题干结论无关，选项 A、C、E 对题干结论构成轻度质疑，C、E 在质疑抽样数据的可靠性和可信性，但比较而言，D 项的质疑最根本：因为题干结论涉及"目前社会群众"，而样本是《管理者》杂志的读者，选项 D 指出，《管理者》的读者主要是高学历者和实际的经营管理者。由此可以看出，这些样本相对于目前社会群众来说，不具有代表性。因此，无论这次抽样的统计结果如何，都不能直接推广到总体上去。如果选项 D 真，最能削弱题干的结论。假如题干结论不是涉及"目前的社会群众"，而是只涉及《管理者》的读者，抽样结果是能够支持结论的。

（二）凯恩斯归纳逻辑

著名学者梅纳德·凯恩斯（John Maynard Keynes）是现代归纳逻辑的创立者之一。他是第一个建立概率逻辑公理化系统的人，他的归纳逻辑理论系统集中表述在《论概率》（A Treatise on Probability，1921）一书中。书中集中讨论了概率的定义和测度问题，建立了一个概率演算系统。下面我们就来简单介绍凯恩斯的归纳逻辑理论。

凯恩斯认为概率一方面是命题集之间的逻辑关系，另一方面又是人们对盖然命题的合理相信度。概率作为命题或命题集合间的一种二元关系，存在于两个命题或命题集合之间，任何一个单独命题集合或者为真或者为假，不存在概率多大的问题。他给概率下了以下定义：令前提是由任意命题集 h 组成，结论由任意命题集 a 组成。若 h 的知识以程度 r 证明合理相信 a 是正当的，则我们说在 a 和 h

之间存在程度 r 的概率关系。用符号表示就是 a/h = r。或者也可以用 a/h 表示从 h 到 a 的推理，概率用 P(a/h) 来表示，也称为概率的逻辑关系解释。凯恩斯认为概率逻辑就是研究这种关系的逻辑。

凯恩斯认为概率逻辑是研究在给定条件下人们具有的合理相信度，而不是研究人们关于特定具体的事物的实际相信度，在概率论中，相对于不同的前提 h，a/h 的值可能不同，但是一旦给定这些前提，根据概率逻辑的有效论证能够推出什么是合理相信度，这个过程是纯粹客观的，对 a 的合理信念度是唯一确定的。

凯恩斯认为我们的知识分为两部分：一部分是直接得到的，另一部分是我们通过论证得到的。论证得到的知识又有确定和不确定之分。如概率值为 1 则表示确定性论证，是从前提可演绎证明结论的，此关系就是极大概率关系。概率值为 0 则表示从前提不能演绎证明结论的，此关系是极小概率关系。不同的中间值概率分别代表可靠程度不同的论证。

概率作为命题或命题集合之间的一种二元关系，凯恩斯并不认为总是可以测度的，也并不总是可以比较的。我们前面说到命题集合之间的概率关系可以在（0，1）区间上取值，但对于任意命题集 h、a 来说，有可能 a/h 在（0，1）区间上无法取值。因为有时的确对于一些归纳问题我们无法解决，如谁能准确地计算出我们今天步行出门活着回来的概率？对于概率的不可排序性，凯恩斯也举到一例，试考虑为建立某一概括命题所进行的三组实验。第一组试验次数较多，第二组实验的条件变换较多，第三组涉及的概括范围更广。该命题（结论）相对于哪一组实验（前提）的概率更广大呢？对此显然是无法加以回答的。因此，凯恩斯认为无论是对概率的测度还是对概率的比较，都是在一定的条件下进行的，不存在任意概率间的任意测度和任意比较。那么，概率可测度的条件是什么？凯恩斯认为是不充足理由原则，即他所谓的"无差别原则"（the principle of indifference）（对某一条件下的某些随机事件，若没有任何足够的理由认为其中的某些事件比另一些更加可能发生的话，那我们必须认为这些随机事件的概率是相等的）。不过运用不充足理由率必须有一定的限制条件，否则就会出错，他把这种限制性条件称为"对称性条件"。这一条件要求：结论 a 与别的可能结论 b、c、d……都不能分析成别的可能结论的析取或者它们是相同形式的命题，另外，前提 h 对 a、b、c、d……的支持应表述为相同形式的命题。

凯恩斯认为概率论至今尚无一个可靠的基础以使其形式的或数学的方面可放心地独立发展，于是我们需要尝试解决此问题，为了澄清概率论的基础，同时也为了研究命题或命题集合间的概率关系，使我们能够通过那些认识得比较清楚的概率关系去理解不容易把握的概率关系。为此，他认为有必要建立概率演算系统。

凯恩斯建立的概率演算系统是第一个公理化系统。此系统以一阶逻辑为基础，加上有关概率的初始符号、形成规则与公理而构成。在他的概率演算系统中，可以推演出数学概率论的结果，还可以推演出表述他称之为盖然性推理形式的定理。这个系统有 14 条定义和 4 条公理。

定义 A1.1：如果在命题 a 和前提 h 之间存在着概率关系，则 a/h = P。

定义 A1.2：如果是 P 确定性关系，则 P = 1。

定义 A1.3：如果 P 是不可能性关系，则 P = 0。

定义 A1.4：如果 P 是概率关系，但不是确定性关系，则 P < 1。

定义 A1.5：如果 P 是概率关系，但不是不可能性关系，则 P > 0。

定义 A1.6：如果 a/h = 0，那么 a∧h 不一致。

定义 A1.7：b/ah = 1，且 a/bh = 1，那么 (a = b)/h = 1。

定义 A1.8：ab/h + ab/h = a/h。

定义 A1.9：a/bh = a/bh × b/h = b/ah × a/h。

定义 A1.10：如果 PQ = R1，且 Q ≠ 0，则 P = R/Q。

定义 A1.11：如果 P + Q = R 则 P = R − Q。

定义 A1.12：如果 a1/a2h = a1/h 并且 a2/a1h = a2/h，则概率 a1/h 与 a2/h 独立。

定义 A1.13：使得 a/h = 1 的那些命题 a 的类是 h 所刻画的群或（简称为）群 h。

定义 A1.14：如果 a1/a2h = a1/h，则 a2 整个的与 a1/h 不相关。或简称 a2 与 a1/h 不相关。

公理 A1.1：若 a 和 h 是命题，或命题的合取，或析取，且 h 不是不一致的合取，则在作为结论的 a 和作为前提的 h 之间，存在唯一的概率关系 P（因此，当我们写作 a/h 时，已预设 h 不是不一致的，即 h/h≠0。）

公理 A1.2：(1) 若 (a⟨—⟩b)h = 1，且 x 是任意命题，则 x/(h∧a) = x/(h∧b)，(2) x/(a∧a) = x/a。

公理 A1.3：(1) T/h = 1（T 是古典命题演算的重言式），(2) 若 a/h = 1，则对任意命题 x，x/(h∧a) = x/h。

公理 A1.4：概率蕴涵关系之间的运算满足普通的算术规则（即概率关系 P、Q、R……表示区间（0，1）之间的实数）。

概率演算系统是凯恩斯归纳逻辑理论的重要组成部分，在建立概率演算系统之后，他以此为工具研究归纳推理，对于归纳逻辑的发展具有重要的意义。

凯恩斯运用概率演算系统对传统归纳法和类比法进行了大量深入的讨论，建立了类比理论和证实理论。他认为概率逻辑是研究论证的逻辑，而论证最重要的类型是归纳法和类比法的论证。几乎所有的经验科学都依赖这样的论证。凯恩斯在类比理论方面打破了传统类比理论和简单枚举法之间的界限，其基本思想是：事例间的负类似（所考察的事例不共同具有的性质）与此概率正相关，而正类似（所考察的事例都具有的共同性质）与此概率负相关，所以我们可以通过消除事例间的正类似、增加负类似来提高归纳结论与其前提间的概率。证实理论是关于简单枚举法的逻辑理论，研究事例的数目对归纳概率的影响问题。它认为一切与已有事例不同的事例都能导致归纳概率的提高，提高的原因是由于新事例导致了负类似的增加，从而消除了未包括在归纳中的某些正类似。

凯恩斯作为现代归纳逻辑的创立者为归纳逻辑理论做出了巨大贡献。他摆脱了古典概率论，创建了第一个系统的现代归纳逻辑理论。他的逻辑理论与古典归纳逻辑有了根本的区别，他不再寻求准确无误结论的归纳法则，而是将概率视为命题或命题集合间的二元逻辑关系，致力于研究前提与结论之间的盖然性程度，利用概率演算研究归纳推理。但是，凯恩斯的理论是尚不成熟的现代归纳逻辑理论，他的逻辑理论还存在一定的缺陷：如他的概率演算系统在形式化和公理化方面不够严谨，给出的公理和定理都不能解决对任给的两命题 h、a 如何求 h 和 a 之间概率的问题，即没有给出测度逻辑概率的具体方法。另外，对归纳问题的解决还表现出追求确定无误的归纳结论的趋势，还存有古典归纳逻辑的痕迹等。但不管怎样，凯恩斯作为现代归纳逻辑的奠基人，对后来归纳逻辑的发展产生了十分深远的影响。

如果说古典归纳逻辑是归纳逻辑发展的第一阶段，19 世纪中叶到 20 世纪 20 年代是归纳逻辑发展的第二阶段的话，那么，从 20 世纪 20 年代则进入了归纳逻辑发展的第三阶段，即现代归纳逻辑的进一步发展时期。

进入第三阶段后，现代归纳逻辑迅猛发展，涌现出许多杰出人物，其中最主要的代表人物是赖欣巴哈和卡尔纳普。在研究工具方面，出现了多种概率理论，并借助于模态逻辑、模型论等现代逻辑理论。下面将具体介绍赖欣巴哈和卡尔纳普的归纳逻辑理论。

（三）赖欣巴哈归纳逻辑

概率的频率理论最早发端于 20 世纪。德国哲学家赖欣巴哈（Hans Reichenbach）在他 1934 年发表的《概率理论》一书中首先创立了频率理论的概率归纳，他是频率论的主要代表人物。他的概率演算系统在形式化、公理化等方面都较他以前的概率演算更为完善，对此系统可以给出多种模型；借助于频率概率论，赖欣巴哈还考察了包括简单枚举法在内的集中归纳推理和方法，并且还研究了归纳悖论的问题。下面我们就来介绍赖欣巴哈的概率论和归纳逻辑理论。

赖欣巴哈对归纳逻辑的研究是从对概率论和哲学的研究开始的。概率理论是赖欣巴哈研究的重要内容。我们重点讨论他的概率演算的重要工具——频率解释模型。

赖欣巴哈的频率解释模型是针对休谟的归纳问题而提出的。休谟认为归纳结论不仅是或然性的，而且归纳结论的真实性是得不到任何逻辑证明的。赖欣巴哈认为，归纳推理的合理性并不在于运用它能够获得准确无误的结论，而是说它是一种最佳的假定，或者说是在众多的选择中是看起来我们所能够做出的最好的选择。赖欣巴哈就运用频率概率论清楚地说明了归纳推理的合理性。我们下面来看赖欣巴哈是如何运用频率概率论来说明归纳推理的合理性问题的。

赖欣巴哈的频率论认为概率是无穷序列的"相对频率的极限"。"相对频率"是指一事件 B 在一系列的试验 A 中出现的次数 m 与试验总次数 n 的比值，记为 $F^n(A, B)$。"相对频率的极限"即概率是指相对频率 $F^n(A, B)$ 随着试验次数的增加而趋近于某一个常数 P，记为 P(A, B)。例如，人们对掷硬币出现正面朝上的可能情况做了如下试验，如表 A1-2 所示。

表 A1-2　　　　　　　　硬币正面朝上分析

试验者	掷硬币次数	正面朝上次数	频率
W1	2 048	1 061	0.518
W2	24 000	12 012	0.5005
W3	30 000	14 994	0.4998

从表 A1-1 可知，掷硬币出现正面的频率在 50% 间做微小的摆动，因而，掷硬币出现的"相对频率极限"即概率是 50%。

我们用表达式 $N^n(A)$ 表示序列 $<x_i>$ 的前 n 项中满足 $x_i \in A$ 的元素的数目，用 $N^n(A \wedge B)$ 表示序列 $<x_i, y_i>$ 的前 n 项中同时满足 $x_i \in A$ 且 $y_i \in B$ 的元素序对的数目，则相对频率 $F^n(A, B)$ 就定义为：

$$F^n(A, B) = N^n(A \wedge B)/N^n(A)$$

"相对频率极限"表述为若对给定序列 $<x_i>$、$<y_i>$，当 $n \to \infty$ 时，$F^n(A, B)$ 趋于极限 P，则 P 称为相对 $<x_i>$、$<y_i>$ 的从 A 得到 B 的概率，记作：

$$P(A, B) = \lim_{n \to \infty} F^n(A, B) = P$$

但是我们这里要注意的是每个事件序列都有可能无限地延续下去，我们所能观察到的可能只是此序列中极有限的一段，对于事件的频率极限我们是无法观察到的。同时有人还提出质疑认为，概率论本身预先假设了频率极限的存在，即序列向一个极限收敛，但频率极限不存在的可能性也是有的，对此我们如何作答？如何得到此事件的概率？针对此，赖欣巴哈提出了经验推论方法——渐进认定归纳法。

渐进认定归纳法认为：在给定的一段序列中，事件 B 发生的频率是 4/5，我们就认定该事件在包括以后的全部序列中的频率是 4/5。不过这一认定是可以通过以后的观察而不断修改的。渐进认定归纳法是一种认定—修改—认定的过程。如事件 B 在开始的 100 次试验中出现的频率是 50 次，我们认定该事件的概率是 50%；而在 200 次试验中事件 B 出现的频率是 120 次，我们就重新认定该事件的概率是 60%；照此下去，我们总可以得到该事件的最终频率，也即概率。

赖欣巴哈认为渐进认定法是获得频率极限的唯一有希望的方法，虽然它的结论不能保证是真实的，但它却是我们所能做的最好的选择，是最佳假定。因为，"认定"（posit）一词与博弈论中使用的"打赌"一词有相同的意义。当我们赌一匹马的胜负时，我们不是说根据这样的打赌"该马将取胜"这句话真，而是说在下赌注时，根据我们已有的知识判断，该马将最有可能取胜，我们暂且把这句话当成真。或在掷一枚骰子时，要预测是否六点向上，我们多半不会预测"六"是向上的，因为"非六"与"六"比起来有较大的概率是 5/6，虽然这种预测不一定对，但这种决定是最有利的。因此，赖欣巴哈认为"认定"是"被我们看作为真的，但尚不知其真值的陈述"。也是因此，赖欣巴哈把预言性陈述解释为假定，我们并不需要证明归纳法为真的证据，只要求一个好的假定就可以，从而解决了休谟的归纳合理性问题。

渐进认定归纳法在实际运用中也适用于概率陈述句来判定单个事件。如医生对于病人手术成功的概率。虽然他们不可能在同一条件下反复的对同一件事进行多次试验而得到极限频率，但是他们可以根据以往的知识经验而推断出此事的概率，根据已有知识得出此决定是最佳的选择。如渔夫向陌生的海洋地区撒网，他不知道是否能打到鱼，然而他知道，如果他想要捕到鱼，就必须抛网。在此情况下，渔夫最好的选择就是撒网，哪怕有一线的希望也是合理的。总之，人们在实际中的许多事情都要通过他们认定最有可能出现的事件的假定来做出认定。

赖欣巴哈的频率论使休谟的归纳问题的合理性在一种较弱意义上得到了阐述，证明了归纳推理是由相对频率求极限频率的最好方法。把概率问题与归纳问题统一起来研究。在赖欣巴哈看来，这种由相对频率认定极限频率的方法，实质上乃是用概率语言刻画的简单枚举归纳法。

赖欣巴哈认为，如果具有性质 A 的元素是否具有性质 B 有一定的规律，那么我们通过对事例的考察运用简单枚举归纳法得出结论，在考虑新事例修订原有结论，再运用简单枚举归纳法得出新结论，如此反复下去定能得出新结论。但是这里有一个问题，对于相同的事例运用简单枚举归纳法可以得出不同的结论，对于尚未观察到的事例，可能有相互抵触的事例。如我们以前根据所观察到的事例运用简单枚举归纳法认为"所有的天鹅都是白的"，但是现在发现"有天鹅是黑的"，那么对此我们如何解释运用简单枚举归纳法由相对频率求极限频率的准确性？这就是著名的古德曼（Good Man）悖论。对此，赖欣巴哈认为简单枚举归纳法的合理性并不在于对极限频率准确无误地认定，而在于如果极限频率存在的话，通过认定—修改—认定的过程找出极限频率。另外，他认为之所以会产生互不相容的结论是由于相对于考察的序列来说，属性类太大，应限制属性类来避免不相容的认定。

以上谈到的简单枚举归纳法是一种较简单的认定方法，赖欣巴哈认为它是属于初级归纳法，其他类型的归纳法较之于简单枚举归纳法而言，在认定极限频率时还具有相对频率知识以外的别的知识，他们所做的认定是比简单枚举归纳法所做认定更高级的一种认定。称它们为高级归纳法，主要有三种类型：第一类是培根的三表法和穆勒的求因果五法；第二类是交叉归纳法，它是对简单枚举归纳法的修正；第三类是解释归纳法：根据一定的材料，再提出多个解释这些材料的假说上，运用归纳法分别求出这些假说的概率，进而选择最合适的理论。

从上述我们的分析来看，赖欣巴哈在归纳逻辑方面做出了巨大的贡献，他把概率蕴涵号引入带等词的一阶谓词演算中，并用频率解释和认定理论作为它们的语义模型。但他的概率理论仍有一些不足，虽然他采用了认定理论对其进行补救，但他过分强调了概率演算的频率模型对归纳推理研究的作用，被人们认为是特设性的。此外，把概率仅看作相对频率的极限，使研究受到了极大的限制。还有一点不足是对于概率确定我们需要多少次的观察才是足够的？虽然赖欣巴哈为此提出了"归纳网络"概念回答，但并不是令人十分满意的。

（四）卡尔纳普归纳逻辑

现代著名的哲学家、逻辑学家、维也纳学派的主要代表人物鲁道夫·卡尔纳普（Rudolf Carnap）建立了一个最为典型的、精致的公理系统——归纳逻辑理论，这一理论主要表述在《概率的逻辑基础》一书中。其中，"合理信念"与"合理决策"的归纳逻辑是其理论最有特色的部分。卡尔纳普建立归纳逻辑的目的一方面是为了使归纳推理进一步精确化和系统化，另一方面是为了解决归纳推理的合理性问题，从而为归纳推理以至为整个经验科学奠定逻辑基础。他的归纳逻辑继承了凯恩斯的关于归纳概率是证据（归纳前提）和假说（归纳结论）之间的一种逻辑关系的思想，批评了赖欣巴哈的频率解释理论，把概率解释为证据对假说的证实度。他的归纳逻辑就是建立在关于证实度的概率理论基础之上的，侧重于用概率计算归纳解决个人的"合理信念"和"合理决策"问题的研究。下面我们就具体的讨论他的逻辑理论。

卡尔纳普把概率分为两类：概率1和概率2。概率1就是上面提到的证实度，是"两个陈述或命题间的一种逻辑关系，它是对一个基于某（些）给定的证据（或前提）的假说（或结论）的确证度"。假定e是观察证据，h是假说，c是确证度的话，所谓根据e对h的确证度c不过是一种函数关系：c(e, h)。归纳逻辑要研究的就是确定h基于e是否被确证，在什么程度上被确证，简单表述就是："c(e, h) = r"。卡尔纳普的研究结果就是构造了一个关于这种关系的逻辑系统，称为"归纳逻辑"。这是卡尔纳普所主张的概率解释。与概率1相对的概率2"P(A, B)"是指以赖欣巴哈为代表的频率概率。在卡尔纳普看来，概率1"c(h, e) = r"，h和e都是事件（或事物状态、情况等）或描述事件（或事物状态、情况等）的命题或语句，也即概率1是定义在命题集合上的二元函项。而概率2"P(A, B) = p"，A和B则是事件（或事物）的性质、种类、类，是定义在命题函项集合上的二元函项。由此，我们可以看到，概率1是分析性的，与经验无关，单靠逻辑的分析便可确定真值（或为逻辑真或为逻辑假）。而概率2是综合性的，与物理、化学一样，是属于经验科学的，是事实、经验的陈述，它依赖于经验过程，依赖于对相关事实的描述，其真假并非逻辑上确定的。由此，在卡尔纳普看来对概率的不同解释使得它们分别应用于不同的领域。他认为赖欣巴哈的频率理论作为一种重要的科学概念，适用于统计研究，但它作为归纳逻辑的基本概念是不恰当的。我们运用它，不能够充分地解决归纳推理的合理性问题。因为，赖欣巴哈所运用的频率概念是一个经验性的概念，因此，它不能解决经验科学自身的逻辑基础问题。他认为解决这一问题需要一个概率的逻辑概念。而他的概率概念也即概率1就是这样一个逻辑概念。卡尔纳普的逻辑理论的目的就是要为证实理论构造一个语义系统，然后以此为工具，深入系统的发展归纳逻辑的证实理论。从而作为归纳推理的有力工具，研究归纳推理。

卡尔纳普作为逻辑实证主义的主要代表人物，他推崇通过语言的逻辑分析来考察哲学问题。因此，他的这一系统以一阶逻辑的一个语义子系统为基础，在此系统中定义了状态描述、结构描述、量程测度等基本概念，证明了与这些概念相关的一些定理。以此为基础，引入了量程测度函数，并通过量程测度函数定义证实函数，深入系统地研究有关证实度的各种问题。其中，如何建立适当的系统语言结构，使所考察的前提和结论都能在该系统中根据确切的规则进行准确的逻辑分析以及选择什么样的恰当的测度方式是卡尔纳普逻辑理论所面临的主要问题。卡尔纳普为此进行了极为精致的构造性工作，定义出了量程、描述、同构、量程测度函数等一系列的概念。

我们已提到卡尔纳普认为他的概率理论是先验的，那么，我们如何检验它的先验性呢？卡尔纳普假定一种语言的逻辑系统 L，将 L 系统中的所有的基本谓词和个体名称分别代入 L 的基本命题函项 $P_i(X_i)$ 中，形成 L 的所有的基本句子。其中我们构造一个使得 L 中的每一个基本句子或者它的否定式在其中出现的合取式，这个合取式就是所谓的状态描述。因为若干状态描述在 L 中最详细地描述了世界的一种可能状态，因此可以看作 L 的一个可能世界，又由于任何两个状态描述之间都是互不相容的，所以，所有这些状态的描述的集合便穷尽了世界的一切可能性。因此，所有状态之和为 1。那么，我们如何确定每个状态描述的概率？卡尔纳普在这里借用了古典概率的"无差别原则"即"对某一条件下的某些随机事件，如果我们没有任何足够的理由认为其中的某些事件比另一些更加可能发生的话，那我们必须认为这些随机事件的概率是相等的；在一种极端的情形中，假定我们对两个事件都处于完全无知的状况，那么根据无差别原则，我们也应当对这两个事件赋予相等的概率"。卡尔纳普先根据状态描述在逻辑结构上的同异，把 L 中的状态描述分为 m 组，其中任何一组中的状态描述都是逻辑同构的，而不同组的状态描述则是非同构的。不同的组所包含的成员数 n 往往也是不同的。然后他使用无差别原则首先把概率平分给各个组，每一组具有的相同的概率为 1/m，然后再运用无差别原则把 1/m 的概率又平分给任何一组所包含的各个状态描述，每个状态描述的概率是 1/mn。由于各组的成员数 n 的不同，各组的状态描述的概率也就不同，但同一组内的各个状态描述的概率一定是相同的。据此，L 的每一个状态描述的概率便先验地确定下来。状态描述的概率一旦确定下来，L 的任何一个句子的概率也就随之先验地确定了。卡尔纳普的归纳逻辑的基本思想大概就是如此。

卡尔纳普的归纳逻辑在现代归纳逻辑发展史上占有极为重要的地位。他从归纳前提与结论的量程测度来确定前提对结论的证实度。他构造了一个语言逻辑系统，在系统内通过对前提和结论的语言逻辑分析实现对不同推理的证实度的解决。他的语言逻辑系统为归纳逻辑奠定了必要的基础。

但卡尔纳普的归纳逻辑体系也避免不了一些缺陷，其中最为关键性的问题就是"无限全称命题的概率为零"，卡尔纳普虽然极力采用极限的方法把自己的理论从有限推广到无穷，但在语言 L 的个体域为无穷的情况下，相对于有限的证据，全称命题的概率只能为零，使得卡尔纳普的归纳逻辑不能为无限普遍的科学规律假说的选择提供依据，因为科学理论假说通常是全称命题。除此之外，在其构造的系统中使用的无差别原则具有一定的随意性，大大减弱了卡尔纳普归纳逻辑体系的确证性。另外，卡尔纳普把归纳逻辑等同于概率逻辑即关于证实度概率 1 的理论，也即把证实度当成归纳推理的唯一研究对象，缩小了归纳逻辑研究的范围。事实上，证实理论仅仅是现代归纳逻辑多种类型理论中的一种。这给卡尔纳普的归纳逻辑理论的发展造成了一定的局限。

以上我们对归纳逻辑做了一个简要的介绍，我们看到现代归纳逻辑发展到今天已有丰硕的成果，多种形式的概率理论纷纷呈现出来。如今，现代归纳逻辑作为研究工具被人们广泛地应用在众多领域之中，如在认识论、科学方法论、统计学、法学、决策学、人工智能等领域。

附录二

逻辑符号说明

在逻辑学中,经常使用一组符号来表达逻辑结构。初次接触逻辑学的人,对这些逻辑符号不太了解,不知道它们的含义及其使用方法。在这里,我们简单介绍一些常用逻辑符号的含义及其使用事例。但要注意,在一些情况下,不同的符号有相同的意义,而同一个符号,结合上下文,有不同的意义,如表 A2-1 所示。

表 A2-1　　　　　　　　逻辑符号的说明

符号	含义	解说	例子
⇒ → ⊃	实质蕴涵; 蕴涵; 如果……那么	A⇒B 意味着如果 A 为真,则 B 也为真;如果 A 为假,则对 B 没有任何影响; →可能意味着同⇒一样的意思(这个符号也可以指示函数的域和陪域;参见数学符号表); ⊃可能意味着同⇒一样的意思(这个符号也可以指示超集)	$x = 2 \Rightarrow x^2 = 4$ 为真,但 $x^2 = 4 \Rightarrow x = 2$ 不保证成立(因为 x 可以是 -2)
⇔ ↔	实质等价; 当且仅当; iff	A⇔B 意味着如果 A 为真则 B 为真,和如果 A 为假则 B 为假	$x + 5 = y + 2 \Leftrightarrow x + 3 = y$
¬ ~	否定; 非	陈述¬A 为真,当且仅当 A 为假; 穿过其他算符的斜线同于在它前面放置的¬	$¬(¬A) \Leftrightarrow A$ $x \neq y \Leftrightarrow ¬(x = y)$

续表

符号	含义	解说	例子
∧	合取；与	如果 A 与 B 二者都为真，则陈述 A∧B 为真；否则为假	n<4∧n>2⇔n=3 当 n 是自然数的时候
∨	析取；或	如果 A 或 B 之一为真陈述或 A、B 两者都为真陈述，则 A∨B 为真；如果二者为假，则陈述为假	n≥4∨n≤2⇔n≠3 当 n 是自然数的时候
∀	全称量词；对于所有；对于任何；对于每个	∀x：P(x) 意味着所有的 x 都使 P(x) 为真	$\forall n \in N: n^2 \geq n$
∃	存在量词；存在着	∃x：P(x) 意味着有至少一个 x 使 P(x) 为真	∃n∈N：n 是偶数
⊢	推论；推导	x⊢y 意味着 x 推导出 y	A→B⊢¬B→¬A
⊨	断定	x⊨y 意味着 x 推导出 y，同时 y 推导出 x	
∈	属于	如果 a 是集合 A 的元素，就说 a 属于（belong to）集合 A，记作 a∈A	我们用 A 表示"1~20 以内的所有素数"组成的集合，则有 3∈A

参 考 文 献

[1] 艾迪明，陈泓娟，班晓娟，涂序彦．人工生命概述 [J]．计算机工程与应用，2002（1）：1-4．

[2] 艾冬梅，班晓娟，涂序彦．人工生命的研究平台综述 [J]．计算机应用，2004（5）：137-139．

[3] 艾林，周焯华．基于模糊逻辑的自组织竞争网络对操作风险强度的识别 [J]．中国软科学，2007（1）．

[4] 白石磊，毛雪岷，王儒敬，等．基于数据库和知识库的知识发现研究综述 [J]．广西师范大学学报（自然科学版），2003（1）．

[5] 白玉辰，罗建华．基于模糊神经网络的模式识别技术研究 [J]．战术导弹控制技术，2007（1）．

[6] 蔡曙山．认知科学背景下的逻辑学——认知逻辑的对象、方法、体系和意义 [J]．江海学刊，2004，(6)．

[7] 蔡曙山．应用于人工智能的逻辑学 [J]．哲学译丛，1997（2）．

[8] 蔡自兴，等．人工智能及其应用（第二版）[M]．北京：清华大学出版社，1996．

[9] 曹渝昆．基于神经网络和模糊逻辑的智能推荐系统研究 [D]．重庆：重庆大学，2006．

[10] 陈国宏，蔡彬清，李美娟．元胞自动机：一种探索管理系统复杂性的有效工具 [J]．中国工程科学，2007（1）．

[11] 陈泓娟，班晓娟，艾迪明，涂序彦，卢汉清．人工生命的概念、内容和方法 [J]．北京科技大学学报，2002（3）：353-356．

[12] 陈巨海，徐斌，朱麟，殷成龙．基于元胞自动机的植物生态仿真系统研究 [J]．计算机仿真，2007（5）．

[13] 陈霞，黄恺．基于模糊决策与神经网络的汽车安全气囊多级触发控制算法 [J]．辽宁工学院学报，2003（6）．

［14］陈晓平．归纳逻辑与归纳悖论［M］．武汉：武汉大学出版社，1994．

［15］陈有亮，杨乐滨，靳巍巍，李磊．上海复兴东路越江隧道联络通道施工过程的三维有限元与智能分析［J］．混凝土，2008（5）．

［16］程其云，孙才新，张晓星，周湶，杜鹏．以神经网络与模糊逻辑互补的电力系统短期负荷预测模型及方法［J］．电工技术学报，2004（10）．

［17］程相君，等．神经网络原理及其应用［M］．北京：国防工业出版社，2006．

［18］楚荣珍，周向宁，李顺刚．人工神经网络及在建筑施工中应用［J］．工业建筑，2006（Z1）．

［19］丛爽．面向MATLAB工具箱的神经网络理论与应用［M］．北京：中国科学技术大学出版社，2009．

［20］邓维婕．网络搜索引擎的原理、技术和发展［J］．电脑与电信，2008（5）．

［21］董长虹．神经网络与应用［M］．北京：国防工业出版社，2005．

［22］董晓倩，黄素平．基于模糊神经网络的智能轮椅导航系统［J］．微计算机信息，2007（32）．

［23］段丽霞．基于模糊逻辑规则的XML数据挖掘［J］．心智与计算，2008（1）．

［24］范明，等．数据挖掘概念与技术［M］．北京：机械工业出版社，2004．

［25］冯志伟．从知识本体谈自然语言处理的人文性［J］．语言文字应用，2005（11）．

［26］傅建中，陈子辰．精密机械热动态误差模糊神经网络建模研究［J］．浙江大学学报（工学版），2004（6）．

［27］高隽．人工神经网络原理及仿真实例［M］．北京：机械工业出版社，2003．

［28］耿冠宏，孙伟，罗培．神经网络模式识别［J］．软件导刊，2008（10）．

［29］耿新青．基于模糊逻辑和神经网络的数据及文本挖掘的方法研究［D］．天津：天津大学，2005．

［30］古德曼．新归纳之谜［M］//江天骥．科学哲学名著选读．武汉：湖北人民出版社，1988．

［31］顾晨，赵国军，刘峥．基于人工神经网络的自适应模糊电梯群控系统［J］．计算机测量与控制，2003（12）．

［32］桂起权．任晓明．进化逻辑：科学发展的动态模式［J］．哲学动态，

2002（2）.

[33] 桂起权，任晓明，朱志方. 机遇与冒险的逻辑［M］. 东营：石油大学出版社，1996：3.

[34] 郭娟，吴迪，赵宪明. 初等元胞自动机的界面设计及稳定性分析［J］. 计算机仿真，2009（7）.

[35] 郭美云. 一个带一般群体知识的多主体认知逻辑系统［J］. 哲学动态（逻辑学专刊），2005.

[36] 韩力群. 人工神经网络教程［M］. 北京：邮电大学出版社，2006.

[37] 韩力群. 人工神经网络理论、设计及应用［M］. 北京：化学工业出版社，2007.

[38] 韩敏，孙燕楠，许士国. 一种模糊逻辑推理神经网络的结构及算法设计［J］. 控制与决策，2006（4）.

[39] 韩筱璞，周涛，汪秉宏. 基于元胞自动机的国家演化模型研究［J］. 复杂系统与复杂性科学，2004（4）.

[40] 何德忠，刘静楠，张素荷. 基于神经网络的学位与研究生教育评估［J］. 重庆大学学报，2003（5）.

[41] 何向东，吕进. 归纳逻辑研究述评［J］. 自然辩证法研究，2007（3）.

[42] 何向东，涂德辉，刘邦凡. 逻辑与方法导论［M］. 重庆：重庆出版社，2006.

[43] 贺建民，王元元. 人工生命的发展与研究［J］. 解放军理工大学学报（自然科学版），2003（3）：11-16.

[44] 赫伯特·西蒙. 现代决策理论的基石［M］. 杨砾，徐立，译. 北京：北京经济学院出版社，1989.

[45] 亨佩尔. 对确认的逻辑之研究［M］//江天骥. 科学哲学名著选读. 武汉：湖北人民出版社，1988.

[46] 侯媛彬，杜京义，汪梅. 神经网络［M］. 西安：电子科技大学出版社，2007.

[47] 华宇宁，胡玉兰，野莹莹. 遗传算法在人工生命中的应用［J］. 科技资讯，2007（17）：1-2.

[48] 贾斌. 基于元胞自动机的交通系统建模与模拟［M］. 北京：科学出版社，2007.

[49] 江天骥. 归纳逻辑导论［M］. 长沙：湖南人民出版社，1987.

[50] 江天骥. 科学哲学名著选读［M］. 武汉：湖北人民出版社，1989.

[51] 姜长元，朱庆保. 基于T-S逻辑的新型模糊神经网络模型［J］. 南京

师范大学学报（工程技术版），2006（3）.

[52] 蒋宗礼. 人工神经网络导论 [M]. 北京：高等教育出版社，2002.

[53] 柯大观，李少平. 人工神经网络的发展及应用 [J]. 福建电脑，2002（3）.

[54] 黎夏. 地理模拟系统：元胞自动机与多智能体 [M]. 北京：科学出版社，2007.

[55] 黎夏，叶嘉安. 基于神经网络的元胞自动机及模拟复杂土地利用系统 [J]. 地理研究，2005（2）.

[56] 李凯. Web挖掘在教学资源搜索引擎中的应用研究 [D]. 长春：东北师范大学，2007.

[57] 李蒙. 从归纳逻辑视角解读人工智能的哲学意蕴 [J]. 自然辩证法研究，2008（9）.

[58] 李寿涛，李元春. 基于递阶行为的模糊逻辑/神经网络移动小车控制算法 [A]//李寿涛. 中国宇航学会深空探测技术专业委员会第一届学术会议. 2005-01-01.

[59] 李望，孙永征. 基于元胞自动机的新产品市场扩散模拟 [J]. 山东大学学报，2008（3）.

[60] 李彦彬，徐建新，常晓辉. 人工神经网络技术 [J]. 中国水土保持，2004（12）.

[61] 李杨，李晓明，黄玲，陈岭，舒欣. 基于人工神经网络和模糊集的电力系统短期负荷预测方法 [J]. 华中电力，2007（2）.

[62] 利用反向传播算法的模式学习 [EB/OL]. http://www.ibm.com/developerworks/cn/linux/other/l-neural/.

[63] 梁涤尘. 人工智能在信息检索中的应用 [J]. 中国集体经济，2008（3）.

[64] 刘奋荣. 从信息更新到博弈逻辑——写在约翰·范·本特姆来访之后 [J]. 哲学动态，2005（2）.

[65] 刘海涛. 从比较中看计算语言学 [J]. 咸宁学院学报，2005（8）.

[66] 刘松涛，周晓东，杨绍清. 基于元胞自动机的红外图像增强新方法 [J]. 红外与激光工程，2006（10）.

[67] 刘蔚萍，贾武. 遗传算法与人工生命 [J]. 军事经济学院学报，2004（7）：95-96.

[68] 刘有军，曹珊. 基于元胞自动机的强制换道模型研究 [J]. 交通信息与安全，2009（3）.

[69] 路平. 医保基金风险防控平台数据模型的设计与实现 [D]. 上海：东华大学，2010.

[70] 吕安民，林宗坚，李成名. 数据挖掘和知识发现的技术方法 [J]. 测绘科学，2000（12）.

[71] 罗敏霞. 数据挖掘与知识发现的技术方法及应用（上）[J]. 运城学院学报，2005（10）.

[72] 玛格丽登·博登. 人工智能哲学 [M]. 刘西瑞，王汉琦，译. 上海：上海译文出版社，2001.

[73] 孟俊仙，周淑秋，饶敏. 基于元胞自动机的人员疏散仿真研究 [J]. 计算机工程与设计，2009（1）.

[74] 孟祥辉. 二维图形搜索系统关键技术研究 [D]. 西安：西安电子科技大学，2007.

[75] 潘盛辉，韩峻峰. 基于神经网络的模式识别及其应用 [J]. 广西工学院学报，2000（4）.

[76] 潘天群. 社会决策的逻辑结构研究 [J]. 北京：中国社会科学出版社，2003：97.

[77] 彭志平，李绍平. 基于神经网络与模糊逻辑协同的智能诊断系统的研制 [J]. 计算机应用与软件，2003（9）.

[78] 齐忠霞，朱小平. 基于神经网络与模糊逻辑的直接转矩控制系统 [J]. 西安石油大学学报（自然科学版），2005（1）.

[79] 钱坤，谢寿生，屈志宏，高梅艳. 带补偿的神经网络辨识器在异步电机调速系统中的应用 [J]. 中小型电机，2004（4）.

[80] 钱坤，谢寿生，张伟，何秀然. 基于模糊补偿神经网络辨识器的发动机转速控制系统 [J]. 航空动力学报，2006（1）.

[81] 钱坤，谢寿生，张伟，于东军. 基于模糊补偿的神经网络算法在调速系统中的应用 [J]. 电机与控制学报，2004（4）.

[82] 乔维德. 基于神经网络模糊控制的永磁同步电动机直接转矩控制 [J]. 微特电机，2008（8）.

[83] 秦孟苏. 基于模糊神经网络的汽车安全气囊智能点火控制算法 [D]. 湖南大学，2008.

[84] 邱兴兴. 基于模糊逻辑和神经网络的文本分类方法 [D]. 南昌：南昌大学，2007.

[85] 任晓明. 冯·赖特归纳逻辑理论探赜 [J]. 湘潭师范学院学报，2003，5（3）.

[86] 任晓明,潘沁. 计算机科学哲学研究进展 [J]. 哲学动态,2008 (4): 96 - 100.

[87] 任晓明. 人=机器人论题的困境与出路——评勃克斯的逻辑机器哲学 [J]. 世界哲学, 2005 (4): 97 - 105.

[88] 任晓明. 杨岗营. 新编归纳逻辑导论: 机遇、决策与博弈的逻辑 [M]. 郑州: 河南人民出版社, 2009.6.

[89] 任晓明. 因果陈述句逻辑的历史发展 [M]. 北京: 北京师范大学, 1986.

[90] 任晓明,张玫瑰. 美国归纳逻辑与人工智能研究概况 [J]. 科学技术与辩证法, 2007, 24 (1).

[91] 任晓明. 哲学的信息技术转向——逻辑机器哲学的兴起 [J]. 江西社会科学, 2004 (3): 7 - 12.

[92] [美] Rob Callan. 人工智能 [M]. 黄厚宽等译. 北京: 电子工业出版社, 2004.

[93] Simon Haykin. 神经网络原理 (第2版) [M]. 叶世伟、史忠值译. 北京: 机械工业出版社, 2004.

[94] Stuart J. Russell, Peter Norvig. 人工智能: 一种现代的方法 (第二版) [M]. 北京: 清华大学出版社, 2006.

[95] [美] Stuart Russell. Peter Noryig. 人工智能——一种现代方法 (第二版) [M]. 姜哲等译. 北京: 人民邮电出版社, 2004.

[96] 邵艳秋. 术语标准化与信息技术 [J]. "计算语言学"及其近义术语详解, 2009 (3).

[97] 盛雪莲,王乾. 人工神经网络 [J]. 科技广场, 2008 (5).

[98] 施太格缪勒. 当代哲学主流: 下卷 [M]. 王炳文, 等译. 北京: 商务印书馆, 2000: 355.

[99] 石幸利. 人工神经网络的发展及其应用 [J]. 重庆科技学院学报, 2006 (2).

[100] 史忠植,王文杰. 人工智能 [M]. 北京: 国防工业出版社, 2007.

[101] 宋人杰,潘智勇,王震宇. 基于模糊逻辑与神经网络的短期负荷预测 [J]. 华北电力技术, 2007 (12).

[102] 苏建元,孙蔚,孙薇,叶海涛. 基于神经网络和模糊逻辑的工业过程故障诊断与报警系统 [J]. 动力学与控制学报, 2006 (3).

[103] 孙强,戴志军. 用元胞自动机求最短路径的一种新算法 [J]. 计算机技术与发展, 2009 (2).

[104] 唐圣学,刘波峰,徐东峰. 基于模糊神经网络的颜色识别方法[J]. 传感器技术,2003(11).

[105] 唐晓嘉. 建立多主体认知推理模型的几点思考[J]. 中山大学学报(社会科学版),2003(S1):217-225.

[106] 唐晓嘉. 辛提卡的语言博弈理论[J]. 西南师范大学学报,2000(4):39-44.

[107] 陶兴华,陈彪,张俊洪. 模糊逻辑与神经网络的蓄电池容量预测[J]. 电源技术,2004(9).

[108] 田金信,万立军,杨旭东. 应用BP神经网络模糊推理的资源城市主导产业评价[A]//田金信. 第八届中国管理科学学术年会. 2006-10-01.

[109] 万宁. 后方场站集装箱管理智能模拟研究[D]. 大连:大连海事大学,2007.

[110] 王爱国. 神经网络与模糊逻辑协同在故障诊断中的应用[D]. 长春:吉林大学,2006.

[111] 王保华. 基于神经网络和模糊逻辑的信用评价模型[J]. 北京工商大学学报(社会科学版),2003(5).

[112] 王宏生. 人工智能及其应用[M]. 北京:国防工业出版社,2006.

[113] 王鸿雁. 乳品企业项目知识管理研究[D]. 北京:中国科学院研究生院,2008.

[114] 王茂光,殷兆麟. 神经网络和模糊逻辑在基于Agent的Web搜索系统中的应用研究[J]. 计算机工程与应用,2003(30).

[115] 王楠,刘晨光,马立肖,赵占芳. 基于模糊逻辑和神经网络的电力负荷预测[J]. 微计算机信息,2007(4).

[116] 王楠,杨奎河. 基于模糊逻辑和神经网络的短期电力负荷预测[J]. 福建电脑,2005(2).

[117] 王秋,南峥. 浅谈自然语言的"理解"[J] 陕西师范大学学报(哲学社会科学版),2007(9).

[118] 王伟. 人工神经网络原理:入门与应用[M]. 北京:北京航空航天大学出版社,1995.

[119] 王小平,曹立明,施鸿宝. 基于遗传算法的人工生命演示系统设计[J]. 同济大学学报(自然科学版),2003(2):224-228.

[120] 王元元. 计算机科学中的逻辑学[M]. 北京:科学出版社,1989.

[121] 乌云高娃. 人工神经网络的发展[J]. 福建电脑,2004(4).

[122] 吴焱明. 模糊神经网络在电液伺服控制系统中的应用研究[J]. 机床

与液压，2006（12）．

［123］夏远飞，曹永鹏．基于模糊神经网络控制的飞机发电机调压系统设计［J］．电子工程师，2006（6）．

［124］邢志宇．网络搜索中的检索式及其构建［J］．科技情报开发与经济，2007（6）．

［125］熊立文．逻辑与归纳逻辑程序设计［J］．哲学动态，2007（3）．

［126］熊立文．人工智能、哲学与逻辑［J］．中山大学学报（社会科学版），2003（43）．

［127］熊立文．现代归纳逻辑的发展［J］．北京航空航天大学学报，2002（2）．

［128］熊立文．现代归纳逻辑的发展［M］．北京：人民出版社，2004．

［129］徐长安．关于人工神经网络学科的思考［J］．中国科教创新导刊，2009（1）．

［130］徐常凯，崔崇立．基于模糊逻辑规则的数据挖掘方法在煤炭企业生产决策中的应用研究［J］．矿山机械，2006（4）．

［131］徐力平．基于神经网络和模糊逻辑的平台罗经故障检测［J］．信号处理，2008（6）．

［132］许海军，孟凡玲．径流中长期预报的粗集模糊推理——神经网络模型［J］．华北水利水电学院学报，2007（2）．

［133］许伦辉，衷路生，徐建闽．基于神经网络实现的交叉口多相位模糊逻辑控制［J］．系统工程理论与实践，2004（7）．

［134］许文艳，刘三阳．知识库系统的逻辑基础［J］．计算机学报，2009（11）．

［135］薛小杰，谭克龙．元胞自动机模型在地学中的研究进展［J］．中国煤田地质，2005（3）．

［136］闫广武．元胞自动机与人工生命研究进展［J］．吉林大学学报（理学版），2003（1）：40-44．

［137］杨帆，徐世英．股市投资复杂性的元胞自动机模拟［J］．科技导报，2007（18）．

［138］杨宁．一种基于模糊逻辑的数据关联规则挖掘方法［J］．南昌大学学报（理科版），2003（2）．

［139］杨涛，杨洪森，陈梅．神经网络自组织模糊控制器的设计与仿真［J］．苏州大学学报（工科版），2008（1）．

［140］杨天奇．一种基于模糊逻辑规则的数据挖掘方法［J］．计算机工程，

2003 (7).

[141] 杨英.一种基于模糊逻辑和神经网络的短期负荷预测的方法 [J]. 四川电力技术, 2006 (4).

[142] 杨宇姝, 王福林, 许晓强.基于神经网络的模糊土壤平衡施肥模型系统的研究 [J]. 农机化研究, 2007 (10).

[143] 杨正益.基于建模工具的通用类生成器的研究 [D]. 重庆: 重庆大学, 2005.

[144] 叶秋生.湿式石灰石—石膏法烟气脱硫专家系统的开发研究 [D]. 保定: 华北电力大学, 2007.

[145] 易纲, 常思勤.基于模糊神经预测的新型电控液驱车辆的能量管理策略研究 [J]. 机床与液压, 2006 (11).

[146] 尹凤杰, 井元伟.基于神经网络的模糊推理在网络拥塞控制中的应用 [A]//尹凤杰. 2005 中国控制与决策学术年会. 2005 - 06 - 01.

[147] 尹念东.基于模糊神经理论的汽车悬架控制技术的研究 [J]. 黄石高等专科学校学报, 2004 (2).

[148] 应尚军, 魏一鸣, 蔡嗣经.元胞自动机及其在经济学中的应用 [J]. 中国管理科学, 2000 (11).

[149] 应亦丰. Web 搜索引擎原理与实现 [D]. 杭州: 浙江大学, 2007.

[150] 余亮, 陈荣, 何宜柱.元胞自动机与经济学应用 [J]. 系统工程, 2003 (1).

[151] 余亮, 顾斌, 李绍铭, 何宜柱.枝晶生长的元胞自动机模拟 [J]. 安徽工业大学学报 (自然科学版), 2002 (1).

[152] 喻海飞, 汪定伟.人工生命研究综述 [J]. 信息与控制, 2004 (4): 434 - 439.

[153] 岳璐, 张尧, 钟庆, 王哲.基于模糊逻辑聚类神经网络算法的中长期负荷预测 [J]. 华北电力大学学报 (自然科学版), 2008 (2).

[154] 曾黄麟, 姚毅, 田安华.利用神经模糊系统从数据中挖掘模糊逻辑 [J]. 四川轻化工学院学报, 2003 (2).

[155] 翟立波.数据挖掘与知识发现 [J]. 潍坊学院学报, 2005 (4).

[156] 张福波, 陈有亮, 潘镇涛.基于 BP 神经网络与模糊控制的深基坑开挖侧向变形分析 [J]. 岩土力学, 2005 (7).

[157] 张宏军, 高峰.扩散系统的元胞自动机模拟 [J]. 安徽教育学院学报, 2006 (3).

[158] 张家龙.逻辑学思想史 [M]. 长沙: 湖南教育出版社, 2004.

[159] 张启春. 城市 CA 模型建模原则与模拟结果检验方法研究 [J]. 西华师范大学学报, 2005 (3).

[160] 张廷, 高宝俊, 宣慧玉. 基于元胞自动机的创新扩散模型综述 [J]. 系统工程, 2006 (12).

[161] 张文修, 梁怡, 徐萍. 基于包含度的不确定推理 [M]. 北京: 清华大学出版社, 2007.

[162] 张向阳, 贝叶斯推理研究综述 [J]. 心理科学进展, 2002 (2).

[163] 张欣悦. 遗传算法在神经网络中的应用 [J]. 福建电脑, 2008 (10).

[164] 张志红. 基于模糊逻辑神经网络的教学质量评估研究 [J]. 安徽水利水电职业技术学院学报, 2007 (4).

[165] 张智勇, 李岩, 贺小扬, 王家忠. 神经网络和模糊逻辑在农业机械制造中的应用 [J]. 农机化研究, 2008 (12).

[166] 赵晶, 陈华根, 许惠平. 元胞自动机与神经网络相结合的土地演变模拟 [J]. 同济大学学报, 2007 (8).

[167] 赵睿, Roger. T, 石磊. 模糊逻辑和神经网络及其在含油饱和度预测中的应用 [J]. 测井技术, 2007 (4).

[168] 周春成. 电信行业数据仓库的设计与实现 [D]. 西安: 西安电子科技大学, 2009.

[169] 周剑利, 马壮, 陈贵清. 基于遗传算法的人工生命演示系统的研究与实现 [J]. 制造业自动化, 2009 (9): 38 – 40.

[170] 周志华, 曹存根. 神经网络及其应用 [M]. 北京: 清华大学出版社, 2004.

[171] 朱大奇, 史慧. 人工神经网络原理及应用 [M]. 北京: 科学出版社, 2006.

[172] 朱福喜, 汤怡群, 傅建明. 人工智能原理 [M]. 武汉: 武汉大学出版社, 2002.

[173] 朱睿. 构建低耗高效的银行单证中心系统——以浦发银行为例 [D]. 南京: 南京理工大学, 2008.

[174] 祝树金, 赖明勇, 聂普焱. 基于元胞自动机的技术扩散和吸收能力问题研究 [J]. 系统工程理论与实践, 2006 (8).

[175] Abadi, M. and J. Y. Halpern. Decidability and Expressiveness for First-order Logics of Probability [J]. Information and Computation, 1994, 112 (1): 1 – 36.

[176] Albers, C. J., B. P. Kooi, and W. Schaafsma. Trying to Resolve the Two-Envelope Problem [J]. Synthese, 2005 (5): 89 – 109.

[177] Apt, K. R. Relative strength of strategy elimination procedures [J]. Economics Bulletin, 2007 (3).

[178] Apt, K. R., Zvesper, J. A. Common beliefs and public announcements in strategic games with arbitrary strategy sets [J/OL]. Journal of Logic and Computation. http://www.citebase.org/abstract? id = oai: arXiv.org: 0710.3536 (2007).

[179] Arntzenius, F. Reflections on Sleeping Beauty [J]. Analysis, 2002, 62 (1): 53 - 62.

[180] Arthur Burks. Cause, Chance, and Reason [M]. Chicago: University of Chicago Press, 1979.

[181] Aumann, R. J. Rationality and bounded rationality [J]. Games and Economic Behavior, 1999, 53: 293 - 291.

[182] Bacchus, F. Representing and Reasoning with Probabilistic Knowledge, A Logical Approach to Probabilities [M]. Cambridge, Massachusetts: The MIT Press. 1990.

[183] Baltag, A. A Logic for Suspicious Players: Epistemic Action and Belief-updates in Games [J]. Bulletin of Economic Research, 2002, 54 (1): 1 - 45.

[184] Baltag, Moss L S, Solecki S. The logic of public announcements, common knowledge and private suspicious [R]. SEN - R9922, CWI, Amsterdam, 1999.

[185] Bar - Hillel, M. Back to Base Rates [M]. In R. M. Hogarth (Ed.) Insights in decision making [M]. Chicago University Press, 1990: 309 - 330.

[186] Bar - Hillel, M. The Base-rate Fallacy in Probability Judgements [J]. Acta Psychologica, 1980, 44: 211 - 233.

[187] B. Bernheim, B. Peleg, and M. Whinston. Coalition - Proof Nash Equilibria: I Concepts [J]. Journal of Economic Theory, 1987, 42: 1 - 12.

[188] Benthem J. Exploring Logical Dynamics [M]. Stanford, Cambridge: ESLIPublications, 1996.

[189] Benthem J. Games in dynamic-epistemic logic [J]. Bulletin of Economic Research, 2001, 53 (4): 219 - 248.

[190] Bernheim B. D. Rationalizable strategic behavior [J]. Econometrica, 1984, 52 (4): 1007 - 1028.

[191] Bonanno, G. A syntactic approach to rationality in games with ordinal payoff [M]. Volume 3. Amsterdam: Amsterdam University Press, 2008.

[192] Brandenburger, A. Forward induction [R]. Technical report, Stern School of Business, University of New York, 2007.

[193] Brandenburger, A., Friedenberg, A., Keisler, H. J. Admissibility in games [J]. Econometrica, 2008, 76 (2): 307 – 352.

[194] Brenner L A. A Random Support Model of the Calibration of Subjective Probabilities [J]. Organizational Behavior and Human Decision Processes, 2003, 90 (1): 87 – 110.

[195] Brenner L A, Koehler D J. Subjective Probability of Disjunctive Hypotheses: Local-weight Models for Decomposition of Evidential Support [J]. Cognitive Psychology, 1999, 38 (1): 16 – 47.

[196] Brenner L, Rottenstreich Y. Focus, Repacking and the Judgment of Grouped Hypotheses [J]. Journal of Behavioral Decision Making, 1999, 12 (2): 141 – 148.

[197] Brian Skyrms. Choice and chance (4th ed) [M]. Wadsworth Publishing Company, 2000.

[198] Brian Skyrms. Choice and Chance: An Introduction to Inductive Logic, Belmont: Wadsworth Publishing Company, 1977.

[199] Bringsjord, S. & Ferrucci, D., Logic and Artificial Intelligence: Divorced, Separated, Still Married. Minds and Machines, 8 (1998), p. 304.

[200] Brody R G, Coulter J M, Daneshfar A. Auditor probability judgments: discounting unspecified possibilities. Theory and Decision, 2003, 54 (2): 85 – 104.

[201] Burks, A. W. Logic, Biology and Automata some Historical Reflections [J]. In Int. J. Man – Machine Studies, 1975, 7: 297 – 312.

[202] Burks, A. W. Teleology and Logical Mechanism [J]. In synthese, 1988, 76: 333 – 370, Kluwer Academic Publishers.

[203] Chase, J. The Non-probabilistic Two Envelope Paradox [J]. Analysis, 2002, 62 (2): 157 – 160.

[204] Colin Howson & Peter Urbach. Scientific Reasoning: The Bayesian Approach [M]. Chicago: Open Court Publishing Company, 1993.

[205] Cover, T., J. Thomas. Elements of Information Theory [M]. Wiley Series in Tele-communications. John Wiley & Sons Inc, 1991.

[206] Craig, I. D. Machine Learning and Induction [J]. In H. Mor-timer, ed. 1988. The Logic of Induction. Ellis horwood limit-ed.

[207] Cui, J. Y. A Method for Solving Nash Equilibrium of Game Based on Public Announcement Logic [J]. Science China (Information Sciences), 2010, 07.

[208] David, P. Rationalizable strategic behavior and the problem of perfection

[J]. Econometrica, 1984, 52 (4): 1029 – 1050.

[209] D. B. Gillies. Solutions to General Non – Zero – Sum Games [J]. in Contributions to the Theory of Games, 1959, 4: 47 – 85 (Annals of Mathematics Studies, 40) (A. W. Tucker and R. D. Luce, eds.), Princeton: Princeton University Press.

[210] de Bruin, B. Explaining Games: On the Logic of Game Theoretic Explanations [D]. PhD thesis, Institute for logic, Language and Computation, Universiteit van Amsterdam, Amsterdam, The Netherlands, 2004.

[211] Dempster, A. P. Upper and Lower Probabilities Induced by a Multivalued Mapping [J]. Annals of Mathematical Statistics, 1967, 38: 325 – 329.

[212] D. Gillies. Philosophical Theories of Probability [M]. Published by Routledge 11 New Fetter Lane, London EC4P 4EE, 2000.

[213] Dorr, C. Sleeping Beauty: In Defense of Elga [J]. Analysis, 2002, 62 (4): 292 – 296.

[214] D. Schmeidler. The Nucleolus of a Characteristic Function Game [J]. SIAM Journey on Applied Mathematics, 1969 (17): 1163 – 1170.

[215] Dunin – K$^{\flat}$eplicz, B. and R. Verbrugge. Collective intentions [J]. Fundamenta Informaticae, 2002, 51 (3): 271 – 295.

[216] D. Y. Yeh. A Dynamic Programming Approach to the Complete Set Partitioning Problem [J]. BIT Numerical Mathematics, 1986, 26 (4): 467 – 474.

[217] Ebbinghaus, H. D., Flum, J. Finite Model Theory [M]. Springer – Verlag, Berlin, 1995.

[218] E. Elkind, L. Goldberg, P. Goldberg, M. Wooldridge. Computational complexity of weighted threshold games [M]. In: Proceedings of the Twenty-second AAAI Conference on Artificial Intelligence (AAAI – 2007), Vancouver, British Columbia, Canada, 2007.

[219] E. Shafir (Ed.): Preference, Belief, and Similarity: Selected Writings by Amos Tversky [M]. MIT Press, 2004.

[220] Evans, J. St. B. T., Handley, S. J., Over, D. E & Perhan, N. Background beliefs in Bayesian inference [J]. Memory andcognition, 2002, 30 (2): 179 – 190.

[221] Fagin, R., Halpern, J. Y. Reasoning about knowledge and probability [J]. Journal of the ACM, 1994, 41: 340 – 367.

[222] Fox C R, Birke R. Forecasting Trial Outcomes: Lawyers Assign Higher Probability to Possibility to Possibilities that are Described in Greater Detail [J]. Law

and Human Behavior, 2002, 26 (2): 159 – 173.

［223］Fox C R, Clemen R T. Subjective Probability Assessment in Decision Analysis: Partition Dependence and Bias Toward the Ignorance Prior ［J］. Management Sciecne, 2005, 51 (9): 1417 – 1434.

［224］Fox C R, Rottenstreich Y. Patition Priming in Judgment under Uncertainty ［J］. Psychological Science, 2003, 14 (3): 195 – 200.

［225］Fox C R. Strength of Evidence, Judged Probability, and Choice Under Uncertainty ［J］. Cognitive Psychology, 1999, 38 (1): 167 – 189.

［226］Fox C R, Tversky A. A belief-based account of decision under uncertainty ［J］. Management Science, 1998, 44 (7): 879 – 895.

［227］Fudenberg D. Tirole J. Game Theory ［M］. Cambridge: The MIT Press, 1991.

［228］Gasching, J. Prospector: an expert system for mineral explo-ration ［J］. In D. Michie, ed., Introductory Readings in Expert Systems. New York: Gorden and Breach, 1982: 47 – 64.

［229］Gigerenzer, G. & Hoffrage, U. How to Improve Bayesian reasoning without instruction: Frequency formats ［J］. Psychological Review, 1995, 102 (4): 684 – 704.

［230］Gigerenzer G, Hoffrage U. How to improve Bayesian reasoning without instruction: frequency formats ［J］. Psychological Review, 1999, 106 (2): 411 – 416.

［231］Gillies, D. A. Artifial Intelligence and Scientific Method ［M］. Oxford: Oxford University Press, 1996.

［232］Gillies, D. A. Philosophical Theories of Probability ［M］. London and New York: Routledge, 2000: 1 – 110.

［233］Gillies, D. Philosophical Theories of Probability. Philosophical issues in science ［M］. London and New York: Routledge, 2000.

［234］Gilli, M. Iterated Admissibility as Solution Concept in Game Theory ［R］. Technical Report, University of Milano – Bicocca, Department of Economics (2002).

［235］Goodie, A. S. & Fantino, E. Learning to commit°or avoid the base-rate error ［M］. Nature, 1996, 380: 247 – 249.

［236］Grorg Henrik von Wright. A Treatise on Induction and Probability ［J］. Journal of the Royal statistical Society Series A (General), 1952, 115 (2): 283.

［237］Halpern, J. Y. Lexicographic Probability, Conditional Probability, and

Nonstandard Probability [M]. In Proceedings of the Eighth Conference on Theoretical Aspects of Rationality and Knowledge, 2001: 17 – 30.

[238] Harel, D., D. Kozen, & J. Tiuryn. Dynamic Logic. Foundations of Computing [M]. Cambridge, Massachusetts: MIT Press, 2000.

[239] Hempel, C. Aspects of Scientific Explanation [M]. New York: The Free Press, 1965.

[240] Hilary Putnam. Renewing Philosophy [M]. Cambridge, Mass: Harvard University Press, 1992.

[241] Hilary Putnam Words and Life [M]. Edited by James Conant. Cambridge, Mass: Harvard University Press, 1994.

[242] Hitchcock, C. Beauty and the Bets. Synthese, 2004, 139: 405 – 420.

[243] Holland, John. Adaptation in Natural and Artificial Systems [M]. University of Michigan Press, 1975.

[244] Horty, John F. Nonmonotonic Logic [J]. in Lou Goble ed., The Blackwell Guide to Philosophical logic, Blackwell Pub-lishing. 2001: 336 – 361.

[245] H. P. van Ditmarsch. Knowledge Games [D]. PhD thesis, University of Groningen, Groningen, 2000.

[246] Idson L C, Krancz D H. The Relation between Probability and Evidence Judgment: An Extension of Support Theory [J]. The Journal of Risk and Uncertainty, 2001, 22 (3). 也参见向玲、张庆林：《主观概率判断的支持理论》，载于《心理科学进展》2006 年第 5 期。

[247] Isaac Levi. For the Sake of the Argument [M]. Cambridge University Press, 1996.

[248] Jackson, P. Introduction to Expert Systems [M]. Wokingham, UK: Addision Wesley, 1986. 106.

[249] Jeffrey. R. The Logic of Decision, (2nd edn.) [M]. University of Chicago Press, Chicago, 1983.

[250] Johson-laird. Resisting Change: Information-seeking and Stereotype Change [J]. European Journal of social Psychology, 1996, 26: 799 – 825.

[251] J. P. Kahan and A. Papoport. Theories of Coalition Formation [M]. Lawrence Erlbaum Associates Publishers, 1984.

[252] Kahneman D, Slovic P, Tversky A. Judgment under uncertainty: Heuristics and biases. Cambridge, England: Cambridge University Press, 1982.

[253] Kalish, M. An inverse base rate effect with continuously valued stimuli

[J]. Memory and Cognition, 2001, 29 (4): 587-597.

[254] Koehler D J, Brenner L A, Tversky A. The enhancement effect in probability judgment [J]. Journal of Behavioral Decision Making, 1997, 10 (3): 293-313.

[255] Koehler D J. Probability judgment in three-category classification learning. Journal of Experimental Psychology: Learning, Memory, and Cognition, 2000, 26 (1): 28-52.

[256] Koehler, J. J. The base rat fallacy reconsidered: Descriptive and methodological challeges [J]. Behavioral and Brain Sceinces, 1996, 19: 1-53.

[257] Kooi, B. P. (2003). Probabilistic dynamic epistemic logic. Accepted for the Journal of Logic Language and Information.

[258] Kooi, B. P. Knowledge, Chance and Change [D]. PhD thesis, Institute for logic, Language and Computation, Universiteit van Amsterdam, Amsterdam, The Netherlands, 2004.

[259] Kruger J, Evans M. If You don't Want to be Late, Enumerate: Unpacking Reduces the Planning Fallacy [J]. Journal of Experimental Social Psychology, 2004, 40 (5): 586-598.

[260] Kruschke, J. K. Base rates in category learning [J]. Psychological Review, 1996, 99: 22-44.

[261] Langley, P. Bradshaw, G. L., Simon, H. A. Rediscovering Chemistry with the BACON system [J]. in Michalski, 1983: 307-329.

[262] Lewis, C., Keren G. On the difficulties underlying Bayesian reasoning: A comment on Gigerenzer and Hofrage [J]. Psychological Review, 1999, 106 (2): 411-416.

[263] Lewis, D. Sleeping Beauty: reply to Elga [J]. Analysis, 2001, 61 (271): 171-176.

[264] L. J. Cohen. The Probable and The Provable [M]. Oxford: Clarendon Press, 1977. 也参见任晓明. 当代归纳逻辑探赜——论柯恩归纳逻辑的恰当性 [M]. 成都: 成都科技大学出版社, 1993.

[265] L. M. Adleman. Molecular Computation of Solutions to Combinatorial Problems. Science. 1994, 266: 1020-1024.

[266] Lovett, M. C. &Schunn, C. D. Task representation, strategy variability and base-rate neglect [J]. Journal of Expremental Psychologu: General, 1999, 128 (2): 107-130.

[267] L. S. Shapley. A Value for n-person Games [M]. Princeton: Princeton University Press, 1953: 307-317.

[268] L. S. Wu. A Dynamic Theory for the Class of Games with Nonempty Cores [J]. SIAM Journal of Applied Mathematics, 1977, 32: 328-338.

[269] Macchi L, Osherson D, Krantz D H. A note on Superadditive Probability judgment [J]. Psychological Review, 1999, 106 (1): 210-214.

[270] Maddox, W. T. Base-rate effects in Multidimensional Perceptual Categorization [J]. Journal of Experimental Psychology: Learning, Memory and Cognition, 1995, 21: 288-301.

[271] Manis, M., Dovalina, I., Avis, N. E. & Cardoze, S. Base rates can affect individual predictions [J]. Journal of Personality and Social Psychology, 1980, 38, 231-248.

[272] Mary Hesse. The Structure of Scientific Inference [M]. University of California Press, 1974.

[273] M. Boddy and T. Dean. Deliberation Scheduling for Problem Solving in Time-Constrained Environments [J]. Artificial Intelligence, 1994, 67: 245-285.

[274] M. Davis, and M. Maschler. The Kernel of a Cooperative Game [J]. Naval Research Logistics Quarterly, 1965 (12): 223-259.

[275] Mellers, B. A. & Mcgraw, A. P. How to Improve Bayesian reasoning: Comment on Gigerenzer and Hoffrage (1995) [J]. Psychological Review, 1999, 106 (2): 417-424.

[276] M. H. Rothkopf, A. Pekec and R. M. Harstad. Computationally manageable combinatorial auctions [J]. Management Science, 1998, 44 (8): 1131-1147.

[277] Michalski, R. S. Learning from Observation: Conceptual clustering [J]. in Michalski et al. Machine Learning: An ar-tificial Intelligence Approach, Tioga Publishing Co., PaloAlto, CA. 1983: 83-134.

[278] M. J. Osborne and A. Rubinstein. A Course in Game Theory [M]. the MIT Press: Cambridge, MA, 1994.

[279] Monton, B. Sleeping Beauty and the Forgetful Bayesian [J]. Analysis, 2002, 62 (1): 47-53.

[280] M. Pauly. A Modal Logic for Coalitional Power in Games [J]. Journal of Logic and Computation, 2002, 12: 149-166.

[281] Mueser, Peter R. and Granberg, Donald. The Monty Hall Dilemma Revisited: Understanding the Interaction of Problem Definition and Decision Making [R/OL].

University of Missouri Working Paper pp. 99 – 06. http：//econwpa. wustl. edu：80/eps/exp/papers/9906/9906001. html (retrieved July 5, 2005).

[282] M. Wooldridge and P. Dunne. On the Compulational Complexity of Coalitional Resource Game [J]. Artificial Intelligence (AIJ). (170). 835 – 871, 2006.

[283] Nahin, Paul J. Duelling Idiots and Other Probability Puzzlers [M]. Princeton University Press, Princeton, NJ：2000 (ISBN 0 – 691 – 00979 – 1)：192 – 193.

[284] Nilsson, N. Logic and Artificial Intelligence [J]. Artificial Intelligence, 1991, 47：32 – 33, p. 40.

[285] N. Ohta, Iwasaki, M. Yokoo, and K. Maruono. A Compact Representation Scheme for Coalitonal Game in Open Anonymous Environments, In proceedings of AAAI, 2006：509 – 514.

[286] Osborne M J, Rubinstein A. A Course in Game Theory [M]. Cambridge：The MIT Press, 1994.

[287] P. Blackburn, M. de Rijke, and Y. Venema. Modal Logic [M]. Cambridge University Press, 2001.

[288] Pearce D G. Rationalizable Strategic Behavior and the Problem of Perfection [J]. Econometrica, 1984, 52 (4)：1029 – 1050.

[289] Pearl, J. Bayesian Networks：A Model of Self-activated Memory for Evidential Reasoning [J]. Proceeding of the Cognitivesociety. New York：Ablex (Elsevire), 1985：329 – 34.

[290] P. E. Dunne, S. Kraus, E. Manisterski, and M. Wooldridge. Soving Coalitional Resource Games [J]. Artificial Intelligence, 2010, 174：20 – 50.

[291] Peter Sedlmeier & Gerd Gigereral. Teaching Bayesian Reasoning in Less than Two Hours [J]. Journal of Experimental Psychology：General, 2001, 130 (3)：380 – 400.

[292] Polya, G. How To Solve it [M]. Princeton：Princeton Uni-versity Press, 1945.

[293] R. Alur, T. A. Henzinger, and O. Kupferman. Alternating-time temporal logic. In Proceedings of the 38th IEEE Symposium on Foundations of Computer Science, 1997, October Florida, pp. 100 – 109.

[294] Renardel de Lavalette, G. Modal Structures and Changing Modalities [EB/OL]. Available online at http：//www. cs. rug. nl/ ~ grl/.

[295] Renardel de Lavalette, G. R., B. P. Kooi, and R. Verbrugge (2002).

Strong completeness for propositional dynamic logic. In P. Balbiani, N. – Y. Suzuki, and F. Wolter (Eds.), AiML2002 – Advances in Modal Logic (conference proceedings), pp. 377 – 393. Institut de Recherche en Informatique de Toulouse IRIT.

[296] Richard Jeffrey. The Logic of Decision (2nd ed) [M]. Chicago and Lodon: Uiversity of Chicago Press, 1983.

[297] R. J. Aumann. Acceptable Point in General Cooperative n – Person Games, in A [M]. Tucker and D. Luce (eds.) Contributions to the Theory of Games IV, Princeton University Press, Princeton 1959.

[298] R. J. Aumann and J. H. Drèze. Cooperative Games with Coalition Structures [J]. International Journal of Game theory, 3 (4): 217 – 237, 1974.

[299] Rottenstreich Y, Tversky A. Unpacking, Repacking, and Anchoring: Advances in Support Theory [J]. Psychological Review, 1997, 104 (2).

[300] R. Parikh. Social software [J]. Synthese, 2002, 132 (3): 187 – 211.

[301] R. Parikh. The Logic of Game and its Applications [J]. Annals of Discrete Math., 1985, 24: 111 – 140.

[302] Rubinstein A. Modeling Bounded Rationality [M]. Cambridge: The MIT Press, 1998.

[303] Rubinstein, A. Modeling Bounded Rationality [M]. The MIT Press, Cambridge, Mass, 1998.

[304] Salmon, M. (ed) The philosophy of logical Mechanism: Essays on the philosophy of Arthur W. Burks, Kluwer Academic publishers, 1989.

[305] Segerberg, K. A model existence program in infinitary propositional modal logic. Journal of Philosophical Logic, 1994, 23: 337 – 367.

[306] Selvin, Steve (1975b). On the Monty Hall problem (letter to the editor) [J]. American Statistician, 1975a, 29 (3): 134.

[307] Selvin, Steve. A problem in probability (letter to the editor) [J]. American Statistician, 1975a, 29 (1): 67.

[308] Shan – Hwei Nienhuys – Cheng. Ronald de Wolf. Foundations of Inductive Logic Programming [M]. Springer Press, 1997.

[309] Shan – Hwei, Nienhuys – Cheng, Ronald De Wolf. Foundations of Inductive Logic Programming [M]. Springer Press, 1997: 58, 164.

[310] Shimoji, M. On forward induction in money-burning games. Economic Theory, 2002, 19 (3): 63 – 648.

[311] S. Leong and Y. Shoham. Marginal contribution Nets: A Compact Repre-

sentation Scheme for Coalitional Games [M]. In: Proceedings of the Sixth ACM Conference on Electronic Commerce (EC 05), Vancouver, Canada 2005.

[312] Sloman S A, Rottenstreich Y, Wisniewski E, et al. Typical Versus Atypical Unpacking and Superadditive Probability Judgment [J]. Journal of Experimental Psychology: Learning, Memory, and Cognition, 2004, 30 (3): 573 – 582.

[313] S. Muggleton (ed), Inductive Logic Progamming, Academic Press, 1992.

[314] Stalnaker R. Extensive and Strategic form: Games and models for games [J]. Research in Economics, 1997, 21: 2 – 14.

[315] Sundholm, G. A completeness proof for an in-nitary tense-logic. Theoria, 1977, 43: 47 – 51.

[316] Tanaka, Y. Model existence in non-compact modal logic. Studia Logica, 2001, 67: 61 – 73.

[317] Teck – Hua HO, Weigelt K. Iterated Dominance and Iterated Best Response in Experimental "p-beauty contests" [J]. American Economic Review, 1998, 88.

[318] Ten Cate, B. D. Internalizing epistemic actions. In M. Martinez (Ed.), Proceedings of the NASSLLI 2002 student session, Stanford University, 2002: 109 – 123.

[319] Tijms, Henk. Understanding Probability, Chance Rules in Everyday Life [M]. Cambridge University Press, New York, 2004: 213 – 215.

[320] T. Michalak, T. Rahwan, J. Sroka, A. Dowell, M. J. Wooldridge, P. McBurney, and N. R. Jennings. On Representing Coalitional Game with Externalities, In EC'09: Proceedings of the tenth ACM conference on Electronic Commerce, New York, NY, USA, 2009: 11 – 20, ACM.

[321] Tversky, A. Choice by elimination [J]. Journal of Mathematical Psychology, 1972, 9 (4): 341 – 367.

[322] Tversky, A. Elimination by aspect: A theory of choice [J]. Psychological Review, 1972, 79, pp. 281 – 299.

[323] Tversky A, Fox C R. Weighing risk and uncertainty [J]. Psychological Review, 1995, 102 (2): 269 – 283.

[324] Tversky, A., & Kahneman, D. Availability: A heuristic for Judging Frequency and Probability [J]. Cognitive Psychology, 1973, 5: 207 – 232.

[325] Tversky, A., & Kahneman, D. Extensional versus intuitive Reasoning: The conjunction fallacy in probability judgment [J]. Psychological Review, 1983, 91:

293 – 315.

［326］ Tversky, A., & Kahneman, D. Judgment under uncertainty: Heuristics and Biases ［J］. Sceince, 1974, 185: 1124 – 1131.

［327］ Tversky A, Koehler D J. Support theory: A nonextensional representation of subjective probability ［J］. Psychological Review, 1994, 101 (4). 也参见向玲, 张庆林. 主观概率判断的支持理论［J］. 心理科学进展, 2006 (5).

［328］ van Benthem, J. Decisions, Actions and Game, a Logical Perspective. Technical Report, ILLC, University of Amsterdam and Department of Philosophy, Stanford University (2008). http://staff.science.uva.nl/~johan/Chennai.ICLA3.pdf.

［329］ van Benthem, J. F. A. K. Games in Dynamic Epistemic Logic ［J］. Bulletin of Economic Research, 2001, 53 (4): 219 – 248. Proceedings of LOFT – 4, Torino.

［330］ van Benthem, J. F. A. K. 'One is a lonely number': on the logic of communication. To be Published in the Proceedings of the Logic Colloquium, 2002.

［331］ van Benthem, J.: Rational dynamics and epistemic logic in games ［J］. International Game Theory Review, 2007, 9 (1): 13 – 45.

［332］ van Ditmarsch H, der Hoek W, Kooi B. Dynamic Epistemic Logic ［M］. Springer, Berlin, 2007.

［333］ van Ditmarsch, H. P. Descriptions of game actions. Journal of Logic ［J］. Language and Information, 2002, 11 (3): 349 – 365.

［334］ van Ditmarsch, H. P., W. van der Hoek, and B. P. Kooi. Concurrent dynamic epistemic logic. In V. F. Hendricks, K. F. J¿rgensen, and S. A. Pedersen (Eds.), Knowledge – Foundations and Applications, Synthese Library Series. Kluwer Academic Publishers, 2006.

［335］ van Fraassen, B. Belief and the Will ［J］. Journal of Philosophy, 1984, 81: 235 – 256.

［336］ van Rooy, R. Quality and Quantity of Information Exchange ［J］. Journal of Logic Language and Information, 2006.

［337］ Veltman, F. Defaults in Update Semantics ［J］. Journal of Philosophical Logic, 1996, 25: 221 – 261.

［338］ Villejoubert, G. & Mandel, D. R. The inverse fallacy: An account of decisions from Bayes's theorem and the additivity principle ［J］. Memory and Cognition, 2002, 30 (2): 171 – 178.

[339] vos Savant, Marilyn. Ask Marilyn column [J]. Parade Magazine, 1990: 12 (Feb. 17, 1990). (cited in Bohl et al., 1995)

[340] Weintraub, R. Sleeping Beauty: A Simple Solution [J]. Analysis, 2004, 64 (1): 8 - 10.

[341] Windschitl P D. The Binary Additivity of Subjective Probability does not Indicate the Binary Complementarity of Perceived Certainty [J]. Organizational Behavior and Human Decision Processes, 2000, 81 (2): 195 - 225.

[342] Winston, P. H. Learning Structural Descriptions from Exam-ples, Tech. ReportAI - TR - 231, Massachusetts Institute of Technology, 1970.

[343] Wolfe, C. R. Information seeking on Bayesian conditional Probability problems: A fuzzy-trace theory account [J]. Journal of Behavioral Decision Making. 1995, 8: 85 - 108.

[344] Wright, S. Evolution and the Genetics of Populations. Vol. 2, The Theory of Gene Frequencies. University of Illinois Press, 1969.

[345] W. van der Hoek and M. Wooldridge. Cooperation, Konwledge, and Time: Alternating-time Temporal Epistemic Logic and Its Applications [J]. Studia Logica, 2003, 75 (4): 125 - 157.

[346] X. Deng and C. H. Papadimitrious. On the Complexity of Cooperative Solution Consepts [J]. Mathematics of Operations Research, 1994, 19 (2): 257 - 266.

教育部哲学社会科学研究重大课题攻关项目成果出版列表

序号	书　名	首席专家
1	《马克思主义基础理论若干重大问题研究》	陈先达
2	《马克思主义理论学科体系建构与建设研究》	张雷声
3	《马克思主义整体性研究》	逄锦聚
4	《改革开放以来马克思主义在中国的发展》	顾钰民
5	《新时期　新探索　新征程——当代资本主义国家共产党的理论与实践研究》	聂运麟
6	《坚持马克思主义在意识形态领域指导地位研究》	陈先达
7	《当代资本主义新变化的批判性解读》	唐正东
8	《当代中国人精神生活研究》	童世骏
9	《弘扬与培育民族精神研究》	杨叔子
10	《当代科学哲学的发展趋势》	郭贵春
11	《服务型政府建设规律研究》	朱光磊
12	《地方政府改革与深化行政管理体制改革研究》	沈荣华
13	《面向知识表示与推理的自然语言逻辑》	鞠实儿
14	《当代宗教冲突与对话研究》	张志刚
15	《马克思主义文艺理论中国化研究》	朱立元
16	《历史题材文学创作重大问题研究》	童庆炳
17	《现代中西高校公共艺术教育比较研究》	曾繁仁
18	《西方文论中国化与中国文论建设》	王一川
19	《中华民族音乐文化的国际传播与推广》	王耀华
20	《楚地出土戰國簡册［十四種］》	陈　伟
21	《近代中国的知识与制度转型》	桑　兵
22	《中国抗战在世界反法西斯战争中的历史地位》	胡德坤
23	《近代以来日本对华认识及其行动选择研究》	杨栋梁
24	《京津冀都市圈的崛起与中国经济发展》	周立群
25	《金融市场全球化下的中国监管体系研究》	曹凤岐
26	《中国市场经济发展研究》	刘　伟
27	《全球经济调整中的中国经济增长与宏观调控体系研究》	黄　达
28	《中国特大都市圈与世界制造业中心研究》	李廉水

序号	书名	首席专家
29	《中国产业竞争力研究》	赵彦云
30	《东北老工业基地资源型城市发展可持续产业问题研究》	宋冬林
31	《转型时期消费需求升级与产业发展研究》	臧旭恒
32	《中国金融国际化中的风险防范与金融安全研究》	刘锡良
33	《全球新型金融危机与中国的外汇储备战略》	陈雨露
34	《全球金融危机与新常态下的中国产业发展》	段文斌
35	《中国民营经济制度创新与发展》	李维安
36	《中国现代服务经济理论与发展战略研究》	陈　宪
37	《中国转型期的社会风险及公共危机管理研究》	丁烈云
38	《人文社会科学研究成果评价体系研究》	刘大椿
39	《中国工业化、城镇化进程中的农村土地问题研究》	曲福田
40	《中国农村社区建设研究》	项继权
41	《东北老工业基地改造与振兴研究》	程　伟
42	《全面建设小康社会进程中的我国就业发展战略研究》	曾湘泉
43	《自主创新战略与国际竞争力研究》	吴贵生
44	《转轨经济中的反行政性垄断与促进竞争政策研究》	于良春
45	《面向公共服务的电子政务管理体系研究》	孙宝文
46	《产权理论比较与中国产权制度变革》	黄少安
47	《中国企业集团成长与重组研究》	蓝海林
48	《我国资源、环境、人口与经济承载能力研究》	邱　东
49	《"病有所医"——目标、路径与战略选择》	高建民
50	《税收对国民收入分配调控作用研究》	郭庆旺
51	《多党合作与中国共产党执政能力建设研究》	周淑真
52	《规范收入分配秩序研究》	杨灿明
53	《中国社会转型中的政府治理模式研究》	娄成武
54	《中国加入区域经济一体化研究》	黄卫平
55	《金融体制改革和货币问题研究》	王广谦
56	《人民币均衡汇率问题研究》	姜波克
57	《我国土地制度与社会经济协调发展研究》	黄祖辉
58	《南水北调工程与中部地区经济社会可持续发展研究》	杨云彦
59	《产业集聚与区域经济协调发展研究》	王　珺

序号	书名	首席专家
60	《我国货币政策体系与传导机制研究》	刘伟
61	《我国民法典体系问题研究》	王利明
62	《中国司法制度的基础理论问题研究》	陈光中
63	《多元化纠纷解决机制与和谐社会的构建》	范愉
64	《中国和平发展的重大前沿国际法律问题研究》	曾令良
65	《中国法制现代化的理论与实践》	徐显明
66	《农村土地问题立法研究》	陈小君
67	《知识产权制度变革与发展研究》	吴汉东
68	《中国能源安全若干法律与政策问题研究》	黄进
69	《城乡统筹视角下我国城乡双向商贸流通体系研究》	任保平
70	《产权强度、土地流转与农民权益保护》	罗必良
71	《我国建设用地总量控制与差别化管理政策研究》	欧名豪
72	《矿产资源有偿使用制度与生态补偿机制》	李国平
73	《巨灾风险管理制度创新研究》	卓志
74	《国有资产法律保护机制研究》	李曙光
75	《中国与全球油气资源重点区域合作研究》	王震
76	《可持续发展的中国新型农村社会养老保险制度研究》	邓大松
77	《农民工权益保护理论与实践研究》	刘林平
78	《大学生就业创业教育研究》	杨晓慧
79	《新能源与可再生能源法律与政策研究》	李艳芳
80	《中国海外投资的风险防范与管控体系研究》	陈菲琼
81	《生活质量的指标构建与现状评价》	周长城
82	《中国公民人文素质研究》	石亚军
83	《城市化进程中的重大社会问题及其对策研究》	李强
84	《中国农村与农民问题前沿研究》	徐勇
85	《西部开发中的人口流动与族际交往研究》	马戎
86	《现代农业发展战略研究》	周应恒
87	《综合交通运输体系研究——认知与建构》	荣朝和
88	《中国独生子女问题研究》	风笑天
89	《我国粮食安全保障体系研究》	胡小平
90	《我国食品安全风险防控研究》	王硕

序号	书名	首席专家
91	《城市新移民问题及其对策研究》	周大鸣
92	《新农村建设与城镇化推进中农村教育布局调整研究》	史宁中
93	《农村公共产品供给与农村和谐社会建设》	王国华
94	《中国大城市户籍制度改革研究》	彭希哲
95	《国家惠农政策的成效评价与完善研究》	邓大才
96	《以民主促进和谐——和谐社会构建中的基层民主政治建设研究》	徐 勇
97	《城市文化与国家治理——当代中国城市建设理论内涵与发展模式建构》	皇甫晓涛
98	《中国边疆治理研究》	周 平
99	《边疆多民族地区构建社会主义和谐社会研究》	张先亮
100	《新疆民族文化、民族心理与社会长治久安》	高静文
101	《中国大众媒介的传播效果与公信力研究》	喻国明
102	《媒介素养：理念、认知、参与》	陆 晔
103	《创新型国家的知识信息服务体系研究》	胡昌平
104	《数字信息资源规划、管理与利用研究》	马费成
105	《新闻传媒发展与建构和谐社会关系研究》	罗以澄
106	《数字传播技术与媒体产业发展研究》	黄升民
107	《互联网等新媒体对社会舆论影响与利用研究》	谢新洲
108	《网络舆论监测与安全研究》	黄永林
109	《中国文化产业发展战略论》	胡惠林
110	《20世纪中国古代文化经典在域外的传播与影响研究》	张西平
111	《国际传播的理论、现状和发展趋势研究》	吴 飞
112	《教育投入、资源配置与人力资本收益》	闵维方
113	《创新人才与教育创新研究》	林崇德
114	《中国农村教育发展指标体系研究》	袁桂林
115	《高校思想政治理论课程建设研究》	顾海良
116	《网络思想政治教育研究》	张再兴
117	《高校招生考试制度改革研究》	刘海峰
118	《基础教育改革与中国教育学理论重建研究》	叶 澜
119	《我国研究生教育结构调整问题研究》	袁本涛 王传毅
120	《公共财政框架下公共教育财政制度研究》	王善迈

序号	书名	首席专家
121	《农民工子女问题研究》	袁振国
122	《当代大学生诚信制度建设及加强大学生思想政治工作研究》	黄蓉生
123	《从失衡走向平衡：素质教育课程评价体系研究》	钟启泉 崔允漷
124	《构建城乡一体化的教育体制机制研究》	李 玲
125	《高校思想政治理论课教育教学质量监测体系研究》	张耀灿
126	《处境不利儿童的心理发展现状与教育对策研究》	申继亮
127	《学习过程与机制研究》	莫 雷
128	《青少年心理健康素质调查研究》	沈德立
129	《灾后中小学生心理疏导研究》	林崇德
130	《民族地区教育优先发展研究》	张诗亚
131	《WTO主要成员贸易政策体系与对策研究》	张汉林
132	《中国和平发展的国际环境分析》	叶自成
133	《冷战时期美国重大外交政策案例研究》	沈志华
134	《新时期中非合作关系研究》	刘鸿武
135	《我国的地缘政治及其战略研究》	倪世雄
136	《中国海洋发展战略研究》	徐祥民
137	《深化医药卫生体制改革研究》	孟庆跃
138	《华侨华人在中国软实力建设中的作用研究》	黄 平
139	《我国地方法制建设理论与实践研究》	葛洪义
140	《城市化理论重构与城市化战略研究》	张鸿雁
141	《境外宗教渗透论》	段德智
142	《中部崛起过程中的新型工业化研究》	陈晓红
143	《农村社会保障制度研究》	赵 曼
144	《中国艺术学学科体系建设研究》	黄会林
145	《人工耳蜗术后儿童康复教育的原理与方法》	黄昭鸣
146	《我国少数民族音乐资源的保护与开发研究》	樊祖荫
147	《中国道德文化的传统理念与现代践行研究》	李建华
148	《低碳经济转型下的中国排放权交易体系》	齐绍洲
149	《中国东北亚战略与政策研究》	刘清才
150	《促进经济发展方式转变的地方财税体制改革研究》	钟晓敏
151	《中国—东盟区域经济一体化》	范祚军

序号	书　名	首席专家
152	《非传统安全合作与中俄关系》	冯绍雷
153	《外资并购与我国产业安全研究》	李善民
154	《近代汉字术语的生成演变与中西日文化互动研究》	冯天瑜
155	《新时期加强社会组织建设研究》	李友梅
156	《民办学校分类管理政策研究》	周海涛
157	《我国城市住房制度改革研究》	高　波
158	《新媒体环境下的危机传播及舆论引导研究》	喻国明
159	《法治国家建设中的司法判例制度研究》	何家弘
160	《中国女性高层次人才发展规律及发展对策研究》	佟　新
161	《国际金融中心法制环境研究》	周仲飞
162	《居民收入占国民收入比重统计指标体系研究》	刘　扬
163	《中国历代边疆治理研究》	程妮娜
164	《性别视角下的中国文学与文化》	乔以钢
165	《我国公共财政风险评估及其防范对策研究》	吴俊培
166	《中国历代民歌史论》	陈书录
167	《大学生村官成长成才机制研究》	马抗美
168	《完善学校突发事件应急管理机制研究》	马怀德
169	《秦简牍整理与研究》	陈　伟
170	《出土简帛与古史再建》	李学勤
171	《民间借贷与非法集资风险防范的法律机制研究》	岳彩申
172	《新时期社会治安防控体系建设研究》	宫志刚
173	《加快发展我国生产服务业研究》	李江帆
174	《基本公共服务均等化研究》	张贤明
175	《职业教育质量评价体系研究》	周志刚
176	《中国大学校长管理专业化研究》	宣　勇
177	《"两型社会"建设标准及指标体系研究》	陈晓红
178	《中国与中亚地区国家关系研究》	潘志平
179	《保障我国海上通道安全研究》	吕　靖
180	《世界主要国家安全体制机制研究》	刘胜湘
181	《中国流动人口的城市逐梦》	杨菊华
182	《建设人口均衡型社会研究》	刘渝琳
183	《农产品流通体系建设的机制创新与政策体系研究》	夏春玉

序号	书 名	首席专家
184	《区域经济一体化中府际合作的法律问题研究》	石佑启
185	《城乡劳动力平等就业研究》	姚先国
186	《20世纪朱子学研究精华集成——从学术思想史的视角》	乐爱国
187	《拔尖创新人才成长规律与培养模式研究》	林崇德
188	《生态文明制度建设研究》	陈晓红
189	《我国城镇住房保障体系及运行机制研究》	虞晓芬
190	《中国战略性新兴产业国际化战略研究》	汪 涛
191	《证据科学论纲》	张保生
192	《要素成本上升背景下我国外贸中长期发展趋势研究》	黄建忠
193	《中国历代长城研究》	段清波
194	《当代技术哲学的发展趋势研究》	吴国林
195	《20世纪中国社会思潮研究》	高瑞泉
196	《中国社会保障制度整合与体系完善重大问题研究》	丁建定
197	《民族地区特殊类型贫困与反贫困研究》	李俊杰
198	《扩大消费需求的长效机制研究》	臧旭恒
199	《我国土地出让制度改革及收益共享机制研究》	石晓平
200	《高等学校分类体系及其设置标准研究》	史秋衡
201	《全面加强学校德育体系建设研究》	杜时忠
202	《生态环境公益诉讼机制研究》	颜运秋
203	《科学研究与高等教育深度融合的知识创新体系建设研究》	杜德斌
204	《女性高层次人才成长规律与发展对策研究》	罗瑾琏
205	《岳麓秦简与秦代法律制度研究》	陈松长
206	《民办教育分类管理政策实施跟踪与评估研究》	周海涛
207	《建立城乡统一的建设用地市场研究》	张安录
208	《迈向高质量发展的经济结构转变研究》	郭熙保
209	《中国社会福利理论与制度构建——以适度普惠社会福利制度为例》	彭华民
210	《提高教育系统廉政文化建设实效性和针对性研究》	罗国振
211	《毒品成瘾及其复吸行为——心理学的研究视角》	沈模卫
212	《英语世界的中国文学译介与研究》	曹顺庆
213	《建立公开规范的住房公积金制度研究》	王先柱

序号	书　名	首席专家
214	《现代归纳逻辑理论及其应用研究》	何向东
215	《时代变迁、技术扩散与教育变革：信息化教育的理论与实践探索》	杨浩
216	《城镇化进程中新生代农民工职业教育与社会融合问题研究》	褚宏启 薛二勇
217	《我国先进制造业发展战略研究》 ……	唐晓华